经济学核心课系列教材

# 货币银行学

（第三版）

张尚学　编著

南开大学出版社

天　津

**图书在版编目(CIP)数据**

货币银行学/张尚学编著. —3版. —天津：
南开大学出版社，2014.7（2020.6重印）
ISBN 978-7-310-04535-8

Ⅰ.①货… Ⅱ.①张… Ⅲ.①货币银行学
Ⅳ.①F820

中国版本图书馆CIP数据核字(2014)第143245号

## 版权所有　侵权必究

南开大学出版社出版发行
出版人：陈　敬
地址：天津市南开区卫津路94号　邮政编码：300071
营销部电话：(022)23508339　23500755
营销部传真：(022)23508542　邮购部电话：(022)23502200

\*

天津市蓟县宏图印务有限公司印刷
全国各地新华书店经销

\*

2014年7月第3版　　2020年6月第13次印刷
230×170毫米　16开本　28.75印张　496千字
定价:49.00元

如遇图书印装质量问题，请与本社营销部联系调换，电话:(022)23507125

# 序

按照"微观金融"和"宏观金融"的思路与框架阐述货币银行学的内容，对于这门课程的教学和理论研究来说，至少有以下两点益处：

第一，使货币银行学的表达方式与经济学一致起来。货币银行学概括反映金融学科的基本理论和知识体系，是经济学的重要分支，但它并不是简单地将经济学中有关货币金融和银行等内容剥离出来，自成体系，而是从货币金融的角度或领域来丰富经济学的内容。如同经济学以厂商和消费者行为最大化及其市场均衡为主线来描述微观经济运行，以国民收入在整体经济中的分配和均衡为主线来描述宏观经济运行一样，货币银行学以"金融厂商"和"金融消费者"的行为最大化及市场均衡为主线来描述微观金融运行，以货币在整体经济中的供给、需求及其均衡为主线来描述宏观金融运行。由此看来，以通行的经济学表达方式来表达货币银行学，能够使货币银行学所代表的金融理论体系和知识结构的主线更加清晰，逻辑更加合理。

第二，使货币银行学更清楚地反映当代金融理论和实践发展的总特征。当代金融理论和实践的发展表现出两个方面的显著特征：一是金融日益显示出其在经济中的核心地位，"通货膨胀"、"通货紧缩"、"滞胀"、"稳定增长"等与金融高度相关的宏观经济形态变化，不断地验证着货币供求及其均衡的理论，不断地向金融宏观调控提出更高水平的要求，"宏观金融"的理论日趋成熟和完善。二是金融业的竞争和创新导致了金融工具和金融市场的日益增长和繁荣，金融微观主体对提高竞争力和创新能力的技术性及操作性要求日益强烈，金融因此而越来越表现出技术化和工程化的特点，"微观金融"的理论也因此而活跃和丰富起来。它不仅对各种金融活动的方式和工具等进行分析和总结，更主要的是，为金融微观主体的流动性管理、风险管理、资产定价、投资决策等提供可资遵循的理论模型和方法。由此看来，以微观和宏观的思路与结构安排货币银行学教材的内容，有利于读者把握住当代金融理论发展的这两大特征。

基于以上的考虑，我认为这是一本结构新颖和内容充实的货币银行学教材。

钱荣堃

2001 年 9 月

# 第三版前言

货币银行学是金融学科的一门主干课程。由于金融学是经济学的一个重要的二级学科，因此，高等院校的经济学课程体系中普遍将货币银行学列为必修的核心课程之一。

"货币银行学"这一课程的名称，是长期沿用下来的，实际上，它是一门综合反映金融学科基本理论体系和知识结构的课程，它的研究对象和内容远远超出其名称的文字含义。但是，无论是从金融业的源头，还是从现代金融结构的总体特征来看，货币的运行和银行等金融机构的活动始终是金融的核心，因此，将"货币"和"银行"作为金融学科的基本元素，用"货币银行学"来概括金融学科的理论和知识体系，也就不难理解了。

现代金融正处在加速创新、改革和发展的时期，金融理论体系和知识结构也在不断地扩充和更新，它要求货币银行学的教材和教学内容必须与其相适应。因此，不断有新的货币银行学教材与读者见面，各种版本的教材在结构设计、内容安排和知识更新等方面均有其各自的特点。这本教材的突出特点在于，按照"微观金融"和"宏观金融"的思路，将货币银行学的理论和知识体系划分为微观和宏观两个部分。"微观金融"是指以"金融厂商"（银行等金融机构）和"金融消费者"（金融商品或金融工具的接受者或使用者）的最大化行为及价格机制、市场均衡等为主要内容的金融，它反映金融业内部变量之间的均衡；"宏观金融"是指以整体经济中货币供给与需求的均衡以及货币金融政策、货币金融制度、金融与经济发展的关系等为主要内容的金融，它反映金融业内部变量与收入、就业、价格等宏观经济变量之间的均衡。根据这样的理解，本书的微观部分和宏观部分各安排了五章内容。

微观部分的第一章首先阐述了货币定义、形态、功能和效用，从逻辑上奠定了一切金融活动及其市场得以存在和发展的基础。然后，在第二章和第三章，系统分析了微观金融活动的形成和各金融参与者主体的特征，并用较大的篇幅阐述了现代经济中金融活动的主要方式、工具和金融中介服务体系中各种金融机构的业务活动及其特征。第四章和第五章则专门阐述了微观金融的价格机制和市场机制，对金融商品的价格决定、金融市场的功能和形态、金融工程原理等作了系统分析和阐述。宏观部分从第六章开始到第十章，分别阐述了货币的宏观功能和货币制度、货币供求与货币均衡的理论、通货膨胀与通货紧缩的理论、货币政策理论以及金融改革、创新与发展的理论和实践等。在内容安排上，为了使同一理论和知识单元内的各部分内容更紧密地衔接，也便于教学过程中的灵活掌握，在一些需要进一步推证或强调的理论单元和有必要扩大知识面的部分，插入了专栏或脚注。

本教材在内容的组织和阐述上，力求体现"厚、精、新、实"的特点，力争做到基础知识和基本理论宽厚，阐述精炼，吸收最新成果，注重理论和知识的实用性。教材在 2001 年发行第一版，2004 年分别获得天津市第九届社会科学优秀成果奖和南开大学优秀教学成果奖。2007 年经过补充和修订发行第二版。这次第三版修订除了对原有基本内容进行重新梳理和修补外，重点新增和补充的内容包括：网络虚拟货币、货币供应量计量口径问题、互联网金融的形式、资产证券化流程、久期缺口管理、利息收益与货币资本化问题、利率风险结构和期限结构理论、股票定价模型、中国经济转型与货币功能变化、国际货币体系、$M_2$ 货币乘数、蒙代尔—弗莱明模型、美联储货币政策工具特点、量化宽松货币政策、欧洲中央银行货币政策工具、中国人民银行货币政策工具的改革和发展、中国经济改革中金融地位的变化、中国金融体制的整体变革、中国银行业改革、中国金融市场改革、中国利率体制改革、人民币汇率制度改革、墨西哥金融危机和亚洲金融危机、美国次贷危机、欧洲主权债务危机、国际金融监管。

经过修订后的第三版货币银行学教材，内容更加丰富，结构更趋完整，具有更广泛的适用性，尤其突出了近些年来国际金融领域发生的重大变化和国内金融改革的最新成就，有利于读者从发展变化的角度和国别角度更加宽泛和深刻地理解相关的金融理论和现实问题。作者殷切期望本教材能够为更多的读者提供优良的教学服务，也恳请同行专家和广大读者对书中存在的问题或不足提出宝贵意见。

张尚学<br>2014 年 1 月于南开大学

# 目　录

## 第一章　货币的微观功能和效用 ... 1
　　第一节　货币的定义和形态 ... 1
　　第二节　货币的微观功能 ... 17
　　第三节　货币的效用 ... 22

## 第二章　金融活动的形式和工具 ... 27
　　第一节　储蓄、投资均衡与金融的产生 ... 28
　　第二节　金融活动的特点、形式和工具 ... 30
　　第三节　直接金融和间接金融 ... 53

## 第三章　金融中介服务体系 ... 62
　　第一节　商业银行 ... 63
　　第二节　投资性金融机构 ... 89
　　第三节　契约性金融机构 ... 103
　　第四节　政策性金融机构 ... 107
　　第五节　国际金融组织 ... 110

## 第四章　金融商品价格 ... 120
　　第一节　利　率 ... 121
　　第二节　汇　率 ... 138
　　第三节　有价证券价格 ... 146

## 第五章　金融市场和金融工程 ... 155
　　第一节　金融市场及其功能 ... 156
　　第二节　货币市场和资本市场 ... 162
　　第三节　金融工程原理 ... 174
　　第四节　资本市场理论 ... 188

## 第六章　货币的宏观功能和货币制度 ... 208
　　第一节　货币的宏观功能 ... 208

第二节　货币制度 ............................................................. 219
　　第三节　国际货币体系 ...................................................... 231
第七章　货币供求与均衡 ............................................................. 244
　　第一节　货币需求概述 ...................................................... 244
　　第二节　马克思货币必要量公式 ...................................... 247
　　第三节　货币数量论和两个方程式 .................................. 252
　　第四节　凯恩斯货币需求理论及其发展 .......................... 256
　　第五节　弗里德曼货币需求理论 ...................................... 267
　　第六节　货币供给机制 ...................................................... 270
　　第七节　货币均衡 .............................................................. 280
　　第八节　国际收支和内外均衡 .......................................... 289
第八章　通货膨胀和通货紧缩 ..................................................... 315
　　第一节　通货膨胀的定义和类型 ...................................... 317
　　第二节　通货膨胀的成因 .................................................. 323
　　第三节　通货膨胀对经济和社会的影响 .......................... 331
　　第四节　通货膨胀的治理 .................................................. 335
　　第五节　通货紧缩及其治理 .............................................. 339
第九章　中央银行和货币政策 ..................................................... 348
　　第一节　中央银行 .............................................................. 348
　　第二节　货币政策目标 ...................................................... 355
　　第三节　货币政策工具 ...................................................... 365
　　第四节　货币政策传导机制和中介指标 .......................... 382
　　第五节　货币政策操作规则 .............................................. 389
　　第六节　货币政策效果 ...................................................... 394
第十章　金融改革、创新与发展 ................................................. 406
　　第一节　金融与经济发展 .................................................. 406
　　第二节　金融深化理论与金融改革 .................................. 410
　　第三节　金融创新与金融监管 .......................................... 423
参考文献 ......................................................................................... 446

# 专栏目录

专栏一　马克思货币起源说的思想逻辑…………………………………………3
专栏二　社会融资规模……………………………………………………………14
专栏三　电子信息货币的诞生……………………………………………………15
专栏四　互联网金融………………………………………………………………50
专栏五　股票价格指数……………………………………………………………171
专栏六　关于货币中性问题的争论………………………………………………213
专栏七　主要国家（或地区）货币名称及进位制………………………………230
专栏八　通货膨胀缺口和通货紧缩缺口…………………………………………315
专栏九　菲利普斯曲线……………………………………………………………359
专栏十　主要国家中央银行采取的非常规货币政策……………………………375
专栏十一　欧洲主权债务危机……………………………………………………432
专栏十二　危机以来国际金融监管改革…………………………………………436

# 第一章 货币的微观功能和效用

货币作为重要的金融资源①，有宏观和微观两个层面上的功能和效用。在本书的宏观部分将就货币在现代经济中作为社会总产品的存在和分配形式，作为政策当局调节社会总需求的重要工具，合理开发和组合经济资源，推动经济增长和安定社会经济生活等宏观功能作专门阐述。本章是从经济主体的微观活动层面阐述货币在满足人们交易、支付、价值衡量和贮藏等方面需求时所具有的功能及其效用的。了解货币的微观功能和效用，对于理解金融理论的诸多范畴，如信用、货币创造、货币需求动机、金融资产组合、货币政策、金融创新等，都具有非常重要的基础性意义，因为货币及货币资金的运动是贯穿于所有金融活动的一条主线，而货币的微观功能和效用正是支持这条主线形成的初始力量。当然，理解货币的功能和效用，首先应认识货币的内在本质和外在形态，因此，本章在阐述货币的微观功能和效用之前，对有关货币本质的不同概括或定义以及货币形态的发展演变过程作必要的介绍和分析。

## 第一节 货币的定义和形态

### 一、货币的定义

由于在研究货币问题时的着眼点、目的性不同，或在依据的理论基础和分析方法上存在差异，学术界对如何概括货币的本质、如何给货币下一个确切的定义，并没有共同一致的结论。从经济学家的众多著述中看，主要的货

---

① 白钦先教授在《金融可持续发展研究导论》一书中认为，金融是一种资源，是一种稀缺资源，是一国最基本的战略资源。金融资源由三个层次构成：基础性核心金融资源、实体性中间金融资源和整体功能性高层次金融资源。货币作为对一定数量商品和服务的支配权，是基础性核心金融资源。

币本质观或定义方法有：

（一）货币是贵金属，是财富

这种观点认为，货币必须有实质价值，其价值由其金属价值决定，货币的实体必须以贵金属构成。这种理论源于古希腊哲学家亚里士多德（Aristotle）朴素的金属学说。盛行于十六七世纪的重商主义思想理论体系的早期特征就是"重金主义"或"金属主义"，认为只有金银才是一个国家的真正财富，这种财富的增长取决于流通领域中的产品出售即产品向货币的转化，一国对外贸易顺差所增加的金银货币的数量就是该国财富的来源。①

（二）货币是作为一般等价物的特殊商品

这种定义是马克思在对货币起源问题的分析（参阅专栏一）中得出的，其含义有两点：

1．货币具有商品的属性

在马克思对货币起源的分析中，货币的前身就是普普通通的商品，它是在交换过程中逐渐演变成一般等价物的。马克思创立货币理论的时代，正是各国普遍实行金铸币流通的时代，因此，马克思将黄金视为货币的最高阶段，而黄金本身就是价值十足的商品。进一步的推论就是，任何在商品交换中充当货币的东西，首先就在于它们是商品，与普通商品一样，都具有价值和使用价值。没有这种与普通商品的共性，货币就不具备与商品进行交换的基础。

2．货币与普通商品有本质的区别

货币是商品，但又不是普通商品，而是特殊商品。其特殊性并不在价值方面，而在使用价值方面。黄金被固定地充当一般等价物，被作为货币后，其使用价值便"二重化"了。它既具有由其自然属性所决定的特定的使用价值，如用于装饰、制作器皿等；又具有由其社会属性所决定的一般的使用价值即充当一般等价物和交换手段。很明显，当它以第一重使用价值出现时，就是普通商品，而以第二重使用价值出现时，才是货币。货币在充当一般等价物时，有两个基本特征：第一，货币能够表现一切商品的价值。货币出现后，整个商品世界就分裂成为两极，一极是特殊商品——货币，另一极是所

---

① 重商主义是适应资本原始积累时期对货币积累和扩大市场的需要而产生的思想和政策体系，其核心是将货币与财富等同，将贵金属与货币等同，主张以对外贸易顺差输入金银货币作为一国财富增长的主要途径。根据对贸易顺差的认识及其要求不同，重商主义有早期和晚期之分，早期重商主义（16 世纪中期以前）强调对贵金属货币的绝对积累，不允许货币外流，因此要求对每一国的贸易都必须是顺差，而晚期重商主义（16 世纪下半叶到 17 世纪）则强调通过流通和周转来获取更多的货币，因此要求取消对金银出口的限制，鼓励工业原料等的必要进口，追求对外贸易总额的顺差而不是对每一个国家的顺差。

有的普通商品。普通商品以各种各样的使用价值的形式出现，而货币则以价值的体化物或尺度出现。普通商品只有通过与货币的比较，其价值才能得到体现。所有商品的价值只有通过与货币的比较之后，相互之间才可以比较。第二，货币对一切商品具有直接交换的能力。由于货币是价值和社会财富的一般代表，谁占有了货币，就等于占有了价值和财富。因此，货币对每个商品生产者来说都需要，是人们共同追求的目标。又因为货币在实际交换中，是一种一般的交换手段，具有普通商品所不具有的一般的使用价值，即满足人们共同的或一般的需求——交换需求，因此，以货币去交换普通商品，是不存在对方对其使用价值特殊需求方面的障碍的，货币的交换能力是超越使用价值特殊性限制的，是具有直接交换性质的。

  需要注意的是，对马克思的货币本质观，必须以发展的观点去认识和理解。货币发展到今天，已经完全脱离了它的物质价值体，如果说纸币还流露着普通商品的使用价值和价值（印有一定图案的高级纸的使用价值和价值）的话，那么，超物货币（如无形的、观念化的记账货币）已经充分说明了这样一个事实：货币能够以商品形式存在，也能够以非商品形式存在。一般等价物是商品交换赋予货币的属性，与货币材料是否有价值和使用价值没有关系。普通商品的意义在于通过交换满足人们生产或生活方面的特殊需要，而货币的意义则在于充当表现一切商品价值的材料，充当一般的交换手段，为商品交换服务。这就是货币与普通商品的本质区别。可见，考察货币的本质，应把其质的规定和存在形式区别开来。无论货币由什么来充当，它作为一般等价物的本性决不会改变，否则就不能称其为货币。

**专栏一　马克思货币起源说的思想逻辑**

  马克思是从商品交换关系中分析货币起源的，并将货币商品论建立在劳动价值论的基础上，从价值形式的发展要求中揭示了货币产生的客观必然性，其理论逻辑是：

  一、商品交换与价值形式

  商品是使用价值和价值的对立统一物。使用价值是商品的自然属性，用以满足人们的某种需要。价值是商品的社会属性，它证明凝结在商品中人类一般劳动的存在。商品交换的依据是商品的价值，因为，使用价值是不同质的，无法相互比较，只有价值具有质的共同性和量的可比性，等价交换便成为一条自然的交换法则。那么，怎样才能知道商品有无价值和价值的大小呢？或者说，商品的价值是如何表现出来的呢？

  使用价值以物质形态直接出现，可为人们的感官直接感知，但价值是寓于商品中的抽象劳动，不能通过商品自己表现，而是在商品交换过程中相对表现出来的。也就是说，通过交换,一种商品的价值就表现在另一种商品上了。这后一种商品就成了前一种商品的价值表现形式,它以自身的若干数量证明了与其交换的前一种商品中所含的劳动量。这就是商品价值的表现形式,简称为价值形式。货币正是在这种由商品交换发展所决定的价值形式的发展中产生的,货币不过是一种高级的价值表现形式而已。

二、价值形式发展与货币的产生

(一)简单价值形式中的等价物

人类社会尚未发生大分工以前,商品交换只是偶然现象。极为低下的生产力水平,决定了人们不可能经常有剩余产品拿来交换,更谈不上专门为交换而进行生产。但这种偶然的商品交换已经具有了商品价值表现的简单形式,即商品的价值通过另一种商品相对表现出来。它说明商品已经有了等价物,价值不再是完全抽象的,而具有了"物的形式"。作为交换,商品只是满足交换者对不同使用价值的需求,作为等价物,它的意义并不在使用价值方面,而在价值方面。因为,一种商品一旦作为等价物,便具有了如下特征:

第一,使用价值成为价值的表现形式。等价物并不能用自身的价值来表现出别的商品的价值,因为它自身的价值也是内在的、不可捉摸的,而只能以自身的外在形式即一定量的使用价值来表现。

第二,具体劳动成为抽象劳动的表现形式。等价物也是具体劳动的产物,但它却被用来衡量别的商品所含劳动的质和量,成为抽象劳动的代表。生产等价物的具体劳动,使凝结在与其交换的商品当中的抽象劳动具体化了。

第三,私人劳动成为社会劳动的表现形式。一种商品主动与等价物交换,其实质是要使生产这种商品的私人劳动求得社会的承认,转化为社会劳动。但生产等价物的劳动也是私人劳动,只因为等价物在交换关系中被他人所追求,具有与别的商品直接交换的能力,这种私人劳动便具有了直接的社会性,成为社会劳动的代表。

等价物的上述特征提醒人们,在商品价值的简单表现形式中已经孕育了货币的胚芽,等价物的特征中蕴藏着货币的本质,货币不过是一种发展成熟了的等价物。

(二)扩大的价值形式证明了价值的无差别性,暴露了物物直接交换的缺陷

随着生产力的发展,尤其是社会分工的出现,商品交换不再是偶然发生的事情,而成为一种经常性的有规律的现象。这样,每一种商品不再是偶然地和另一种商品相交换,而是经常地与其他许多种商品相交换,其价值不再是由另一种商品简单地表现,而是由许多种商品来表现,每一种商品的等价物不是只有一个,而是有一系列。这种情况说明,商品价值同它借以表现的使用价值的特殊形式没有关系,每一种进入交换的商品都可以充当其他商品的等价物。价值是无差别的抽象人类劳动的凝结,在这种扩大了的价值表现形式中得到了证明。这时候,商品之间的交换比例不再是偶然确定的,而是更加接近

于它们内部实际包含的价值量。

尽管如此,商品价值的表现仍然是不充分的,尤其是不统一的。其根本原因在于,这时的商品交换都是直接的物物交换,商品借以表现自己价值的材料还没有与交换者本人对其使用价值的直接需求分开,因而许多商品事实上并不能充当等价物,使价值表现受到限制。而且,一种商品的等价物,对另一种商品来说很可能不是等价物,因为前者需要它的使用价值,而后者不需要,商品价值没有统一的表现尺度。生产越发展,参加交换的商品越多,就越发暴露出这种价值表现不统一的缺陷。用于交换的商品必须在品种、数量、质量等方面都符合交换双方需求,且价值量相等,才能实现交换,这给商品交换的进一步发展造成极大的困难。为了换到所需要的商品,往往需要进行若干次迂回曲折的交易。交换中的这种困难,要求价值形式的进一步发展。

（三）一般等价物的出现

当人们在直接物物交换中遇到困难时,便开始自发地或本能地在市场上发现一种商品,这种商品进入交换的次数最多,其使用价值是大家都共同需要的,只要将自己的商品先换成这种商品,再换他实际所希望的商品就不成问题了。谁都这样做,谁都把这种商品当作等价物,那么,这种商品实际上就成了所有商品的公共的或说是一般的等价物了。人们终于摆脱了各种不同的使用价值在交换中对他们的束缚,使直接的物物交换变成以一般等价物为媒介的间接交换。

显然,一般等价物已经不是普通的商品,它有两个重要特征:

第一,一般等价物不再是消费的对象,而成了交换的媒介。它说明,作为一般等价物的商品,并不是人们交换的目的,而是交换的手段。

第二,一般等价物不是用其自然的使用价值,而是用其由社会赋予它的使用价值——直接与其他商品相交换的能力——来表现商品的价值。它说明,商品价值的表现形式完全可以脱离商品的躯体,采取任意的形式。

（四）货币的产生

一般等价物的出现,解决了直接物物交换的矛盾和困难,使商品交换在一般等价物的媒介作用下获得了新的发展。但这时候充当一般等价物的商品还是不固定的,时而是这种,时而又是那种。这种情况,必然阻碍商品交换的进一步发展。因此,人们很自然地要求在较大的范围内（如一个民族市场甚至一个国家）将一般等价物统一起来,使其成为长期固定的一般等价物。这种固定化了的一般等价物就是货币。

（三）货币是名目或符号

这种观点认为,货币不具有商品性和实质价值,只是由法律规定的符号,是一种票券,只在名目上存在。代表这种观点的典型理论是"货币国定说",

根据这种理论，货币是由国家法律和行政力量强制形成的，真正的货币是国家纸币。代表货币名目主义观点的另一种影响较大的定义方法，就是将货币定义为计算单位。J.斯图亚特（James Steuart，1712—1780）早先提出计算货币的概念，他认为，若要计算和比较商品各自的价值，就必须有一个计算和比较的标准，这个标准就是计算货币。就如同计算重量和长度必须将一定的重量和长度作为规定的标准一样，计算可售物品的价值大小也需要规定一个名称作为计算单位才能完成。这种计算货币甚至并不需要实体等价物来充当，而只需一种人们公认的观念标准即抽象的价值计算单位的存在就行。凯恩斯在 1930 年发表的《货币论》（Treaties on Money）一书中指出，计算单位是货币理论的基本概念，计算单位用符号表示，这就是计算货币。货币的本质就是一种通过其计算并完成支付，使债务契约和价格契约得以履行，并能储藏的具有一般购买力的工具。

（四）货币是核算社会劳动的工具

这种观点来自对马克思社会必要劳动时间决定商品价值量理论的理解，基本意思是：由于社会分工，商品生产者的个别劳动都应该是社会总劳动的一部分，但事实上，个别生产者的劳动总是带有盲目性的，不一定能够正好符合社会需要而转化为社会劳动。货币出现后，这种转化中的矛盾就是通过生产者手中的商品与货币的交换表现出来的。如果某个生产者的商品为社会所需要，就能够换成货币，进而买到其他生产者的劳动物，证明了其劳动的社会性的存在。如果他生产的商品备受人们的欢迎，在市场上就会出现供不应求的局面，他就可能以高于生产过程中所实际付出的劳动耗费（即商品价值）的价格出售，换回更多的货币，证明了其劳动的社会性程度较高。在西方经济学中，把这种意思说成是货币在充当"选票"。在市场上，购买者手中的货币就好比选民手中的选票，出卖者手中的商品就好比被选举的对象，买还是不买，就是投不投选票；是出高价买还是出低价买，就是愿投多少票。这种"选票"的定义和"核算社会劳动的工具"的定义，虽然在理论基础上截然不同，前者的依据是产品效用决定价格的理论，后者的依据则是商品价值决定价格的理论，但却同样反映了货币作为市场评判标准的本质，真可谓异曲同工。

（五）货币是普遍被接受的交易媒介和支付工具

这是现代经济中人们从货币职能和对货币进行有效控制的角度出发，给货币下定义的方法，也是一种最为实用的货币本质观。这种观点一般认为，能否充当交易媒介和支付工具是划分货币与其他资产的本质界线。但是，在划定的货币范围中,总有一部分是能够立刻用于购买和支付的,如现金和支票存款,总有另外一些是不那么方便的,如定期存款等。因此,在这种货币本质观的指导下,各国开始对货币划分层次进行监测和管理,出现了 $M_0$、$M_1$、$M_2$、$M_3$、准货币、货币供应量等新的货币范畴。

(六)货币是"流动性"

在凯恩斯的货币理论中,货币是一种为人们提供流动性效用或灵活性效用的资产,对货币的需求就是一种对流动性或灵活性的偏好。

1959 年,英国财政部领导下的一个以拉德克利夫(Radcliffe)勋爵为首的"货币体系运行研究委员会",提出一份调查战后英国货币和信用体系运行情况的报告(被称为拉德克利夫报告)[①]。该报告及其相关证明材料对货币理论研究和政策的制定产生了较大影响,其中涉及对货币定义的理解和货币范围的界定问题。

拉德克利夫报告对传统货币理论所认同的通过中央银行规定商业银行的现金准备率(即商业银行的库存现金及其在中央银行的存款与商业银行所吸收的全部存款的比率),便可决定商业银行的信贷规模,进而决定其货币创造能力的结论提出质疑,认为无论是中央银行规定的银行现金比率(bank's cash ratio)还是它们的流动性比率(liquidity ratio)都没有对货币的增长发挥有效的限制作用,货币供给在很大程度上并未受到控制。因为当商业银行的现金准备率低于法定的要求时,它可以通过收回短期拆放、减少国库券持有额、向中央银行借款等方式重新获得现金,而不影响其信贷规模。商业银行的流动性比率则是指商业银行的现金、国库券、通知放款和商业票据等比较富有流动性和具有兑现能力的资产与其存款总额之比。虽然商业银行的流动性比率是决定其信用扩张规模的主要因素,但银行能通过出卖债券以购买国库券或商业票据等方式而比较容易地获得流动性资产,也就是从其他经济部门来获得流动性,所以,中央银行也难以通过控制商业银行的流动性比率来控制货币供给。报告在质疑传统货币理论和政策意义上的中央银行的货币控制力的同时,也质疑了传统的货币概念对经济的意义,认为在大量非银行金融中介机构存在的情况下,真正影响经济的不是狭义的货币供给,而是包括这一货币供给在内的整个社会的流动性,因此,货币当局应该控制的不仅仅是这一货币供给,而应当是整个流动性。应该用流动性来定义货币,货币的范围不仅包括传统意义上的只具有货币交易媒介功能的货币供给,还应包括

---

[①] 资料来源于胡海鸥:《货币理论与货币政策》,上海人民出版社,2004 年 3 月。

银行和非银行金融机构所创造的所有的短期流动资产,这些流动资产不直接作为交易媒介,是作为价值储藏手段的货币,是能够对经济产生重要影响的货币。

(七)货币是信用关系的载体

大多数的货币定义是从货币的起源、功能和作用的角度出发的,但更进一步的问题是:货币为什么具有充当一般等价物或充当交易媒介和支付手段等的功能和作用,即支持货币发挥功能和作用的基础是什么?从这一角度出发,有将货币定义为纯价值体的[①],也有将货币定义为信用关系的载体或价值契约的,总之,都是要说明作为货币的东西所要具备的价值基础或公信力。

货币是信用载体的命题既是一种理论逻辑,又是货币形态演进的实际结果。从理论上讲,作为流通手段的货币,其功能在于媒介商品的实际交换,不管货币由什么材料来充当,只要能够借助于它换回所需的商品,人们就能接受。因此,人们需要的是一种如愿实现商品交换的保证或信用,而不是货币材料本身。从货币形态演进的实际情况来看,当某种商品(如黄金)从商品交换中分离出来充当货币材料时,人们对其的信任是建立在这种商品具有十足价值的基础上的,也就是说这种以特殊商品来充当的货币,是以其内在的价值作为交换的基础的,没有了这种内在价值或价值不足,这种商品就会失去或降低作为货币的公信力。因此,在典型的金本位制时代,哪怕是政府发行的货币也需要以十足的黄金作保证,银行券是普遍被要求兑换黄金的。而到了完全的纸币时代,货币发行无需十足的黄金担保,甚至完全不需要黄金担保,货币的交换基础不再是它的内在价值,人们不再在乎货币材料的自然属性,而只在乎货币发行者的信用状况。完全没有内在价值的纸币能够取代黄金作为货币,不仅是因为政府的强制推行,更是因为它确实代表着政府的信用。政府的信用,就是货币的公信力,就是货币发挥功能的前提,人们普遍相信持有政府发行的纸币是一定可以如愿换到所需商品的,因此,纸币

---

[①] 周晓寒在《金融经济论》(中国经济出版社,1988年10月)一书中分析纸币的本质时提出"货币纯价值体"概念:货币的纯价值体是指货币要成为货币并能履行货币的职能所必须具有的价值体,是决定货币功能的价值体。货币的物质价值体是指货币物质中所含有的价值量,即币材的价值量。构成货币本质的是它特有的纯价值体,而不是货币的物质价值体。货币纯价值体不是直接从劳动中生成的价值体,而是通过在流通中对一般商品的劳动价值进行提炼而形成的价值结晶体,是间接的同时也是更纯的劳动价值体。货币纯价值体受物质价值体约束的程度取决于商品经济的整体性程度,经济的整体性程度越高,货币纯价值体的独立性越强。纸币和金属币的真正区别在于它们的货币纯价值体同物质价值体之间的联系程度不同。金属币的纯价值体在数量上同它的物质价值体直接关联;纸币的纯价值体在数量上脱离了它的物质价值体,而直接表现社会价值总体的关系。在纸币情况下,币材的物质价值体同货币的使用价值(货币功能)已无任何联系,因此,纸币的本质就是货币纯价值体。

实际上就是政府信用的一种载体。从世界各国的纸币发行程序上看，主要是通过中央银行在公开市场买入国债和商业的票据再贴现来完成的（美国再贴现的对象也主要是国债）。国债和商业票据分别是政府和企业债务的票据化，实际上也就是说，政府和企业的信用是货币发行的依据，信用是货币发挥功能的基础，货币是信用关系的一种载体。从中央银行的角度看，任何增加的货币发行最终都显示为其负债的增加和货币持有人资产占有或债权的增加，货币发行是中央银行与货币持有人之间信用关系的反映。

## 二、货币的形态

由什么东西来充当货币，这在不同的民族和国家，在同一国家的不同历史时期，由于经济和文化条件等诸多因素的差异，会有所不同。但就各国货币发展和演变的历史全过程来看，又是有规律可循的，基本规律是：由自然物商品发展为金属商品，又由金属商品发展为非商品的信用货币。这一发展变化过程，是货币顺应社会生产发展、商品流通扩大、经济生活内容多样化和社会全面进步过程的真实写照，也是货币自身由低级形态向高级形态不断演化的记录。

（一）实物货币

在生产力尚不发达，商品交换仅仅满足必要的生活和生产要求的简单商品交换时代，货币既作为交换的媒介，又作为可用于大多数人生活和生产的使用价值，因而主要由自然物商品来充当。能够作为货币的自然物商品一般具有如下特征：（1）都是劳动生产物，具有价值；（2）是社会共同的需求对象，能满足人们对其特殊使用价值的需要；（3）一般是容易让渡的主要财产或本地稀有的外来商品，前者如牲畜、兽皮、农具等，后者如贝壳、珍珠、玉石等。我国古代充当货币的实物商品最早是海贝、布帛和农具，这已在大量的考古发现中得到证实。如：从文字上考证，在中国文字中，凡是与财富及物品的转让和交易等有关的字，大多数是"贝"字偏旁，比如贵、贫、贱、财、货、買（买）、賣（卖）、贸、贩、贷、赠、贼、贪、赏赐、贿赂等；还有一些以"巾"字为偏旁的字，如帐（同账）簿、市场、帑等，均与贸易有关。这说明在我国开始创造和使用这些文字以前，贝和布帛就已经是财富的代表和交易的工具了。国外也有大量有关自然物商品充当货币的文献记载。[①]

---

[①] 引用一句来自微软电子百科全书的词条：Early Forms of Money: Before paper bills and coins were introduced, people used a variety of other objects for money. Early forms of money, included rice, dogs' teeth, small tools, pebbles, and shells. —Dorling Kindersley Microsoft ® Encarta ® 2006.

### （二）金属货币

金属商品取代自然物商品充当货币，几乎是世界各国货币发展的共同历史。这是因为金属具有的自然属性使其与普通物品相比，更适合于作货币，如坚固、耐磨、不易腐烂，既便于流通，也适于保存；质地均匀，分割后只要重量相等就可认为价值相等；生产和加工金属耗费劳动多，价值含量高等。同时，这也是社会生产力发展水平提高，商品交易规模扩大，要求由价值更高且便于流通的币材充当价值尺度和交换手段的必然结果。关于金属货币自身的演化，各国有所不同，如中国金属货币历史的基本特点是金、银、铜并行，金币的使用极少，但历史很早，在春秋时期就曾以黄金作为货币。据文物考证，中国最早出现的黄金货币是战国时期楚国的"郢爰"金版。铜币的历史最长。至于大量使用白银作货币，还是近代的事情。尽管各国的金属货币发展史各不相同，但就大部分国家来说，基本遵循一条由贱金属过渡到贵金属的发展规律，因为贵金属（金银）比贱金属（铜铁）更具有作货币的优越性能，也更能适应社会生产力水平提高、交易规模扩大对货币价值量扩充的要求。

### （三）信用货币

信用货币是指币材的价值低于其作为货币所代表的价值甚至没有价值，只凭借发行者的信用而得以流通的货币。信用货币之所以能够取代金属货币，一是由于生产和流通的进一步扩大，贵金属币材的数量不能满足扩大货币供应对其的需求，而且越来越多的大宗商品交易使用金属货币极为不便；二是由于货币在充当交换媒介时本身就包含着信用货币出现的可能性。作为交换媒介，人们关心的是借助于它能否换到价值相当的商品，而不是货币本身，因此，人们便不在意货币本身是否价值十足，甚至不在意货币本身是什么。这就说明，只要人们乐于接受，货币就完全可以用价值较低的商品甚至没有价值的符号去代替。

信用货币的典型形式是银行券和政府纸币。前者可称为可以兑现的信用货币，因为它是由银行签发，交给持有人以保证向其兑付金银货币的债务凭证。后者可称为不可兑现的信用货币，因为它是由政府发行并依靠国家权力强制流通的价值符号。当代以中央银行名义并通过信贷渠道投入流通的银行券已经普遍代替政府纸币行使国家统一货币的职能。进入20世纪50年代以后，信用货币主要采取了非实体化的存款货币的形式，人们的货币只有一小部分以现金（钞票和铸币）的形式持有，大部分以记账符号的形式存在于银行的账面上，当收到货币时，由银行将付款人账户上的存款划转到收款人的账户上；当需要支付货币时，付款人可以签发由银行发给的支票，通知银行将其存款账户中的一定金额转于收款人的账户。随着社会的进步和科学技术的飞速发展，目前这种存款货币的支票划转方式越来越多地被"电子货币转移系统"所代替。

（四）电子货币

电子货币是在当代科学技术迅猛发展过程中出现的电子化、信息化的支付工具，由于它正处在不断创新和完善的过程中，在全社会范围内尚不存在像国家纸币那样的统一规范的具体形式，这方面的立法也还处在初始阶段，因此，对电子货币给出一个与其具体形态完全相符的精确定义，还是很困难的。由王益、白钦先主编的《当代金融辞典》中给出的定义是：用电脑储存和处理，无需借助纸质工具即可广泛支付的预付来人票据。目前主要有两种形式：一是卡式电子货币，即以特种塑料板形式存在，具有真实购买力的多种用途预付卡；二是软件式电子货币，它使用特定软件，允许货币价值通过诸如 Internet 等电子通信网络发生转移。这种定义基本上涵盖了目前流行的各种普通信用卡（Credit card）、芯片卡或 IC（Integrated Circuit，集成电路）卡，以及网络电子支付系统中的数字化货币（E-money）。电子货币的具体形式虽然不尽相同，也还处在不断创新与发展的过程中，但是它已经反映出这种货币形态的一个总特征，那就是货币载体已经由纸质转变为电子质，由实体转变为虚拟。① （参阅专栏三 电子信息货币的诞生）

---

① 近年来，流行一种名为"比特币"（BitCoin）的网络虚拟货币，这种货币没有特定的中央发行机构，而是使用遍布整个点对点网络节点的分布式数据库来记录货币的交易，并使用密码学的设计来确保货币流通各个环节的安全性。用户按规定的算法在计算机上进行大量的运算来"开采"比特币。"开采"过程是，用电脑搜寻 64 位数字，通过反复解密，并与其他开采者相互竞争，为比特币网络提供所需的数据。如果用户的电脑成功地创造出一组数字，就将会获得 25 个比特币的奖励。用户们也可以在网络交易平台上买卖来获取比特币。比特币最初由中本聪（Satoshi Nakamoto）在 2008 年提出设想，次年正式发布开源软件和运行 P2P 网络。如今，比特币不仅可以用于购买网络游戏中的虚拟物品，也可以购买现实生活中的物品，还可以兑换成大多数国家的货币。中国中央电视台《经济半小时》栏目 2013 年 5 月 3 日曾专题揭秘比特比，其中讲到：四川芦山 4·20 地震后，比特币被当做捐款汇入壹基金的账户；在欧洲小国塞浦路斯街头已经设有比特币提款机；在 2011 年内，比特币对美元的汇率从 1 比特币兑换 0.5 美元涨到 13 美元，到 2013 年 4 月涨到 266 美元。2013 年 11 月 29 日，在 Mt.Gox 平台上一个比特币一度涨至 1242.00 美元，而同一时间黄金价格为一盎司 1241.98 美元，比特币价格首次超过黄金价格，随后几分钟比特币狂跌 13%。据比特币统计网站 BitCoinCharts 数据显示，截至 2013 年 12 月 1 日，以人民币结算的比特币交易总量占到全球比特币交易总量的 61.73%。中国人民银行、工业和信息化部、中国银行业监督管理委员会、中国证券监督管理委员会、中国保险监督管理委员会于 2013 年 12 月 5 日印发了《关于防范比特币风险的通知》（银发〔2013〕289 号），文件中明确了比特币的性质，认为比特币不是由货币当局发行，不具有法偿性与强制性等货币属性，并不是真正意义的货币。从性质上看，比特币是一种特定的虚拟商品，不具有与货币等同的法律地位，不能且不应作为货币在市场上流通使用。但是，比特币交易作为一种互联网上的商品买卖行为，普通民众在自担风险的前提下拥有参与的自由。

### 三、货币的计量

全社会的货币数量怎样统计和计算，是一个非常现实的问题。由于现代经济中的货币供给，主要是指由银行系统提供的现金和存款货币，因此，人们一般说的货币供应量就是指一个国家在一定时点上存在于个人、企业、金融机构、政府等部门的现金和存款货币的数量。但是，从社会总需求管理的角度看，能够形成社会购买力影响经济和市场价格的，并不仅仅是现金和存款货币。在现实的经济生活中，人们往往还将货币的范围扩展到一些流动性较强的短期证券，如国库券、商业票据等，因为它们可以容易地转换为现金或活期存款而成为现实的购买和支付工具。

（一）国外的计量口径

国际货币基金组织采用的货币供应量计量口径是：货币和准货币。其中，货币包括银行以外的通货和私人部门的活期存款，准货币则包括定期存款、储蓄存款和外币存款之和。美国的计量口径是：$M_1$、$M_2$、$M_3$、L、和 Debt。其中，$M_1$ 包括：财政部、联邦储备银行和各存款机构金库之外的通货、非银行发行的旅行支票、各种活期存款、可转让支付命令账户（NOW）、自动转账服务账户（ATS 账户）等近似活期存款账户的存款。$M_2$ 包括：$M_1$、商业银行发行的隔夜回购协议存款、美国银行海外分支机构对美国居民开办的隔夜欧洲美元存款、储蓄存款和小额定期存款、货币市场存款账户、货币市场互助基金金额等。$M_3$ 包括：$M_2$、大额定期存款、商业银行和储蓄机构发行的定期回购协议负债、由美国居民持有的美国银行海外机构的欧洲美元定期存款等。L 包括：$M_3$、非银行的社会公众持有的美国储蓄债券、短期国库券、商业票据和银行承兑票据、货币市场互助基金中上述资产的净额。Debt 包括：国内非金融机构持有的美国联邦政府、州和地方政府债务，私人机构在信贷市场上的债务（私人债务包括法人债券、抵押债券、消费信用、其他银行票据、银行承兑票据和其他债务工具）。欧元区的口径是：$M_1$、$M_2$、$M_3$。$M_1$ 包括流通中的现金和活期存款。$M_2$ 包括 $M_1$+2 年期以下定期存款+提前 3 个月通知可收回的存款。$M_3$ 包括 $M_2$+回购协议+货币市场共同基金和货币市场票据+2 年期以下债券。日本的口径是：M′、$M_1$+CD、$M_2$+CD、$M_3$+CD。M′包括：现金和活期存款。$M_1$ 包括：M′和企业定期存款。$M_1$+CD 包括：$M_1$ 和企业可转让存款。$M_2$+CD 包括：$M_1$、定期存款和可转让性存款。$M_3$+CD 包括：$M_2$+CD、邮局、农协、渔协信用组织存款和信托存款。英国的口径是：$M_1$、$M_2$、$M_3$、$M_4$。其中 $M_1$、$M_2$、$M_3$ 与欧洲中央银行对欧元区的计算口径相同。$M_4$包括：流通中的钞票和硬币+全部银行存款+住房互助委员会存款+大额可转让定期存单+商业票据和其他短期票据。

从各国货币供应量的构成内容来看，其基本结构是由现金、活期存款向各类存款和短期证券依次扩展；其层次的划分，在各国不完全相同，但基本标准是一致的，都是根据货币的流动性强弱来划分的。所谓货币的流动性，是指各种货币形态转化为现金所需要的时间和成本的多少，它反映了各种货币形态作为流通手段和支付手段的方便程度。现金和活期存款是直接可以用于购买和支付的货币，因而流动性最强，被普遍列为第一层次。货币的第二层次中，一般包括各类定期存款和储蓄存款，其流动性较活期存款弱。在定期存款和储蓄存款之后的货币一般是加进各类非银行金融机构的存款，属于第三层次。再下一个层次的货币，一般是加进各种短期金融工具，如国库券、银行承兑票据等，其流动性比各种存款弱，比其他长期证券强。依据流动性的强弱来划分货币层次，其目的在于中央银行实施对货币的宏观控制。由于货币的流动性不同，表明货币在流通中作为购买和支付手段的方便程度不同，形成货币购买力的程度不同，对市场供求关系、物价变动等方面的影响也就不同。按照流动性强弱划分货币层次，并进而有区别有重点地加以监测和控制，就可以更好地达到控制货币的效果。就是说，有了依据流动性标准而划分的货币层次指标以后，中央银行的货币控制就有了结构分析和监测的依据。从各国的普遍情况看，流动性最强的$M_1$和次强的$M_2$一般被作为货币量监控的重点。

（二）中国人民银行的计量口径

中国从1990年起开始编制货币供应量统计口径，从1994年10月开始由中国人民银行向社会定期公布货币供应量统计数据。根据2001年7月修订后的统计口径，中国的货币供应量层次为：第一层次$M_0$：流通中现金；第二层次即狭义货币$M_1$：$M_0$+可开支票进行支付的单位活期存款；第三层次即广义货币$M_2$：$M_1$+居民储蓄存款+单位定期存款+单位其他存款+证券公司客户保证金。将证券公司客户保证金计入广义货币$M_2$，是因为证券公司客户保证金主要来自居民储蓄和企业存款，认购新股时，大量的居民活期储蓄和企业活期存款转为客户保证金，新股发行结束后，未中签资金又大量流回上述存款账户。将客户保证金计入$M_2$，有利于准确监测货币供应量。中国的货币供应量口径将现金单独划为第一层次（$M_0$），是出于管理和控制的需要，因为与发达经济体相比，中国居民的消费普遍不使用支票，现金在交易中所占比重较大，使用范围较广泛，单独对其进行监测有特殊意义。

2011年10月起,中国人民银行又将非存款类金融机构在存款类金融机构的存款和住房公积金存款纳入广义货币供应量 $M_2$ 统计范围。就 2011 年 11 月 11 日公布的《2011年10月金融统计数据报告》,中国人民银行向媒体作了专门说明:货币供应量是全社会的货币存量,是某一时点承担流通和支付手段的金融工具总和。随着金融市场发展和金融工具创新,各国对货币供应量统计口径会进行修订和完善。考虑到非存款类金融机构在存款类金融机构的存款和住房公积金存款规模已较大,对货币供应量的影响较大,报告中将上述两类存款纳入广义货币供应量($M_2$)统计范围。对此,人民银行已在公布10月份货币供应量统计数据时予以说明。按完善后的口径,2011年10月 $M_2$ 余额为81.68万亿元,2010年10月 $M_2$ 余额为72.35万亿元,其同比增速为:(81.68-72.35)/72.35×100%=12.9%。随着我国金融创新的不断增多,公众资产结构日益多元化,尤其是近年来商业银行表外理财等产品迅猛发展,由此导致的存款分流若不计入货币供应量范围,必然使货币供应量被严重低估,因此,修订和正式颁布新的反映金融市场发展变化和货币政策要求的覆盖范围更广的货币统计口径已势在必行。近几年来,越来越多的研究结果表明,广义货币供应量数据已经难以对社会总需求和物价做出有效解释,因此,需要找到一个能够更加准确地反映货币与经济关系的变量,使社会总需求的管理更加精准和有效。2010年底,根据"社会融资总量"的变化随时调整货币信贷目标的宏观监测思路和方法得到正式肯定。(参阅专栏二 社会融资规模)

**专栏二 社会融资规模**

2010年12月中央经济工作会议和2011年政府工作报告提出"保持合理的社会融资规模",社会融资规模成为宏观监测的重要指标之一。

社会融资规模是指一定时期内(每月、每季或每年)实体经济(即企业和个人)从金融体系获得的全部资金总额。这里的金融体系是整体金融的概念。从机构看,包括银行、证券、保险等金融机构;从市场看,包括信贷市场、债券市场、股票市场、保险市场以及中间业务市场等。它主要由三个部分构成:一是金融机构通过资金运用对实体经济提供的全部资金支持,主要包括人民币各项贷款、外币各项贷款、信托贷款、委托贷款、金融机构持有的企业债券及非金融企业股票、保险公司的赔偿和投资性房地产等。二是实体经济利用规范的金融工具,在正规金融市场,通过金融机构信用或服务所获得的直接融资,主要包括银行承兑汇票、非金融企业境内股票筹资及企业债的净发行等。三是其他融资,主要包括小额贷款公司贷款、贷款公司贷款、产业基金投资等。

具体到统计指标上,目前社会融资规模包括人民币贷款、外币贷款、委托贷款、信托贷款、银行承兑汇票、企业债券、非金融企业境内股票融资和其他金融工具融资八项指标。随着我国金融市场的发展和金融创新的深化,实体经济还会增加新的融资渠道,如私募股权基金、对冲基金等。未来条件成熟,可将其计入社会融资规模。

初步统计数据显示,近年来我国社会融资规模快速扩张,金融对经济的支持力度明显加大。从 2002 年到 2010 年,我国社会融资规模由 2 万亿元扩大到 14.27 万亿元,年均增长 27.8%,比同期人民币各项贷款年均增速高 9.4 个百分点。2010 年社会融资规模与 GDP 之比为 35.9%,比 2002 年提高 19.2 个百分点。与此同时,金融结构呈现多元发展,金融对资源配置的积极作用不断增强。具体表现为:一是 2010 年企业债融资和非金融企业境内股票融资分别占同期社会融资规模的 8.4%和 4.1%,其中企业债融资比 2002 年上升 6.8 个百分点。二是金融机构表外业务融资功能显著增强。2010 年银行承兑汇票、委托贷款和信托贷款分别占同期社会融资规模的 16.3%、7.9%和 2.7%,分别比 2002 年高 19.8、7.0 和 2.7 个百分点。

传统的金融与经济关系,一般是指银行体系与实体经济的关系。较长时期以来,我国宏观调控重点监测和分析的指标是 $M_2$ 和新增人民币贷款。在某些年份,新增人民币贷款甚至比 $M_2$ 受到更多关注。近年来,随着我国金融市场快速发展,金融与经济关系发生较大变化。金融市场和产品不断创新,金融结构多元发展,证券、保险类机构对实体经济资金支持加大,对实体经济运行产生重大影响的金融变量不仅包括传统意义上的货币与信贷,也包括信托、债券、股票等其他金融资产。2010 年全年新增人民币贷款 7.95 万亿元,同比少增 1.65 万亿元,但是实体经济通过银行承兑汇票和委托贷款从金融体系新增融资达 3.47 万亿元,占社会融资规模的 24.2%,同比多增 2.33 万亿元。宏观监测迫切需要一个更为合适的、能够全面反映金融与经济关系的中间指标,即社会融资规模。只有将除贷款外的其他融资,即金融机构表外融资业务如银行承兑汇票、委托贷款、信托贷款等,以及直接融资都纳入统计范畴,才能完整、全面地监测和分析整体社会融资状况,也才能从根本上避免因过度关注贷款规模而形成的"按下葫芦浮起瓢"的现象。

(本专栏资料摘自中国人民银行 2011 年第一季度《中国货币政策执行报告》)

## 专栏三 电子信息货币的诞生

网络型电子货币是通过互联网络等系统,对货币的有关数据进行电子信息处理。目前推动的智能卡中,智醒钱(Vish Cash)和职能卡(Mondex)比较成功。

Vish Cash 由 VISA 组织推动,任何一家参加银行都可以发行。Vish Cash 有较强的资料存储和严密的交易验证功能,使用方便,安全性强。Mondex 由英国的兰特·威斯特集团首创，后由欧美 17 家银行持股，1996 年由万事达组织控股，并在全球推行。Mondex 在卡与卡之间可以直接进行资金划拨，不需通过第三方清算或认可，目前正在准备移植到互联网络上去。国外银行业普遍认为，智能卡的时代将彻底改变我们的支付方式，预言全球性货币新时代即将到来。1995 年 10 月，美国圣路易的马克·吐温银行首家推出名为 Digi 现金的电子货币，它由荷兰阿姆斯特丹和尼德兰的 Digicash 公司设计。为了实现交易，买卖双方都必须在马克·吐温银行的全球货币入口账户上有存款。买方必须通知马克·吐温银行把资金从他们的全球货币入口账户转进他们账户的 E-cash 生成器中。E-cash 生成器作为一个个人的缓冲账户，在任何时候买方都可以使用他们的计算机访问远程生成器并从中取出资金存到自己 PC 机的硬盘上。这种电子资金形成已经是一个完全电子化的过程——一套安全和唯一的 01 码。因此，人们可以把 E-cash 生成器或顾客硬盘中的资金看做一个电子钱包。客户在银行开立 E 货币账户并存入 200 美元，购买银行提供的软件，即可得到电子钱包。这张外形像信用卡但其中装有芯片的智能卡，能移入、储存、记载和移出货币信息。客户在家庭 PC 银行的读卡机上，通过专用软件和国际网络与开户银行连线后，可从自己的存款账户中领钱装"满"电子钱包，以便外出使用，或办理转账支付及投资。电子现金的发行和交易模式比较独特，客户需用电子现金进行支付，先通过 Digicash 公司的电子钱包软件创建一定价值的"空白货币符号"，再传送至银行，经银行确认并从客户账上借记等额款项后才生效。银行也同一些接受电子现金的商家建立实时连线，客户通过与互联网连接的商店，享受一下家中电视购物的乐趣也不是难事。E 货币也可以自我进行程序设定，不仅可以控制消费总额，也可以限制某些类型的消费。E 货币与信用卡比较，前者对银行风险更低。E 货币是现金等同物，因钱货两讫而减少了由延期支付形式带来的信用风险。随着银行高科技的发展，货币日趋脱离它的基础而独立存在，从真实货币走向虚拟货币，从实物可视的货币走向不可视的电子流货币。在网络中流通的电子信息货币，终将彻底改变货币的存在形式，在银行业中掀起一场货币革命。

另一种电子现金是赛博硬币（Cyber Coin），它是由赛博现金（Cyber Cash）推出的在互联网上进行电子支付的系统。和 Digi 电子现金的见票即付不同，赛博硬币属于簿记模式，其进行支付时并不真正转入客户 PC 中的账户或赛博现金的钱包，而是通过一个赛博现金的银行设立的代理账户对交易情况进行记录。赛博现金实际上是一个交易记录系统，待交易累积到一定程度再通过自动清算所进行清算。其优势一是簿记的特点，能接受多种形式的支付；二是充分利用了现有的清算系统，容易被银行接受。

（本专栏资料摘自姜建清著：《金融高科技的发展及深层次影响研究》，中国金融出版社，2000 年 5 月，第 39 页）

## 第二节 货币的微观功能

货币的微观功能是指货币在满足微观经济主体或经济单位从事交易、支付、价值衡量和价值贮藏等经济活动需求方面而具备的功能。这里不涉及货币在全社会范围内分配社会总产品,开发、组合社会经济资源,推动经济增长等宏观方面的功能。货币在微观经济活动中的功能主要有以下几个方面:

### 一、流通手段或交易媒介

经济主体之间的商品和劳务的交易活动是最经常的经济活动,货币是完成这种经济活动的重要工具。由于货币在商品交易中充当媒介,才使商品在不同的主人之间顺利地实现了转换或流通。因此,从功能的角度出发,货币首先表现为一种流通手段或交易媒介(Medium of Exchange)。

商品交易的实质是物质交换,是商品生产者以自己生产的对社会的使用价值换回他人生产的对自己的使用价值。这种交换,在一般等价物未出现以前,采取直接物物交易的形式,后来发展为以货币充当一般等价物,先出卖商品换回货币,再拿货币购买商品的间接交易的形式。从交易的目的和物质内容来看,这个过程的起点和终点都是商品,是以商品换商品,货币只不过是商品借以实现交易的手段。以货币作媒介的交易方式是一种进步的交易方式,因为它与直接物物交易方式相比,大大降低了交易成本,提高了交易的效率,交易者各方不需要花费大量的时间、人力和物力去寻求交易对象所要求的商品或劳务的品种、数量、质量、供货时间与自身对这些要求的巧合,而只需将自身的商品或劳务换成能够与其他任何商品或劳务在任意时间交换的工具——货币,交易的最终完成就不成问题了。

商品交易采取以货币为媒介的形式以后,由交易而产生的商品生产者之间的社会经济联系就不再像直接物物交易时那样简单了(即在同一时间和地点卖者出卖商品,买者购买商品,关系便告结束,与他人无关),而是变得广泛而又复杂。由于交易过程分解为卖和买两个独立环节,因而使买卖关系向外延伸。商品所有者在出售自己的商品时是卖者,出售商品得到货币后又成为买者,而另一种商品的所有者又成了卖者,他出售商品拿到货币后还不知再去购买哪一个商品所有者的商品呢!交换过程连续不断,使商品所有者的社会经济联系不断加深,他们之间形成了一条买卖关系的锁链。一旦其中有一个商品所有者卖而不买，货币停留在他手中，就会导致一系列商品不能出卖，从而使商品流通过程中断。这就说明，在商品流通条件下，已经形成了货币对商品流通的制约机制，货币的媒介作用成为保证商品流通正常进行的条件。

铸币和纸币是两种现实的流通手段，是流通手段最一般的存在形式。

作为流通手段的金属货币，起初是以不同形状（如条、块等）、不同成色和不同重量的金属直接出现的。随着交换的发展，这种形状、成色、重量等的不统一越来越暴露出它的缺陷来，每次交换都须称算货币的重量，鉴定其成色，很不方便。为了克服这种缺陷，一些有名望的大商人开始在自己的金属条块上烙上印记，以自身的信誉来保证货币的重量和成色，这就是铸币的雏形。后来，国家信誉取代了私人信誉，一种由国家铸造的具有一定形状、重量、成色和面额的金属货币便产生了，这就是铸币。

纸币根源于铸币。一开始的铸币与金属条块并无本质区别，只不过统一了形状、成色、重量，打上了一定的面额而已。但是，随着铸币在流通中渐渐磨损，其重量和成色与面额便发生背离，变为名义价值高于实际价值的不足值的铸币。然而，由流通手段的特点所决定，这种不足值的铸币会照常为人们所接受。人们习惯于按货币的面额来购买商品，并非关心货币是否足值。因为，货币作为流通手段，在交换者看来，只是手段，而不是目的，人们真正关心的是手中的货币能够换得多少商品。这就说明，作为流通手段的货币不一定需要十足价值的货币商品。这一规律被国家掌握后，就开始有意铸造不足值的货币，用来集中更多的社会财富。货币的名义价值和实际价值相背离的程度因此越来越大，最终导致国家强制发行完全没有价值的货币——纸币，来充当流通手段。可见，纸币是由国家发行并强制流通的货币，它与货币商品具有同等的购买能力。

货币能否发挥流通手段职能，主要取决于货币的币值。币值不稳定，会引起商品流通混乱，严重时甚至会导致普遍拒绝接受货币，恢复物物交换，使货币完全丧失流通手段职能。

## 二、价值标准或计算单位

交易、借贷、工程建设等各种经济活动，离不开对标的物的价值计量和测算，货币代表一定的价值单位，可用以衡量其他一切商品、劳务、资产、负债、工程等的价值量大小，使各种价值物相互之间可以方便地进行比较，货币的这种功能被称为价值标准（尺度）或计算单位（Standard of Value or Unit of Account)。

在一个没有货币介入的经济社会中，商品之间的价值比较或交换比率的确定是极其困难的。假定有 A、B、C、D 4 种商品的价值需要比较，如果你已经知道了 A 与 B 的交换比率和 B 与 C 的交换比率，你可推算出 A 与 C 的交换比率，但如果你已知的是 A 与 B 的交换比率和 C 与 D 的交换比率，那么，要想知道 A 与 C、A 与 D 或 B 与 C、B 与 D 的交换比率可就难了。若要使这 4 种商品相互之间都能方便地实现等值交换，你必须知道 6 种比率。如果是 40 种商品，你就得知道 780 种比率；如果是 400 种商品，你就得知道 79800 种比率；如果是 n 种商品，你就得知道 n（n-1）种比率。有了货币后，由货币作为价值的统一标准，一切商品的价值都表现为同一货币单位的一定数量，即表现为价格。每种商品都有了价格，相互之间的价值比较或交换比率的确定就很简单了。比较 400 种商品的价值孰大孰小，只要看看有 400 个价格的价码表就可以了，而根本不需要知道 79800 种比率。

价格是货币充当价值标准的具体形式，是商品价值与货币价值（币值）的对比。它与商品的价值成正比例关系，与币值成反比例关系。金属货币的币值一般表现为币材的价值，纸币的币值表现为纸币的购买力即它和一切商品直接交换的能力。因此，商品价格在金属货币和纸币条件下，具有不同的决定规律。马克思的货币理论认为，商品价值的大小是由凝结在商品中的劳动时间决定的，价值的真正尺度是劳动时间，货币只是一种相对尺度。因为，生产商品所实际耗费的劳动并不一定就是社会承认的劳动。一定量的商品换为一定数量的货币，只证明了生产这些商品所耗费的劳动为社会所承认的部分。实际劳动耗费较多的商品不一定表现为较多的货币。同样，实际劳动耗费较少的商品，也不一定表现为较少的货币。货币价值尺度能否正确反映商品价值，取决于商品市场的供求状况，取决于人们对货币价值尺度职能的正确运用。

### 三、价值贮藏手段

货币作为一般购买力的代表，通过推迟它用来交换实际物品和劳务的时间，能够为将来保存价值或财富。生产者和经营者通过货币贮藏以备不时之需或调节生产经营规模，消费者通过货币贮藏来安排有限的消费需求。从理论上讲，当货币被当作价值或财富而被人们保存起来，退出流通领域，处于静止状态时，就是其发挥价值贮藏功能，货币因此被看作一种价值贮藏手段（Store of Value）。

以货币为媒介的商品交换，使商品在不同的所有者之间转手运动，形成商品流通，但有一个前提就是货币必须不间断地作为流通手段，就是说，商品所有者在出卖了商品得到货币后就马上购买，使货币始终处于流动状态。但事实上，却往往存在卖和买相互脱节的情况，因为既然卖和买已经分裂为两个相对独立的过程，就有独立发展的可能，就有卖而不买的可能。而且，客观上也有卖而不买的必要，如：农民通常在夏秋季节出卖农副产品，在春季到来之前才购买生产资料；一些生产者在出售商品后，一时买不到所需生产资料或为某专项工程积累必要的货币资金而暂时不买；一些劳动者在出卖劳动力获得货币收入后准备用于未来所必须的集中性消费而暂时不买等。一旦出现这种商品流通过程的中断现象，卖了之后不马上购买，货币就停留在出卖者手中，从而退出流通领域，处于静止状态，这时货币就由流通手段转化为贮藏手段。当然，这只是理论上的抽象说明，货币退出流通多长时间才算是贮藏手段，并没有一个客观的界限，只能根据考察货币流通状况的实际需要来确定。

货币作为贮藏手段，是价值贮藏的必然要求。因为，以实物形式贮藏价值往往受实物性质、存放空间等客观条件限制，以债券、股票等形式贮藏，要受证券信誉、流动性等的限制。而货币是一般的价值形式和购买手段，因而是社会财富的一般存在形式，以货币形式贮藏价值优越于其他任何一种贮藏形式。

需要指出的是，货币能否作为贮藏手段，与货币的具体形式没有必然联系。无论是价值十足的金币还是没有价值的纸币，只要币值长期稳定，不会随着时间的推移而给贮藏者带来损失，就可以充当贮藏手段。因为货币作为贮藏手段，只是财富保存的形式，而不是财富本身。人们真正关心的是所保存的货币能否最终兑现为财富的实体——商品。果能如此，以什么货币材料来保存，便是无关紧要的事。那种认为，作为贮藏手段的货币，必须是具有十足价值的金属货币或贵金属的看法，实际上是把价值贮藏的手段与目的搞颠倒了。当然，并不排除金属货币充当贮藏手段要大大优越于纸币，因为金属货币的币值由币材本身的价值作保证，而纸币的币值却完全取决于流通过程，稳定性相对较低。

## 四、支付手段或延期偿付标准

货币不仅在现时的商品交易中充当媒介，而且被用来签订一切长期性的交易契约，使契约的履行具有统一的标准。现代经济生活中的种种支付，如清偿债务、交纳赋税、借贷以及支付租金、利息、工资等，都是用货币完成的，因此，货币是一种支付手段或延期偿付的标准（Standard of Deferred Payment）。

从理论上讲，作为支付手段的货币与作为流通手段的货币不同，它并不伴随商品运动，而是货币的单方面转移。支付手段功能最初是由商品赊销引起的。商品流通一开始只有一种单一的形式即现金交易，货币作为媒介物与商品同时相向运动。后来，这种"一手钱一手货"的现金交易不能适应日益扩大的商品流通的需要，出现了商品赊销行为：卖者先出让商品，买者给卖者一种观念上的购买手段——到期支付的允诺，于是买卖关系变成了债务关系。买者作为债务人，必须在约定期限到达后支付货款。可见，债务清偿代替了交换媒介，货币的支付手段职能代替了流通手段职能，使商品交易在买者一时缺乏现金的情况下得以实现，克服了现金交易的缺陷。实际上，在商品交易中还有另一种情况，有些销路明确，但生产周期长、耗资大、生产费用不足的产品，往往需要购买者预付货款，使货币在商品让渡以前单方面由买者向卖者转移，发挥支付手段职能。

以支付手段实现商品交易，可节约流通中的现金量。因为在交易者之间，总有相当部分债务可以相互抵消，不用付款即可清偿。

商品经济发展到一定程度，经济的货币化程度也随之加深。货币的支付手段职能不仅作用于商品流通，而且扩展到商品流通之外。工资、赋税、地租等都由实物形态变为货币形态，单纯的货币借贷也发展起来。在当代，财政和信贷收支都是以货币作为支付手段来完成的，两者都具有集中、巨额的特点。由此可见，货币的支付手段功能在经济生活中变得越来越重要了。

### 五、国际经济交往中货币功能的特点

经济主体在国际间相互往来，尤其是国际贸易活动中，都是离不开货币的。但是，货币在国际间发挥职能具有不同于国内的许多特点，主要表现在：

第一，价值尺度复杂化了。国际贸易中商品与劳务的价格，要通过两国货币的兑换比率即汇价迂回地反映。

第二，支付手段职能用以平衡国际收支差额。当国与国之间发生政治、经济、文化等交往后，会引起相互之间的货币收付，经过相互抵账以后，最后的差额需要付方国家来支付。它不同于国内日常交易中的支付手段。

第三，流通手段职能一般只在国际间惯常的关系发生破坏时才起作用。如战争期间购买别国商品一般必须以国际公认的货币商品进行现金交易。与

国内流通手段职能不同，国际交易中的流通手段不仅是交换的媒介，而且往往是与其他商品对等交换的货币商品。

第四，国际化的贮藏手段必须是贵金属或币值长期稳定、国际信誉较高的货币。在特定条件下，它们可以作为社会财富的一般形式，由一国转移到另一国。

货币以什么形式在世界范围内发挥职能，并不是一成不变的。起先，它必须是"脱掉国家制服"的贵金属。后来，随着纸币制度在世界范围内普遍推行以及世界货币体系的形成，使一些国际化的货币单位（如特别提款权）和个别国家的货币（如美元、英镑、德国马克等）成为"世界货币"，为各国普遍接受。在今日的欧洲，还出现了"欧元"这样的具有独立性和法定货币地位的超国家性质的货币，它具备货币的全部职能。它的出现，标志着在世界的局部范围内，已经开始存在没有国别的统一货币。可见，货币职能能否对外扩张，并不在于货币是不是黄金，而在于货币能否成为国际公认的一般等价物。当然，黄金作为"世界货币"有着强大的历史惯性。直到今天，黄金仍然不失为一种良好的国际支付手段、购买手段、财富贮藏与转移手段。我们必须面对这一事实，重视黄金的生产和储备。

## 第三节　货币的效用

货币的效用是指货币的使用者从使用货币中得到的各种满足，是货币的各种功能在货币使用者身上的具体体现。人们有时安于将货币长期保存起来，有时却急于将其抛出换为实物、债券等其他资产，有时还会处于持币待购状态，这在很大程度上都是基于他们对货币效用的不同判断。在现实生活中，货币对其使用者的效用主要有如下几个方面：

### 一、供应流动性

货币作为被普遍接受的交易媒介和支付工具，最具有周转的灵活性，或者说具有最强的流动性。这种流动性使人们便于随时进行交易和应付日常支出。现代经济中的经营单位、家庭或个人，其经济活动的内容主要是通过货币收入和支出完成的，在取得收入和将其支出之间的时段中，货币持有为他们提供了应付商品和劳务支付的最灵活的形式。在工商企业的财务分析中，资产项目中的货币资产数量的多少，是反映企业即期偿付能力的最重要的指标。在商业银行的财务分析中，现金资产被作为"第一准备金"，其数量多少直接反映了一家银行的流动性和安全性程度。

货币为其使用者带来方便交易和支付的效用，在特殊情况下表现为保有货币的潜在收益（Potential Interest of Holding Cash），即当货币以外的其他资产的价格发生较大波动时，保有这些资产要承担可能遭受损失的风险，要失去交易和支付的便利，而这种风险和损失则表现为货币保有者选择货币资产的相对收益。在现代货币制度中，货币本身虽然不包含价值，只能代表一定的价值并在实际的购买和支付活动中去实现其所代表的价值，但是，货币保有者却能够在货币带来方便和避免风险中获得潜在收益。

## 二、预防不测

货币是一般性的购买手段和支付手段，代表着对实际财富的索取权，如果货币价值能够长期保持稳定，那么，它作为财富索取权的这种功能就不会随着时间的推移而发生改变。这种价值贮藏功能使货币保有者能够将货币的购买、支付能力或财富索取权推延到将来使用，以防将来可能发生的一些不可预料的或不确定的支出。在通常情况下，一个有理性的家庭或个人总不愿将其货币收入全部用完，而是将其中一部分保存起来，以应付将来可能遇到的失业、生病、意外灾难等不时之需。一个追求安全运营的经济单位，经常保留一定数量的货币资金，在意外情况出现时，就可以应对自如。货币对其保有者的这种预防不测的效用，在货币价值越稳定的条件下就表现得越充分。

## 三、转换资产和转移财富

人们的财富是以各种不同的资产形式存在的，如：房屋、用具、贵金属、饰品、字画、古玩、股票、债券、货币等。一般来说，货币以外的其他各种资产在相互转换时都受到其质量、价格、市场需求等种种因素的制约，而货币作为一般等价物，作为索取财富的一般性工具或权力，在转换为其他资产形式时，却不存在由于自身的质量、价格、市场需求等诸多原因而被拒收的障碍。在各种资产形式中，货币是最具灵活性或流动性的资产，它能够给其持有者带来自由转换其他资产的方便。同样，由于货币是价值的一般存在形式，其效用还表现在当财富需要在经济主体之间相互转移或需要在地区之间、国与国之间相互转移时，它也是最为方便和灵活的形式。

## 四、投机

市场经济中存在着各种各样投机谋利的机会,理论上在分析投机问题时,通常是以买进债券获得利息,或在债券价格发生变化时获得价差收益为其典型形式。人们把握投机机会,需要有各种准备,如及时的市场信息、必要的知识积累、必要的工具设施等,这些准备能够使投机者获得准确的市场判断力。但只有这些还不能说就一定抓住了投机机会。在对市场有了准确判断之后,唯一不可或缺的就是实际的购买和支付能力了。货币是一般的购买手段和支付手段,又是最具周转灵活性和方便性的资产,在市场上,假定人们的信息、知识和技术条件等是完全相同的,那么,在机会面前,幸运者一定是那些持有充足的货币而等待有利价格出现的投机者。

## 五、提升信誉

在经济生活中,信誉是一个经济单位与其他经济单位正常交往的先决条件,也就是我们常常听到的"信誉第一"的说法。一个经济单位的信誉是高还是低,可以通过许多反映其总体实力的指标显示出来,如:资产总量、销售总额、利润总额等。在广泛存在信用联系的情况下,人们判断一个经济单位的信誉高低,不仅要看这些反映总体实力的指标,还要看一些反映其现时财务运营状况,尤其是对外清偿能力状况的指标,如:流动性比率、负债偿付能力比率。流动性比率是测量经营单位即期偿债能力的指标,主要包括流动比率(Current Ratio)、速动比率(Quick Ratio or Acid-rest Ratio)、变现比率(Cash Ratio)、平均收账期比率(Average Collection Period Ratio)、存货周转率(Inventory Turnover Ratio)等五种比率。负债偿付能力比率是直接反映经营单位及时偿还各种借款本息能力大小的指标,包括利息偿还比率(Interest Coverage Ratio)和总负债偿还比率(Total Debt Coverage Ratio)(详细内容请查阅专述企业财务分析的书籍等)。这些指标的正常或改善,主要取决于经济单位保有货币数量的多少和其他资产转换为货币的能力大小,在总体实力相当的两个经济单位的信誉对比中,优胜者自然是即期偿付能力强的一方,制胜的关键就在于他重视了对货币的安排,是货币给他带来了提升信誉的效用。

如同消费者从增加一个单位的商品或劳务中所得到的追加满足即边际效用呈递减规律一样,人们在货币保有量不断增加过程中得到的追加满足或者说货币的边际效用,也呈现出递减的规律。货币保有者保有货币的数量越多,他们从增加的货币保有量中得到的追加满足就越小。年货币所得 10 万元人民币的人比只有 5 万元人民币的人生活状况要好，但前者的 1 元人民币的重要性要比后者的小。更极端一些说，一个货币所得丰足的人和一个穷困潦倒的人相比，增加一个单位的货币对他们各自的重要性有着天壤之别。这说明货币的边际效用对于具有不同货币所得状况的人来说，是不同的。但是，对于同一个货币保有者来说，只要他的货币所得状况不变，货币的边际效用就不变。

**本章重要概念**

货币　Currency　　　　　　　　重金主义　Bullionism
货币名目论　Nominalism　　　　价值形式　Forms of Value Expression
流动性　Liquidity　　　　　　　货币供应量　Money Supply
广义货币　Broad Money　　　　 狭义货币　Narrow Money
铸币　Coined Money　　　　　　纸币　Paper Currency
信用货币　Credit Money　　　　 银行券　Bank Note
存款货币　Saving Account　　　 电子货币　Electronic Currency
价值尺度　Unit of Account　　　 流通手段　Medium of Value
贮藏手段　Store of Value　　　　支付手段　Standard of Payment

**复习思考题**

1．怎样理解重商主义者的货币定义？
2．什么是货币名目论？
3．马克思的货币定义是什么？从价值形式的演变导出货币的产生，其思想逻辑是什么？
4．为什么说货币是核算社会劳动的工具？
5．怎样从流动性角度理解货币的定义和范围？
6．怎样理解货币是信用关系的载体？
7．划分货币层次的意义是什么？货币层次一般是怎样划分的？你对中国的货币供应量统计有何思考？
8．谈谈货币形态演变的基本过程。

9. 谈谈货币在微观经济活动中的主要功能。

10. 你认为在现实生活中货币对其使用者的效用有哪些？怎样理解货币的边际效用？

## 小测试

1. 中国的货币层次中 $M_1$ 包括（　　）。
   A. 现金　　　　　　　　　　　　B. 定期存款
   C. 活期存款　　　　　　　　　　D. 证券公司客户保证金
   E. 储蓄存款

2. 以下属于货币发挥价值尺度功能的是（　　）。
   A. 算出了一套设备的生产成本　　B. 用现金买了件衣服
   C. 发现这家的商品比别处更便宜　D. 偿还了一笔债务
   E. 制定和公布了一张新的价格表

3. 在凯恩斯的货币理论中，货币是（　　）。
   A. 充当一般等价物的商品　　　　B. 价值计算单位
   C. 提供流动性效用的资产　　　　D. 提供灵活性效用的资产
   E. 实际财富

4. 货币发挥支付手段功能时的特点是（　　）。
   A. 交易中钱货两清　　　　　　　B. 货币退出流通，处于静止状态
   C. 钱货运动在时间上分离　　　　D. 货币作为延期偿付的工具
   E. 价值发生单方面转移

5. 价格是商品价值的货币表现，是说（　　）。
   A. 商品价值因此有了绝对的表现形式
   B. 商品价值表现为一定的货币数量
   C. 价格与货币价值成正比例变化
   D. 价格与货币价值成反比例变化
   E. 商品价值由货币相对表现出来

（第一章答案：1. AC　2.ACE　3. BCD　4.CDE　5.BDE）

# 第二章　金融活动的形式和工具

"金融"是一个被广泛应用的概念。在英文中，Finance是金融的统称，表示经费、资金、财源、融资、财务、财政等。[①]在中国的众多教科书和理论著述中，通常把金融概括为货币资金的融通，内容包括与货币流通和信用有关的经济活动，如：货币的发行、回笼、保管、兑换，银行信贷、结算，各种票据和证券的发行、买卖，金银、外汇的买卖以及保险、信托、租赁等等。在"金融"一词的使用上，通常把它与"财政"相对应地区分开来，有偿的资金转移属金融范畴，无偿的资金转移属财政范畴，如把银行信贷资金被企业长期无偿占用称为"信贷资金财政化"，把基本建设资金由财政拨款改为银行贷款（简称"拨改贷"）视为投融资体制的一项重要改革。可见，金融更多地是把货币资金融通与信用连在一起的。信用的基本特征就是价值的有偿转移，那么，金融活动就主要包括那些以有偿方式转移价值或融通货币资金的活动。

本章对金融活动的阐述着眼于微观层面，也就是从各经济主体作为融资主体的角度，阐述存在于经济活动中的主要融资方式或金融活动方式，内容包括商业票据融资、银行信贷、证券融资、信托、租赁、保险等。而宏观层面上的金融活动，如中央银行发行货币、吸收存款准备金、办理再贴现和再贷款、办理公开市场业务等，均属于金融宏观调控和管理的内容，将在本书的宏观部分作专门阐述。[②]

---

① 例如："获得项目所需资金"可说成 get the necessary finance for the project；"为一项业务经营提供资金"可说成 to finance an operation；"巨额融资"可说成 high finance；"金融市场"可说成 finance market；"财政法案"可说成 Finance Act 或 Finance Bill。参阅 P.H.Collin 编著，周丽娟等译的《英汉双解商业辞典》第二版，第198页。

② 按照马克思的再生产理论，货币资金与货币是有区别的，作为资金的货币不是单纯的货币，而是处于再生产过程中能够带来价值增值的货币。根据这样的界定，凡是从事物质产品生产和流转的单位和个人拥有的货币就是货币资金，凡是在生产流通领域之外的单位和个人拥有的货币就是单纯的货币或货币收入。这里不作这样的区分。

## 第一节 储蓄、投资均衡与金融的产生

金融活动主要包括那些以有偿方式或信用方式融通货币资金的活动。那么,金融活动是怎样形成的?各种经济主体是怎样成为参加金融活动的主体的呢?

### 一、储蓄、投资与金融活动的形成

在一个广泛存在商品货币关系的发达的市场经济中,经济单位的各种经济活动一般都是通过对货币资金的获取和支配使用来完成的。经济活动连续不断地进行,表现为货币收入和支出的周而复始的运动。在现代经济理论中,通常把一个家庭、一个企业或一个行使国家职能的政府单位所获得的货币收入在消费之后形成的节约部分称为储蓄,而把货币收入在消费之后用于扩张生产或经营的部分称为投资。凯恩斯在《就业、利息和货币通论》一书中对储蓄和投资的关系作了这样的分析:"虽然储蓄量是消费者消费行为之总结果,投资量是雇主投资行为之总结果,但二者必然相等。"凯恩斯还进一步给出如下公式:

$$所得=产品价值=消费+投资$$
$$储蓄=所得-消费$$

故:
$$储蓄=投资$$

显然,凯恩斯是从宏观意义上得出储蓄与投资的等量关系的。但是,从微观角度看,单个经济主体的储蓄与投资不一定甚至可能经常是不相等的。经济生活的内容十分繁杂,这就决定了各经济主体的货币收支状况也在经常变化。一个时期后收入与支出相比,结果可能是收大于支,也可能是支大于收。我们假定,所有的经济主体(家庭、企业、政府单位)既能作为消费的主体,也能作为投资的主体,也就是说,经济主体的货币收入既可用于消费支出,也可用于投资支出。用于消费支出后节约下来的货币收入即为储蓄,那么,他们的货币收支结果就可以通过储蓄和投资的对比反映出来。当一个家庭、企业或政府单位的储蓄超过投资,或者说有储蓄而无投资机会时,称之为盈余;而当其投资超过储蓄或者说有投资机会而无储蓄时,称之为赤字。如果我们把家庭、企业、政府等所有的经济主体统统都称作"单位",那么,经济生活中就存在三种具有不同储蓄和投资状况的单位,一种是盈余单位,

一种是赤字单位，还有一种是储蓄和投资正好相等的单位。现实生活中，最后一种状况的单位是很少的，经常存在的是众多的盈余单位和众多的赤字单位。对于盈余单位来说，因为他们没有投资机会，储蓄只能作为一种财富的贮藏形式，因此，他们希望为这些闲置的储蓄找到能够获取收益的途径；而对于赤字单位来说，他们有投资机会但却没有可用于投资的储蓄，希望找到外源融资[①]的途径。金融活动以其有偿融资所具有的利益激励满足了盈余单位的收益要求，又以其方便灵活的形式和工具满足了赤字单位的融资要求。就如同以货币为媒介的间接商品交易克服了商品市场物物直接交换在时间和空间上的局限性一样，金融活动克服了货币资金运动中储蓄与投资不均衡的矛盾，那些愿意从事更多的投资活动且有许多投资机会而自身储蓄有限的单位，可以借助于金融活动引入外部储蓄进行超过本期收入的支出；而那些拥有很多储蓄但不愿意投资或无投资机会却又顾及到放弃货币的投资收益而使机会成本增加的单位，可以借助于金融活动使其拥有的储蓄流出本单位而产生增值。可见，金融活动正是在储蓄和投资在各单位之间均衡分布的过程中产生的，在这一过程中，盈余单位成为货币资金的供给者，赤字单位成为货币资金的需求者，作为经济主体的家庭、企业和政府单位由储蓄主体和投资主体变为金融活动的主体。

## 二、各主要经济主体参与金融活动的特征

作为金融主体的家庭、企业和政府单位，由于各自经济活动的内容不同，因而各自的储蓄、投资状况就不同，这就决定了他们各自在作为金融主体时的特点也不同。家庭或个人的储蓄主要来自谋职所取得的货币收入，其支出主要用于消费。通常情况下，大多数家庭的货币支出是以其货币收入为度的，而且往往还会考虑应付将来可能发生的失业、生病、养老、意外灾难等方面的货币需要，将一部分货币收入节余下来。因此，家庭常常是盈余单位，其作为金融主体的基本特征是充当货币资金的供给者。当然，也有许多家庭在提前安排消费时，如提前购买住房或汽车时，会出现赤字。企业的储蓄主要来自实现生产、经营目标后的可支配收入或利润，其支出主要用于投资。企

---

[①] 外源融资（external finance）是指筹资单位面向社会筹集资金的活动。其对称是"内源融资"，即筹资单位依靠自己内部力量筹资的活动。美国经济学家罗纳德·I·麦金农将内源融资定义为：某一特定企业（或经济单位）的投资，是由该企业内部积累的储蓄提供资金的。他认为，内源融资是金融抑制的表现，指出"'内源融资'合理地、准确地描述了欠发达经济的状况，这些国家缺乏有效的货币市场"。参见：麦金农著，卢骢译：《经济发展中的货币与资本》，上海三联书店，1988年3月，第34、76页。

业生产、经营活动的内容不同，其资金循环和周转的特点就不同，这就决定了企业在不同的时期、不同的市场条件下会出现不同的资金盈亏状况。一般来说，企业在创建之初或追求迅速发展时期会出现赤字，生产周期较长的企业在集中采购原材料、支付工资、更新设备时也常会出现赤字。相反，当企业集中获得了销售收入而无采购需求，或当折旧基金已积累到相当规模而无须更换设备、利润积累到相当规模而无好的投资项目时，也常常会出现盈余。但是，从总体上看，多数企业在多数情况下是投资需求大于自身的储蓄供给，它们作为金融主体的基本特征是充当货币资金的需求者。政府单位的储蓄主要来自税收所形成的货币收入，其支出主要用于国家公务、教育、文化、军事、外交等非物质生产经营领域的各种经费开支和公共基础设施、福利设施的建设投资。正常情况下，政府单位的收支状况是受财政预算控制的，如果预算平衡且能严格执行，则收支必然平衡；如果预算盈余且执行良好，其结果必然就是盈余。但经常出现的情况是，即使是一个盈余或平衡的预算，在执行过程中也难免会遇到税收跑漏、支出追加或先支后收等特殊情况，结果导致决算赤字。在经济发展的起步阶段或追求经济和社会的快速发展时期，财政通常还会作出赤字预算。因此，就多数国家的多数年份来看，政府是赤字单位，它们作为金融主体的基本特征是充当货币资金的需求者。

## 第二节 金融活动的特点、形式和工具

### 一、金融活动的特点

随着货币信用经济的发展，微观金融活动方式的种类和数量也越来越多，每种方式都有各自的特点，但从整体上来看，微观金融活动的方式一般具有以下共同的特征：

（一）偿还性

这是指金融工具的发行者或债务人按期归还全部本金和利息的特性。金融工具一般都注明期限，债务人到期必须偿还债券上所记载的应偿付的债务。如一张标明3个月后支付的汇票，其偿还期为3个月；5年到期的公司债券，偿还期为5年等。虽然金融工具一般都有偿还期，但也存在着特例，如股票只支付股息，不偿还本金，因此，它是没有偿还期的。但实际上，由于有价证券可以买卖转让，这样，对于持有者来说，就可以把无期化为有期、长期

化为短期。

不同的偿还期能满足不同债权人和债务人对借贷期限的要求。期限的计算，最有现实意义的是对持有融资工具日与融资工具到期日之间进行的时间比较。如我国 1995 年发行的 2000 年到期的长期国库券的整个偿还期为 5 年，若有人于 1997 年从他人手上购买了这种国库券，那么对于该购买者来说，偿还期就是 3 年。

（二）流动性

这是指金融工具可以迅速变现而不致遭受损失的能力。金融工具一般都可以在金融市场流通转让。金融工具的流动性大小包含着两个方面的含义：一是能不能方便地随时自由变现，二是变现过程中损失的程度和所耗费的交易成本的大小。凡能随时变现且不受损失的金融工具，其流动性大；凡不易随时变现，或者变现中蒙受价格波动的损失，或在交易中要耗费较多的交易成本的金融工具，其流动性小。这样看来，中央银行发行的纸币和商业银行活期存款具有最充分的流动性，政府发行的国库券也具有较强的流动性。而其他金融工具，或者短期内不易脱手，或者在变现时受市场波动影响蒙受损失，或者在交易过程中要耗费相当多的交易成本。一般来讲，流动性与偿还期成反比，偿还期越短，流动性越大；偿还期越长，流动性越小。与债务人的信用能力成正比，债务人信誉越高，流动性越大，反之则越小。大多数债权人都十分关心证券的流动性，流动性越大越喜欢持有，但流动性越大的证券的收益率往往也越低，如完全流动的钞票，其收益率为零。所以，债权人要在流动性和收益率之间做出选择。

（三）收益性

这是指金融工具能定期或不定期地为其持有人带来一定的收入。收益的大小是通过收益率来反映的。收益率是净收益对本金的比率。收益率不仅要考虑利息收入，还要考虑到融资工具的购入成本与其票面金额之间可能存在的差额，而且，计算实际收益时很自然地假设持有证券直到到期日为止。收益率一般有三种表示方法：一是名义收益率，即金融工具的票面收益与票面金额的比率。例如，某种债券票面金额为 100 元，10 年还本，每年利息 6 元，其名义收益率就是 6%。二是当期收益率，即金融工具的票面收益与其市场价格的比率。假如该债券可以在市场上自由转让买卖，某日的转让价格为 95 元，则购入者的当期收益率就是 6.32%（6/95）。三是实际收益率，即将当期收益和资本利得共同计算在内的收益率。若投资者最初以 95 元买入该债券并一直持有到期，那么他每年除了得到利息收益 6 元外，还获得资本盈利 0.5

元（5/10）。这样他每年的实际收益就是 6.5 元，其实际收益率为 6.84%（6.5/95）。

比较以上三种收益率，实际收益率可以更准确地反映投资者的真实收益情况，因而常被金融投资者作为投资决策的基础。

（四）安全性

安全性是指收回购买融资工具的本金的保障程度。融资工具或证券可能遇到的风险有两类：一是信用风险，即债务人不履行合约，不按期归还本金的风险。这类风险的大小取决于债务人的信誉和经营能力，比如政府的债券比一个工商企业发行的债券的信用风险要低得多；风险的大小还取决于证券的类别，比如同一企业发行的证券中，债券的风险最小，普通股票的风险最大，因为当企业破产时，对剩余资产的清偿顺序是：债券—优先股—普通股。二是市场风险，即由于融资工具的市场价格下跌所带来的风险。这类风险与市场利率密切相关，一般融资工具的市场价格与市场利率呈反方向变化，股票、债券等融资工具尤为敏感。

通常情况下，证券的安全性与流动性呈正相关关系，与收益率呈负相关关系。现金钞票具有最大的安全性和流动性，但其收益率为零。

现代经济中的金融活动方式是多样化的，参加金融活动的各个主体可以根据自身的需求和市场条件选择适宜的方式。以下介绍的是几种最主要和最常见的金融活动方式。

## 二、商业信用和票据融资

企业之间在进行商品和劳务交易时，常常会由于各自的生产和经营周期与交易对方的周期不对称，出现资金的一时短缺，使交易受阻。在买方暂时缺乏可用资金，而卖方又确信其资信可靠的情况下，就会自发产生赊销商品、延期付款的商业信用行为。[①]这种自发的商业信用活动解决了商品交易中资金短缺的问题，从形式上看，它只是商品交易方式的一种变通，但从实质上看，它是一种金融活动，是卖方为买方提供了一笔购买货物的资金。

商业信用必然会产生买卖双方的债权债务关系，在信用制度尚不健全的经济社会中，这种债权债务关系的确定是缺乏约束力的，甚至会出现所谓"强

---

① 商业信用是企业之间在商业活动中产生的信用形式，多数情况下表现为卖方以赊销方式为买方提供信用，买方以延期付款方式偿清货款。但有时商业信用也以买方预付货款的形式出现，如生产周期较长的大型设备、农产品等的交易中常常要求买方预交一定比例的订金。

制性商业信用"和"三角债"现象。①而在信用制度发达的条件下,商业信用中的权利和义务是通过商业票据确定的,商业票据成为商业信用活动正常进行所必不可少的工具,商业信用活动中通过货物赊销或预交定金进行融资的简单机制被通过商业票据融资的复杂机制所取代。

商业票据是用以确定商业信用活动中债权债务关系的凭证。在法制国家,商业票据的使用通常以该国颁布的票据法为保证。商业票据的基本特征是:(1)确立商业活动中的债权债务关系。商业票据一经生效,商业活动中的债权人和债务人就成为受商业票据内容约束的票据关系人,各自的权利和义务随之确定。(2)商业票据是一种有价票证,以一定的货币金额表现其价值。这种价值在票据的有效期内一直存在,并且可以随票据持有人的变更而转让。(3)商业票据具有法定的式样和内容。除了在制作技术上规范外,其票面所载内容必须合乎法律要求,一般必须载明票据种类名称、金额、付款人名称、收款人名称、支付日期、发票人签字等各项内容。(4)商业票据的有效性与商业活动的内容和取得票据的过程无关,是一种无因票证。商业票据只载明付款人、收款人、付款日期和金额等抽象的票据要素内容,只要票据是真实的,付款人不得以任何理由拒付。(5)商业票据是可以转让流通的。商业票据有确切的偿还期限,在偿还期到达时,债务人支付票款,持票人则将票据交还债务人,票据关系随债权债务关系的终结而消失。但在偿还期到达之前的票据有效期内,票据的持票人是可以变更的,这种变更引起了票据的转让和流通,也使资金融通有了更灵活的形式。

商业票据有商业汇票和商业本票两种基本形式。商业汇票是一种命令式票据,通常由商业信用活动中的卖方对买方或买方委托的付款银行签发,要求买方于规定日期支付货款。商业汇票必须提交债务人承认兑付后才能生效,这种承认兑付的手续称为承兑。由商人自己承兑的汇票叫商业承兑汇票,由银行承兑的汇票叫银行承兑汇票。后者的信誉要高于前者,因为银行办理承兑后即担负到期向持票人或受款人付款的责任,银行承兑汇票是以银行信用作为最后付款保证的汇票。商业本票是一种承诺式票据,通常是由债务人签发给债权人承诺在一定时期内无条件支付款项给收款人或持票人的债务证书。商业本票一经签发即可生效,而无须承兑手续,一般只有那些信用等级较高的大企业才能取得发行本票的资格。

---

① 强制性商业信用,是指商业信用中的应付方拖欠不付,应收方被迫接受长期收不回的债权。"三角债"是强制性商业信用的蔓延形式,是众多企业之间形成债务链的形象说法。

商业票据既是用以证明债权债务关系的凭证，又是融通资金的重要工具。商业票据在签发时，无须担保和抵押品。票据一经生效，交易活动中的买方就以负债的方式代替了即期支付，得到了资金融通。对于卖方来说，货物售出后并未得到现款，而是以票据约定了将来收款的期限，但这并不意味着这笔资金一直会被占压到票据到期之日。当需要资金时，可以将手中的票据作多种处理：(1) 背书转让。在相互了解信用状况的企业之间，商业票据可以直接充当支付手段用于购买商品或清偿债务，接受转让的受票人在需要资金支付时还可以再行转让票据，这样，商业票据事实上就代替了交易中所需的货币资金，并在市场上流通周转。票据在转让时要经过背书手续。所谓背书，就是指票据的持票人在转让票据时，在票据背面签章并作日期记载，表明对票据的转让负责。持票人经背书转让了票据后，就成为票据的背书人。多次转让的票据，就会有多个背书人。背书人要对票据的清偿负连带责任。当票据到期，持票人要求承兑人付款而遭到拒绝时，背书人和发票人将依次承担付款责任。(2) 票据贴现。商业票据的持票人在需要资金时，可以将持有的未到期票据提交给银行，银行按照票面金额扣除利息后将余款付给票据持有人，收进票据，待票据到期后，由银行向付款人收款。显然，票据贴现是持票人通过向银行转让票据而获得资金的行为，其实质是持票人将票据出卖给银行，从而提前收回垫付于商业信用活动中的资金。对于银行来说，办理贴现业务就是发放了一笔短期商业贷款，是以银行信用来保证商业信用，是以银行贷款来润滑商业票据的流通。(3) 票据抵押。商业票据的持票人可以通过向银行申请贴现的方式得到资金，也可以将票据作为抵押物向银行申请抵押贷款。票据抵押贷款的期限不超过票据未到期的期限。与贴现不同的是，作为抵押的票据并不是由银行在票据到期时向票据的债务人收款，而是在贷款期限到达时由借款人向银行还贷赎票；只有在不能还贷赎回票据的情况下，银行才处理票据。通过票据抵押获得贷款的金额也少于贴现额。贴现额为票据面额扣除自贴现之日起到票据到期日为止的利息，其大小主要取决于利率水平。而抵押贷款额为票据面额扣除一个"垫头"，"垫头"就是银行根据对借款人信用状况和票据质量的判断而确定的票据面额与贷款额的差额。银行为防止借款人不赎回票据而蒙受损失，通常要扣除票据面额的 20%～40% 作为"垫头"。

商业票据有了上述背书转让、贴现、抵押等变通形式之后，票据的融资功能大大增强了。在发达的市场经济中，已经形成了规范有序的票据市场，它是企业实现流动资金正常、高效运转所必要的市场。票据市场是票据被作为融资工具灵活运用的结果,而这一市场的发展又进一步强化了票据的融资功能。商业票据作为融资工具的意义大大超过了它用来证明商业信用中债权债务关系的意义,甚至大量出现了没有真实商业交易作基础,而以纯粹的市场筹资为目的的融通票据。融通票据又可称为金融票据或空票据,它是在当事人双方没有发生真实商业交易的情况下直接达成协定后产生的,一方作为债权人签发票据,另一方则作为债务人表示承兑,发票人要在票据到期前把款项交给付款人,以备付款人清偿之用。融通票据一经签发,由协议产生的债权人就可将所持票据拿向银行取得票据抵押贷款,以达到融资的目的。在实际生活中,融通票据的发行有多种形式,有商人发票商人承兑的,也有商人发票银行承兑的,还有银行发票银行承兑的。无论在哪种形式下,通常都是先由需要筹资的一方向愿意承兑的一方申请承兑信用额,在其允许的额度内开立以承兑方为付款人的融通票据。融通票据虽然不反映真实的商品交易,只是为获取资金而签发,但它一经进入市场后,就与真实商业票据一样流通,一样能进入银行成为通货的准备金,因此,就作为融资工具这一点来说,真实商业票据和融通票据实际上是没有区别的。现实的商业票据市场中,人们关心的是票据由谁发行,由谁承兑和购买,而不是票据产生过程中的交易内容。随着票据市场的发展和金融的不断创新,商业票据不仅大量由银行承购,而且也大量由保险公司、养老基金、非金融企业、地方政府等承购;不仅被用来筹措短期周转资金,而且也被用来解决中期资金周转问题。[①]

### 三、银行信贷

银行信贷是银行吸收存款、发放贷款等活动的统称,[②]它是以商业银行、储蓄贷款协会、信用合作社等金融机构为信用中介的金融活动的最主要形式。所谓信用中介,是指在信用活动中由金融机构充当货币资金贷出者和借入者的集中代表,使借贷双方在不直接接触的情况下建立信用联系,完成融资。银行是各种信用中介机构中最主要的机构,银行信贷是最主要、最具代表性的信用中介活动。在银行信贷中,银行不是简单地为资金贷出者和借入者牵线搭桥,促成借贷双方的资金交易,而是要介入到信用关系之中,通过自身

---

① 许多商业票据采用循环发行的方式,达到中期周转的融资目的。票据发行人在一个中期(5~7年)发行一连串短期票据(通常为3~6个月),滚动偿还,承诺包销票据的银行则为发行人安排"票据发行便利"(Note Issuance Facilities),即承诺购买借款人卖不出去的所有票据或提供信贷额度支持。

② 银行信贷的狭义概念专指银行贷款,如:工商信贷即工业贷款和商业贷款,农业信贷即农业贷款,消费信贷即消费者贷款。

充当债务人和债权人将资金由贷出者引向借入者。银行在吸收存款时，向客户发行债务凭证（存款凭证），客户拥有了对银行的债权并得到支付利息的承诺，其实质是将自身贷出资金的权利卖给了银行。银行将吸收存款得到的资金贷给借款人，拥有了对借款人的求偿权（贷款契约），其实质是为资金的贷出者（存款人）安排好了债权，并从中获取一定收益。可见，银行信贷中银行自身的债务债权角色是介入到资金借贷双方的债权债务关系之中的，银行不是真正的债务人和债权人，而是债权债务关系或信用关系的中介人。通过银行信贷实现的融资是一种间接融资。

银行信贷主要由商业银行的存款和贷款业务构成，内容十分丰富，这里仅仅就存款和贷款的主要类型加以介绍。

（一）银行存款

银行存款是银行以债务人身份引入资金的主要形式，通常分为三种类型：

1. 活期存款（Demand Deposits），是相对于定期存款而言的，是不规定存款期限，不需要预先通知就可随时提取或支付使用的存款。拥有活期存款账户的存户可以用各种方式提取存款，如：开出支票、汇票、电话转账、自动出纳机或其他电子划拨支付手段。在各种提取存款的工具中，最传统和最大量使用的是支票，因此，活期存款也叫支票存款。从活期存款使用目的来看，主要是为了交易的方便，因此，又称其为交易账户。

商业银行经营活期存款业务，既方便了客户的交易和结算，又给自身带来了巨大的利益。对客户来讲，支票一方面可以被他们用于提取现款，但更大量的是用于转账结算，即接受支票者可以把支票所开金额转存于自己的活期存款账户。不仅如此，一张支票往往可以完成许多次支付行为，由一个持有者支付给某个收款人，该收款人收到支票后，也可以继续用该支票支付自身的债务，使支票再转到又一个收款人手中，这样，支票就以流通的方式为交易和结算服务。对于银行来讲，由于活期存款绝大多数并不提取现金，它实际上就可以超过原始存款和自有资本的数量界限来安排资金运用，由此创造了更多的信用量。活期存款是利息成本最低的负债，以活期存款为纽带，银行可以长期建立起与企业的信用联系。

2. 定期存款（Time Deposits），是一种由客户与银行预先约定存款期限的存款。定期存款的期限一般为 3 个月、6 个月、1 年、3 年、5 年，甚至更长。定期存款的利率与存款期限的长短联系密切，一般情况下，存期越长、利率就越高。定期存款是货币所有者获取利息收入的重要途径，也是商业银行获得稳定资金来源的重要渠道。定期存款既能为广大存户带来较高的利息收入，也能为商业银行带来丰厚利润。因为定期存款事先约定了存期，客户违约将受到利息损失，一般都是到期才提取；商业银行得到定期存款后就可根据平均存期的长短安排贷款和投资，以获得较高的收益。对于定期存款，中央银行要求的法定准备金比率也较活期存款为低，有利于商业银行安排更多的长期资产。

3. 储蓄存款（Saving Deposit），是一种主要为个人积蓄货币资产和获取利息收入而开立的存款。这种存款通常由银行发给存款人一张存折，以此作为存款和取款的凭证。储蓄存款不能鉴发支票，支用时只能提取现金或先转入存款人的支票存款账户。储蓄存款有活期和定期两种，但一般以定期存款居多。银行通过储蓄存款吸收的资金，稳定性较高，能为银行带来较高收入，银行也因此为客户支付较高利息。储蓄存款的客户一般只限于个人和非营利组织，但在有些国家如美国已经允许某些企业、公司开立储蓄存款账户。

当然，上述三种对银行存款的粗略划分，并不能涵盖现实中所有的存款形式，尤其是那些在金融创新过程中产生的新的存款形式，是不容易用上述方法来为其归类的。如：1970年开始于美国的可转让支付命令账户（Negotiable Order of Withdrawal Account），就是一种兼容活期存款和储蓄存款特点的存款形式。这种存款账户既为客户支付利息，又使客户在转账结算上得到便利。不同的是，客户在支用款项时使用规定的可转让支付命令书，而不是支票，账户对象限于个人和非营利性机构，利率略低于储蓄存款。又如，1978年始于美国的自动转账服务账户（Automatic Transfer Service Account），是一种将活期存款账户和储蓄存款账户合为一体的存款账户。这种账户下，客户的款项由银行自动在活期存款和储蓄存款之间转移，活期存款账户余额始终保持1美元，超过1美元的来款自动划转到储蓄账户，收到客户签发的支票需要付款时，按支票金额从储蓄存款账户划转到活期存款账户。这种账户既满足了客户灵活结算的需求，又满足了获取利息收益的需求。再如，1961年始于美国纽约花旗银行的可转让大额定期存单（Negotiable Certificates of Deposit），使定期存款从传统的不转让、不流通的约束中跳出来，具有了金额大、盈利好、转让方便、银行存款来源稳定等特点。大额定期存单面额大，利率高于同期定期存款，满足了客户的盈利要求；存单可以转让流通，具有较活跃的二级市场，客户随时可以通过市场回流资金，满足了流动性支付需求。从这几点看，它从本质上模糊了定期存款和活期存款的界线。大额存单以不记名方式签发，不到期不能提取，对银行吸收资金来讲，它比传统的定期存款更加可靠，资金来源更具稳定性。

### （二）银行贷款

银行贷款是银行以债权人身份安排使用资金的主要形式。根据不同的划分标准，银行贷款具有各种不同的类型。如：按偿还期不同，可分为短期贷款、中期贷款和长期贷款；按偿还方式不同，可分为活期贷款、定期贷款和透支；按贷款用途或对象不同，可分为工商业贷款、农业贷款、消费者贷款、有价证券经纪人贷款等；按贷款担保条件不同，可分为票据贴现贷款、票据抵押贷款、商品抵押贷款、信用贷款等；按贷款金额大小不同，可分为批发贷款和零售贷款；按利率约定方式不同，可分为固定利率贷款和浮动利率贷款等。而且，在不同的国家和一个国家的不同发展时期，按各种标准划分出的贷款类型也是有差异的。如美国的工商贷款主要有普通贷款限额（Open line of Credit）、营运资本贷款（Working Capital Loans）、备用贷款承诺（Stand-by Commitment）、项目贷款（Project Loans）等几种类型，而英国的工商业贷款多采用票据贴现（Discounting of Bill）、信贷账户（Credit Account）和透支账户（Overdrawn Account）等形式。以下就这几种贷款类型的基本特征作简要介绍：

1. 普通贷款限额和备用贷款承诺。普通贷款限额是一种以非正式协议约束的贷款形式。企业基于资金需求具有季节性和规律性的特点，与银行订立非正式协议，约定一个由银行在指定期限内向企业提供贷款的最高限额，在此期限和贷款额度内，企业可随时获得银行贷款。限额的有效期通常为3个月，利率与优惠利率挂钩浮动，企业申请贷款额度时必须向银行说明近期财务状况，银行则根据企业信用状况和自身营运要求决定是否授信和执行协议。

备用贷款承诺是以比较正式和具有法律效力的协议约定的贷款形式。企业与银行签订正式的贷款协议，银行承诺在指定期限和限额内向企业提供贷款。由于是一种必须执行的贷款承诺，银行需为企业备足可贷资金，因此，要求企业向银行支付承诺费。

2. 营运资本贷款和项目贷款。营运资本贷款是基于企业产品生产周期长、原材料储备多、资金回流慢等特点，以产品销售进度确定贷款期限和额度的贷款形式。项目贷款是以风险大、成本高的大型建设项目为对象的贷款，其特点是金额大、风险高、利率高，以项目的合理性和可行性作为决定贷款与否的依据。贷款债务的追索针对项目，而不是针对公司和企业。对于特大型的项目，通常由多家银行组合，以银行辛迪加或银团形式提供贷款，以分散风险。

3. 票据贴现。票据贴现是以银行信用保证商业票据融资的一种形式。在前面说明商业票据融资时已提到，这里就其作为银行信贷的特点作进一步说明：①票据贴现的授信对象不同于一般贷款，它以票据为对象而不是以借款人为对象。贴现申请人获得银行贴现贷款后，就将票据的清偿权转予银行，票据的付款人成为银行的债务人，对银行收回贴现贷款负第一性责任。因此，在票据贴现业务中，银行关心的主要是票据的付款人、背书人和承兑人，而不是贴现申请人或借款人。当然这并不是说借款人的信用不重要，当票据付款人拒绝付款，付款责任依次追索到借款人时，如果其不能履行付款义务，就可能给银行造成损失。但贴现贷款中的借款人与一般贷款相比，没有直接的还款责任。②票据贴现中贷款额度的确定不同于一般贷款，只要银行允许给贴现申请人办理贴现贷款，其额度的确定就只与票据面额、贴现率和票据剩余期限有关，而不受借款用途、借款人财务状况等因素影响。票据贴现额的计算公式为：贴现付款额=票据面额×（1-贴现率×票据剩余期限）。③票据贴现的资金回流方式和期限不同于一般贷款，一般贷款到期才能收回，而贴现贷款可通过对票据办理转贴现和再贴现提前收回资金。即使是到期收回贷款，贴现比一般贷款期限也短，通常为 3~6 个月；而一般贷款短期为 1 年以下，长期则可达 10 年以上。④票据贴现的风险和收益不同于一般贷款。一般贷款的风险大小取决于借款人的经营状况，还款能力和担保人的信用能力，风险比较集中；而票据贴现大多基于商品交易中的债权债务约束，具有到期由票据付款人自动付款的机制，除了付款人承兑票据外，还有发票人、背书人、其他承兑人等担负连带清偿责任，因此，又具有比较可靠的清偿保证机制和风险分散机制。一般贷款的收益要高于贴现贷款，因为一般贷款利率要高于贴现利率。由于贴现利息是在办理贴现时从票据金额中扣收的，与一般贷款到期才收息的做法不同，银行提前获取了收益，加之贴现贷款的风险小于一般贷款，其利率较低就是理所应当的了。

4．信贷账户和透支账户。信贷账户是银行主要用于安排分期还款贷款的一种方便形式。银行发放贷款时，在信贷账户的资产方借记客户的借款账户，同时在负债方将所贷款项贷记客户的往来账户，利息按借款账户的金额计算。客户分期还款时贷记借款账户，一直到本息还清为止。透支账户是为那些在银行开有往来账户的客户提供贷款的方便形式。客户与银行事先约定透支最高限额期限和利率等，在约定的条件范围内，客户自由支取账户款，也可随时将款存入账户。账户有贷方余额时为存款，但不计利息。账户有借方余额时为贷款，要计收利息。贷款可以循环使用，随用随还，部分偿还或还清后还可以在限额内继续使用。贷款期限一般不超过 1 年。透支限额和期限虽为事先约定，但银行可根据实际需要随时要求客户偿还欠款。

在 1996 年 6 月由中国人民银行颁布的《贷款通则》中，将贷款分类如下：

1. 自营贷款、委托贷款和特定贷款。自营贷款，系指贷款人以合法方式筹集的资金自主发放的贷款，其风险由贷款人承担，并由贷款人收回本金和利息。委托贷款，系指由政府部门、企事业单位及个人等委托人提供资金，由贷款人（即受托人）根据委托人确定的贷款对象、用途、金额、期限、利率等代为发放、监督使用并协助收回的贷款。贷款人（受托人）只收取手续费，不承担贷款风险。特定贷款，系指经国务院批准并对贷款可能造成的损失采取相应补救措施后，责成国有独资商业银行发放的贷款。

2. 短期贷款、中期贷款和长期贷款。短期贷款，系指贷款期限在 1 年以内（含 1 年）的贷款。中期贷款，系指贷款期限在 1 年以上（不含 1 年）5 年以下（含 5 年）的贷款。长期贷款，系指贷款期限在 5 年（不含 5 年）以上的贷款。

3. 信用贷款、担保贷款和票据贴现。信用贷款，系指以借款人的信誉发放的贷款。担保贷款，系指保证贷款、抵押借款、质押贷款。保证贷款，系指按《中华人民共和国担保法》规定的保证方式，以第三人承诺在借款人不能偿还贷款时，按约定承担一般保证责任或者连带责任而发放的贷款。抵押贷款，系指按《中华人民共和国担保法》规定的抵押方式，以借款人或第三人的财产作为抵押物发放的贷款。质押贷款，系指按《中华人民共和国担保法》规定的质押方式，以借款人或第三人的动产或权利作为质物发放的贷款。票据贴现，系指贷款人以购买借款人未到期商业票据的方式发放的贷款。

### 四、证券融资

#### （一）证券融资的概念及特点

证券融资是资金盈余单位和赤字单位之间以有价证券为媒介实现资金融通的金融活动。所谓有价证券，是指具有一定票面金额并能给其持有者带来一定收益的财产所有权凭证或债权凭证，主要包括股票和债券。①

这种金融活动的基本形式是：资金赤字单位在市场上向资金盈余单位发售有价证券，募得资金，资金盈余单位购入有价证券，获得有价证券所代表的财产所有权、收益权或债权。证券持有者若要收回投资，可以通过市场将

---

① 广义的有价证券，包括各种合法的有价值票证，如商业票据、支票、存单、提货单、保险单、股票、债券等。根据本书对金融活动的分类，此处的证券融资主要指通过股票、债券所进行的融资活动。

证券转让给其他投资者。证券可以不断地转让流通，使投资者的资金得以灵活周转。

　　这种金融活动的主要特点是：（1）资金赤字单位和盈余单位直接接触，形成直接的权利和义务关系，而没有另外的权利义务主体介入其中。促成证券发行买卖的中介机构，如证券公司、投资公司、证券交易所等自身不充当权利义务主体，是连接赤字单位和盈余单位的服务性媒体，真实的资金交易是由赤字单位和盈余单位直接充当权利主体而实现的，因此，证券融资是一种直接融资。（2）证券融资是一种强市场性的金融活动。所谓强市场性是相对于商业票据融资、银行信贷等以双边协议形式（如购销双方发生商业信用而签发汇票、银企双方发生信贷关系签出贷款合同等）完成资金交易的弱市场性而言。证券融资一般是在一个公开和广泛的市场范围内，由众多资金交易者通过对有价证券的公开自由竞价买卖来实现的。资金赤字单位通过市场向社会公开发行有价证券募集资金，众多投资者按照公开竞争产生的市场价格认购有价证券，由此而持有证券发行单位的股权或债权。但这种投资者与发行单位的股票或债权关系并不是凝结在原初的投资者和发行者之间的，而是可以随时转移的，投资者通过在市场上出售股票或债券，就可以将原来持有的股权或债权转让给他人。（3）证券融资是在由各种证券中介机构组成的证券中介服务体系的支持下完成的。在比较发达的金融市场条件下，存在着诸如证券公司、投资银行、证券交易所、证券登记结算公司等服务于证券融资活动的各种机构。这些机构分工于证券发行、流通、清算等各个环节，使证券融资在社会化分工协作的体系中提高了效率，各种证券中介服务机构也从中获得了生存和发展的机会。证券融资是在非常广泛的市场领域进行的金融活动，单个融资主体凭借自身的力量是很难完成证券发行、交易、清算等事宜的，没有专业化的分工协作，证券融资只能是原始的和效率低下的。在现代金融条件下，各种证券融资主体的融资活动已经越来越离不开由证券中介机构所提供的多功能、多样化的服务。赤字单位若想成功地发行证券，达到预期的筹资目的，往往需要诸如投资银行、证券公司那样的专业化证券中介机构，为其分析、确定发行方式、发行时间、发行价格、筹资期限、利率、偿还方式，代为办理编写招股说明书或债券发行说明书及其他文件，办理广告宣传，协助其取得信用评级，为其设置和管理偿债基金等。尤其是在证券发行过程中，证券中介机构要根据承担风险的大小，直接从事证券的包销、代销、零售等业务。对于巨量的证券发行，证券中介机构甚至会相互联合，组成证券承销集团来共同包销。同样地，盈余单位作为投资者，一般也是通过证券公司、信托投资公司、投资基金等专业化的证券中介机构为其代理完成投资事宜,投资者可以从专业化中介机构的各种服务中得到便利,还可以在对不同中介机构的选择中平衡其投资的收益和风险。当投资者想要转让股权或债权,收回投资时,也可以通过证券公司等机构代理完成。不仅如此,证券中介服务体系通过建立证券集中交易组织(如证券交易所),形成了筹资单位竞争上市公司资格[①]的优胜劣汰机制,使证券融资活动更具竞争活力。(4)证券融资是一种长期融资。股票和债券通常又被称为资本证券,证券融资被称为资本性融资,由证券融资活动所形成的市场也被称为资本市场。这样一些称谓都是基于一点,那就是通过股票和债券筹集的资金一般不是被用于短期商业性或营业性周转的,或者说不是为解决流动性不足问题的,而是被用于购置固定资产等长期性投资的,是被作为资本使用的。股票是一种没有返还期限的筹资工具,它所筹来的资金注入到公司的资本账户,永远参加公司的运营。债券的期限一般都在一年以上,有的可长达十几年甚至几十年,所筹资金也具有长期稳定的性质,一般都可被用于长期性投资。

(二)证券融资工具

证券融资中的筹资主体主要是企业和政府。企业的融资工具为股票和公司债券,政府的融资工具为政府债券。这三种融资工具各自的基本形式和特征分述如下。

1. 股票

股票是股份公司发给投资者用以证明其向公司投资并拥有所有者权益的有价证券。它有普通股票和优先股票[②]两种主要类型,其中普通股票是最普遍和最基本的形式。其主要特征有:①非偿还性。普通股票的投资者认购股

---

[①] 上市公司是指其股票获准在证券交易所进行交易的股份有限公司。上市公司的最大优势在于它获得了以其股票价格变动反映公司业绩和前景的市场评价机制,有了比一般企业更广泛的社会知名度,因而能更大规模地筹集资金,使公司快速成长。上市公司的上市资格因此而成为"稀有资源"。在争取上市公司资格的活动中,人们将这种资格俗称为"壳"。例如,把一些非上市公司通过收购那些业绩较差、筹资能力弱化的上市公司,剥离被收购公司资产,注入自己的资产,从而达到间接上市目的的做法,称为"买壳上市";而把上市公司的母公司(集团公司)通过将主要资产注入到已上市的子公司中,达到母公司间接上市目的的做法,称为"借壳上市"。

[②] 优先股票是一种在分配股息和公司剩余资产方面拥有优先权的股票。其股息通常是固定的,且分配次序在普通股之前。若遇公司分配剩余资产,优先股的分配权在普通股之前。但优先股一般不拥有公司的选举权、管理参与权、新股优先购买权、高额利润分配权等权益。根据在股票分配上是否可将本期欠付部分积累到下期、是否与普通股一起参与剩余利润分配、是否在一定时期后可由发行公司购回、是否能够转换成该公司的股票或债券等特殊约定,优先股又有累积性优先股和非累积性优先股、参与优先股和非参与优先股、可赎回优先股和不可赎回优先股、可转换优先股和不可转换优先股等多种类型。

票后，不得向公司退股，资金回收只能通过在市场上卖出股票来实现，股票在市场上转让，只改变股东，而不改变公司资本。除非公司破产清理资产，否则发行股票所得资本是永不返还的。②盈利性。普通股票根据公司经营成果状况取得收益，还可在所持股票市场价格上升时保持盈利。③参与性。普通股票的股东有权出席股东大会、选举公司董事会、参与公司重大决策，参与权的大小取决于股东所持有的股票数量，公司的控制权掌握在持有股票数量最多的股东手中。④风险性。股票权益的实现取决于公司的经营状况，一旦公司出现业绩下滑、信用低落，甚至破产倒闭的情况，投资者就要遭受因此带来的损失。⑤流动性。股票虽不能从发行公司退回股本，但可以在市场上交易买卖，通过股票的转手实现资金的流动。股票流动性的大小，取决于股票上市交易受限制的程度、交易需求、实际成交量等因素，通常用"换手率"或"周转率"（某一时期的成交量/发行总股数）作为衡量某只股票流动性强弱的指标。

2. 公司债券

公司债券又称为企业债券，是公司或企业依照法定程序发行的，按照约定条件（期限、利率、本息偿还方式等）偿还本金和支付利息的债务凭证。公司债券承担的债务与商业票据债务相比，除了期限、利率等方面的区别外，最大的不同在于它脱离真实商品交易活动。公司债券的发行不是由商品交易引起，而是由公司为筹募特定目的资金所进行的对外借款活动引起的。公司债务与股票的最大区别在于，其投资者是发行公司的债权人，而不是所有者。债权人拥有按约定条件取得利息和收回本金的权利，并且在取得利息方面优先于股息分配，在公司剩余资产的索取方面也优先于股东。但债权人不享有参与公司经营管理、选举董事会、参加利润分配等股东权益。因此，公司债券的资金偿还负担要远大于股东，发行公司债券所筹资金是借来的资金，而不是永久归公司支配的资金。但由于债券不包含股东权益，利用债券所筹资金并不分散公司的控制权，而且在发行条件和手续等方面也比股票发行简单。从筹资成本上看，债券利息固定，不参与公司利润分配，因此，利息成本固定。从税收因素考虑，债券的利息在征税前扣除，而股票的股息在税后支出，因此，债券成本一般低于股票成本。发行公司债券筹资与向银行借款相比，也多有不同。向银行申请贷款，一般都是为补充流动资金短缺，而发行债券则是为追加长期投资。银行贷款在数量、用途、期限、利率、偿还方式等方面主要受银行的控制和监督，企业的自主性和灵活性很小。而发行公司债券则不同，公司可以根据自身负债承受能力①、投资者对债券的市场需求、金融和经济环境等因素来确定债券发行的数量、期限、利率、偿还方式等，达到预期筹资目的。资金的偿还方式也可以是灵活多样的。倘若需要提前偿还，可以在市场有利的条件下，通过证券市场陆续购回本公司已发行上市的债券；倘若需要推迟偿还，可以在债券到期前，另外发行新债券并允许原债券持有人以旧债券换新债券。如果债券约定是可转换债券，还可以在特定时间、按特定条件将债券转换为公司的普通股票，这样就避免了债务的偿还。在现实中，根据在发行、偿还、付息、票面特征等方面的不同要求，公司债券采取不同的形式。例如，根据发行债券是否需要第三者信用担保或财产担保，有担保债券、无担保债券和信用债券等；根据发行债券是否需要以财产、证券等作抵押，有抵押债券、无抵押债券、不动产抵押债券、设备抵押债券、证券抵押债券等；根据债券是否面向社会公开发售，有公募债券和私募债券；根据偿还方式和要求不同，有可提前赎回债券、可延期偿还债券、可转换债券、永久债券、偿债基金债券等；根据付息方式和要求不同，有固定利率债券、可变利率债券、最高利率债券、最低利率债券、息票债券、无息票债券等；根据是否参与公司盈余分配，有参加公司债券和不参加公司债券；根据债券票面是否记载债权人名称，有记名债券和无记名债券；根据票面币种和发行区域不同，有国内债券、外国债券、欧洲债券等。

3. 政府债券

政府债券是政府部门为筹集资金而发行的债务凭证。它包括公债券、国库券和地方债券。证券融资中的政府债券只包括期限在一年以上的公债券和地方债券。因为国库券主要用于解决政府在一个财政年度内因先支后收等原因形成的资金周转困难，具有期限短、风险小、流通性强、利率低等短期信用流通工具的特点。通常国库券不包括在证券市场所指的有价证券之列，其发行、买卖所形成的市场也不包括在资本市场内，而属于货币市场。公债券，又称为国债，一般是指由中央政府发行的债券，目的在于筹集预算资金，弥补财政赤字，所筹资金主要用于大型基础建设支出，以及改善教育、文化、福利等社会服务支出。根据期限长短，国债可分为中期国债、长期国债（通常指 10 年以上）和永久国债（只按期付息，无还本期限）。根据付息方式，可分为贴现国债和附息国债。前者券面上不附有息票，发行时按一定的折扣率，以低于面值的价格发行，到期按面值兑付，面值与发行价格的差额即为

---

① 负债承受能力一般以一个时期公司现有资产与现有负债相抵后的净资产额的多少为衡量尺度。

债券的利息。后者券面上附有息票，持券人按息票上标明的利息额和支付期限按期领取利息。中国目前的国债按债权记录方式划分为凭证式国债、无记名（实物）国债和记账式国债三种。凭证式国债是一种国家储蓄债，它以"凭证式国债收款凭证"记录债权，凭证上标明购买者名称，为记名凭证，可以挂失，但不能上市流通，利息从购买之日起算。凭证式国债允许提前兑取，兑取时除偿还本金外，利息按实际持有天数及相应档次的利率计算。无记名（实物）国债，是以实物券的形式记录债权的国家债券，有多种面值，不记名，不挂失，可以上市流通。发行期内，认购者可直接在国债营销机构的柜台购买。如果认购者已在证券交易所设立账户，可委托交易公司通过交易系统申购。发行期结束后，债券就可在二级市场柜台卖出，也可通过证券交易所交易系统卖出。记账式国债以记账形式记录债权，通过证券交易所的交易系统进行无纸化发行和交易，可以记名、挂失。记账式国债的认购者必须是在证券交易所开有账户的客户。地方债券是由地方政府发行并偿还的债券，有时也包括地方政府所属机构发行的债券。在多数西方国家，地方财政独立于中央财政，地方预算和中央预算是各自独立编制的，地方政府可根据本地区经济发展和市政建设等特殊资金需要发行地方债券。在有些国家，地方债券也称为市政债券。地方债券所筹资金和还本付息列入地方预算，资金主要用于弥补地方政府临时性政务经费短缺和地方重点大型建设项目资金缺口。用于经费需要的债券一般期限较短，用于专项建设的债券则为长期债券。在美国，州、市、乡、镇等地方政府部门均可发行债券。债券一般可分为两大类：一类为普通债券（General Bonds），其特点是由地方政府的税收机构作保证，债券本息从地方政府税收列支；另一类为收益债券（Revenue Bonds），其特点是由地方政府所属机构和公益事业单位发行，以这些机构和单位的工程项目收益作为发行担保，债券本息也从工程项目收益中支付。

五、保险、信托、租赁

经济主体的金融活动方式是多种多样的，除了上述通过商业票据、银行信贷、有价证券实现融资目的所形成的金融活动外，还有更多特色鲜明的金融活动，如保险、信托、租赁、典当、合作信用、民间自由借贷以及国际经济交往中的买方信贷、卖方信贷、补偿贸易等。这些金融活动尽管方式各异，但都体现出以有偿方式转移价值或融通货币资金这一金融活动的共同本质。这里着重就保险、信托、租赁这三种比较广泛和重要的金融活动方式的基本特征加以阐述。

## （一）保险

保险是一种以集中起来的保险费建立保险基金，用于补偿被保险人在保险合同约定的范围内因自然灾害和意外事故所造成的财产损失或被保险人在保险合同约定的范围内发生的死亡、伤残、疾病、达到约定的年龄和期限等时承担给付保险金责任的经济行为。保险之所以是一种金融活动方式，是因为它以集中社会闲散资金为保险基金并将其用于补偿特定经济损失的方式，满足了经济主体对其将来可能出现的经济补偿所需资金的要求。保险将资金由多数人的少量支付变成对少数人的大额补偿，从而将损失由少数人的重负担变成多数人的轻负担。保险成为一种金融活动方式的另一个原因是，它依据大数法则和概率论所确定的原则，可以比较精确地预测危险，厘定出合理的保险费率，使保险活动中的赔付和费用开支与集中的保险基金相适应，在承保标的数目和承保范围不断扩大、风险更加分散的业务扩展过程中，就能够聚集更多的保险基金，并将超过保费支付的部分用于长期投资，如投资于公债、地方政府债券、公司债券、股票，以及发放不动产抵押贷款等。这样，保险实际上就成为将储蓄转化为投资的金融中介。

保险有其赖以存在和发展的市场条件，它早已成为一种正式的行业并且越来越发达。在满足各种各样的保险市场需求的过程中，保险的种类以及从事各类保险业务的机构越来越多。世界大多数国家通常以保险的保险范围或保障对象为标准，将保险分为四类：（1）财产保险。它是一种以财产及其相关利益作为保险标的的保险。这种保险承保因自然灾害或意外事故所造成的财产损失或与财产损失相关的经济损失。如：货物运输保险、海上运输保险、运输工具保险、火灾保险、工程保险、利润损失保险、盗窃保险等。（2）人身保险。它是以人的生命和身体机能作为保险标的的保险。主要包括人寿保险、健康保险、人身意外伤害保险等。其中，人寿保险是以人的生命为保险标的，以人的生存或死亡为给付条件的一种保险。从国外情况看，人寿保险是一个发展势头最为强劲的险种。人寿保险具有合同关系持续时间长、不可中断的特点。经营人寿保险业务的机构可以分立、合并，但不得解散，如遇破产等特殊情况，其持有的人寿保险合同和准备金由其他经营人寿保险的机构接受。人寿保险的这种特性决定了其筹集的资金具有长期稳定性，可以较多地投资于资本市场。（3）责任保险。它是以被保险人的民事损害赔偿责任作为保险标的的保险。参加责任保险的被保险人，在必须承担由法律或合同规定的经济赔偿责任时，由保险人负债赔偿。如：产品责任保险、职业责任保险、公众责任保险、雇主责任保险、保赔保险等。（4）信用保证保险。它是以被保险人在信用关系或销售关系中因一方违约而遭受的经济损失为保险标的的保险。如：出口信用保险，就是由保险人承保出口商因进口商不履行贸易合同所规定的付款责任而遭受的损失；履约保证保险，则是由保险人代被保险人向合同的权利方出具保证书，保证合同的义务方忠实履行合同义务，若其不能履行义务，造成的经济损失由保险人补偿。类似的还有投标保证保险、预付款保证保险、维修保证保险等。

（二）信托

信托是一种为了一定的目的，将自己的资金或财产委托他人代为运用或管理的行为。通常表现为拥有资金或财产的单位或个人由于时间、精力、知识等诸多限制而无法实现手中资产的价值或使其增值，在追求经济利益的目的驱动下，就选择他们可以信赖的个人或专业公司代为营运、管理和处理这些资产。简单地说，就是委托他人，代其理财。但是，信托又不同于一般的代理和银行信贷等其他信用活动，而有其自身的特点，主要表现在：（1）财产所有权发生转移。信托关系一旦确立，财产所有权就由信托人转于受托人，这些财产成为信托资产，受托人可以依据约定的信托目的对财产进行营运、管理或处理。如：信托资产若是一笔债权，受托人在对其处理中就是债权人；信托资产若是一笔房产，如果需要卖出，受托人可以直接把代表房产所有权的证书转移给买主。在一般的代理活动中，委托人只授权代理人根据合同办理一定的经济事务，给其支付报酬，而不转移自己的资产。信托活动中将财产的产权授予受托人，使其全部承担起经营管理资产的责任，有利于信托资产的灵活、高效运营，获得更好的收益。（2）信托资产的收益归信托关系中的受益人。受益人是由信托人指定的享受信托资产营运后所产生收益的人，可以是信托人自己，也可以是信托人指定的他人。与银行信贷、保险等经营活动中的收益归银行、保险公司所有的规定不同，信托活动中的资产营运收益归信托人指定的受益人，而不是营运和管理资产的受托人，受托人只在代人理财的活动中收取劳务报酬。（3）信托根据资产营运的实际盈亏状况分配收益和返还本金。除了特殊约定对信托人资产进行保护外，一般情况下，在信托合同约定的信托目的范围内，受托人按照信托资产营运的实际收益向受益人支付，因此，收益多少是不固定的。若非受托人经营管理原因所致的信托资产亏损，也由受益人承担。受托人没有义务在任何情况下都必须向受益人支付收益和返还本金。在现代经济中，信托已经成为一种以信用为基础，以资产委托营运为主要内容的财务管理制度，其之所以被作为一种主要的金融活动方式，是因为信托行为在给信托人、受益人、受托人等信托当事人带来各自利益的过程中，客观上实现了货币资金和财物在不同经济主体之间的融通。如：受托人以吸收信托存款的方式，将信托人的闲置资金变为营运资金，进行长期放款或投资于有价证券，既能达到信托人的信托目的，又使资金赤字单位的筹资问题得到解决；又如，受托人可以根据合同约定，以财产所有者的身份将以实物形态存在的信托资产出租或出售，使原来处于闲置状态的财物得以流通，达到融通资金的目的。事实上，现代经济生活中的信托，是一种集理财功能和融资功能为一体的经济活动方式；而且，由于现代社会的财产更多地以货币资金和金融性资产的形式存在，受托人对信托资产的主要运用方式表现为长期存款和投资，因此，现代信托更具有长期融资的金融性功能。人们常常将信托与投资连在一起，在描述现代金融业结构时，甚至将信托与银行信贷、保险一并称为金融业的三大支柱。

信托的类型多种多样，可用不同的标准划分，如：按信托人不同，分为个人信托、公司信托、公共团体信托等；按信托资产不同，分为货币信托、债权信托、动产信托、不动产信托、不动产物权信托、有价证券信托、知识产权信托等；按受益对象不同，分为公益信托和私益信托；按受益人和信托人的关系不同，分为自益信托和他益信托；按信托方式不同，分为证券投资信托、动产和不动产融资信托、公益信托、职员福利信托等；按信托内容的性质不同，分为民事信托和商事信托等。

（三）租赁

租赁是一种以收取租金为条件，将财产或物品的使用权让渡给他人的经济行为。一般表现形式为，出租人和承租人通过契约或合同确立租赁关系，明确权利和义务，由出租人让渡财产或物品的使用权于承租人，承租人按规定向出租人支付租金。租赁契约或合同一般要规定财产的归属、租赁期限、租金数额、财产的使用、维修、保管等内容。出租人以收取租金为目的，所收租金除了要补偿出租资产的全部价值及经营租赁业务的各项费用外，还要取得一定收益；而承租人则以能够比直接出资购买所需资产更低廉的成本得到该资产的使用价值，租赁资产在使用中为承租人带来的收入减去支付的租金后，就是承租人的利润。

租赁有悠久的历史，最早的出租行为甚至可以上溯到公元前2000年（据史书记载，当时居住在中东巴比伦地区的苏美尔人就开始了货物的出租交易）。但是，早期的财产或货物出租在交易双方所要达到的目的、交易的形式、权利义务关系的约束等各主要方面都是初始的和简单的，一般只表现为出租人将闲置资产如土地、房屋、农具等以收取一定报酬为条件转让给他人使用，达到有偿融通财物的目的；交易过程只涉及出租人和承租人两个关系人，形式简单，交易关系的确立和解散也没有强制约束。因此，人们通常将租赁区分为传统租赁和现代租赁，并习惯用"出租"（Rental）和"租赁"（Leasing）两个词来区分以融通财物为单一目的的简单的出租行为和以融通资金并追求利润为目的的复杂的租赁信用方式。作为金融活动方式的租赁，主要指的是现代租赁。一般认为，现代租赁的出现，以 1952 年全球第一家专业租赁公司——美国租赁公司的诞生为标志。现代租赁有两个明显特征：一是以融资性租赁或金融租赁为主要形式。出租人不是在有闲置资产的情况下才去寻求承租人，而是根据承租人的需求，主动出资购置资产出租给承租人使用，承租人不仅通过租赁获得资产的使用价值，更重要的是将租赁作为一种融通资金的信用形式，取得比通过向银行贷款等方式获得资金而后购置资产更为方便和有效的经营成果。二是多以专业化租赁公司为中介，实现租赁资产由供货商向使用者的转移。租赁过程通常要涉及三个当事人，即资产供货商、出租人（租赁公司）和承租人，需要签订两个或两个以上经济合同，不仅要依法确定出租人与承租人的租赁关系，还要确立出租人与供货商的买卖关系。在整个资产转移和资金融通过程中，租赁公司充当着信用中介。由于现代租赁的基本形式是金融租赁，因此，租赁的特征就主要通过金融租赁反映出来。金融租赁除了以上所提到的由出租人根据承租人的需要向供货商购进资产再行出租，当事人及其相关的责权关系比较复杂为其基本特征外，还有其他几个与其相关联的特征：（1）承租人对租赁资产和供货商有挑选的权利和责任，出租人只根据承租人的要求出资购买资产，资产质量、规格、技术指标等的检验以及在租赁期内的保养、维修和过时风险等均由承租人负责。（2）为保证出租人在租赁期届满收回全部投资并取得一定收益，融资租赁合同一般是不可随意撤销的，承租人必须在租赁期内按合同约定分期支付租金。（3）由于租赁资产是出租人根据承租人需要专门购买的，租赁期满后，价值就已完全收回，一般不再另行出租，因此，对期满后资产的处理由承租人在退还、留购和续租三种方式中选择。当然，金融租赁在现实中并非表现为完全一致的形式，而是以各种灵活多样的形式出现的，如：自营租赁、回租租赁、转租赁、委托租赁、衡平租赁等。除了金融租赁为现代租赁的基本形式外，现代经济中也还存在许多与传统租赁较接近的特殊租赁形式，如：经营租赁、卖主租赁、房地产租赁等。其中，经营租赁是比较常见的形式。经营租赁又称为使用性租赁或营业性租赁，它是出租人根据市场一般需求，购进通用性或容易找到用户的设备反复出租给不同承租人的一种租赁形式。每次出租的期限取决于承租人对设备的使用期限要求,使用期到,租赁关系即行解除。出租人对设备的投资通常是在多次出租后才收回的,如果所购设备不能顺利出租,投资就有可能收不回来。由于经营租赁中的设备是出租人在市场上选购的,因此,在租赁期内一般由出租人向承租人提供设备的维修、保养等服务。

**专栏四 互联网金融**

以互联网为代表的现代信息技术,在给人类带来信息交流、文化享受的极大便利的同时,也在越发迅速地改变着以往许多领域传统的经营模式,如:传统零售业受到亚马逊和淘宝等网上购物的巨大冲击,图书领域的实体书店因电子书的普及和网上书店的发展而举步维艰甚至破产,音乐领域的唱片经营模式因 MP3 和音乐分享网站的出现而大大改变等。在金融领域,互联网信息技术已经和正在迅速地改变着传统的金融模式。金融的主要功能在于为生产者和经营者提供支付的便利,以及为资金盈余者和需求者提供资金融通的便利。商业银行和证券市场等金融中介存在的意义就在于,它可以形成规模经济和专业化优势来降低融通资金的交易成本,还可以通过集中客户信息和进行信用分析等来解决信息不对称问题及由此引发的逆向选择和道德风险问题。但是,以往的金融中介在信息处理能力、支付技术、降低交易成本、市场扩张力等诸多方面越来越受到通过运用移动支付、社交网络、搜索引擎和云计算等现代信息技术手段来完成的支付方式和融资方式的挑战,这些支付方式和融资方式所呈现的金融活动形式被称为互联网金融。

谢平和邹传伟在一项研究[①]中指出,互联网金融模式有三个核心部分:支付方式、信息处理和资源配置。在支付方式方面,互联网金融模式通过移动通信设备利用无线通信技术来转移货币价值以完成支付清算,实现了超级集中支付系统和个体移动支付的统一。移动支付依赖于移动通信技术和设备的发展,特别是智能手机和掌上电脑的普及,移动互联网和多网融合又进一步促进了移动支付的发展,云计算则保障了移动支付所需的存储和计算能力。在信息处理方面,在云计算的技术支持下,资金供需双方信息通过社交网络显示和传播,被搜索引擎组织并进行标准化处理,最终形成时间连续、动态变化的信息序列。由此可以给出资金需求者的风险定价或动态违约概率,而且成本极低。在资源配置方面,互联网金融模式下的资金供需信息直接在网上发布并匹配,供需双方直接联系和交易,不需要经过银行、证券公司或交易所等中介,信息不对称程度和交易成本大大降低,融资效率大大提高。

梁利峥和周新旺 2013 年 8 月在《经理人》杂志第 229 期研究总结了互联网金融的主

---

① 谢平,邹传伟:《互联网金融模式研究》,《金融研究》,2012 年第 12 期。

要现行模式，主要包括第三方支付平台模式、P2P 网络小额信贷模式、基于大数据的金融服务平台模式、众筹模式、网络银行、网络保险、金融理财产品网络销售等。

1. 第三方支付平台：由一家企业在收款人和付款人之间作为中介机构提供网络支付、预付卡发行预受理、银行卡收单以及其他支付服务。第三方支付平台主要执行支付功能，但有些也已经涉足基于沉淀资金的理财业务、基于用户消费数据的信用分析和营销分析等。

在移动支付领域，由于运营商的介入，第三方支付必须与运营商、设备供应商建立起紧密联系，以便及时准确地把握技术发展脉络，整合支付资源，取得先发优势。第三方支付平台模式的代表性企业主要有：支付宝[①]、易宝支付、拉卡拉[②]、财付通、快钱、汇付天下[③]。

2. P2P 网络小额信贷：通过 P2P（peer-to-peer）网络融资平台，借款人直接发布借款信息，出借人了解对方的身份信息、信用信息后，可以直接与借款人签署借贷合同，提供小额贷款，并能及时获知借款人的还款进度，获得投资回报。P2P 模式实际上就是一个互联网平台通过网络一端对接有小额借款需求的人，另一端对接有理财需求的人。拆成两半就是一个理财平台加上一个小额贷款平台。这种融资模式的发展机会来自正规金融机构一直未能有效解决中小企业融资问题和日益增长的民间融资需求。充分利用互联网信息技术，让个体之间直接进行金融交易，大幅降低了信息不对称程度和交易成本，正好弥补了正规金融机构的不足。全球第一家 P2P 网络借贷平台是成立于 2005 年 3 月的英国 Zopa，中国第一家 P2P 借贷网站是成立于 2007 年 8 月的拍拍贷。目前比较知名的 P2P 企业包括美国的 Prosper and Lending Club P2P 公司，我国的人人贷、拍拍贷、红岭创投等。

3. 众筹融资：创意人在网上建立众筹平台，向公众募集小额资金或其他支持，再将创意实施结果反馈给出资人。网站为网友提供发起筹资创意，整理出资人信息，公开创意实施结果。目的是在互联网上通过大众来筹集新项目和新开办企业所需资金。这种融资方式的基本过程是，融资方通过众筹融资平台发布自己的创意、项目或企业信息，互联网用户根据自己的判断来进行投资，投少量资金就可以成为一个企业的股东。对创意者或创业者来说，可廉价获得创业资本。国外最早和最知名的平台是 Kickstarter，国内有

---

① 浙江支付宝网络技术有限公司（原名支付宝（中国）网络技术有限公司）是国内领先的独立第三方支付平台，是由前阿里巴巴集团 CEO 马云先生在 2004 年 12 月创立的第三方支付平台，是阿里巴巴集团的关联公司。

② 拉卡拉集团是首批获得中国人民银行颁发《支付业务许可证》的第三方支付公司，联想控股成员企业。主要业务是为个人和企业提供日常的金融服务及生活、网购、信贷等增值服务。2013 年 8 月完成集团化结构调整，下设拉卡拉支付公司、拉卡拉移动公司、拉卡拉商服、拉卡拉销售和拉卡拉电商公司。

③ 汇付天下有限公司（简称汇付天下）成立于 2006 年 7 月，总部设在上海，是国内首家获得中国证监会批准开展网上基金销售支付服务的企业。

点名时间、众筹网、淘梦网等。

4. 虚拟电子货币：虚拟货币是一种通过计算机运算产生或者由网络社区发行管理的网络数字化货币，多用于购买网络游戏中的虚拟物品，但也有在现实生活中用来购买实际物品的情况，如比特币就已经被用于实物商品交易，并可按一定比价兑换为许多国家的法定货币。电子货币自发产生于电子商务活动中，为人们通过电子商务进行的现代生活提供了极大便利，当电子货币超越虚拟物品交易范围而进入实物交易市场时，就会代替现实货币发挥购买和支付功能。因此，在线商户使用电子货币通常没有法律限制，而线下实体商户对电子货币的使用则受到严格限制和管理。名气较大的虚拟电子货币主要有比特币、亚马逊币、Facebook 币和国内腾讯公司的 Q 币等。

5. 基于大数据的金融服务平台：通过金融产品垂直搜索引擎的方式，把有借款需求的个人和有放款需要的中小银行、小贷机构在一个平台上进行对接。搜索引擎的作用是从海量信息中找到最能匹配用户需求的内容，以达到高效融资的目的。从事这种新型金融服务的从业人员多为互联网行业出身，以取得广告费或交易佣金的方式获得收入。提供这种金融服务的企业主要有国外的 Bankrate（银率网）和国内的融 360、好贷网、金融界理财等。

6. P2B（person-to-business）模式：这是一种通过互联网实现的微金融服务模式，具体说，就是个人对企业（非金融机构）的一种贷款模式。2010 年成立的位于英国的网络借贷平台 Funding Circle 是这种金融模式的代表。Fundind Circle 平台旨在引导个人向小企业提供贷款，它不做资金的集中，只做一个中介，由专业团队对融资对象小微企业进行信用评级，根据评级确定它在平台上的借款利率，评级低的借款利率就高，评级高的利率低。评级分四档，最高为 A+，最低为 C-，通常只给成立两年以上的企业提供贷款服务。

7. 互联网银行（Internet bank or E-bank）：是指借助现代数字通信、互联网、移动通信及物联网技术，通过云计算、大数据等方式，在线实现为客户提供存款、贷款、支付、结算、汇转、电子票证、电子信用、账户管理、货币互换、P2P 金融、投资理财、金融信息等全方位无缝、快捷、安全和高效的互联网金融服务的机构。互联网银行的便利性、高效性正在给传统银行带来挑战。目前，最具挑战性和最为方便快捷的当数手机银行。手机银行 20 世纪 90 年代末诞生于捷克，由该国银行 Expandia Bank 与移动通信运营商 Radiomobile 共同打造。早先的手机银行以传统银行为主导，移动运营商只提供运营平台。而后来又逐渐出现由移动运营商和第三方支付公司为主导的手机银行，如肯尼亚的 M-Pesa 已经成为全球接受度最高的手机支付系统。M-Pesa 依赖于一个由小型店铺零售商组成的网络，他们注册成为 M-Pesa 代理商。顾客来到这些零售商的店铺后，可以支付现金为手机充值，作为电子货币。这些电子货币可以在不同手机用户之间交换和转账，只需发送一条文本消息和一个代码系统。电子货币的收款人想要兑现的时候，只需拿着自己的手机到最近的零售店，用自己的文本短信就可以换成现金。在肯尼亚，M-Pesa 代理商的数量已经超过银行支行数量，M-Pesa 的汇款业务已超过其国内所有金融机构的总和。目前，手机银行的业务内容也在日益扩展，在支付业务不断发展和成熟的同时，也在向存取款、充值、工资发放、贷款、保险、证券等综合业务领域拓展。

## 第三节　直接金融和间接金融

在上述商业票据融资、银行信贷、证券融资、保险、信托、租赁等各种金融活动方式中，有些是直接金融，即资金盈余者与需求者作为供求双方直接在市场上建立债权债务关系，没有另外的债权债务主体介入其中；证券融资是这种直接金融的典型形式。有些则是间接金融，即资金供求双方不直接发生债权债务关系，而是由金融机构以债务人和债权人身份介入其中；银行信贷是这种间接金融的典型形式。

### 一、直接金融与间接金融的比较

直接金融与间接金融相比，各有其优点和不足。直接金融的优点主要表现在：(1) 资金供求双方直接接触，在融资时间、期限、利率、数量、资金用途等方面有较多的选择自由。而间接金融中的限制条件相对较多，如银行为客户规定贷款额度、期限、资金用途、账户管理等限制性条件，使筹资者缺乏主动性和灵活性。(2) 通过直接金融筹集的资金，使用期限较长。债券持有人往往只能在债券的期限到达后才能向发行者兑取本金，股票一经购买则不能向发行者退股，这样，发行债券和股票的筹资者就可获得比较稳定的资金来源。而通过银行信贷的间接金融一般只获得短期性的资金供给，主要用于解决筹资者的临时性、周转性的资金不足。(3) 二级市场上证券价格的浮沉，可以为融资的双方带来额外的利益（当然也可能有额外的损失）。例如，证券行情上升时，持有者除了得到利息和股息之外，还有资本升值之利；证券（如可赎回优先股票等）行情下跌时，发行者可以趁低价提前赎回证券。(4) 直接金融主要通过证券市场进行，资金供求双方都直接受制于市场机制的作用，都按市场确定的价格进行资金交易，由市场机制将资金盈余者的资金引向效益好、实力强、出价最高的资金需求者。筹资者通过发行债券和股票，提高其社会知名度和信誉，同时也使自身的经营管理置于广泛的社会监督之下，有利于提高资金的使用效益。而间接金融中，由金融中介机构将资金供求双方隔离开，资金流动主要以金融中介机构对客户信誉的判断为导向，资金的使用只通过金融中介机构对客户进行监督，缺乏市场机制和社会监督机制。(5) 直接金融通过资本市场的资产重组机制可以使筹资者的资本和生产经营规模迅速扩大，进而使其产品经营转变为资本经营，进入快速发展阶段。同时，直接金融所特有的价格机制可以使资产重组过程成为一种能够促进产业组织和产品结构优化的过程。就股票市场而言，在一个充分竞争的股市条件下，股票的价格决定于企业的预期收益即股利，而股利正是企业经营的结果，因此股票价格的变动基本上能够反映企业的经营状况。在这样的前提下，一个经营好的企业会因为股利的增加而使得该企业的股票价格上扬。当投资者作出这样的预测时，就可能更多地买进该企业的股票，这样，就有利于资金进一步流向这些企业。相反，一个经营不善的企业的股价预期会呈下跌趋势，该企业的股票持有者就会抛出股票，以保证自身的利益不会受到股价进一步下跌的损失，其结果是企业受到投资者的冷落，融资越来越少。

  间接金融的优点主要表现在：(1) 由金融机构凭借自身的专业化优势和信息优势，沟通资金供求双方的联系，使供求双方在不直接获取对方信息的情况下，分别满足各自的不同需求，这样就克服了直接金融中要求双方必须获得对方有关融资期限、数量、利率、信用状况等方面的全部信息，并为之付出大量信息成本的缺陷。(2) 间接金融中资金供求双方只同金融机构订立借贷合同，而金融机构是被普遍信任的守信机构，这样，就克服了直接金融中需要资金供求双方直接订立合同，并为合同的执行和监督以及合同双方权利的维护支付大量交易成本的缺陷。(3) 在间接金融中，通过金融机构以吸收存款等方式聚合众多投资者的剩余资金，再将集中起来的资金以贷款等方式有计划、有选择地安排运用，使每一个投资者都可以享受到大规模交易的利益。而在直接金融中的个别投资者，由于其投资数量的局限，很难享受到大规模交易的利益（世界各国多数证券交易中介服务机构收取的佣金都有一个固定的最低数额，交易额越大，则佣金按比例递减。因此，中小投资者要付出较高的交易成本)。(4) 间接金融中资金供应者的资金首先由银行等金融机构吸收，并保证返还本息，金融机构通过科学合理的负债和资产安排，让资金安全有效地运营。因此，资金的风险得到缓冲，而直接金融中的资金风险由债权人独自承担，缺乏缓冲机制，再加上融资期限较长等因素，其风险一般大于间接融资。（5）间接融资证券具有较大的流动性。流动性是证券能迅速变现而不致受损的能力。私人开出的借据几乎没有这种流动性；符合金融市场交易要求的直接融资证券虽可以在市场上随时出售转让，但未必不会遭受价格的损失，而且证券交易还要支付一定的费用；而由金融中介机构发行的间接融资证券，如各类银行存款，可以随时变现，或短期通知后即可变现，被视为准货币，成为一种高流动性的融资方式。

## 二、两种金融方式的相互关系

虽然直接金融和间接金融有许多不同之处，甚至存在一定程度的替代效应，但是作为完整的金融市场的有机构成部分，二者又是相辅相成和相互促进的。

1. 直接金融和间接金融互相转化。具体表现在多个方面，如：中央银行在公开市场上买卖证券，会使直接金融和间接金融相互转化。中央银行买进国库券等直接证券，同时发售现金、存款等间接证券；卖出国库券等直接证券，收回现金、货币等间接证券。金融机构以直接证券为抵押发放贷款，也会使直接金融和间接金融互相转化。金融机构以企业债券等为抵押发放贷款时，金融机构持有直接证券，同时发放贷款。金融机构到期收回贷款时，则退回直接证券。金融机构的贴现业务，也会使直接金融和间接金融互相转化。金融机构贴现商业票据时，买进商业票据、支付现金或存款，直接金融转化为间接金融；商业票据到期，金融机构收回票据款，间接金融转化为直接金融。信贷资产证券化过程中，原贷款银行将贷款组合售于经营资产证券化业务的特殊机构，该机构以贷款组合的未来现金流为信用支持，向投资者发行证券，这样，证券市场投资者的资金就通过购买证券而辗转到出售贷款的银行，而贷款组合的到期本息也源源不断地通过证券化过程中的委托机构流向证券投资者，以实现其投资价值。可见，信贷资产证券化过程其实就是间接金融和直接金融相互转换的过程。

2. 直接金融和间接金融互相促进。（1）直接金融的发展，有利于金融中介机构的经营，从而为间接金融创造了更好的条件。首先，直接金融中直接证券的发行，一般需要有熟悉金融市场的中间商来包销或代销，这正是金融中介机构可能获利的业务。其次，直接金融越发达，市场上直接证券越多，对金融中介机构的投资越有利。金融中介机构的投资，要求分散和减少风险，因此除发放信用贷款和抵押贷款之外，还应将一部分资产投资于多种多样的直接证券。最后，为了应付直接金融的本息偿付，直接证券的发行单位必须在银行保持一定数量的流动资金,所以,直接金融越发达,银行所吸收的这种存款就越多,间接金融的能力也越大。(2)间接金融融资的发展,也能够推动直接金融融资。尤其在发达国家,上市的直接证券的主要投资者并不是个人,而是金融中介机构,证券市场呈现出投资者机构化的趋势。金融中介机构对直接证券的需求,不仅数量大,而且对行情的变动特别敏感。行情稍有升降,就会引起大量买卖交易。因此,作为机构投资者的金融中介机构,在阻止证券价格的大幅度变动中作用很大,有助于提高证券市场的广度、深度和弹性,而这些正是发展直接金融所必需的。

从上述一般比较中可以看出,直接金融和间接金融各具特点,各有长短,两种方式下的各种金融活动形式及其工具是由金融主体根据各自的需要、能力和条件等自由选择、灵活运用的。经常存在的情况是,一个资金盈余的单位或赤字的单位,同时作为多种金融活动中的金融主体。因此,对直接金融和间接金融不能简单地作出孰优孰劣的判断。但从发展趋势来看,由于直接融资更具有市场性特点,而间接融资的市场性相对较弱,随着经济和金融市场化的逐步加深,经济主体在选择金融活动方式和工具时,越来越偏好于直接金融,通过证券的融资越来越成为融资的主渠道[①],甚至连间接金融中的金融机构也开始对其资产进行证券化处理和交易,这样,就使直接金融的地位更加凸显出来。

### 三、资产证券化

资产证券化是金融创新中产生的将间接融资与直接融资有机结合的金融运作模式,是一种把缺乏流动性,但具有预期现金流收入的资产,经过结构性重组和信用增级处理后,转变为可以在金融市场上出售和流通的证券,据以回流资金的过程。可被证券化的资产包括各类贷款(尤其是各种抵押贷款)、各类应收账款、租赁收入、人寿保单、各种收费项目等。其中以抵押贷款为主的银行信贷资产是证券化的主要对象,因此,银行信贷资产的证券化是资产证券化的典型形式,银行和储蓄贷款机构是资产证券化的主要受益者。

资产证券化源于美国。20世纪70年代初,作为政府金融机构的美国联

---

① 美国、日本、英国等发达国家在20世纪70年代后期曾普遍出现"脱媒"或"非中介化"(Disintermediation)现象,货币资金纷纷从商业银行、储蓄银行等金融中介机构转移到国债和其他证券上。"脱媒"现象产生后,迫使银行界采取改进服务、减少手续费、提高存款利率、降低贷款利率等诸多应对措施。80年代以后,尤其是进入90年代,伴随着日益加深的金融自由化和国际化,证券市场的高回报率和流动性机制越发受到资金供求者的青睐,"脱媒"成为一种时尚或潮流。

邦国民抵押协会（The US Federal National Mortgage Association）[①]、美国政府国民抵押协会（The US Government National Mortgage Association）和美国联邦住房抵押贷款公司（The US Federal Home Loan Mortgage Corporation）[②]开始向商业银行和储蓄贷款机构购买各种抵押贷款，并将抵押贷款转化为证券，以增强发放抵押贷款的金融机构的资产流动性。为了吸引更多的投资者购买证券，还运用这些以抵押贷款作为偿付基础的证券（即资产支持证券）创造衍生产品，满足投资者的期限、收益和风险管理需求。自美国成功示范了银行信贷资产证券化后，进入80年代，资产证券化开始流行于国际资本市场，证券化的资产范围也开始由信贷资产向应收账款、租赁、保险等各种资产扩展，但最具代表性的仍然是银行信贷资产的证券化。

以银行贷款证券化为例，资产证券化的一般过程为：（1）由贷款原发放银行为发起人，根据其融资要求，对现有的贷款资产进行清理、估算和考核，挑选出准备进行证券化的贷款，将其从资产负债表中剥离出来，捆绑为一个贷款组合。这个贷款组合可称为证券化的基础资产。（2）原贷款银行向作为资产支持证券发行人的特设金融机构（Special Purpose Vehicle，简称SPV）出售贷款组合，双方签订贷款组合买卖合同。（3）证券发行人做发行前的各项准备，包括：与贷款出售银行或其附属公司签订贷款服务合同，以保证贷款本金和利息的回收；与受托人签订信托协议，以保证贷款组合产生的现金收入流（贷款本息）的账户管理并向证券投资者支付证券的本金和利息；与证券承销商签订承销协议，以保证证券的顺利发行；依据贷款组合的信用风险进行资产证券化安排设计，并聘请信用评级机构对贷款组合和证券化安排的信用度进行内部评级，如果认为信用度达不到使证券顺利销售所要求的等级，就要采取增信措施，如发行人对资产支持证券提供超值抵押（贷款组合金额大于由其支持的证券总额）、由高信用级别的银行或保险公司出具信用证或保单等；由信用评级机构对证券发行进行正式评级，并向投资者发布评级结果。（4）证券发行人与承销商协商确定证券发行价格、发行时间、证券收益率等发行条件，并签订正式协议，而后开始进行证券的市场销售。（5）发

---

[①] 美国联邦国民抵押协会简称 Fannie Mae，即媒体所称"两房"之一的房利美，创建于1938年，是美国已故前总统富兰克林·罗斯福"新政"创举之一。该机构主要通过收购商业银行住房抵押贷款的方式向银行系统注入流动性，支持银行为购房者提供贷款。房利美最初是政府机构，1968年转型为私人投资者控股并受政府资助的特殊非银行金融机构。

[②] 联邦住房抵押贷款公司简称 Freddie Mac，即媒体所称"两房"之一的房地美，由美国国会立法创立于1970年。该机构的成立，打破了二级住房抵押贷款市场由房利美独家垄断的局面。房地美与房利美同属政府资助的非银行金融机构，1989年成为上市公司，其业务范围和经营内容也大致相同。

行人获得证券发行收入,向贷款出售银行支付购买贷款组合的价款,向各类服务机构支付报酬。(6)发行人将一部分资产支持证券向交易所申请上市,以满足投资者对证券流动性的要求。(7)贷款服务机构(一般为贷款出售银行或其附属公司)和信托机构分别负责贷款本息的回收和对证券投资者偿付证券本息(银行信贷资产证券化的一般过程如图2-1所示)。

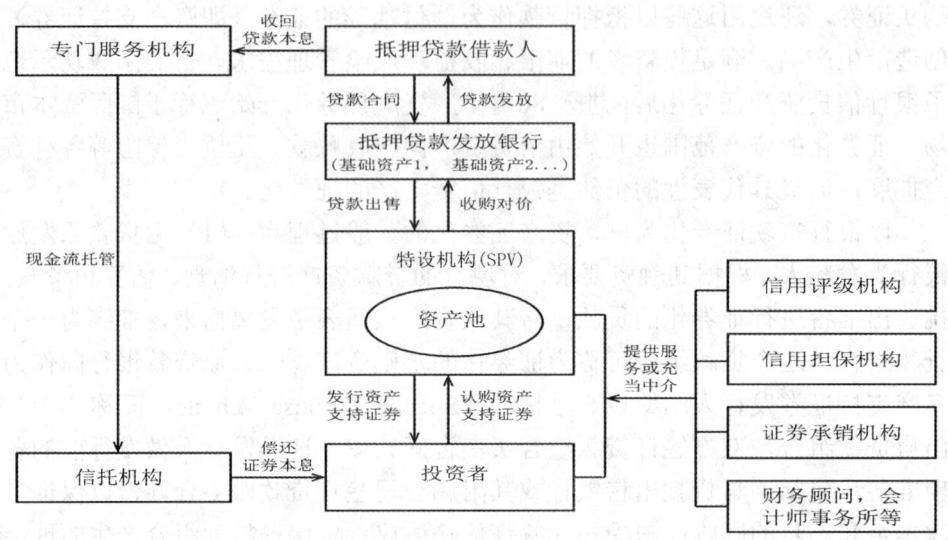

图2-1 信贷资产证券化的一般过程

资产证券化对银行的经营和发展具有多方面的意义:(1)提高银行信贷资产的流动性。这是银行热衷于资产证券化的初始动力。在证券化过程中,银行原先流动性较弱的资产经过筛选、重组、增信等处理后,转变为可以在市场上顺利销售的证券,证券的快速变现给银行带来现金流收入,使资产的流动性明显改善。对于不良资产,也可采取由政府参与信用增级、折价发行、税收优待等特殊的整合措施,设计出符合投资者要求的证券,吸引投资者购买,使资产得以盘活。(2)开辟了银行向资本市场筹资的途径。银行将贷款组合出售给作为资产支持证券发行者的特设金融机构,经过一系列运作后,证券发行的信用等级一般都高于贷款组合的信用等级,这样就能以较低的发行成本获得证券发行收入。对于那些信用等级较低的金融机构来说,通过资产证券化途径补充资金来源要比直接吸收存款、发行债券合算。(3)分散银行信贷风险。银行将贷款组合出售后,就不再面对借款人的信用风险,贷款组合的债权已经转给作为资产支持证券发行人的特设金融机构。至于贷款的利率风险，则在证券结构的设计中作了相应的考虑，通过结构优化的证券发行收入支付给贷款出售银行的价款中，已经包含了对利率风险的补偿。(4)改善资本风险管理。根据《巴塞尔协议》对各国银行资本充足率的要求，银行资本与加权风险资产的比率不得低于 8%。通过证券化，原来作为较高权重风险资产的贷款变为现金，从风险资产中移出。这种分母策略使银行在资本总额不变的情况下，提高了资本充足率。(5)提高银行经济效益。银行在出售贷款组合，回流资金后，就可选择新的贷款和投资目标去获取收益。银行在实施贷款证券化过程中，一般仍保留贷款服务职能，负责收取到期贷款的本金和利息，转交给负责向证券投资者支付证券本息的信托机构，从中产生服务费收入。

资产证券化已经对中国的投融资方式及金融市场的发展产生了积极影响，尤其是对长期受到巨额不良资产困扰的国有商业银行的经营方式改革提供了重要借鉴。1999 年 4 月，以化解国有商业银行的巨额不良资产为目的，中国成立了第一家金融资产管理公司（Asset Management Corporation，简称 AMC）——中国信达金融资产管理公司，随后在年内又相继成立了华融、长城和东方三家金融资产管理公司，它们分别从四家国有商业银行剥离不良贷款，并允许开展资产证券化业务。2000 年 4 月，中国人民银行批准中国建设银行可以发行居民住房抵押贷款支持的债券，开始了住房抵押贷款证券化的尝试。2005 年 3 月 21 日，国务院正式批准国家开发银行和中国建设银行作为试点单位，分别进行信贷资产证券化和住房抵押贷款证券化的试点，信贷资产证券化试点工作正式启动。为规范信贷资产证券化试点工作，保护投资人及相关当事人的合法权益，提高信贷资产流动性，丰富证券品种，中国人民银行、中国银行业监督管理委员会于 2005 年 4 月 20 日联合发布公告，正式颁布了《信贷资产证券化试点管理办法》。《管理办法》共 9 章 61 条，并附《资产支持证券发行说明书的编制要求》，对信贷资产证券化改革试点做出全面系统的规范要求。为进一步规范资产支持证券信息披露行为，切实维护投资者合法权益，保证资产支持证券发行的顺利进行，中国人民银行又于 2005 年 6 月 13 日发布公告，颁布了《资产支持证券信息披露规则》。2005 年 12 月 8 日，国家开发银行、中国建设银行两家试点银行获准在银行间债券市场分别发行首批资产支持证券，资产证券化业务正式推出。

**本章重要概念**

| | |
|---|---|
| 金融 Finance | 外源融资 External Finance |
| 内源融资 Internal Finance | 实际收益率 Effective Yield |
| 商业信用 Commercial Credit | 商业票据 Commercial Bill |
| 票据承兑 Acceptance of Bill | 商业汇票 Commercial Draft |
| 背书 Endorsement | 票据贴现 Discounting of Bill |
| 票据抵押贷款 Loan on Bill | 银行信贷 Bank Credit |
| 信用中介 Credit Medium | 间接融资 Indirect Finance |
| 直接融资 Direct Finance | 有价证券 Securities |
| 上市公司 Listed company | 普通股票 Common Stock |
| 优先股票 Preferred Stock | 公司债券 Corporate bond |
| 政府债券 Government bond | 保险 Insurance |
| 信托 Trust | 金融租赁 Financial leasing |
| 互联网金融 Network Financial Service | 资产证券化 Asset Securitization |
| 资产支持证券 Asset-Backed Securities，ABS | |

## 复习思考题

1. 怎样理解"金融"一词的含义？
2. 为什么说金融活动是在储蓄、投资均衡过程中产生的？各经济主体在金融活动中的角色特征怎样？
3. 什么是商业信用？什么是商业票据？商业票据何以成为融资工具？融通票据是怎么回事？
4. 何谓信用中介？银行信贷的主要内容有哪些？
5. 什么是票据贴现？它与一般银行贷款相比有何特点？
6. 什么是有价证券？证券融资有哪些特点？
7. 什么是普通股票和优先股票？二者有何区别？
8. 什么是公司债券？作为融资工具，它与股票和银行贷款相比有哪些特点？
9. 政府债券有哪些类型？谈谈中国目前政府债券的主要形式。
10. 什么是保险？它有哪些主要种类？

11. 什么是信托？它有哪些特点？

12. 什么是租赁？现代租赁有何特征？

13. 什么是直接金融和间接金融？各自的优点和不足在哪里？如何理解二者的关系？

14. 什么是资产证券化？以银行贷款证券化为例，说明其一般过程和意义。

15. 什么是互联网金融？它有哪些主要形式？谈谈你对互联网金融发展的看法。

**小测试**

1. 以下能直接表现商业票据是融资工具的是（　　　）。
   A．其有效性与交易内容无关　　B．可背书转让
   C．可办理贴现　　　　　　　　D．汇票须办理承兑
   E．可作抵押

2. 与普通股相比，优先股的特点是（　　　）。
   A．优先分派股息　　　　　　　B．其股东可优先购买新股
   C．优先获偿剩余财产　　　　　D．股息率事先约定
   E．依据公司利润大小分红

3. 国家信用的工具包括（　　　）。
   A．国有股　　　　　　　　　　B．法人股
   C．公债券　　　　　　　　　　D．国库券
   E．地方政府债券

4. 金融租赁相比传统租赁的特征主要有（　　　）。
   A．出租人为闲置资产寻求承租人
   B．出租人应承租人要求购买资产
   C．出租人承担资产质量等方面的费用和风险
   D．一次性出租通常即可收回全部投资
   E．多以专业化租赁公司为中介

5. 信贷资产证券化对银行经营和发展的影响表现在（　　　）。
   A．提高银行经营的专业化水平　B．提高银行信贷资产的流动性
   C．改善银行资本风险管理　　　D．分散银行信贷风险
   E．扩充银行的股本金

（第二章答案：1．BCE　2.ACD　3．CDE　4.BDE　5.BCD）

# 第三章 金融中介服务体系

经济主体所从事的主要金融活动，离不开金融中介机构[①]的服务，所不同的是，每一种金融中介机构分别以其特殊的角色、特殊的服务方式和工具等服务于经济主体的金融活动。在直接金融活动中，资金供求双方通过相互买卖有价证券等直接实现资金的融通，投资银行、经纪公司、证券交易所等中介机构为他们之间的直接交易提供信息、场地、设施、结算等各种服务。在间接金融活动中，资金供求双方不直接进行交易，而由商业银行、储蓄机构、保险公司等中介机构作为债务人和债权人介入其中，为交易的实现提供信用媒介、安全保障和支持系统等。[②]进一步了解各种金融中介机构的特征、功能、主要业务和管理方法等，有助于我们更清楚地观察和理解微观金融运行的内容、特点和机理。本章主要依据金融中介机构所服务的金融活动领域和其自身活动方式的特点，将金融中介机构分为商业银行、投资性金融机构、契约性金融机构和政策性金融机构四部分；这些机构和它们所从事的金融业务和管理活动，就构成了一个庞大的支持金融运行的金融中介服务体系。

---

① 金融中介（Financial Intermediary）有动态和静态两种解释。动态概念的金融中介是指在货币资金运动和信用活动中为资金供给者和需求者提供信息、设施、信贷服务、结算服务、投资服务、保险服务、信托服务等金融性服务的活动。而静态概念的金融中介则是指专门从事金融性服务活动的机构，包括商业银行、投资银行、保险公司、证券公司、证券交易所、信托公司、养老基金等。

② 在理论上，金融中介通常是就整体经济中由于储蓄和投资的非对称性而导致的融资要求而言的，是储蓄转化为投资的中介。从这个意义上讲，凡是能导致货币资金在不同经济主体之间转移或融通的金融服务活动和相应的金融机构，都属金融中介范畴。金融中介是一个涵盖范围很广泛的概念。但有时候这一概念也被限定于间接金融范围而与直接金融相比较来运用，在这种情况下，银行的存款、贷款等活动被看成是金融中介活动，而证券市场的证券发行、交易等活动被看成是非中介活动，将市场上出现的资金大量从商业银行、储蓄银行等金融机构转移到国债和其他证券上的现象描述为"脱媒"或"非中介化"（Disintermediation）。本书所指的金融中介及金融中介服务体系是广义的概念。

# 第一节　商业银行

商业银行是间接金融领域中最主要的中介机构，也是存款性金融机构的最典型形式。除此之外，还有储蓄贷款协会、互助银行、信用合作社等机构。之所以专门介绍商业银行，是因为商业银行以其为数众多、业务渗透面广、资产雄厚、创造存款货币等特殊优势，在整个银行业中始终占据基础和主体地位。这里主要阐述商业银行的性质、职能、主要业务以及经营管理的理论和方法。

## 一、商业银行的性质

商业银行是伴随着商品货币经济和信用制度的发育成长而产生和发展起来的。银行天然的存在形式就是商业银行。一般认为，早期银行业起源于中世纪意大利威尼斯商贸活动中游离出来的钱商，而近代银行业则以英国的高利贷、金匠、金商最为典型。随着资本主义生产方式的形成和发展，具有现代意义的，以工商业贷款为主要业务，并且利息水平低于产业和商业平均利润率的商业银行才得以真正出现。现代商业银行是通过两条主要途径在资本主义发展初期普遍建立的：一条是旧的高利贷性质的银行在新兴的产业资本、商业资本的迫使下，适应新的生产关系而转变为新式商业银行；二是由产业资本和商业资本以股份制形式组建和创立新式银行。1694年出现于伦敦的英格兰银行（Bank of England），就是通过第二条途径建立的商业银行，它被认为是现代商业银行产生的标志，是现代银行制度开始的象征。

"商业银行"这个名称，在英美等国最为通用；在西欧各国习惯上称为信贷银行（Credit Bank）；有的国家如日本，将其称为存款银行；国际货币基金组织将其称为存款货币银行。但是，人们在分析问题时，尤其是将其与中央银行、政策性金融机构，以及证券、信托、保险类机构等相对应而分析问题时，大多数都使用"商业银行"这个名称。那么，人们起先为什么把英格兰银行和后来出现的一批又一批大大小小的银行都称为商业银行呢？原因是这些银行在发展的初期，其业务主要集中于自偿性贷款。所谓自偿性贷款，就是银行通过贴现票据和对企业的储备资产发放短期周转性贷款，一旦票据到期和产销完成，贷款就可以自动收回；这种贷款以商业活动为基础，与商业行为和企业的产销行动相结合，所以，发放这种贷款的银行就被称为商业银行。

　　银行发放期限短、流动性较高的贷款，如：通过贴现票据而发放商业周转性贷款，可以保证贷款的安全，又能稳妥地获取一定的利润，这是早期商业银行经营的基本特点，也是商业银行名副其实的特征。拥有这种典型的商业银行的最具代表性的国家是英国，人们据此将坚持办理短期信贷业务的银行称为传统的商业银行或英国式商业银行。商业银行在伴随着工商业和商品经济不断发展的过程中，由于资金的市场需求呈现越来越多样化的趋势、对金融服务的要求不断变化，以及银行间竞争加剧和银行以盈利为目标的经营动机的驱动等多种原因，其业务种类和经营范围日益扩大，最终演变成为一种综合性、多功能的银行。它能够提供多种类型和期限的贷款，为客户提供多种金融服务，并参与金融市场的投资，其业务经营的内容已经与其名称不相符，但由于历史的延续和人们的习惯，商业银行这个名称一直沿用至今。早期就拥有综合性、多功能式商业银行的最具代表性的国家是德国。由于德国是工业化较晚的国家，该国的商业银行是伴随着19世纪中叶工业革命的迅猛发展而兴起的，一开始就具有综合经营的特点，不仅发放短期商业贷款，提供周转资金，而且也融通长期资金，还直接投资于新兴企业，替公司包销证券，积极参与新企业的决策和扩展过程，并在企业兼并、重组等资本经营和资产组合过程中充当重要角色。人们据此将全面经营各种金融业务的综合性银行称为德国式商业银行。中国将发展商业银行作为金融改革的一项重要目标，强调的并非是塑造那种只经营短期周转贷款的典型的或传统的商业银行；恰恰相反，在银行改革过程中，中国现有的银行尤其是几家国有大银行，其业务经营范围还将进一步冲破专业分工的限制，业务种类会更多、更广。改革中强调的是银行经营性质和经营方式的转变，强调的是将银行从计划经济体制下的政府附属机构转变为市场经济体制下的金融企业，强调的是商业银行"商业化"或"企业化"的本质含义。

　　如果将商业银行的经营目标、经营的主要内容和机构的性质等特点结合起来，就可以简单给出一个商业银行的定义：商业银行是以获取利润为经营目的，以吸收存款为主要资金来源，主要经营工商业放款的综合性、多功能的金融企业。这个定义中，反映商业银行本质特征的有如下三点：第一，商业银行是企业，具有企业的一般特征。商业银行必须具备业务经营所需的自有资本，并达到管理部门所规定的最低资本要求；商业银行必须依法经营、照章纳税；商业银行实行自主经营、自担风险、自负盈亏、自我约束；商业银行以获取利润为经营目的和发展动力。这些都是商业银行与普通工商企业完全相一致的地方，是企业的共同特征。第二，商业银行是特殊的企业——金融企业。商业银行的经营对象不是普通商品，而是货币、资金，商业银行业务活动的范围不是生产流通领域，而是货币信用领域，商业银行不是直接从事商品生产和流通的企业，而是为从事商品生产和流通的企业提供金融服务的企业。第三，商业银行是特殊的银行。在经营性质和经营目标上，商业银行区别于中央银行和政策性金融机构。中央银行是代表国家管理金融，制定和执行金融政策，垄断货币发行，在全社会范围内调节、控制货币和信用的核心机构。它不对非金融单位办理信用业务，不以盈利为目的。政策性金融机构是由政府创立、参股或保证的，不以盈利为目的，专门为贯彻并配合政府的社会经济政策或意图，在特定的业务领域内，从事政策性融资活动的机构。而商业银行则与中央银行和政策性金融机构截然不同，它以盈利为目的，在经营过程中讲求盈利性、安全性和流动性原则，不受政府行政干预。商业银行的特殊性还表现在其与各类专业银行和非银行金融机构的不同上。专业银行和非银行金融机构通常只限于办理某一方面和某些特定的金融业务，其业务经营具有明显的局限性；而商业银行则不同，其业务范围广泛、功能齐全、综合性强，尤其是商业银行能够经营活期存款业务，它可以借助于支票及转账结算制度创造存款货币，使其具有信用创造的功能。

## 二、商业银行的职能

商业银行作为一种金融企业，具有如下主要职能：

### （一）信用中介职能

这是商业银行最基本、最能反映其经营活动特征的职能。这一职能表现为：银行通过其负债业务，把社会上的各种闲散货币资金集中起来，再通过资产业务，把它投向社会经济各个部门。银行是作为货币资金的贷出者和借入者的中介人或代表来发挥作用的，既达到了融通社会资金的目的，又从贷款利息收入、投资收益与吸收资金成本的差额中，获取基本收入，形成银行利润。之所以称这样的职能为信用中介职能，是因为，通过银行的负债和资产业务，首先沟通了货币资金借入者和贷出者的信用联系，克服了直接借贷的局限性，使借贷行为在当事人各方对借贷数量、借贷期限、利息要求、信誉状况等互不了解的情况下得以完成。

信用中介职能挖掘了社会闲散资金的潜力，提高了社会总资本的运用效率。同时，也通过集小成大、化短为长，将小额闲散货币转化为巨额长期资金，增加了可用于生产投资的社会资本总量。也就是说，信用中介职能的一个非常重要的结果是,它会将人们本来用于消费的货币收入和储蓄变为用于生产和流通并实现增值的资本。

（二）支付中介职能

商业银行既是信用机构,又是经营货币的机构。在经营货币的过程中,商业银行为客户保管货币,代客户支付货款和各种费用,为客户兑付现金等,这种职能就是支付中介职能。之所以称为支付中介,是因为,商业银行在经营活动中事实上充当着工商企业、社会团体、个人等的货币保管者、出纳者和支付代理人；从全社会的角度看,商业银行实际上成了国民经济的总出纳和"公共簿记",是一个办理支付、结算和现金出纳的社会中介机构。实际上,在没有信贷业务的早期的货币经营业中,支付中介职能就是最重要的职能,商业银行只是继承或保留了这种职能而已。但是,商业银行的货币业务是与信用业务密不可分的,商业银行的支付中介职能,一般是建立在与客户广泛的信用联系基础上的,是在信用中介职能推动下的。随着银行信用关系和信用业务的不断扩展,支付中介职能的内容和形式已经发生了巨大变化。在现代经济中,越来越多的商品交易、对外投资、国际贸易、家庭理财等经济活动都通过以银行为中心的货币结算进行。结算方式和手段也越来越多样化,可以是现金,也可是非现金；可以是有形的票证,也可以是无形的电子信息。各种方便快捷的支付方式可供人们自由选择。

银行支付中介职能的主要作用在于,它不仅由于广泛使用支票和先进的结算支付工具,大大减少了现金的使用,节约了流通费用；而且加快了结算速度和货币资金周转速度,为经济活动的顺利进行创造了有利条件。

（三）调控媒介职能

商业银行并不是专门的经济和金融调控机构,但是,通过其自身的业务活动,客观上对经济和金融活动从多个方面发挥了调控功能。如:通过放款和投资,从总量上和结构上调节企业的生产经营活动；通过办理消费信贷业务调节和引导消费；通过利用国际金融市场筹措外资,可增加国际收支平衡表中的资本输入项目,调节和平衡国际收支等。其中,最能体现调节功能的是商业银行充当中央银行货币政策的传导媒介。中央银行实施调节货币和信用的各种措施,大多数都首先作用于商业银行,如提高或降低商业银行向其上交的法定存款准备金的比率、调高或调低向商业银行办理贴现或贷款时的利率、向商业银行买进或卖出有价证券等,商业银行一旦接受了这些调节变量后,就会对自身的信用活动作出相应的调整,其结果是将中央银行调节货币、信用并调节经济的作用传递到企业和个人等经济活动主体。

### （四）金融服务职能

商业银行凭借自身的优势，如社会联系面广、信用可靠、信息灵通、装备先进等，可以为客户提供各种服务，如：信息咨询、决策支援、自动转账、保管箱、代发工资、代理各种费用支付、代理买卖有价证券等。商业银行发挥这种服务职能，既是现代经济生活多样化、企业经营环境复杂化的客观要求，也是银行间以及银行与各种金融机构间市场竞争日益激烈的结果。在银行的最初发展中，大多数都以规模竞争、价格（利率）竞争为主要竞争方式，这种竞争的结果使银行的整体效益不断下降，也受到利率高限、资本与资产比率等的限制，因此，为客户提供多种优质服务，就自然成为商业银行争取与客户联系、稳定和扩大资产负债业务的主动要求。在利率和费用水平相同的情况下，谁能提供更多更优质的服务，谁就能争取到更多的客户和资金。反过来也说明，谁的资金和人才力量更雄厚、设备更先进，谁就能为客户提供更多更优惠的服务。服务水平的高低，服务能力的强弱，成为衡量商业银行竞争力的重要尺度。

### （五）信用创造职能

这一职能表现在两个方面：一是随着信用制度的发展，商业银行在银行信用的基础上创造了可以代替货币的信用流通工具，如银行券和支票，这种信用流通工具代替现实货币流通，因而相对扩大了流通手段和支付手段，扩大了社会信用量。二是商业银行能够经营各种存款业务，尤其是能够经营可以签发支票的活期存款业务，在支票广泛流通和实施转账结算的条件下，银行将吸收的存款发放贷款后，接受贷款的客户并不完全支取现金甚至完全不支取现金，而是转入其银行存款账户，以转移存款的方式进行支付使用，这样，由原来那笔存款经贷款后又形成一笔新的存款，增加了商业银行的资金来源，最后在整个银行体系会使存款加倍形成。

## 三、商业银行的主要业务

商业银行的业务由负债业务、资产业务和中间业务三部分构成。

### （一）负债业务

负债业务是商业银行形成资金来源的业务。根据资金来源的渠道不同，通常将其分为自有资本、存款业务和其他负债业务三大类。

1. 自有资本。这是指银行拥有的永久归其支配使用的资本金，包括普通股股本、无偿还期的优先股股本、资本盈余、未分配利润、资本储备金、其他准备金等。许多西方国家还常常把银行发行的长期债券也视作资本，称为债务资本。因为这部分资本既具有债务的性质，又具有资本金的性质。它与一般的存款债务和借款债务相比，偿还顺序靠后，可以有条件地拖延，有些还可转为股本。中国商业银行的资本金，在计划经济时代主要靠财政拨付信贷基金。随着改革开放以来的财政银行体制的变化和国家银行商业化改革的进行，财政已基本停止向银行拨付信贷基金。为了使国有独资商业银行尽快提高资本充足比率，达到或接近1988年《巴塞尔协议》规定的资本目标比率，1998年2月28日，根据八届全国人大常委会第十三次会议通过的议案，财政部定向发行特别国债2700亿元，所筹资金用于拨补国有独资商业银行的资本金。但从银行改革和发展的趋势看，国有商业银行资本金的解决渠道主要是自身的利润积累，对于实行股份制的银行来说，实收股本无疑是其扩充资本的重要途径。

银行组织和管理好自有资本的意义在于：①自有资本作为银行信誉的基础，对存款人的安全和银行自身的安全起保护作用。存款人对某家银行的信心，以及银行管理当局和信用评级机构对某家银行信用能力的判断和认可，首先观察的就是这家银行的资本拥有量。②自有资本是银行维持业务经营的基本前提。一方面，银行开业经营必须满足最低注册资本的要求，而且由于银行是一种特殊的经营机构，它的破产会对社会造成巨大的震动，不但货币供给过程遭到破坏，而且支付系统和金融媒介体系都会受到伤害，因此，银行的最低注册资本一般都保持较高的水平。另一方面，经营银行业务必须具备一定的物质条件，如营业场所、仓库、柜台、出纳机、计算机及其他设备和办公用品，银行在开业之前必须拥有一定量的自有资本，才能具备这些条件。如果银行的资本不能满足其购置房产与设备的需要，那么，它就缺乏从事活动的起码条件，因为银行房产和设备的购置通常只能以资本金支付，而不能以负债形式支付。从保证银行从事正常的经营活动的角度看，充足的资本金还能随时满足银行可能遇到的流动性需求，例如，遇到经济不景气或国家银根紧缩时，客户（其中包括与银行关系密切的基本客户）对银行借款的需求比较集中，银行面临资金短缺的压力。如果银行的资本金很充足，就可以缓解这种压力。③要求银行经常保持充足的资本比率，可以限制其不合理的资产扩张，便于银行管理当局实施对银行的监督和管制。商业银行是一种以追求利润最大化为经营目标的金融机构，银行获得收入的主要途径就是资产的运用和提供各种服务所收取的手续费，其中，就大多数银行而言，资产的运用是增加收入的主要渠道，所以银行有不断扩大其资产规模的倾向。而银行在经营过程中资产的损失是不可避免的，它的资产规模越大，发生损失的几率就越高。为了保障存款人利益，保护银行体系的稳定和支付系统的正常运行，金融当局通常规定资本和资产的比率以限制银行资产过度扩张，这样，资本比率就成了银行管理部门对商业银行经营活动实施控制的有效工具。

需要引起注意的是，强调银行组织和管理好自有资本的意义，并不能简单理解为银行资本越充裕越好。事实上，对待银行资本充足度的态度，银行管理当局、银行的存款人和银行自身是有很大差异的。管理当局和存款人分别是从监管的职责和自身利益出发来要求银行资本充足度的，他们更多关心的是银行体系的稳定性，因而要求银行有尽可能高的资本充足度；而商业银行本身则以利润最大化的要求来把握最佳的资本持有量，资本持有量不能过少，也不能过多。衡量银行资本持有量是否适度的砝码是资本的成本，即银行为筹集一定量的资本所花费的各种开支、费用，包括为股票、债券支付的发行费用、股息和利息，银行管理这些资本所花的费用，还包括由资本量变化而带来的其他成本，如：当资本量过小时会增加对借入资金的需求，使资金来源的边际成本增加。从成本管理的角度看，银行资本持有量过高和过低都会导致成本上升，效益下降。过高时，筹集和管理资本的成本上升，财务杠杆比率降低；过低时，流动性比率的要求提高，资金来源的边际成本上升。因此，最佳的资本持有量就是资本边际成本最低时银行所实际拥有的资本量。

2. 存款业务。这是商业银行的传统业务，在负债业务中占有最主要的地位。划分存款类型的方法很多，但最常见的是将其划分为活期存款、定期存款和储蓄存款。商业银行最突出的特点是经营活期存款。有关这三类存款的内容已在前章作了阐述，这里进一步就银行存款的经营管理要求进行介绍。①吸收存款重在提高稳定率。稳定率是指稳定性存款占全部存款的比率，可以用存款最低余额与存款平均余额的比率反映。这个比率越高，说明吸取的全部存款中停留在银行可供长期使用的存款数量越大。提高稳定率的关键是组织安排好存款的结构，一般来说，定期存款和长期储蓄存款的比重越高，存款稳定率就越高。活期存款多用于转账结算，但在大量的周转中也会形成长期沉淀，成为银行最廉价的稳定性存款。最不稳定的是小额储蓄存款，它们随时会被以提取现金的方式取走。美国经济学家彼得·S.罗斯将活期存款和以较低成本吸收来的定期存款与储蓄存款，称为核心存款（Core Deposits）。核心存款越多，银行负债的平均持续期就越长，抵御利率波动产生负面影响的能力也越强。②吸收存款要注重降低存款成本率。存款成本率是指吸收一定量存款所发生的成本费用与存款额的比率，可用利息支出加各项费用与存款平均余额的比率反映。存款利息支出的多少与存款结构的安排关系密切，利率水平高的存款占存款总量的比例越高,由此引起的存款成本率必然上升。在市场利率和浮动利率条件下,银行管理者对市场利率进行精心研究和准确判断之后,才能对存款的利率结构做出最合理的安排。③吸收存款要与资产安排相匹配,以提高存款的经营效果。存款经营效果是指以一定成本吸收来的存款在进行资产安排后给银行带来的收益。存款使用效果的好坏,主要取决于存款的运用率(可以用贷款平均余额和存款平均余额的比率粗略表示)及存款与贷款的期限结构和利率结构的匹配情况。当长期贷款的市场需求旺盛,而银行却不能组织稳定性存款或只能组织高成本存款时,存款经营效果自然不会好。④吸收存款要达到规模要求,取得最佳规模效益。银行是经营货币资金的特殊经营机构,与实物生产和经营的企业相比,对物质设施等的依赖性较低,信用业务量的扩充是其"产量"增长的主要形式,因此,规模效益在银行经营中的体现尤为突出。假定银行的存款运用率不变,用存款量代表业务规模,那么,在一定的收益水平即贷款利率与存款利率的差率和一定的固定成本条件下,就存在一个存款业务量的最低界限,即保本业务量。在保本业务量以上,才有效益可言;而且,只要不出现成本的快速上升(如大规模新增固定成本),业务规模越大,收益的增长程度越高。用 $y$ 表示收益,用 $x$ 表示业务量,用 $a$ 表示收益水平(利率差),用 $b$ 表示固定成本,则 $y=ax-b$,$y=0$ 时的 $x$ 值即为保本业务量,因此,保本业务量或最低业务规模为:$x=b/a$。如:某银行存贷款年利率差为 3%,固定成本为 600 万元,则年保本业务量为:$x=600$ 万元$/0.03=20000$ 万元。就是说,这家银行取得盈利的最低业务规模必须在 2 亿元以上。假定这家银行在给定的收益水平 3%和固定成本 600 万元的条件下,将目标利润 $y$ 确定为 900 万元,那么,实现这一目标的业务规模要求就为:$x=(y+b)/a=(900+600)/0.03=5$ 亿元。若用图形表示银行取得效益的规模要求,则更为直观。如图 3-1 所示,$y$ 轴表示收入和成本,$x$ 轴表示业务量,$B$ 点表示固定成本水平,$BF$ 表示固定成本线,$OC$ 表示利息成本线,$BA$ 表示总成本线,$OR$ 表示利息收入线,则保本业务量为由总成本线 $BA$ 和利息收入线 $OR$ 的交点 $E$ 所对应的 $x_0$。

由图可见,$x_0$ 是银行发生盈利和出现亏损的规模界线。当规模超过 $x_0$ 时,一定业务量的边际收益水平越高,规模效益越显著。

3. 其他负债业务。这是商业银行除去向客户吸收存款以外的各种短期借入款,主要有:同业拆借、向中央银行借款、发行金融债券、回购协议、占用资金等。

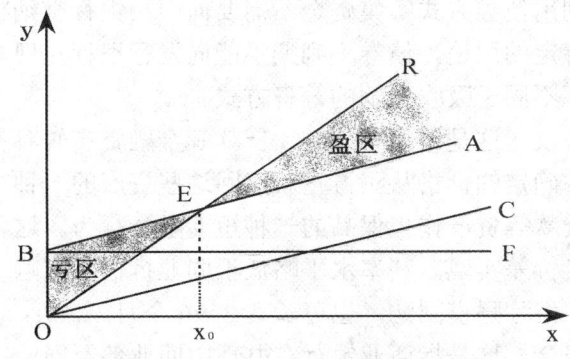

图 3-1  银行最低业务规模的界线

（1）同业拆借。这是指商业银行及其他金融机构之间的临时借款，属于货币市场借款的一部分。拆入资金的银行主要是用以解决临时资金周转的需要，以维持正常的业务运营。当银行之间进行资金结算轧差时，有些银行出现头寸不足，而有些银行则资金有余。因此，客观上要求银行之间能够进行资金拆借。同业拆借的期限一般很短，通常只有一天或一夜，有时人们称之为隔日放款或隔夜放款。同业拆借利息一般按日计算，利率与当时的市场利率挂钩。从目前各国银行法的规定来看，及时拆借资金已经成为商业银行经营管理的一项基本要求。如：美国的会员商业银行必须按规定向中央银行交纳存款准备金和保持一定比例的库存现金准备。这些准备金多了不能带来收益，少了还要受到中央银行制裁，因此，经营完善的商业银行都设法使存款准备金保持在必要的限度内，既不能过多，也不能过少。这样，及时拆出或拆入资金就成了商业银行的一种日常经营活动了。

（2）向中央银行借款。这是商业银行融通资金的一条经常性的渠道，主要有两种形式：一是再贴现，二是直接借款。其中，再贴现是最主要的形式。商业银行把自己为客户办理贴现业务时所买进的未到期票据，再卖给中央银行以获得资金，中央银行则通过调整再贴现率和控制再贴现额的办法实施信用调控，二者各得其所。直接借款，则是商业银行用自己持有的合格票据、银行承兑汇票、政府公债等作为抵押品向中央银行取得抵押贷款。这种直接贷款方式较再贴现更简便和灵活，但限制比较严格，资金用途一般只限于补充储备不足或资产临时调整急需，不能用于扩大放款和投资。

（3）发行金融债券。金融债券是银行为出资者开出的债权证书，债券的持有者享有到期收回本金和利息的权利。商业银行发行金融债券，旨在筹集中长期资金。利用债券方式筹集资金不需要向中央银行交纳准备金,筹来的资金一般都有特定的用途,债券不到期不能向发行银行兑现,资金的稳定程度较高,这些都不同于吸收存款的筹资方式。

(4)回购协议。这是银行将证券、贷款等金融资产暂时售给买方,并议定于规定期限按确定的价格从买方重新赎回这些资产的一种交易方式。其实质是以证券、贷款等资产作担保品的一种短期融资行为。这种交易的付息方式一般通过买卖价差实现。利率水平略低于同业拆借。回购协议的期限通常为一个营业日,俗称隔夜回购,也可长达3～6个月。

(5)占用资金。这是指商业银行在办理中间业务及同业往来过程中临时占用他人的资金。中间业务中占用的是客户的资金,如在汇兑业务、代收代付业务、代客买卖业务、代理投资业务中,在收进款项和完成业务期间可以占用客户资金。同业往来业务中占用的是其他银行的资金,当出现应付账款大于应收账款时,就占用了他行资金。随着管理水平、服务效率的提高,尤其是电子化、自动化清算系统的建立,占用资金是不断减少的。

(二)资产业务

资产业务是商业银行运用资金的业务,也是银行收入的主要来源渠道。资产业务分为贷款业务和投资业务两大类。

1. 贷款业务。这是商业银行最基本的资产业务。关于贷款业务的种类及主要内容已在前章作了阐述,这里进一步就贷款经营管理主要环节的基本要求进行介绍。①制定好贷款经营的基本政策。银行董事会或高级信贷管理机构要依据各种与贷款供求相关的经济参数和法律要求,确定正确的贷款经营目标、业务范围、资产负债结构要求、贷款存款比率要求等,作为贷款业务的基本政策依据。②安排好贷款资产组合。信贷管理部门要对贷款资产的各主要结构,如贷款的种类结构、期限结构、保证方式结构、利率结构等做出合理安排;还要经常根据经济环境、市场需求、信贷资金来源等状况的变化适时调整和优化结构。③确定贷款限额。要根据贷款经营的基本政策和风险管理要求,对贷款的数量或规模进行限定,如:规定贷款总规模,规定对单个客户的贷款最高额度,规定对某些行业尤其是高风险行业的贷款最高限额等。④科学合理地划分贷款权限。贷款权限划分的科学性和合理性表现在既能够对客户的贷款需求作出迅速答复,又能确保贷款发放的质量。一般来说,权限分散有助于迅速把握贷款机会,权限集中则有助于严把贷款质量。通常的做法是二者兼顾,将小额贷款的发放和管理权适度分散,将大额贷款权力适度集中。为了防止权力失控,在职责分工上要实行审贷分离,要有完善的稽核审计制度。⑤做好贷款信用分析。这是确保贷款发放质量的关键，也是贷款业务的中心环节。所谓信用分析，就是对借款人的信用状况和还款能力进行系统的估价和分析。反映借款人信用状况和还款能力的资料主要来自借款人的财务报表，主要包括资产负债表和损益表。因此，信用分析主要是通过对企业财务报表的分析进行的。通过对财务报表各项目的数字变化以及这些数字所反映出的各种财务比率的分析，就可基本掌握借款人信用情况。国外许多银行对借款人应具备的信用条件制定了调查和分析的具体指标，如"五C"指标和"五P"指标等。①⑥确定合理的贷款价格。贷款定价对银行经营目标的实现具有举足轻重的作用。一般来说，在贷款数量一定时，定价越高，贷款所创利润越多。但是，由于贷款需求与贷款定价成反向变化关系，过高的定价会导致贷款需求下降，使总利润减少。从贷款价格的构成来看，其内容一般包括利息、承诺费、抵押资产服务费以及补偿余额等隐含性价格内容。其中，贷款利息至少应能补偿贷出资金的成本、承做贷款的费用、估计的风险损失，还要打出一个合理的利润幅度。⑦监控贷款质量。对已发放的贷款进行质量监控、防范和化解不良贷款，是确保贷款能否最终取得良好效益的关键。国外商业银行通行的做法是，根据对贷款风险和实际价值的动态评价，将贷款质量划分为正常、关注、次级、可疑、损失五级，促使信贷管理人员主动识别、防范和化解贷款风险，维护银行债权。中国的信贷管理实践中，长期将贷款质量分为正常、逾期、呆滞、呆账四种，后三种视为不良贷款，俗称"一逾两呆"。这种分类法以既成的贷款回收期为标准，是一种事后评价，不利于及时识别、防范和化解贷款风险。

2. 投资业务。商业银行的投资业务与通常所说的投资有所不同。普通投资是指以资本从事固定资产购置、进行基本建设和工商业经营活动，而商业银行的投资业务则特指银行购买有价证券以运用资金的活动。商业银行从事证券投资的意义主要有：①获取收益。在吸收来的资金没有理想的贷款对象，出现部分闲置时，或者贷款项目与证券投资比较，效益较低、风险较高时，将资金投资于证券就是增加盈利的最佳选择。②降低风险。从资产分散化的角度看，证券投资的组合比贷款更为灵活，选择性比贷款强，自由度较高；从资金的回收方式看，贷款的回收一般须等到期之后，一旦最终收不回来，

---

① "五C"指标，是指对借款人的品德（Character）、能力（Capacity）、资本（Capital）、担保品（Collareral）和经营状况（Condition of Business）进行调查和分析。"五P"指标是美国汉华实业银行提出的信贷分析指标，是指对借款公司的管理人和股权人（People）、借款目的（Purpose）、还款能力（Payment）、还款保障（Protection）和贷款项目前景（Perspective）进行调查和分析。

银行就蒙受损失，而证券投资的资金则可随时在市场上收回或转换，这也是贷款证券化得以出现的主要原因所在。③补充资产流动性。银行证券投资的相当一部分是投资于政府短期债券和信用优良的企业债券，这部分短期资产是银行理想的二级储备，当遇到一级储备即现金资产不能满足流动性需要时，即可运用二级储备，将短期证券转手出售就可马上得到所需现金。

商业银行的投资业务，按照投资对象的不同，可以分为四种类型：政府证券投资、政府机构证券投资、地方政府证券投资和公司证券投资。

①政府证券投资。商业银行购买的政府证券包括国库券、中期债券和长期债券。购买政府证券进行投资有如下几点好处：其一，政府证券信誉度高，安全系数大，除非发生剧烈的政治动荡，政府一般都不会拒付自己的债务，因此，银行投资于政府债券风险最低。其二，政府证券的流通性强，价格比较稳定，容易转让销售，银行投资于政府证券不用担心会给自身的流动性带来不利的影响。其三，政府证券可以作为抵押品使用。商业银行在需要得到中央银行贷款或政府存款时，可以用政府证券作抵押品。

②政府机构证券投资。政府机构证券是指除中央银行以外其他政府部门和有关机构发行的借款凭证。如：美国的联邦存款保险公司、联邦国民抵押协会、联邦住宅放款银行、联邦中期信贷银行等机构发行的债券。商业银行投资于政府机构的好处是这些证券都在一定程度上由政府作担保，证券的信誉高、风险小。政府机构证券的收益率比政府债券高，也可以作抵押品使用，这也是商业银行乐意对其投资的原因。

③地方政府证券投资。地方政府证券是指中央政府以下各级地方政府发行的借款的凭证，有两种类型：一种是由地方政府的税收机构作保证，债券的本金和利息都由税收收入支付，这种债券叫普通债券。投资于这种债券比较安全，因为地方政府的税收一般都有可靠的保障。第二种是由政府所有的某个企业或公益事业单位发行的债券，这些债券由所筹资金支持的专项工程所得的收益作担保，债券的本息也用收益偿付。这种债券相对于第一种来讲，安全性稍差一些，因为工程收益并不像政府税收那样可靠。地方政府债券的收益率一般高于中央政府债券，商业银行投资于地方政府债券，所得收益可免交地方所得税，因此，地方政府债券投资的收益水平是相对较高的。

④公司证券投资。公司证券是企业或公司为筹集资金而发行的有价证券，包括股票和债券。相比其他类型的投资来说，银行投资于公司证券风险较大，占用资金期限较长，但有利于银行向企业的渗透。

### (三) 中间业务

中间业务是商业银行通过为客户办理支付、进行担保和其他委托事项，从中收取手续费的业务。由于办理这些业务既不形成银行的负债，也不形成银行的资产，从债权债务关系的角度讲是中性的，故称中间业务。主要的中间业务有：汇兑业务、结算业务、信托业务、租赁业务、咨询业务等。

1. 汇兑业务，是银行代客户把现款汇给异地收款人的业务。这种业务要使用特殊的汇款凭证：银行汇票或支付委托书。这些凭证是承汇银行向另一家银行或分支行发出的命令，命令后者向指定的收款人支付一定款项。银行汇票由银行交给客户，客户再将它寄给收款人，由收款人向汇票指定的银行取款。支付委托书由承汇银行用邮信或电报的方式直接通知另一家银行，再由后者通知第三者取款。

2. 结算业务，是银行将客户的款项从付款人账户划转到收款人账户而完成客户间的货币收付活动的业务。商业银行为了更牢固地建立与客户的信用联系，更多地吸收存款和提高资金的运用能力，愿意积极主动地为客户办理好结算业务。结算业务有多种方式，在同一城市内的结算方式主要有支票结算、直接贷记转账和直接借记转账、票据交换所自动转账等。支票结算，是顾客根据其在银行的存款和透支限额开出支票，命令银行从其账户中支付一定款项给收款人，从而实现资金调拨，了结债权债务关系。直接贷记转账，是通过自动交换所将资金直接贷记到收款人账上，完成资金清算。直接借记转账，是通过自动交换所将资金直接借记到付款人账上而完成资金清算。直接贷记转账和直接借记转账都不使用支票，而是通过电子计算机对各行送交的录入转账指令信息的磁带进行处理来完成结算过程。票据交换所自动转账，是通过票据交换所自动转账系统而实现的同城内银行同业间资金划拨的结算活动，参加转账系统的银行在进行同业拆借、外汇买卖、汇划款项等活动时，只要将有关数据输入到自动转账系统的终端机，交换所就会同时借记付款银行账户、贷记收款银行账户。异地间的结算方式主要有汇款、托收、信用证和电子资金划拨系统等。汇款结算，是由付款人委托银行将款项汇给外地某收款人的一种结算方式。银行接到付款人的汇款请求后即收下款项，然后通知收款人所在地的分行或代理行，由其向收款人支付一定数额款项。托收结算，是指债权人或售货人为向外地债务人或购货人收取款项而向其开发汇票，并委托银行代为收款的一种结算。信用证结算，是付款人把款项预先交存开户银行作为结算保证金，委托银行开出信用证，通过异地收款人的开户银行转告收款人，收款人若按合同和信用证所载条款发货，银行即按信用证规定代付款人支付货款。电子资金划拨系统,是运用现代通信技术、计算机技术自动处理异地间资金划拨清算的系统。

3. 代理业务,是商业银行接受客户委托办理有关事宜的业务,主要有代理融通、保管箱出租、代客买卖等。代理融通即代收账款,是由商业银行代顾客收取应收账款,并向顾客提供资金融通的一种业务方式。具体做法是,企业向买主赊销货物或劳务,然后把应收的赊销账款转让给银行,银行收买应收账款为其提供资金,然后再向买主收账。保管箱出租业务,是商业银行利用其坚固安全的设施代顾客保管贵重物品的业务。代客买卖业务,是银行接受客户委托,代为买卖有价证券、贵金属和外汇的业务。

4. 信托业务,是商业银行受客户委托,代为管理、营运、处理有关财产的业务。根据业务对象的不同,有个人信托、公司信托和团体信托之分。对个人的信托业务主要包括:代管财产、办理遗产转让、保管有价证券和贵重物品、代办人寿保险、代拟家庭预算、代办个人纳税等。对社团、企业、公司的信托业务主要包括:代办投资、代办公司或企业的筹资事宜、代办企业合并或接管事宜、代管雇员福利账户和养老金发放、代办政府国库券或公债券的发行、推销和还本付息事宜等。银行办理信托业务,一是可以收取手续费,二是可以占用一部分信托资金用于投资。

5. 租赁业务,是商业银行通过所属的专业机构将大型设备出租给用户使用的业务。这种业务通常由银行所控制的分公司经营。银行承做的租赁业务主要为融资租赁,一般程序是:先由承租人直接与设备生产厂商谈判购买设备事宜,谈妥后由租赁公司向厂商付款购买设备,然后承租人与租赁公司签订租赁合同,根据合同,承租人分期向银行缴纳租金。

(四)商业银行业务的创新

自20世纪70年代开始至今,金融业不断超越传统的经营方式和管理模式,在业务范围、种类、工具、服务技术、机构和市场组织等各方面进行了大量的革新与创造,人们称之为金融创新。在金融创新中,银行的业务创新尤为突出。创新使银行的业务品种、工具、服务手段等得到迅速扩展,诸如浮动利率存款和贷款、大额可转让存单、回购协议、可转让支付命令账户、自动转账服务账户、信用卡、浮动利率票据、利率互换、远期利率协议、贷款抵押债券、信用卡贷款证券化、消费信贷证券化、自动取款机、自助银行、网络银行等,均为金融创新的成果。

从银行业务创新的主要内容来看,创新具有以下特点:第一,银行创新活动有较强的内在动力,按动因可将银行的金融创新划分为技术推动型、规避风险型、回避管制型、信用创造型等类型；第二，金融创新产品种类繁多，尤其是衍生金融工具和各种组合性金融工具层出不穷，金融创新涵盖了各个业务领域，创新业务规模不断扩大；第三，金融创新产品的市场适应力较强，如大额可转让存单、票据发行便利等创新产品出现后便得到了迅速推广，至今长盛不衰；第四，银行业资本市场业务创新加快，融资证券化创新方兴未艾；第五，金融创新已成为银行有效降低成本、增加盈利、提高竞争力的重要手段。

从银行业金融创新的进一步发展来看，呈现出以下趋势：一是金融产品、金融工具的创新多样化，创新目的与效果已不单纯是规避风险及摆脱金融管制，而是包含增加资产流动性、创新信用方式及股权形成方式、提升商业银行服务功能等多重目的；二是业务创新电子化、网络化，在信息技术的推动下，信用卡、网络银行等业务创新获得了长足发展，电子商务、网络经济的兴起促使电子化金融产品和业务不断推陈出新；三是业务创新综合化，随着金融业逐步走向混业经营，金融创新空间进一步扩展，金融创新成为银行业推动业务经营综合化的重要手段；四是金融创新产品高级化，银行业金融产品的设计和开发已不再是简单的、浅层次的创新，而是朝着高技术含量、高附加值的方向发展，呈现出产品、业务创新高级化特征；五是表外业务创新重要性增强，金融非中介化的发展促使银行更多地涉足表外业务，表外业务创新迅速发展并日益占据重要地位。

理论界对这种迅速发展的创新活动的动因有多种解释，西尔伯（W.L.Silber）认为，政府的管制和企业的内部约束会对金融机构造成金融压制，金融企业总是在寻求利润最大化，进行创新的原因是要解除或减轻金融约束；凯恩（E.J.Kane）认为，许多形式的政府管制与控制，性质上相当于隐含的税收，阻碍了金融机构从事已有的盈利性活动和利用管制以外的盈利机会，因此，金融机构会通过创新来逃避政府管制，管制和创新会形成一个相互推动的过程；以诺斯（D.C.North）、戴维斯（L.E.Davis）等人为代表的制度学派认为，金融创新是一种与经济制度相互影响、互为因果的制度改革，政府为实现金融稳定、防止收入分配不均而采取的金融改革也可视为金融创新，因此，政府行为是金融创新的成因；希克斯（J.R.Hicks）和涅汉斯（J.Niehans）将金融创新归因于交易成本的下降，不断降低交易成本会刺激金融创新，改善金融服务，金融创新是对主要由技术进步所带动的交易成本下降的必然反应。除了理论上的解释外，人们更多地是从现实角度去分析推动银行业金融创新的主要因素，这些因素主要包括：（1）规避金融风险的动机。

金融市场风险的增加刺激银行业加大了各种避险保值工具的创新力度,外汇远期、浮动利率票据等金融工具应运而生。(2)降低成本的需要。传统金融工具的管理成本日益超过维持其存在的临界点,这是产生金融创新需求的动力之一。金融创新不仅有利于降低银行等金融机构的资产管理成本,也有利于降低其融资成本。(3)技术进步。计算机、通信等信息技术的发展大大降低了银行成本,并实现了全球金融市场的一体化,促进了众多金融创新产品的产生和推广应用。(4)金融自由化的影响。20世纪70年代以后,西方国家相继放松了金融管制,为银行业金融创新创造了有利条件;同时,金融业逐渐由分业经营转向混业经营,也为银行业金融创新提供了广阔空间。(5)市场竞争的加剧。国际和国内金融领域竞争的加剧促使银行业通过金融创新寻求新的利润来源,并将金融创新作为提高自身持续竞争力、扩大市场份额的重要手段。(6)经济全球化的影响。经济全球化促进了银行经营的国际化,也使银行在更大范围、更深程度上融入到国际金融市场的创新活动中,从而极大地推动了银行业在国际业务领域的金融创新。

受国际银行业创新潮流的影响,中国的商业银行在业务创新上也做出了种种努力和尝试,虽然与国际先进的银行相比还有很大差距,但也在许多方面取得了可喜的成就。在负债业务方面,许多银行除了在存款的种类、档次等方面不断更新品种(如:开办保险公司协议存款和居民教育储蓄存款等)外,还积极发展以IT技术为支撑的网络银行、电话银行、手机银行等,实现了全行通存通兑、ATM机存取款、购物消费、账户管理、信用管理、金融信息查询、证券信息查询及交易、外汇买卖、定活期存款互转、对外支付、异地转账、开立网上信用证、理财服务等多种功能。在资产业务方面,除了在传统的工业贷款、商业贷款、外汇转贷款、代理政策性金融机构贷款等业务中积极改进方式、注入活力外,近年来还大力发展了个人住房贷款、个人大额耐用消费品贷款、汽车消费贷款等,还推出了股票质押贷款、信贷资产回购或转让等新的贷款形式。一些银行在承办外国政府转贷项目中,首次采用了自主决策、自担风险,没有国家财政提供担保的方式,且贷款可以用于国内采购。除贷款业务外,银行也积极开展对国债、政策性金融债券和企业债券等的买卖和回购业务。在中间业务方面,银行近年来也有颇多创新,如:在结算中更多地利用IT技术,提高结算的速度和准确性;在代理业务中,除了已有的代收代付、代理保险、代理保管和代理政策性金融业务等项目外,近几年在代理销售债券、代理销售基金和代理证券买卖开户等方面发展很快;在银行卡业务方面,目前我国已经有20多家商业银行开办了信用卡、借记卡和联名卡等多种银行卡产品，银行卡在功能、市场定位和营销方式等方面都在不断创新（如将银行卡与保险产品、购车优惠捆绑销售等），一些银行的银行卡已经实现了全国甚至全球范围内的通存通兑，大多数银行卡都能在 ATM 机自由存取款和实现自由购物消费等。在外汇中间业务、外汇买卖业务、担保业务、基金托管业务等业务中，国内银行也在积极引进国外先进的金融工具。

### 四、商业银行资产负债管理

伴随着商业银行的不断发展和成熟，银行家们对安全性、流动性和盈利性的认识和取舍也在不断地改变，由此带来了商业银行经营策略和管理方式及其经营管理理论的变革和更新。到目前为止，大致经过了资产管理、负债管理和资产负债管理等几个阶段性的演变过程。

#### （一）资产负债管理的主要理论

银行经营管理的理论经历了一个管理重心由资产转向负债，又由负债转向全面综合管理的变化过程，过程中各个阶段反映的管理思想在内容上是不同的。

1. 资产管理理论。这种理论的核心思想是：银行经营的侧重点在于使资产保持流动性，在负债一定的情况下，通过调整资产结构来满足流动性要求，而资产项目的调整则依据资产的变现能力，不生利但安全性、流动性强的现金资产和盈利高但流动性差、风险大的盈利资产分别占资产总额的多大比重，要由负债中各项目的流转速度来决定，资产的偿还期要与负债的偿还期保持高度的对称关系，即所有资产项目的偿还期和变现能力要完全服从于负债的偿还期和付现要求。这种重在保持资产流动性的资产管理理论，是商业银行早期的经营理论。随着经济环境的变化和银行业务经营的发展，对资产管理和实现流动性的方式提出了新的要求，因而使这种理论在不同的历史时期又表现出不同的特点和内容，形成了商业贷款理论、转换理论和预期收入理论等各种资产管理理论。这些理论分别在保持银行资产流动性问题上各有侧重，并相互补充，反映了银行资产管理理论不断完善和发展的过程。

（1）商业贷款理论。这种理论认为，商业银行为了保持资产的流动性，必须将资金运用集中于发放短期的、与商业周转相联系或与生产物资储备相适应的自偿性贷款。自偿性，是指银行发放的这种短期流动资金贷款，能够随着商业或工业企业的商品周转或产销过程的完成，从销售收入中得到偿还。由于每种贷款都以商业行为作基础，并且有真实的商业票据作抵押，一旦企业不能偿还贷款，银行可以处理作抵押的票据，以保证贷款的收回。人们从这种贷款与商业票据紧密联系的角度出发，又将这种理论称为"真实票据理论"（Real-Bill Theory）。

商业贷款理论的实际意义主要表现在：第一，这种理论为商业银行保持资金的流动性和安全性提供了依据，在其指导下，银行可以避免或减少因盲目扩大贷款、任意确定贷款期限而造成的经营风险，强化了银行在经营中的自我约束机制；第二，这种理论建立在银行贷款与真实商品交易相联系的基础上，为保持银行信贷与经济发展的适应、避免信用膨胀和通货膨胀提供了依据。当经济发展、生产扩大、商品交易增加时，银行信贷规模也随之扩张；而当经济萎缩、生产缩小、商品交易减少时，银行信贷规模也随之缩减。因此，在这种理论指导下的银行经营，一般不会出现信用过度膨胀或萎缩的情况，有利于市场和通货的稳定。

（2）转换理论。这种理论认为，银行保证流动性的关键并不在于贷款期限的长短，而在于银行所持有的资产的变现能力，只要手中的资产在需要时能够迅速地、不受损失地转让出去，换为现金，就可以保持流动性。能够保证流动性的资产，一般须具备信誉高和期限短两个基本特点。根据转换理论，商业银行可以将资金的一部分投入具备二级市场条件的证券，而不必将资产业务局限于短期商业贷款。随着金融市场的发展和完善，不仅证券的规模扩大，而且金融资产的流动性也趋于增强，特别是到了第二次世界大战以后，政府债券急剧增加，使其成为银行保持流动性的主要支撑力量。在后来的银行经营管理中，通常都将政府债券作为仅次于现金资产的第二储备。

转换理论的重要意义在于：第一，它提供了保持银行流动性的新方法，使商业银行的资产范围扩大，业务经营更加灵活多样，提高了竞争力。第二，它兼顾了流动性和盈利性的双重要求。在银行的资产安排中，购入一部分信誉好、易于转让出售的证券，一方面可以消除贷款保持流动性的压力，腾出一部分资金作长期贷款；另一方面又可以减少非盈利的现金资产的占用，将部分现金资产转为证券，作二级储备，既保证流动性，又增加资产的收益。第三，它促进了证券二级市场的活跃和发展。第二次世界大战之后的一段时间里，美国商业银行持有的证券资产超过了贷款，商业银行的资产安排在为自身提供流动性和盈利性的同时，也为证券市场创造了大量的需求。当然，转换理论并没有从根本上解决银行的流动性问题，使银行的流动性大量地依赖于短期证券等流动性资产，而这些证券能否真正实现转让，却并不取决于银行，而是取决于金融市场的状况。当出现经济危机，资产普遍短缺时，证券市场需求疲软,即使是一些信誉好的短期证券也常常难以脱手。证券供给大大超过需求的这种市场供求状况,还会使证券价格跌落,使银行蒙受损失。

(3)预期收入理论。这种理论认为,无论是短期商业性贷款还是其他可转让的资产,其偿还能力或变现能力都是以借款人筹措并使用资金后的未来收入为保证的,因此,保持流动性的关键不在于放款的用途(自偿性),也不在于担保品(可转让性),而在于借款人的预期收入。如果一项投资的未来收入有保证,即使是长期放款,也不至于影响银行的流动性,银行可以根据借款人的预期收入安排放款的到期日或要求借款人根据投资项目收入分期偿还借款。反之,如果一项投资的未来收入没有保证,即使是短期放款,也有发生坏账和到期不能收回的危险。银行审查放款和投资的标准不能仅仅停留在贷款期限和证券担保上,而应更多地放在贷款和投资项目的预期收入方面,只要借款人的预期收入可靠,就可以给其贷款。根据这一理论,商业银行除了发放短期贷款和经营易于转让的证券外,还可以对一些未来收入有保证的项目发放中长期贷款。在这一理论的引导下,商业银行业务经营的范围进一步扩大,开始发放以贷款后项目收入分期偿还的中长期设备贷款、分期付款的消费贷款、房屋抵押贷款,甚至办起了设备租赁等业务,由此开始了银行业务向综合化、全能化方向的发展。

2. 负债管理理论。这种负债管理理论的核心是:银行的流动性,不仅可以通过对资产项目的安排和调整获得,而且可以通过扩大负债去获得。就是说,银行可以通过向外借款为自身提供流动性。这样,银行在经营中就没有必要经常保持大量高流动性资产,而应将它们投入高盈利的贷款或投资中,在必要时,银行扩大贷款规模也可以用借款来支持。这一理论强调三点主要内容:①以负债作为保证银行流动性的经营重点。只要在借款市场能够方便地获得负债,银行就要尽可能少地保留高流动性资产,而让现有资产去充分发挥盈利功能,以借款满足流动性需求。②大力发展主动负债,即主动地向外借款,以获得流动性,而不是仅仅依靠吸收存款这种被动的负债方式。主动负债的主要方式包括发行大额可转让定期存单、发行金融债券、同业拆借、签订"再购回协议"借款、向中央银行借款、向国际市场借款等。③实现流动性和实现盈利性并举。负债理论从两个方面强调借款的积极作用:一是以借款满足客户随时提取存款的流动性需求,无须调整资产结构,使客户的提存不影响资产盈利;二是以借款来应付增加的合理贷款需求,使负债和资产同时增加,带来利差收益。可见,负债管理理论在解决流动性问题的同时,还注重利润的最优化,追求资产流动性和盈利性均衡的实现。

负债管理理论的意义主要表现在：第一，在流动性管理上变单一的资产调整为资产和负债的共同调整。第二，为扩大信贷规模、增加盈利创造了主动条件。在资产管理理论看来，银行的信贷规模完全由存款决定，多存才能多贷，资产规模只能被动地适应于负债的数量和结构，而负债管理理论强调根据资产的需要来调整或组织负债，让负债去适应或支持资产。第三，通过主动负债形式扩大资金来源和经营范围，增强了银行实力，提高了竞争能力。这一理论的不足则表现在：它提高了银行的经营成本，加大了经营风险，容易助长信用膨胀和诱发债务危机。由于主动负债的许多项目，如大额可转让存单、金融债券、向中央银行借款、向国际市场借款等，利息一般都高于存款项目，因此，增加主动负债，必然加大银行成本。在成本增加的前提下，要想保持一定的甚至较高的盈利水平，就必须把资金投入到收益高的贷款或投资项目上，而这类贷款或投资一般都是期限长、流动性差和风险高的项目。同时，靠增加负债来提供流动性，在中央银行实施紧缩政策、市场资金普遍缺乏的时候，是很难实现的。由于负债管理理论提倡大胆地向外借款，创造负债，导致银行普遍忽视自有资本的补充，自有资本占银行资金来源总额的比重下降，出现信用膨胀，稍遇市场波动或经营状况不佳，就可能引起债务危机和银行倒闭。

3. 资产负债管理理论。这种资产负债管理理论的核心是：银行的经营要实现流动性、安全性和盈利性的全面统一和协调。资产管理和负债管理都过于偏重其中的某个方面，资产管理过于偏重安全性和流动性，不利于实现盈利目标；负债管理则过于偏重负债的增长和追求高盈利，将安全性和流动性过高地依赖于外部条件，具有较大的风险性。因此，只有根据经济环境和银行业务经营状况的变化，同时管理资产和负债的项目结构、期限结构、利率结构、规模和风险结构，才能保证银行的盈利最大、流动性最强和风险最小。

资产负债管理理论，强调的是对所有资产、负债项目的全面、综合管理，它将所有资产和负债项目在利率、期限、风险和规模等方面存在的缺口（Gap）、错位（Mismatch）或差距（Margin，Spread），如流动性资产与易变性负债之间的缺口、贷款增长额与存款增长额之间的差距等，作为观察和分析的对象，通过调整资产和负债双方在利率、期限、风险和规模等方面的差异，达到合理搭配，统一协调。这种全面综合管理的理论，所要解决的基本问题依然是流动性问题。它要求银行必须从资产和负债两个方面去预测流动性需求，同时又从两个方面去寻求满足流动性需求的办法，它要求对银行的日常流动性头寸进行监控。

资产负债管理理论与以往两种管理理论最明显不同的特点是,它尤其重视利差问题和利率风险问题。这种理论将适度稳定的利差作为管理的重要目标,一是注重资产和负债到期日的搭配,到期日对应,利差便容易把握;二是准确预测利率变化,并适时地利用变化中的利率借入资金或放出资金,还要注重利率结构的搭配,使一定的长期利率和短期利率、固定利率和浮动利率相搭配,对市场作出有利于保持或扩大利差的反应。由于进入20世纪80年代以后,流动性风险的重要性相对逐渐降低,而频繁波动的利率对银行的收益产生越来越大的影响。各国纷纷放松了对银行负债利率的限制,从而使利率的灵活性和风险性增强。因此,在资产负债管理理论中,浮动利率的资产和负债如可变利率贷款和可变利率存款,被作为利率灵敏性资产和利率灵敏性负债加以重点观测和研究。根据对市场利率变动趋势的观测结果,适时调整利率灵敏性资产和利率灵敏性负债的结构或比例(灵敏度率),成为资产负债管理的重要方法之一。国外甚至从利率管理的角度,将资产负债管理定义为一种管理利息收入、利差和利率风险的方法。

(二)资产负债管理的主要方法

在长期的业务发展和管理实践中,商业银行创造和总结出了许多有效的管理方法,这些方法反映了不同发展阶段银行资产负债管理的基本思想和要求,也反映了银行经营管理水平不断提高的过程。这里简要介绍几种主要的方法。

1. 资金汇集法,又称为资金池法(The Pool of Funds Approach)、资金总库法或资金集散法,是最早形成的资产负债管理方法。这种方法是把各种渠道的资金,无论是活期存款、储蓄存款、定期存款、其他负债还是自有资本,都汇集在一起,形成一个资金池或资金总库,然后根据经营目标和方针的要求,按照轻重缓急,把资金池中的资金安排到合适的资产项目上去。这种方法开始于20世纪30年代初,盛行于第二次世界大战后到20世纪50年代末,特别强调按照流动性原则安排汇集起来的资金。安排资金的顺序是:第一,建立一级储备或第一准备金,包括的资产有库存现金、存放在中央银行的存款和同业存款、托收在途的资金。其中的法定存款准备金、最低库存现金、在中央银行的最低存款余额,是受中央银行管理约束的,是必须建立的储备。一级储备的资产主要用于满足存款提取和正常的临时短期贷款的需求,是最低限度的流动性需求。第二,建立二级储备,包括的资产主要有短期公开市场证券,如国库券、政府机构证券、银行承兑票据和短期贷款(可转让贷款)。二级储备不仅流动性高,可随时变现,而且具有盈利性,因此,它是以较小的代价来保证银行的流动性需要。二级储备的规模大小,取决于存款的波动性,波动性较大时,储备规模就应扩大,反之,就应缩小。第三,安排各项贷款。贷款既具有一定的流动性,又是主要的盈利资产,是商业银行整个资产运用的重要部分。第四,安排中长期证券投资。在安排好各项贷款后,若还有资金能力,就可从事证券投资,其特点是盈利高,还可以在接近到期日时作为二级储备的补充。第五,安排固定资产的建设和设备的更新。之所以在资金安排上最后考虑固定资产,是因为固定资产一般不能直接给银行带来收益,也不能作为流动性的储备资产,只能根据业务发展需要和资金能力量力安排。

资金池法作为一种最早产生的资产负债管理方法,其积极意义在于:通过资金的集中和统一使用过程,把负债和资产联系起来进行管理,并且解决了资金安排的顺序问题,保证了资产的流动性。但由于其强调的重点是资产管理,以资产的多样化满足流动性需求,只提供了资产安排的先后顺序,而没有考虑不同的负债结构和资产结构所产生的不同的流动性需求,因而不能按某种明确的标准来确定资金分配在每一类资产上的具体比率,只能按对风险大小的直观判断安排资金运用,它所反映的资产负债关系是原始的和粗糙的。按照这种方法,不少商业银行在负债中的定期存款和储蓄存款比重已经上升的情况下,依然在资产中保持较多的储备,由于过分注重流动性而损失了不少盈利。导致流动性过多的原因,就在于没有认识到不同的负债项目具有不同的流动性需求,需要具有不同流动性的资产与之对称,需要准确界定各种资产的具体分配比例。在这种客观要求下,另一种管理方法——资产分配法便应运而生。

2. 资产分配法(The Asset Allocate Approach),又称为资金转换法(The Conversion of Funds Approach)。它是针对资金池法的不足而提出来的,弥补了资金池法未能区分不同负债对流动性要求的差别,只重视流动性而忽视盈利性的缺陷。资产分配法的做法是:在安排资产项目时,首先考虑负债结构的特点,根据负债项目的稳定程度来对称地进行资产配置。在进行这种资产配置时,要求按各项负债的稳定性程度建立几个"流动性—盈利性"中心,就好比是建立几个"银行中的银行"(Banks within a Bank)一样,再按每个中心的负债项目特征确定相应的资产分配,把资金分配到不同的资产形式上去。"流动性—盈利性"中心的建立和资产分配的具体做法是:将负债方形成的资金来源分为活期存款中心、储蓄存款中心、定期存款中心和资本金中心四个部分,把资产方的资金运用分为一级储备、二级储备、贷款、中长期证券投资和固定资产五个部分。然后,把每一中心的资金来源按其自身稳定性高低和对资产流动性要求,以不同比重分配到不同的资产形式上。活期存款中心的资金大部分用于一级储备,小部分用于二级储备。资本金中的资金大部分用于固定资产的购置和设备更新,小部分用于贷款和中长期证券投资。

资金分配法作为一种在资金汇集法的基础上发展了的资产负债管理方法,其最大的优点在于:它根据负债来源的稳定性特点来确定资产安排方向和比重,按照流动性和盈利性的双重要求将资产和负债联系在一起进行管理,保持了资产和负债在规模和结构上的适应性。它不仅保证了负债流动性的要求,而且能够清除由于过于谨慎而保持的超额流动性,将多余的资金用于盈利性资产,提高了银行的盈利水平。这一方法为商业银行进一步研究更为周密和科学的资产负债管理方法打下了基础。该方法的不足之处在于:第一,它没有考虑到同一个负债中心的各类不同负债的周转速度并不完全一致的情况,只用一个平均周转速度来代表某一大类负债中所有资金的周转速度,并据此确定资金的特定用途,难免不当。实际上,由于存在"偿还期转化",一笔短期负债到期时,可用收回的其他到期资产来支付;或者一些客户提款时,另一些客户或许来存款,因而即便是短期负债,也可能产生相当稳定的资金余额,可用于较长期的资金需要。第二,它仅仅考虑以资产的变动、资产的管理来实现流动性。第三,它只强调了决定存款准备金和客户提取存款的流动性需要,而没有考虑满足客户借款的流动性需要。实际上,在银行与客户的关系中,通常的做法是,银行对客户放款,要求其在银行保持一定的存款余额,而客户向银行存入款项,也要求银行满足其正常的借款需求。就是说,借款需求是具有一定刚性的,无论何种存款,都要有一部分用于放款,不可能完全按照负债的长短期性质来严格划分资金运用。客户提存的流动性需要,一般具有较明显的期限规律,即偿还期越短,流动性要求越高;而借款引起的流动性需求则没有这种规律,甚至存在存款期限越长,数额越大,对银行贷款的要求权也越大,银行所应具备的流动性也越多的情况。资产分配法的这些缺陷,客观地提出了要用更加周密和精确的方法管理资产负债的要求。

3. 数学模型法。为了适应资产负债管理中要求根据安全性、流动性、盈利性目标兼顾的原则,准确配置各种资产的比例,形成最佳的资产组合的需求,商业银行将数学模型和计算机技术运用于资产负债管理,包括线性规划模型、非线性或曲线性模型、方案择优模型等。其中,应用最广的是线性规划模型。

凡是资产负债活动具备下述几个条件的,都可以建立一个完整的线性规划模型，这些条件是：①有明确的经营目标，为实现这一目标涉及若干个变量；②变量之间有各种组合，其中有一种组合是达到既定目标的最优组合；③变量之间存在某些约束；④变量与目标之间存在着线性关系。根据这些条件可以分步建立起能够反映资产负债综合管理要求，体现银行经营目标和各种约束条件，并能够求得资产最优配置和组合结果的线性规划模型。一般步骤是：①根据各种资产的特征和银行经营目标，建立目标函数。通常以利润最大化作为经营目标，那么就以各种资产的收益率作为确定目标函数的根据。②根据资产安排中的各种约束条件，建立数学表达式。由于多数限制性条件都表现为对某种资产安排数量的最高或最低界限的确定，因此，数学表达式通常为一组不等式。③联立目标函数方程和一组反映各种约束条件的不等式，就得到一个完整的线性规划模型。④求出线性规划模型的解，就得到资产优化选择和组合的决策方案。

线性规划模型作为一种定量模型，用以解决银行资产配置问题，提高了资产负债管理的精确性，是一种科学的管理方法。但需要注意的是，在利用定量模型时，必须以定性分析为基础，因为许多与目标函数不直接相关，也难以量化，但又确实能影响银行资产分配的因素（如：银行与客户关系、市场变化、政策法规制度等），是很难进入模型的。定量模型以各种条件不变为假设前提，但实际上能够影响目标函数的各种约束条件是经常变化的，这就要求对能够影响商业银行业务经营的各种经济现象的性质、特征、变化趋势以及对银行业务影响的程度等作出准确判断和估计，在此基础上进行量化处理，得出的数学表达式及其线性规划模型才是比较贴近实际的。

4. 利率敏感性缺口管理法。这是一种把利率作为联系商业银行资产与负债的关键性因素，以利率管理为核心的资产负债管理方法。所谓缺口（Gap），又叫差额，是指商业银行的利率敏感性资产（RSA）与利率敏感性负债（RSL）之差，可用公式表示为：

$$Gap=RSA-RSL$$

也可用 RSA/RSL 表示缺口率或灵敏度率。

银行的资产和负债包括固定利率的资产与负债和浮动利率的资产与负债两部分。前者的利息收入和利息支出不受金融市场利率的影响，后者的利息收入和利息支出则随市场利率的变化而发生相应的变化。缺口管理法将浮动利率的资产和负债称为利率敏感性资产和利率敏感性负债，因为它们受利率变化影响大，或者说对利率变化十分敏感。利率敏感性资产主要包括买进的可回购协议、短期贷款和投资、变动利率贷款等；利率敏感性负债主要包括短期存单、借入中央银行货币、出售回购协议和其他短期借款等。在市场利率经常变动的情况下,银行所保持的利率敏感性资产和利率敏感性负债的多少,即缺口的大小,会对其盈利和安全产生重大影响,由此产生了缺口管理的要求。缺口管理(The Gap Management),就是根据市场利率的升降波动而相应地扩大或缩小浮动利率资产和浮动利率负债之间的差额或缺口,以防范银行资产负债所面临的利率风险,并在利率变动的每一个期间都获得较高的收益。当银行持有的浮动利率资产大于浮动利率负债时,差额为正数,称为正缺口或缺口率＞1;当浮动利率资产小于浮动利率负债时,差额为负数,称为负缺口或缺口率＜1;当浮动利率资产正好与浮动利率负债相等时,差额为零,称为零缺口或缺口率=1。

缺口的意义在于:缺口的绝对值越大,利率风险越大,银行潜在的盈利或损失的可能性越大。相反,缺口的绝对值越小,利率风险越小,盈利也越稳定。无论缺口是正还是负,风险和收益都与其相关。缺口对风险和收益的影响结果是:如果存在正缺口(缺口率＞1),说明银行拥有的利率敏感性资产大于利率敏感性负债,当市场利率上升时,资产利息收入的增加大于负债利息支出的增加,银行利差收入增加;而当市场利率下降时,资产利息收入的减少大于负债利息支出的减少,银行利差收入减少。如果存在负缺口(缺口率＜1),说明银行拥有的利率敏感性资产小于利率敏感性负债,那么,当市场利率上升时,资产利息收入的增加小于负债利息支出的增加,银行利差损失增加;而当市场利率下降时,资产利息收入的减少小于负债利息支出的减少,银行利差损失减少。如果存在零缺口(缺口率=1),说明银行拥有的利率敏感性资产与利率敏感性负债一样多,当市场利率变化时,资产利息收入的增加或减少正好由负债利息支出的增加或减少相抵冲,收益和损失不受利率变化的影响。缺口对收益的这种影响结果,可简单表示如下:

①当 RSA-RSL＞0 或 RSA/RSL＞1 时,利率上升,银行收益增加;利率下降,银行收益减少。

②当 RSA-RSL＜0 或 RSA/RSL＜1 时,利率上升,银行收益减少;利率下降,银行收益增加。

③当 RSA-RSL=0 或 RSA/RSL=1 时,利率变化,银行收益不变。

根据缺口对收益的影响关系,银行就可以制定在利率变动期间使利差最大化或利率风险最低化的缺口管理战略。基本做法就是,根据对利率变动趋势的预测和判断来改变缺口的大小。当预测利率将上升时,就通过增加浮动利率资产或减少浮动利率负债,或通过两者相结合的办法扩大缺口;当预测利率将下降时,则减少浮动利率资产,增加浮动利率负债,缩小缺口。最理想的策略是,利率高峰时使缺口最大,利率低谷时使缺口最小。在缺口管理的操作中,一是要对利率变化的规律或周期有准确的预测和把握,二是缺口调整要适当先于利率的变化。在合理的操作下,正缺口和负缺口给银行带来的利差收入都大于零缺口,但是,如果对市场利率变化难以准确预测,缺口调整方向难以确定时,为了减少风险,应尽量使缺口保持零状态。

5. 久期缺口管理法。利率敏感性缺口管理只是对浮动利率资产和负债所做的有利于消除市场利率风险的安排。但实际上,当市场利率发生波动时,固定利率资产和负债的价值也会发生改变。按照变化了的市场利率对固定利率的资产和负债及其差额(净资产)进行折现,就得知银行净资产的市场价值变化情况,这是银行股东最关心的。久期缺口管理模型就是用来分析市场利率变化对银行净值的影响,从而及时调整资产负债结构的价值管理模型。

久期(Duration)也称持续期,最初由美国经济学家 F.R.麦克莱(Frederick R.Macaulay)于 1936 年提出。这一概念的提出,使人们对固定收益债券的实际偿还期和所承担的利率风险有了全新认识,市场利率变动就意味着债券价值变动,由此便可预测债券价格的变动。20 世纪 80 年代开始,商业银行普遍推行资产负债综合管理,久期分析方法在资产负债管理中得到广泛应用。

所谓久期,是指固定收入金融工具现金流的加权平均时间,也就是金融工具各期现金流抵补最初投入的平均时间。若用 $D$ 表示久期,$t$ 表示各现金流发生时间,$C_t$ 表示金融工具第 $t$ 期的现金流,$r$ 表示市场利率,那么,久期的计算公式为:

$$D = \sum_{t=1}^{n} \frac{C_t \cdot t}{(1+r)^t} / \sum_{t=1}^{n} \frac{C_t}{(1+r)^t}$$

设 $\frac{C_t}{(1+r)^t} = pv_t$,则有 $\sum_{t=1}^{n} \frac{C_t}{(1+r)^t} = \sum_{t=1}^{n} pv_t = p_0$

公式可进一步写成:$D = \dfrac{\sum_{t=1}^{n} \frac{C_t \cdot t}{(1+r)^t}}{p_0}$ 或 $D = \dfrac{\sum_{t=1}^{n} pv_t \cdot t}{p_0} = \sum_{t=1}^{n} \left( \dfrac{pv_t}{p_0} \cdot t \right)$。

公式中,$\dfrac{pv_t}{p_0}$ 代表各期现金流现值占该金融工具总现值 $\sum_{t=1}^{n} pv_t$ 的比例,把这些比率作为权重分别乘以各期现金流发生的时间 $t$,就是这种金融工具的久期或持续期,它表明金融工具各期现金流抵补最初投入所占用的平均时间。

久期的含义还可以近似地表达为:

$$D \approx -\left(\frac{\frac{\Delta p}{p}}{\frac{\Delta r}{1+r}}\right)$$

公式中，$p$ 表示金融工具购入时的价格或价值；$\Delta p$ 表示金融工具价格或价值的变动；$r$ 表示金融工具购入时的市场利率；$\Delta r$ 表示市场利率变动。公式将久期表示成了金融工具价格或价值变动对市场利率变动的弹性，即市场利率变动的百分比所引起的金融工具价格或价值朝相反方向变动的百分比。从中可得出金融工具价格或价值变动的近似公式：

$$\Delta p \approx -p \cdot D \cdot \left(\frac{\Delta r}{1+r}\right)$$

该公式说明，久期或持续期越长的金融工具，市场利率的一定变化所引起的价值变化就越大。银行的资产和负债是其拥有的两种债权债务关系相反的金融工具，运用该公式就可以分析市场利率变化所引起的银行资产价值和负债价值的变化，其差额便是银行净值的变化。若市场利率上升，银行资产和负债的期限越长，其市场价值下降的就越多。假如资产久期大于负债久期即久期缺口为正，市场利率上升就意味着银行净值的减少；相反，当资产久期小于负债久期即久期缺口为负时，市场利率上升则意味着银行负债的减少或净值的增加。资产久期大于负债久期的银行所遭受的净值损失会大于资产久期相对小于负债久期的银行。当资产久期和负债久期相等即久期缺口为零时，任何市场利率的变化都不会引起银行净值市场价值的变化。

## 第二节　投资性金融机构

投资性金融机构是在直接金融领域内为投资活动提供中介服务或直接参与投资活动的金融机构，主要包括投资银行、证券经纪和交易公司、金融公司、投资基金等。实际上，这些机构虽然名称各异，但服务或经营的内容都是以证券投资活动为核心的。如果按服务或经营的内容不同来划分，投资性金融机构可分为证券经营机构、证券投资咨询机构、证券结算登记机构、证券金融公司、投资基金以及与证券业务相关的各类事务所等。但是，现实中的投资性金融机构并不都是按服务或经营内容的严格分工而存在的，尤其是被冠以"投资银行"或"证券公司"、"实业银行"、"商人银行"、"投资公司"等的机构，多以综合经营证券投资业务为特征，人们习惯上把这些机构从事的以证券投资为主要内容的业务称为投资银行业务,以区别于以存贷款业务为主的商业银行业务。基于这样的客观界定,本节首先概括介绍严格分工意义上的各类主要投资性金融机构的特征,再以投资银行为综合性投资性金融机构的代表介绍其基本特征。

## 一、投资性金融机构的分类特征

### (一)证券经营机构

这是指在证券市场上从事证券的承销、经纪和自营等经营性业务的金融机构。根据经营的具体内容不同,证券经营机构分为证券承销商、证券经纪商和证券自营商。承销商的主要业务是专门从事证券的代理发行,帮助证券发行人筹集所需资金;经纪商的主要业务是接受投资者委托,代理买卖有价证券;自营商的主要业务是自行买卖证券,获取证券投资收益。在传统的或严格规范的证券市场上,这三种机构是分设的,而在现代的或自由化的证券市场上,则大多数是合并的。

### (二)证券投资咨询服务机构

这是指在证券市场上专门为市场参与者提供信息和决策服务或进行证券信用等级评估的机构。可分为证券投资咨询机构和证券评级机构。前者的主要业务是为投资者提供各种对投资有价值的信息,进行信息分析和投资决策论证等,充当投资者的投资顾问,如帮助投资者获得并分析有关宏观经济运行的各种指标,有关产业发展的特点和结构变化的资料,有关发行公司的业绩及其证券的收益性、成长性、财务稳定性的情况等,使投资者了解市场、明确投资价值和投资方向。后者的主要业务是对参加证券投资活动的机构和证券的资信等级进行评定。评级的目的在于将证券的清偿能力或信用可靠程度向广大投资者公布,以保护投资者利益。通常情况下,尤其是在公募发行情况下,证券在进入市场前必须经过证券评级机构的评级。一般程序是,发行公司或其代理人首先向评级机构提出评级申请,准备好据以评级的各种资料;评级机构受理评级业务后,对发行公司的资料进行分析、论证,如有疑问则要求发行公司做答。评级结果一般由评级机构所设的专门委员会以投票表决方式确定。世界上有一些著名的证券评级机构,如美国的穆迪投资服务公司和标准·普尔公司、加拿大的债务评级服务公司、英国的爱克斯坦尔统计服务公司等。这些评级机构以其长期的评级服务业债,以其评级的公正性、客观性和权威性享誉全球,由这些机构对证券发行所作出的信用等级评定,对发行公司和投资者都会产生至关重要的影响。美国的穆迪公司和标准·普尔公司分别对 5000 万美元和 1000 万美元以上的证券发行,无论其发行者是否申请,都实行自动评级。

(三)证券交易组织机构

这是指专门为集中和有组织的证券交易提供场所、设施、各种服务并履行监管职能的机构,即证券交易所或股票交易所。证券交易所不同于证券经营机构,它专门组织和管理交易活动,但自身并不从事证券买卖业务,不以营利为目的。世界上除少数以公司制形式存在的证券交易所,如日内瓦证券交易所、纽约证券交易所是营利性机构外,绝大多数证券交易所都是以会员制形式存在的非营利机构。交易所的会员主要由证券商组成。只有会员和享有特许权的经纪人,才有在交易所从事交易活动的资格。交易所的最高权力机构是会员大会,执行机构为理事会,理事会聘请经理人员负责日常事务。在证券交易所内上市的证券必须符合上市标准并经有关部门批准,上市公司须按规定定期公布反映其经营状况和财务状况的报表,在交易所内进行的交易必须遵守交易所制定的规则。交易所除了组织安排和管理交易活动外,还为交易者提供信息咨询、清算、纠纷处理等各种服务。尤其重要的是,由于交易所组织的是集中的证券买卖,采用买卖双方公开竞价达成交易的方式,因此,在交易所内完成证券交易时就形成了各种证券的较为公平和合理的价格,这种价格信号及时向社会发布,成为分析和决策相关经济活动尤其是证券投资活动的重要根据。依据交易所每日发布的证券市场行情和上市公司信息,投资者的资金就被牵引到那些经营业绩好、发展前景光明的上市公司,客观上产生了资源优化配置的效果。世界上有许多著名的证券交易所,如:纽约证券交易所(New York Stock Exchange)、美国证券交易所(American Stock Exchange)、伦敦证券交易所(London Stock Exchange)、巴黎证券交易所(Paris Bourse)、法兰克福证券交易所(Frankfort Stock Exchange)、东京证券交易所(Tokyo Stock Exchange)、新加坡证券交易所(Singapore Stock Exchange)、香港联合证券交易所(Hong Kong Joint Stock Exchange)等。中国内地目前有两家证券交易所,一家是 1990 年 12 月 19 日开业的上海证券交易所,一家是 1991 年 7 月开业的深圳证券交易所。这两家交易所均采取会员制组织形式(不吸收个人会员),不以营利为目的,是实行自律性管理的事业法人。交易所内部组织结构包括会员大会、理事会及专门委员会、总经理等。交易所的主要业务包括:提供证券集中交易场所、组织和管理上市证券的买卖;办理上市证券交易的清算、交割;办理上市证券的过户和集中保管业务;提供上市证券的信息服务;国务院证券委员会许可或委托的其他业务。

## (四)证券结算登记机构

这是专门办理证券登记、存管、过户和资金结算交收业务的证券服务机构。证券交易活动必然会引起证券所有权转移和资金流动,因此,结算登记业务是确保证券市场正常运行不可缺少的环节。一个健全和完善的证券市场必须具备有序和高效的证券结算登记系统,这种系统多以结算登记公司或中心的形式存在,如美国国家证券结算公司、日本证券托管中心、香港中央结算公司等。在中国内地的上海证券交易所和深圳证券交易所都附设有登记结算公司,分别为上海证券中央登记结算公司和深圳证券结算公司。证券结算登记机构有些为单个证券交易所的结算系统,如香港中央结算公司、上海和深圳的登记结算公司均属这种类型。有些为多个证券交易所或市场的结算系统,如美国国家证券结算公司就承担着纽约证券交易所、美国证券交易所、NASDAQ 等市场的证券托管和结算业务,日本证券托管中心为日本的八大交易所承办证券结算业务。

## (五)证券金融公司或称证券融资公司

这是在信用交易制度下为从事证券信用交易的机构进行融资融券活动的机构。这种机构的主要活动方式是吸收证券公司、交易所或其他证券机构存进的资金和证券,转而向愿意以信用交易方式买卖证券的机构贷出资金和证券。证券金融公司进行融资融券活动的意义在于活跃证券市场的交易。但这种机构目前尚不普遍,大多数信用交易中的融资融券活动是通过交易者之间的借贷行为(如经纪人贷款)完成的。中国内地现行的证券法规尚不允许从事证券信用交易,因而也没有证券金融公司这种机构形式。

## (六)投资基金

这是一种以追求投资收益回报为目标,以利益共享、风险共担为原则,由发起人以发行基金单位方式将众多投资者的资金汇集起来,由基金托管人托管,由基金管理人以组合投资方式将资金运用于各种金融资产投资的投资组织形式或集合投资制度。其具体组织形态有两种:一种是公司型基金。它是由众多具有共同投资目标的投资者通过认购基金股份组成以营利为目的的股份制投资基金公司,再由基金公司委托基金托管人保管基金财产,并聘用基金管理人执行投资操作的投资基金。在这种公司型基金中,由投资基金公司发行的代表基金单位或基金股份的证券,实际上就是基金公司的股票,证券持有人就是基金公司的股东,基金公司内部治理结构与一般股份公司相同。

契约型基金或称信托型基金。它是由基金管理人作为委托人与基金(受托人)之间签订信托契约,向投资者(受益人)发行受益凭证聚集资金，而后依照契约有关条款执行投资操作的投资基金。在这种契约型基金中，代表基金单位的受益凭证的发行人不是以独立法人身份存在的投资基金公司，而是由作为委托人的基金管理人充当发行人，只要投资者认购了受益凭证，就等于接受了基金管理人和基金托管人之间签订的契约，投资者本身也自然成为契约的一方，即受益人。可见，在基金的组织形式上，公司型基金是一个具有独立法人资格的投资基金公司，而契约型基金是一个由委托人、受托人和受益人构成的法律约束体。在经营活动中，公司型基金依据公司章程来经营，契约型基金则依据基金契约条款来经营；前者除破产结算外一般具有永久性，后者则随契约的有效期满而自动终结；前者的投资者作为基金公司股东，可参与基金经营决策，后者的投资者则是单纯的受益人，不参与基金的经营决策。美国的投资基金多为公司型基金，英国的投资基金多为契约型基金。

投资基金的发展已经有一百多年的历史，1868 年英国《泰晤士报》刊登"外国与殖民地政府信托基金"招募广告，声明要将该基金委托于专门机构投资于殖民地政府公债等证券，这标志着投资基金的正式诞生。20 世纪 20 年代以后，投资基金在美国发展起来。20 世纪 80 年代至今是投资基金在各国迅速发展的时期。投资基金的称谓不尽相同，在美国称为共同基金、互惠基金或投资公司；在英国、日本和中国的香港、台湾等国家和地区，称为投资信托基金或单位信托基金；在中国大陆，通称为投资基金。投资基金的主要功能和意义在于：它将分散于个人和机构的小额资金汇集成庞大的基金，集中投资于证券市场和实际产业部门，促进了金融市场和经济的规模升级与结构优化，也促进了投融资组织制度的优化和金融创新；对投资者来说，由于投资基金是凭借专家力量进行组合投资的，因而分散了投资风险，保障了投资者的利益。投资基金在当代的长足发展，正是基于这样的功能和意义。在长期的发展和日趋激烈的市场竞争过程中，投资基金不仅规模越来越大，而且不断追求创新，品种也越来越多。各种不同类型的投资基金在市场上显示出对各种投资者的不同吸引力或竞争力。除了上述按基金组织形式区分的公司型基金和契约型基金两种基本类型外，投资基金又有了主要由其经营和发展特征表现出来的各种类型，其中主要有：（1）封闭型基金和开放型基金。封闭型基金是基金单位的发行和变现受到时间与额度方面限制的基金。当发行期结束尚未达到最低发行额度或发行期内已达到最高额度，基金就宣告成立，不再追加发行，也不允许投资者赎回基金单位。基金一经封闭，就以固定的基金单位数或股份数投入运作。由于基金是不能随时被赎回的，募集的资金具有长期稳定性，因此，一般可全部用于长期性投资。开放型基金是基金单位的发行和变现不受限制的基金。这种基金的单位数或股份数是不固定的，发行者可根据市场的变化、资本价值的变化、投资要求等因素，随时发行新的基金单位或股份，使基金规模扩大，或以净资产值向投资者出售而赎回基金单位，使基金规模缩小；基金持有人也可根据市场变化、投资取向转移等需要，随时在基金经理人处购买或售出基金单位或股份，导致基金的增大或缩小。由于基金规模是不固定的，且须保留一部分现金，以备投资者随时赎回，因此，所筹资金不能全部用于长期性投资，而比较适合投资于变现能力强的资产。(2) 成长型基金、收入型基金和平衡型基金。这是反映三种不同投资目标的投资基金类型。第一种类型把追求资本的长期成长作为投资目标，第二种类型把能为投资者带来高水平的当期收入为投资目标，第三种类型则在投资目标上兼顾资本的长期成长和投资者的当期收入。(3) 股票基金、债券基金、货币市场基金、期货基金、期权基金、认股权证基金、价格指数基金等。这是反映不同投资对象的投资基金类型。如作为投资基金主要种类的股票基金，就是一种以股票为投资对象的投资基金类型。其主要功能是将大众投资者的小额投资集中为大额资金，投资于不同的股票组合，以降低投资者的风险。而作为几乎背离投资基金的基本特性，更接近于银行短期存款的特殊基金形式——货币市场基金，则是一种以国库券、银行存单、商业票据等短期金融工具为投资对象的投资基金，其最大特点是流动性强，回报率通常略高于银行存款，可在以不同货币标值的货币市场基金之间灵活转换。(4) 美元基金、日元基金、欧元基金等。这是反映投资于不同币别金融市场的投资基金类型。如美元基金就是投资于美元市场的投资基金。(5) 国内基金、国际基金、离岸基金、国家基金等。这是反映资本来源和运用于不同地域的投资基金类型。国内基金是指资本来源于国内，并投资于国内市场的投资基金；国际基金是指资本来源于国内，而投资于国外市场的投资基金；离岸基金又称海外基金，是指资本来源于国外，并投资于国外市场的投资基金；国家基金则是指资本来源于国外，并投资于某一指定国家的投资基金。

## 二、投资银行

### （一）投资银行的定义

投资银行是最典型的投资性金融机构。如果把以上介绍的各种投资性金融机构看成是具有特定分工意义的投资中介服务机构的话，那么，投资银行就可看成是综合经营投资业务的投资性金融机构。也就是说，投资银行是指那些从事证券承销、证券交易、公司并购或资产重组、项目融资、风险投资、基金管理、投资顾问等多种业务的投资性金融机构。其基本特征就是综合经营资本市场业务。这种机构在各国的称谓不尽相同，在美国称投资银行，在英国称商人银行，在日本称证券公司，在法国称实业银行，在新加坡称商人银行或证券银行，在泰国称金融证券公司。中国大陆具备真正投资银行特征的机构为1995年8月成立的中国国际金融有限公司（简称"中金公司"）（中国曾有一家名称为"中国投资银行"的金融机构，是1981年12月23日成立的，注册资本40亿元人民币，这家银行是中国政府指定的主要经办世界银行对中小企业转贷款的专业性银行，后来发展为筹集国外建设资金、吸收企业存款、办理国内企业外币和人民币贷款以及其他业务的一般商业银行。1998年12月，中国投资银行整体并入国家开发银行。次年3月18日，国家开发银行与中国光大银行达成协议，将中国投资银行的资产、负债和同城营业网点整体转让给中国光大银行。至此，这家名不副实的银行在中国的银行名册中消失），它是由中国建设银行和美国摩根·斯坦利公司为大股东而筹建的具有现代投资银行意义的投资性金融机构。至于其他众多的证券公司如华夏证券、南方证券、国泰证券等，均为从事部分投资银行业务的投资性金融机构，这些机构主要从事证券承销和交易业务，属于前述按分工特征介绍的第一种机构即证券经营机构。美国著名金融专家罗伯特·库恩（Robert Kuhun）依照业务经营范围大小，对投资银行给出了四个层次的不同定义：（1）最广义的投资银行：从事任何华尔街金融业务的机构。业务范围不仅包括证券投资领域从国际承销到分支零售的全部，还包括房地产、保险等其他金融服务业务。（2）较广义的投资银行：从事部分或全部资本市场业务的金融机构。业务范围包括证券承销、公司理财、企业并购、基金管理、风险投资等，但不包括向客户零售证券、消费者房地产经纪业务、抵押银行业务、保险产品经销业务等。（3）较狭义的投资银行：只从事部分资本市场业务的金融机构。业务范围主要包括证券承销和企业并购，不包括基金管理和风险投资等内容。（4）最狭义的投资银行：只从事证券承销和交易活动的金融机构。业务范围限于在一级市场上承销证券和二级市场上交易证券。罗伯特·库恩根据美国投资银行业的发展状况，认为上述第二种定义为投资银行的最佳定义。前面对投资性金融机构的分类介绍和对投资银行的特征说明，基本上遵循了第二种定义标准。以下就按这种定义标准所涉及的业务范围介绍投资银行的主要业务。

## （二）投资银行的主要业务

投资银行是与商业银行形成鲜明对照的金融机构，尽管在金融自由化大潮中，金融机构的业务界限被不断冲破（投资银行与商业银行原本并没有严格的业务界限，在利益驱动下，两者的业务经常相互交融。1929年10月美国证券市场暴跌，出现金融危机，主要原因归咎于银行信贷资金大量流入高风险证券市场。在此背景下，美国国会于1933年通过《格拉斯·斯蒂格尔法》，从此，商业银行与投资银行之间便"井水不犯河水"。20世纪70年代后，金融进入了新的竞争阶段，80年代后，金融全球化、自由化已是大势所趋，直接金融扩展和金融创新迭起，使金融机构的业务界限越来越不能维持。美、日、英等国纷纷开始修改法律，使"混业经营"合法化，其中，最具标志性或划时代意义的是，1999年11月由美国国会通过并由克林顿总统签署的《金融服务现代化法》。该法对以往有关金融监管、金融业务的法律规范进行了突破性修改和清理，为金融的"分业"走向"混业"铺平了道路），但从总体业务特征和经营管理特征上看，投资银行仍然明显地区别于商业银行。如：从市场定位看，投资银行是资本市场的核心，而商业银行是货币市场的核心；从融资方式看，投资银行服务于直接融资，而商业银行则服务于间接融资；从业务重心看，投资银行的业务重心是证券承销，而商业银行的业务重心是存款和贷款；从基本收入或利润来源看，投资银行的利润主要来自佣金，商业银行的利润则主要来自存贷款利息差；从经营管理策略或方式上看，投资银行倾向于业务开拓和获取风险收益，而商业银行则倾向于稳健经营。以下就投资银行所从事的证券承销、证券交易、公司并购、项目融资、风险资本投资等主要业务加以介绍，在对这些业务活动的了解中，能更清楚地认识投资银行的特征。

1. 证券承销。证券承销是指在公募发行条件下，投资银行以承销商身份依照协议包销或分销发行人的股票、债券等有价证券的业务活动。所谓公募发行（Public Offering），是指在证券市场，由发行者向非指定的广大投资者公开销售证券（它是相对于将证券只销售给特定投资者的私募发行而言的。在私募发行中，投资银行为发行者设计证券种类、定价、发行条件等，并为发行者寻找合适的机构投资者，充当发行参谋和中介人）。对公募证券办理承销，是投资银行的基本业务。在公募证券的发起和销售的全过程中，投资银行始终是一个关键角色。在发起阶段，投资银行首先与发行人酝酿全权委托关系，并开始与发行人一起做好发行前的各项准备工作，以达到证券监管部门的要求。这些准备工作主要包括：①对发行人的有关数据资料，包括所在行业发展状况资料、公司经营状况和财务状况材料等,展开调查和搜集信息的工作,以备提交证券主管机关和向潜在投资者发布,这种工作称为尽职调查(Due Diligence Investigation)。②向证券主管机关注册登记,包括提交招股说明书和各种证据文件等,申请发行。③组织承销团。担任主承销商的投资银行负责组织承销团(Underwriting Syndicate),包括确定承销团成员,安排各承销商的承销比例及承销收入分配等。④与发行人一道向潜在投资者发动宣传攻势,树立发行人形象,营造市场需求,争取有利的发行价格,这种宣传活动称为路演(Road Show)。当发行申请获批,进入正式销售阶段后,作为主承销商的投资银行代表承销团与发行人谈判,正式签订包括发行数量、发行价格、承销差价、承销方式等内容的承销协议。承销协议一经生效,承销活动便依据协议全面展开。承销的方式有三种:一种是全额包销(Firm Commitment),即由投资银行按议定价格购入全部拟发行的证券,而后转售给投资者。发行者可迅速获得预定筹资款,投资银行则为了获取进出差价,但同时也要承担证券销售和价格变动的全部风险。另一种是代理推销(Best Efforts),即投资银行只作为发行人的销售代理人,而不承担按规定价格购进证券的义务。投资银行尽力推销证券,从中收取手续费,但最终不能出手的证券将返还给发行者,因此,它并不承担市场风险。还有一种是余额包销或助销(Stand by Commitment),即投资银行在发行人的实际发行额达不到预定发行额时,对不足部分承担包销责任。为了增强销售力量,在证券承销中往往还须有分销的过程,一般做法是由作为主承销商的投资银行负责组织规模庞大的销售团(Selling Group),其成员不仅包括承销团成员,也包括非承销团成员。这些非承销团成员从承销团成员那里购得证券,而后向投资者销售,从销售额中计提手续费。

2. 证券交易。证券交易业务是指投资银行在证券交易市场上作为经纪商从事代理证券买卖业务,以获得佣金收入;作为自营商,运用自有资本自行买卖证券,从中赚取买卖差价的经营活动。投资银行在以经纪商身份服务于证券交易时,是充当证券买方或卖方的委托代理人,接受客户指令,代理客户买入或卖出证券,自身的资本不投入证券交易,经营收入来自客户交纳的佣金,因此,不承担价格和利率变动的风险。但在信用交易或保证金交易方式下,客户仅以交付部分现金或证券作为担保,通过得到经纪商为其垫付的其余现金或证券进行证券买卖交易,作为为客户提供了信用的经纪商自然要承担一定的信用风险。投资银行在以自营商身份从事证券交易活动时,自身拥有证券,参与证券投资。在具体操作中,可有两种类型:一种是投机

（Speculation），即从证券价格变化中谋取收益。另一种是套利（Arbitrage），即从资产相关价格错位中套取收益。如：同时买进和卖出两种不同种类的期货合约，收益机会来自两张合约之间的相对价格，即买进的"便宜"合约和卖出的"高价"合约的对冲。又如：在期货价格上涨，但近期上涨幅度大于远期上涨幅度时，买进近期交割月份合约，同时卖出远期交割月份合约，收益机会来自同种期货在不同交割月份价格变化幅度之差。再如：利用同种资产在不同市场之间的差价或同一市场两种不同资产的差价，都可进行套利。还有一种套利的特殊形式是与资本市场上的公司并购或破产重组相联系的，称为风险套利（Risk Arbitrage）。如：在投资银行以产权投资商身份加入并购活动时，当按协议价买入的被并购公司证券市场价格上升时，就可获得差价收益，但同时也承担价格下降的风险。投资银行在运用自己的资金进行交易时，还可以充当一种重要的角色，就是证券做市商（Market Maker）。一些具备一定实力和信誉的投资银行可以作为特许交易商，不断地向公众投资者报出某些特定证券的买进价格和卖出价格，并在报出的价位上接受公众投资者的买卖要求，以投资银行自身的资金和证券与投资者进行证券交易。这种交易方式通常在柜台交易市场进行，目的是通过不断地报价和买卖来维持市场的流动性，在满足公众投资者投资需求的同时，投资银行也利用买卖报价的差额来获取收益。在纳斯达克（NASDAQ）市场，证券商在全美证券商协会（NASD）登记注册后取得做市商资格。做市商在开市期间，就其负责做市的证券一直保持双向买卖报价，并根据投资者意愿以自有资金和自身拥有的证券在报出的价位上与投资者进行交易。纳斯达克市场上的每只证券至少有两家做市商做市，电子报价系统自动对每只证券所有做市商的报价进行收集和整理，随时将每只证券的最优报价向投资者公开展示。

3. 公司并购。公司并购业务，是指投资银行在公司收购兼并活动中，作为中介人或代理人为客户公司提供决策和财务服务，或作为产权投资商直接投资于并购公司产权，获取产权交易差价的业务活动。在现代经济中，以资产的集合物即公司或企业作为买卖对象，实现资产结构或产业结构的优化重组，已成为公司经营和发展过程中的一种普遍的战略追求。在这种被称为资本经营的现代经营方式中，投资银行以其在资本市场上的特殊地位和融资优势，发挥着主导作用。其主要活动包括：①为客户公司提供合理的并购建议和寻找并购目标。②对目标公司进行估值和出价，即在采用科学和合理的方法对目标公司的经营状况、财务状况、市场竞争能力等进行价值评估的基础上，确定对目标公司的收购价格。收购价格的下限一般为目标公司的现行股价，上限则为目标公司的未来价值。低于目标公司现行股价的收购价格，一般不会为目标公司的大部分股东所接受，还可能导致其他公司加入竞购，使并购复杂化。但高于目标公司未来价值的收购价格，又会导致收购方的亏损，因此，投资银行对目标公司的科学估值和在价格协商过程中的巧妙周旋是至关重要的。③协助客户公司选择合适的并购支付工具。一家公司以何种支付工具来收购目标公司，是用现金，还是用非现金？在非现金工具中，是用普通股，还是用优先股或其他债权凭证？是用一种单一工具还是同时用多种工具？这既要取决于收购方对未来公司资本结构和股东权益以及税收等因素的考虑，又要取决于目标公司股东的要求，因为，在一定的市场、税收和法律等条件下，用不同的支付工具完成收购对并购双方的利益影响是不同的，投资银行要根据不同情形为客户公司作全面仔细的财务设计，确定最佳的支付工具选择方案。④承办公开市场标购业务。投资银行不仅在事先撮合式的并购活动中充当中介和财务顾问，而且还活跃于公开标购的并购市场。所谓公开标购，是指收购方公司不经过与目标公司事先撮合，而是在公开市场上以高于市场价格的报价直接向目标公司的股东招标收购其一定数量股票的收购活动。在这种收购方式下，收购方公司依法公布招标广告，向目标公司股东公布报价、收购起止日期（有效期）、收购支付工具（现金、股票或混合支付）等，以招揽目标公司股东前来售股。承办公开标购业务的投资银行，主要对客户公司的公开报价及收买条件等提供决策服务和宣传服务。如果投资银行认为公开标购最终可能获得目标公司同意，或在遇到反收购时依然对收购成功抱有信心，它还会为收购公司出面进行与目标公司之间的撮合，甚至可能在市场上帮助收购公司展开与目标公司经营者争夺股东的竞争，以促成收购的成功。⑤在杠杆收购条件下，为收购公司提供融资。所谓杠杆收购，是指收购公司利用借入资金来收购目标公司，简单说就是举债收购。典型的杠杆收购，通常是由少数人或机构组成的收购集团发动的，它们以少量注册资本设立一个公司作为收购公司，然后主要通过大量的债务融资来实现对目标公司的收购。实际上，杠杆收购中的收购公司是一种没有任何实质性生产经营和劳务服务内容，只有少量资本，仅仅为达到利用借入资金实现收购目标而设立的"虚拟公司"。其借入资金多来自以目标公司资产和未来收益作担保而发行的债券和向银行贷款。投资银行在其中扮演重要的融资角色，它可以为收购公司寻找贷款机构，筹划和设计债券的发行并寻求债券投资者，也可以直接为收购公司提供贷款和参与股权投资。如：为了使收购公司迅速得到收购资金，投资银行可以先为其提供贷款，这种贷款称为过渡贷款。收购公司以得到的贷款收购目标公司股权后，投资银行再安排以目标公司资产作担保发行垃圾债券（垃圾债券，又称为高风险债券，最初是指由经营状况和财务状况恶化甚至濒临破产的企业发行的债券。由于这种债券信用评级低——按标准普尔公司标准为 BBB 级以下，按穆迪公司标准为 BAA 级以下——须向投资者支付较高利息，因此，也称为高收益债券。在 20 世纪 80 年代的金融创新中，这种债券的含义被引入高科技公司发行的风险债券、并购公司发行的并购债券等。在实际操作中，垃圾债券的履约通常由信誉良好的金融机构作担保），以债券所筹资金偿还过渡贷款，而垃圾债券的债务则以收购成功后对目标公司资产进行出卖来偿还。又如：投资银行可以自有资本直接参与对目标公司股权的收购，然后，在股权转让或抛售中得到差价收益。⑥参与反收购活动，为抵制收购的目标公司提供反收购服务。竞争激烈的并购市场不仅为投资银行服务于收购公司提供了机会，同时也为其服务于目标公司提供了机会。而且在面对敌意收购的强大威胁时，投资银行往往成为目标公司的重要依靠力量。投资银行的反收购服务主要包括：为公司制定反收购条款；促成客户公司与其他公司的互相控股，建立反收购联盟；设置"毒丸"（Poison Pills），即目标公司为其股东配发具有特别权利的证券，在公司遭收购时，这些证券权力的行使能够严重破坏收购公司的股权结构，导致收购失败；进行资产重组，如将公司最令收购方垂涎的优良资产变卖，或大量举债，使财务指标变坏，或由公司管理层收购公司股权等；给公司股东更高回报，并劝说股东抵制收购；采取针锋相对的市场反标购措施，如宣布对收购公司实行标购，或以高于敌意收购者要约价的价格从市场上回购本公司股票等；寻求友好公司（美国称其为"白衣骑士"——White Kynght）出面与敌意收购者展开标购战；寻求法律援助等。

4. 项目融资。项目融资业务，是指投资银行在项目融资过程中所提供的各种服务性业务。项目融资是一种以项目未来的现金流量和项目本身的资产价值为偿还债务的担保条件，以银行贷款为主要资金来源，以对项目发起人无追索权或只有限追索权为特征的特殊融资方式。与传统的企业筹资方式的最大不同在于，项目融资中归还贷款的资金来自项目本身的收益和资产价值，而不是项目发起人与项目无关的其他资产，项目发起人的责任仅限于其在项目中的投资额。因此，提供项目融资的债权人更多关心的是项目的收益和风险，而不是项目发起人的资信能力、信用评级、经营状况和财务状况等。项目融资主要为资源开发、基础设施建设方面的大型工程项目筹措资金，通常由项目的发起人（Project Sponsor）发起，并为项目的建设而单独设立一个项目公司（Project Company）。项目公司独立建账、自主经营、自负盈亏。其资本主要来源于项目发起人（一家公司或由项目承建商、设备供应商、原料供应商等组成的企业集团）直接投入的资金或认购的股份，其债务资金主要来自项目贷款融资、项目债券融资和票据融资等。因此，项目融资实际上就是对项目公司的融资。商业银行、保险机构、政府贷款机构、国际金融机构、租赁公司、投资基金等，均可为项目公司提供融资，但通常以银团贷款为多，即由一家牵头行和其他参与行、代理行组成一个银团或辛迪加（Syndicate）对项目提供贷款。项目融资的关键是项目，而不是项目发起人，项目未来价值的实现是项目融资成功的关键。因此，投资银行在项目融资中所关心的也主要是项目的未来价值。在项目的开发阶段，投资银行为项目发起人作项目可行性论证，提供决策支援，包括：①项目财务分析。对项目的成本、销售收入、盈亏平衡、影响效益的因素、投资回报率等主要财务指标作估测和评价。②项目风险评价。运用科学的理论和模型对项目系统风险（如：国家风险、市场风险、汇率风险、利率风险等）和非系统风险（如：完工风险、经营维护风险等）进行分析和估测。③项目技术论证。根据对项目所属产业部门的技术发展趋势及市场需求分析和研究，对项目在生产技术、设备和材料供应、市场分布、管理资源等各方面的可行条件作出判断。在项目启动后，投资银行的业务重心就自然转到了项目的投融资事宜上面，主要业务内容包括：①为项目设计最佳的资本投资结构。项目可以由独家公司投资发起，也可以由多家公司或企业共同投资发起，选择怎样的投资结构，要考虑多方面的因素和条件。投资银行要根据项目的特点、发起人或投资者与项目的经济联系和对项目的利益要求、项目潜在的资金来源以及法律环境等各种主客观条件，为项目设计出令投资者满意的资本投资结构。②为项目设计最佳的融资结构。一个项目的总投入主要包括资本金投资和债务资金投入两部分。项目公司是高负债公司，其用于项目建设的资金主要来自债务融资，因此，融资结构的安排是项目融资成败的关键，为融资结构提供最佳设计方案是投资银行项目融资业务的重中之重。融资结构设计主要包括确定融资总额和资金结构，选择融资方式，确定资金来源，安排资金到位时间表等各项内容。③协助落实项目融资的担保。项目融资中债权人要求有一定形式的担保，如：由发起人或股东，或由销售机构、有关银行、东道国政府等提供保证书；由项目各有关方提供产量协议、购买合同、使用合同、预付款合同等契约性融资担保；由信托机构为债权人的到期资金偿付提供资金托管等。投资银行的责任在于确定合适的担保形式并促成担保的落实。④直接参与贷款的组织和谈判事宜，促成融资的成功。在多数情况下，项目融资需要多家银行组成银团共同提供贷款，投资银行作为项目公司股东或投资者的代表，出面寻找贷款银行并参与融资谈判，有时还直接出任贷款银团的经理人。能否顺利组织起银团，能否在融资谈判中争取到对项目公司股东或投资者的有利地位，在很大程度上取决于投资银行的组织协调和交涉能力。

5. 风险资本投资。风险资本投资业务，是指投资银行为风险资本投资者在募集资金、风险公司上市、投资变现等诸多方面提供代理和财务技术服务，以获取佣金，或自己发起并运作和管理风险资本基金，以获取风险回报的业务活动。所谓风险资本（Venture Capital），通常多指专门用于支持处于创业期或快速成长期的未上市新兴中小型企业，尤其是高新技术企业的发起和成长的资本，因此，风险资本又称为"创业资本"。但是，风险资本在有时候也被广义地理解为所有投入到私人权益资本市场上的资本。典型意义的风险资本具有长期性、高风险、高回报、投资于高新技术企业等特点。风险资本投资的全过程一般表现为：投资人对新成立或具有快速成长潜力的未上市高新技术企业提供股权投资和资产经营服务，对企业进行培育，当企业发育成长到一定成熟程度之后，再通过上市、兼并或其他股权方式撤出投资，以获取高额的资本利得收益。风险资本投资主要通过风险投资机构对风险投资基金的组织、运作和管理来实现。风险投资机构的主要业务活动包括筹集资金；识别风险投资机会，筛选确定投资目标；参与所投资企业的经营管理，培育企业快速成长；退出风险投资，取得风险收益。风险投资机构的组织形式可以是有限合伙制企业、股份公司、有限责任公司，或一些金融机构、大企业的子公司等。资本主要来源于各种基金、银行控股公司、保险公司、投资银行、高收入家庭和个人等。投资银行参与风险资本投资有两种情况：一种是以代理人和委托人身份出现，为风险投资机构提供在募集资金、投资基金运作管理、风险企业上市和风险投资股权转让等各主要方面的服务；另一种是以机构投资者身份出现，发起组建并运作和管理风险投资基金。在第二种情况下，投资银行是风险投资基金的组织者和管理者，同时也是基金的合伙人，但它只需向基金投入少量资金，就可得到高额回报。投资银行投入的股权，通常只有基金股权的 1%，但却有权获取占基金资本增值额 20%的收益，其中包括基金持有利益和相应的管理费。在这种利益驱动下，投资银行会对风险投资的每一个重要环节尽职尽责。在选择确定投资目标阶段，投资银行要对创业公司的发展计划、管理者和经营者素质、产品研究开发能力、生产经营和财务管理状况等进行全面审查，在众多创业公司中筛选出真正具有快速成长性的公司。对于筛选出的公司，投资银行要对其人力、物力和财力，以及供销环节主要客商、开户银行等进行实地考察，以准确估计公司的成长性和收益率，作出投资决策。在进入实质性投资运作阶段，要与创业公司就投资支付工具、投资回报、股权分配、撤资方式等进行谈判并签订投资协议。投资银行依据协议向创业公司注入资本后，工作重心就转向对资本运营的监控和管理，尤其重要的是要通过各种努力对企业从技术、营销、财务、管理等方面进行培育，使企业迅速增值。进入退出阶段，投资银行依据投资协议确定的撤资方式撤回投资并获取投资收益。风险投资撤出的方式主要有：①创业公司首次公开上市，将股份在二级市场出售（创业公司或风险企业常常难以达到证券交易所的上市条件和标准，因此，许多国家为新兴中小企业和高科技企业专门建立了新的市场，在这种市场上，创业公司以较低的上市标准将股份上市交易。一些国家的证券交易所早有将股本规模、盈利能力、交易活跃程度等达到特殊规定要求的上市公司划为"第一板"上市公司，而把条件相对较低的上市公司划为"第二板"上市公司的做法，进而就有了"一板市场"和"二板市场"的区分。专门为新兴中小企业和高科技企业开设的市场，在性质上属于"二板市场"，通常又叫"创业板市场"）。这是风险投资撤出的最佳渠道。②创业公司私募融资时，将股份转售给新加入的风险投资者。③在大公司收购时，将股份卖给收购公司。④创业公司管理层要求回购股份时，将股份返售给公司管理层。

从上述证券承销、交易、公司并购、项目融资、风险资本投资等主要业务看，投资银行的业务活动领域主要是资本市场，投资银行是资本市场最主要的中介人和组织者。除了这些重点介绍的业务活动外，投资银行业务还有许多其他内容。如：投资基金的发起和管理；保险基金、养老基金、福利基金等各种专门基金的管理；参与资产证券化活动，为贷款转化为证券提供技术服务，为资产支持证券的发行和交易提供中介服务；充当客户的投资顾问、财务顾问、经营管理顾问，为客户的投资融资、资产转让、财务制度建设等提供信息咨询、分析、策划或运作等；运用和创造期货、期权和互换等金融衍生产品，以控制风险和提高收益率等。这些业务内容，有些是独立表现的，有些则是渗透于上述介绍的证券承销、企业并购等各主要业务当中的，这里不再一一展开叙述。

## 第三节　契约性金融机构

契约性金融机构是以契约方式吸收持约人的资金（保险费、养老金缴费等），然后按契约规定向持约人履行赔付或资金返还义务的金融机构。这类机构主要有保险公司、养老基金和退休基金等。这类机构的共同特征是，资金来源通过契约形式且具有相当的可靠性和稳定性。由于契约规定的偿付内容如对保险责任范围内死亡、意外伤害、财产损失、养老金或退休金返还等，都可以通过概率方法推算和估计，因此，偿付金额是一个可以预测和把握的变量，其余资金可投资于股票、公司债券、公债、抵押资产支持证券等。从这一点看，契约性金融机构流动性较弱，具有投资性金融机构的部分特征。在当今各国的资本市场上，契约性金融机构常常是股票和债券的重要投资者。

## 一、保险公司

保险公司是经营保险业务的经济组织。它是以吸收保险费的形式建立起保险基金，用于补偿投保人在保险责任范围内发生的经济损失的具有法人资格的企业。各国根据经营保险业务的种类不同，将保险公司分为财产保险公司、人寿保险公司、意外灾害保险公司、信贷保险公司、存款保险公司、再保险公司等，其中，人寿保险公司以其同时兼有保险和储蓄双重性质的特殊优势，在保险业发展中居于领先地位。保险公司的组织形式一般有：（1）国营保险公司，是由国家投资经营，主要办理国家强制保险和某些特种保险业务的机构；（2）私营保险公司，是由私人投资经营，多以股份公司形式存在的保险机构，这是市场经济国家最重要的保险组织形式；（3）个人保险，是以个人名义承揽保险业务的保险组织形式，目前只有英国等少数国家允许这种形式存在；（4）合作保险，是由需要保险的人或单位采取合作组织的形式，如通过摊收保费或预收保费方式建立保险基金，用于满足合作组织成员即保单持有人对保险保障的要求；（5）公私合营保险公司，是由国家和私人共同投资经营的保险机构；（6）自保保险公司，是由一些大企业或托拉斯成立的专为本系统内部提供保险服务的机构，其目的在于节省保费，减轻赋税负担。世界上最早的保险单是一名叫乔治·勒克维伦的热那亚商人在1347年10月23日出立的承保从热那亚到马乔卡的海运保险单。早期最著名的保险组织机构是1871年由英国议会通过成立的保险社团组织——劳合社，它是在一个叫爱德华·劳埃德的人在伦敦泰晤士河畔开设的劳埃德咖啡馆的基础上成立的。这家咖啡馆开于1683年，随后逐渐成为海上保险业务活动的中心。在中国出现的第一家保险公司是1835年由英国人在香港开设的"保安保险公司"，而由中国人自己开办的保险机构早期最著名的是1885年由中国轮船招商局在上海创办的"仁济和保险公司"。中国目前较大的保险机构主要有中国人民保险公司、中国人寿保险公司、中国再保险公司、中国保险股份有限公司、中国太平洋保险公司、中国平安保险公司等，还有一些规模较小的保险机构，如：泰康人寿保险公司、新华人寿保险公司、华泰财产保险公司、永安财产保险公司、华安财产保险公司、中宏人寿保险公司（中外合资）等。根据1996年颁布的《保险法》，中国的保险机构按照财产保险和人寿保险分业经营的要求设立。

保险公司的经营是建立在科学分析和专业化操作基础上的，其经营的基本原则是大数法则和概率论所确定的原则，保险公司的客户越多，承保范围越大，风险就越分散。这样才能做到保险保障范围的扩大和保险公司自身经营的稳定和扩张。在保险公司业务经营的一般过程中，最主要的是要把握好展业、承保和理赔三个主要环节。（1）保险展业。这是保险公司进行市场营销，向客户推销保险商品和服务的活动。其内容主要包括：认真调查分析保险市场，精心设计保险品种，以适应不同客户的投保要求；进行广泛有效的保险宣传，让更多的人了解保险商品和保险公司的服务内容，最大限度地挖掘潜在客户；对投保人提供周到、优质的售后服务，树立保险公司的良好形象，巩固和扩大市场份额等。保险公司的展业活动，既可通过自身的业务人员去直接进行，也可通过保险代理人或保险经纪人进行。在代理人展业方式中，保险代理人与保险人订立代理合同，在合同规定的职权范围内为保险人招揽业务，以获取根据业务量计提的佣金。在保险市场中，有许多专门从事保险代理业务的专业代理人，也有许多取得保险代理资格者和个人作为兼业代理人，如银行、旅行社、铁路运输公司、轮船公司等。在经纪人展业方式中，由经纪人作为投保人和保险人之间业务联系的中介，为投保人提供保险咨询服务，制订风险管理方案和选择适当的保险人，并承接办理投保手续，代交保险费，索取保险赔款等事宜；为保险人提供保险市场咨询服务，承接保险人委托的有关事宜等。各国的保险立法均对保险展业者及其活动有明确规定，主要内容包括：规定保险展业者范围，一般只允许保险公司职员、依法领取经营许可证的保险代理人和经纪人开展业务；规定保险公司委托他人为其展业的范围及保险展业者展业活动的范围；规定约束保险展业者行为的条件，如：不允许对投保人或被保险人隐瞒其必须知道的重要事项和阻碍对投保人履行告知义务，不允许向保险人或被保险人提供虚假信息，不允许向投保人或被保险人承诺提供保险合同以外的其他利益等。（2）核保和承保。这是保险人对投保人或被保险人的投保要求进行审核、判断和决定是否接受投保的过程，是控制保险业务质量的最主要环节。核保是对被保险人与保险内容有关的所有情况进行调查核实，以防保险欺诈。核保的重点在于排除两种危险：一种是道德危险，即被保险人故意导致损失发生的危险；另一种是心理危险或依赖危险，即参加保险后对保险标的产生心理松懈情绪而助长损失发生的危险。经核保后，保险人认为投保人提出的保险请求符合条件，同意接受其投保并签发保险单，即为保险承保。保险人一旦承保，则须按保险条款承担保险标的所发生的在保险合同责任范围内的经济损失的补偿或给付责任，而被保险人则获得索赔的权利。保险人在承保过程中，需与被保险人明确保险标的、保险单位、保险费和保险费率、保险金额、保险责任、保险期限、保险赔偿等必要内容。这些内容的确定既要满足投保人的保险需求，又要考虑保险人的保险供给能力或承保与偿付能力。（3）保险理赔。这是保险人处理有关保险赔偿责任的程序及工作。当保险标的发生事故造成损失时，保险人即开始理赔过程。一般程序为：①受理损失通知，立案编号，现场勘查；②损失核赔，即通过整理分类，核实保险标的实际损失程度和数额，明确赔偿责任，准确计算应赔金额；③处理损余物资，核查施救费用，确定实际赔款金额；④处理纠纷和疑难案件，对应由第三者负赔偿责任的损失，由保险人享有代位求偿权，即以被保险人名义行使向第三方责任人的追偿权。⑤保险人按理算结果向被保险人给付赔偿金。保险理赔是保险的经济补偿功能的体现，也是对承保工作质量的检验，赔案增多，理赔数目增大，说明承保决策有误或在手续上存在疏漏。因此，通过保险理赔，可发现承保中存在的问题，也可积累防灾防损的经验。同时，保险理赔又是保险人信誉的体现，其质量好坏直接影响到保险展业和保险人的市场价值。

## 二、养老基金和退休基金

这是以契约形式组织预缴资金，以年金①形式向参加基金计划的职工提供养老金或退休金的金融组织形式。在美国，有私人养老基金、州与地方退休基金、公共养老基金等养老和退休基金。私人养老基金是由私立企业为其职员设立的，政府职员也可自愿加入。州与地方退休基金则是专门为政府职员设立的。基金设立的方式一般是由员工与其供职单位订立合同，依照合同，

---

① 年金（Annuity），即每隔相同的期间（如每年或每月）收入或支出的一系列相等数额的款项。根据年金的支付特点分为：(1) 普通年金，即于每期末收入或支出一系列相等数额的款项；(2) 即付年金，即在每期初收入或支出等额款项；(3) 递延年金，即于签约后的某一时间开始每隔相同期间收入或支出等额款项；(4) 永续年金，即无限期持续相同期限收入或支出等额款项（选自戴相龙、黄达主编：《中华金融辞库》，中国金融出版社，1998年10月，第454页）。

员工定期以工资的一定比例向个人养老金账户交纳养老金预付款，供职单位再附加一定比例，共同形成养老基金。养老基金可投资于各种有价证券，以实现其价值增值。员工退休后，就开始依照合同从养老基金领取退休年金。未退休而离开原供职单位的员工一般可以按规定领取养老预付费。为了保证养老基金的有效运营，通常将基金交由专业机构如银行、人寿保险公司、养老基金专门经理等来管理。公共养老基金是一种依照联邦法案成立和管理的社会保障性质的基金。每个员工都有义务定期从其工资中交纳一定比例的社会保障税，员工的供职单位也按相应比例交纳工资税，两者共同形成公共养老基金。员工退休后，即可从该基金中领取退休福利金。中国许多地方在推行住房制度、医疗制度和退休制度政策中形成的住房基金、医疗保险基金、退休基金等均属于契约性的金融组织形式。其共同特点是，由职工和其所在单位根据约定比例定期向基金账户交纳预付款，当产生购买住房、支付医疗费、达到退休条件等支付需求时，即可按规定从基金中获得给付。

## 第四节　政策性金融机构

从服务宗旨和目的上看，政策性金融机构以政府重点支持和强力推进的行业、区域、企业和项目等为服务对象，充当政府发展和调节宏观经济的工具，属于宏观金融的内容。但是，从服务的具体内容和方式上看，政策性金融机构同样是通过其负债业务吸收资金，再通过资产业务把资金投向需要资金的单位或项目，充当资金供应者和需求者之间的信用中介。这与商业银行、投资性金融机构、契约性金融机构等并没有本质上的区别。不同的只是，政策性金融机构选择的服务对象一般是前面几种金融机构不愿选择、滞后选择或无力选择的。从这种考虑出发，本书将政策性金融机构与商业银行等金融机构并列，安排在微观金融部分，以便于各类金融机构之间的比较。

### 一、政策性金融机构的主要特征

政策性金融机构是指那些由政府或政府机构发起、出资创立、参股或保证的，不以利润最大化为经营目的，在特定的业务领域内从事政策性融资活动，以贯彻和配合政府的社会经济政策或意图的金融机构。

政策性金融机构主要产生于一国政府提升经济发展水平和安排社会经济发展战略或产业结构调整的政策要求。一般来说，处在现代化建设起步阶段的经济欠发达国家，由于国家财力有限，不能满足基础设施建设和战略性资源开发所需的巨额、长期投资需求，最需要设立政策性金融机构；一些经济结构需要进行战略性调整或升级，薄弱部门和行业需要重点扶持或强力推进的国家，设立政策性金融机构，以其特殊的融资机制，将政府和社会资金引导到重点部门、行业和企业，可以弥补单一政府导向的财政的不足和单一市场导向的商业性金融的不足。政策性金融机构的主要特点表现在：（1）有政府的财力支持和信用保证。政策性金融机构创建时的资本多来自政府拨款，在经营过程中由政府提供信用保证。（2）不以追求利润最大化为目的。政策性金融机构的经营活动，是专为贯彻和配合政府的社会经济政策或意图的，业务经营或服务的内容多为商业性金融机构所不愿承担的，是无利可图或只有微薄收益的，这从根本上决定了政策性金融机构的非营利性特征。但是，实际上，许多政策性金融机构在经营过程中并非不讲求效益，也并非没有盈利，只是说这些机构并不是以取得盈利和追求盈利最大化为其经营目的。在满足政府的政策要求和获取自身盈利的选择面前，政策性金融机构只能选择前者。（3）具有特殊的融资机制。政策性金融机构的融资机制既不同于商业性金融机构，也不同于政府财政。它的资金来源除了国拨资本外，主要通过发行债券、借款和吸收长期性存款获得，是高成本负债，而它的资金运用则主要是长期低息贷款，通常都是商业性金融机构所不愿或无法经营的，这样的负债和资产结构安排是通过由国家进行利息补贴、承担部分不良债权或相关风险等来实现的。但是，政策性金融机构的融资又明显不同于财政，它的基本运作方式是信贷，通常情况下要保证资金的安全运营和金融机构的自我发展能力，因此，在符合国家宏观经济发展和产业政策要求前提下，行使自主的信贷决策权，独立地进行贷款项目可行性评价和贷款审批，以保证贷款的安全和取得预期的社会经济效益以及相应的直接经济效益。（4）具有特定的业务领域，政策性金融机构不与商业性金融机构进行市场竞争，它的服务领域或服务对象一般都不适合于商业性金融机构，而是那些受国家经济和社会发展政策重点或优先保护，需要以巨额、长期和低息贷款支持的项目或企业。

## 二、政策性金融机构的主要类型

政策性金融机构可从不同角度进行分类，如：按活动范围不同，可分为国内机构和国际性机构（如国际复兴开发银行、国际开发协会、亚洲开发银行、泛美开发银行、欧洲复兴开发银行、非洲开发银行等），国内机构又可分为全国性机构和地方性机构两大类；按组织结构中有无分支机构，可分为单一型和多层型两类机构；按业务领域和服务对象的特征不同，可分为经济开发、农业、进出口、住房、环境保护、存款保险、中小企业、国民福利等各种类型政策性金融机构；按业务的单一性或综合性，可分为专业性机构和综合性机构等。最多见的是按业务领域和服务对象划分的类型，主要有如下几种：

1. 经济开发政策性金融机构，是指那些专门为经济开发提供长期投资或贷款的金融机构。这种金融机构多冠以"开发银行"、"复兴银行"、"开发金融公司"、"开发投资公司"等称谓，如：日本开发银行、德国复兴信贷银行、美国复兴金融公司、加拿大联邦实业开发银行、意大利工业复兴公司、新加坡开发银行、印度工业开发银行、巴基斯坦工业开发银行、国际复兴开发银行、亚洲开发银行、中国国家开发银行等。这些金融机构多以促进工业化、配合国家经济发展振兴计划或产业振兴战略为目的，其贷款和投资多以基础设施、基础产业、支柱产业的大中型基本建设项目和重点企业为对象。中国国家开发银行成立于1994年3月，注册资本500亿元人民币，总部设在北京，在国内若干城市设有分行或代表处。

2. 农业政策性金融机构，是指专门为农业提供中长期低利贷款，以贯彻和配合国家农业扶持和保护政策的政策性金融机构。如：美国农民家计局、英国农业信贷公司、法国农业信贷银行、德国农业抵押银行、日本农林渔业金融公库、印度国家农业及农村开发银行、巴基斯坦农业开发银行、国际农业发展基金、国际农业信贷联合会、亚洲太平洋地区农业信贷协会、中国农业发展银行等。这些金融机构多以推进农业现代化进程、贯彻和配合国家振兴农业计划和农业保护政策为目的，其资金多来源于政府拨款、发行以政府为担保的债券、吸收特定存款和向国内外市场借款，贷款和投资多用于支持农业生产经营者的资金需要、改善农业结构、兴建农业基础设施、支持农产品价格、稳定和提高农民收入等。中国农业发展银行成立于1994年11月，总部设在北京，在全国各省、自治区、直辖市广泛设立分支机构。

3. 进出口政策性金融机构，是一国为促进进出口贸易、促进国际收支平衡，尤其是支持和推动出口而设立的政策性金融机构。如：美国进出口银行、加拿大出口发展公司、英国出口信贷担保局、法国对外贸易银行、德国出口信贷银行、日本进出口银行、印度进出口银行、新加坡出口信贷保险公司、非洲进出口银行、拉丁美洲出口银行、中国进出口银行等。这些金融机构，有的为单纯的信贷机构，有的为单纯的担保和保险机构，有的则为既提供信贷，又提供贷款担保和保险的综合性机构。其宗旨都是为贯彻和配合政府的进出口政策，支持和推动本国出口。这些机构在经营过程中，以国家财力为后盾，由政府提供必要的营运资金和补贴，承担经营风险。中国进出口银行成立于 1994 年 5 月，注册资本 33.8 亿元人民币，总部设在北京，在国内若干城市和个别国家设有代表处。

4. 住房政策性金融机构，是指专门扶持住房消费，尤其是扶持低收入者进入住房消费市场，以贯彻和配合政府的住房发展政策和房地产市场调控政策的政策性金融机构。如：美国联邦住房贷款银行、美国联邦住房抵押贷款公司、美国联邦全国抵押协会、美国政府全国抵押协会、加拿大抵押贷款和住房公司、法国房地产信贷银行、挪威国家住房银行、德国住房储蓄银行、日本住宅金融公库、印度住房开发金融公司、泰国政府住房银行、新西兰住房贷款公司、韩国住房银行等。这些机构一般都通过政府出资、发行债券、吸收储蓄存款或强制性储蓄等方式集中资金，再以住房消费贷款和相关贷款、投资和保险等形式将资金用于支持住房消费和房地产开发资金的流动，以达到刺激房地产业发展，改善低收入者住房消费水平，贯彻实施国家住房政策的目的。中国目前在一些城市已成立了经政府批准的商品住宅基金会或住房合作基金会，以满足住房基地开发、建设和流通周转性资金的需要，推动住房商品化和房产市场的建立与发展。

## 第五节　国际金融组织

通常所说的国际金融组织主要包括：（1）国际货币基金组织（IMF）；（2）世界银行集团；（3）国际清算银行；（4）区域性国际金融组织，其中包括亚洲银行、非洲开发银行、南美开发银行。

一、国际货币基金组织

国际货币基金组织（International Monetary Fund，IMF）是在国际合作的基础上，为协调国际间货币政策、加强货币合作而建立的政府间的国际金融机构。

（一）国际货币基金组织的宗旨

1945 年 12 月 27 日，参加布雷顿森林会议的 44 国中的 29 国政府批准了《布雷顿森林协定》。1947 年 3 月，国际货币基金组织开始办理业务，其总部设在华盛顿。

在《国际货币基金协定》中，对该组织的宗旨作了如下规定：①建立一个永久性的国际货币机构，对国际货币问题进行协商，以促进国际货币合作。②促进国际贸易的扩大和均衡发展，提高成员国就业和实际收入水平，开发成员国的生产资源。③促进汇率稳定，维护正常的汇兑关系，避免竞争性的货币贬值。④协助成员国建立多边支付制度，消除阻碍国际贸易发展的外汇管制。⑤协助成员国改善国际收支状况，通过贷款解决成员国国际收支困难，避免采取危及他国利益和国际繁荣的措施。⑥根据上述宗旨，缩短成员国国际收支失衡的时间，减轻失衡的程度。由此可见，国际货币基金组织的根本任务是提供短期贷款，以调整成员国国际收支不平衡问题，维持汇率的稳定。

（二）特别提款权

1969年9月，基金组织为了补充国际储备资产的不足，收缩国际流通和减少关键货币的发行量以限制美元的作用，创设了一种新的国际储备资产和记账单位，即特别提款权（Special Drawing Right，SDR）。

特别提款权是一种有黄金保证的记账单位，每单位含0.88671克纯金（根据黄金官价35美元兑换1盎司黄金定出），与1972年贬值前的美元相等，即1特别提款权等于1美元。美元两次贬值后，各国货币纷纷实行浮动汇率制，并公布同特别提款权的固定比价，这个比价称为中心汇率。

1971年，美国停止美元兑换黄金后，自由市场金价猛涨，黄金官价实际已不存在。同时，由于各国汇率不断发生变化，使规定的中心汇率已不能再反映特别提款权与各有关货币的实际价值。为了保持特别提款权价值的稳定性，1973年5月，基金组织决定用一篮子货币作为特别提款权定值的标准。

1974年1月1日，基金组织宣布特别提款权与黄金脱钩，改用美元等16种货币的加权平均值来决定特别提款权的价值，但由于这种定值方法在技术上比较复杂，基金组织决定自1981年1月1日起，特别提款权改按简化的一篮子货币定值。定值货币由16种减至5种，即美元、西德马克、法国法郎、日元和英镑，它们的计算权数（即在特别提款权中所占的比重）分别为：美元42%，西德马克19%，法国法郎、日元和英镑各13%。基金组织根据1980年9月所做出的决定规定：每5年对特别提款权的定值货币进行一次调整。

成员因所持有的特别提款权连同黄金、外汇以及在基金组织的储备资产一起构成了该国的国际储备资产。当成员国发生国际收支逆差时，可将特别提款权划给另一个成员国，换取可兑换货币弥补逆差。特别提款权还可用来偿还基金组织的贷款，但不能兑换黄金，不能直接用于国际间贸易或非贸的支付。所以,特别提款权只是成员国在基金组织的特别提款权账户的一种账面资产。

（三）国际货币基金组织的作用

国际货币基金组织自从正式营业以来,对于加强国际货币合作、稳定国际汇率、缓和国际收支危机以及促进世界经济发展等,都起到了一定的积极作用。具体表现在以下几个方面：

1. 基金组织在稳定国际汇率、促进国际贸易发展方面起了一定的作用。基金组织成立初期实行的以美元为中心的固定汇率制,不仅使各国间汇率波动较小,保持了相对的稳定性,而且便利了国际结算。这对于国际贸易的增长和第二次世界大战后各国经济的复兴十分有利。1973年3月,开始普遍实行的浮动汇率制,虽然在一定程度上限制了国际贸易的发展,但它可以保持硬货币在国际金融市场上的稳定性和防止某些国家的外汇储备货币流失。而且基金组织对成员国的浮动汇率制实行管理与监督,也有助于保持国际货币体系的稳定。

2. 基金组织提供的各种类型的贷款,在一定程度上缓和了成员国的国际收支危机。第二次世界大战结束后,一些工业发达国家和发展中国家（石油生产国除外）,由于初级产品价格偏低、出口收入锐减、外债增多,致使国际收支情况不断恶化,给本国的经济发展带来不少阻力。两次石油价格冲击以后,又引起了进口石油的工业发达国家和不出产石油的发展中国家更严重的国际收支危机。在这种情况下,基金组织发放多种贷款,在一定程度上缓和了成员国的国际收支危机。例如,单石油贷款一项就接近70亿特别提款权。基金组织自20世纪70年代以来,还着重扩大了对发展中国家的贷款。但是,这对于持有国际收支巨额逆差的发展中国家特别是低收入国家来说,远远不能满足需要。

3. 基金组织在维持国际货币体系的正常运转,促进资本主义各国商品、劳务和资本流通等方面,也起到了一定的积极作用。

20世纪60年代以来,基金组织对《国际货币基金协定》的有关条款进行了修订,并在黄金、汇率、国际储备资产、国际收支调节等重大问题上进行了较大的变革,使基金组织在新的经济形势和新的国际货币关系中,仍然能够发挥积极的作用。

## 二、世界银行集团

世界银行集团（World Bank Group）由国际复兴开发银行（International

Bank for Reconstruction and Development，IBRD）、国际开发协会（International Development Association，IDA）、国际金融公司（International Finance Corporation，IFC）、解决投资争端国际中心（International Centre for Settlement of Investment Disputes，ICSID）和多边投资担保机构（Multilateral Investment Guarantee Agency，MIGA）组成。其目标最初是为西欧国家战后复兴提供资金支持，1948年"马歇尔计划"中的欧洲复兴资金落实以后，业务目标转变为帮助发展中国家提高生产力，促进其社会进步和经济发展，改善和提高人民生活水平，其中前三个机构为集团的主要业务机构。

（一）世界银行

世界银行是国际复兴开发银行的简称，是成立最早、提供贷款最多的金融机构。第二次世界大战结束前，为了能够在战后尽快恢复受战争破坏的各国经济和开发发展中国家经济，以美国为代表的许多国家认为有必要创办一个国际性金融组织，利用其自有资金和组织私人资本为生产性项目提供贷款或投资。为此，美国于1943年提出了"联合国复兴开发银行计划"。1944年7月，参加布雷顿森林会议的各国代表就美国的计划进行了研究，并最终通过了《国际复兴开发银行协定》。根据此协定，国际复兴开发银行即世界银行成立于1945年12月27日，1946年6月25日正式开始营业。

《国际复兴开发银行协定》规定，世界银行的宗旨是：①对生产性投资提供便利，协助成员国的经济复兴以及生产和资源的开发；②促进私人对外贷款和投资；③鼓励国际投资，开发成员国的生产资源，促进国际贸易长期均衡发展，维持国际收支平衡；④配合国际信贷，提供信贷保证。

按照《世界银行协定》规定，一个国家在加入世界银行之前，必须首先加入国际货币基金组织。而国际货币基金组织的成员国不一定都要参加世界银行。截至1999年度，世界银行共有成员国181个。世界银行的重大问题都要由成员国通过投票表决的方式做出决定。根据银行协定规定，每个成员国都有基本投票权250票，每认缴1股银行股份增加1票。因此，成员国认缴的股份越多，投票权就越大。美国一向是世界银行最大的股东，现有投票权265219票，占总投票权的16.53%，对世界银行的业务活动具有绝对的控制权。

世界银行成立之初，主要向欧洲国家发放战后复兴经济贷款，同时也向发展中国家发放开发经济贷款。1948年以后，欧洲的战后复兴主要依靠美国的"马歇尔计划"的援助。因此，世界银行的主要业务转为向亚、非、拉发展中国家发放贷款，以促进其经济的发展和生产力的提高。截至1999年6

月 30 日，世界银行共向发展中国家发放了总额为 3385 亿美元的贷款，其中，对我国的援助项目共 148 个，贷款总额达 231.06 亿美元。

世界银行的贷款政策几十年来发生了很大的变化。20 世纪 70 年代以前，世界银行认为发展中国家只要有了充分的基础设施和实现了工业化，就可以带来经济的发展和改善人民生活。因此，世界银行贷款的 2/3 用于资助基础结构方面的项目，特别是运输（公路、铁路、港口、航空设施等）和电力。但是，实践证明这一贷款政策由于从根本上忽视了对发展中国家的农业投资，造成有的发展中国家粮食不能自给自足，国际收支出现逆差。

20 世纪 70 年代以后，世界银行的贷款部门构成发生了显著的变化，从基础结构转向更广泛的发展目标，将优先发展的重点放在农业和农村发展项目上。同时为了提高生产力、增加就业机会和减轻贫困现象，对小型企业、教育、卫生、保健与营养、人口、城市发展和给排水等项目增加了投资。1980 年以来，世界银行开始重视发展中国家的经济结构和政策的调整，增设了结构调整贷款。近年来，世界银行着重对能源项目（石油、天然气、电力等）扩大了贷款的数额。

（二）国际开发协会

20 世纪 50 年代，亚、非、拉地区的发展中国家经济十分落后，外债负担沉重，自有资金严重不足。它们急需获得大量的外来资金以便摆脱困境和发展经济。但基金组织和世界银行贷款条件较高且数目有限，不能满足这些较贫困国家对大量低息或无息贷款的需求。因此，它们迫切要求建立一个能为其提供优惠贷款的开发性国际金融机构。在这种情况下，美国于 1958 年提出成立国际开发协会的建议，1959 年 10 月经世界银行通过，1960 年 9 月 24 日国际开发协会正式成立，同年 11 月开始营业，会址设在华盛顿。

国际开发协会在其协定中规定，协会的宗旨是向符合条件的低收入国家提供长期优惠贷款，帮助这些国家加速经济发展，达到提高劳动生产率和改善人民生活的目的。因此，国际开发协会的贷款是低收入发展中国家获得发展经济所需资金的一个很重要的来源。

国际开发协会的主要业务是向低收入的发展中国家提供长期优惠贷款。国际开发协会的主要贷款对象是那些相对贫困、国际信誉较差的国家。按 1999 年新标准的规定，有资格获得贷款的国家是 1997 年人均 GNP 低于 925 美元的成员国，照此标准，1999 年有 81 个成员国有资格获得国际开发协会贷款。国际开发协会提供的贷款被称为开发信贷（Credit），又叫做软贷款。贷款期限为 50 年，头 10 年为宽限期，不必还本，从第二个 10 年起每年还本

1%，其余30年每年还本3%。在整个贷款期限中免收利息，只对已拨付的部分每年收取0.75%的手续费。因此，国际开发协会的信贷具有明显的援助性质，它作为世界银行贷款的补充，促进了世界银行目标的实现。

近年来，国际开发协会的信贷资金主要用于资助农业和农村发展部门以及运输、能源、电力、交通、水利、港口建设等公共工程部门。在1997财政年度，国际开发协会共向912个项目发放贷款，贷款总额达435亿美元。截至1999年6月30日，国际开发协会所发放的信贷总额达1159亿美元，其中，对我国的援助项目达71个，贷款总额为99.47亿美元。

（三）国际金融公司

国际金融公司的建立与世界银行的贷款原则有着密切的联系。世界银行协定规定，世界银行的贷款对象为成员国政府，如对私人企业贷款必须由政府机构担保。而且世界银行只能经营贷款业务，无权参与股份投资或为成员国的私人企业提供其他种类有风险的投资。这些规定不仅在一定程度上限制了世界银行业务活动的扩展，而且不利于发展中国家民族经济的发展。因此，为了扩大对成员国私人企业的国际贷款，美国国际开发咨询局于1951年提出在世界银行下设立国际金融公司的建议。1956年7月，国际金融公司正式成立。

国际金融公司的宗旨是：①为发展中国家的私人企业提供没有政府机构担保的各种投资，以促进成员国的经济发展；②促进外国私人资本在发展中国家的投资；③促进发展中国家资本市场的发展。

国际金融公司的主要业务是提供贷款和对中小企业直接投资。国际金融公司的贷款对象主要是亚、非、拉地区的不发达国家。贷款的资助部门主要为制造业、加工业和开采业，如钢铁、建筑材料、纺织、采矿、肥料、化工、能源、木材、造纸以及旅游和非金融服务业。

三、国际清算银行

国际清算银行是西方主要国家中央银行合办的国际金融机构。它是由美国摩根保证信托公司（Morgan Guaranty Trust Company）、纽约花旗银行（Citibank of New York）和芝加哥花旗银行（Citibank of Chicago）组成的银行团（Consortium Bank），同英国、法国、德国、意大利、比利时、日本等国的中央银行于1930年2月在荷兰海牙签订国际协议，共同出资而成立的。同年5月20日开始营业，行址设在瑞士巴塞尔。

国际清算银行的宗旨，最初是处理第一次世界大战后德国对协约国战争赔款的支付和协约国之间的清算工作。现在，它的宗旨则是：促进各国中央银行间的合作，为国际金融业务提供便利，作为有关各方协议国际清算的代理人或受托人。

国际清算银行主要同各国中央银行往来：接受各中央银行的存款，包括黄金存款在内，并向中央银行发放贷款；代中央银行买卖黄金、外汇和发行债券；为各国政府间贷款充当执行人或受托人；同有关国家中央银行签订特别协议，代办国际清算业务。国际清算银行办理黄金存款付给一定利息，因而有些国家的中央银行将一部分黄金储备存入该行。国际清算银行也办理国库券和其他债券的贴现、再贴现等业务。

### 四、区域性国际金融机构

区域性国际金融组织是对全球国际金融机构的主要补充。主要包括：

1. 亚洲开发银行：由亚洲太平洋经济委员会创办，亚洲太平洋国家（地区）及部分西方国家政府出资开办的多边官方金融机构。1966年12月正式开业，总行设在菲律宾的马尼拉，现有47个成员国（地区）。中国在1986年2月正式成为亚洲开发银行成员国。亚洲开发银行的宗旨是：鼓励各国政府及私人资本向亚太地区投资，以促进该地区发展中国家经济的发展。

2. 非洲开发银行：成立于1963年9月，1966年7月正式开业，行址设在科特迪瓦首都阿比让。中国在1985年5月正式成为非洲开发银行成员国。非洲开发银行的宗旨是：为成员国经济和社会提供资金，协助非洲大陆制定总体的发展战略和各成员国的发展计划，以期达到非洲经济一体化的目标。

3. 泛美开发银行：成立于1959年12月，1960年10月1日正式开业，行址设在华盛顿。泛美开发银行的宗旨是：动员美洲内外资金，为拉丁美洲成员国的经济和社会发展提供项目贷款和技术援助，促进拉丁美洲经济的发展和泛美体制的实现。

**本章重要概念**

金融中介 Financial Intermediary　　非中介化 Disinter Mediation
信息不对称 Asymmetric Information　　交易成本 Transaction Cost
商业银行 Commercial Bank　　信用中介 Credit Medium
支付中介 Payment Medium　　信用创造 Credit Creation
负债业务 Liabilities Business　　资产业务 Assets Business
中间业务 Middleman Business　　核心存款 Core Deposits
资本充足比率 Capital Adequacy Ratio　　再贴现 Rediscount

同业拆借 Inter-bank Offered Credit　　金融债券 Financial Bond
回购协议 Repurchase Agreement　　信用分析 Credit Analysis
真实票据理论 Real-Bill Theory
资产负债管理 Asset and Liability Management
资金汇集法 The Pool of Funds Approach
资产分配法 The Asset Allocate Approach
利率敏感性负债 Interest Sensitive Liability
利率敏感性资产 Interest Sensitive Asset
久期 Duration　　投资银行 Investment Bank
证券承销 Securities Underwriting　　公募发行 Public Issue or Public Offering
证券交易 Security Exchange　　证券交易所 Security Exchange
做市商 Market Maker　　证券金融公司 Securities Finance Company
公司并购 Mergers and Acquisitions　　项目公司 Project Company
风险资本 Venture Capital　　创业板市场 Growth Enterprise Market
保险公司 Insurance Company　　证券公司 Securities Company
信托公司 Trust Company　　租赁公司 Lease Company
投资基金 Investment Funds
公司型基金 Corporate Type Investment Fund
契约型基金 Contractual Type Investment Fund
封闭型基金 Closed-end Fund　　开放型基金 Open-end Fund
货币市场基金 Money Market Fund　　养老基金 Retirement Fund
年金 Annuity
政策性金融机构 Policy-Banking Institutions
国际货币基金组织 International Monetary Fund，IMF
特别提款权 Special Drawing Right，SDR
世界银行集团 World Bank Group
国际清算银行 Bank for International Settlements，BIS
亚洲开发银行 Asian Development Bank，ADB

## 复习思考题

1．什么是金融中介？金融中介服务体系的总体构成是怎样的？

2．商业银行的性质是什么？其本质特征表现在哪些方面？

3．商业银行有哪些主要职能？

4．商业银行负债业务的主要内容是什么？

5．商业银行自有资本由哪些内容构成？组织和管理好资本金的意义何在？怎样理解银行最佳资本保有量？

6．商业银行存款业务管理的基本要求是什么？

7．商业银行存款以外的其他负债业务有哪些？

8．商业银行资产业务的主要内容是什么？

9．商业银行贷款业务管理的基本要求是什么？

10．商业银行贷款信用分析的主要内容有哪些？

11．谈谈商业银行从事证券投资的意义及主要投资对象。

12．什么是商业银行的中间业务？主要内容有哪些？

13．商业银行业务创新的主要特点和趋势是什么？

14．推动银行业金融创新的主要因素有哪些？

15．商业银行经营管理理论经过了怎样的发展过程？

16．资产管理理论的核心思想是什么？其内容有怎样的发展变化过程？

17．负债管理理论的核心内容是什么？意义在哪里？

18．资产负债管理理论的核心思想和主要特点是什么？

19．资产负债管理的主要方法有哪些？

20．简要说明利率敏感性缺口管理法。

21．简要说明久期缺口管理法。

22．投资性金融机构有哪些主要类型？

23．证券交易所是一种怎样的机构？

24．什么是投资基金？简要说明公司型基金、契约型基金、封闭型基金和开放性基金。

25．什么是投资银行？它与商业银行的主要区别在哪里？

26．试述投资银行的主要业务。注意其中的一些主要概念，如：公募发行、证券承销、投机、套利、做市商、公司并购、杠杆收购、过渡贷款、垃圾债券、反收购、项目融资、风险资本等。

27．保险公司的组织形式有哪些？谈谈其业务经营的主要环节。

28．政策性金融机构的主要特征是什么？其主要类型有哪些？

29．主要的国际金融组织有哪些？

30．国际货币基金组织的宗旨是什么？

31. 什么是特别提款权?
32. 世界银行集团由哪些机构组成?
33. 主要的区域性国际金融机构有哪些?

**小测试**

1. 商业银行的资本金包括（　　　）。
   A．库存现金　　　　　　　　B．普通股股本
   C．资本盈余　　　　　　　　D．未分配利润
   E．未到期贷款

2. 根据利率敏感性缺口管理要求，如果预期市场利率下降，银行要保持（　　　）。
   A．正缺口　　　　　　　　　B．负缺口
   C．缺口率＞1　　　　　　　 D．缺口率＜1
   E．零缺口

3. 投资银行的主要业务有（　　　）。
   A．证券承销　　　　　　　　B．公司兼并收购
   C．居民储蓄　　　　　　　　D．工商信贷
   E．证券经纪业务

4. 以下有关非银行金融机构说法正确的是（　　　）。
   A．证券公司即证券交易所的分支机构
   B．金融租赁的出租人应承租人要求购买资产
   C．人寿保险筹集的资金较适合投资于资本市场
   D．信托财产收益归委托人
   E．公司型基金证券的持有人实际上就是基金公司的股东

5. 要求银行保持充足的资本比率的理由是（　　　）。
   A．资本比率越高则盈利水平越高
   B．满足可能遇到的流动性需求
   C．满足业务经营所必需的物质条件
   D．使资本金成为主要资金来源
   E．限制不合理的资产扩张

（第三章答案：1．BCD　2．BD　3．ABE　4．BCE　5．BCE）

# 第四章　金融商品价格

　　在金融活动中被作为交易对象的存款、贷款、外汇、债券、股票、期货合约、期权合约等，通常称为金融商品①。与普通商品相比，金融商品除了其生产过程和价值构成特殊之外②，在交易或流通过程中，并没有实质性的差异。作为市场经济条件下金融活动过程的载体，金融商品的交易同样是受市场供求法则和价格机制支配的。普通商品市场供给者和需求者的行为要受到商品价格水平及其变动的牵制或影响，金融商品市场的供给者和需求者也同样受制于金融商品的价格。较高的价格会刺激供给者的供给意愿，抑制需求者的购买意愿，而较低的价格则会刺激需求者和抑制供给者。当市场上人们对某种金融商品的需求量恰好等于它的供给者愿意提供的供给量时，就形成了该种金融商品的市场均衡价格。然而，供求关系决定价格只表明了金融商品价格决定的一般规律，现实中各种各样的金融商品由于各自的收益性、流动性、安全性等效用特征不同，其价格除了受市场供求决定或影响外，还有各自特殊的决定机制。不仅如此，由于金融商品从静态的角度看，就是人们所持有的各种金融资产，金融商品的交易，实际上就是金融资产的流动或转换，这种流动或转换会使各种金融商品的价格相互发生影响，也会使金融商品价格与普通商品价格之间相互联系起来。因此，金融商品的价格决定机制是非常复杂的。本章着重就几种最主要的金融商品价格——利率（存款、贷款的价格或货币资金价格）、汇率（外汇价格）、有价证券价格（股票和债

---

　　① 存款、外汇和有价证券等，从其被作为交易对象的角度上，通常定义为金融商品；从其被作为提供流动性、收益性和价值贮藏手段等功能的角度上，通常定义为金融工具；从其被作为收入或财富的保有形式的角度上，通常被定义为金融资产。根据分析和研究问题的角度不同，"金融商品"、"金融工具"和"金融资产"在不同的场合经常被交替使用。

　　② 普通商品的生产一般表现为物质产品的创造过程，以"物质化"的价值构成为基本特征，而金融商品的生产一般表现为对一系列权利、义务及其制约关系的设计、规定及合法化过程。无论是以货币资金形式直接出现的存款、贷款，还是代表一定量货币资金的有价证券，其实质都是代表一定权利和义务关系的法律文件，是集合了一定的预期收益和风险的标准化契约。

券价格）的种类和决定机制的理论加以阐述。其中，由于以存款、贷款表现的货币资金是金融商品最基础和最核心的存在形式，由此决定了利率在金融商品价格中的基础和核心地位。重点掌握利率决定的理论，对认识和理解所有金融商品的价格问题是很有益处的。汇率问题一般在"国际金融"课程中作详尽阐述，本章仅仅从金融商品价格体系的完整性考虑，对汇率的基本种类和最主要的汇率决定理论作简要提示。

# 第一节 利 率

## 一、利息的本质

在阐述利率问题之前首先提及利息，是因为利率作为货币资金的价格，总是表现为一定的利息额与贷出的货币资金本金额的一定比率。这个比率高，就表明货币资金的价格水平高，相反，则表明价格水平低。但是，从货币资金价格的内容上看，为一定量的货币资金所付的利息，才是该笔资金的价格，人们只是习惯于用利率水平的高低来表示货币资金的价格水平。实际上，有利息的存在，才有利率可言，利率的价格功能是利息本质的反映。

利息的本质是什么？经济学家们是从各种不同的角度作出回答的。威廉·配第（William Petty）认为，利息是放弃货币使用权而得的报酬；约翰·洛克（John Looke）认为，利息是贷款人承担了风险而得的报酬；西尼尔（Nassau William Senior）认为，利息是牺牲眼前消费，等待将来消费而得的报酬，或对节欲的报酬；詹姆斯·穆勒（James Mill）认为，资本财货的价值是由劳动决定的，利息是对创造资本财货价值的劳动的报酬或工资；约瑟夫·马西（Joseph Massie）和马克思认为，利息来源于利润，是利润的一部分；萨伊（Say Jean Baptiste）认为，利息是资本生产力的产物，资本具有生产力就像土地、人力具有生产力一样，利息就是对资本生产力的报酬；庞巴维克（Eugen von Bohm Bawerk）认为，利息来自人们对现有财货的评价大于对未来财货的评价，利息是价值时差的贴水；凯恩斯（John Maynard Keynes）认为，利息是放弃流动偏好（灵活偏好）所得的报酬。对利息本质的这些多角度的概括，扩展了人们对利息的认识，丰富了利息的内涵。从各种概括中可以发现，人们或者是把利息看作借入者对货币资本给其带来的某种效用所支付的报酬，或者是把利息看作货币资本的时间价值，利息总归是借入者对贷出者让渡了货币资本的效用和时间价值的一种补偿。

二、利息收益与货币资本化问题

在市场化程度较低的简单商品经济条件下，虽然商品通过货币来实现交换，但是经济活动的特征依然还是"为买而卖"，记为 $W_1-G-W_2$，$W_1$ 是卖出的商品，$W_2$ 是买入的商品，货币 G 只是不同商品交换所需的中间媒介，是商品交换的附属物，它只是随着实物经济的变化而变化，却不是经济变化的动力。随着经济市场化程度的提高，货币在衡量价值、实现价值、贮藏和转移价值、建立和履行经济契约等各方面的功能得以充分发展，使其使用范围无限扩大。货币不仅是几乎所有产品市场的有效需求，更是土地、设备、材料、技术、劳动力等各种生产要素得以启动和组合的有效工具。这时的经济活动所表现出的基本特征是"为卖而买"，记为 $G-W\cdots P\cdots W'-G'$，G 是作为投资的货币资本，W 是买入的生产要素，$\cdots P\cdots$ 是生产过程，$W'$ 是产出的商品，$G'$ 是出卖商品后的货币收入。显然，这样的货币运行为的是赚得更多的货币，这就是人们通常所说的货币转化为资本或货币资本化了。

舍去生产过程的货币资本化可记为 $G-W-G'$，其中 W 是买入后又卖出的投资品或投资对象。更为直接的货币资本化形式记为 $G-G'$，就是把钱贷出去一定时间，再连本带息收回，利息就是货币的资本化收益。利息范畴广泛存在于经济社会以后，货币资本化便成为获取资本化收益（也称为财富性收益）的一般形式，各种旨在获取收益的项目或对各种形式的资产进行投资，如投资于债券、股票、土地、技术、劳动力等，常常都是将它们的预期收益与利率水平进行比较来作出投资价值判断的。

根据本金、利率和收益的基本关系，即收益＝本金×利率，不难得出，要求获得目标收益的本金投入额为：本金＝收益／利率。这里，本金实际上就是在一定利率水平条件下，购买具有特定收益的某种资产的价格。将各种具有特定收益的资产，在与利率的比较中表示出价格，称为收益的资本化。收益资本化普遍存在于市场经济社会，它反映了资产价格决定的一般规律。例如：在不考虑任何其他因素的情况下，一张面值为 1 元的证券能够以 2 元的市场价格出售，是因为它的预期收益率为市场利率的 2 倍；一项年收入为 10 万元的技术，在市场利率为 5% 的情况下，以 200 万元的价格成交，是因为按 5% 的利率在一年期间获取 10 万元收入，须贷出本金 200 万元，以 200 万元购买技术和将 200 万元作为资本贷出是等价的。

利息原本是借贷活动或信用活动的产物，有借贷，才有利息。但是，现实生活中的利息概念却早已超越了借贷领域，也就是说，在并不存在借贷的经济活动中，人们也一样计较利息。如，一项实际的生产性投资，即便是完全运用自有资金，也是要考虑利息水平的，若投资回报率小于市场利率，说明这项投资是不合算的；若投资回报率正好等于市场利率，说明整个生产投资活动是徒劳的；若扣除利率后的投资回报率甚低，说明投资效益低下。又如，在市场利率上升时，对于现金持有者或保存者来说，即使他什么事情也没有做，也意味着收入在减少或损失在增加，因为他持币的机会成本在增大。再如，在两个总投资额相同，总投资期限相同，但投资进度不同的工程投资方案比较中，前期投入较大的方案比投资集中于后期的方案，实际投资额要大，原因就在于它损失的利息较多。可见，在一个存在利息的社会，利息收益已经不仅仅属于借贷活动中贷出货币资本的人，而是属于一切资本所有者，因为，人们普遍将利息收益看成是资本化收益的最简单和最一般的形式。

### 三、利率的种类

利率的一般形式就是利息额与借贷本金的比率，对贷出者来说，它反映了借贷资本的增值程度或收益水平；对借入者来说，它反映了借入资本的代价或对资本的效用所支付的购买价格。但就利率的具体存在形式而言，是复杂的和多样化的。由于金融活动和金融商品的多样性，由于人们对利率存在多角度的观察和认识，由于存在不同的利率管理体制，以及利率有不同的计算和表达方法等，因此，利率的具体形式是多种多样的，由各种利率以及相互间的有机联系构成一个庞大而复杂的系统，就是通常所说的利率体系。根据不同的标准或分类方法，可将利率划分为不同种类。以下是几种主要的利率类别：

（一）市场利率和官定利率

这是根据利率管理制度不同划分的。市场利率是指由借贷资本市场上的供求双方在市场规律支配下自由确定的利率。市场利率水平及其变化反映借贷资本的市场供求状况，而借贷资本的市场供求变化是与经济周期变化或波动相联系的。一般来说，经济比较萧条的时期，借贷资本供给大于需求，市场利率水平较低；而经济比较高涨的时期，借贷资本需求大于供给，市场利率水平较高。除了经济状况和借贷资本供求状况的因素外，资本收益状况、风险状况等各种因素都会影响市场利率，因此，市场利率具有不确定性或多变性的特点。官定利率是指由中央银行或政府金融管理部门确定的利率。实行计划管理体制的国家，大都对利率实行严格控制，各种金融活动中的利率都必须严格执行官定利率所限定的水平。实行官定利率旨在使金融活动按照金融当局的货币政策意图和管理要求进行，防止出现高利率竞争等市场无序状况的发生。但是，严格的官定利率会束缚金融活动的自主性和灵活性，还容易导致利率水平与资金供求的实际状况严重脱节，出现事实上的市场利率，形成资金"黑市"。因此，在实行经济和金融改革的国家，为了让利率真正发挥引导和调节资金配置的作用，让金融机构拥有真正的经营自主权和增强其经营的活力，都将放松或逐步放弃金融当局对利率的直接管制，转为由市场决定利率，作为改革的重要目标。这种改革被称为利率市场化改革或利率自由化改革。许多发达国家的中央银行也常常运用利率手段调控金融，但由其制定的利率只对市场起引导作用，并不强求金融业主去执行，市场利率依然是利率的基本形式。但是，由于中央银行制定利率的主要依据是市场供求状况和宏观经济政策走向，因此，中央银行确定和公布的利率一般都会对市场利率产生重要影响。还有一种与官定利率相近的利率，叫公定利率，它是由非政府部门的民间金融组织或金融行业组织（如银行公会或银行业协会）确定和公布的利率，这种利率对组织内的各成员进行约束。

（二）名义利率和实际利率

这是根据人们对利息收入所具有的真实购买力的认识来划分的。名义利率是指不考虑通货膨胀因素，以名义货币所表示的利率，通俗地讲，就是票面利率、银行挂牌利率等。实际利率是指名义利率扣除通货膨胀率后的利率。实际利率的意义在于，它考虑了通货膨胀因素对利息真实水平的影响。以 $i$ 代表名义利率，以 $i_r$ 代表实际利率，以 $\pi^e$ 代表预期通货膨胀率，那么就有：

$$i = i_r + \pi^e \quad ① \quad 或 \quad i_r = i - \pi^e$$

当 $\pi^e$ 为正值时，实际利率小于名义利率；当 $\pi^e$ 为负值时，实际利率大于名义利率；若正值的 $\pi^e$ 即通货膨胀率大于名义利率，实际利率则成为负数，称为负利率。就是说，在通货膨胀率高于借贷活动中支付的利息率时，借贷活动不但没有获得实际收入，反而产生实际购买力下降的损失。

（三）固定利率和浮动利率

这是根据在借贷期内是否允许利率变动来划分的。固定利率是指在整个

---

① 如果考虑利息先得的情况，那么，本金和利息两部分都要受到通货膨胀影响。精确的计算应当是：$1 + i = (1 + i_r) + (1 + i_r) \cdot \pi^e = (1 + i_r)(1 + \pi^e) = 1 + i_r + \pi^e + (i_r \times \pi^e)$ 整理得：$i = i_r + \pi_e + (i_r \times \pi^e)$。

由于 $i_r \times \pi^e$ 的值非常小，可忽略不计，因此得到：$i = i_r + \pi^e$。该方程最早由欧文·费雪（Irving Fisher）提出，因此被命名为费雪效应（Fisher Effect），它揭示了通货膨胀率预期与利率之间的关系，即：当通货膨胀率预期上升时，利率也将上升。

借贷期内都执行同一水平的利率。在市场利率稳定、物价稳定的环境下，采用固定利率可以方便借贷双方准确地计算资金成本和收益。浮动利率是指在借贷期内利率要依据借贷双方约定的调整方式发生变动的利率。在市场利率不稳定、物价波动、借贷期限较长的情况下，为了避免不利的市场利率变动带来的损失和购买力贬值的损失，借贷双方协议，将执行利率与某些经济参数（如通货膨胀率、银行同业拆借利率等）挂钩，定期进行调整。中国的金融实务部门习惯上使用的浮动利率概念，与此处的概念不同，是指在官定利率条件下，允许金融机构在执行统一规定的利率水准时可在一定幅度内上下灵活掌握。实际上，中国在通货膨胀较严重时曾对中长期储蓄存款实行的保值贴补率，就是一种盯住物价指数变化而定期调整的浮动利率。

（四）存款利率和贷款利率

这是商业银行等金融机构在存款业务和贷款业务中分别实行的利率。正常情况下，贷款利率必须高于相同期限的存款利率，贷款的平均利率水平必须高于存款的平均利率水平，这是银行等金融机构最基本的业务收入来源。贷款利率与存款利率之间的利率差，一般简称为利差，正常情况下，利差为正值。当出现存款利率水平高于贷款利率水平，形成负利差时，人们称其为"利率倒挂"。这种情况一般发生在利率严格管制的国家，为了保证存款的稳定或快速增长，中央银行对存款规定了较高的利率水平，为了扶持重点产业和减轻企业的利息负担，又对贷款规定了较低的利率水平，金融机构必须严格按中央银行规定的利率去执行，结果必然导致存贷款利率倒挂，出现经营亏损。显然，利率倒挂是违背金融机构商业化或企业化经营原则的，保持正的利差是金融机构获取基本业务收入的起码要求。但这并不能认为，利差越大，金融机构的盈利水平就越高，因为，在其他条件相同的情况下，利差大的金融机构比利差小的金融机构市场竞争力弱，它要么是存款利率相对较低，要么是贷款利率相对较高，无论从哪方面看，都是不利于竞争客户的。因此，商业竞争中的"薄利多销"原则在金融业竞争中是同样适用的，小的利差虽然从单笔业务看获利水平低，但它能够以价格优势争取到更多客户，使业务总量增大，从而使总利润增加。

（五）一般利率和优惠利率

这是根据对不同的贷款对象执行不同利率水平的情况来划分的。一般利率就是按照正常标准执行的利率。优惠利率则是指对于需要给以重点扶持的贷款对象和贷款项目，执行低于正常标准的利率。由于享受优惠利率的贷款对象和贷款项目，一般都是在国家产业政策的优惠范围内的，因此，优惠利率大都是由得到政府财力支持的金融机构提供的。优惠利率通常都有一定的标准,如在国际借贷市场上,人们普遍将低于伦敦同业拆借利率的利率,视为优惠利率。

(六)短期利率和长期利率

这是依据借贷期限或信用工具期限长短不同划分的。通常以一年期以内为短期,一年期以上为长期。实际借贷活动中的期限划分是多种多样的,如:活期、不同档次的定期、无期等。一般来说,在其他条件相同的情况下,长期借贷的利率水平要高于短期借贷,原因是,长期借贷的债权人要承担更多的风险如信用风险、通货膨胀风险等,要求获得风险补偿;长期借贷的债务人使用资金的期限长,收益水平高,支付利息的资金来源相对充足。

(七)单利与复利

这是根据一定借贷期限内利息的计算方法不同来划分的。单利计息方法的特点是,只按原本金计算利息,计算出的利息不再计入本金部分重复计算利息。若以 $A$ 代表本金,$r$ 代表利率,$n$ 代表借贷期限,$I$ 代表利息额,$S$ 代表本金和利息之和,则单利的计算公式为:

$$I = A \cdot r \cdot n$$
$$S = A(1 + r \cdot n)$$

复利计息是指要将整个借贷期限分割为若干段,前一段按本金计算出的利息要加入到本金中,形成增大了的本金,作为下一段计算利息的本金基数,直到每一段的利息都计算出来,加总之后,就得出整个借贷期内的利息。简单地说,复利计息就是息上加息。其计算公式为:

$$S = A(1 + r)^n$$
$$I = S - A$$

其中,$n$ 为借贷总期数,也为分段计息的次数。如:借贷总期数为3年,按年计算复利,则 $S = A(1+r)^3$;若按月计算复利,则 $S = A(1+r)^{3 \times 12}$。在一定的借贷总期限内,分段计息的次数越多,计算出的利息总额越大。

(八)基准利率和一般金融机构利率

这是根据利率在金融市场和整个利率体系中的作用不同而划分的。基准利率是指在利率体系中处于核心或基础地位,能带动和影响其他利率变化的利率。可作为基准利率的通常有中央银行再贴现率、再贷款利率、银行间同业拆借利率、国债利率等,视其在一国金融市场中影响作用大小而定。其中,再贴现率和再贷款利率是中央银行向商业银行等金融机构办理票据贴现或直接提供贷款所收取的利息率；同业拆借利率（在美国称为联邦基金利率）是银行及金融机构之间的短期资金借贷利率，在利率体系中变化十分活跃，通常被作为货币市场的基准利率，其他短期借贷利率一般都是参照同业拆借利率加一定的调整幅度来确定的。国债利率一般是指一年期以上的政府债券利率，国债的信用通常为最高级别，因此，国债利率一般低于相同期限的其他债券利率，是长期金融市场中的基础利率，其他中长期利率通常都是参考国债利率来确定的。由于基准利率对金融市场和利率体系产生根本性的影响，因此，中央银行一般都要将其作为传递货币政策工具作用的中间变量或中介目标。

一般金融机构利率是指商业银行等金融机构在存贷款等信用活动中所执行的利率。由于商业银行经常以中央银行贷款为其重要的资金来源，因此，当中央银行改变基准利率时，就直接影响到商业银行的借款成本，若要维持既定的信用规模和目标利润，商业银行就要根据资金成本的变化调整其向客户吸收存款和发放贷款的利率。这样，基准利率的变动就对商业银行的利率产生了影响。商业银行利率的变动，又会进一步影响到市场上其他各种利率。基准利率的这种传导作用，使中央银行能够将其作为货币政策的重要手段加以运用。

## 四、利率水平决定的理论

关于利率水平受哪些因素决定以及怎样决定的问题，形成了各种不同的理论。比较有影响的利率决定理论主要有以下几种：

（一）平均利润率决定论

这是马克思关于利息决定的理论。马克思认为，利息是借贷资本家对剩余价值的瓜分，剩余价值表现为利润，因此，利息是利润的一部分，利息额的多少取决于利润总额，利率的高低取决于平均利润率。由于利息只能是利润的一部分，如果将借入资本创造的利润全部支付给货币资本家，职能资本家就无利可图，就没有必要借入资本，因此，利息的最高界限就是利润，利率的最高界限就是平均利润率，利率的变化范围在零与平均利润率之间。由于平均利润率水平是与产业周期变化相关的，因此，利率进而受到产业周期变化的调节。关于平均利率水平的变动趋势，马克思认为，主要受平均利润率变动趋势的决定，由于平均利润率是在技术发展和资本有机构成不断提高的过程中逐渐下降的，因而从长期来看，平均利率水平是不断下降的。但是，就一段时间的平均利率水平来看，由于平均利润率是相对稳定的，因此，利率水平也是稳定的。在马克思的平均利润率决定利息率的理论中，并没有排斥在短期内利率受借贷市场供求状况变化和借贷双方竞争力量影响而发生特殊波动的情况，没有排斥在偶然情况下会有超越平均利润率限制而存在的市场利率。

（二）储蓄投资决定论

这是西方经济学传统的利率决定理论。这种理论认为，利率是由经济中的实际因素——储蓄和投资决定的。理论的代表人物主要有奥地利经济学家庞巴维克、美国经济学家欧文·费雪（Irving Fisher）和英国经济学家马歇尔（Alfred Marshall）。庞巴维克认为，利息来自人们对现有财货的评价大于对未来财货的评价，人们将价值较大的现有财货交换为价值较小的未来财货，就要求对这种由时间延续而产生的价差给予补偿，这就是利息，因此，利息是由人们节制对现有财货的消费，转而进行储蓄所形成的。费雪认为，人们自愿储蓄或自愿推迟消费的心理倾向或耐心是资本供给的决定性因素，而资本需求的决定因素是投资机会。马歇尔将市场供求均衡原理运用于对利率决定的分析，他认为，储蓄构成资本的供给，投资构成资本的需求，储蓄与投资的共同作用决定了利率。他进一步根据西尼尔的利息定义——牺牲眼前消费，等待将来消费而得的报酬，分析了决定资本供给的实际因素是对将来消费的等待；又根据萨伊的利息定义——对资本生产力的报酬，分析了决定资本需求的实际因素是资本的边际生产力。既然等待将来消费或者说储蓄是决定资本供给的因素，利率又是对这种等待或储蓄的报酬，那么，利率越高，储蓄的倾向就越高，因此，储蓄是利率的增函数；既然资本的边际生产力是决定资本需求的因素，利率又是对资本生产力的报酬，那么，在资本的边际生产力一定的情况下，利率越高，投资者的成本就越高，投资需求就越小，因此，投资是利率的减函数。若以 $S$ 表示储蓄，$I$ 表示投资，$r$ 表示利率，则储蓄和投资与利率的关系，可通过图 4-1 表示出来。

图中，储蓄曲线 $S$ 向上倾斜，代表 $S=S(r)$，$dS/dr>0$；投资曲线 $I$ 向下倾斜，代表 $I=I(r)$，$dI/dr<0$。两线的交点 $E$ 所确定的利率 $r_0$ 为均衡利率。当储蓄倾向提高，$S$ 曲线向右方移动到 $S'$ 时，若投资倾向不变，利率会降至 $r_1$；当投资倾向提高，$I$ 曲线向右方移动至 $I'$ 时，若储蓄倾向不变，利率会升至 $r_2$。需要指出的是，在马歇尔的理论中，一方面储蓄和投资作为资本的供给和需求，二者的变动和均衡过程影响和决定利率。另一方面，利率的变动可以自动调节储蓄和投资，利率降低，人们的储蓄报酬减少，投资的成本降低，就会导致储蓄减少，投资增加；相反，利率提高则会刺激人们增加储蓄，

减少投资。

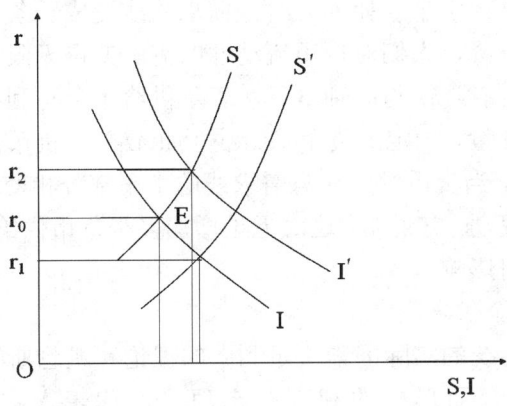

图 4-1 储蓄、投资对利率的决定

（三）货币供求决定论

这是凯恩斯的利率决定理论。这种理论认为，利率不是在产品市场上由储蓄和投资决定的，而是在货币市场上由货币的供应和需求决定的，当货币需求大于货币供给时，利率上升，反之，利率下降，利率决定于货币市场供求的均衡水平。关于货币供给和货币需求各自的变动，凯恩斯认为，货币供给是由货币当局决定的外生性变量，货币需求则取决于人们对货币的"流动性偏好"，人们据此将凯恩斯的货币需求理论（详见第七章第三节）和利率理论称为流动偏好理论。以 $M$ 代表由货币当局决定的货币供给，以 $L$ 代表由流动偏好所决定的货币需求，$r$ 代表利率，则货币供求决定利率的机制可通过图 4-2 表示出来。

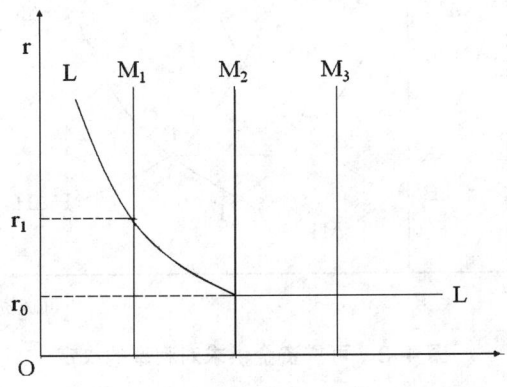

图 4-2 "流动编好"的利率决定机制

图中,货币需求曲线 L 向右下方倾斜,表示流动偏好随利率的降低而增大,当利率降至某一水平(如 $r_0$)时,需求曲线变成一条与横轴相平行的直线,利率不会再下降,人们对货币流动性的需求变得无限大,形成"流动性陷阱"。货币供给曲线 M 与纵轴平行,表示供给本身与利率无关,是由货币当局决定的外生变量,一定的货币供给线(如 $M_1$)与货币需求线的交点决定均衡利率(如 $r_1$)。当货币供给线与需求线的水平部分相交时(如 $M_2$ 和 $M_3$),利率水平不发生变动,它说明,这时无论增加多少货币供给都会被储存起来,不对利率产生任何影响。

(四)可贷资金供求决定论

这是一种将传统的实际因素决定利率的理论和凯恩斯的货币因素决定利率的理论进行综合而形成的利率决定理论。代表人物是英国的罗伯逊(D.H.Robertson)和瑞典的俄林(Ohlin)。这种理论认为,利率决定过程中既有实际因素——储蓄和投资,又有货币因素——货币供给和货币需求,利率是由可贷资金的供给——储蓄 S 加新增的货币供给 $\Delta M$ 和可贷资金的需求——投资 I 加新增的货币需求(或货币窖藏)$\Delta H$ 共同决定的,决定均衡利率的条件是可贷资金供给等于可贷资金需求,即:

$$S+\Delta M=I+\Delta H$$

如图 4-3 所示,S 和 I 分别为产品市场的储蓄曲线和投资曲线,两线的交点 A,并不能确定均衡利率;$\Delta M$ 和 $\Delta H$ 分别为货币市场的货币供给曲线和货币需求曲线,两线的交点 B 同样不能确定均衡利率;均衡利率是由综合了两个市场供求因素的 $S+\Delta M$ 曲线和 $I+\Delta H$ 曲线的交点 E 所决定的。

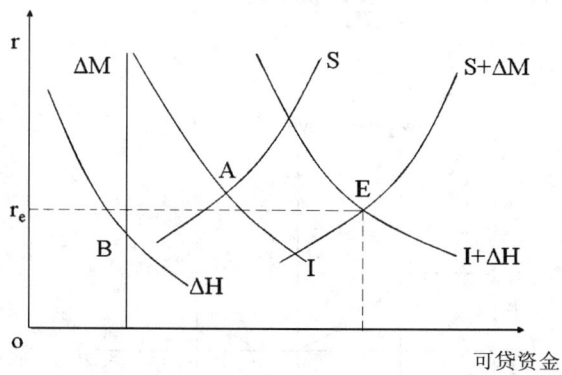

图 4-3 可贷资金供求对利率的决定

(五)IS-LM 利率论

这是希克斯(Hicks, John Richard)和汉森(Hansen, Alvin Harvey)等人在可贷资金供求决定利率的分析基础上,将收入水平导入利率分析而形成的利率决定理论。反映这种理论的 IS—LM 模型精辟地描述了在投资和储蓄、货币需求和货币供给同时相等,产品市场和货币市场达到一般均衡时的国民收入和利率组合的确定,被称为是对凯恩斯宏观均衡理论的标准解释(详见第七章第五节)。这种理论认为,决定国民收入和利率的变量有4个,即储蓄 $S$、投资 $I$、货币需求 $L$、货币供给 $M$,均衡的国民收入和利率只有在同时达到 $S=I$,$L=M$ 时,才能实现。在以收入 $y$ 为横坐标,以 $r$ 为纵坐标的平面图中,向右上方倾斜的 LM 曲线代表所有能够使货币需求和货币供给相等的收入和利率的组合,向右下方倾斜的 IS 曲线代表所有能够使储蓄和投资相等的收入和利率的组合,LM 曲线与 IS 曲线的交点就决定了同时满足 $L=M$ 和 $S=I$,使货币市场和产品市场共同达到均衡的国民收入和利率(理论推导和图示详见第七章第五节)。

从各种利率决定的理论看,每一种理论都有其特点。马克思的理论注重对利息来源本质的分析,因而得出利率由平均利润率决定的结论。西方经济学传统的利率理论注重非货币的实际因素对利率的决定作用,认为利率是由储蓄和投资的均衡所决定的,而储蓄取决于人们的"时间偏好"、"节欲"、"等待"等实际因素,投资取决于资本的边际生产力。凯恩斯之后的利率理论开始分析货币供求对利率的决定作用,但在决定利率的各种因素的取舍上存在明显的不同。凯恩斯只强调货币供求对利率的决定作用,并提出了颇具影响力的"流动偏好"利率理论;罗伯逊和俄林等人的可贷资金利率论则同时强调实际因素和货币因素在利率决定中的作用;希克斯和汉森在可贷资金理论基础上进一步提出 IS—LM 模型,将收入水平因素导入利率分析,使利率理论成为一种系统分析储蓄、投资、消费、收入、货币供给、货币需求与利率之间关系的理论。所有这些理论的重要意义,就在于揭示了决定利率水平及其变动的各主要因素和这些因素对利率的作用机制。在运用这些理论对现实经济中的利率问题进行分析时,人们发现,凡是能够使储蓄、投资、消费、收入、货币供求等发生变动的因素,都在影响着利率的变动。这些因素主要有:经济周期、产业结构、资本边际生产效率、市场结构、通货膨胀、预期、货币政策、财政政策、金融机构经营和发展状况、金融创新和管制、国际贸易和国际资本流动等。具体分析这些因素,能够使利率的确定更加切合实际,更具有操作性。同时,人们在运用上述利率理论分析现实问题时,常常又反过来思考利率变动对储蓄、投资、消费、收入、货币供求等的影响，以此来判断利率在经济中的作用，并检验一定的利率政策所产生的实际效果。

### 五、利率结构理论

利率结构理论是有关不同类型的金融工具的收益率或利率水平决定的理论，通常以债券为研究对象。债券的类型多种多样，利率也各不相同，究竟是哪些因素导致了不同债券之间的利率差异，是利率结构理论要解决的主要问题。人们在研究中普遍认为，债务人的违约状况、债券的流动性、债券利息收入的税赋、债券的期限等都是决定和影响债券利率的重要因素。其中，除期限之外的前几种因素所形成不同利率水平及其变化的特征，一般称为利率的风险结构（Risk Structure of Interest Rates）；而由债券的期限不同而导致的不同利率水平及其变化的特征，则称为利率的期限结构（Term Structure of Interest Rates）。

（一）利率的风险结构

在债券的到期期限相同的情况下，利率水平及其变化的主要决定和影响因素是违约风险、流动性和利息所得税政策等。

1. 违约风险与利率的关系

债券的违约风险又称信用风险，是指其发行人不能或不愿如约偿付债券本金或利息而给持有人带来损失的可能性。债券利率要体现持有人对发行人存在违约风险所要求的风险补偿。一种债券的违约风险越大，投资者的投资需求越小，从而使债券价格降低，投资者利息收益上升。因此，违约风险越大的债券，其利率水平越高。在信用制度良好的债券市场，债券的违约风险是由知名的专业化信用评级机构（Credit-Rating Agency）对债券的质量做出信用等级的评定并发布评级结果来告知投资者的。信用等级高的债券就意味着其违约风险小，因而为投资者支付利息少。相反，信用等级低的债券就是高风险债券，也是高收益债券。穆迪投资服务公司信用等级标准从高到低可划分为：Aaa（最大限度安全级别），Aa1、Aa2、Aa3（高质量级别），A1、A2、A3（中上等级别），Baa1、Baa2、Baa3（中下等级别），Ba1（非投资级别），Ba2、Ba3（投机级别），B1、B2、B3（高度投机级别），Caa1（风险很大），Caa2、Caa3（声望很差），Ca（极度投机），C（可能违约）。标准·普尔公司（Standard & Poor's Financial Services LLC）和惠誉国际信用评级有限公司（Fitch Ratings）的信用等级标准为：AAA（最大限度安全级别），AA+、AA、AA-（高质量级别），A+、A、A-（中上等级别），BBB+、BBB、BBB-

（中下等级别），BB+（非投资级别）、BB、BB-（投机级别）、B+、B、B-（高度投机级别）。B-以下级别，标普为CCC+（风险很大）、CCC、CCC-、D（声望很差）。惠誉为：CCC（风险很大）、DDD、DD、D（违约）。

2．债券流动性与其利率的关系

不同的债券具有不同的流动性特征，衡量流动性强弱是看其转换为现金所需的时间和所花的成本（证券交易时所付的佣金和买卖形成的差价），能够迅速而且以低廉的成本变现的债券就是流动性强的债券。一般来说，国债的信誉高，交易范围广泛，容易为投资者接受，变现十分方便且费用很低，是流动性最强的债券。相比之下，公司债券的可接受性要远远小于国债，出售变现的代价也较高，流动性自然比国债差许多。由于人们总是偏好流动性强的资产，因此，流动性强的国债市场需求大，价格水平高，利率水平低。而流动性较弱的公司债券则市场需求少，持有者为了能够迅速变现，就得接受一个相对较低的价格，也就是要为购买者支付较高的利息。结论是：流动性强的债券价格高、利率低，而流动性差的债券价格低、利率高，债券之间的这种利差被称为风险和流动性溢价，因为它既反映了债券的违约风险差异，也反映了债券的流动性差异。

3．所得税因素对利率的影响

加入了债券收益的所得税因素以后，投资于债券的实际收益水平还要取决于该债券的利息收入的纳税情况。在到期期限、违约风险和流动性相同的情况下，税负较重的债券，要想使投资者得到与税负较轻甚至免税的债券相同的报酬，就得为投资者支付较多的利息，因此，税率越高的债券，利率也越高。税率低的债券或零税率债券，利率水平也低。假如某投资者的收入水平适用25%所得税税率档，若有风险因素相同的A、B两种债券可供投资选择，债券A的票面值100美元，售价100美元，票面利率6%，利息收入免交所得税，投资报酬率为6%；债券B的票面值100美元，售价100美元，票面利率8%，利息收入须上交所得税，纳税后的实际报酬率为（100×8%-8×25%）/100=6%。尽管这两种债券的票面利率不同，但考虑了税负情况后，对投资者来说实际报酬率是完全相同的。债券B由于利息收入须缴税的原因，就得比证券A多支付2%的利息，才能与其有相同的市场竞争力。

（二）利率的期限结构

利率的期限结构是指，在违约风险、流动性和利息所得税政策等条件相同的情况下，由于债券的到期期限不同而形成的不同利率水平。人们通常用收益率曲线来描述利率的这种期限结构特征。把那些其他条件都相同，而仅仅在期限上有所区别的证券的利率放在同一个坐标系中，连成一条曲线，称为收益率曲线。收益率曲线的可能形状有三种：水平的收益率曲线表示各种期限的证券的利率相等；向上的收益率曲线代表期限越长的证券利率越高；向下的收益率曲线则表明证券的期限越长，利率越低。如图4-4所示。

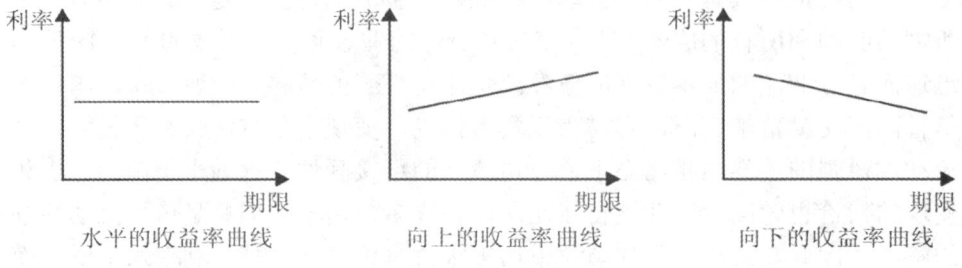

图 4-4　债券收益率曲线

利率期限结构理论要解决的主要问题就是合理解释债券到期期限与其收益率变化的关系，或者说就是正确解释收益率曲线变化的原因。具体来说，要回答为什么收益率曲线在不同时间具有不同的形状？为什么不同到期期限的债券的利率会同时波动？为什么会出现收益率曲线向下倾斜（翻转的收益率曲线，Inverted Yield Curve）的情况？围绕着这些问题形成的主要理论有预期理论、分割市场理论和流动性溢价理论。

1. 预期理论（Expectations Theory）

这种理论认为，到期期限不同的债券之所以利率不同，是因为人们对各种短期利率的未来预期存在差异。债券投资者只追求盈利，对债券的到期期限没有任何偏好。如果两种债券完全可以替代（假定无转换成本），那一定是它们的预期收益率相同，而并不是期限相同的缘故。由于投资者对债券未来一个时期内的各种短期利率能够准确预测，并依据预期收益率的高低做出投资选择，这就决定了不同到期期限的债券的平均收益率的不同特征。因为一定期限的债券的利率，实际上就是该期限内存在的各种短期利率的平均值，只要这些短期利率是可以准确预期的，那么，这些预期的短期利率的平均水平就是该期限债券的利率水平，用公式表示为：

$$i_{nt} = \frac{i_t + i^e_{t+1} + i^e_{t+2} + \cdots + i^e_{t+(n-1)}}{n}$$

$i_{nt}$ 代表具有 $n$ 个阶段期限的债券利率，$i_t$、$i^e_{t+1}$、$\cdots$、$i^e_{t+(n-1)}$ 分别代表 $t$ 期限内各阶段的短期利率。例如，预期在未来的5年里，1年期利率分别为3%、

4%、5%、6%、7%。那么，根据以上公式，2年期债券的利率就该为：

$$\frac{3\% + 4\%}{2} = 3.5\%$$

同理，5年期债券的利率就该为：

$$\frac{3\% + 4\% + 5\% + 6\% + 7\%}{5} = 5\%$$

之所以将一定期限债券的利率看成是该期限内存在的各种短期利率的平均值，是基于这样的一个重要假定：完全替代的债券具有相同的预期收益率。如果你没有期限偏好或流动性方面的特殊要求，假定现在有1年期和2年期这两种债券可供你做投资选择，你可以购买1年期债券，1年后到期时，再次购买1年期债券；你也可以直接购买2年期债券，并一直持有到期，因为你只要求回报率相同。现在假定1年期债券利率为4%，你预期下一年1年期债券的利率将上升至6%。如果要购买1年期债券的话，两年下来的平均年预期回报率为（4%+6%）/2=5%。这就决定了如果你要购买2年期债券的话，该债券的年预期回报率也必须是5%，你才会得到与购买1年期债券相等的回报。因此，2年期债券的利率就必须是两个1年期债券利率的平均值。以此类推，$n$年期债券的利率就该是$n$个1年期债券利率的平均值。假定人们预期在未来的5年里，短期利率的平均值为5%，那么，5年期债券的利率就应当是5%。如果人们预期5年后的再一个5年内的各种短期利率将上升，从而在未来10年内的短期利率的预期平均值为7%，那么，10年期债券的利率就为7%，高于5年期债券，收益率曲线向上倾斜。如果相反，人们预期5年后的再一个5年内的各种短期利率将下降，从而在未来10年内的短期利率的预期平均值为4%，那么，10年期债券的利率就为4%，低于5年期债券，收益率曲线向下倾斜。也就是说，预期理论所说的利率期限结构，就是人们对不同期限债券在各自期限内的各种短期利率的平均预期值的结构，如果人们预期未来短期利率上升，长期利率就高于短期利率，收益率曲线向上倾斜；反之，如果人们预期未来的短期利率会下降，收益率曲线就向下倾斜；如果人们预期未来短期利率不会发生变化，收益率曲线就是水平的。根据这种理论，如果短期利率是上升的，就意味着未来短期利率的平均值是上升的，或者说长期利率是上升的，这就解释了为什么长短期债券的利率往往是同时波动的。对于事实上存在的多数情况下长期债券的利率都会高于短期债券，预期理论并没有做出有力的说明。

2. 分割市场理论（Segmented Markets Theory）

与预期理论全然不同，分割市场理论把不同到期期限的债券市场视为完全独立和相互分割的市场，即便是预期收益率完全相同，但期限不同的债券也不能相互替代，因为投资者普遍存在对债券到期期限的偏好。到期期限不同的各种债券的利率取决于人们对各个期限债券的偏好程度，偏好大的期限的债券利率因需求大于供应而下降（价格上升），偏好小的期限的债券利率因需求小于供应而上升（价格下降）。这种理论的关键假设是市场的分割性，即不同期限的债券之间不存在替代关系，每种期限的债券的利率仅仅受该种债券市场供求的决定，而不受其他期限债券预期收益率的影响。这样，收益率曲线的三种情形就都可以做出解释了。如果收益率曲线是上扬的，那一定是期限较短的债券的市场求大于供而利率较低，期限较长的债券的市场供大于求而利率较高；如果收益率曲线是下倾的，那一定是期限较短的债券的市场供大于求而利率较高，期限较长的债券的市场求大于供而利率较低；如果收益率曲线是水平的，那就意味着人们对不同期限的债券具有相同的偏好，短期债券和长期债券具有一致的市场供求特征，这种情况事实上是很少见的。最常见的情况是，长期债券的市场需求要小于短期债券，因而，长期债券的价格低利率高，收益率曲线一般都是向上倾斜的。

由于分割市场理论强调不同到期期限的债券市场的独立性，每种期限的债券的利率仅仅由该种债券市场的供求决定，而不受其他期限债券预期收益率的影响，因此，就无法解释为什么不同到期期限债券的利率会同时波动的情形。

3．流动性溢价理论（Liquidity Premium Theory）和期限优先理论（Preferred Habitat Theory）

流动性溢价理论是一种将预期理论和分割市场理论综合起来解释收益率曲线的理论。这种理论认为，投资者投资于某种债券，一是看它的预期收益率的高低，二是看它的流动性的大小，也就是说，债券投资者不仅追求投资报酬，还对债券的期限存在偏好，不同到期期限的债券之间是可以相互替代的。但同样也说明，投资者虽然对不同到期期限的债券存在偏好，但不是完全地偏好债券期限，也要看债券的预期收益。这样，一定期限的债券的利率就等于该期限内可预期的各种短期利率的平均值加上由人们的期限偏好形成的债券供求状况的变动而产生的利率变动部分，这个变动的部分称为流动性溢价或期限溢出。这种理论下，$t$ 期内包含 $n$ 个短期利率的债券利率可用公式表示为：

$$i_{nt} = \frac{i_t + i^e_{t+1} + i^e_{t+2} + \cdots i^e_{t+(n-1)}}{n} + l_{nt}$$

其中，$i_t$、$i^e_{t+1}$、$\cdots i^e_{t+(n-1)}$ 分别代表 $t$ 期限内各阶段的短期利率，$l_{nt}$ 代表一个正的流动性（期限）溢价或风险补偿，只有这部分正的风险补偿率才能吸引投资者考虑放弃短期证券转而选择长期证券。而且，随着债券到期期限的延长，风险补偿率也会逐步提高。

有了流动性溢价理论，收益率曲线变化的不同特征就都可以得到解释了：（1）如果说大多数情况下收益率曲线都是向上倾斜的，那一定是因为：即使未来短期利率的平均值保持不变，加上一个正的流动性溢价后，长期利率也会高于短期利率。（2）如果说有时候尽管预期未来短期利率平均水平将有所下降，还是会出现收益率曲线向上倾斜的情况，那一定是因为：相同期限内的风险补偿要求超过了对未来短期利率平均水平下降的预期值。（3）如果说收益率曲线有时会出现向下倾斜的情况，那一定是因为：预期短期利率会大幅下降，在未来很低的短期利率平均值上加上一个正的流动性溢价后，还是低于期限较短的债券的平均利率水平。（4）如果说会出现长期利率大大高于现行短期利率，收益率曲线陡峭上倾的情况，那一定是因为：现行的短期利率水平很低，投资者预期未来短期利率水平上升，在高于现行短期利率平均值的基础上再加上一个正的流动性溢价，这种叠加影响必然使期限长的债券的利率高于期限短的债券的利率。（5）如果说不同期限债券的利率总是共同变动的，那一定是因为：不同期限的债券市场并不是分割的，各种利率之间是产生影响的，短期利率的上升意味着未来短期利率的平均值会更高，也就意味着长期利率是上升的。反之，如果短期利率是下降的，就说明长期利率也是下降的。

在预期收益率和流动性溢价这两个决定债券利率的期限结构特征的因素中，如果非常强调流动性溢价因素，或者说强调人们在选择投资时的期限偏好，就形成所谓期限优先理论（Preferred Habitat Theory）。这种理论假设投资者对债券某种到期期限具有特别偏好，通常是对短期债券的偏好超过长期债券，因此，只有当长期债券的预期回报率很高时，投资者放弃对短期期限债券的偏好，去买期限较长的债券。这不仅说明了越是期限长的债券风险补偿要求就越高，流动性溢价随着到期期限的延长而上升，更强调收益率曲线通常是很陡峭地向上倾斜。

## 第二节 汇 率

### 一、外汇

外汇（Foreign Exchange），是国际汇兑的简称。其概念有动态和静态之分。动态意义上的外汇，是指人们将一种货币兑换为另一种货币，用于清偿国际间债权债务关系的行为。静态意义上的外汇有广义和狭义之分，广义外汇泛指一切以外国货币表示的资产。各国有关外汇管理的法令中所使用的外汇概念，多为这种静态广义的概念。中国在1996年1月颁行（1997年1月修正）的《中华人民共和国外汇管理条例》中规定，外汇由以下几类构成：①外国货币，包括纸币、铸币；②外币有价证券，包括政府公债、公司债券、股票等；③外币支付凭证，包括票据、银行存款凭证、邮政储蓄凭证等；④特别提款权、欧洲货币单位；⑤其他外汇资产。狭义外汇专指以外币表示的、可用以进行国际结算的支付手段。

国际货币基金组织给出的外汇定义是："外汇是货币行政当局（中央银行、货币机构、外汇平准基金组织及财政部）以银行存款、财政部库券、长短期政府债券等形式所持有的在国际收支逆差时可以使用的债权。其中包括因中央银行间及政府间协议而发行的在市场上不流通的债券，而不问它是以债务国货币还是以债权国货币表示。"

从外汇的概念及其包括的内容看，外汇有三个基本特征：①它是一种金融资产或金融商品，具有金融资产的收益性、风险性和流动性等全部特征或金融商品的价值和效用，是金融市场交易的对象，与一般金融资产不同的是，它多是以外币表示的。②它是一种支付手段，是用于清偿国际间债权债务的支付手段，是以外币表示的支付手段。③它是一种可以与其他支付手段相兑换的货币，即具有可兑换性。

外汇可根据不同的标准划分为以下几类：

1. 自由外汇与记账外汇。自由外汇是指不需要货币当局批准，可以自由兑换成其他国家货币，或可以向第三国办理支付的外汇。如：美元、英磅、日元、德国马克等。记账外汇，又称双边外汇或协定外汇，是指未经货币发行国管理当局批准，不能自由兑换成其他国家货币或对第三国办理支付的外汇。这样，外汇只能根据贸易国双方的清算协定，在协议国双方使用，不能转给第三国。通常是由协议国双方共同确定一个计价货币（可以是协议国双方的货币，也可以是第三国货币）。在双方银行各开设专门账户记载往来款项和定期抵冲债权债务。

2. 贸易外汇和非贸易外汇。这是根据外汇的来源和用途不同划分的。贸易外汇是指来源于进出口贸易或用于进出口贸易以及与进出口贸易相关联的从属费用的外汇。非贸易外汇又称为金融外汇，是指在非贸易活动中所收入和支用的外汇。

## 二、汇率及其种类

汇率（Exchange Rate），就是一种货币与另一种货币之间的折算比率。由于国际汇兑实际上是两种货币作为金融商品的一种交易或买卖，因此，汇率又称为汇价、外汇牌价或外汇行市。由于不同国家或地区使用的货币不同，当进行国际经济交往如商品或劳务要与别国进行交换时，就存在一个将所要交换的商品或劳务以本国货币表示的价格折算成以外币表示的价格问题。因此，汇率是国际汇兑乃至国际经济交流正常进行的必要条件。

汇率的折算涉及如何标价的问题，因为两种货币在进行折算时，就相对价格而言，既可表示为一定数量的本国货币值多少外国货币，也可表示为一定数量的外国货币值多少本国货币，两种表示下反映出的货币相对价格是一样的。习惯上，将以一定单位（1、100、10000）的外国货币作为标准，折算成若干单位的本国货币的标价方法称为直接标价法。中国的外汇市场上采用的就是直接标价法，若以 1 美元为标准，人民币对美元的外汇牌价表示为：人民币若干元/1 美元，若以 100 美元为标准，则表示为：人民币×××元/100 美元。也就是说，在直接标价法下，是以外国货币单位的固定数量作为金融商品，以本国货币购买它时所支付的货币数量变化反映出外国货币的价格。因此，这种标价法又称为应付标价法。显然，在直接标价法下，汇率越高，说明外国货币的对外价值（货币的对外价值是相对于对内价值而言的。对内价值是指货币在国内市场上对商品的购买力，通过物价水平反映出来。物价水平越高，则货币的对内价值越低）越高，本国货币的对外价值越低。与直接标价法对应的是间接标价法，它是以一定单位的本国货币为标准，折算成若干单位的外国货币的标价方法。在间接标价法下，是以本国货币单位的固定数量作为金融商品卖出时应收的外国货币数量的变化，反映出本国货币的价格。因此，又称为应收标价法。在这种标价法下，汇率越高，说明单位本币所换得的外国货币越多，本币的对外价值越高或外币的对外价值越低。

汇率可根据不同的标准划分为以下几类：

1. 基本汇率和套算汇率。基本汇率是本币与所选定的对本或地区对外经济交往影响最大的关键货币之间的汇率。作为确定基本汇率的外币对象，一般是在本国或地区国际收支中使用最多、在外汇储备中比重最大，并且是能够被各国或地区普遍接受的自由外汇。世界大多数国家或地区都以美元为对象，确定各自货币的基本汇率，也就是说，各国或地区货币对美元的汇率，通常就是各国或地区的基本汇率。套算汇率就是根据确定的基本汇率套算出本国或地区货币与其他国家或地区货币的汇率。如：2006 年 8 月 8 日中国香港特别行政区港币的基本汇率为 1 美元兑 7.77765 港币（中间价），日元的基本汇率为 1 美元兑 115.2450 日元（中间价），那么，港币与日元之间的套算汇率即为：1 日元兑 0.06749 元港币（=7.77765÷115.2450）。[①]

2. 买入汇率和卖出汇率。这是从银行买卖外汇的角度划分的。买入汇率是指银行向客户买入外汇时执行的汇率。卖出汇率是指银行向客户卖出外汇时所执行的汇率。买入汇率与卖出汇率之间的差额，作为银行买卖外汇业务的收益。在直接标价法下，进行买卖双重报价时，外币折算本币数额较小的汇率是买入汇率，数额较大的是卖出汇率。在间接标价法下则正好相反，数额较大的是买入汇率，较小的是卖出汇率。买入汇率与卖出汇率的平均数称为中间汇率或中间价。计算方法为：中间汇率=（买入汇率+卖出汇率）÷2。在报出的汇率表上，常常还能看到钞买价和钞卖价，这是指现钞的买卖价格或现钞汇率。由于一般国家都不允许外国货币在本国市场流通，只有将外国货币兑换成本币后，才能在本国市场实现购买和支付，这样就产生了银行收买外钞和卖出外钞的业务，就有了现钞汇率。银行在收购外钞时的汇率要略低于同种货币的外汇买入汇率，原因是外钞的使用必须运送到其发行国，需要花费一定的运费和保险费等。

3. 即期汇率和远期汇率。这是根据外汇交易中约定的交割期限不同来划分的。即期汇率又称为现汇汇率（Spot Exchange Rate），是指外汇买卖双方成交后，在两个营业日之内办理交割时所用的汇率。即期汇率一般是远期汇率确定的基本依据。远期汇率又称期汇汇率（Forward Exchange Rate），是指买卖双方事先约定的，据以在未来一定日期进行交割的汇率。买卖双方之所以要为将来的交割预先约定汇率，是基于对市场汇率变动等因素的考虑，是为了锁定价格避免风险。远期汇率与即期汇率的差额称为远期差价，当远期

---

① 资料来源：http://finance.ce.cn 中国经济网"实时汇价"栏目，2006 年 8 月 8 日。

汇率高于即期汇率时，称为升水（at Premium）；远期汇率低于即期汇率时，称为贴水（at Discount）；二者相等时，称为平价（at Par）。

4. 电汇汇率、信汇汇率和票汇汇率。这是根据银行外汇汇付方式的不同来划分的。电汇汇率是指银行在外汇买卖中利用电讯方式进行外汇资金划转所使用的汇率。由于目前绝大多数的国际支付都是以电讯方式完成的，因此，电汇汇率实际上是外汇市场的基准汇率，外汇市场所公布的汇率也多为电汇汇率。信汇汇率是指以信函方式完成外汇买卖中的外汇资金划转所使用的汇率。信汇方式下的外汇资金划转速度慢，从买入外汇到实际支用外汇要间隔较长时间，因此，信汇汇率要低于电汇汇率。票汇汇率是指银行以汇票为支付工具进行外汇买卖时所使用的汇率。票汇的基本做法是，银行在卖出外汇时，开立一张由其在国外的联行或代理行付款的汇票交给汇款人，由其自带或寄往国外提款。票汇方式下，银行从卖出外汇到实际付出外汇有一个间隔期，银行可以在间隔期内运用外汇头寸，因此，票汇汇率一般要低于电汇汇率。票汇又分为即期票汇和远期票汇，远期票汇的汇率要低于即期票汇，原因是银行占用客户外汇头寸的时间会更长。

5. 开盘汇率和收盘汇率。开盘汇率是指经营外汇交易的银行在当日外汇交易开始时报出的第一个外汇汇率。收盘汇率是指经营外汇交易的银行在一个营业日的外汇交易终了时所使用的汇率。由于现代通信技术和交易设施的迅猛发展，已经使世界各地外汇市场的行情能够即时通达，24小时连续不断地报价，实际上已经大大降低了开盘汇率和收盘汇率存在的意义。

6. 官方汇率和市场汇率。这是根据对外汇管理的要求不同划分的。官方汇率又称官定汇率，是由一国货币管理当局所公布的汇率，具有法定性质。在实行外汇严格管制的国家，官方汇率确定并公布后，一切外汇交易活动都必须按此汇率进行。官方汇率的具体形式有单一汇率和多重汇率（或复汇汇率），多重汇率是指对本国货币规定多种对外汇率，如根据进出口商品类别和非贸易收支的不同性质，规定不同汇率。官方汇率的确定方式和依据是多样性的，有盯住某一种货币而规定的，有在一定的弹性范围内盯住某一种货币的，有与多国合作安排规定的，有根据一整套指标确定和调整的，有根据有管理的浮动要求规定的，有按独立浮动要求规定的。第二次世界大战后，多数国家在制定官方汇率时，都以本国货币与美元的汇率为基准。规定官方汇率的目的在于为促进本国商品出口和对进口及资本流动进行限制，改善本国的国际收支状况创造有利的汇率条件。国际社会普遍反对各国制定官方汇率，目前只有坚持计划经济的国家实行较严格的官方汇率，绝大部分国家都实行市场利率。中国自1994年1月1日起，实行官方汇率与市场汇率并轨，汇率以市场供求为基础，单一地、有管理地浮动。

7. 固定汇率和浮动汇率。这种划分与上述官方汇率与市场汇率的划分具有直接联系，但角度不同，一般是从国际货币制度的角度来说的。固定汇率是指一国的汇率基本固定，同时又将汇率的波动限制在一个规定的范围内。在金本位制下，汇率固定在铸币平价，黄金输送点是汇率波动的界限。在布雷顿森林体系下，国际货币基金组织规定，会员国的货币对美元保持固定比价，法定平价确定后不可更改，其波动幅度不得超过平价的±1%，美元则与黄金保持固定比价。牙买加体系后，在一些货币区域内（如欧盟内部）仍实行固定汇率。浮动汇率是指依市场供求关系变化自由涨落，货币管理当局不做干预的汇率。根据各国政府在实际执行中是否采取干预措施，又有"自由浮动"或"清洁浮动"与"管理浮动"或"肮脏浮动"之说，前者是指汇率完全听任市场供求，后者则指政府进行了某种形式的干预。

### 三、汇率理论

汇率理论主要研究汇率的决定问题，包括决定汇率的基础和影响汇率的主要因素。经济学家们是从各种角度出发研究汇率决定问题的，由此形成了各种不同的汇率理论。在"国际金融"课程中，对这些理论有比较详尽的阐述，这里只介绍几种主要理论的基本思想。

（一）购买力平价理论

这是一种传统的、有广泛影响的汇率决定理论。这种理论认为，每一种货币在本国都有购买商品和支付劳务的能力，将不同货币的购买力进行比较，就能确定两国货币的汇率。由于货币的购买力是通过商品价格水平反映出来的，因此，可以用两国物价水平的比较来决定汇率水平，可以用两国物价水平变化状况的比较来确认汇率的变动。这一理论最主要的代表人物是瑞典经济学家古斯塔夫·卡塞尔（Gustav Cassel）。根据卡塞尔的理论，购买力平价有两种形式，一种是绝对购买力平价，一种是相对购买力平价。绝对购买力平价是把汇率表示为两个国家在某一时点上一般价格水平的比率。若以$R$代表均衡汇率，以$P_A$代表A国的物价指数，以$P_B$代表B国的物价指数，且两种指数的取样范围和加权平均法完全相同，那么，绝对购买力平价的公式为：

$$R=P_A/P_B$$

相对购买力平价是把汇率表示为两个国家在某一时期一般价格水平变动的比率。若以$R_1$代表当期的均衡汇率，$R_0$代表基期的均衡汇率，$P_{A1}$代表A

国当期的物价指数，$P_{A0}$ 代表 A 国基期的物价指数，$P_{B1}$ 代表 B 国当期的物价指数，$P_{B0}$ 代表 B 国基期的物价指数，那么，相对购买力平价的公式为：

$$R_1 = \frac{P_{A1}/P_{A0}}{P_{B1}/P_{B0}} \cdot R_0$$

购买力平价理论的前提是"一价定律"。所谓一价定律，是说在不存在运输成本和其他贸易障碍的一种完全竞争（纯粹的自由贸易和无成本交易）的市场结构下，在不同市场上出售的同一商品的价格，通过汇率换算为以同种货币表示时，应完全相等。购买力平价说是在第一次世界大战后各国相继放弃金本位制，实行纸币流通，从而使铸币平价决定汇率的货币制度基础消失的情况下提出的。它把货币代表的购买力与汇率联系起来，把货币的对内价值与对外价值联系起来，从而在新的货币制度基础上找到了决定汇率的依据。但是，由于购买力平价所依据的一价定律是以国际贸易商品能够完全套购为假设条件的，因而与现实存在较大的差距。

（二）利率平价理论

这是一种将汇率与利率联系起来，以两国金融市场利率的差异来说明远期汇率决定的理论。代表人物是凯恩斯和保罗·艾因齐格（Paul Einzig）。这种理论的基本观点是：在资本自由流动且不考虑交易成本的情况下，正常的外汇抛补及套利活动将导致利率较低国家货币的远期差价必为升水，利率较高国家货币的远期差价必为贴水，远期汇率与即期汇率的差价等于两国利率之差。这种观点依据的外汇市场事实是，当两个国家的短期利率存在差异时，套利者就会把资金由利率低的国家转移到利率高的国家，以谋取利差收益。但为了防止套利活动因汇率波动而受到损失，套利者会在购买即期外汇的同时卖出相关数量的远期外汇。这样做的结果，会使即期外汇需求不断增加和远期外汇供给不断增加，从而使即期汇率逐步上升和远期汇率逐步下跌。若即期汇率的水平超过了远期汇率，套利者在汇率上便出现亏损，这种亏损随着即期汇率的继续上升和远期汇率的继续下跌而达到一定程度时，套利者由利差得到的收益就会由汇率上出现的损失所抵消，使其无利可图。此时的远期汇率即能够使套利者停止套利行为的远期汇率，就是均衡的远期汇率。若以 $i_A$ 代表 A 国的利率，$i_B$ 代表 B 国的利率，$F$ 代表远期汇率，$E$ 代表即期汇率，那么，利息平价理论的含义用公式表示为：

$$i_A - i_B = \frac{F - E}{E}$$

即：在 A 国和 B 国进行相同期限、相同金额投资的利差等于远期升水或贴水。

公式推导过程为：一单位本币在国内投资一期的本利和为$1+i_A$，换算为同一单位外币在国外投资一期的本利和为$\frac{1}{E}(1+i_B)$，将外国投资的本利和按远期汇率转换为本币为$\frac{F}{E}(1+i_B)$，若要使国内和国外两个市场的投资收益相同，则两种投资方式的均衡条件为$1+i_A=\frac{F}{E}(1+i_B)$。若将远期汇率与即期汇率之间的升水率或贴水率表示为$\frac{F-E}{E}$，那么，将上式代入该式得$\frac{F-E}{E}=\frac{1+i_A}{1+i_B}-1=\frac{i_A-i_B}{1+i_B}$，进一步得$i_A-i_B=\frac{F-E}{E}+\frac{F-E}{E}\cdot i_B$，由于$\frac{F-E}{E}\cdot i_B$是一个很小的值，可以忽略不计，因此简略为$i_A-i_B=\frac{F-E}{E}$。

（三）国际收支决定论

这是一种以凯恩斯的收入支出理论为基础，以国际收支差额变化和由其引起的外汇供求变化解释汇率变动的理论。这种理论把汇率看成是两国产品的相对价格，认为国际收支中的经常项目是决定外汇供求和汇率变动的主要因素。一国对进口产品的支出数量决定对外汇的需求，外国对本国出口产品的支出决定外汇的供给。这种以经常项目尤其是进出口贸易为主要内容的国际收支引起的外汇资金流量的供给和需求决定汇率水平及其变动，而汇率的变动又反过来影响国际收支的变化。在凯恩斯主义模型中，国际收支与汇率的相互影响是通过两条渠道实现的：一是收入效应，即国际收支差额变动由收入变化所引起，国际收支差额变动，汇率随之变动。当一国收入增加时，消费总水平上升，进口消费也随之增加，人们对外汇的需求上升，从而导致该国货币对外币贬值。相反，当一国收入减少时，消费总水平下降，进口需求也相应减少，从而使贸易收支改善，外汇供给相对充裕，本国货币对外币升值。二是相对价格效应，这是指汇率变动影响价格和成本，特别是影响进出口商品的相对价格，进出口商品相对价格的变化直接影响到进出口贸易差额的变化，从而改变国际收支状况。当本国货币对外币贬值时，使进口商品的本币价格上升，而出口商品的价格下降，从而使进口减少，出口增加，贸易收支得到改善。相反，当本国货币对外币升值时，会降低进口商品的价格和提高出口商品的价格，从而使进口增加，出口减少，贸易收支恶化。至于汇率变动对国际收支影响程度的大小，还要取决于一系列能够影响和改变汇率作用正常传递的因素，如：一国的经济开放程度、进出口商品供求对汇率和价格的弹性等。即使是在正常情况下，从汇率变动到国际收支状况发生改变，也有一个时滞问题，因为在现实中，经常项目的实际改善需要商品和劳务的真实流动，这种流动受各种客观因素影响，相对于汇率变动必然存在一个滞后期。

（四）货币供求决定论

这是一种把汇率看成货币现象，强调货币市场供求决定汇率的汇率理论。这种理论认为，汇率不是两国产品的相对价格，而是两国货币的相对价格。汇率由相关国家货币存量的供求和人们的预期所决定。当一国货币市场供求失衡后，国内商品市场和资本市场会受到冲击，在开放条件下，由于国内外市场是相互联通的，因此会出现国际商品套购和资本套利，在套购和套利过程中，汇率随之发生变化，达到使货币市场重新回到均衡状态的要求。至于在货币市场恢复均衡的过程中，究竟是商品套购起主要作用，还是资本套利起主要作用，有两种解释：一种是货币主义汇率模式的解释，认为在货币市场供求失去均衡时，商品市场与资本市场能够同时作出反应，同时发挥市场调整作用。另一种是汇率超调模式（Overshooting Model）的解释，认为货币市场失衡后，商品市场价格具有粘性，而资本市场反应极其灵敏，利率将迅速发生调整，使货币市场恢复均衡。由于商品市场价格在短期内粘住不动，货币市场均衡的恢复完全通过资本市场，利率在短期内的调整幅度就超出其新的长期均衡水平，即出现超调。在资本国际流动自由的条件下，这种利率的超调必然引起大量的套利活动，结果使汇率发生变动，且变动的幅度超过新的长期均衡水平，同样表现出超调特征。货币供求决定论的假设前提是资本在国际间能自由流动，以不同货币为面值的金融资产能够完全相互替代，外汇市场是有效率的，存在供求决定汇率的市场汇率机制。货币供求决定论在强调货币因素的决定作用时，并不完全排斥实际因素对汇率的影响作用，如人们对各种金融资产收益率及远期汇率水平的预期就是影响汇率变动的重要因素。但这种理论认为，实际因素的变动是通过改变货币需求而影响汇率的。

（五）资产组合决定论

这是一种将汇率看成资产的价格，强调资产存量市场变动决定汇率的汇率理论。这种理论认为，汇率是人们愿意持有的本国和外国资产存量的相对价格，人们对以本币为面值和以外币为面值的金融资产的选择，对汇率水平及其变动起决定作用。人们可以将一定的财富投资于各种不同的资产，其中包括本国和外国的货币和债券，当人们通过选择国内和国外的不同资产来调整其财富配置时,就会引起对本国货币和外汇的需求与供给发生变化,由此导致汇率的变动。资产组合决定论以发达的和一体化的资产市场为假定条件,在这种市场条件下,各种资产之间具有高度的可替代性,但是,由于每种资产都具有流动性、风险性和盈利性等方面的特点,因此,各种资产之间并不是完全替代的,而是形成了多种多样的资产组合。资产组合的状况发生改变,市场上对本币和外币的需求和供给就会改变,汇率也随之改变。如:某一时期人们普遍希望持有较多的国内债券,减持外国债券,在债券市场上表现为外国债券被大量抛售,国内债券被大量购持,其结果是外汇供给增加,本币需求增加,这必然导致外汇汇率下跌或本币汇率上升。相反,当人们普遍希望持有较多的外国债券和减持国内债券时,外汇需求会上升,本币供给会增加,由此导致外汇汇率上升或本币汇率下跌。从资产组合决定论中可以看出,这种理论非常重视资本市场和国际收支资本项目的作用,认为在短期中,资产供求的调节速度要快于商品供求,汇率由人们的资产组合变化所引起的资产市场供求状况来决定。但这种理论并不忽视经常项目变动、人们的预期等影响长期汇率变化的因素。

## 第三节 有价证券价格

### 一、有价证券及其价格决定规律

有价证券通常又称为资本证券,它是具有一定票面金额并能给其持有者带来一定收益的财产所有权凭证或债权凭证,包括国家债券、地方债券、公司债券、普通股票、优先购买权证书、证券投资受益证券等。简单地说,有价证券主要是指债券和股票。有价证券之所以能够作为金融商品,是因为持有证券后就可以享有证券所代表的某种权利或未来收入,想要拥有这种权利或收入的人,都必须出资购买和持有证券;想要转让这种权利或收入的人,可以在市场上卖出证券。作为特殊的金融商品,有价证券与一般金融商品所具有的偿还性、流动性、收益性等特点相比,尤其在收益性、风险性和虚拟性方面具有明显特性。投资者在对各种金融商品的投资选择中,之所以要选择购买有价证券,是因为它能够带来比其他金融商品更多的收益,但是,一旦投资于有价证券,就要承担比其他金融商品更大的风险。原因是,有价证券投资是一种长期性甚至永久性的投资。作为对承担风险代价的补偿,有价证券的收益中又包含了风险收益。因此，有价证券是一种高收益、高风险的金融商品。有价证券的虚拟性表现在：由证券集中的资金的实际营运价值和证券本身的市场价值是分离的。证券集中的资金在实际营运中表现为生产、流通过程中的固定资本和流动资本，是真实资本，其数量除了与有价证券数量的变化有关外，还取决于资金的实际营运状况和营运结果。而证券本身并没有价值，不能在经济中直接充当购买手段和支付手段，不是真实资本，按照马克思的说法，它是真实资本的"纸制的副本"，其价值是虚幻的，是虚拟的资本，其市场价值量的变化是独立于其真实资本变化的。它有时候能够反映真实资本数量的变化，如：某公司发行新股票和公司债券筹集来一笔资金；某公司的股票行市因该公司已经停业而大幅下降；某公司股票因公司已经倒闭而被废弃等。但是，在很多情况下，虚拟资本量的变化并不反映真实资本的变化。如：原来的独资企业改组为股份公司并获准发行股票，证券市场股票数量增加了，但企业的生产经营资本还是那么多；在公司业绩没有大的变化，生产经营资本保持原有水平的情况下，由于证券市场的投机性炒作、信息误导、投资者预期乐观等种种原因，可能导致公司股票价格超常规上涨，虚拟资本量大大超过真实资本量。

由于有价证券能够脱离真实资本而独立运动，其价格的决定也就有了特殊的规律。有价证券在交易中的价格与证券所标明的名义价值或证券面值常常并不一致，甚至相差悬殊。除了以上所说可能由于市场的投机性炒作、信息、预期等原因导致供求状况发生超常变化，使价格剧烈变动外，在正常情况下，证券价格背离其名义价值而自行决定的内在机理是：在广泛存在信用活动的市场经济中，利息表现为资本收入的一般形态（参阅本章第一节）。凡是拥有货币资本并愿意把它投放出去谋取收益的人，其最起码的要求就是能够按市场平均的借贷利息率水平获得收益，至于投放于哪些部门和哪些资产，是存入银行还是买了有价证券，对他来说都是一样的。就购买证券而言，投资者关心的并不是证券的名义价值或票面额，而是考虑以怎样的价格购买，才能够获得相当于将该笔资金贷放出去或存入银行所得到的利息收入。也就是说，将一定的货币资金用于购买证券（即为证券支付的价格），与将这笔资金用于借贷或存入银行，在证券的收益水平与市场借贷利息率相同的情况下，二者是完全等价的。如：某张证券票面金额100元，证券的年收益率为5%，若借贷市场的年利率水平也正好是 5%，那么，这张证券的买卖价格就正好是它的票面金额，因为用 100 元购买这张证券和将 100 元存入银行，最终的收益都是 5 元。假设还是一张面额为 100 元的证券，年收益率不是 5%，而是10%，那么，在借贷市场年利率水平为5%的情况下，证券的买卖价格就不能是100元，而应该是200元，因为用200元购买这张证券能够得到的收益和将200元存入银行是相同的，前者是面额100×10%=10元，后者是本金200元×5%=10元。再假设，又是一张面额为100元的证券，年收益率为5%，借贷市场的年利率水平为10%，那么，这张证券的买卖价格就应该是50元，因为用50元购买面额为100元的证券，其年收益为100元×5%=5元，而将50元存入银行的年收益也为5元（=50元×10%）。由此可见，决定证券价格水平及其变化的并不是证券的名义价值或面额，而是证券的收益水平和借贷市场利率水平的比较。同样面额的证券，当其收益水平高于借贷利率时，就能够以高于面额的价格出售；而当其收益水平低于借贷利率时，就只能以低于面额的价格出售。在借贷利率一定的情况下，证券的收益水平越高，其价格越高；在证券收益水平一定的情况下，借贷利率水平越高，证券的价格越低。这就是证券价格决定的一般规律。它表明，证券价格实际上就是证券收入的资本化，它和证券所带来的收入成正比，和借贷市场利率成反比。当然，在实际的证券市场上，证券买卖的价格除了受这种一般规律支配外，还要受市场供求关系变动等多种因素的影响。

## 二、债券价格和股票价格

上述有价证券价格决定的一般规律，是经济学家们在研究虚拟资本价值形成问题时得出的。R.希尔法登在其1910年出版的《金融资本论》一书中，以股票为对象分析了虚拟资本价值。他继承了马克思的虚拟资本理论，并进一步提出虚拟资本价值的基本公式：每年分红金额即股息收入/利率。由于股息收入主要与企业的经营业绩有关，利率水平则与国民经济状况、资本积累状况、市场繁荣程度等有关，因此，这一简明公式反映的虚拟资本的价值决定法则具有广泛的代表性。实际上，后来所有对证券价值分析的各种因素分析方法及其模型，都没有离开以证券收益和利率分析为基础的理论框架。

在现实的证券投资分析中，对债券价格和股票价格的分析已经形成多种理论模型，这些模型通常在投资学、公司理财学、金融市场学等专门著述中作详细介绍，这里就根据收入资本化原理对债券和股票价格确定的基本方法加以介绍。

收入资本化原理的核心是：任何资产的内在价值（其表现形式即为资产价格）取决于持有资产可能带来的未来的现金流收入。由于未来的现金流收入是投资者预测的，是一种将来的价值，因此，需要利用贴现率将未来的现金流或将来的价值调整为现在的价值或称现值。由于借贷市场利率是收入的一般形式，因此，贴现率可用市场利率为代表。若以 $V$ 代表资产的内在价值，$C_t$ 代表第 t 期的现金流收入，以 $r$ 代表市场利率或贴现率，那么，资产的价值可用公式表示为：

$$V = \frac{C_1}{1+r} + \frac{C_2}{(1+r)^2} + \frac{C_3}{(1+r)^3} + \cdots = \sum_{t=1}^{\infty} \frac{C_t}{(1+r)^t}$$

该公式即为对各种资产进行价值分析的一般公式。

就债券和股票这两种金融资产而言，由于存在期限以及收益和本金偿付方式的差别，在运用上述一般公式确定价格时，要根据证券偿还期限、收益和本金的偿付办法不同而有所不同。

1. 贴现债券，又称贴息债券或零息票债券。这是一种以低于债券面额的贴现方式发行，不支付利息，到期按面额偿还的债券。债券发行价格与面额之间的差额就是投资的债券利息收入，面额为投资者未来的现金流收入。若以 $P$ 代表债券价格，以 $A$ 代表面额，以 $r$ 代表市场利率，$t$ 代表债券偿还期限，则债券价格的公式为：

$$P = \frac{A}{(1+r)^t}$$

2. 一次性偿还的付息债券。这种债券按面额计算利息，债券期限到达后偿还全部本金和利息。若以 $S$ 代表到期支付的本金和利息之和，价格、市场利率、期限仍以 $P$、$r$、$t$ 代表，债券价格的公式为：

$$P = \frac{S}{(1+r)^t}$$

3. 分期付息的定息债券。这种债券按面额计算利息，定期按约定支付利息或按所附息票支付利息，到期按面额收回本金，投资者未来的现金流包括分期得到的利息和期满后收回的本金。若以 $C$ 代表每期的固定利息，以 $A$ 代表本金或面额，其余变量 $P$、$r$、$t$ 与前面公式相同，债券价格的公式为：

$$P = \frac{C}{1+r} + \frac{C}{(1+r)^2} + \frac{C}{(1+r)^3} + \cdots + \frac{C}{(1+r)^t} + \frac{A}{(1+r)^t}$$

4. 无到期日的定息债券，又称永续债券。这种债券只定期按固定利率支付利息，本金永不偿还。投资者购买这种债券，可永久性获得固定收入。若以 $C$ 代表每一期的固定利息收入，其余变量与前面相同，债券价格的公式为：

$$P=\sum_{t=1}^{\infty}\frac{C}{(1+r)^t}=\frac{C}{r} \quad ①$$

5. 股票。股票是一种只支付股息，不返还本金的有价证券。假定股票能够定期为股东支付固定股息，如有固定收益的优先股，那么，就可以将其视为无到期日的定息债券或永续债券。但是，对于普通股票来说，由于红利的支付取决于股份公司的经营状况，是不确定的，因此，投资者未来的现金流收入是不固定的。如果再考虑红利的支付日期也有可能不守常规、以配增股份等非现金方式分红等因素，那么，普通股票价格的计算就要比永续债券复杂得多。如果舍去各种影响股票未来收益的具体复杂因素，简单假定未来现金流收入包括红利所得（$D$）和股票出售所得（$P$），那么，同样可用预期现金流折现的方法为股票估值或定价。

设 $P_0$ 为股票的现价，$D_1$ 为第 1 期末收到的红利，$k$ 为投资者要求的回报率，$P_1$ 为第 1 期末售出股票的预期价款。那么，股票的定价公式为：

$$P_0=\frac{D_1}{(1+k)}+\frac{P_1}{(1+k)}=\frac{D_1+P_1}{(1+k)}$$

如果投资者不是持有 1 期就将股票出售，而是持有多期后才将股票出售，假定之前每一期的现金流只有红利，那么，投资者持有 $n$ 期后出售股票的全部现金流的估值公式为：

$$P_0=\frac{D_1}{(1+k)^1}+\frac{D_2}{(1+k)^2}+\cdots+\frac{D_n}{(1+k)^n}+\frac{P_n}{(1+k)^n}$$

公式表明，股票定价的关键是准确估计每一期的红利水平和股票在将来出售的价格，持有期限越长，红利现金流积累就越多，而股票出售所得收入的现值则越来越少。无限期持有的股票的定价完全可以不考虑股票出售价格的折现部分，只包括各期红利的现值，定价公式为：

$$P_0=\sum_{n=1}^{\infty}\frac{D_n}{(1+k)^n}$$

假如股票的各期红利能够按照不变的增长率来确定，就可以按照如下戈登增长模型（Gordon Growth Model）定价：

---

① 该式的推导过程为：由于 $0<r<1$，因此，有 $\sum_{t=1}^{\infty}\frac{C}{(1+r)^t}=\frac{\frac{C}{1+r}-\frac{C}{(1+r)^t}\cdot\frac{1}{1+r}}{1-\frac{1}{1+r}}=\frac{\frac{C}{1+r}-0}{\frac{r}{1+r}}=\frac{C}{r}$。

$$P_0 = \frac{D_0(1+g)^1}{(1+k)^1} + \frac{D_0(1+g)^2}{(1+k)^2} + \cdots + \frac{D_0(1+g)^n}{(1+k)^n}$$

公式中 $D_0$ 代表股票最初一期支付的红利，$g$ 代表未来各期固定不变的红利增长率。

将公式两边都乘以 $(1+k)/(1+g)$，然后减去原公式得到：

$$\frac{P_0(1+k)}{(1+g)} - P_0 = D_0 - \frac{D_0(1+g)^n}{(1+k)^n}$$

假定 $g<k$，则公式中 $\frac{D_0(1+g)^n}{(1+k)^n}$ 一项趋于零，可忽略不计。进一步整理得：

$$P_0 \times \left[\frac{1+k}{1+g} - 1\right] = D_0$$

$$P_0 \times \frac{1+k-(1+g)}{1+g} = D_0$$

$$P_0 = \frac{D_0(1+g)}{(k-g)} = \frac{D_1}{(k-g)}$$

戈登增长模型假定股票各期的红利增长率不变，是因为未来各期现金流量折现后的价值实际上差别很小。公式推导过程中假定 $g<k$，即红利增长率低于投资者要求的回报率，是因为，假如不是这样，就意味着在长期内投资者具有无限的认购股票的需求，公司规模将无限扩张。

## 本章重要概念

利息 Interest
货币资本化 Capitalized Money
单利 Simple Interest Rate
官定利率 Official Interest Rate
固定利率 Fixing Interest Rate
基准利率 Prime Interest Rate
短期利率 Short-Term Interest Rate
长期利率 Long Interest Rate or Long Rate
名义利率 Nominal Interest Rate

利率 Interest Rate
收益资本化 Capitalized Income
复利 Compound Interest Rate
市场利率 Marketable Interest Rate
浮动利率 Floating Interest Rate
优惠利率 Concessional Rate

实际利率 Real Interest Rate

拆借利率 Inter-Bank Interest Rate　　流动性陷阱 Liquidity Trap
违约风险 Default Risk　　税后利息 Interest after Tax
收益率曲线 Yield Curve
利率的风险结构 Risk Structure of Interest Rates
利率的期限结构 Term Structure of Interest Rates
利率期限结构的预期理论 Expectations Theory of the Term Structure of Interest Rates
分割市场理论 Segmented Markets Theory
流动性溢价理论 Liquidity Premium Theory
外汇 Foreign Exchange　　自由外汇 Free Foreign Exchange
汇率 Exchange Rate　　基本汇率 Basic Exchange Rate
套算汇率 Cross Exchange Rate　　即期汇率 Spot Exchange Rate
远期汇率 Forward Exchange Rate　　官方汇率 Official Exchange Rate
市场汇率 Market Exchange Rate　　固定汇率 Fixed Exchange Rate
浮动汇率 Floating Exchange Rate　　购买力平价 Purchasing Power Parity
利率平价 Interest Parity　　有价证券 Valuable Securities
现值 Present Value or Present Worth
戈登增长模型 Gordon Growth Model

## 复习思考题

1. 利息的本质是什么？如何理解收益资本化？
2. 简述利率的主要种类。注意各相关利率概念之间的联系。
3. 什么是市场利率？什么是利率市场化？
4. 什么是实际利率？理解实际利率有何意义？
5. 什么是浮动利率？它比较适合怎样的市场条件？
6. "利率倒挂"是怎么回事？怎样看待银行的存贷利差问题？
7. 什么是基准利率？其主要作用是什么？
8. 怎样理解马克思的利率理论？
9. 简述古典学派实际因素决定利率的理论。
10. 简述凯恩斯的利率理论。
11. 简述可贷资金供求决定利率的理论。

## 第四章 金融商品价格

12．简述 IS—LM 利率决定模型。
13．比较各种利率决定理论的特点。
14．什么是利率的风险结构？风险结构理论主要关注哪些影响利率的因素？
15．什么是利率的期限结构？什么是收益率曲线？
16．预期理论是怎样解释利率期限结构特征的？
17．分割市场理论是怎样解释收益率曲线的？
18．简述利率期限结构的流动性溢价理论。
19．什么是外汇？外汇有哪些基本特征？
20．简述汇率的基本分类。
21．简述购买力平价汇率理论。
22．简述利率平价汇率理论。
23．简述国际收支决定汇率的理论。
24．简述货币供求决定汇率的理论。
25．简述资产组合决定汇率的理论。
26．简述有价证券的特征和价格决定的基本规律。
27．如何为不同形式的债券和股票定价？

## 小测试

1．以下属于古典学派利率理论观点的是（　　　　）。
　　A．决定利率的供给因素是储蓄　　B．利率决定于实际因素
　　C．利率决定于储蓄和投资　　　　D．利率决定于货币供求
　　E．决定利率的需求因素是流动性偏好
2．与分割市场理论相符的利率期限结构理论的说法是（　　　　）。
　　A．投资者对证券的期限没有偏好
　　B．不同期限的证券完全不能替代
　　C．各种期限证券的利率由各自的供求关系决定
　　D．完全替代的证券具有相同的预期收益率
　　E．较强的短期偏好导致收益率曲线往往向上倾斜
3．以下符合购买力平价理论的是（　　　　）。
　　A．汇率为两国某个时点物价指数的比率
　　B．汇率为两国某个时期物价指数变动的比率
　　C．均衡汇率时无资本套利

D．均衡汇率时反映"一价定律"

E．以资本自由流动为条件

4．国际收支变化与汇率变动的关系为（　　）。

A．逆差扩大时外币汇率上升　　　　B．顺差扩大时外币汇率上升

C．本币汇率下降时出口增加　　　　D．本币汇率上升时进口增加

E．国民收入增加时外币汇率上升

5．以下关于有价证券价格说法正确的是（　　）。

A．与借贷市场利率有关　　　　　　B．决定于证券的票面价值

C．与证券收益水平成正比　　　　　D．与借贷市场利率水平成反比

E．与借贷市场利率水平成正比

（第四章答案：1．ABC　2.BCE　3．ABD　4.ACDE　5.ACD）

# 第五章　金融市场和金融工程

金融主体的融资活动、金融商品的交易、金融机构的中介服务等，都是在一定的场所、设施、规则和组织形式下进行的。金融商品价格是在由各种金融活动和金融商品交易所引起的买卖关系和供求机制中形成的。在通过前面各章知道了金融主体的活动方式、金融中介机构的业务、金融商品的价格决定等内容后，进一步对组织各种金融活动和金融商品交易的场所、设施、规则、组织形式以及由各种金融活动所形成的供求关系等进行了解，就可以对微观金融运行的全部过程和内容有一个比较全面、系统的认识和掌握。实际上，为各种金融活动和金融商品交易提供的场所、设施、规则、组织形式，以及由各种金融活动和金融商品交易而形成的供求关系和价格机制的总和，就是金融市场。它与商品市场、劳务市场、技术市场等共同构成了一个整体经济中的市场体系。当代经济中的各种市场都在向其广度和深度发展，金融市场更不例外。在金融自由化和金融创新的不断推动下，各种不同类别的经济主体同时进入一个市场，每一种金融商品的市场不再有严格的准入条件；在日益激烈的金融竞争和日益多样化的市场需求推动下，新的金融商品不断被开发和推广，新的市场不断形成。在广度不断扩延的同时，金融市场的内在质量即深度也在不断加强，表现为市场组织不断完善、交易规则日趋健全、交易设施现代化水平迅猛提高等。其中，最能体现当代金融市场向广度和深度发展特征的是金融工程原理的研究和实践，金融工程将金融市场的技术、管理和效率推进到一个崭新的水平。本章主要阐述金融市场的类型、功能和一些主要市场的基本特征，并对金融工程的基本原理及相关理论——证券组合投资理论和资本资产定价模型等作简要介绍。

## 第一节 金融市场及其功能

### 一、金融市场的定义

由于人们在研究金融市场问题时的角度、目的和方法等不尽一致，因此，在不同的场合和情况下对金融市场概念的使用是不同的。比如说，在针对商品市场、劳务市场和技术市场等来谈发展金融市场问题时，金融市场所指的是全部金融性交易活动所形成的市场，它包括经济主体相互之间、经济主体与金融机构之间、金融机构相互之间对所有金融商品进行交易所形成的市场；在针对以银行信贷为主的融资方式来谈发展金融市场问题时，金融市场所指的主要是有价证券市场即债券和股票市场；在针对某一种金融商品来谈发展金融市场问题时，金融市场指的是这种金融商品在同一时间内受同一价格支配的范围或区域，强调的是它的市场化程度。抛开研究问题的特殊角度和场合，在对金融市场下定义时，一般都是以金融商品的交易或买卖这一核心内容为基调的，常见的定义有：①金融市场是金融商品交易的场所；②金融市场是资金的供应方与需求方通过某种方式互相接触而达成交易的场所，即资金交易的场所；③金融市场是资金融通的场所或机制；④金融市场是金融工具转手的竞争性场所；⑤金融市场是金融资产交易和确定价格的场所或机制；⑥金融市场是各种金融交易的总和；⑦金融市场是以金融资产为交易对象而形成的供求关系及其机制的总和。在本章一开始对金融市场的概括性描述中，除了强调金融商品交易或买卖这一金融市场的核心内容外，还强调金融市场是集合了交易场所、设施、规则、组织形式、供求关系和价格机制等各种要素的有机整体。这样强调的目的在于，要求人们在理解金融市场的各种定义时，注意把握金融市场的多层含义：从市场的核心内容即交易对象上看，金融市场不同于一般商品市场，它交易的不是粮食、服装、汽车、房屋等普通商品，而是以本国或外国货币单位表示的现金、存款、票据、债券、股票、保险单、期货合约等各种金融商品，交易的主要目的是融通货币资金；从交易的场所和设施上看，金融市场更多利用的是现代化的电信技术和设施，依赖于无形场所，而普通商品市场则在很大程度上依赖于有形的场地和仓储设施等；从交易所体现的关系来看，金融市场反映了金融商品出卖者和购买者之间形成的供求关系，但这种供求关系的背后不仅仅是单纯的买卖关系，还是一种以信用为基础的资金借贷关系和委托代理关系;从金融商品交易过程中产生的价格决定机制上看,金融商品的价格决定要比普通商品的价格决定复杂得多;从交易规则和市场组织形式看,金融市场也明显特殊于普通商品市场,如证券交易所、做市商制度等,都是金融市场所特有的。

二、金融市场的分类

金融市场可根据不同的标准进行分类,常见的类型主要有以下几种:

1. 按中介特征划分:直接金融市场和间接金融市场。直接金融市场是指由资金供求双方直接进行融资所形成的市场。在直接金融市场上,筹资者发行债务凭证或所有权凭证,投资者出资购买这些凭证,资金就从投资者手中直接转到筹资者手中,而不需要通过信用中介机构。间接金融市场是指以银行等金融机构作为信用中介进行融资所形成的市场。在间接金融市场上,是由资金供给者首先把资金以存款等形式借给银行等金融机构,二者之间形成债权债务关系,再由银行等机构把资金提供给需求者,又与需求者形成债权债务关系,通过信用中介的传递,资金供给者的资金间接地转到需求者手中。

2. 按交易期限划分:资本市场(长期资金市场)和货币市场(短期资金市场)。资本市场是指期限在1年以上的金融商品交易的市场,包括以债券和股票为主的有价证券市场和银行中长期借贷市场。通常所说的资本市场,多指债券市场和股票市场。由于通过长期证券筹来的资金大多用于企业的创建、更新、固定资产购置等资本性投资,因此,将长期资金市场称为资本市场。货币市场是指期限在1年以内的金融商品交易的市场,主要包括同业拆借市场、票据市场、国库券市场、回购协议市场、大额存单市场等。由于通过短期金融工具筹来的资金主要用于资金的临时周转或补充流动性,对于持有短期金融工具的资金提供者来讲,由于这些短期金融工具可以在市场上灵活兑现,可视为货币的替代品或称"准货币",因此,将短期资金市场称为货币市场。

3. 按交易程序划分:一级市场、二级市场、第三市场和第四市场。一级市场又称初级市场或发行市场,是指筹资者将设计开发出的金融商品首次出售给投资者时所形成的交易市场,如债券发行市场和股票发行市场。二级市场又称次级市场或流通市场,是指已发行出去的票据和证券等在不同的投资者之间再行转让买卖的市场。二级市场又分为两种:一种是场内市场,即证券交易所,它是一种集中性的交易市场,有严格的入市条件和统一的交易规则、清算制度、信息披露制度等。另一种是场外交易市场,又称为柜台交易市场或店头交易市场,它是在证券交易所之外进行证券买卖的市场。一级市场和二级市场是相辅相成的,没有一级市场,就不可能有二级市场;没有二级市场,一级市场发行的证券没有灵活变现的渠道,市场需求就会萎缩,市场就很难长久存在。第三市场是指证券交易所挂牌上市的证券在交易所以外进行交易而形成的市场,它实际上是场外交易市场的一部分。第三市场的交易对象是在证券交易所挂牌上市的股票和债券,交易价格通常采用议价方式,相对于在交易所内交易来讲,第三市场交易由于无须交纳各种服务费用,交易成本较低,而且交易受到的限制较少。第四市场是指投资者与证券出卖者之间既不通过交易所,也不通过柜台或经纪人,而是运用各种现代化的电信手段直接进行交易而形成的市场。参加这种市场的大多是机构投资者,它们避开交易所和纪经人的目的在于保守秘密和降低交易成本。

4. 按交易对象特征划分:票据市场、拆借市场、短期存贷市场、定期存单市场、回购协议市场、国库券市场、有价证券市场、外汇市场、黄金市场。票据市场是办理票据承兑、贴现、抵押等业务而进行短期融资的市场。拆借市场是金融机构之间买卖各自在中央银行存款账户上的存款金额所形成的市场,在美国称之为联邦基金市场。短期存贷市场是商业银行以各种方式吸收存款,并向工商企业和个人等提供短期贷款所形成的市场。定期存单市场,又称 CD 市场(Negotiable Certificates of Deposit,简称 CD),是签发和买卖大额可转让定期存单所形成的市场。回购协议市场是通过回购协议出售证券、融入资金所形成的市场。回购协议的一般做法是,资金需求者出售短期证券(多为国库券)给资金供给者,并约定在一定期限内(一般为一个营业日,称为"隔夜回购",Overnight Repurchment)以约定的价格购回所卖的证券,其实质是以证券作抵押的短期融资。国库券市场是国库券发行和买卖所形成的市场。国库券是国库直接发行的用以解决短期财政收支失衡的一种债券,由于期限短、流动性强、安全性高,被视为零风险债券或"金边债券"(Gilt Edged Bond)。有价证券市场是有价证券发行和买卖所形成的市场,主要为债券市场和股票市场。由于有价证券是长期金融工具,因此,有价证券市场与长期借贷市场一起,构成资本市场,通常所说的资本市场主要指的就是有价证券市场。外汇市场是不同货币之间的汇兑或买卖所形成的市场,简单说,就是买卖外汇的市场。外汇市场有狭义和广义之分。狭义的外汇市场是指银行间的外汇交易,包括经营外汇业务的银行间的交易、外汇银行与中央银行间的交易以及各国中央银行之间的交易,由于这些交易通常都是大批量的,因此又称为批发外汇市场(Wholesale Market)。广义的外汇市场除包括上述银行间的批发交易外，还包括银行同普通客户之间进行外汇买卖的零售市场（Retail Market），它是中央银行、外汇银行、外汇经纪人、企业、单位、个人等从事外汇交易和经营活动的总和。黄金市场是专门集中进行黄金交易的市场。虽然黄金已经在一般经济生活中不再具有货币地位，是贵金属商品，但由于它目前仍然被作为重要的国际储备资产，在经济生活中也是很好的价值贮藏工具，因此，黄金市场依然被视为金融市场的一部分。

5. 按场所特征划分：有形市场和无形市场。有形市场是指具有固定的空间或场地，集中进行有组织交易的市场，典型形式为证券交易所。无形市场是指没有固定的空间或场地，而是通过电信、电脑网络等现代化通信设备实现交易的市场。金融市场的绝大部分交易都是通过这种无形市场进行的。

6. 按交割时间划分：现货市场和期货市场。现货市场是以成交后"钱货两清"的方式进行交易的市场。在实际执行中，由于技术上的原因，现货市场的实际交割时间多在成交后1～3日内。期货市场是以成交后按约定的后滞时间交割的方式进行交易的市场。在期货市场上，买卖成交后并不立即交割，而是按合约规定的日期交割。现代期货市场中，一般都规定标准化的合约形式，对交易对象的类型、交易数量的最小单位、交割时间和地点等都作出标准规定。在金融期货中，实际交割的并不多，绝大部分交易都是在交割日到达以前进行转让或对冲。

7. 按市场地域划分：国内金融市场和国际金融市场。国内金融市场是指金融商品交易发生在本国居民之间，不涉及其他国家居民，交易的标的物也以本国货币标价，交易活动遵守本国法规的市场。国内金融市场交易的结果只改变本国居民的收入分配，不直接引起资金的跨国流动，不直接影响本国的国际收支。国际金融市场是指金融商品交易发生在本国居民与非居民之间所形成的市场，或以本国货币标值的金融商品在非居民之间进行交易的市场。前者称为传统的国际金融市场或"在岸市场"，其交易活动要受到本国法律法规的制约；后者称为新型的国际金融市场或"离岸市场"，其交易活动基本上不受本国法规的制约。

### 三、金融市场的功能

从金融市场的定义和各种不同类型的金融市场的观察中不难发现，在任何情况下，金融市场总是由金融商品的供给者和需求者组成的，任何类型的金融市场其核心内容都是买卖金融商品，任何形式的金融商品无非都是代表着一定数量的货币资金，买卖金融商品就是买卖货币资金，因此，金融市场最基本的功能就是融通资金，即通过金融市场将货币资金由盈余单位融通到赤字单位。美国著名金融经济学家费里德里克·S.米什金（Frederic S Mishkin）在其所著的 *The Economics of Money, Banking and Financial Markets*①一书中，将金融市场履行的基本经济功能概括为："从那些由于支出少于收入而积蓄了盈余资金的人那里把资金引导到那些由于支出超过收入而资金短缺的人那里。"我们可以通过图5-1来说明金融市场是如何将盈余单位的资金引向赤字单位的。

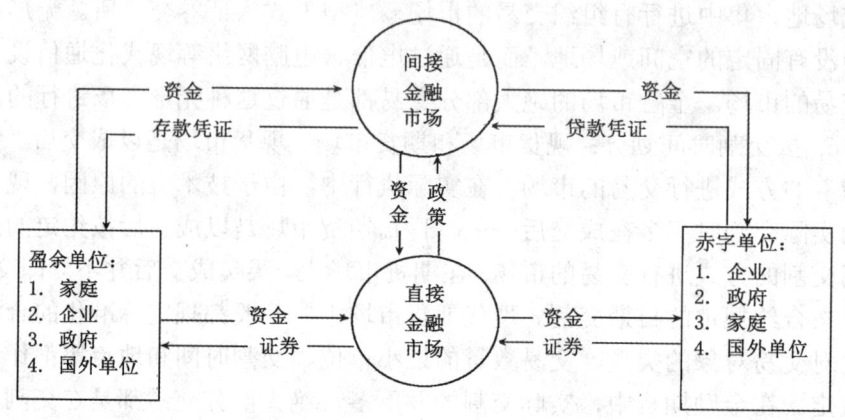

图5-1　金融市场与资金流动

图示说明，在间接金融市场上，盈余单位的资金通过资金供需双方分别与银行等信用中介机构交易存款凭证、保险单、贷款凭证等金融商品而流向赤字单位；在直接金融市场上，盈余单位的资金则通过资金供需双方之间在一定的经纪服务机构组织下进行有价证券等的交易而流向赤字单位。没有金融市场的媒介和专业化服务，没有可供资金供需双方自由选择的满意的金融商品或金融工具，资金盈余单位和赤字单位就只能处在分散和隔离的状态，资金供需的巧合只在个别或偶然情况下才会出现。而有了金融市场，就有了融通资金的专门场所，尤其是现代金融市场为资金供需双方所提供的多种多样的融资工具，能够使具有各种不同的收益、风险偏好和流动性需求的资金交易者很容易找到满意的投资机会和获取资金的渠道，资金供需的巧合就由个别性和偶然性变为一般性和必然性。

---

① 本书为美国哥伦比亚大学、普林斯顿大学、芝加哥大学、西北大学等数十所著名大学所采用的本科生和研究生教材，已出第九版，在中国的书名译为"货币金融学"，由中国人民大学出版社于2011年1月出版。

由金融市场融通资金的基本功能，可以引发其他多种功能，主要有：(1)资源和财富配置功能。金融市场上金融商品的买卖和流动，代表着货币资金的流动，而货币资金则代表着对实际资源的索取和使用权，因此，金融市场的资金融通功能进一步表现为资源的配置功能。当资金进而由其代表的资源使用权在盈余单位闲置下来时，就表明资源的利用处于低效状态。通过金融市场将闲置资金引向需要的单位时，就意味着资源的利用率提高。同时，由于金融市场是一个竞争的市场，资金总是愿意流向出价最高的购买者，而金融商品价格如股票的价格，代表着公司的经营业债和发展前景等一系列经济信息，能够以较高的价格出售金融商品，买得资金的人，自然是金融市场上竞争的强者。在这种价格机制引导下，资金流向那些经济效益好、发展前途光明的企业和行业，进而使资源得到优化配置。同样的道理，由于各种金融商品都是收入和财富的特殊持有方式，金融商品的流动就代表着财富的流动，金融商品价值的变化就意味着持有者手中收入和财富数量的变化，因此，金融市场交易活动所引起的金融商品流动及其价格变化，就表明人们持有的收入和财富在进行着不断的调整和配置。(2)风险转移和分散功能。金融市场是一种有组织、有规则、有专业化服务、能提供各种信用保障的融资系统，在金融市场进行交易的资金供需双方均处于相同的规则和信息服务等条件下，各种可供选择的金融工具的收益和风险能够在这种统一的市场中被准确定价，所不同的只是市场参与者对收益和风险的偏好以及资产选择策略存在差异，市场上总会有一些愿意承担更多风险并获取更多收益的人，也总会有一些厌恶风险，宁可少一些收益也要求得安全的人，这样，后者就会利用金融市场上的各种避险工具，如期货、期权等，将风险转移给前者。另一方面，由金融市场组织的集中性交易，可以大大降低没有组织的分散交易所固有的风险。如：在以银行为信用中介机构的间接金融市场上，资金供应者的风险首先由银行承接过来，然后再由银行通过资产多元化安排将风险分布于各种行业、企业和各种期限、数额的授信对象上，使风险得到分散；在保险市场上，根据"大数法则"确定的原理，一个投保人的意外风险通过保险公司的业务扩展被分散到众多的投保人身上；在证券市场上，丰富多样的证券品种，可以使投资者将投资分布于具有不同收益—风险组合的多种证券上，达到分散投资风险的目的。(3)调节和反映经济状况的功能。前面所述金融市场能够通过价格机制将资金引导到高效益的行业和企业，进而使资源得到优化配置的功能，从经济管理的角度说，实际上就是金融市场对经济的自发调节功能。除了这种自发调节功能外，金融市场的存在和发展又为管理当局实施对经济的主动调节创造了政策传递的机制和工具。现实中的货币政策和财政政策很少不是通过对金融市场的有效利用而实施的。金融市场对经济状况的反映功能更是无处不有的,如:股票综合指数的变动,反映整体经济的景气水平;股票成份指数的变动,反映行业的发展变化情况;个股价格的变化,反映公司的当前业绩和发展预期;银行储蓄存款变动,反映居民收入和消费状况的变动;银行贷款的增减和利率变动,反映投资需求状况和经济扩张与萎缩的状况等。正因为如此,经常或定期公布有关金融市场的权威信息,已成为人们掌握和判断经济运行状况的一条可靠渠道。

金融市场各种功能的正常发挥是有条件的,一般认为,一个理想的金融市场应具备四个方面的条件:(1)有完整和对称的信息。有完整的信息是说,金融商品交易的双方都可以方便、快捷地获得所需要的信息,使交易行为有可靠的依据;有对称的信息是说,在同一时点上交易双方获得的信息是完全相同的,任何一方都不存在通过未公开信息获利的机会。(2)有市场供求决定价格的机制。也就是说,金融商品价格只对市场供求有弹性,供求状况的改变不断地使原有的均衡价格消失而出现新的均衡价格,任何市场以外的力量都不能影响和改变价格。(3)有众多的市场参加者和丰富的金融商品种类,不存在少数或个别交易者对市场的垄断。(4)有良好的市场服务体系、管理和秩序,交易成本低廉。这四个条件中的任何一个条件不具备,都将使金融市场不能或不能很好地运行,也就不能正常地发挥其应有的功能。其中,前两个条件,即信息完整、对称和供求决定价格,是最基本的条件,这两个条件的成熟和完备通常被认为是金融市场成熟和完善的基本标志。

## 第二节 货币市场和资本市场

### 一、货币市场的主要特点

在金融市场分类中已经知道,货币市场是一种融资期限在一年以内的短期资金市场,它主要由同业拆借市场、票据市场、国库券市场、定期存单市场、回购协议市场、短期存贷款市场等构成。若将这些市场与主要由债券市场和股票市场构成的资本市场相比,主要有如下特点:

1. 融资期限短。这是货币市场的基本特点,也是货币市场能够长期生存和发展的重要条件。因为,经济中不仅需要将长期闲置的储蓄转化为投资,也需要为临时闲置的资金找到出路和为资金的短暂需求找到来源,更何况,在企业的生产流通过程、金融机构的业务运营、政府的各项事务安排、家庭生活等各个经济活动领域,对短期资金的余缺调剂实际上是一种最日常、最大量的市场需求。

2. 流动性强。从市场的目的性看,可以说,货币市场是流动性金融资产交易和组合的场所,通过对金融机构在中央银行账户存款、商业票据、国库券、大额定期存单等的买卖,为金融机构、企业、政府、家庭等提供了流动性转换和配置的条件。从市场实际运行的一般情况看,货币市场的二级市场交易频率和交易量要比资本市场高得多。

3. 风险性小。货币市场交易的金融商品与资本市场的债券和股票相比,具有收益水平低、安全性高的特点,而且从商业票据、国库券等短期证券的发行者、贴现者、承兑者等参与主体的信誉来看,一般要高于资本证券的参与主体。

4. 可控性强。货币市场是商业银行、中央银行、财政部门直接大量参与的市场,货币市场在满足参与者调剂资金余缺、补充流动性等要求的同时,也为货币政策和财政政策的实施创造了条件。商业银行的同业拆借、票据贴现等活动直接决定着货币市场的供求和价格,中央银行的公开市场业务、财政部门的国库券发行等也直接影响着货币市场的运行。而资本市场与之相比,上述机构对其的影响和控制要小得多。

## 二、货币市场的作用

从总体上看,货币市场的作用主要有两个方面:一是解决市场参与者的短期资金供求矛盾,二是为金融宏观调控提供政策传导的机制。从各主要市场的作用看,又分别有各自的特点。

1. 同业拆借市场的作用。同业拆借市场主要是银行等金融机构之间相互借贷在中央银行存款账户上的准备金余额,用以调剂准备金头寸的市场。所谓准备金头寸,是指银行实际保持在中央银行准备金账户上的余额与中央银行规定的法定准备金余额之差,差额为正数时,银行有超额准备金或头寸有余,意味着资金闲置,存在利息损失或机会成本;差额为负数时,银行准备金不足或资金头寸不足,若遇必需的对外清偿或好的投资机会,就会因资金短绌而处于被动状态,因此,同业拆借市场最主要的目的和作用就是解决银行之间准备金头寸余缺的调剂问题。随着市场的进一步发展,同业拆借的参与者和交易对象也有了扩展,除了商业银行相互间拆借在中央银行准备金账户上的存款余额之外,商业银行自身账户上的存款如部分通知存款和定期存款,也被作为短期借贷的对象,一些非中央银行开户的金融机构如美国的非联储会员银行、互助储蓄银行、外国银行分行也能够进行相互间的短期资金借贷,甚至包括证券交易商、政府机构等也开始对其账户上的存款余额进行市场调剂。为了区分两种情况,通常将商业银行在中央银行账户准备金头寸的调剂市场称为同业拆借,而把其他各种短期资金余额调剂的市场称为同业借贷。前者的目的是单一的资金头寸调整;后者的目的除了调剂资金余缺、补充流动性之外,还在于以获得的短期资金来拓展资产业务。同业拆借市场的作用还表现在资金的价格上。由于同业拆借市场的主要参加者是大商业银行、地方中小银行和非银行金融机构,也就是说,它是一个存在于整个金融体系中的大市场,作为拆借市场资金价格的同业拆借利率自然就成为整个金融体系中最具代表性的利率,是货币市场的核心利率。由于同业拆借利率能够及时、准确地反映货币市场甚至整个金融体系中的资金供求状况,因此,各种借贷活动、各种金融工具在确定利率时,通常都将同业拆借利率视为市场利率信号,并以此作为各自确定利率的依据。中央银行也将同业拆借利率的变动作为确定和调整货币政策工具的重要依据。在国际货币市场上,伦敦银行同业拆放利率(LIBOR)、新加坡银行同业拆借利率(SIBOR)和香港银行同业拆借利率(HIBOR)被公认为典型的、有代表性的同业拆借利率。其中,LIBOR 是伦敦金融市场上银行之间相互拆放英镑、欧洲美元及其他欧洲货币时的利率。伦敦金融市场上的各种借贷活动,包括国际银团贷款、票据贴现等,都以 LIBOR 利率为计算利率的基本依据。其他一些重要的国际金融市场和许多国家,也把 LIBOR 作为重要的参照利率。SIBOR 和 HIBOR 则是在新加坡和香港两个国际金融市场起重要作用的同业拆借利率。中国内地于1996 年 1 月将原来分散于各地的同业拆借市场(由人民银行各省市级分行牵头建立的融资中心)联为一体,建立了全国统一的、以现代化通信、信息处理系统为支持的同业拆借市场。同年 6 月 1 日起,根据人民银行决定,取消银行间同业拆借利率的上限限制,这标志着全国范围内市场化的同业拆借利率已经形成,并对金融市场全面的利率市场化改革起到重要的推动作用。

2. 票据贴现市场的作用。关于票据贴现可参阅本书第二章第二节相关内容。票据贴现市场是由票据以贴现方式转让或交易而形成的市场。在美国,票据贴现市场主要由银行承兑汇票贴现市场和商业票据市场所构成。银行承兑汇票多为进口商对出口商签发并由银行办理承兑手续后的付款凭证,是以真实的商品交易为基础的票据,因此,美国的银行承兑汇票市场是一个高流动性、低风险的市场。而美国的商业票据市场则是以没有商品交易基础的融通票据为交易对象的票据市场。在英国，票据贴现市场的主要交易对象是合格的银行票据和商业汇票，市场的参与者有专门的票据贴现所和承兑所、商业银行、企业以及英格兰银行。伦敦贴现市场上有13家专业化的票据贴现所，它们专门为企业和商业银行办理商业汇票和银行票据以及银行所持政府库券的贴现，当自身资金不足时，又可将贴现时买进的票据向大商业银行办理转贴现或向英格兰银行办理再贴现。从美英等国票据贴现市场的基本特征看，这一市场的主要作用在于满足企业和商业银行等金融机构短期融资的要求。同时，由于票据业务多是与商业信用活动直接相关的业务，通过发展票据贴现市场，为票据提供充分的流动性，就能有力地促进票据业务的发展和商业信用活动的正常进行。还因为，票据贴现的实质是一种以票据为保证的贷款，其市场供求及其利率水平必然对短期的普通借贷市场产生重要影响，尤其是贴现市场与中央银行的再贴现政策工具有着直接联系，因此，票据贴现市场的供求状况和利率水平的变化是中央银行观察和调控货币市场的重要窗口。在英国，票据贴现市场始终处于货币市场的核心地位，中央银行通过再贴现率的调整对货币市场实施影响的作用尤为明显。中国在金融改革过程中，一直强调票据贴现市场的发展，其目的在于使落后的"强制性商业信用"通过信用票据化得到规范，为企业开辟出一条在生产流通过程中自发进行短期资金补充的正常渠道，也为商业银行实现资产结构多元化、提高资产质量、降低资产风险找到一条合适的途径，同时还为中央银行运用再贴现率调控借贷市场和信用总量创造基础性条件。

3. 国库券市场的作用。国库券是中央政府发行的期限在一年以内的短期债券。国库券市场就是由国库券的发行和流通所形成的市场，或者说是国库券的发行市场和流通市场。国库券的发行市场是一个竞争激烈的市场，发行方式通常采取招标制，发行之前由财政部根据其短期资金需要和货币政策实施要求确定发行规模，而后向社会招标。投标者在公布的发行规模下，分别报出愿意购买的数量和愿意承受的价格，在众多的竞购者中，出最高价者首先中标，之后按先高后低的出价顺序依次配售，直到售完为止。由此可见，国库券发行市场为政府筹措短期资金、调节国库收支提供了有效途径，这是国库券市场作用最主要的体现。国库券流通市场，以商业银行、证券经销商、中央银行、企业和个人投资者为主要参加者。由于国库券在各种证券中信誉度最高，风险最小，还本付息可靠，因此，它有非常活跃的流通市场。商业银行将这一市场作为获取无风险收益的资金运用场所，同时还将其作为保持二级储备、灵活变现的资产转换场所；企业和个人投资者在这一市场上得到能够获取无风险的稳定性收益的投资机会；中央银行则将这一市场作为其实施公开市场操作的最佳领域，达到调节信用总量的目的。由此可见，国库券市场除了为政府财政融通资金外，还为商业银行的安全性投资和流动性安排提供了方便，为企业和个人投资者创造了投资机会，为中央银行的金融宏观调控提供了市场基础。

### 三、货币市场与资本市场的关系

货币市场与资本市场是根据金融市场上交易对象或金融工具的期限特征划分的。金融工具期限的长短，代表筹资者（金融工具卖出者）筹资期限的长短，也代表投资者（金融工具购买者）对不同收益和风险资产的偏好，筹资者和投资者总是在不同期限的金融工具之间进行选择的。因此，就整个金融市场而言，假定所有筹资者的总筹资量和所有投资者的总投资量不变，且长短期证券之间的转换不存在市场障碍，那么，货币市场供求与资本市场供求之间就存在互动关系。货币市场出售短期证券得到的资金流向资本市场购入长期证券，反映了货币市场供给与资本市场需求之间的同向运动关系，也就是说，在货币市场短期证券供给增加时，退出该市场的资金便形成对资本市场证券的需求。这种变化反映在价格上，就表现为货币市场价格下降和资本市场价格上升。同理，资本市场出售长期证券得到的资金流向货币市场，赎回或购入短期证券，反映了资本市场供给与货币市场需求之间的同向运动关系，也就是说，在资本市场长期证券供给增加时，退出该市场的资金或者用以归还贷款，归还拆借款项，赎回借款凭证，或者形成对国库券、大额定期存单等短期证券的需求，反映在价格上，就表现为资本市场有价证券价格下降和货币市场产品价格上升。简单地表达货币市场供求与资本市场供求之间的这种互动关系，就可以说，货币市场的供给形成了资本市场的需求，资本市场的供给形成了货币市场的需求；资金从货币市场流向资本市场，代表了货币市场供给的增加和资本市场需求的增加，资金从资本市场流向货币市场代表了资本市场供给的增加和货币市场需求的增加。货币市场与资本市场的这种关系表明，高效率的金融市场应当是一个资本市场和货币市场共同得到发展的市场，资本市场需求的拉动常常需要货币市场的资金支持，资本市场退出的资金也需要货币市场来吸收；同样，货币市场在资金过多时常常需要资本市场来吸收，在资金不足时也需要资本市场的补充。单纯发展其中某一个市场，都将使整个金融市场的效率降低。

### 四、资本市场Ⅰ：证券发行市场

在金融市场分类中已知，资本市场是期限在一年以上的金融商品交易的市场，通常多指债券市场和股票市场即有价证券市场。而有价证券市场根据交易程序不同可分为发行市场、流通市场、第三市场和第四市场等，其中，最能反映证券市场基本运行过程的是发行市场和流通市场。这里首先看看证券发行市场的一些基本特征。

证券发行市场，是有价证券由发行者向投资者出售所形成的市场，新股份公司成立、原有的股份公司扩股增资、政府和企业为特定的目的筹资等，都要通过这一市场，因此，证券发行市场是资金由盈余单位向赤字单位转移的市场，是储蓄向投资转化的市场，是最能体现金融市场基本功能的市场。但由于这一市场的交易活动一般只在证券发行者和若干承销商之间进行，没有集中的交易场所和社会公众广泛参与的市场氛围，因此，人们的目光往往只盯住流通市场，容易忽略对发行市场重要性的认识。实际上，对于一个需要扩充资本的公司或企业来讲，直接见效的是发行市场，而不是流通市场，因为流通市场无论交易量有多大，一般都不会直接引起公司实际营运资本的变化。

证券发行市场的运行过程一般都要经过前期准备和实际发售两个阶段。从总的运行过程看，股票发行和债券发行基本相同，只在个别方面有些差异，下面以股票发行为例，说明证券发行市场运行过程中的几个重要环节。

1. 选择发行方式。在股票发行的前期准备阶段，发行者通常要在投资银行协助下，根据本公司的发行条件、投资人市场、拟承受的发行费用以及是否争取上市交易等要求，选择合适的发行方式。基本方式有两种：一种是私募发行（Private Placement），即只向少数特定的投资者发行，其主要对象，一是私人投资者，如本公司职工和原股东、本公司产品的私人用户等；二是机构投资者，如保险公司、养老基金等金融机构和与本公司关系密切的企业等。私募发行的优点是手续简便，一般不必向管理机构办理注册审核手续，因此，发行成本较低；但其最大的不足是发行的股票不能公开上市，股票难以转让。与私募发行对应的另一种发行方式是公募发行（Public Placement），即面向市场上所有的投资者公开发行。在这种方式下，发行者必须向有关管理机构申请注册，接受审批，还要向市场如实提供可供投资者参考的各种财务报表和与公司经营发展相关的资料。公募发行的优点是发行量大，发行的股票可在证券交易所上市，能够提高发行公司的市场知名度；其缺点是发行手续复杂、发行成本高。

2．选择承销商。股票发行可以由发行者直接向投资者销售来完成，但多数情况下，是由承销商作为中介机构来完成的。对于承销商的选择，可以采取竞争性招标的方式，也可以采取私下联络的方式，前者有利于降低发行成本，但不利于与承销商建立固定的关系，也得不到承销商提供的相关服务。因此，多数情况下，股票发行是在比较固定的承销商的合作下完成的。发行数量较大时，通常由多家承销商组成的承销团来完成。

3．申请注册。在公募发行方式下，只有事先在证券管理机构获准登记注册的发行公司，才有资格发行股票。申请注册过程中的关键是准备好招股说明书。说明书的主要内容包括公司的各项财务数据、公司的经营发展历史、高级管理人员的状况、筹资目的和资金使用计划、主要遗留问题等。各种数据、资料和情况都须在有关律师、独立注册会计师和其他专家的参与下提供，以保证信息的可靠、完整和准确。证券管理机构在确认招股说明书和同时交送的上市登记表属实后，批准申请者登记注册，意味着股票已获准发行，招股说明书具有了法定性质，投资者可以此作为对股票投资价值进行判断的依据。

4．确定发行价格。在获准的法定招股说明书中，要求标明拟发行股票的发行价格。发行价格确定得是否合理，是发行能否取得成功的关键之一。定价过高，没有市场竞争力，达不到预计发行数量和筹资目的；定价过低会降低公司声誉，使公司得不到与自身业绩相对称的潜在市场收益。合理发行价格的确定应考虑多种因素，如公司业绩的增长性、股票的股利分配、市场利率水平、证券市场供求状况等。最终确定的发行价格，无非有三种：一种是平价，即以股票票面金额作为发行价格；另一种是溢价，即发行价格高于股票票面金额；再一种是折价，即按票面额打一定折扣后作为发行价格，也就是发行价格低于股票票面金额。其中，溢价发行股票又有两种确定发行价格的方式，一种是按时价或市价确定，即以同种或同类股票的流通价格为基准来确定发行价格；另一种是按中间价确定，即取票面额与对价的中间值为发行价格。在发达的证券市场中，股票发行多为溢价发行，很少有平价和折价发行。溢价发行可以使发行公司以较少的股份筹集到较多的资金，还可以降低筹资的成本。

5．销售与承购。发行申请获准后，进入正式销售股票阶段。在这一阶段，发行公司的任务就是按预定的方案发售股票，直接承购者是以投资银行为主的证券承销商。通常是由发行公司与承销商签订承销协议，而后实施承销。

承销方式有全额包销、代理推销和余额包销（助销）三种（详细内容请参阅第三章第二节）。

以上是以股票发行为例来说明证券发行中的关键环节的，债券发行除了在这些关键环节上基本相同外，其特殊之处主要有两方面：一是由于债券是一种承诺到期偿还本金和利息的凭证，为确保发行人的承诺能够兑现，须由债券持有人与发行人签订包括一系列否定性条款和肯定性条款（在合同中，否定性条款，或负向条款（Negative Covenant）是指对当事人不能做某些事情的规定；肯定性条款或正向条款（Positive Covenant）是指对当事人必须做某些事情的规定）在内的债券发行合同书，依法确定双方的权益和义务。二是为了客观地估计债券的违约风险，向投资者提供对债券投资价值判断的可靠信息，也为了使债券顺利地销售，通常需要在债券发行之前由权威性的证券评级机构对债券进行信用评级。评级时考察的主要内容有：（1）发行公司的偿债能力。可通过公司的预期盈利水平、负债结构等来确认。（2）发行公司的资信状况。可通过公司的市场评价、偿债历史记录和违约记录等来确认。（3）投资者的潜在风险，即发行公司破产的可能性和由破产造成投资者实际损失的可能程度。

## 五、资本市场 II：证券流通市场

证券流通市场是已经发行的证券在投资者之间转手买卖的市场，或者说是旧证券交易的市场。在发行市场上被投资者认购的证券，只有在流通市场上才能够获得随时兑现的机会，否则，证券就得一直持有到期才能收回投资，没有确定到期日的证券如股票则永远不能收回投资，因此，流通市场是发行市场投资者的必然要求，是发行市场赖以存在与发展的重要保证。也正是由于这一点，流通市场与将资金由盈余单位转向赤字单位、提高资金配置和使用效率这一发展金融市场的根本目的之间才发生了联系，证券交易也才没有背上"赌博"的骂名，而是与实际经济的增长联系起来。但需要清楚的是，由于证券买卖的双方都是证券投资者，买者虽然拿出货币资金投资于证券，但这些资金流到卖者手中后，只表明卖者收回了以前投资于证券的资金，他的资金总量并没有发生改变，也就是说，证券交易的结果可以通过影响证券发行来影响证券的数量和实际资本量，但却不能直接改变证券数量和实际资本量，证券交易活动是一种可以脱离实际经济运行的虚拟经济活动，证券交易量和证券总价格有时代表着实际经济运行的真实状况，有时却与实际经济运行严重背离。

证券流通市场有两种基本的组织形式，即证券交易所和场外交易市场。

1. 证券交易所。证券交易所是集中进行已发行证券交易活动的固定场所，是证券流通市场的核心（关于证券交易所的组织形式等内容，请参阅第三章第二节）。在证券交易所进行交易的证券称为上市证券。证券交易所对上市证券一般都有严格要求，通常只有那些经营业绩良好、实力雄厚的大公司发行的股票和债券才能达到证券交易所规定的上市标准。一些国家的证券交易所为扶持新兴中小企业和高科技企业的发展，也允许条件尚达不到上市标准，但处于快速成长阶段的公司发行的股票上市，并将其划为"二板市场"。

证券交易所多数都不是盈利性组织，其基本职能是：组织证券交易。具体表现在：（1）为证券的集中交易提供所需的物质设施，包括交易大厅及各种电子化的交易操作系统等。（2）制定规章制度，对交易主体、交易对象和交易过程进行严格管理，以保证市场的公正、公平和有序。（3）提供各种信息服务，尤其是经常收集和及时发布证券市场价格变动的信息。由证券交易所发布的股票价格信息，常常是权威机构编制股票价格指数的可靠依据（参阅专栏五）。（4）处理证券交易过程中发生的各种纠纷。证券交易所实施其组织证券交易的职能，是通过交易所会员将所有交易者的交易指令引入交易所来实现的。以股票交易为例，一投资者欲购买或卖出在证券交易所上市交易的股票，其基本程序是：①选择作为交易所会员的证券经纪商办理开户，与经纪商订立股票买卖委托契约。②遇有利时机时，随时通知受托经纪商买入或卖出股票。委托指令分三种不同类型：一种是市价委托，即要求经纪人在接到委托指令后立即根据当时市场上的最优价格执行交易；另一种是限价委托，即要求经纪人在某一特定价位或在比该价位更有利的价位上执行交易；还有一种是停损委托，即要求经纪人当价格朝不利的方向变动达到某一临界点时，就立即执行交易，以锁定损失。后两种委托类型下，都要说明委托的有效期限。③经纪商接到委托通知后，由其派驻在交易大厅的交易员执行买卖指令，成交后将"成交通知单"送达客户。④在成交后的规定时间内完成交割。⑤办理股票过户，即办理变更股东名簿记载的手续。⑥支付佣金。买卖行为结束后，客户要向经纪商支付佣金，其数额按交易量的一定比例确定。

2. 场外交易市场。场外交易市场通常又称为店头交易市场（Over the Counter Market），是指投资者直接在证券商的营业柜台上买卖证券而形成的市场。但根据近些年证券市场发展的情况，这样一种界定只能算作狭义的场外交易市场，广义的场外市场既包括店头交易市场，又包括在金融市场分类时曾提到的"第三市场"和"第四市场"。在美国，作为电子化股票市场或第四市场的全国证券交易商协会自动报价系统（即 NASDAQ 市场，National Association of Securities Dealers Automated Quotation System），事实上已经成为美国场外交易市场的代表形式，它表明，传统的或老式的场外交易市场正在被现代化的场外交易市场所取代。

场外交易市场是在证券交易所容量有限，对上市证券进行严格限制的情况下，为那些不能上市的证券实现流通所提供的市场，与场内交易市场相比，典型的场外交易市场有五个主要特征：（1）交易对象是非上市证券。非上市证券的交易和零星的小额交易构成了场外交易市场的主要内容。（2）交易活动多在投资者与证券自营商之间单独分散进行，没有集中的交易场所。（3）交易程序简单，交易成本低廉。由于交易是在投资者和证券商之间进行的，经过直接洽谈即可成交，无须定立规范的委托契约，无须提供交易所内那种规范的服务，甚至不需要向证券商支付佣金，因此，可节约交易费用。（4）交易价格由双方协商确定，而不像交易所内公开竞价那样由多个买方和多个卖方同时报价，以最高买价和最低卖价一致时的价格作为成交价。（5）交易活动所受的管制少、灵活性强，因而交易实现率高，绝大部分证券的流通和交易都是在场外交易市场上实现的。

**专栏五　股票价格指数**

股票价格指数是运用指数方法编制而成的，反映股票市场总体价格或某类股票价格平均水平及其变动趋势的指标。根据计算指数时对股票的取样范围不同，股票价格指数具有不同类型，有反映整个市场价格水平及其变动的综合性指数，也有反映某一行业或某一类股票价格水平及其变动的分类指数；有反映某一行业和某类股票整体价格水平及其变化的全部上市股票综合指数，也有反映某一行业或某类股票中有代表性的股票价格水平及其变化的成份股指数。股票价格指数的主要作用有：（1）综合反映股票价格变动的趋势，作为反映宏观经济景气状况和行业发展特征的重要指标；（2）综合反映股票市场投资的总体收益水平，作为判断个别资产组合收益水平的比较标准；（3）用以预测股票市场将来变化，为投资者的分析和决策提供依据；（4）作为股指期货市场的交易对象。

股票价格指数的具体形式表现为，以确定的某一日期为基期，并将某一既定的整数（通常为 100）作为基期的股票平均价格，采用一定的计算公式，计算出报告期的股票平均价格较基期平均价格变动的比率（通常以百分数表示），即为报告期的股票价格指数。可采用的计算方法有相对平均法、综合平均法、加权平均法和几何平均法四种。若以 $P$ 代表报告期股票价格指数，以 $P^i_0$（$i=1, 2, 3, \cdots, n$）代表第 $i$ 种股票的基期价格，以 $P^i_1$（$i=1, 2, 3, \cdots, n$）代表第 $i$ 种股票的报告期价格，以 $n$ 代表所选取的样本股票的种数，以 $Q^i$ 代表第 $i$ 种股票的股数，以 100 作为基期的股票价格指数，那么，四种方法的计算公式分别为：

1. 相对平均法：$P = \dfrac{1}{n}\sum\limits_{i=1}^{n}\dfrac{P_1^i}{P_0^i} \times 100$

这种方法是将各样本股票的报告期价格与基期价格的比率之和除以样本股票的种数，再乘以基期的股价指数。

2. 综合平均法：$P = \dfrac{\sum\limits_{i=1}^{n}P_1^i}{\sum\limits_{i=1}^{n}P_0^i} \times 100$

这种方法是将各样本股票的报告期价格和基期价格分别加总后相除，再乘以基期的股价指数。

3. 加权平均法：$P = \dfrac{\sum\limits_{i=1}^{n}P_1^i Q_i}{\sum\limits_{i=1}^{n}P_0^i Q_i} \times 100$

这种方法是将各样本股票的报告期价格和基期价格与各种股票股数的乘积分别加总后相除，再乘以基期的股价指数。以各种股票的股数作为权数的意义在于，反映各种股票在股价平均数形成中的相对重要性。

4. 几何平均法：$P = \sqrt[n]{\dfrac{P_1^1}{P_0^1} \times \dfrac{P_1^2}{P_0^2} \times \dfrac{P_1^3}{P_0^3} \times \cdots \times \dfrac{P_1^i}{P_0^i} \times \dfrac{P_1^n}{P_0^n}} \times 100$

这种方法是对 $n$ 种股票的报告期价格与基期价格的比率的乘积开 $n$ 次方，再乘以基期的股价指数。

上述几种方法中，使用最多的是加权平均法。

目前世界上比较权威和有影响的股票价格指数主要有：（1）道·琼斯股价平均指数（Dow Jones Averages），由道·琼斯公司编制，选取在纽约证券交易所上市的若干种具有代表性的股票作为样本，以 1928 年 10 月 1 日为基期，并令基期指数为 100。目前，道·琼斯指数包括四组分类指数：①30 种工业股价平均数，是最受关注的道·琼斯指数；②20 种交易运输业股价平均数；③15 种公用事业股价平均数；④包括以上 65 种股票的综合股价平均数。道·琼斯股价指数每日都在《华尔街日报》上公布。（2）标准·普尔指数（Standard and Poor's Composite Index），由标准·普尔公司编制，目前选用在纽约证券交易所上市的 500 种股票作为样本，其中包括 400 种工业股票、40 种公用事业股票、20 种运输业股票和 40 种金融业股票，以 1941 年～1943 年为基期，并令基期指数为 10，以各种股票的发行量为权数，采用加权平均法进行计算。标准·普尔指数的最大特点是取样面广、代表性强。(3) 日经道·琼斯股价平均指数 (Nrkkei Dow Jones Stock Price Average),又称"日经 225 股价指数",由日本经济新闻社编制,使用道·琼斯公司商标,以东京证券交易所第一批上市的 225 家公司的股票为样本,后来又编制和公布日经 500 种股价平均指数。日经指数从 1950 年 9 月起开始编制,是西方报刊最常引用的反映日本股市变动的股价指数。日本另一个影响较大的股价指数是 1969 年 7 月 1 日起编制的东京股价指数。(4) 伦敦金融时报指数 (Financial Times Ordinary Shares Index),是伦敦《金融时报》工商业普通股票平均价格指数的简称,由英国《金融时报》于 1935 年 7 月 1 日起编制,并以该日期作为指数的基期,令基期股价指数为 100,采用几何平均法进行计算。该指数最早选取在伦敦证券交易所挂牌上市的 30 家代表英国工业的大公司的股票为样本,是欧洲最早和最有影响的股票价格指数。目前的金融时报指数有 30 种、100 种和 500 种等各组股票价格平均数构成,范围涵盖各主要行业。(5) 香港恒生指数 (HongKong Hensen Stock Index),由香港恒生银行全资附属的恒生指数服务有限公司编制,以香港股票市场中 33 家上市股票为成分股样本,以每种股票的发行量为权数加权平均计算。恒生指数以 1964 年 7 月 31 日为基期,并令基期指数为 100。33 个样本股票选自香港金融业、公用事业、地产业和其他工商业(包括航空和酒店等)。

中国内地的主要股价指数有:(1) 沪深 300 指数。沪深 300 指数是沪、深证券交易所于 2005 年 4 月 8 日联合发布的反映 A 股市场整体趋势的指数。沪深 300 指数的编制目标是反映中国证券市场股票价格变动的概貌和运行状况,并能够作为投资业绩的评价标准,为指数化投资和指数衍生产品创新提供基础条件。中证指数有限公司成立后,沪、深证券交易所将沪深 300 指数的经营管理及相关权益转移至中证指数有限公司。沪深 300 指数简称"沪深 300",成分股数量为 300 只,指数基日为 2004 年 12 月 31 日,基点为 100 点。(2) 上证综合指数,由上海证券交易所编制,以在上海证交所挂牌上市的全部股票为样本,以发行量为权数加权平均计算,基期为 1990 年 12 月 19 日,基期指数定为 100。1992 年 2 月 21 日,增设上证 A 股指数和 B 股指数,分别反映全部 A 股和全部 B 股的股价综合变动,其中 A 股指数仍以 1990 年 12 月 19 日为基期,B 股指数以 1992 年 2 月 21 日为基期,基期指数都定为 100。之后,上证综合指数则成为综合反映上交所全部 A 股和 B 股股价变动的综合性指数。(3) 上证 30 指数,由上海证券交易所编制,从上交所上市的所有 A 股股票中选取 30 只样本股,以流通股数为权数加权平均计算,基期为 1996 年 1 月至 3 月,基期指数为 1000。该指数的 30 只样本股中,包括工业股、商业股、房地产股、公用事业股和其他行业股。(4) 深证综合指数,由深圳证券交易所编制,以在深交所挂牌上市的全部股票为样本,以发行量为权数加权平均计算,基期为 1991 年 4 月 3 日,基期指数定为 100。除此指数外,深交所还编有分别反映全部 A 股和全部 B 股股价变动的深证 A 股指数和深证 B 股指数,前者仍以 1991 年 4 月 3 日为基期,后者以 1992

年 2 月 28 日为基期，基期指数都定为 100。(5) 深证成分指数，由深交所编制，从深交所上市的所有股票中选取 40 只作为样本股，其中 A 股用于计算深证成分 A 股指数，B 股用于计算深证成分 B 股指数，以成分股的可流通股本数为权数加权平均计算，基期为 1994 年 7 月 20 日，基期指数定为 1000。(6) 中小板综合指数。以在深圳证券交易所中小企事业板上市的全部股票为样本。中小企业板指数以可流通股本数为权数，进行加权逐日连锁计算。中小板综合指数以 2005 年 6 月 7 日为基日，基日指数为 1000 点，2005 年 12 月 1 日开始发布。(7) 创业板综合指数。以在深圳证券交易所企业板上市的全部股票为样本。创业板指数以可流通股本数为权数，进行加权逐日连锁计算。创业板指数以 2010 年 5 月 31 日为基日，基日指数为 1000 点，2010 年 8 月 20 日开始发布。(8) 央视 50 指数。它是由中央电视台财经频道联合北京大学等五所高校以及中国上市公司协会等机构，共同编制而成的成分指数。样本股评价体系由创新、成长、回报、治理、社会责任五个维度构成。按照评价体系，从 A 股 2000 多家上市公司中筛选出 50 家公司构成样本股，其中沪市主板 26 只，深市主板 11 只，中小板 10 只，创业板 3 只，共覆盖 9 个大类行业、17 个分类行业。央视 50 指数以 2010 年 6 月 30 日为基日，基点选择与沪深 300 当天的点位一致：2563.07 点。2012 年 6 月 6 日，指数在深圳证券交易所正式发布，指数挂牌当日开盘点位是 3402.72 点。

## 第三节　金融工程原理

### 一、金融工程的定义

金融商品或金融工具的发行和转让流通，需要金融市场为其提供必要的场所、设施、规则和组织形式等，而这些金融商品或金融工具自身的形成则需要设计、开发和不断创新的过程。不断形成的新的金融商品或工具始终推动着金融市场的进一步完善和创新，人们借用工程学的概念，将这种对金融商品或金融工具的设计、开发和创新的过程称为"金融工程"（Financial Engineering）。从 20 世纪 80 年代末开始，随着全球金融创新和金融自由化浪潮的不断高涨，尤其是多功能电脑、远程通信等高新技术向金融领域的渗透，使金融"工程化"的理念更加深入人心，对金融工程问题的研究也更加广泛、深入和系统，并进而形成一门新型的学科——金融工程学。在金融工程学的众多理论著述中，对金融工程的定义也是不完全相同的，有的注重于金融工具的创造，将金融工程定义为运用基础性金融工具组合成新的金融工具的过程，或综合运用工程技术方法，设计、开发和实施新的金融工具的过程；有的注重于风险管理，将金融工程定义为组合金融工具（尤其是衍生金融工具），实施风险管理的技术；有的注重改善财务结构，将金融工程定义为调整旧的财务结构，获得更合理的财务特性的技术。目前，被广泛接受的金融工程定义主要有两种：一种是美国经济学家约翰·芬纳蒂（John Finnerty）在1988年发表的《公司财务中的金融工程》一文中提出的定义：将工程思维引入金融领域，综合地采用各种工程技术方法，设计、开发和实施新的金融产品，以创造性地解决各种金融问题。再一种是英国经济学家洛伦兹·格利茨（Lawrence Galitz）在1994年出版的《金融工程学》（Financial Engineering—Tools and Techniques to Manage Financial Risk）一书中提出的定义：金融工程是应用金融工具，将现在的金融结构进行重组以获得人们所希望的结果。这些定义集中反映了金融工程所具有的如下几个基本特征：(1) 金融工程的核心内容是金融工具或产品的设计、开发和创造。就像普通的机械工程是以设计、开发和创造对社会有用的产品和服务为核心内容一样，金融工程不断地为金融体系设计、开发和创造出能够满足公司、金融机构、政府和家庭等各种各样需求的金融产品。(2) 金融工程的本质是金融创新。金融工程是由金融工程师（如投资银行家）创造性或革命性的思维飞跃来推动和指导的，是由各种可资利用的工程技术来支持的。金融工程师首先运用概念性工具（估值理论、证券组合理论、资本资产定价理论、套利定价理论、期权定价理论、会计、法律、税收方面的相关知识等）来分析问题，然后对实体性工具（如固定收益证券、权益证券、远期合约、期货合约、期权合约、互换合约、电子交易系统和电子清算系统等）进行优化组合，确定出创造性的解决问题的方案或者说创造出新的金融产品。(3) 金融工程的目的是通过设计、开发和应用金融工具，创造性地解决金融问题或者使金融结构得到改善，金融的成效得到提高。创造性地解决金融问题或提高金融的成效，一般主要体现在改善收益—风险组合或改善财务特性上面。正像洛伦兹·格利茨在《金融工程学》一书中所说的那样："对于金融工程师而言，'机械上的完美'是指实现特定的金融目标。对投资者而言，这种完美是在不承担货币风险的前提下，在外国的股票市场上获得较高的预期回报；对于金融家而言，这种完美是指他能以低于当前市场利率的代价为一个大的建设项目筹资，并且保证该利率将不会超过某一特定的水平，如 x%；对于公司的财务人员而言，这种完美则意味着在工程（或项目）的招标阶段完全避免了货币风险。"

## 二、金融工程的基本要素

金融工程的基本要素包括金融工程师、概念性工具和实体性工具。

1. 金融工程师。金融工程的决定性要素是主持和操纵金融工程的人，这些人就是金融工程师。1991年国际金融工程师学会（International Association of Financial Engineers）的成立，既代表着金融工程学的正式问世，也代表着金融工程师这一特殊的群体已为社会所公认。由于金融工程要广泛涉及公司财务、证券投资、外汇交易、金融衍生品交易等许多领域，要求金融工程师必须具备与其所承担的金融工程职责相符的理论、知识和技能。虽然每一个金融工程师所承担的具体工作可能只涉及金融活动的某个或某些方面，但由于金融工程工作在设计、开发和应用新的金融工具这一基本内容方面是相一致的，因此，在一些基本理论、知识和技能方面，对金融工程师的要求是相同的。一般来说，一个合格的金融工程师需要掌握的理论除了包括经济学和金融学的一般原理外，还应重点包括：价值分析理论或估值理论、证券组合理论、资本资产定价理论、套利定价理论、期权定价理论等。金融工程师要熟练地运用这些理论对已有的金融工具进行价值分析和风险测算等，然后进行创造性的构思和策划，形成新的金融工具组合或新的增值避险方案。一个合格的金融工程师需要具备的专业技能主要包括：对分析对象进行数学处理和统计学处理的技能、对金融市场运行特征和金融产品特征迅速把握的技能、运用电脑和远程通信设施的技能，以及与会计、税收、法律等相关领域相协调的技能。金融工程师要运用这些技能使其所做的各种分析和测算达到方法科学和结果准确的要求，使其创造性的构思和策划最大程度地贴近现实并能付诸实施。从目前全球金融创新的总特点来看，金融创新最活跃的领域是投资银行业和金融衍生品市场，因此，金融工程师多为从事投资银行业务的投资银行家和那些从事资产证券化等业务创新活动的其他金融机构专家，以及从事金融衍生品交易活动的投机专家。

2. 概念性工具。金融工程的概念性工具主要包括估值理论、证券组合理论等金融资产定价理论以及相关的会计、法律、税收知识等，是金融工程师用以进行金融工具设计、开发和应用的"理论武器"。其中，估值理论主要是指对投资对象的价值进行分析的理论，包括对所投资的金融资产的未来现金流收入进行测算，并通过一定的折现率判断其当前的投资价值，以便在各种金融资产之间进行实际收益的比较；也包括对某种组合投资方案的未来收入的测算和在一定折现率下的当前投资价值的判断，以便在各种投资方案之间进行实际投资效果的比较。估值理论中最普遍使用的方法是对某种投资形成的未来现金流收入做贴现，或者说对未来的收入计算现在的价值（参阅第四章第三节）。它所强调的是在一定的市场利率水平下投资的机会成本和不同投资期限下货币的时间价值，即市场利率水平（折现率）越高，投资的机会成本越大，现值越低；投资期限越长，货币的时间价值表现越充分，现值对折现率的变动就越敏感。证券组合理论、资本资产定价理论、套利定价理论和期权定价理论等可以通称为金融资产定价理论，它要解决的问题是投资者如何根据自己的风险—收益偏好和各种证券及证券组合的风险收益特性来选择最优的投资组合，或者说是投资者如何为不同的投资组合的"预期效用"[①]标价，以便确定最佳的投资决策。本章第四节将对证券组合理论和资本资产定价理论作简要介绍。

3. 实体性工具。金融工程的实体性工具是相对于以各种金融理论和相关知识为内容的概念性工具而言的，主要包括固定收益证券、权益证券、远期合约、期货合约、期权合约、互换合约、电子化交易等，它们是金融工程师用以进行新的金融产品设计和开发的实用工具。新的金融产品或工具大都是在对这些已有的金融工具灵活应用和有效组合的基础上被设计和开发出来的，尤其是在对远期、期货、期权、互换等金融衍生工具的应用和组合上更显示出金融工程的巨大创造力。以下对这几种主要的金融衍生工具作简要介绍。

### 三、金融衍生工具

（一）远期合约

这是 20 世纪 80 年代初兴起的一种保值工具，它是一种交易双方约定在未来的某一确定时间，以确定的价格买卖一定数量的某种金融资产的合约。合约中要规定交易的标的物、有效期和交割时的执行价格等项内容。从理论上讲，远期合约的交易双方——买入标的物的多方（Long Position）和卖出标的物的空方（Short Position）能够在信息对称的条件下约定双方都能接受的执行价格，说明在成交日远期合约的价值对双方来说都为零。在合约的整

---

[①] 美国经济学家 S.克里·库珀（S.Kerry Cooper）和唐纳德·R.弗雷译（Donald R.Fraser）在《金融市场》（*The Financial Marketplace*）一书中定义的"预期效用"概念，综合了预期收益、风险和风险—收益选择，并且假定投资者不喜欢风险，"给予投资者对风险—收益的选择，他们将选择能够提供混合预期收益和相联系的风险，使他们得到最大的满足"。

个有效期内，合约的价值是随着标的物市场价格的波动而变化的，当市场价格高于合约的执行价格时，由空方向多方按差价支付结算金额，对多方来说，合约的价值大于零；而当市场价格低于合约执行价格时，则由多方向空方按差价支付结算金额，对空方来说，合约的价值大于零。远期合约的价值在有效期内相对于多方和空方的这种变化关系，可通过图 5-2 表示。

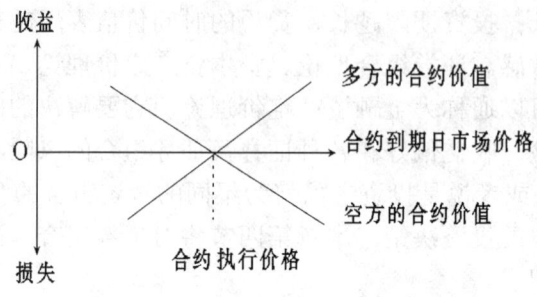

图 5-2 远期合约的价值决定

远期合约的交易一般不在规范的交易所内进行，大都通过现代化通信方式在场外进行。远期合约的具体形式主要有远期货币协议和远期利率协议两种。

远期货币协议是一种进行远期外汇交易而签订的协议，在这种协议下，外汇买卖成交时，交易双方无须收付对应货币，而是约定在未来某个时间进行结算与交割。协议要规定外汇买卖的币种、数额、期限和汇率等内容。期限一般为 1~6 个月，最长一般不超过 12 个月，以 3 个月期限的居多。在实际中，外汇市场上的远期货币协议有将交割日确定为固定日期的直接远期外汇协议，也有将交割日确定为在两个日期之间择期的择期外汇协议。远期外汇协议一般由有远期外汇收入或远期外汇支出的客户与外汇银行之间签订，目的是为了避免汇率波动的风险。在利用远期外汇协议进行投机时，买卖双方一般并不进行实际交割，而是按照到期时汇率的涨跌来收付盈亏的余额，以结束交易。远期货币协议以远期汇率确定交易价格，协议的报价可以直接报出整个远期汇率，称单纯远期汇率；也可报出掉期率，即升水、贴水值。外汇市场上的惯例是用远期升水或贴水来给出远期报价，高买低卖时为贴水，低买高卖时为升水。

远期利率协议，是交易双方为避免将来利率波动的风险，或为在将来利率波动时获取投机收益而签订的一种协议。在这种协议下，交易双方约定从将来某一确定的日期开始在某一特定的时期内借贷一笔利率固定、数额确定、以具体货币表示的名义本金。远期利率协议的买方就是名义借款人,如果市场利率上升的话,他按协议上确定的利率支付利息,就避免了利率风险;但若市场利率下跌的话,他仍然必须按协议利率支付利息,就会受到损失。远期利率协议的卖方就是名义贷款人,他按照协议确定的利率收取利息,显然,若市场利率下跌,他将受益;若市场利率上升,他则受损。远期利率协议产生的动机,对买方和卖方来说都可能有两种:一种是确有在将来一个时期借入资金或贷出资金的必要,为了避免在到时的实际借贷中遭受利率损失而购买协议或卖出协议。另一种是纯粹的投机,即认为市场利率将会高于协议利率时就购买协议,充当借款人;认为市场利率将会低于协议利率时,就卖出协议,充当贷款人,从中获取利差收益。实际上,远期利率协议下往往并没有真实的借贷行为发生,本金只是为计算利息额而设定的,是一种名义本金。交易双方只需要在结算日根据协议利率和市场利率(由双方在结算日到来前2天内按市场通行利率确定的参照利率)的率差与名义本金及名义借贷期限相乘后得出的应付利率差额来完成支付,以结束交易。如:一份约定在2个月以后开始借入6个月期限贷款的远期利率协议(习惯上称为2月对8月远期利率协议或2×8远期利率协议),如果协议的名义本金为100万美元,协议的执行利率定为6.3%,若2个月后(按市场通行利率确定参照利率之日)市场利率上升到6.8%,那么,这份远期利率协议的卖方就要为买方支付这样一笔利息差额:$1000000\times(6.8\%-6.3\%)\times(6/12)=2500$ 美元。

(二)期货合约

这是一种为进行期货交易而制定的标准化合同或协议。期货交易是指买卖双方事先就交易对象或标的物(商品或货币、证券、股票价格指数等金融产品)的品种、数量、交割日期、交易价格、交割地点等达成协议,根据协议在未来的某一特定时间和地点以双方约定的价格购买或出售一定数量的商品或金融产品;或者,也可以在交割前采取对冲的方式来避免实物交割。期货合约与远期合约的原理是相同的,所不同的是,期货合约是在有组织的交易所内进行的,合约的许多内容不是由交易双方临时磋商确定,而是由交易所事先设定好的,除了交易价格由交易双方在交易所内公开竞价达成外,合约的其他组成要素包括标的物的种类、数量、交割日期、交割地点等,都是标准化的。标准化的合约,使交易双方省去了对交易价格以外的其他条件的磨合,他们只需要在交易所选择适合自己的期货合约买进或卖出,就可成交。交易所的清算部或清算公司充当所有期货合约买者的卖方和所有期货合约卖者的买方,即充当买卖双方的中介,因此,期货合约的交易双方并不需要直接接触，而是分别在交易所的清算机构开立保证金账户，并按交易所规定的比例交存保证金，一切交易活动都通过保证金账户来进行，盈利者可从账户取走现金，亏损者则要补足保证金余额。合约的标准化，大大方便了合约的流通，绝大多数情况下，期货合约的买者或卖者都是在到期前通过将合约抛出或购入而结束其头寸的，也就是说，原先买进合约的人在到期前要将合约卖掉，原先卖出合约的人在到期前要将合约买进，通过这种方向相反的对冲交易，就避开了真实的实物交割。

期货合约根据标的物的不同，可分为商品期货合约和金融期货合约，简称为商品期货和金融期货。商品期货的标的物一般限于那些大宗的、同质化的、易于保存的和价格多变的商品，如谷物、矿产品、有色金属等。商品期货早在19世纪中叶就已经出现了。金融期货的标的物是外汇、利率、股票、债券、股票价格指数等金融产品，对应于各种标的物的金融期货分别称为货币期货、利率期货、股票价格指数期货等。金融期货是在商品期货的基础上发展而来的，是20世纪70年代以后首先在国际金融领域出现的。作为金融工程实体性工具的期货合约，主要指的是金融期货。金融期货与商品期货具有相同的运作原理，所不同的主要是，由于金融期货的标的物是特定的金融商品，没有具体的使用价值形态，因此，交易者的交易动机很少与其对标的物的直接需求相关，很少出现真实的交割，这就决定了金融期货合约的市场流动性要高于一般期货合约，投机性要比一般期货合约更强。

货币期货、利率期货和股票价格指数期货是金融期货的主要形式，各自的主要特征是：①货币期货，这是最早出现的金融期货，又称外汇期货。它是买卖双方在将来某一时间以约定的价格进行两种货币交换的期货合约。货币期货是标准化的合约，交易的标的物是国际上公认的主要支付货币，交易期限是交易所规定的标准期限，交易数量根据交易所规定的标准交易单位确定，买卖双方在交易所内以公开竞价方式达成未来的收交价格。货币期货绝大部分不进行实际交割，只对差额进行清交。货币期货与远期货币协议的主要区别在于它是标准化的合约，是在交易所内而不是在场外进行的，价格是集中公开竞价确定的，而不是买卖双方一对一地磋合而成的。②利率期货是交易双方在将来某一时间以约定的价格对一定数量的具有利息和期限的金融商品进行交割的期货合约。主要包括以长期国债为标的物的长期利率期货和以短期存款为标的物的短期利率期货。由于对国债和存款的买卖是以利率报价的，买卖双方都是为了避免因市场利率变动而遭受损失或者为了获取市场利率变动所带来的收益，因此，这里的债券期货和存款期货就是一种利率期货。利率期货与其他期货合约一样,以合约的标准化为前提,通过经纪人在交易所内进行,交易者在参加交易时须在交易所的清算机构开立利率期货保证金账户,并按交易所规定的比例交存保证金。在多数情况下,利率期货都是在到期前用相反的合约对冲,很少出现真实的交割。③股票价格指数期货,简称为股指期货,是以股票价格指数作为交易标的物的一种金融期货。在股指期货中,买卖双方约定在将来的某一时间以约定的价格(股价指数的点数)买卖标准化单位的某种特定指数,交易价格用"点"表示,每点都有规定的货币金额价值,称为合约乘数或交易乘数,如:美国的期货交易所均规定每点指数为 500 美元,日本规定每点指数值为 10000 日元。股指期货的标的物是代表股票市场平均价格水平的股价指数,它涉及一揽子股票的加权平均价格,而不针对某一种股票,因此,交易中并不涉及股东权益的转让,没有实际的股票过户,交割时只按由股票指数市场变化与合约确定的点数的差所代表的货币金额进行清算。2006 年 9 月 8 日,中国金融期货交易所成立。2010 年 4 月 8 日,中国的股指期货在上海宣布正式启动。2010 年 4 月 16 日,沪深 300 股指期货合约正式上市交易,首批上市合约为 2010 年 5 月、6 月、9 月和 12 月合约。其中,5 月、6 月合约的交易保证金定为合约价值的 15%,9 月、12 月合约保证金率定为 18%。沪深 300 股指期货的合约乘数规定每点指数 300 元人民币。

股指期货是为了满足投资者规避股市的系统性风险和转移个别股票价格波动风险而设计的金融工具,深受套期保值者的欢迎,再加上各国的期货交易所对股指期货的最低保证金比例定得很低,一般仅占期货合约总值的 10% 左右,因此,投资的财务杠杆率较大。投资者可以用较少的资金在预测股市将会上升时,大量买进期货,或者在预测股市将会下跌时,大量卖出期货,以谋取高额利润。

(三)期权合约

这是一种约定选择权的合约,即对标的物的"买的权力"或"卖的权力"进行买卖而签订的合约。这种合约规定,买方有权在约定的时间或时期内,按照约定的价格(即合约执行价格)购买或出售一定数量的标的物(实物商品、证券、期货合约等),也可以根据市场变化情况放弃买或卖的权利,在买方选择行使权利时,卖方必须履行合约规定的义务。买方购买这种选择权必须付出费用,这个费用就是其向卖方支付的期权费或权利金。在期权合约下,合约的买方(即支付期权费,买下选择权的一方)希望的是,当出现有利于自己的市场价格时,行使买或卖的权利,获取标的物的差价收益;而当出现不利于自己的市场价格时，则放弃行使权利，将损失锁定在期权费的水平。合约的卖方希望出现不利于买方的市场价格，只要买方放弃行使权利，收取的期权费就成为卖方的实际收益。

期权合约有许多种类。根据选择权中买或卖的标的物是实物商品还是证券、期货合约等金融商品，分为商品期权和金融期权。作为金融工程实体性金融工具的期权合约，主要指的是金融期权。金融期权又可根据相关金融商品的不同，进一步分为货币期权（外汇期权）、利率期权、股票期权、股票价格指数期权等。根据买者行使权利的时限不同，分为欧式期权和美式期权。欧式期权的买者只能在期权到期日才能行使买或卖的权利，而美式期权则允许买者在期权到期前的任何时间都可以行使权利。根据合约赋予买者权利的性质不同，分为看涨期权（Call Option）和看跌期权（Put Option）。看涨期权，又称买权，就是合约购买者具有从合约卖出者那里买进某种标的物的权利的期权合约；看跌期权，又称卖权，就是合约购买者具有向合约卖出者售出某种标的物的权利的期权合约。

看涨期权或买权赋予期权购买者买进标的物的权利，当期权购买者预测某种标的物的未来市场价格将会上涨时，就向期权出售者购买对这种标的物的看涨期权，若标的物的市场价格果真上涨到超过执行价格加期权费的水平，执行期权就可获利；若市场价格未超过执行价格加期权费的水平，执行期权就会发生损失；若市场价格未超过执行价格水平，放弃执行期权，就可将损失锁定在期权费水平（如图 5-3 所示）。

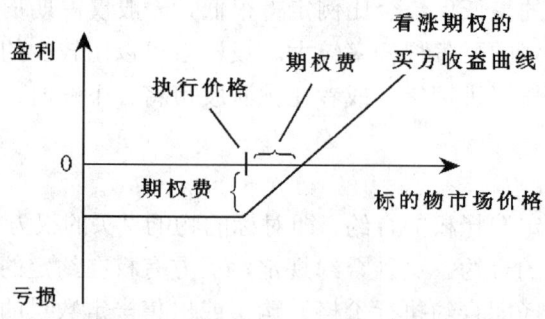

图 5-3 看涨期权中的买方

看跌期权或卖权赋予期权购买者卖出标的物的权利，当期权购买者预测某种标的物的未来市场价格将会下跌时，就向期权出售者卖出对这种标的物的看跌期权，若标的物的市场价格果真下跌到比执行价格减去期权费后还要低的水平，执行期权就可获利；若市场价格未低于执行价格减去期权费的水平，执行期权就会发生损失；若市场价格未低于执行价格水平，放弃执行期权，就可将损失锁定在期权费水平（如图5-4所示）。

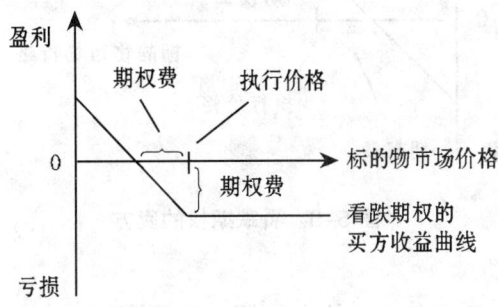

图5-4　看跌期权中的买方

无论是看涨期权还是看跌期权，对于期权的卖出者来说，买者的收益就是他的损失，买者的损失就是他的收益。由于买者的收益取决于标的物市场价格的变化情况，是没有限定的，因此，卖者的损失也就没有限定；又由于买者的损失最大限度是期权费，因此就决定了卖者的最高收益水平只能是其收取的期权费。简单地说，也就是，在期权合约中，期权的买者收益无限而损失有限，期权的卖者损失无限而收益有限。看涨期权和看跌期权中的卖方收益曲线分别如图5-5和图5-6所示。

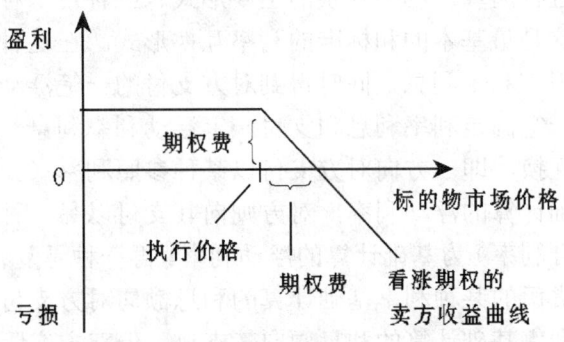

图5-5　看涨期权中的卖方

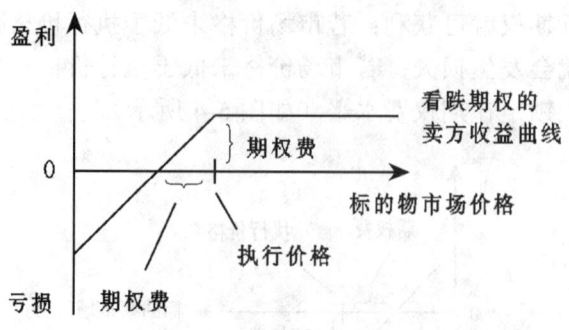

图 5-6 看跌期权的卖方

（四）互换合约

这是一种交易双方在约定的有效期内相互交换支付的合约。交换的具体对象可以是不同种类的货币、债券，也可以是不同种类的利率、汇率、价格指数等。一般情况下，它是交易双方（有时也有两个以上的交易者参加同一笔互换合约的情况）根据市场行情，约定支付率（汇率、利率等），以确定的本金额为依据，相互为对方进行支付。互换合约最主要和最常见的形式是利率互换和货币互换。

利率互换是指交易双方约定在未来的一定期限内，按约定的名义本金和计息方式，用一种货币向对方支付利息。在利率互换中，没有实际本金的交换，本金只是为了计算利息额而设定的，在实际结算时，通常只按双方应支付的差额部分进行清算。利率互换的主要形式有三种：一种是固定利率对浮动利率互换。这是最基本的和标准的利率互换形式。在这种形式下，一方向对方支付一笔固定利率利息，同时得到对方支付的一笔浮动利率利息，而对方相应地收到一笔固定利率利息和支付一笔浮动利率利息。第二种是浮动利率对浮动利率互换，即一方向对方支付以某种参照利率（如伦敦银行同业拆放利率）为基础计算的浮动利率，对方则向其支付以另一种参照利率（如美国商业票据混合利率）为基础计算的浮动利率。再一种是复合货币利率互换，即一方按某种货币的某种利率基础计算的利息额向对方支付，对方则按另一种货币的一定利率基础计算的利息额向其支付，但双方实际支付的款项为同一货币。后两种形式以及其他一些形式，一般均被认为是利率互换的变形形式。

货币互换是指交易双方约定在未来的一定期限内，按约定的本金额和利率，相互交换不同的货币。与利率互换比较，货币互换的主要特点是，交易双方所支付款项的货币种类不同；交易中要发生本金的交换；交易双方的利息支付可以同时采用一种计息方式，如双方都以浮动利率支付或都以固定利率支付。货币互换实际上是传统的平行贷款和背对背贷款的演化形式。平行贷款（Parallel Loan）是指两个国家（地区）的母公司签订协议，各自向对方的子公司提供金额相同、期限相同的贷款，贷款以发放者一方的货币计值，在协议的到期日，彼此归还所借款项。平行贷款也可采用两国母公司之间相互贷款，再通过其子公司之间的贷款进行平衡的方式。背对背贷款（Back-to-Back Loan），又称对开贷款，是指两个国家（地区）的公司之间签订合同，均以本币向对方提供贷款，贷款到期后，借款公司分别以所借币种偿还本息。平行贷款和背对背贷款都是以贷款公司所在国的货币向对方对等地提供贷款，其实质是两国货币之间进行对等地交换。被认为是全世界第一笔典型的货币互换的业务发生于 1981 年，这一年，在所罗门兄弟投资公司的安排下，世界银行与美国国际商用机器公司（IBM）达成协议，由世界银行用美元支付 IBM 公司所发行的联邦德国马克和瑞士法郎债券的全部本金和利息，而 IBM 公司则用联邦德国马克和瑞士法郎支付世界银行所发行的美元债券的全部本金和利息。

　　互换合约能够存在并发展的基础在于，它遵循了比较优势原理。根据大卫·李嘉图（David Ricardo）的比较优势理论，在两国都能生产同样的两种产品，且由于技术和劳动生产率等方面的差异，一国比另一国在两种产品上都存在优势，但这种优势在两种产品之间并不相同的情况下，处于优势的国家专门生产优势较大的那种产品，而处于劣势的国家则专门生产劣势较小的那种产品（与另一种产品比较，具有相对优势），然后进行交换，各自都能从中获益。互换合约中的交易双方能够达成协议的主要原因就在于，通过互换可以使双方的比较优势得以发挥，从而降低筹资成本或提高投资收益。如：假定有 A 和 B 两家信用等级不同的公司都想筹集一笔相同金额的美元资金，A 公司的信用等级高于 B，无论在固定利率的借贷市场还是在浮动利率的借贷市场上，A 公司都具有筹资的优势，B 公司则处于劣势。但是，在固定利率市场和浮动利率市场之间比较，A 公司在固定利率市场上的优势更大，相应地，B 公司在浮动利率市场上的劣势较小（相对于固定利率市场而言，这是 B 公司的相对优势），这样，A 公司专门在固定利率市场筹资，B 公司专门在浮动利率市场筹资，然后进行交换，就能各得其利。由于本金额和货币种类是相同的，因此，这种交换实际上就是 A 公司为 B 公司支付固定利率利息，B 公司为 A 公司支付浮动利率利息。假如 A、B 两家公司的筹资能力水平的对比是这样的：在固定利率市场上，A 公司的利率为 8%，B 公司为 11%，A 公司的筹资成本比 B 公司低 3 个百分点；在浮动利率市场上，A 公司利率为 LIBOR，B 公司为 LIBOR+1%，A 公司的筹资成本比 B 公司低 1 个百分点。现在做这样的互换安排：①A 公司在固定利率市场以 8%的利率筹集资金调给 B 公司，须由 B 公司支付 9%的利率，这对 A 公司来说，可多得 1%的利息，对 B 公司来说，可少付 2%利息；②B 公司在浮动利率市场以 LIBOR+1%的利率筹集资金调给 A 公司，A 公司只能给其支付 LIBOR 利率，这对 A 公司来说，筹资成本未变，对 B 公司来说，多支付 1%的利息。互换的总结果是把①和②综合起来：A、B 两公司各自节约利息 1%。比较情况见下表：

表 5-1　A、B 公司的互换

| 公司 | 没有互换的利息支付 | 互换后的利息支付 | 结果比较 | |
|---|---|---|---|---|
| A | 固定利率：8% | 8%-1%=7% | 少付 1% | 节约 1% |
| A | 浮动利率：LIBOR | LIBOR | 相同 | 节约 1% |
| B | 固定利率：11% | 9% | 少付 2% | 节约 1% |
| B | 浮动利率：LIBOR+1% | LIBOR+1%+1% | 多付 1% | 节约 1% |

　　在前面提到的世界银行和 IBM 公司的货币互换中，优势互补的效果也是非常明显的。当时世界银行的筹资优势在美元债券市场，而它所需要的资金是瑞士法郎和联邦德国马克，IBM 公司正好在此时发行了瑞士法郎和联邦德国马克债券，且正在为筹集到的资金寻求出路，由于美元坚挺，通过与美元债券的转换即可获得汇兑收益。这样一来，世界银行以美元支付 IBM 公司所发行的联邦德国马克和瑞士法郎债券的全部本金和利息，使 IBM 公司希望投资于美元获取收益的愿望得以实现，世界银行也以理想的成本（联邦德国马克和瑞士法郎是当时的低利率货币）筹集到了价值 2.9 亿美元的联邦德国马克和瑞士法郎，双方各得其所。

### 四、金融工程的实施

　　金融工程是金融的技术化和工程化，它最能表现现代金融的产业特征。作为产业来发展的金融与其他产业一样，技术、产品和市场是其生存和发展的生命线。金融工程的目的就是为金融产业的发展不断提供新的技术，不断创造受客户欢迎的"个性化"产品，不断拓展新的金融市场领域。因此，金融工程的实施始终是围绕着技术、产品和市场来进行的。

　　金融工程为金融市场提供新的技术和产品，是通过金融工程师运用概念性的工具分析服务对象所面临的金融问题,然后将实体性的工具进行巧妙的应用和组合,创造出新的工具或制订出科学严密的解决方案的过程来实现的。从目前发达国家金融工程实施的情况看,金融工程师们最大量运用的概念性工具是估值理论和金融资产定价理论,金融工程的市场需求最集中地表现在为筹资者和投资者解决筹资和投资过程中的成本、收益和风险问题,其中,提供风险管理的技术和工具,是金融工程市场需求中最紧俏的部分,也是金融工程的尖端技术领域。围绕着风险管理这一金融工程最主要的市场需求,实体性金融工具(如前面所述的远期合约、期货合约、期权合约、互换合约等)被灵活应用、组合和不断创新,出现了诸如范围远期、上限、下限、打包期权、远期期权、复合期权、任选期权、障碍期权、两值期权、亚式期权、资产交换期权、互换期权、交叉货币利率互换、增长性互换、零息互换、远期互换等新的金融工具。当然,金融工程在解决金融问题时,有可能是设计、开发出一个或一整套对筹资者和投资者有用的金融工具,也有可能是对金融结构的重新组合或改造。

金融工程的一般运作过程要经过四个主要环节:(1)确定工程的目标与策略。(2)设计、开发达到工程目标和策略要求所需的金融产品或工具。(3)对设计和开发的金融产品或工具进行定价和测试。(4)将设计开发出的金融产品或工具客户化,即将金融工程的成果推向市场,实现预期目标和策略。在整个运作过程中,金融工程始终是围绕着其所要解决的金融问题或所要达到的目标与策略来展开的。从发达的金融市场的一般需求情况来看,金融工程要解决的问题或要达到的目标主要集中在对金融资产和投资活动的风险管理上,具体表现在如下四个方面:

1. 套期保值。这是人们对金融工程所设计和开发的金融工具的基本要求。当人们遇到交易风险时,就需要利用某种或某种组合的套期保值工具来消除风险,通常是通过持有反向头寸的办法来进行的。洛伦兹·格利茨在《金融工程学》一书中指出:"面对风险,金融工程有两个选择。第一个选择是,用确定性来代替风险。第二个选择是,仅替换掉于己不利的风险,而将对己有利的风险留下。……第一个选择用确定性代替了风险,但在消除不利于己的风险的同时,也消除了可能存在的于己有利的利益。"显然,解决套期保值的问题,金融工程只需采用"第一个选择"。

2. 投机。这是人们对金融资产和投资活动的一种超值要求,即利用市场价格的波动来赚取收益。通常的做法是,当预测某种资产的价格将来会上涨时,就在上涨前以锁定的价格大量买进这种资产,待价格果真上涨时,再卖掉这种资产；相反，当预测某种资产的价格将来会下跌时，就在下跌前以锁定的价格大量抛售这种资产，待价格果真下跌时，再买进这种资产。两种做法的结果都是最终赚得买卖的差价收益。金融工程为投机者设计和开发的金融工具，就是为这种投机活动提供更多、更大的获利机会。通过对实体性工具的灵活应用和组合，通过新的金融工具的设计和开发，金融工程为投机者带来以小博大、以最小风险换取最大收益的投资结果。按洛伦兹·格利茨的说法，就是只将不利的风险消除，而将有利的风险留下。而这种有利的风险，就是投机所获得的收益。

3. 套利。这是投机活动的高级、复杂形式，它是利用金融资产或金融工具在不同品种、不同市场、不同时期、不同风险、不同税收之间存在的价格差异和风险、税收等差异来套取收益的一系列投资活动。根据不同套利机会下的具体操作，套利有各种各样的形式，如跨商品套利、跨市场套利、跨期套利、风险套利、税收套利等[①]。金融工程所要做的，就是为这些套利活动提供最精确的分析、最好的金融工具和最佳的决策方案。

4. 重组金融结构。这是金融工程所要达到的更高级的目标，是要把金融工具、技术、机构、管理等金融资源进行重新组合，创造出更新的、效率更高的金融结构。在这一目标下，改善公司或金融机构的资产负债结构、促成公司或金融机构的重组和并购、开发各种复合金融工具、为投资者设计成套的组合投资方案或资产配置方案等，均成为金融工程实施的重要内容。

## 第四节　资本市场理论

### 一、证券组合投资理论

选择什么样的金融资产进行投资，是金融市场上投资者要解决的核心问题。在许许多多的金融资产面前，投资者的决策往往并不是非此即彼的简单

---

[①] 跨商品套利，是在不同商品或证券未来价格变动不一致时，通过买进一种商品或证券的期货，同时卖出同一交割月份另一种商品或证券的期货，而从中套利。跨市场套利，是利用同一商品或证券期货在不同交易所的价格差异进行套利。跨期套利，是利用同一市场、同一商品或证券在不同交割月份的价格变动幅度不一致进行套利。风险套利，是利用风险分布的不均衡性进行套利，如：保险公司集中多个较大的风险，从中收取与这些风险相对称的高额报酬，然后通过精心设计与组合，使风险降低，并以较低的成本和风险对外投资，从风险差异中获利；又如：在对风险企业实施并购中，赚取差价收益等。税收套利，是利用不同主体税负水平的差别进行套利。

挑选，而是对股票、债券、存单、汇票等各种金融资产的合理搭配或安排，也就是说，通常情况下，投资者是同时持有多种金融资产的，这就是人们常说的资产组合；若投资者同时持有的都是一些不同类型的股票和债券等有价证券，就称为证券组合。传统的投资理论认为，投资决策的关键是消除风险，人们之所以要同时持有多种证券，是因为他们普遍相信并遵循"分散原理"，即多元化投资可以降低风险。多元化投资的含义是，将全部投资分布在彼此相关度极低的多种资产上，就好比把所有鸡蛋分装在彼此没有牵连的多个篮子里，而不是都装在一个篮子里一样。多样化之所以能降低风险，是因为其中某一种资产的风险不会影响到其他资产，因而只是总风险的一小部分，就好比一个篮子掉了，不会使其他篮子里的鸡蛋破碎一样。"分散原理"还告诉人们，在各种资产之间相关度极低的情况下，所投资的资产种类数目越多，风险发生的概率就越小，程度就越低。进一步的问题是，人们怎样进行分散投资？或者说，人们依据什么来对各种各样的金融资产进行选择、搭配或组合？

在现实的投资活动中，人们不仅需要明白多元化投资的道理，更需要一种进行资产组合的科学方法。美国著名经济学家马柯维兹（Markowitz）1952年在其经典论文《证券组合选择》中指出，金融市场投资者的满意程度或偏好受两个主要因素的影响：一是投资组合的预期收益率，二是投资组合的标准差或方差（用其代表风险）。投资者的理想选择无非是在预期收益一定的情况下使风险最小，或者在风险一定的情况下使预期收益最大。这种选择可以通过由证券组合的预期收益率（$\mu$）与代表证券组合风险的预期收益率的标准差（$\sigma$）所构成的状态空间来描述。利用收益—风险无差异曲线，可以表示出使投资者获得无差别满足的不同收益和风险组合。如图5-7所示，纵轴为证券组合的预期收益率，横轴为证券组合预期收益率的标准差即风险，$U_1$，$U_2$和$U_3$分别为投资者的无差异曲线，在高的无差异曲线如$U_3$上的点要比低的无差异曲线如$U_1$上的点更理想，它反映了投资者追求收益和厌恶风险的主观偏好。但投资者的选择是否可行，关键是要看它的无差异曲线是否在有效的证券组合范围内。所谓有效的证券组合，又称为证券组合的有效集，它是指能够同时满足如下两个条件的证券组合：

（1）在各种标准差（风险）水平下，提供最大的预期收益；

（2）在各种预期收益水平下，有最小的标准差（风险）。

有效证券组合的形状如图5-7中由 $AMBC$ 围成的区域所示。

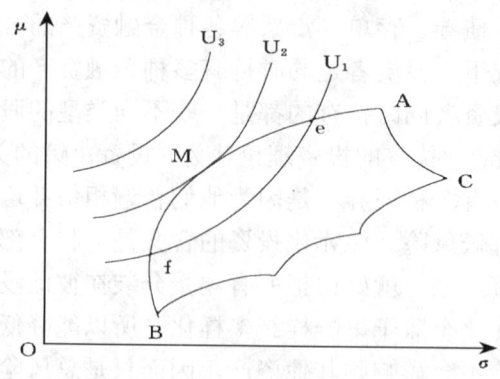

**图 5-7 投资者的最佳证券组合**

由图可见,单从投资者的主观偏好看,投资者的满足程度依次为 $U_3 > U_2 > U_1$,但是最高的无差异曲线 $U_3$ 上的点都不在有效边界内,因此,这条曲线上的任何证券组合都是不可行的,$U_1$ 上的部分点如 $e$ 点和 $f$ 点虽然在有效边界内,是有效的证券组合,但它们与 $M$ 点相比,显然不是最佳的收益—风险组合点,只有 $M$ 点即无差异曲线 $U_2$ 与证券组合有效边界曲线的切点,才是最佳的证券组合。这种最佳证券组合选择的理论和方法,就是证券组合理论的基本内容。

至于证券组合的预期收益率($\mu$)和证券组合预期收益率的标准差($\sigma$),则需要通过对投资者证券组合结构中各种证券的收益率联立分布的参数进行一系列统计学计算方能得出。首先要根据每种资产的可能收益率及其概率,计算出每种资产的预期收益率和预期收益率的标准差。计算方法以表 5-2 为例:

**表 5-2(a) 证券 A 的预期收益率**

| 可能收益率 | | 可能收益率的概率 | |
|---|---|---|---|
| 2% | × | 0.3 | =0.6% |
| 13% | × | 0.2 | =2.6% |
| 20% | × | 0.4 | =8% |
| 28% | × | 0.1 | =2.8% |
| | | | 预期收益率=14% |

**表 5-2(b) 证券 B 的预期收益率**

| 可能收益率 | | 可能收益率的概率 | |
|---|---|---|---|
| 4% | × | 0.3 | =1.2% |
| 9% | × | 0.4 | =3.6% |
| 12% | × | 0.3 | =3.6% |
| | | | 预期收益率=8.4% |

表 5–2（c） 证券 A 预期收益率的标准差

| 可能收益率 | 预期收益率 | 差异 | 差异平方 | 可能收益率的概率 | |
|---|---|---|---|---|---|
| 2% | — 14% = | −12% | 144% × | 0.3 | =43.2% |
| 13% | — 14% = | −1% | 1% × | 0.2 | =0.2% |
| 20% | — 14% = | 6% | 36% × | 0.4 | =14.4% |
| 28% | — 14% = | 14% | 196% × | 0.1 | =19.6% |
| | | | 方差 | | =77.4% |
| | | | 标准差 | $=\sqrt{77.4\%}$ | =8.80% |

表 5–2（d） 证券 B 预期收益率的标准差

| 可能收益率 | 预期收益率 | 差异 | 差异平方 | 可能收益率的概率 | |
|---|---|---|---|---|---|
| 4% | — 8.4% = | −4.4% | 19.36% × | 0.3 | =5.81% |
| 9% | — 8.4% = | 0.6% | 0.36% × | 0.4 | =0.14% |
| 12% | — 8.4% = | 3.6% | 12.96% × | 0.3 | =3.89% |
| | | | 方差 | | =9.84% |
| | | | 标准差 | $=\sqrt{9.84\%}$ | =3.14% |

计算出每种证券的预期收益率后，就可根据证券组合中各种证券所占比重，以加权平均方法计算出证券组合的预期收益率。若以 $\mu_i$ 代表第 $i$ 种证券的预期收益率，以 $x_i$ 代表第 $i$ 种证券在证券组合中所占的比重，以 $n$ 代表证券组合中的证券种类数，那么，证券组合的预期收益率就为：

$$\mu = \sum_{i=1}^{n} \mu_i x_i$$

证券组合的标准差或风险计算起来比较复杂，它既要受证券组合中每种证券的标准差的影响，又要受各种证券收益变化的相关关系即协方差的影响。以 A、B 两种证券的组合为例，若以 $\sigma_A$ 代表证券 A 收益的标准差，$\sigma_B$ 代表证券 B 收益的标准差，$K_{AB}$ 代表证券 A 收益和证券 B 收益之间的相关系数，那么，协方差即为：

$$\rho_{AB} = K_{AB} \sigma_A \sigma_B$$

若以 $x_A$ 代表证券 A 在证券组合中的比重，$x_B$ 代表证券 B 在证券组合中的比重，$\sigma^2_A$ 代表证券 A 收益的方差，$\sigma^2_B$ 代表证券 B 收益的方差，那么，证券组合收益的方差为：

$$\sigma^2_{AB} = x^2_A \sigma^2_A + 2 x_A x_B \rho_{AB} + x^2_B \sigma^2_B$$

当证券 A 与证券 B 的收益完全正相关时，即当 $K_{AB}=1$ 时，证券组合的标准差为：

$$\sigma_{AB} = x_A \sigma_A + x_B \sigma_B$$

也就是说，当 A、B 两种证券的收益变动完全相同时，证券组合的风险就是两种证券风险的加权平均值，这种组合并没有降低风险。

当证券 A 与证券 B 的收益完全负相关时，即当 $K_{AB}=-1$ 时，证券组合的标准差为：

$$\sigma_{AB}=x_A\sigma_A-x_B\sigma_B$$

也就是说，当 A、B 两种证券的收益变动完全相反时，二者的风险可以相互抵消。

当证券 A 与证券 B 的收益完全不相关时，即当 $K_{AB}=0$ 时，证券组合的标准差为：

$$\sigma_{AB}=(x_A^2\sigma_A^2+x_B^2\sigma_B^2)^{1/2}$$

将两种证券组合的标准差的计算推广到 $n$ 种证券，那么，在各种证券收益完全不相关的条件下，$n$ 种证券组合的标准差就为：

$$\sigma=(x_1^2\sigma_1^2+x_2^2\sigma_2^2+x_3^2\sigma_3^2+\cdots+x_n^2\sigma_n^2)^{1/2}$$

从上述证券组合的预期收益率和标准差的计算过程来看，严格地按照证券组合中的每一种证券所给出的信息计算出证券组合的预期收益率和标准差来确定证券投资选择，将是一件只有那些很有耐心和时间的人才会去做的事情，因为这种方法需要估计每一种证券的预期收益率，计算每一种证券的方差，尤其可怕的是要计算每一种证券收益与包括在证券组合中的所有其他证券收益的协方差。对于 $n$ 种证券的投资选择，需要计算 $n$ 个预期收益率、$n$ 个方差和 $\frac{n(n-1)}{2}$ 个协方差。因此，不作任何假定，对证券组合的收益和风险进行测算，虽然精确，但很不实用。也正因为如此，马柯维兹的证券组合投资理论才被后来者进一步补充和改进。

## 二、资本资产定价模型

资本资产定价模型（Capital Assets Pricing Model，CAPM）是在马柯维兹证券组合投资理论基础上，通过补充和改进而形成的证券组合投资选择模型。1958 年，托宾（Tobin）将无风险资产的概念引入到马柯维兹证券组合投资分析中。托宾认为，现实中的投资者常常是将资金分别投在两大类资产上的，一类是风险资产，另一类是无风险资产。所谓无风险资产，是指预期收益标准差为零的资产，相对应的投资则为无风险投资。比如，政府债券在通常情况下就是一种无风险债券，因为其还本付息是可靠的。有了风险资产和无风险资产的两类资产划分后，就可将投资者的资产组合看作是由一定比例的风险资产和无风险资产所形成的组合。在仍然以证券组合预期收益率（$\mu$）为纵轴，以证券组合预期收益率的标准差（$\sigma$）为横轴的坐标中，证券组合的有效集仍然是由 $AMBC$ 围成的区域，若以 $i$ 表示无风险资产的预期收益率，那么，它必然是落在纵轴上的一点。现在，投资者的资产组合就有了与全部资产都是风险资产情况下的资产组合不同的特点。如图 5-8 所示，从 $i$ 点出发的射线与有效边界相切于 $M$ 点，直线 $iM$ 上每一点得到的（$\mu$，$\sigma$）组合就是同时持有无风险资产和风险资产投资组合的投资者的最佳选择。

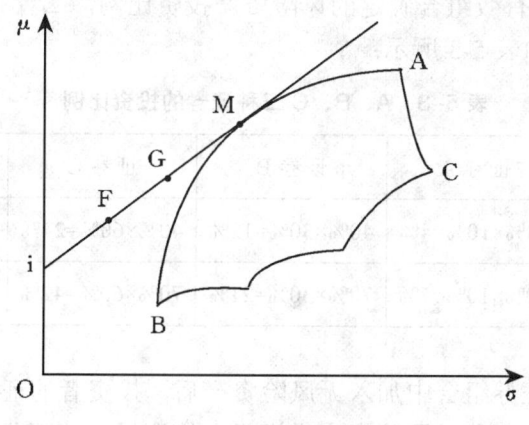

图 5-8 分离公理

在资本资产定价模型中，将图 5-8 中由无风险资产的组合点 $i$ 与处在有效边界上的风险资产组合点 $M$ 连接的切线称为资本市场线（CML）。资本市场线的方程表达式为：

$$\mu = i + [(\mu_m - i)/\sigma_m] \sigma$$

其中，$\mu$ 代表证券投资组合的预期收益率，$i$ 代表无风险资产的预期收益率，$\mu_m$ 代表证券有效组合的预期收益率，$\sigma_m$ 代表证券有效组合预期收益率的标准差（实际上是 $\sigma_m$ 与无风险资产收益标准差的差，即 $\sigma_m - 0$），$\sigma$ 代表证券投资组合的标准差。可见，资本市场线是一条以无风险资产收益率 $i$ 为截距，以证券组合预期收益率与无风险证券收益率之差跟它们的标准差之差的比率为斜率，反映证券投资组合预期收益率与其标准差之间线性关系的直线。

理解资本市场线需要注意两个重要方面：第一是，它表明对证券组合投资的定价要考虑两种收益，一种是无风险收益即 $i$，另一种是风险收益即 $\mu_m - i/\sigma_m$；第二是，它表明在资本市场线上的每一点如 $F$ 点或 $G$ 点，风险资产的比例都等于由 $M$ 点所确定的投资者在资本市场的投资比例，所不同的只是无风险资产与风险资产的投资比例。如：有效组合 $M$ 点的风险资产投资结构为：证券 A 10%，证券 B 30%，证券 C 60%。这一比例结构是由各种证券的市场均衡价格决定的，供求机制会使个别证券不合理的价格自动调整到均衡水平，使投资者对各种证券的投资比例得以确定，凡是在资本市场线上的各点的投资组合都要遵循这种由市场供求决定的投资比例。如选择 $F$ 点和 $G$ 点的投资者的证券组合差别只在于对风险资产投资和无风险资产投资的比重不同，假定前者的风险资产投资比重为 40%，而后者的风险资产投资比重为 70%，那么，按照有效组合确定的风险资产投资比例，二者对 A、B、C 三种证券的投资比例如表 5-3 所示：

表 5-3　A、B、C 三种证券的投资比例

| 资产种类 | 无风险资产 | 证券 A | 证券 B | 证券 C | 风险资产合计 | 全部资产合计 |
|---|---|---|---|---|---|---|
| 证券组合 F | 60% | 40%×10%=4% | 40%×30%=12% | 40%×60%=24% | 40% | 100% |
| 证券组合 G | 30% | 70%×10%=7% | 70%×30%=21% | 70%×60%=42% | 70% | 100% |

由此可见，证券组合中加入无风险资产后，投资者的证券组合选择就分离为两个部分：一部分是风险资产投资组合的选择，一部分是无风险资产与风险资产投资结构的选择。这就是所谓对证券组合投资分析的"分离公理"。这种理论及其模型在马柯维兹理论的基础上，将证券组合预期收益率与其标准差之间的关系表达为一个简单而又科学的线性方程式，大大提高了证券组合投资定价理论的实用性。

托宾的"分离公理"及其模型提出后不久，在 20 世纪 60 年代中期，由夏普和林特纳将模型进一步改进为用以分析任一证券的预期收益率与风险之间均衡关系的"证券市场线"（SML），方程表达式为：

$$\mu_i = i + [(\mu_m - i)/\sigma_m^2]\sigma_{im}$$

其中，$\mu_i$ 代表证券 $i$ 的预期收益率，$i$ 代表无风险资产预期收益率，$\mu_m$ 代表包括证券 $i$ 在内的证券有效组合的预期收益率，$\sigma_m^2$ 代表证券有效组合的预期收益率的方差，$\sigma_{im}$ 代表证券有效组合与证券 $i$ 的预期收益率的协方差。

与资本市场线比较，证券市场线分析的不是有效证券组合的预期收益率与其标准差之间的关系，而是某一特定证券的预期收益率与该种证券和证券组合的协方差之间的关系。证券市场线强调两点重要内容，一是强调证券 $i$ 对证券组合风险的影响，并不直接决定于证券 $i$ 本身风险的大小，而是直接

取决于证券 $i$ 与证券组合之间的协方差。假定以 $x_{im}$（$i=1$，2，3，$\cdots$，$n$）代表证券组合 $M$ 中每一种证券所占的比重，$\sigma_m$ 代表证券有效组合的预期收益率的标准差即证券组合的风险，$\sigma_{im}$ 代表证券 $i$ 与证券组合之间的协方差，根据统计学原理可知：

$$\sigma_m=(x_{1m}\sigma_{1m}+x_{2m}\sigma_{2m}+\cdots+x_{nm}\sigma_{nm})^{1/2}$$

很明显，证券组合风险 $\sigma_m$ 的大小要受每种证券在证券组合中所占比重的影响，而每种证券在证券组合中的比重则受它们各自与证券组合协方差的影响。证券市场线强调的另一个重要内容是，具有较大协方差的证券有较高的风险，应当相应地有较高的预期收益率，即在证券市场线方程中，其他条件一定时，$\sigma_{im}$ 越大，则 $\mu_i$ 越高。

将证券市场线变形为 $\mu_i=i+(\mu_m-i)\cdot(\sigma_{im}/\sigma^2_m)$，以 $\beta_i$ 代替 $\sigma_{im}/\sigma^2_m$，就得到一个新的表达式：

$$\mu_i=i+(\mu_m-i)\beta_i$$

其中，$\beta_i$ 称为证券 $i$ 的 $\beta$ 系数。这个表达式的意义在于，以 $\beta_i=\sigma_{im}/\sigma^2_m$ 作为证券市场的风险变量，以 $\mu_m-i$ 作为证券市场的斜率，会使证券的预期收益率表现得更加直观。对于无风险资产来说，它与证券组合的协方差一定为零，即 $\beta_i=0$，因此，必有 $\mu_i=i$，即无风险资产的预期收益率就是证券所确定的利率；对于某种风险证券，其协方差 $\sigma_{im}$ 正好等于证券组合的方差 $\sigma^2_m$，即 $\beta_i=1$，必有 $\mu_i=\mu_m$，即该种风险证券的预期收益率正好等于证券组合的预期收益率；对于任何一种证券所具有的风险来讲，其大小取决于 $\beta_i$，而 $\beta_i$ 的大小主要看证券的协方差与证券组合的方差之间的对比情况，在证券组合的方差一定的情况下，证券的协方差越大，$\beta_i$ 值越高，证券的风险越大。

证券市场线的进一步分析和表达，是将每种证券受非均衡因素影响的实际预期收益率与受市场均衡因素影响的均衡预期收益率进行比较，得出每种证券的证券特征线（Security Characteristic Line，SCL）。所谓均衡预期收益率，就是上述由证券市场线所决定的证券 $i$ 的预期收益率。为了与实际预期收益率进行比较，这里将均衡预期收益率用 $\mu^e_i$ 表示，将实际预期收益率用 $\mu_i$ 代表。根据证券市场的均衡含义，每一种证券的价格都会自动调整到由证券市场线所确定的位置，因此，均衡时证券 $i$ 的预期收益率为：

$$\mu^e_i=i+(\mu_m-i)\beta_i$$

由于证券市场的不均衡是经常存在的，因此，每种证券的预期收益率最经常地表现为受非均衡因素影响的实际预期收益率，它与均衡预期收益率之间存在一定的差，若用 $\alpha_i$ 来表示这个差，即：$\alpha_i=\mu_i-\mu^e_i$。将均衡预期收益率的公式代入此式，再加进实际预期收益率与均衡预期收益率可能出现的随机误差因素$\varepsilon_i$，可得：

$$\alpha_i=\mu_i-[i+(\mu_m-i)\beta_i]+\varepsilon_i$$

进一步整理可得：

$$\mu_i-i=\alpha_i+(\mu_m-i)\beta_i+\varepsilon_i$$

该式即为在证券市场不均衡时，证券 $i$ 的特征线。公式中的 $u_i-i$ 代表证券 $i$ 的超额收益率即实际预期收益率相对于无风险利率的水平，$\mu_m-i$ 则代表证券组合的超额收益率。因此，证券特征线的主要意义在于说明，证券 $i$ 的超额收益率由市场失衡的水平（$\alpha_i$ 值）、一定风险（$\beta_i$ 值）下的证券组合的超额收益率和随机误差三部分构成。换一个角度说，它说明在一定的市场失衡状态（$\alpha_i>0$ 或 $\alpha_i<0$）和随机因素影响下，证券 $i$ 的超额收益率和证券组合的超额收益率之间存在着线性关系，关系变化的情况取决于系数 $\beta_i$。

资本资产定价模型将资产的预期收益率与风险的关系通过资本市场线、证券市场线、证券特征线等一系列方程式表达出来，从不同角度为证券市场组合投资提供了理论依据和资产定价的方法，使多样化组合投资能够降低投资风险这一科学真理变为在实践中可以估计资产收益、测量投资风险、进行投资决策的工具。因此，这一模型在金融市场理论中具有极其珍贵的价值。

### 三、套利定价模型

与资本资产定价模型相类似，套利定价模型也是一个用于解释市场如何确定证券价格的均衡模型，其基本思路是资本市场存在一价定律：在竞争的金融市场上，套利将保证无风险资产提供相同的预期报酬率。所谓套利（Arbitrage），是指当某种风险证券组合的期望收益率与定价不符时，投资者便可利用这种市场的不均衡所产生的证券价值的偏差进行投机性交易，从而获得无风险的利润。其假设前提是卖空不受限制，交易无成本，有足够多的可供交易的证券。套利定价理论（Arbitrage Pricing Theory，APT）强调的是来自市场内部和外部的决定证券收益率的各种因素对资产定价的作用，这些因素的不可预测的变化决定了证券市场的风险，证券的预期收益与各种影响因素之间存在着线性关系。

（一）套利组合

根据套利定价理论，投资者将竭力发现构造一个套利组合的可能性，以便在不增加风险的情况下，增加组合的预期收益率：但套利组合究竟是什么呢？

首先,它是一个不需要投资者任何额外资金的组合,如果 $x_i$ 表示投资者对证券 $i$ 的持有量的变化(因此也表示套利组合中证券 $i$ 的权数),套利组合的这一特征可以表述为:

$$x_1 + x_2 + \cdots + x_n = 0$$

其次,套利组合中证券对任何因素的敏感度加总为零,亦即套利投资组合对任何因素都无敏感度,其表达式为:

$$b_{11}x_1 + b_{12}x_2 + \cdots + b_{1n} = 0$$
$$b_{21}x_1 + b_{22}x_2 + \cdots + b_{2n} = 0$$
$$\cdots\cdots$$
$$b_{k1}x_1 + b_{k2}x_2 + \cdots + b_{kn} = 0$$

最后,套利组合的预期收益率必须为正:

$$x_1\bar{R}_1 + x_2\bar{R}_2 + \cdots + x_n\bar{R}_n > 0$$

(二)单一因素套利定价理论

如果投资者可以找到这样一种证券组合,其初始净投资为零而又能赚得一定的正值收益,那么所有的投资者都会去投资于这种吸引人的证券组合。结果,这种证券组合的价格将发生变化,直到均衡状态下正的收益将为零并且这种诱人的投资机会从市场上消失为止。实际上,当这种交易不再存在时,投资者就失去了套利机会,这时得到一种与资本资产定价模型非常类似的风险——收益关系。这种关系用公式表达就是套利定价模型(推导过程请参阅金融市场学或投资学专业用书),这里直接给出单因素模型:

$$\bar{R}_i = \lambda_0 + \lambda_1 b_i$$

公式中的 $\lambda_0$、$\lambda_1$ 是两个常数,那么它们分别代表什么意思呢?由于单因素套利定价模型适用于所有证券,其中就包括无风险证券,而我们又知道无风险证券对任何因素的敏感度都为零,因此,对于无风险证券,$\lambda_1 = 0$,从而有 $\lambda_0 = R_f$,即 $\lambda_0$ 为无风险利率。

为了理解 $\lambda_1$ 的需要,我们可以考虑构造一个具有如下特点的证券组合 $p_1$:这种证券组合只对一种因素具有敏感度,而且敏感度为 1,而对其他因素的敏感度为零,组合的非因素风险可以忽略不计。因为这种证券组合只对某一单纯因素具有敏感度,因此称之为"纯因素"证券组合。则一个纯因素证券组合的收益率为:

$$\overline{R}_{p1} = R_f + \lambda_1$$

因此：
$$\lambda_1 = \overline{R}_{p1} - R_f$$

由此可知，$\lambda_1$ 表示纯因素组合期望收益率中超过无风险利率的部分，亦即该因素的单位风险价格。这样，单因素套利定价模型也可以写成：

$$\overline{R}_i = R_f + (\overline{R}_{p1} - R_f)b_i$$

（三）多因素套利定价模型

与单一因素模型类似，在多种因素共同存在的情况下，套利定价模型可以表示为：

$$\overline{R}_i = \lambda_0 + \lambda_1 b_{i1} + \lambda_2 b_{i2} + \cdots + \lambda_M b_{iM}$$

同样道理，我们将该公式应用于无风险证券，则有 $R_f = \lambda_0$，为了理解 $\lambda_j$（$j=1$，2，$\cdots$，$M$）的含义，我们可以考虑构造一个充分多样化的组合 $p_j$，该组合对第 $j$ 种因素的敏感系数为 1，对其他因素的敏感系数为 0，则有：

$$\overline{R}_{pj} = R_f + \lambda_j$$

因此：
$$\lambda_j = \overline{R}_{pj} - R_f$$

由此，我们可以得到多因素套利定价模型的公式还可以表示为：

$$\overline{R}_i = R_f + (\overline{R}_{p1} - R_f)b_{i1} + (\overline{R}_{p2} - R_f)b_{i2} + \cdots + (\overline{R}_{pM} - R_f)b_{iM}$$

公式表明，当证券市场达到均衡的时候，一种证券的预期报酬率是有无风险利率和许多特定因素所提供的风险溢酬所组成的。

（四）APT 与 CAPM 的比较

通过上面的分析可以知道，APT 与 CAPM 在基本理念上相似，两者皆以为在市场达成均衡的时候，个别证券的预期报酬率可由无风险报酬率加上风险报酬率来决定。不同的是，CAPM 建立在效用理论基础上，它依赖于对投资者的风险厌恶程度的假定；而 APT 是建立在相同的商品以相同的价格出售这一经济原则之上的，对投资者的偏好并无明确的前提要求。CAPM 纯粹从市场投资组合的观点来探讨风险与报酬的关系，认为经济体系中全面性的变动（即市场风险）才是影响个别证券的预期报酬率的主要且唯一的因素；而多因素 APT 则不仅考虑了市场内的风险，还考虑了市场外的风险，认为不止一个经济因素会对个别证券的报酬率产生影响。

不过，CAPM 虽然借助市场投资组合来代表整个市场，但市场投资组合往往难以观测,因此 CAPM 不得不借助特定的股价指数来评估市场风险及报酬;而 APT 由于不需要市场投资组合(但也可视为因素之一),因此只要设定数个有效的经济因素加入模型中,配合实际资料进行统计运算,即可求出个别证券预期报酬率的估计式,作为预测之用。但是,APT 并未明确指出影响证券收益的因素具体有哪些。由于这个原因,尽管 APT 在应用方面有很大的吸引力,但它仍不能取代 CAPM。

由此可见,APT 与 CAPM 各有利弊,但却同样说明了风险与报酬间的关系是符合理性的要求的——更多的系统风险,更高的预期报酬率。

### 四、有效市场假说

#### (一)有效市场的含义及其前提条件

1. 有效市场的含义

资本市场最主要的作用就是重新分配经济体的资本所有权。因此,理想的资本市场的价格应当是资源分配的正确信号。在一个理想的市场上,证券价格在任何时候都能充分反映所有可以得到的信息,企业可以作出正确的生产—投资决策,投资者可以正确选择代表企业所有权的证券,这个理想的市场就是"有效的"的市场。在这样的市场上,价格已经充分反映了所有可以得到的信息,这就是有效市场假说(Efficient Market Hypothesis,EMH)。它是法马(Fama)[①]在总结前人的研究成果基础上所给出的定义。

有效市场假说的渊源可追溯到 1900 年,当时,法国经济学家巴歇利尔(Bachelier)在进行法国商品价格的实证研究时,发现商品价格呈现随机波动趋势,每一天商品的预期价格减去实际价格差额的平均值等于零,于是他断言商品的价格是随机波动的。但巴歇利尔的结论与传统中一直认为价格的波动是有规律性可循的结论相矛盾,尽管研究结果具有很高的学术价值,却没有引起学术界的重视。此后,沃金(Working)、考利斯(Cowles)和琼斯(Jones)以及肯德尔(Kendall)的一系列研究相继发现,价格变化的时间序列自相关系数基本为零,价格没有确定性模式可循,终于引起人们的重视。现代对有效市场的研究则始于萨缪尔森(Samuelson)。有效市场假说的确立是以美国经济学家法马(Fama)在 1970 年发表的《有效资本市场:对理论和实证工作的评价》一文为标志的。这篇论文不仅对过去有关有效市场假说的研究做

---

① Fama E., "Efficient capital market: a review of theory and empirical work", Journal of Finance, May, 1970, Vol. 25, Issue 2, p.383.

了系统的总结，还提出了研究该理论的一个完整的框架。在此之后，有效市场假说在争论中不断发展和完善，其内涵不断加深，外延不断扩大，最终成为现代金融经济学的支柱理论之一。

2．有效市场假说的前提条件

市场有效性假说是以一个完美的市场（Perfect Market）为前提的：

（1）每个市场参与者都能同时免费地获得市场的相关信息，也即每位投资者均对市场具有相同方向的预期。

（2）个人的交易无法影响证券价格，也即每位投资者均为价格的接受者（Price Taker）。

（3）没有交易成本、税负及其他交易障碍。

（4）每位投资者均为追求效用最大化的理性人，借由分析、评价、交易，积极地参与市场。

给定这些条件，市场能够达到有效性，然而在现实生活中，这些假设条件是很难成立的。值得庆幸的是，虽然如此，但是有效市场假说最终结论不会因此而改变。比如，即使市场存在摩擦，它仍然可以是有效的。即使交易费用必不可少，但是证券价格仍然可以完全及时地反映信息。而且，即使产品市场是非完全竞争的，证券市场仍然可以是有效的。再比如产品市场上的一个垄断厂商，在有效的证券市场上，其股票的价格将反映其在产品市场上的垄断地位。

（二）有效市场的分类

市场有效性理论按可获得信息的类型，把不同资本市场的有效性分为三种形式。最早提出这三种形式的是美国经济学家哈里·罗伯茨（Harry Roberts）[1]，他在1967年5月芝加哥大学的证券价格讨论会上首次将市场有效性假设分为弱有效假设、半强有效假设和强有效假设。

1．弱有效市场（Weak Form Market）

在弱有效市场上，证券价格已完全反映了所有的历史信息（包括过去的价格走势、交易量、报酬率等），证券价格的未来走向与其历史变化之间是相互独立的，服从随机游走理论。在弱有效市场上，投资者无法依靠对证券价格变化的历史趋势的分析（这种分析主要表现为对证券价格变化的技术分析）所发现的所谓证券价格变化规律来始终如一地获取超额利润。当某一资本市

---

[1] Robert, H., "Statistical Versus Clinical Predication of the Stock Market", unpublished manuscript, Center for Research in Security Price, University of Chicago, 1967.

场呈弱式有效时，股票投资的各种技术分析方法已经失去作用。

2. 半强有效市场（Semi-strong Form Market）

半强有效市场的效率程度要高于弱有效市场，在半强有效市场上，证券价格不但完全反映了所有历史信息，而且完全反映了所有公开发表的信息，这些公开信息包括证券价格、成交量、会计资料、竞争公司的经营情况，整个国民经济资料以及与公司价值有关的所有公开信息等。在半强有效市场上，各种信息一经公布，证券价格将迅速调整到其应有的水平上，使得任何利用这些公开信息对证券价格的未来走势所做的预测对投资者失去指导意义，从而使投资者无法利用对所有公开发表的信息的分析（主要是指对证券价格变化的基础分析）来始终如一地获取超额利润。

3. 强有效市场（Strong Form Market）

强有效市场是指证券价格完全反映了所有与价格变化有关的信息，而不管这些信息是否已公开发布。其所反映的信息内容显然比前两种有效市场完全，几乎所有可能在市场上发生的信息都包括在内，甚至连公司内部人员或董事才可能知道的信息，皆反映在价格上。所以如果市场属于强有效，任何投资者都无法从市场中获取超额的报酬，不像在弱有效市场中，只要拥有公开（非历史信息）或非公开的信息，或是在半强有效市场中，拥有非公开信息，均能从市场中享有超额的报酬，所以强有效市场可以说是有效市场的最高境界。这只能是一种理想状态，目前，世界上没有哪一个国家的资本市场可以有效地杜绝公司内部人员在关键信息被公布前，利用这些信息进行买卖以获利的情况发生。

从三种有效市场的定义来看，证券价格总是反映一定的信息，信息集合的不同构成了不同的有效市场。从弱有效、半强有效到强有效，对信息集合的要求越来越严格，价格反映的信息范围逐步扩大。可以说，证券价格反映的信息越广泛，反应的速度越迅速，市场效率就越高，最终将达到强有效市场。

（三）有效市场假说的应用

1. 有效市场假说与技术分析

人们预测股票价格通常采用的技术是，研究过去的股票价格数据，从中找出其升降的趋势或有规律的周期，并依据这种规律确定何时买、何时卖的规则，这种预测程序称为"技术分析"（Technical Analysis）。技术分析的一个基本前提假设是：股票按过去持续存在的趋势运行。技术分析专家相信当有新信息进入市场时，不可能每个人都能立即获得该信息，而是通常从信息灵通的专业投资者到积极的投资者，再到广大一般的投资者那里逐步散布。而且技术分析专家认为，投资者不会立即就分析信息并采取行动，这个过程需要时间。这样，他们就假设股票在新信息公布后以渐进的方式移向一个新的平衡，这就导致持续一定时期的股票趋势运行态势。

技术分析的这种观点显然是与有效市场假说相矛盾的，有效市场假说认为价格与交易量的历史纪录是公开的信息，获得成本很低，追求利润的理性投资者能对新的信息立即做出反应，从而在分析过去的价格的过程中所能获得的信息都已经反映在股票价格中。不同的投资者都要分析股票的价格历史，他们的分析经验与分析水平之间的竞争将股票价格推至与其风险相一致的公平价格水平上。在这个价格水平上，任何人都不能获得额外利润。因此，仅仅依靠过去的信息无法找到偏离自身内在价值的证券，也就是说，在弱有效市场假说成立的条件下，技术分析无效。

2. 有效市场假说与基本面分析

基本面分析（Fundamental Analysis）是利用公司的盈利和红利前景、未来利率的预期以及公司风险的评估来确定证券的内在价值。如果现行的市场价格与内在价值的差额大得足够弥补交易成本，那么投资者就应该采取适当的行动：市场价格大于内在价值的话，投资者就应该卖出该证券，市场价格小于内在价值的话，投资者就应该买入该证券。

有效市场假说认为大部分的基本面分析的意义微乎其微。如果分析师依靠的是公开的收益和行业信息资料，那么与其他分析师相比，一个分析师对公司前景的预测不会体现出任何优势，有许多信息灵通、资金雄厚的公司都在进行这种市场研究，面对激烈的竞争，一个分析师很难挖掘到其他分析师不可能发现的信息，只有那些有独特视角的分析师才有可能脱颖而出。与单纯识别那些具有很好前景、运转良好的公司相比，基本面分析要更为困难。如果市场都认为一些公司前景十分不错，那么一个投资者发现这些好公司就没有多大的意义了。如果这已经成为市场参与人士的共识，投资者就愿意对这些公司的股票支付较高的价格，因此其较高收益也就无法实现了。

3. 有效市场假说与投资组合管理

从前面的分析中可知，如果市场是弱有效的，技术分析无效；如果市场是半强有效的，基本面分析者也将很难产生额外收益。那么，在有效市场条件下，是否还有必要进行分散化投资呢？答案是肯定的：即使是在强有效市场中，理性的投资组合管理也是必要的。

一项资产的风险可分解为两部分：系统风险和非系统风险。其中系统风险主要是来自一些基本经济或政治因素的影响,而非系统风险则是一项资产特有的风险。现代投资组合理论认为,可以通过多样化投资来消除掉非系统风险,同时通过投资组合还可以提供投资者所要求的系统风险管理水平,因此,即使是有效市场,也需要投资者根据自身对风险的承受能力构建投资组合,从而减少非系统风险。此外,不同年龄段的投资者由于其对风险承受能力的不同,其所选择的投资策略也就有所不同。年轻的投资者着眼于较长时间短,因此会偏好于长期债券;年龄较大的投资者因为要依靠其储蓄生活,考虑到长期债券的市场价值会随利率水平的变动发生较大的变化,因此他们会尽量避免投资于长期债券。

(四)有效市场假说的实际意义

有效市场假说为判断资本市场的金融资源配置效率提供了一种方法或标准。金融资源有效配置的关键,要看社会经济生活中是否具备一个有效的资本市场定价机制及在其作用下金融产品价格能否准确反映金融资源的稀缺程度。如果金融资源配置是有效的,那么,各种金融产品的价格就应当正确地反映其内在投资价值,并使各交易者的边际投资收益率趋于一致,超额利润现象得以消除。相反,如果金融产品价格对各种信息,包括过去、现在和预期信息反应滞后,就意味着信息传播的低效率和金融交易者对信息反应的迟钝,这种情况下的金融资源配置必然是低效率的。

有效市场假说使人们对证券市场波动规律的认识产生了根本的影响。之前,投资者通常相信,通过深入细致的研究可以发现市场价格波动的规律,从而可以驾驭并战胜市场。大量的证券分析方法,如基本面分析、技术面分析等因此应运而生。但是,如果弱有效市场假设成立,股票过去的价格已完全反映在今天的价格中,过去的价格对未来的价格走势就不能起到任何的提示作用,以股票历史价量变化分析为基础的技术分析也就失去了价值。更进一步,如果半强有效市场假设成立,在上市公司公布最新业绩的那一刻开始,由业绩变化可能带来的价格波动已完全反映在最新的股价之中,你花再多的时间去研究公司的业绩都不可能找到"黑马",基本面分析也就失去了作用。

有效市场假说促进了金融理论的发展。有效性假说与金融经济学资本结构理论(MM)和资本资产定价模型(CAPM)同时提出,它们都就金融市场作了类似的假设。早期有效性理论与实证结果的一致性,为后面两个理论观点被普遍接受提供了强有力的支持。没有对有效市场大量的实证检验作后盾,以均衡为基础的CAPM的推理过程以及期权定价理论很难被迅速、全面地接受。同时,CAPM的发展促进了有效性理论的研究,提供了有效性实证研究所需的预期收益率。MM 理论的发展也部分地依赖于以有效性为基础的竞争经济理论的发展。同时，有效市场理论的进一步的发展，又使市场均衡模型得到深化和发展。

然而，自 20 世纪 80 年代以来，许多统计检验却出现了与有效市场理论假说相冲突的股价异常现象，即证券市场异象，出现了任何一种股票或其组合的平均超常收益率不为零的证券市场异象，并且诸如"元月效应"、"小公司效应"、"黑色星期一"等异常现象在金融市场上频繁出现，这些现象的长期存在自然与有效市场假说是冲突的。人们对此给出不同的解释。支持有效市场假说者力图解释这些现象的存在实质上并不悖于有效市场假说；怀疑有效市场假说者试图证明有效市场假说是不成立或矛盾的。但是，这些现象的存在无疑使有效市场假说受到一定的挑战，并由此产生了行为金融理论等新的理论解释。

（本节中套利定价模型和有效市场假说两个栏目的资料提供：石保军）

## 本章重要概念

金融市场 Financial Market
直接金融市场 Direct Financial Market
间接金融市场 Indirect Financial Market
资本市场 Capital Market
二级市场 Secondary Market
场外交易市场 Over the Counter
拆借市场 Offered Market
短期存贷市场 Short Term Deposit-Loan Market
定期存单市场 Negotiable Certificates of Deposit
国库券市场 Treasury Bill Market
债券市场 Bond Market
回购协议市场 Repurchase Agreement Market
外汇市场 Foreign Exchange Market
期货市场 Futures Market
纳斯达克市场 National Association of Securities Dealers Automated Quotation System (NASDAQ)
有价证券 Marketable Securities

货币市场 Monetary Market
一级市场 Primary Market
证券交易所 Stock Exchange
票据市场 Paper Market

股票市场 Stock Market

现货市场 Cash Market
离岸市场 Offshore Market

股票价格指数 Stock Price Index

金融工程 Financial Engineering
远期合约 Deferred Contract; Forward Contract
远期货币协议 Forward Currency Agreement
远期利率协议 Forward Rate Agreement
期货合约 Futures Contract
货币期货 Currency Futures
利率期货 Interest Rate Futures
套期保值 Hedging
套利 Arbitrage
股票价格指数期货 Stock Price Index Futures Contrast
期权合约 Option Contract
欧式期权 European Option
美式期权 American Option
看涨期权 Buyer's Optionor or Call Option
看跌期权 Seller's Option; Put Option
利率互换 Interest Rate Swap; Interest Swap
货币互换 Currency Swap
资本资产定价模型 Capital Asset Pricing Model
套利定价理论 Arbitrage Pricing Theory
有效市场假说 Efficient Market Hypothesis

## 复习思考题

1．什么是金融市场？如何全面理解金融市场的概念？
2．简述金融市场的主要分类。
3．什么是资本市场和货币市场？分别包括哪些主要市场？
4．什么是一级市场和二级市场？二者有何关系？
5．金融市场有哪些主要功能？功能的正常发挥需要哪些条件？
6．货币市场有何特点？几个重要市场的主要作用是什么？
7．怎样理解货币市场与资本市场的关系？
8．简述股票发行中的几个重要环节。
9．债券发行中如何保证债券持有人对发行人的信任？
10．简述证券交易所的基本职能。
11．股票上市交易的基本程序是什么？
12．典型的场外交易市场有什么特征？

13．什么是股票价格指数？其主要作用是什么？有哪几种主要的计算方法？列举出中外主要的股票价格指数。

14．何谓金融工程？其基本特征是什么？

15．简述远期合约的交易原理和两种主要形式。

16．什么是商品期货和金融期货？

17．简述金融期货的三种基本形式。

18．简述期权合约的交易原理。说明什么是看涨期权和看跌期权。

19．什么是互换合约？说明其两种最主要的形式。

20．简述马柯维兹（Markowitz）证券组合投资理论。

21．简述资本资产定价模型。

22．简述套利定价模型。

23．什么是有效市场假说？它对证券市场投资有何指导意义？

## 小测试

1．按交易期限分类的金融市场类型包括（　　　）。
　　A．发行市场　　　　　　　　B．货币市场
　　C．流通市场　　　　　　　　D．场外交易市场
　　E．资本市场

2．同业拆借市场的作用体现在（　　　）。
　　A．调剂银行间的准备金头寸　　B．为银行提供风险收益机会
　　C．拓展银行的投资业务　　　　D．形成货币市场的核心利率
　　E．为货币政策提供传导机制

3．证券交易所的职能主要表现在（　　　）。
　　A．从事证券承销　　　　　　　B．从事证券交易
　　C．组织证券交易　　　　　　　D．提供市场设施
　　E．提供管理和服务

4．股票价格指数的主要作用有（　　　）。
　　A．综合反映社会总产值的变动　B．综合反映股价的变动趋势
　　C．综合反映股市投资的收益水平　D．综合反映行业增加值的变动
　　E．为期货市场提供交易对象

5．以下符合有效市场假说的是（　　　）。
　　A．强有效市场的证券价格已经反映了所有历史信息
　　B．任何个人交易无法影响证券价格

C. 每个市场参与者都能免费获得所有信息
D. 证券价格已经反映了除公司内部信息外的所有信息
E. 任何投资者都无法通过信息差别获得超额报酬

(第五章答案：1. BE  2.ADE  3. CDE  4.BCE  5.BCE)

# 第六章 货币的宏观功能和货币制度

当我们从微观经济活动层面上认识货币的时候，已经熟悉了它在满足人们的交易、支付、价值衡量和贮藏等需求中所表现出的流通手段、价值标准、贮藏手段和支付手段等各种功能，可以说，正是这些微观的或基础性功能的存在，才使货币具有了生存、发展和发挥一切作用的动力源。对货币宏观功能的分析，也正是以货币已经具备的这些微观功能为前提的。在宏观经济活动层面上，货币是被作为社会总产品的存在和分配形式，作为能够通过其数量和结构的改变而变动社会总需求，进而组织和协调宏观经济运行的一种经济管理工具来认识和使用的。这是因为，现代商品经济是以货币形成全社会有效需求的经济，货币是影响产量、价格、就业等几乎所有的宏观经济变量的重要因素，是社会经济得以运行的能动力量。处于宏观层面上的货币，已经不再仅仅是基于"商品—货币—商品"公式而存在的价值实现手段或交易媒介，而是反映在"货币—商品（生产要素组合、资产组合）—货币"运动中的资源配置手段和生产组织手段。本章首先从这样一种认识出发，阐述货币在宏观经济运行和管理中的主要功能，然后从国家管理货币和货币流通的角度，对有关货币制度的内容加以介绍。由于货币制度是由国家法律来规定货币的组织形式和流通结构，因而保证了全社会在货币的制造、发行、流通和使用等各方面的正常秩序，使货币的组织和流通在全社会形成了统一和完整的体系，这是货币各种功能得以正常发挥的必要条件。

## 第一节 货币的宏观功能

### 一、对货币宏观功能的一般认识

对货币宏观功能的认识由来已久，早在重商主义时期，人们就已将货币与经济发展联系在一起,重商主义者认为货币就是财富,货币的增加就是经济的发展。苏格兰经济学者约翰·罗（John Law）很早就指出:经济发展有赖于贸易发展,而贸易发展有赖于货币的增加,当货币增加受到金属材料供应限制时,应由国家创办银行,发行纸币,为经济发展提供货币支持。马克思在其再生产理论中特别强调货币资本积聚和循环、周转的作用,他认为,货币的积聚是"资本生产力"形成的前提条件,在资本的循环和周转过程中,货币资本始终处在起点和终点,生产过程和流通过程总是由货币资本开始,变为生产资本,再变为商品资本,最后又回到货币资本,货币是再生产过程顺利进行的"第一推动力和持续的动力"。熊彼特的创新理论认为,经济发展的实质在于创新的实现,创新的实质则在于生产要素的新组合,其中,银行的信用创造就为生产要素的新组合提供了必需的购买力,信用创造已经不是简单的信用媒介,而是一种为推动经济发展提供货币支持的机制。凯恩斯及其以后的经济学理论普遍认为,产量、价格、就业等宏观经济变量受社会总供给和社会总需求均衡状况的影响,而社会总需求则由一定的货币量及其流通状况所形成的货币购买力所构成,因此,货币是影响宏观经济运行和发展的重要因素。

从一般意义上理解,货币发挥宏观功能的基本条件就是发达的商品经济。商品经济是以商品生产和交换为基本内容的经济形式。商品经济的重要特征在于经济实体之间的经济关系是以价值形式而不是以使用价值的形式连接的。自从货币产生以后,商品的内在矛盾（使用价值和价值的矛盾）转化为商品和货币的外部对立,商品的价值不再由其他普通商品来检验和证明,而是通过货币来表现。货币排除了其他一切商品而成为唯一的价值表现形式。生产者之间、生产者与消费者之间的经济联系都通过货币来实现。

在简单商品经济条件下,商品生产者以交换使用价值为目的,为买而卖,商品经济在当时整个社会经济生活中处于从属地位。这就决定了货币只是商品交换中的简单媒介,是商品交换的附属物。

在发达的商品经济条件下,不仅随着一切劳动产品都转化为商品,成为货币交换的对象,使货币的使用范围无限扩大,而且随着货币各种功能的充分发展,尤其是随着货币资本化程度的加深,使货币一方面发挥一般等价物的作用,用以衡量、实现、贮藏、转移价值等,更重要的是,货币现象已经作为一种独特的经济形式——货币经济而存在。货币经济的基本特征是:一国货币化的商品与劳务（以货币购买和支付的商品与劳务）已经占商品总量的绝对比重。这时候,商品经济已经不能脱离货币而存在。

## 二、货币宏观功能的主要体现

在现代经济中,货币的宏观功能可概括为以下几个主要方面:

(一)作为社会总产品的存在和分配形式

在商品经济条件下,社会总产品是以实物形式和货币形式同时存在的。社会总产品一方面表现为各种使用价值的总和,另一方面则表现为生产资料补偿基金(C)、工资基金(V)和社会积累基金(M)即价值的总和。社会产品的分配是通过价值分配实现的,一般要经过两个层次的分配过程:一是由企业部门进行初次分配,支付工人的工资和补偿生产资料耗费;二是由财政和银行部门进行再分配,表现为财政收支和信贷收支,财政收支主要是对社会积累基金的分配,信贷收支主要进行各类基金在社会成员之间的余缺调剂。这种以价值形式进行产品分配的特点在于,社会成员首先得到的是货币——产品索取权,然后通过市场来实现对产品的占有。货币形式的变更,往往会引起社会产品分配的重大变化,如:在货币尚未成为单纯的价值存在形式之前(如金本位制时期),以货币来分配社会产品要受到货币商品自身劳动生产率的制约;但是,当货币作为单纯价值形式即完全脱离货币商品体而存在时,就可能出现超前分配或超额分配,即社会产品尚未创造出来,货币分配已经完成或货币分配超过实物总量,使分配的货币不能兑现商品,因为非商品的价值体,如纸币现金、存款,完全可以由发行者凭借一定的制度和技术条件而创造出来。可见,货币不仅是社会总产品的价值形式,而且是产品分配的重要工具。

进一步讲,在以货币作为社会总产品的存在和分配形式的条件下,一个社会的积累方式和规模就可以摆脱实物形式的限制,因为社会总产品价值的各个部分(C、V、M)既以实物形式存在,也以货币形式存在,已实现的价值在尚未消费之前形成的节约,一般表现为货币形式的储蓄。动员这些储蓄,将其转化为投资,已经成为社会积累的普遍形式。同样,在对社会产品进行分配的过程中,货币形式的分配也成为一般的形式,货币是社会各阶层人们名义收入的比较标准。一般情况下,实际收入的获得总是以持有相应数量的货币为前提的,持有的货币数量多,就意味着收入水平高。正因为这样,货币也才成为国家制订收入分配政策的计量工具。

(二)作为开发和配置资源的工具

社会经济活动说到底就是各种资源包括天然资源、劳动力资源、技术资源、信息资源等不断开发和配置的过程。在市场经济条件下,自由竞争的机制使资源按照市场原则进行开发和配置，商品生产者之间的市场竞争最终取决于对资源的竞争。由于经济的货币化程度越来越高，包括各种生产要素的投入、产出以及产品的分配和消费等在内的整个再生产过程通过货币来实现的比重越来越大，因此，资源作为潜伏的价值，也主要通过货币的推动和引诱来开发和利用。货币是被普遍接受的购买手段和支付手段，有了货币就意味着取得了与所持货币数量相对应的资源的索取权。谁拥有货币多，谁就能够多占有资源。在完全竞争的条件下，不同稀缺程度和不同质量的资源，表现出不同的价格，只有那些货币实力强和经营管理水平高的竞争者才能以较高的价值或较强的货币支付能力获得较多和较好的资源，"看不见的手"（Invisible Hand）发挥着优化配置资源的作用。在出现由于信息不完备、法制不健全、价格机制不灵敏等因素而导致"市场失灵"和资源误配的情况下，国家宏观决策部门可以通过制定经济发展规划、产业政策、需求调节政策等来有计划、有目的地安排货币供应，通过货币在不同经济部门和地区的战略性安排来实现资源的优化配置。

（三）作为推动实际产出和稳定经济的工具

实际产出过程是生产资料、技术和劳动力有效组合的过程。实际产出部门在生产过程开始之前，必须拥有一定数量的货币，用以购买生产资料、技术和组织劳动力。生产启动后，还要不断地投入货币用以补充原材料、更新设备、支付工资和报酬、组织产品销售等。因此，货币注入是实际产出过程的前提和产出过程持续进行的推动力。由于货币具有这种对实际产出的能动作用，因此，从全社会宏观角度看，实际产出的状况既要受到构成实际产出物质要素的生产资料、技术、劳动力等资源供给的决定，又要受到与这些资源相对应的货币量的决定。因为，在经济货币化的条件下，资源的开发和组织已经高度依赖于货币。有资源而没有相应的货币供给，资源只能是一种潜伏的价值，而不能被开发、组织和利用起来，不能够形成实际的产出。相反，在资源紧缺的情况下，过多的货币供给又会形成对已有资源的超量的索取权，加剧资源的供求矛盾，超量的货币供给只能是名义上的价值增量，实际产出不会因此而增加。

全社会在一定时期内各部门实际产出的总和就是社会总供给，而对总供给的有效支付能力或购买力的总和就是社会总需求，社会经济的稳定状态是通过总供给与总需求的对比表现出来的：当总需求与总供给保持均衡状态时，经济体系中既不存在生产萎缩和失业，也不存在价格总水平的上升；当总需求大于总供给时，经济处于供给不足、需求过旺、价格总水平上升的不稳定状态；当总需求小于总供给时，经济处于需求不足、生产萎缩、失业增加的不稳定状态。社会总供给是由实际产出水平决定的，社会总需求则是由货币供给形成的。经济的稳定发展，要求社会总需求和总供给在长期内保持基本均衡的状态，因此，根据由资源存在状况决定的实际产出水平来把握货币供给，或者说，根据社会总供给的要求来制定总需求政策，就成为各国政府管理和调控宏观经济的主要方式。一般来说，当经济体系中存在着充裕的可用于增加实际产出的资源，实际国民生产总值与潜在国民生产总值之间存在着较大缺口时，通过增加货币供给，拉动总需求，就能够较快提高实际产出水平而又不会导致价格总水平的上升；当可用于增加实际产出的资源的开发和利用程度已经较高，资源已不充裕，实际国民生产总值与潜在国民生产总值之间的缺口不大时，继续增加货币供给，继续拉动总需求，就可能出现实际产出水平与价格总水平同增的情况；而当可用于增加实际产出的资源已被充分开发和利用，已不存在潜在的国民生产总值时，增加货币供给、拉动总需求的结果只能是价格总水平的上升，而不会增加任何实际产出。可见，根据资源和社会总供求状况供应货币，是货币发挥推动实际产出和稳定经济功能的基本要求。

（四）作为核算和反映宏观经济运行规模和质量的工具

在经济货币化条件下，经济活动的内容既可通过实物指标反映，也可通过货币指标反映。实物指标根据经济内容的自然物质特征，采用自然或物理计量单位进行核算和统计，直接反映经济内容使用价值的规模水平和质量；但其缺陷是指标的综合性能较差，不同实物的经济内容性质不同，计量单位不同，不能或不便于进行汇总和比较。而货币指标则将具有不同实物性质的经济内容统一地用货币单位表现为一定的价值量，如国民生产总值、工农业总产值、各部门产值、各地区产值、财政收支、信贷收支、国际贸易收支、国家债务总额、综合物价指数、金融资产总价值、股票市值等，这些指标综合反映了经济发展的总规模、部门结构、地区结构、外部均衡状况、国内市场稳定状况、金融发展水平、经济景气程度等，使经济运行的规模和质量得以在不同时期、不同地区、不同部门之间进行宏观比较，为决策部门提供管理和调控经济的依据。货币正常发挥核算和反映经济的功能，要求货币制度和币值必须保持正常和稳定。

## 三、关于货币对实际经济影响的不同理论

货币能否对产量、就业、储蓄、投资、积累等经济的实际变量产生影响，

是一个在西方经济学领域存在着严重分歧的问题,由此产生了许多不同的理论和政策主张。我们可以将这些理论和主张分为截然不同的两种:一种是否认货币对实际经济产生影响的"货币面纱论",另一种是强调货币对实际经济影响的"货币经济论"。

"货币面纱论"最早由萨伊(Say Jean Baptisty)、约翰·穆勒(John Stnart Mill)、卡塞尔(Gustav Cassel)等人倡导,这种理论认为,货币与商品的交换实质上是商品与商品的交换,货币本身没有价值,它只不过是一种便利交换的手段,对经济不产生任何实质性的影响,货币就像罩在实物经济上的一层面纱。当人们看不透这层面纱,认为货币本身也有价值时,就会产生货币幻觉。货币只是随着实物经济的变化而变化,本身不是经济变化的动力,考察经济力量的活动必须揭掉遮盖在实物经济上的面纱——货币。

"货币经济论"是所有否定"货币面纱论",强调货币对实际经济变量产生决定性影响的各种理论的统称。这种理论认为,现代社会的一切经济活动都需要通过货币来实现,货币不仅是交易的媒介,而且是价值贮藏的手段,货币对经济发展起着决定性作用。如:瑞典经济学家魏克塞尔创立的"积累过程理论"认为,货币并不是罩在实物经济上的一层面纱,它在媒介商品交换的同时,也促进储蓄向投资的转化。货币并非在任何时候都是中性的,它对实际经济起着非常重要的作用。货币在执行交换媒介的过程中,也包含着短期间的价值贮藏职能,由此引起的储蓄无论以什么形式存在,都将使现在的消费转变为未来的消费,甚至转变为将来生产的准备。同时,货币在媒介交换的过程中,还媒介资本积累和货币转移,对货币流通和资本交易起着十分强烈的作用。又如:美国芝加哥大学教授、货币主义学派的代表弗里德曼创立的"现代货币数量论"认为,货币数量的变动不仅影响价格,而且影响总产量和国民收入。从长期来看,货币供给量与名义收入间存在着直接而密切的因果关系;从短期波动来看,货币数量变化不仅影响名义收入,而且影响实际收入,因此,货币最重要,它是经济稳定的决定性因素。

---

**专栏六 关于货币中性问题的争论**

货币中性抑或非中性问题一直是现代经济学中各个流派争论的焦点之一。从经济学发展的历程看,魏克塞尔以及凯恩斯之前的经济学家基本上是否定货币政策及其有效性的,凯恩斯主义在西方成为主流经济学之后,货币政策的重要性明显提高。自20世纪60年代以来,随着过度政府干预在西方经济运行中产生以"滞胀"为表现的宏观经济问题以后,否定货币政策、否定政府干预及其有效性的理论开始盛行,不同的经济学派对货币政策的作用有很大的不同。

货币是中性还是非中性，就是看货币供给量的变化对一般价格水平和实际利率及产出水平的影响差异。如果货币供给变化只是影响一般价格水平，一定量的货币供应增加（减少）只引起一般价格水平的上升（下降），那么货币就是中性的；如果货币供应量的变化，引起实际利率和产出水平等实际经济变量的调整和改变，那么货币是非中性的。

## 一、货币中性论

总体来看，古典学派和新古典学派的经济学家都认为货币供给量的变化只影响一般价格水平，不影响实际产出水平，因而货币是中性的。

### （一）古典学派的货币中性论

古典经济学认为，经济活动的实质是物物交换。货币作为流通手段，在经济活动中只起交换媒介的作用。货币数量的变化虽然对总价格水平有影响，但这种变化只是使得所有商品的价格按照同一个幅度上涨或下降，各种商品之间的相对价格即比价保持不变。因此，货币数量只是一个乘数，它的作用只是把由市场供求所决定的商品的相对价格，表现为某种绝对价格。所以，在古典经济学看来，货币对实际经济（Real Economy）不产生任何影响。它只是覆盖在实际经济表面的一层面纱。古典经济学的这种观点被称为货币面纱论。古典经济学把经济分成实际经济和货币经济两块，分别进行研究。他们把绝大部分精力放在实际经济的研究上，着重研究市场供求是如何决定商品的相对价格的；而仅仅把很少一部分精力用于货币经济的研究，研究货币数量的变动是如何使相对价格变成绝对价格的。不难看出，货币面纱论的观点，与主张商品经济实质上是物物交换的萨伊定律是一致的，既然货币只是对实际经济没有影响的面纱，在古典经济学那里，有关货币市场的研究就只能处于次要地位。

古典学派货币中性论理论的典型代表是货币数量论。货币数量论最基本的观点是货币供应量变化将最终体现于一般价格水平的变化上。我们可以通过剑桥方程式和费雪方程式清楚地说明这一问题。剑桥方程式 $M=kPY$ 和费雪方程式 $MV=PY$ 虽然形式不同，但这两个方程式却表现了同一实质内容的关系，即国民收入水平（$Y$）与价格水平（$P$）、货币供应量（$M$）之间的数量关系。假定 $k$（货币余额与名义国民收入或实际国民收入的比例系数）或 $V$（货币流通速度，即一单位名义货币余额的流通速度）不变，$Y$ 也不变，则货币供给量 $M$ 的变化将完全体现于价格 $P$ 的变化上，所以货币是中性的。

货币中性论的另一理论支柱是瓦尔拉斯的一般均衡理论。他认为经济本身是一个整体，任何一种商品的供给和需求，不仅取决于该商品的价格，而且取决于其他所有商品的供求和价格。如果一种商品出现超额供给，则其他商品必然出现超额需求。这种暂时的不均衡将通过自发的价格调整而迅速消除。货币的出现不过是在已有的商品系列中添加一个特殊的商品而已，利息只是这个特殊商品的"价格"。货币均衡的实现和利率的决定过程,同其他任何商品供求均衡及价格的决定过程是一样的,它的存在既无助于也不妨碍经济的全面均衡,货币对经济是"中性"的。

帕廷金试图将古典学派传统的货币数量论与瓦尔拉斯一般均衡理论结合在一起。他提出了"实际货币余额"这一概念,并认为个人的实际货币余额水平在一定时期内是一个常量。通过这一概念,他将货币变化引入了一般均衡分析。在一般均衡已达到的情况下,假使 $MS/P$ 的水平一定,如果货币供应量增加一倍,那么实际货币余额水平也将随之上涨一倍,由此必然造成对物品的过度需求,由于是在充分就业水平之上,过度需求必然造成价格水平上涨,只有价格水平也上涨一倍,实际货币余额水平方能恢复常态,这时,商品间的相对价格水平没有受绝对价格水平变化的影响,实际部门也就不会做出调整。所以,货币是中性的。

(二)新古典学派的货币中性论

新古典学派认可货币中性完全是基于新古典主义经济学的两个基本假设:理性预期和市场出清。由于人们的预期是合乎理性的,他们就会考虑到过去的失误,并在必要的时候修改预期,以便在今后的行为决策中成功地消除那些引起预期失误的规律;而由于市场是可以出清的,产品市场和劳动市场都不会存在超额供给:当产品市场出现超额供给时,价格就会下降,直到商品价格低到使消费者愿意购买时为止;当劳动市场出现超额供给时,工资就会降低,直到工资低到使厂商愿意为想工作的失业者提供工作为止。这样,政府的经济政策,不管是被人们所预期到的,还是没有被人们预期到的,都不会对实际经济产生真正的影响。具体来说,已经被人们准确预期到的经济政策,只要他们希望维持原先的经济地位,就必然会采取措施设法抵消这些政策的作用,从而使这些政策无效。

新古典主义经济学通过从理论上解释现实经济中的产出波动来证实其上述货币中性论的观点。其中,以卢卡斯为代表的新古典主义经济学家通过建立一个货币经济周期模型来解释经济波动的原因。他们认为,货币供给的冲击即货币存量的随机变动是引起经济波动的根源,而货币供给的冲击之所以会引起经济波动,原因在于经济当事人不能获得准确的信息,从而不能准确地判断价格变化的实际情况,由此导致产量和就业量的波动。总之,按照货币经济周期模型,货币因素是经济波动的初始根源,而波动的传导机制是信息障碍,即经济当事人不能随时获得有关市场的充分信息。然而,事实上,在西方国家,货币供给量和价格指数通常是定期公布的,公众通过电视、广播、报纸等新闻媒介,可以很迅速地得到每月,甚至每周的有关信息,因此,上述解释是不能令人满意的。以罗伯特·巴罗、基德兰德、爱得华·普雷斯科特等人为代表的第二代新古典经济学家试图从新的角度来解释经济周期波动的根源。他们认为,引起经济波动的并非货币因素,而是实际因素。这些实际因素可能来自需求方面,如私人或政府需求或偏好的随机变化；也可能来自供给方面，如生产率的变动、生产要素供给函数的变动等，其中最重要的是生产率的波动。由于这一模型主要根据实际因素来说明经济波动的原因，所以一般称之为实际经济周期模型。显而易见，第二代新古典学派是通过完全撇开货币因素来论证经济周期波动的根源，从而得出货币政策无效和货币中性的结论的。

## 二、货币非中性论

随着西方国家经济的快速发展以及货币在其中调节作用的显现，货币中性论对现实经济的解释作用也不断下降，瑞典经济学家魏克塞尔将利率分为货币利率和自然利率，其中货币利率是现行的市场借贷利率，而自然利率是指投资的预期利润率。根据魏克塞尔累积过程理论，导致价格水平和经济不均衡的主要原因是货币利率与自然利率的偏离。因此，要稳定物价和经济，其关键在于采取有效措施，使得两种利率趋于一致。但是，魏克塞尔认为，自然利率的变动是无法人为控制的，它是由客观因素决定的，因此，唯一的办法是调节货币利率。中央银行可以通过降低或提高利率来适应自然利率的变动，稳定一般价格水平。具体的办法是："只要价格没有变动，银行利率也不变动。如果价格上涨，利率即应提高；如果价格下跌，利率即应降低。以后利率即保持在新的水平上，除非价格发生了进一步变动，要求利率向这一方或那一方作进一步的变动。"他认为，在现实经济运行中，自然利率和货币利率是经常发生偏离的，或者是由于自然利率的波动，或者是由于货币利率的变化，所以货币政策在维护经济均衡方面的作用是很重要的。由于魏克塞尔认为物价水平的变动状况是监测自然利率和货币利率是否一致的可靠的指示器，所以其具体的政策建议是，采取盯住物价的利率政策。

真正指出货币对经济的巨大作用的人是凯恩斯。1936年凯恩斯出版了《就业、利息和货币通论》一书，其中指出，古典学派所谓充分就业的均衡只是一个特例，通常情况总是小于充分就业的均衡，造成这一现象的根本原因在于有效需求（消费需求+投资需求）不足。消费需求取决于人们的消费倾向，而投资需求取决于人们对经济前景的预期，要增加投资和消费，就必须降低利率，而利率决定于货币的供求关系。因此，在凯恩斯及其追随者看来，货币的作用是巨大的，货币是非中性的，国家应制定适当的财政政策和货币政策，以克服经济危机和萧条。凯恩斯认为，价格和工资缺乏弹性，经济不存在一个自动矫正机制，经济就可能出现非充分就业下的均衡，但这种均衡低于充分就业下的潜在产出均衡水平。因此，只要存在未被利用的资源，那么总需求的扩大就会使产出增加，影响总需求的财政政策和货币政策就是有效的，因此，凯恩斯主张实行扩张的财政政策和货币政策来扩大总需求，以此消除失业和经济危机，促进经济增长。

## 三、货币短期非中性与长期中性论

除了上述货币中性论和非中性论两种截然对立的观点之外，还有一些经济学家认为货币在短期是非中性的，而在长期则是中性的，坚持这一观点的主要是货币学派和新凯恩斯主义。

(一)货币学派的观点。

以弗里德曼为代表的货币学派认为经济增长中"货币最重要",物价、就业、产出等变化都是源于货币的变化,只有正确的货币政策才能保持经济的稳定和发展。同时他们认为货币量变化会直接影响经济,无须通过利率传导,所以最重要的是控制货币供给量。但货币学派所谓的"货币至关重要"只是就短期而言的,货币对经济的影响在他们看来也只是短期的,从长期来看,经济趋向于充分就业,货币供给的变化只会引起物价水平的变动,而不会引起实际产出和收入的变动。因此,货币学派认为,对于长期经济的变化而言,货币政策是无效的,货币是中性的。根据这一观点,货币学派提出政府制定最佳的货币政策就是使货币供给以固定的速率增长,并且在任何经济形势下都维持这一速率,即实行"单一货币规则"。货币学派认为只要坚持这一规则,就能排除由于货币供给反复无常的变动给经济造成的不稳定,由于货币流通速度是稳定的,因此,只要货币供给稳定增长,名义 GDP 也能稳定增长。

(二)新凯恩斯主义的观点

新凯恩斯主义虽然接受了新古典宏观经济学关于理性预期的假设,但不接受新古典宏观经济学关于市场出清和工资、价格有充分弹性的观点。新凯恩斯主义认为,当经济出现需求拉动时,由于工资和价格的黏性,工资和价格的缓慢调整不能迅速调整到使市场出清,经济要恢复到正常的充分就业的均衡状态是一个缓慢而漫长的过程,在这一过程中,经济处于供求不等的非均衡状态,因此,刺激总需求的财政政策和货币政策是完全必要的。新凯恩斯主义承认预期是合乎理性的,也承认预期对于总供给的决定是重要的,但不承认新古典宏观经济学关于货币政策无效性和货币中性的结论。新凯恩斯主义认为,预期到的和没有预期到的货币政策在短期内都能影响总产出和经济周期,只不过在不同情况下货币政策的影响程度有所不同;在长期内货币是中性的。

四、货币非中性论的适用性及其限定

由前述不同学派的理论争论可以看出,货币的中性和非中性问题,或者说货币政策有效性与无效性问题,就其实质而言,主要是指货币供给量的变动能否影响实际产出、收入和就业量的问题。而货币供给量的变动能否影响实际产出、收入和就业量,首先,取决于是否存在社会经济主体对经济利益的追求这一基础,如果人们对货币政策工具的操作及其所引起的货币供给量、利率等传导中介指标的变动漠不关心,货币政策的运作必将收效甚微。其次,作为微观经济主体的生产者和消费者在经济上和法律上的地位必须是平等的,生产者可以根据获得的信息自主决定自己的行为,消费者可以在可支配收入范围之内依自己的意愿进行消费,这时中央银行才能通过货币政策操作影响商品的成本和价格,进而达到影响生产者和消费者行为的目的。此外,中央银行相对于政府必须具有较强的相对独立性,这样,中央银行才能相对独立地制定和实施货币政策,从而有利于货币政策影响实际产出的目标的实现。

货币中性与否虽然从古典经济学家的争论中已提出此问题,而且至今在各个学派的经济学家中也没有形成统一的意见和看法,但从历史与现实的发展来看,货币非中性论可能更贴近现实。通过比较物物交换经济与货币经济发展史我们可以看出,后者前进的步伐要比前者快得多。这两者发展速度的差别原因虽然有多种解释,如技术进步、知识积累、制度完善等,但两者根本的区别仍在于货币的存在与否。货币产生后,不仅大大便利了交易,降低了交易成本,更多地节约了有限资源,用于实际部门的生产,而且更重要的是由此逐渐形成的一套商品货币关系。所以,从更广阔的角度来分析问题,货币非中性应更具说服力。当今世界各国政府也毫无例外地都将货币政策作为调节宏观经济运行的重要手段。

(本专栏资料提供:李敏)

### 四、中国经济转型中货币功能的增强

中国从 20 世纪 50 年代一直到 70 年代末的 30 年间,实行高度集中的计划经济体制,排斥商品交换和市场机制,经济活动完全服从国家计划,产业布局和生产要素配置由政府行政完成,财政承担国有经济固定资产建设的全部和流动资产供应的计划定额部分。那时也有银行,也有货币和信贷资金,但其作用被限制在极其狭小的范围内,在"大一统"的银行体系下,实行"统存统贷"的信贷资金管理方法,银行信贷计划纳入国家经济计划进行严格的指令性管理。实际上,真正使用货币的领域只有消费品零售商业,其中大部分交易还有票证限制;真正使用银行信贷资金的领域只有国有企业流动资金的超计划定额部分,即临时性季节性追加的流动资金需求。这种情况被简单地描述为"大财政,小银行"和"钱跟着物走"。

经济领域的改革一经开始就引发了商品经济的迅猛发展,国营商业的垄断局面很快被打破,出现了工厂自销、个体工商户销售、集市贸易等多种商业形式,与之相适应的就是对个体工商户经营和农副产品采购的贷款和货币投放的增加。如果说这些只是商品交易规模扩大扩展了货币和信贷资金的作用范围的话,那么,真正使货币的作用得到实质性增强,使"大财政,小银行"格局发生逆转的,还要说是银行信贷资金大规模进入固定资产领域的一系列改革措施:1979 年中国人民银行开办了一般中短期设备贷款;1979~

1985年从北京、上海、广东三个省市及纺织、轻工、旅游等行业试点到向全国各行业全面推行"拨改贷";1983年国务院决定,财政不再拨给企业流动资金,流动资金全部由银行信贷解决。这样,事实上就建立了一种以银行为中心的货币资金供给制。

企业全部资金都由银行提供,固然强化了货币信贷对经济的作用,但面临的新问题是,企业生产经营对银行货币资金过高依赖,在银行信贷资金来源有限、企业偿还能力普遍较差的情况下,产生了"企业逼银行,银行逼央行,央行发票子"的货币发行倒逼机制,成为引发通货膨胀的重要原因之一,这种情况被简单描述为"货币多,资金少"。进一步的改革要求便是:打破资金供给制,建立货币资金供需的市场机制,按照现代企业制度要求改造国有企业和国家专业银行(称为企业和银行改制),建立新型银企关系,多渠道开辟企业货币资金来源,大力发展票据市场、债券市场、股票市场,积极发展股份制银行、城市和农村信用合作机构、信托公司、租赁公司、保险公司、证券公司、基金公司、政策性银行等多种形式的金融机构,建立完善的现代金融服务体系;理顺中央银行和商业银行的关系,强化央行制定和执行货币政策的独立性,强化商业银行的自主经营,发展和完善银行间同业拆借市场,建立和健全通过存款准备金、再贷款、再贴现、公开市场操作等货币政策工具来实现的中央银行对商业银行的货币数量调控机制。这些改革内容大多数都在1992年开始的第二次改革高潮推动下先后付诸实施。

受计划经济体制根深蒂固的影响,中国经济发展中欠债最多的是没有解决好中小企业的货币支持问题。这是目前中国政府和金融宏观管理部门最为重视并着手解决的头号金融问题。

## 第二节 货币制度

### 一、货币制度的一般结构

货币制度(简称币制),是国家对货币制造、发行、流通、使用等基本方面所做的法律规定,或者说,是国家以法律形式规定的货币的组织形式和流通结构。当代社会,货币制度已成为国家经济制度建设中的一项重要内容。

货币制度一般是在统一的民族国家政权建立以后才形成的。在这之前,虽然个别时期有的封建王朝也曾对货币使用的某些方面做出过规定(如中国古代秦始皇统一铸币），但往往局限在较小的范围内，而且是支离破碎的，不可能形成完整统一的货币制度。就整个中世纪而言，虽然各国都广泛实行铸币流通，但是由社会经济和政治的封建割据状况所决定，货币的流通和使用始终是放任自流的。

各国的社会经济条件和历史条件不同，决定了各国都有适合本国特点的货币制度。但就货币制度的基本内容和形式来说，又是共同的。因为，无论哪个国家的货币制度都是围绕着组织和管理货币的流通和使用这一核心来建立的，而有关货币流通和使用的基本方面又是大致相同的。从世界各国的货币制度来看，对货币流通和使用的如下几个基本方面都要做出规定：（1）币材和货币单位；（2）本位币和辅币；（3）货币符号；（4）准备制度。这些规定，反映了货币制度的一般内容和结构。

（一）规定币材和货币单位

选择何种材料作为本位币的币材，是货币制度首先规定的内容。它是整个货币制度赖以存在的基础。

币材并不是由国家意志任意规定的，它要受各国生产力水平和经济条件的决定。如：在资本主义发展初期，由于生产力水平不高，市场商品交易额不大，加之黄金开采量很小，成本太高，所以各国大都是以白银作为主要的货币材料。后来，随着市场交易额不断扩大，黄金开采量也有所增加，黄金和白银一起被确立为本位币材料。当商品流通规模进一步扩大，黄金生产进一步发展，在大多数国家黄金逐渐占据流通中的统治地位，取代了白银，被规定为唯一的本位币材料。到了 20 世纪 30 年代，世界各国开始普遍实行纸币制度，低贱的纸将高贵的金赶下了货币舞台，成为新一代"革命"币材。这是因为商品生产增长的幅度远远超过了黄金生产的增长幅度，使黄金根本不能满足日益扩大的商品流通的需要，加之黄金在各国分布不均衡等多种原因，使黄金失去了充当本位币的基础。

规定货币单位，是一国货币制度必不可少的内容。包括规定货币单位的名称和等分。在金属货币充当本位币时，还曾规定货币单位所含的货币金属量。如：美国的货币单位定名为"美元（US$）"，根据 1934 年 1 月的法令，1 美元含金量规定为 13.714 格令（合 0.888671 克）。中国 1914 年的《国币条例》中规定货币单位名称为"圆"，每圆含纯银库平 6 钱 4 分 8 厘（合 23.977 克）。一国的货币单位就是该国法定的价格标准。

（二）规定本位币和辅币

本位币（又称主币），是按照法定的货币单位制造的货币。它是一国的基本货币。在金属货币流通条件下，本位币是按国家规定的货币单位所铸成的铸币。正常情况下，其名目价值（面额）与实际价值（金属含量）相一致。

辅币是本位币以下的小额货币，供日常零星交易与找零之用。一般与本位币保持固定比例，其实质是本位币的一个可分部分。在金属货币流通条件下，辅币一般用较贱的金属材料制造，是不足值的货币。

本位币和辅币的制造和使用由国家明确规定。如：在金属货币制度下，各国曾规定，本位币可以自由铸造（即允许公民自由地把货币金属送到国家造币厂请求铸成本位币，同时允许公民将本位币熔化为金属条块），具有无限制的法定支付能力；而辅币由国家垄断铸造，其偿付能力有最高限额的规定，超过支付限额，对方可以拒绝接受。在纸币制度下，无论是本位币还是辅币，都由国家统一制造和强制推行使用。

（三）规定货币符号

货币符号是代替本位币发挥货币职能的纸制符号。典型形式为金本位制时期的银行券。

银行券本来是用以代替商业票据的银行票据，它通过贴现商业票据进入流通。但是，由于持有银行券可以随时向发券银行兑现黄金，它便成为黄金的符号，代替金币在流通中发挥作用。

银行券最早出现于17世纪，开始由私人银行分散发行，后来逐渐集中于为数不多的信誉较高的大银行。到了19世纪中叶，各国先后都由中央银行垄断了银行券的发行权。中央银行发行的银行券被国家法律认可为法定的支付手段。对银行券发行与流通的规定成为货币制度的一项重要内容。随着金本位制的崩溃，各国中央银行的银行券都不能兑换黄金，其流通不再依据银行信用，而是靠国家政权推行。这样，银行券也就失去了它的本质特征，不再是货币符号，而成为事实上的纸币了。

除了银行券这种典型的货币符号外，还有许多货币代用品也起着货币符号的作用。如：在纸币制度下某些商品凭证、有价证券、票据、购物证等，都可以在一定范围和时间内或多或少地在流通中代替本位币发挥购买或支付功能。对货币代用品，有些国家采取放任政策，有些国家则依法严格禁止。

（四）规定准备制度

准备制度是国家规定必须储备一定比例的金银、外汇作为货币发行和国际支付与清算保证的制度。在金本位制条件下，就是对黄金（包括金块、金币）储备的规定，又称为金准备制度。其作用表现在：(1) 保证国际支付与清算；(2) 调节流通中的金属货币流通量；(3) 保证存款和银行券的兑现。

在纸币流通条件下,金属货币退出流通,银行券停止兑换黄金,准备金不再作为保证兑现之用,它对货币发行的制约和调节流通中货币量的作用也受到极大的限制,而主要用于保证国际支付和清算。而且,作为国际支付和清算保证的准备资产不只是黄金,还包括自由外汇,即可以对任何国家自由支付或在国际外汇市场上自由兑换他国货币的外汇,单一的金准备变为黄金、外汇准备。

世界各国的储备资产大都由中央银行或国库掌握管理。储备资产的数量多少是一国经济实力的标志之一。对储备资产的收支、统计、核算、保管等的规定,是货币制度中不可缺少的重要内容。

## 二、货币制度的类型

货币制度的基础是对币材的规定,以什么材料作为本位币,决定了货币制度的性质。一般来说,货币制度的更替,是以本位币的变化为标志的。因此,不同类型的货币制度主要是指不同的货币本位制度。

从历史发展过程来看,以本位币的变化为标志,各国曾先后采用过银本位制、金银复本位制、金本位制和不兑现信用货币制度等四种类型的货币制度。

### (一) 银本位制

银本位制是以白银为本位币的金属货币制度。在这种货币制度下,流通中的法定货币为白银或银币。实行银块流通的国家,以白银的一定重量单位(如:旧中国的"两")为价格标准或货币单位。实行银铸币流通的国家,本位币的名义价值与其包含的实际价值相等。银币可以自由铸造和熔化、自由出入国境,银行券可以自由兑换银币或等量白银。

白银是封建社会的主要币材。从18世纪开始到19世纪末,许多国家(如英国、法国、意大利、墨西哥、日本、俄国、印度等)都曾一度实行过银本位制。中国自汉代起白银已被作为货币金属,到了明清,白银已广泛流通。清末宣统二年(1910年),颁布《币制则例》,正式实行银本位制。银本位制在各国的盛行,与各国当时的社会经济发展状况是相适应的。商品经济不发达,城乡之间的商品流通大都是小额零售交易,对贵金属的需求量不大。白银的价值比黄金低,且容易采掘,因此,很多国家自然地选择以白银为币材,实行银本位制。随着各国商品经济的不断发达,流通领域大宗交易增加,便需要具有更大价值的贵金属作为价值尺度和流通手段,这就增加了对黄金的需要量。黄金进入流通,使银本位制的基础发生动摇。加之白银开采量的迅速增长，使其不断贬值，结果是金贵银贱，金银比价大幅度波动，使实行银本位制的国家货币对外贬值，更加速了银本位制的崩溃。

（二）金银复本位制

金银复本位制是金银两种金属货币同时作为本位币的货币制度。其基本特征是：金银两种本位币都可以自由铸造、自由熔化，都具有无限法偿能力。两种金属及其铸币可以自由兑换，可以自由出入国境。

金银复本位制有三种具体形式：平行本位制、双本位制和跛行本位制。其中前两种形式都具备复本位制的基本特征，是典型的复本位制，两者的区别只在于：在平行本位制下，金币和银币之间不规定比价，按照各自所包含的金和银的实际价值流通，金币和银币的比价就是市场上生金和生银的比价；在双本位制下，国家规定金币和银币的比价，两种货币按法定的比价流通。而后一种形式则不完全具备复本位制的特征，虽然规定金币和银币都为本位币，但同时规定，金币可自由铸造，而银币不能自由铸造。严格地讲，跛行本位制已经不是复本位制，而是由复本位制向金本位制过渡的一种形式。

实行金银复本位制，有其客观必然性。因为它可以使币材充足，既能满足大宗商品交易，又能满足小额零售交易，便利了商品流通，因而被许多国家采用。但是，复本位制实行的结果却证明，这种货币制度是不稳定的，它与货币的本性是相矛盾的。货币本来是商品世界的一般等价物，具有排他性、独占性。同时规定两种本位币，必然使商品的价值尺度二重化，出现双重价格。而且，在平行本位制下，金银两种货币都按其自身包含的实际价值流通，随着金银市场比价的波动，使商品价格和交易经常处于混乱状态。即使在双本位制下，国家用法律规定金银两种货币的比价，也不能消除这种矛盾。因为，这种人为的规定与价值规律相悖。当市场上生金、生银的实际比价发生变化，而国家没有及时调整金币和银币的比价时，就会出现法定比价与市场比价的背离。在这种情况下，实际价值高，而名义价值低的货币（良币）必然会被人们熔化、输出而退出流通界，而实际价值低、名义价值高的货币（劣币）则会充斥市场，出现"劣币驱逐良币"的现象。这恰恰证实了复本位制与货币本性的矛盾。

金银复本位制不能适应商品经济不断发展的要求，从19世纪起，英国及各主要资本主义国家先后放弃了这种货币制度。

（三）金本位制

金本位制就是以黄金为本位币的货币制度。在历史上，曾有过三种形式的金本位制：金币本位制、金块本位制、金汇兑本位制。其中金币本位制是最典型的形式。

金币本位制的基本特征是：以一定量的黄金为货币单位铸造金币，作为本位币；金币可以自由铸造，自由熔化，具有无限法偿能力，同时限制其他铸币的铸造和偿付能力；辅币和银行券可以自由兑换金币或等量黄金；黄金可以自由出入国境；以黄金为唯一准备金。

金币本位制消除了复本位制下存在的价格混乱和货币流通不稳的弊病，保证了流通中货币对本位币金属黄金不发生贬值，保证了世界市场的统一和外汇行市的相对稳定，是一种相对稳定的货币制度。

金块本位（Gold Bullion Standard）和金汇兑本位（Gold Exchange Standard）是在金本位制的稳定性因素受到破坏后出现的两种不健全的金本位制。这两种制度下，虽然都规定以黄金为货币本位，但只规定货币单位的含金量，而不铸造金币，实行银行券流通。所不同的是，在金块本位制下，银行券可按规定的含金量在国内兑换金块，但有数额和用途等方面的限制（如英国1925年规定在1700英镑以上，法国1928年规定在215000法郎以上方可兑换），黄金集中存储于本国政府。而在金汇兑本位制下，银行券在国内不兑换金块，只规定其与实行金本位制国家货币的兑换比率，先兑换外汇，再以外汇兑换黄金，并将准备金存于该国。

在历史上，自从英国于1816年率先实行金本位制以后，到1914年第一次世界大战以前，主要资本主义国家都实行了金本位制，而且是典型的金本位制——金币本位制。金本位制通行了约100年，其崩溃的主要原因有：

第一，黄金生产量的增长幅度远远低于商品生产增长的幅度，黄金不能满足日益扩大的商品流通需要，这就极大地削弱了金铸币流通的基础。

第二，黄金存量在各国的分配不平衡。1913年末，美、英、德、法、俄五国占有世界黄金存量的三分之二。黄金存量大部分为少数强国所掌握，必然导致金币的自由铸造和自由流通受到破坏，削弱其他国家金币流通的基础。

第三，第一次世界大战爆发，黄金被参战国集中用于购买军火，并停止自由输出和银行券兑现，从而最终导致金本位制的崩溃。

第一次世界大战以后，在1924～1928年，资本主义世界曾出现一个相对稳定的时期，主要资本主义国家的生产都先后恢复到大战前的水平，并有所发展。各国企图恢复金本位制。但是，由于金铸币流通的基础已经遭到削弱，不可能恢复典型的金本位制。当时除美国以外，其他大多数国家只能实行没有金币流通的金本位制，这就是金块本位制和金汇兑本位制。然而，金块本位制和金汇兑本位制实行不到几年，就暴露出其不稳定性。随着1929～1933

年的世界性经济危机的爆发,很快摧毁了这种残缺不全的金本位制,各国都纷纷实行了不兑现信用货币制度。

(四)不兑现信用货币制度

不兑现信用货币制度是以不兑现的信用货币作为流通中货币主体的货币制度。在这种货币制度下,贵金属(金或银)不再作为本位币进入流通,货币单位也不规定含金量,流通中的货币都是信用货币。如前所述,信用货币就是指币材的价值低于货币代表的价值,甚至完全没有价值,因而需要凭借发行者的信用才得以流通的货币。在不兑现的信用货币制度下,信用货币主要包括政府(通过中央银行)发行的纸币和各种发挥货币功能的信用凭证,如:不兑现的银行券、银行存款(主要指活期存款)、商业票据等。不兑现信用货币制度下,币值的确定和外汇汇率的制定与贵金属的价值无关,而主要取决于货币当局对纸币数量的管理。黄金只作为国际储备资产的一部分,用于国际清算。需要说明的是,各国的纸币都曾直接或间接地与黄金保持联系,如美元在1971年8月美国"新经济政策"实施以前的法定含金量为1/35盎司,持有美元可向美国财政部兑换黄金,与美元保持固定比价关系的货币也可以间接地与黄金发生联系,但这只是信用货币制度初期的特点。由于信用货币制度的推行一方面靠国家政权的力量,另一方面又要靠社会惯性的推动,规定纸币的含金量,有利于不兑现信用货币制度的推行,而一旦纸币为人们普遍接受,信用货币制度完全确立,这种规定含金量的做法就成为没有必要的了。

不兑现信用货币制度的实行是货币制度发展史上的一次革命,它对商品经济的发展产生了巨大的影响:(1)信用货币突破了金属货币物质价值总量的限制,及时满足了在第二次产业革命推动下商品总规模迅速扩大而产生的对货币需求的增长,为新技术革命焕发出来的巨大生产力扫清了流通领域的障碍。(2)信用货币为国家管理社会经济生活提供了强有力的工具。在允许自由铸造的金属货币制度下,货币的供给是分散进行的,而不兑现信用货币制度使货币供给量集中于国家手中,国家可以利用货币政策,通过调节货币供给量、供给方式、供给结构和供给速度等来调整国民经济结构,控制经济增长速度和规模,以达到宏观控制的目的。(3)在不兑现信用货币制度下产生了许许多多至今不能根本解决的新问题。如:①通货膨胀问题。由于货币供应不受币材价值总量的限制,使流通中的货币量失去了自发调节的机制,这就为通货膨胀奠定了基础。②现金和存款对货币流通总量的影响问题。不兑现信用货币制度下的货币投放是通过信贷渠道进行的。由贷款引起存款增加,一方面会形成现金的支取,一方面又形成存款的转移,而且现金和存款又可以随时转化,这就给货币流通总量的确定增加了难度。③国家如何利用货币供给来控制宏观经济的问题。既然币值的稳定和货币流通量的适度不能自发实现,需要国家调节,那么,国家实行什么样的货币政策、采用哪些调节手段或政策工具,就成了各国政府经济政策和策略中的重大课题。

### 三、中国现行人民币制度的基本内容

中国现行的货币制度,是从1948年12月成立中国人民银行并发行人民币开始逐步建立和完善的,称为人民币制度。其内容主要包括:

（一）本位币和辅币

人民币为中国内地唯一合法通货。人民币排斥其他任何货币在中国内地流通。以人民币支付中华人民共和国境内的一切公共的和私人的债务,任何单位和个人不得拒收。金银不准计价流通。

现行本位币货币单位为"人民币元（圆）",缩写符号为RMB¥,国际标准化组织代码为CNY,其面额有100元、50元、20元、10元、5元、2元、1元七种。除1元有少量金属铸币外,均为纸券。辅币单位为"角"和"分",其面额有5角、2角、1角、5分、2分、1分,均有纸币和金属铸币两种形式。本位币元和辅币角、分的换算标准为：1元=10角=100分。

（二）人民币的价值形式

人民币货币单位不规定含金量。人民币的价值含量与任何实物体（包括黄金和纸）的价值没有关系。人民币也不与任何外国货币保持固定比价。

（三）人民币的发行原则和程序

人民币的印制权和发行权集中于中国人民银行。中国人民银行是国务院授权的唯一发行货币的机关。新版人民币的发行时间、面额、图案、式样、规格,由中国人民银行予以公告。

中国人民银行发行货币必须根据国民经济需要,不允许财政部门透支,不允许直接购买政府债券,不允许直接向社会公众和企事业单位直接投放现金。

人民币的发行程序是：中国人民银行总行制定发行计划（总限额）,报经国务院批准后组织实施。根据批准的发行计划,经与各商业银行总行协商后,核定出各省、自治区和直辖市的货币投放与回笼计划,再经中国人民银行分行与各商业银行分行商定,逐级分配指标。中国人民银行设立发行基金保管库（发行库）,具体办理现金出入库事宜。发行基金由总库统一管理,下级库

只能根据上级库核定的限额和调拨命令办理出库。任何单位和个人不得违反规定动用发行基金。各商业银行基层业务行根据下达的现金收支计划，结合日常现金周转情况，向中国人民银行发行库办理现金出入库，从而向市场进行货币投放或回笼。通常所说的现金发行量，就是指银行投放出去的现金和收回来的现金轧差后，净投放到社会公众和企事业单位手中的那部分现金。这部分现金又可称为市场货币流通量或流通中现金。商业银行业务库中的现金不属于流通中现金，不计入市场货币流通量。引起现金发行量增加的直接原因一般有储蓄存款提现、工资和报酬类现金支付、企事业单位各种费用的现金支付、收购农副产品现金支付、用现金向农民发放贷款等。现金流回银行的渠道主要是储蓄存款增加、现金交易的商品销售收入增加、服务性行业现金收入增加、税收收入增加等。

（四）人民币的流通和使用管理

人民币流通实行计划管理和现金支付监控管理。中国人民银行要求各商业银行完成其下达的货币投放和回笼计划，并对现金支付实施大额现金支付登记备案制度。根据这一制度，开户单位在提取大额现金时，必须如实填写登记表格，开户银行要逐笔登记，并定期向中国人民银行备案。严禁将公款转入信用卡，再从信用卡提取现金等逃避现金支付管理的做法。

有关人民币出入境管理，根据中国人民银行 2004 年 12 月 2 日发布的公告，自 2005 年 1 月 1 日起，中国公民出入境、外国人入出境每人每次携带的人民币限额由原来的 6000 元调整为 20000 元。在开放边民互市和小额贸易的地点，中国公民出入境和外国人入出境，携带人民币的限额由中国人民银行有关分行根据实际情况会同海关确定，报中国人民银行总行和海关总署批准后实施。

关于人民币使用的其他规定主要有：禁止伪造、变造人民币，禁止出售、购买、运输、持有、使用伪造和变造的人民币；禁止故意毁损人民币；禁止在宣传品、出版物或者其他商品上非法使用人民币图样；任何单位和个人不得印制、发售代币票券，以代替人民币在市场上流通；残缺、污损的人民币，按照中国人民银行的规定兑换，并由中国人民银行负责收回、销毁。

（五）黄金、外汇储备管理

黄金储备是指一国货币当局持有的，用以平衡国际收支、维持或影响汇率水平，并作为金融资产的黄金。黄金储备与外汇储备一起，构成一国的国际储备资产。由于黄金的稀缺性，使其成为最可靠的保值手段，货币当局持有一定数量的黄金储备，对稳定本国币值、增强对外支付能力等具有重要的战略意义。但是，由于黄金与外汇比较，在流动性和盈利性方面存在差异，因此，在储备资产中保持多大规模的黄金储备，才能既保证稳定币值和对外清偿的需要，又能使保持储备资产的成本费用降到最低，就成为货币当局管理和运用黄金储备所经常面临的实际问题。货币当局需要根据国际收支状况、外债水平和外汇储备水平等情况，适时调整黄金储备规模。中国的黄金储备由中国人民银行统一管理。在管理方式上，20世纪80年代中期以前，基本上是一种单一的保管性的管理，80年代后，汲取国外先进管理经验，在黄金储备管理中引入经营机制，使黄金储备资产由单纯的后备性资产变为收益性、增值性资产。目前，中国人民银行主要通过两种方式运用黄金储备，一是在国际金融市场上以现货、期货等交易方式进行黄金交易，从中获取营运收益；二是发行、经销各种金币，使库存黄金产生增值。

外汇储备通常是指由各国官方持有的，可以自由支配和自由兑换的储备货币，是一国国际储备资产的最主要部分。中国的国家外汇储备由中国人民银行持有、管理和经营。中国人民银行持有管理和经营国家外汇储备的主要目的和要求在于：（1）灵活调节国际收支，保证对外支付；（2）及时干预外汇市场、稳定本币汇率；（3）保证外汇储备的安全性、流动性和增值性。安全性是指在选择储备货币的币种结构和用外汇储备进行投资时，要避免国家风险、汇率风险、利率风险等各种可能导致外汇储备遭受损失的风险。流动性是指根据预测的对外偿付需求结构，安排好外汇储备用于投资的数量和期限结构，以保证外汇储备能随时用于兑付。增值性是指在保证外汇储备安全和流动的前提下，使外汇储备资产处于高效运营状态，通过将储备资产投资于高收益资产组合，使其产生增值。

### 四、中国香港现行的货币制度

中国香港作为中华人民共和国特别行政区，其货币制度在"一国两制"总体框架下，与内地保持独立性，实行港币制度。主币为：港币元 HK $；辅币为：分；主辅币制为：1港元=100分。香港法定货币有纸币和硬币两种形式，目前有10元、20元、100元、500元、1000元等五种面值的纸币和1元、2元、5元、10元及5分、10分、20分、50分等八种面值的硬币。根据《香港特别行政区基本法》的规定，港币的发行权属于香港特别行政区政府，由特区政府授权指定银行根据法定权限发行或继续发行港币。1997年7月1日以前凡所带标志与香港特别行政区地位不符的香港货币经更换退出流通。目前香港境内被授权发行港币的银行有香港上海汇丰银行、渣打银行和中国银行(中银集团)。港币是香港境内法定流通的货币,港元已成为世界上具有主要影响力的可自由兑换货币之一。

香港的发钞制度比较特殊,不同于大多数国家由中央银行统一发行货币的情况。香港于1993年4月1日在外汇基金管理局和银行监管处合并基础上建立了香港金融管理局,行使对金融体系和货币流通的管理职能,相当于香港的"中央银行"。但是,香港金管局并不具有中央银行的全部特征,尤其是它不行使货币发行职能,因而只能被视为"准中央银行"。由多家商业银行共同发行港币钞票,成为港币发行制度的一大特点。除发行主体特殊之外,港币发行制度的特点主要体现在发钞的运作机制方面。根据1983年10月17日港英当局宣布的港币再次与美元挂钩,实行1美元兑7.8港元的官定汇价,并在此基础上形成的"联系汇率制"的安排,港钞发行及港币汇率的决定机制包括以下主要内容:(1)发钞银行增发港币,必须以1美元合7.8元港币的比价,事先用美元现钞向外汇基金换取等值的港元负债证明书。也就是说,即每发7.8港元的货币,须以1美元作为发行准备金。(2)发钞银行可以以相同比价用港元现钞向外汇基金换回美元及赎回负债证明书。(3)1美元合7.8元港币的固定汇率同样适用于发钞银行与其他银行之间的港元现钞交易,这也是发钞行向其他银行提供和收回港元现钞的操作机制。(4)除发钞行与外汇基金之间、发钞行与其他银行之间执行固定汇率外,其余交易均按市场汇率进行。联系汇率制下的这种发钞机制和汇率决定机制,有两个优点:第一,由于实行100%的发钞准备制度,因而能产生抑制通货膨胀的效应。第二,市场汇率自动向发钞汇率靠拢,产生稳定市场汇率的效应。如:当市场上美元汇率升至7.8港元以上时,发钞行按7.8港元价格用港币向外汇基金购得美元,然后再以高于7.8港元的价格向市场出售美元,即可赚得其中差价。将港币换给外汇基金,向市场出售美元的结果,使市场上港币供给减少,美元供给增加,美元汇率回降而港币汇率回升。相反,当美元汇率低于7.8港元时,发钞行则按1:7.8的价格用美元向外汇基金购得港币,然后再以高于1:7.8的价格向市场出售港币,从中谋利。将美元换给外汇基金、向市场出售港币的结果,使市场上美元供给减少,港币供给增加,美元汇率回升而港币汇率回降。联系汇率制下的这种稳定币值和稳定汇率的机制,为香港经济的繁荣和稳定作出了积极贡献,也经受住了包括东南亚金融危机在内的大大小小的冲击;尽管这种机制也在实践中暴露出自身的制度缺陷,但迄今为止,它依然是支撑香港作为国际金融中心的货币制度基石。

## 专栏七　主要国家（或地区）货币名称及进位制

| 国家(或地区) | 货币名称 | 缩写或沿用的符号 | 国际标准化组织代码 | 辅币及进位 |
|---|---|---|---|---|
| 中国 | 人民币元 Renminbi Yuan | RMB¥ | CNY | 1 元=10 角(Jiao) =100 分(Fen) |
| 中国香港 | 港元 HongKong Dollar | HK $ | HKD | 1 港元=100 分(Cents) |
| 中国澳门 | 澳门元 Macao Pataca | Pat 或 P | MOP | 1 澳门元=100 分(Avos) |
| 中国台湾 | 台湾圆 New Taiwan Dollar | NT $ | TWD | 1 圆=100 分(Cents) |
| 韩国 | 韩国圆 ROK Won | W | KRW | 1 圆=100 钱(Chon) |
| 朝鲜 | 朝鲜圆 DPRK Won | W 或 Wn | KPW | 1 圆=100 钱(Chon) |
| 蒙古 | 图格里克 Tvgrik | Tug | MNT | 1 图格里克=100 蒙戈(Mongo) |
| 日本 | 日元 Japanese Yen | ¥ | JPY | 1 日元=100 钱(Sen) |
| 新加坡 | 新加坡元 Singapore Dollar | S $ | SGD | 1 新加坡元=100 分(Cents) |
| 泰国 | 泰铢 Thai Baht | B | THB | 1 泰铢=100 萨当(Satang) |
| 印度 | 卢比 Indian Rupee | IR | INR | 1 卢比=100 派士 (Paise,单数派沙 Paisa) |
| 印度尼西亚 | 印尼盾 Rupiah | Rp | IDR | 1 盾=100 仙(Sen) |
| 菲律宾 | 比索 Peso | P | PHP | 1 比索=100 分(Centavos) |
| 马来西亚 | 林吉特 Ringgit | M$ | MYR | 1 林吉特=100 分(Cents) |
| 越南 | 越南盾 Vietnamese Dong | D | VND | 1 越南盾=10 角(Hao) =100 分(Xu) |
| 欧洲货币联盟 | 欧元 European Dollar | EUR | EUR | 1 欧元=100 欧分(Euro Cents) |
| 英国 | 英镑 UK Pound Sterling | £ | GBP | 1 英镑=100 盆尼(Penny)(New Pence) |
| 瑞士 | 瑞士法郎 Swiss Franc | SF | CHF | 1 法郎=100 分 (Rappen 或 Centimes) |
| 法国 | 法国法郎 French Franc | FF | FRF | 1 法郎=100 分(Centimes) |
| 卢森堡 | 卢森堡法郎 Lux Franc | Lux F | LUF | 1 法郎=100 分(Centimes) |
| 比利时 | 比利时法郎 Belgian Franc | BF | BEF | 1 法郎=100 分(Centimes) |
| 荷兰 | 荷兰盾 Florin 或 Guilder | Fls 或 GLD | NLG | 1 荷兰盾=100 分(Cents) |
| 奥地利 | 奥地利先令 Schilling | S | ATS | 1 先令=100 格罗申(Groschen) |
| 德国 | 德国马克 Duentsche Mark | DM | DEM | 1 马克=100 芬尼(Pfennig) |
| 芬兰 | 芬兰马克 Finnish Markka | FmK | FIM | 1 马克=100 盆尼(Pennia) |
| 俄罗斯 | 卢布 Rouble | Rbl | SUR | 1 卢布=100 戈比(Kopecks) |
| 爱尔兰 | 爱尔兰镑 Irish Pound | £ | IEP | 1 爱尔兰镑=100 盆尼(Penny) |
| 西班牙 | 比塞塔 Sp Peseta | Ptas 复数 Pts | ESP | 1 比塞塔=100 分(Centimes) |
| 意大利 | 意大利里拉 Lira, 复数 Lire | Lit | ITL | 1 里拉=100 分(Centesimo) |
| 葡萄牙 | 埃斯库多 Escudo | Esc | PTE | 1 埃斯库多=100 分(Centavos) |
| 瑞典 | 瑞典克朗 Swedish Krona, 复数 Kronor | SKr | SEK | 1 克朗=100 欧尔(Ore) |
| 挪威 | 挪威克朗 Nor.Krone, 复数 Kroner | NKr | NOK | 1 克朗=100 欧尔(Ore) |

| 丹麦 | 丹麦克朗<br>Danish Drone,复数 Kroner | DKr | DKK | 1 克朗=100 欧尔(Ore) |
|---|---|---|---|---|
| 波兰 | 兹罗提 Zloty | Zl | PLZ | 1 兹罗提=100 格罗希(Groszy) |
| 匈牙利 | 福林 Forint | Ft | HUF | 1 福林=100 菲勒(Filler) |
| 美国 | 美元 US $ | US $ | USD | 1 美元=100 分(Cents) |
| 加拿大 | 加拿大元<br>Canadian Dollar | Can $ | CAD | 1 加元=100 分(Cents) |
| 墨西哥 | 墨西哥比索<br>Mexican Peso | Mex $ | MXP | 1 比索=100 分(Centavos) |
| 古巴 | 古巴比索<br>Cuban Peso | Cub $ | CUP | 1 比索=100 分(Centavos) |
| 秘鲁 | 秘鲁新索尔<br>New Sol | PEN | PEN | 1 新索尔=100 分(Centavos) |
| 埃及 | 埃及镑<br>Egyptian Pound | £E | EGP | 1 镑=100 皮阿斯特(Piastres)<br>=1000 米利姆(Milliemes) |
| 澳大利亚 | 澳大利亚元<br>Aus Dollar | $A 或 A$ | AUD | 1 澳元=100 分(Cents) |
| 新西兰 | 新西兰元 NZ Dollar | NZ $ | NZD | 1 新西兰元=100 分(Cents) |

## 第三节　国际货币体系

### 一、国际货币体系的一般内容

国际货币体系（International Monetary System）或国际货币制度，是指通过一定的国际协调和组织方式形成的让各国政府共同遵守的在主要支付货币、国际储备资产、汇率决定、国际收支调节、国际金融机构等方面所作的一系列规定、措施和组织安排。它一般包括三个方面的内容：一是确定国际间支付所使用的主要货币，以保证国际贸易和经济交流的便捷和高效率。同时也要确定各国政府应该持有的国际储备资产形式，以保证对外清偿所用资产的普遍接受性和满足调节国际收支的需要。二是确定汇率制度，包括汇率水平的决定方式、一国货币与其他经济体货币之间的可兑换程度、汇率的维持和变动机制等。三是确定国际收支不平衡时的调节方式，以及各国之间的应对和协调机制。

迄今为止，比较完整的国际货币体系按照历史时期的先后有：金本位制下的国际货币体系、布雷顿森林体系和牙买加体系。如果将区域性货币合作比较成功的制度模式也算在内，还应包括欧洲货币体系。①以下简要介绍这几种主要国际货币体系的基本内容。

## 二、金本位制下的国际货币体系

在英国实行金本位制几十年之后，美国、德国、荷兰、法国、意大利、俄国、日本、印度等国也先后从19世纪下半叶开始实行金本位制度，这样，在全球范围内就自然形成了一个以金本位制为共同基础的国际货币体系。这种体系伴随着金本位制度在世界各国的广泛建立而形成，也因金本位制在各国的崩溃而终结。金本位制下的国际货币体系有如下主要特点：

1. 黄金作为各国的官方储备资产，行使世界货币职能，是国际清算的最终手段。为保证金币的名义价值与实际价值能够经常一致，允许金币自由铸造和熔化；为保证银行券和辅币的价值稳定和流通顺畅，允许这些价值符号与金币或黄金自由兑换；为保证国际贸易中的结算畅通，保证各国货币之间的汇率稳定，允许黄金自由输出输入国境。

2. 决定各国货币汇率法定平价的依据是货币的每单位实际含金量。含金量高的货币汇率就高，含金量低的则汇率低，两国货币含金量的对比称为铸币平价。市场汇率始终以铸币平价为基准，由供求关系变化所引起的汇率波动十分有限。因为，如果对方国家货币汇率上升超过铸币平价加实际运送黄金完成支付所需的费用，进口商就会选择直接用黄金支付的方式，从而避免货币兑换的损失。反之，如果对方国家货币汇率下降超过铸币平价减实际运送黄金的费用，它的进口商也同样会选择直接用黄金支付。因此，铸币平价加上实际运送黄金的费用，就是外国货币汇率波动的最高限，也是引起黄金由国内向国外输出的汇率点位，被称为黄金输出点。铸币平价减去实际运送黄金的费用，就是外国货币汇率波动的最低限，也是引起黄金由国外向国内输入的汇率点位，被称为黄金输入点。这种围绕着铸币平价，在黄金输送点范围内变化的汇率决定机制，实际上是一种固定汇率制。

事实上，正因为各国货币的汇率能够准确地反映其所代表的黄金价值，

---

① 除欧洲货币体系外，其他区域性的国际货币体系主要还有：(1) 西非货币联盟，成员国共同使用的货币为"法属非洲法郎"，货币当局为1962年11月1日成立的西非国家中央银行。(2) 中非货币联盟，成员国共同使用的货币为"中非金融合作法郎"，共同的中央银行为1973年4月1日成立的中非国家银行。西非和中非两个货币联盟的货币，都采取盯住法国法郎的货币发行机制，因而是等值的。(3) 东加勒比货币区，成员国共同货币为"东加勒比元"，实行与英镑挂钩的联系汇率制，1976年7月7日改为盯住美元。货币当局为1965年成立的东加勒比货币管理局，1983年10月1日改为东加勒比中央银行。

黄金的实际流动才不会经常发生，在多数情况下它并不是必需的国际清偿手段。伦敦是当时世界的货币和资本市场中心，英格兰银行对国际金融市场的操纵，对维持各国的黄金平价、保持国际货币体系稳定起着主导作用。因此，英镑实际上成了当时的世界货币，国际贸易大多以英镑计价结算，英镑也是各国普遍用以最后清偿的官方储备资产。

3. 价格—铸币流动机制能使国际收支失衡得到自动修复。当一国出现国际收支逆差时，国内市场产品流入增加，而黄金流出增加，导致货币流通量减少，商品价格下降，出口价格成本降低，利润增加，促进出口增长、进口减少，黄金流入开始增加，国际收支逆差开始缩小，最终恢复平衡；反之，当出现国际收支顺差时，商品流出，黄金流入，导致国内市场商品供给减少而货币流通量增加，商品价格上涨，出口开始减少，进口开始增加，国际收支顺差逐步消失。

金本位制下的国际货币体系的上述特点表明，这种体系下各国货币的对内和对外价值稳定，国际贸易支付渠道畅通，各国的国际收支自动实现均衡，对外贸易平衡发展，资本输出输入自由，国际投资发展迅速，各国经济在贸易和投资的双轮驱动下相互促进，资本主义经济有了一个良好的国际货币环境。第一次世界大战前的半个多世纪，世界范围内的政治、经济、社会秩序平稳，资本主义经济处在一个快速上升的黄金期，这既是国际货币体系得以迅速形成的历史机遇和条件，也是国际货币体系给力的结果，二者相得益彰。然而，由于黄金的增长速度毕竟远远落后于经济和贸易的增长速度，在各国经济迅速增长的同时，金本位制的基础却越来越薄弱，加上第一次世界大战之前的国际环境恶化，黄金被集中于少数国家用于军事用途，更是加速了金本位制在各国的崩溃。虽然一战后美国和英国都分别于1919年和1925年恢复了金本位制，但终究主要因为黄金储备无力支撑货币的兑换而分别于1933年和1931年宣布放弃金本位制。其他各主要工业国家在一战后也都纷纷恢复金本位制，但大都因为黄金储备缺乏而无法实行典型的金币本位制，只能实行金块本位制或金汇兑本位制。随着法国、比利时、瑞士、意大利等国于1936年最终放弃金本位制，以黄金为基础的国际货币体系和与之相伴的以铸币平价为基础的固定汇率制度彻底终结。

### 三、以美元为中心的布雷顿森林体系

世界经济大萧条和后来爆发的第二次世界大战，使国际经济秩序遭受前所未有的破坏，国际货币体系荡然无存。二战即将结束之前，美英两国都开

始积极筹划战后的国际货币制度，都希望战后的国际货币体系是一种有利于使各自货币占据国际主导地位，以多边合作和自由兑换为基本特征的货币体系。1944年7月，44个同盟国家的300多名代表在美国新罕布什尔州（New Hampshire）布雷顿森林（Bretton Woods）市召开国际金融会议，英国政府向会议提交了旨在建立"国际清算同盟"（International Clearing Union）、推行"同盟"账户记账单位"班科"（Bancor）作为各国官方对外清算的统一计价货币的凯恩斯计划（Keynes Plan）。①美国政府则提交了旨在建立以美元为中心的国际货币体系的怀特计划（White Plan）。由于二战后的美国已经成为世界第一大经济和贸易强国，尤其是成为黄金储备大国，美国的黄金储备约占当时世界总储备量的59%；而怀特计划又尤其强调黄金储备在国际货币体系中的保障作用，凭借美国的强大政治和经济优势及国际影响力，怀特计划战胜了凯恩斯计划。布雷顿森林会议最终通过了以美国怀特计划为蓝本的《国际货币基金协定》和《国际复兴开发银行协定》，统称为布雷顿森林体系（Bretton Woods System）。

布雷顿森林体系的主要内容包含在《国际货币基金协定》当中，其中，最核心和最显著的内容就是"双挂钩"的规定，即规定了美元与黄金的兑换比价，规定了各国货币与美元的兑换比价。协议的具体内容有如下几个方面：

1. 建立一个永久性的国际货币机构——国际货币基金组织（IMF），旨在对国际货币问题进行协商，促进国际货币合作。通过国际货币协商与合作，促进国际贸易的扩大和均衡发展，促进汇率稳定，建立起多边支付制度，协助成员国改善国际收支状况和解决国际收支困难。

2. 将美元等同于黄金，作为国际间主要的清算支付工具和储备货币。美国对各国政府承担以美元兑换黄金的义务，按1美元兑换0.888671克纯金的比率确定美元含金量，即美元和黄金保持35美元兑换1盎司黄金的官价。这一官价是国际货币兑换的基础，IMF成员国政府必须确认并遵守这一官价，并把各自国家的货币依据其法定含金量与美元含金量的对比（即铸币平价）套算出对美元的汇率，也可不规定含金量而直接确定与美元的比率。简单说就是，美元与黄金直接挂钩，各国货币与美元直接挂钩，从而间接与黄金挂钩，各国政府或中央银行所持美元可按官价向美国兑换黄金。

3. 实行可调整的盯住美元的固定汇率制度。IMF成员国的货币通过法

---

① 按照凯恩斯计划，由国际清算同盟发行统一的计价货币，货币的分配份额按照二战前三年的进出口贸易平均值计算。计算结果是，英国可得总份额的16%，包括殖民地后，整个英联邦的比例则高达35%。这样，英国就可在黄金储备水平很低的情况下依然保持英镑的国际主导地位。

定含金量套算或直接规定与美元的汇率，汇率一经确定，非经 IMF 批准不得轻易变动。会员国须将汇率维持在固定汇率的±1%的范围内。若超出规定的波动幅度，各国政府有义务通过外汇市场干预，使汇率恢复稳定。但在国际收支出现不平衡时，经 IMF 批准，也可以对该国货币与美元的兑换比率进行调整，因此称为可调整的盯住美元的固定汇率制度。

4. 取消外汇管制，规范国际收支调节。IMF 成员国不得限制国际收支经常项目的支付或清算，不得采取歧视性的货币措施，对其他成员国在经常项目下结存的本国货币应保证兑换，并在自由兑换的基础上实行多边支付。但是，对国际收支持续盈余，却又在 IMF 的货币库存下降到其份额的 75%以下的国家，由 IMF 按规定将该国货币宣布为"稀缺货币"，IMF 可按赤字国家的需要实行限额分配，其他国家有权对"稀缺货币"采取临时性限制兑换，或对该国的商品和劳务实行进口限制。这就是所谓的"稀缺货币"条款。对于各成员国国际收支出现的不平衡，主要通过各国自身的国内支出政策的实施去调节，而不得通过自行改变本国货币含金量、调整汇率去解决。IMF 认为有必要施以援手时，可以通过 IMF 贷款来调节。也可以经其批准，允许国际收支失衡的国家变动货币含金量，调整汇率，通过汇率渠道来恢复国际收支平衡。

布雷顿森林体系的建立，使二战后的资本主义世界重新拥有了国际货币合作、规章和秩序，以黄金为基础的国际货币稳定机制、以美元汇率为基础的汇率稳定机制和由 IMF 参与调节的国际收支平衡机制，对各国经济的迅速恢复和国际贸易的发展起了非常重要的作用。但是，由于布雷顿森林体系的核心支撑是双挂钩，即美元与黄金直接挂钩，各国货币与美元直接挂钩，那么，该体系的正常运行就是有条件的，它要求美国的国际收支保持顺差，以支撑各国货币对美元的兑换需求，保证美元对各国货币汇率的稳定；要求美国要有充足的黄金储备，以满足各国持有美元按固定官价兑换黄金的要求，使美元的含金量保持稳定，以支撑各国对美元的信心。而布雷顿森林体系运行过程中的实际情况却恰恰证明了满足这些条件的困难和矛盾。随着各国在提高国际清偿力驱动下不断增加美元储备，作为储备货币供应国的美国的国际收支必然产生越来越大的逆差，使美元承受巨大的贬值压力，固定汇率难以为继。持有越来越多美元的各国按固定官价兑换黄金的结果是美国的黄金储备越来越少，最终根本无法履行用黄金兑现美元的承诺。对布雷顿森林体系自身存在的这种提高各国国际清偿力与维护各国对美元信心的相互矛盾的分析，是在 1960 年由美国耶鲁大学教授特里芬（R.Triffin）首先提出的，因此被称为"特里芬难题"(Triffin Dilemma)。从 20 世纪 50 年代末开始，美国的国际收支赤字问题凸显出来，各国对美元的信心发生动摇。1960 年 10 月，以抛售美元、抢购黄金为特点的第一次美元危机爆发，布雷顿森林体系遭受第一轮冲击。60 年代中期，受越南战争拖累，美国财政金融和国际收支进一步恶化，对外债务急剧增加，美国黄金储备大幅减少，各国对美元信心更加动摇，1968 年 3 月爆发第二次美元危机。进入 70 年代，受周期性经济危机影响，美国国际收支加剧恶化。1971 年 5 月，以抛售美元、抢购黄金和西德马克为特点的第三次美元危机爆发。8 月 15 日，美国政府宣布实行新经济政策，停止美元兑换黄金，征收 10% 的进口附加税。同年 12 月，十国集团召开国际货币会议，就主要国家货币的汇率安排达成《史密森协议》，将美元兑换黄金的官价从 35 美元 1 盎司提高到 38.02 美元 1 盎司。各国货币兑美元汇率波幅由原来不超过±1%扩大到±2.25%。1973 年 2 月，官方黄金价格上升到了 42.22 美元 1 盎司。之后，主要货币纷纷与美元脱钩，开始实行浮动，布雷顿森林体系事实上已彻底终结。

### 四、以储备货币多元化和浮动汇率为特点的牙买加体系

在美国政府宣布实行新经济政策之后不久，1971 年 10 月 1 日，国际货币基金组织的最高权力机构就开始着手研究和制定在黄金非货币化、美元国际地位下降、国际储备多元化、汇率剧烈波动、国际货币金融秩序混乱的情况下如何建立新的国际货币体系的问题。先是于 1972 年 5 月提请第三届联合国贸易和发展会议通过了设立"二十国集团"的决议。同年 9 月，国际货币基金组织在智利首都圣地亚哥正式成立了二十国委员会。其成员除十国集团的成员外，还增加了澳大利亚和 9 个发展中国家。其任务是负责拟订有关改革货币体系的方案。1974 年 6 月 14 日，二十国委员会提出了正式的改革提纲。1976 年 1 月 8 日，IMF 组成国际货币制度临时委员会（由二十国部长组成）在牙买加首都金斯敦召开会议，就国际货币合作和汇率制度等达成具体协议，史称《牙买加协议》。同年 4 月，IMF 理事会通过了国际货币基金协定的第二次修正案，从而形成了布雷顿森林体系解体后的新的国际货币体系——牙买加体系。这一体系的主要内容和特点是：

1. 形成了多元化的国际储备货币格局。虽然美元还是最主要的国际计价单位和支付手段，是各国国际储备中最重要的货币，但由于其已经失去黄金基础，时常发生汇率的剧烈波动，不能很好地发挥世界货币功能，国际地位较以往大大下降。而其他主要货币，如英镑、德国马克、日元、法国法郎，

尤其是超主权复合货币特别提款权（Special Drawing Right，SDR）[①]和欧洲货币单位（European Currency Unit，ECU）的国际地位却日益提升。美元不再一统天下，储备货币多元化成为必然趋势。

2. 黄金非货币化。废除国际货币基金协定中的黄金条款，不再规定黄金官价，各国中央银行购进和卖出黄金均按市场价格进行，会员国相互之间以及会员国与IMF之间的债权债务无须再用黄金清偿。但实际上，虽然黄金的国际货币作用被大大削弱，但其作为各国中央银行储备资产的作用依然还很重要。

3. 形成了以浮动汇率为基本特征的多样性汇率制度。IMF认可固定汇率制与浮动汇率制并存，允许会员国根据各自国家经济发展阶段和水平的要求自行安排汇率。汇率安排方式可以是可调整的固定汇率，也可以是浮动汇率；可以是自由浮动，也可以是有管理的浮动；可以是单独浮动，也可以是盯住浮动；可以是盯住单一货币的浮动，也可以是联合浮动。但是，在会员国可以自由选择任何汇率制度的前提下，也强调了IMF在稳定汇率方面的监督和协调作用，要求会员国的汇率政策应与IMF协商决定并接受其监督。

4. 形成了汇率机制起主导作用的多样化国际收支调节机制。浮动汇率合法化使各国的国际收支平衡主要依靠外汇市场的供求机制和价格（汇率）机制的自动调节功能去实现。当一国经常项目发生逆差时，外币需求大于外币供给，外币汇率上升而本币汇率下降，该国出口增加，进口减少，国际收支逆差开始缩小，平衡得以恢复。但是，由于实际的进出口贸易并非完全受汇率变化的影响，还会受到各方面条件的影响，因此，国际收支的调节除了汇率机制起主导作用外，利率机制、国家外汇储备的变动、IMF的干预和贷款支持、利用国际金融市场债务和投资工具、利用国际商业银行贷款等，都是实施调节的有效方式。其中，利率机制是通过一国实际利率与其他国家实际利率的差异引导资金流出或流入，使资本和金融项目达到平衡国际收支的要

---

① 特别提款权是国际货币基金组织提供给成员国的一种国际储备货币单位。1968年3月由"十国集团"在斯德哥尔摩会议上提出正式方案，于1970年开始第一次分配。它是成员国在货币基金体系内的资产储备，又称纸黄金。最初发行时每一单位等于0.888克黄金，与当时的美元等值。基金组织会员国可以自愿参加特别提款权的分配，成为特别提款账户参加国。每5年为一个分配特别提款权的基本期。按会员国所摊付的基金份额的比例进行分配，份额越大，分配得越多。由于它是基金组织原有的普通提款权以外的一种补充，故称为特别提款权。特别提款权可用于向基金组织指定的其他会员国换取外汇，以偿付国际收支逆差或偿还基金组织的贷款，还可以像黄金和自由兑换货币一样充当一国的官方国际储备。特别提款权仅仅是一种记账单位，不是真正的流通货币，使用时必须先换成其他货币，不能直接用于贸易或非贸易的支付。

求。利用外汇储备进行调节，是通过增加或动用外汇储备使国际收支有一个有效的弥补和缓冲机制。IMF 的调节作用主要表现在可以向赤字国家提供贷款，对赤字国家和盈余国家之间所进行的国际收支调整给予指导、协调和监督。

除了上述几个主要方面的内容和特点外，牙买加体系还包括扩大对发展中国家的资金融通、增加会员国向 IMF 上缴的基金分额等内容。

牙买加体系是国际货币体系市场化变革的结果，市场化表现在储备货币由美元垄断走向多个主要货币的竞争，多元化储备体系使储备货币供给来源增加，国际清偿能力不足的问题得以缓解；市场化尤其表现在汇率制度上，以浮动汇率为基本特征的多样性汇率形成机制，能够比较灵活地适应全球经济变化，各国汇率自动跟踪外汇市场供求变化作自我调整，使各国货币的币值在市场得到充分体现，也可以使国际收支的调节和汇率的稳定更少依赖外汇储备。由汇率机制起主导作用，多种方式相互补充和配合的国际收支调节机制，使国际收支的调节更加灵活和有效。当然，这种缺乏更多约束的体系，甚至被称为没有制度的体系，也存在许多新的问题，如全球范围内失去了统一稳定的货币标准，失去了全面控制和统一协调的权威机制，外汇市场经常处于混乱无序的状态，汇率经常发生剧烈波动，国际金融市场投机盛行，世界经济正常秩序经常受到国际游资的冲击，甚至形成区域性或全球性的金融危机和经济危机。因此，国际货币体系如何在增强统一协调机制、防范货币金融危机等主要方面有待创新和改革。

## 五、区域性货币合作下的欧洲货币体系

如果把布雷顿森林体系看成是全球范围内的一种国际货币合作，那么，牙买加体系则意味着这种国际货币合作的解散。但是，经济全球化趋势下的国际分工和协作是国际经济关系发展的必然要求，为了维护共同的经济和政治利益，为了在更广的国际范围内解决各国共同面临的经济危机、通货膨胀、金融危机等问题，一定国际区域内的两个或多个国家就会主动联合起来采取共同的经济政策，实行某种形式的经济联合或建立区域性的经济组织，这就是区域性经济合作。区域性经济合作最成功的范例是总部设在比利时首都布鲁塞尔的欧洲联盟（European Union），简称欧盟（EU）。现有 28 个成员国，总面积 432.2 万平方公里，人口约 5 亿。它的前身是在 1958 年 1 月由法国、德国（原西德）、意大利、荷兰、比利时、卢森堡等六国根据在罗马签订的《欧洲经济共同体条约》（简称《罗马条约》）而正式成立的欧洲经济共同体

(European Economic Community，EEC)。①欧共体成长过程中的一个最重要的成果就是促成了欧洲区域范围内的国际货币合作，形成了欧洲货币体系(European Monetary System，EMS)。它是一个在欧共体国家范围内为促进内部贸易和经济一体化而建立的独立的货币稳定区。根据最优货币区(Optimum Currency Areas)理论②，由一些开放程度较高，彼此间商品、劳动力、资本等生产要素流动自由，经济发展水平和通货膨胀率差异较小，经济政策协调性好的国家组成独立的货币区或称最优货币区。在这样的货币区内，各成员国货币相互盯住采用固定汇率制，并保证区内货币的充分自由兑换。各个货币区之间则实行弹性汇率。区内各国实行统一协调的货币政策和财政政策，以保证能够共同实现货币稳定、充分就业和国际收支平衡目标。

欧洲货币体系形成的基本历程是：

1．欧洲货币协定。1948年4月16日，为稳定战后欧洲经济，促进欧洲各国加强经济合作和复兴欧洲经济，欧洲经济合作组织（Organization for European Economic Cooperation，OEEC）正式成立。1950年9月19日，OEEC的18个成员国建了欧洲支付联盟,通过国际清算银行以各国共同商定的计算单位完成贸易结算。之后，伴随着欧洲各国外汇市场的迅速发展，在50年代后半期,"欧洲货币协定"取代了欧洲支付联盟,欧洲货币合作开始启动。

2．欧洲汇率机制。1958年欧共体成立，《罗马条约》将包括货币合作在内的欧洲广泛的一体化作为欧共体的目标。1971年3月，欧共体首脑会议通过了到1980年分阶段实现货币联盟的原则性决议。布雷顿森林体系解体加之石油涨价导致的全球通胀局面，使各国纷纷放弃与美元的固定汇率，实行浮动汇率。1972年3月，欧共体部长会议确定成员国之间货币汇率的浮动幅度为±2.25%，这是最早出现的欧洲汇率机制。1978年12月5日，欧共体各国首脑在布鲁塞尔会议上通过了由德国和法国倡议的建立欧洲货币体系的决议。1979年3月13日欧洲货币体系正式生效成立，德国马克被确立为该体系的标准。各国货币汇率的浮动幅度维持±2.25%不变（意大利为±6%），各国中央银行有义务扶助弱币，若干预无效，可重新确定汇率。

3．欧洲货币单位。1979年3月13日,欧洲货币单位(European Currency Unit，ECU，又称埃居)开始使用。这是由德国马克、法国法郎、英国英镑、

---

① 1973年1月，英国、爱尔兰、丹麦正式加入，后来又有希腊、西班牙、葡萄牙加入，从而使欧共体达到12个成员国。

② 最优货币区理论最早由美国哥伦比亚大学教授蒙代尔（Robert Mundell）于20世纪60年代初提出，后来由麦金农（R.I.Mckinnon）等人分别从不同角度进行了补充和修正。

意大利里拉等 12 种货币组成的复合货币。各国货币在 ECU 中所占权重按其在欧共体内部贸易中所占权重及其在欧共体 GDP 中所占权重加权计算,指标取过去 5 年的平均值。权数每 5 年调整一次,必要时可随时调整。ECU 的币值根据这些权重和含量及各组成货币汇率用加权平均法逐日计算而得。ECU 是欧共体国家共同用于内部计价结算的一种货币单位,具体可用作确定各成员国货币之间的固定比价和波动幅度的标准,用作共同体各机构经济往来的记账单位,用作成员国货币当局的储备资产;但不能用于流通。

4. 欧洲中央银行和欧元。1986 年 2 月欧共体理事会签署《单一欧洲法案》,确定在 1992 年年底前实现商品、资本、劳务、人员自由流动的欧洲统一大市场的目标。1989 年 4 月,欧共体提出分三步建立货币联盟的具体计划,即货币自由流通——建立统一的货币局——建立货币联盟的三步走计划。1991 年 12 月 10 日,欧共体成员国首脑聚会荷兰小城马斯特里赫特,签署了《欧洲联盟条约》(简称《马约》),确定了完成欧洲经济货币联盟建设的具体步骤。1993 年 11 月 1 日,《马约》正式生效,欧共体更名为欧盟。1995 年 12 月 15 日～16 日,欧洲理事会马德里会议正式确定"EURO"为欧洲未来货币单位名称,即欧元,以其取代埃居。1998 年 5 月 1 日～3 日,欧盟布鲁塞尔首脑特别会议确定比利时、法国、德国、意大利、西班牙、荷兰、卢森堡、葡萄牙、奥地利、芬兰和爱尔兰共 11 个国家为欧元创始国,即欧元区国家。1998 年 7 月 1 日,欧洲中央银行在法兰克福正式成立,取代原欧洲货币局,统一管理和执行欧元货币政策。1999 年 1 月 1 日,欧洲经济货币联盟建设进入收尾阶段,各成员国货币的汇率最终锁定,宣布欧元诞生。2002 年 1 月 1 日,欧元纸币和铸币正式流通,标志着欧洲经济货币联盟建设完成。

**本章重要概念**

货币经济 Monetary Economy　　　货币面纱论 Veil-of-Money Concept
货币中性 Money Neutrality　　　　货币制度 Money System
本位币 Standard Currency　　　　辅币 Fractional Currency
自由铸造 Free Coinage　　　　　　货币符号 Substitute Money
银行券 Bank Notes　　　　　　　　银本位制 Silver Standard
金银复本位制 Gold-silver Bimetallic Standard
平行本位制 Parallel-Standard System
双本位制 Bimetallism

跛行本位制 Lame Standard　　　　　　格雷欣法则 Gresham's Law
金本位制 Gold Standard　　　　　　　金币本位制 Gold Coin Standard
金块本位制 Gold Bullion Standard
金汇兑本位制 Gold Exchange Standard
不可兑现信用货币制度 Inconvertible Credit Currency Standard
黄金储备 Gold Reserve　　　　　　　　外汇储备 Foreign Exchange Reserve
联系汇率制 The Linked Exchange Rate System
铸币平价 Mint Parity
国际货币体系 International Monetary System
黄金输送点 Gold Transport Point
布雷顿森林体系 Bretton Woods System
特里芬难题 Triffin Dilemma
牙买加体系 Jamaica Monetary System
特别提款权 Special Drawing Right
欧洲经济共同体 European Economic Community
欧洲货币体系 European Monetary System
最优货币区 Optimum Currency Areas
欧洲货币单位 Eutopean Currency Unit
欧洲中央银行 European Central Bank
欧元 Euro

## 复习思考题

1．如何认识货币的宏观功能？货币发挥宏观功能的基本条件是什么？
2．货币的宏观功能主要体现在哪些方面？
3．什么是货币中性和非中性？你怎么看待相关问题的争论？
4．怎样理解货币是开发和配置资源的工具？
5．谈谈货币推动实际产出和稳定经济的功能。
6．谈谈货币对宏观经济的核算和反映功能。
7．什么是货币制度？它一般由哪些内容构成？
8．货币制度经历了怎样的演变过程？
9．什么是金银复本位制？为什么说它是一种不稳定的货币制度？

10. 何谓"劣币驱逐良币"？
11. 金本位制的基本特征是什么？崩溃的原因是什么？
12. 什么是不兑现信用货币制度？该制度对经济的影响如何？
13. 简述人民币制度的基本内容。
14. 中国人民银行管理和经营外汇储备的目的和要求是什么？
15. 现行港币制度有何特点？
16. 什么是国际货币体系？包括哪些基本内容？有哪些主要类型？
17. 简述金本位制下的国际货币体系。
18. 简述布雷顿森林体系。
19. 布雷顿森林体系崩溃的主要原因是什么？
20. 简述牙买加体系的主要内容及其特点。
21. 简述欧洲货币体系形成的过程。

## 小测试

1. 货币制度的基本要素包括（    ）。
   A. 规定货币材料  B. 规定发行数量
   C. 规定铸币和辅币  D. 规定汇率
   E. 规定准备制度
2. 金本位制下的准备制度的作用是（    ）。
   A. 保证财政盈余  B. 保证国际支付与清算
   C. 控制基础货币  D. 调节流通中金属货币量
   E. 保证存款和银行券的兑现
3. 关于港币发行制度，说法正确的是（    ）。
   A. 发行者为香港金融管理局  B. 发钞汇率为1美元兑7.8港元
   C. 由中国人民银行授权发行  D. 发行者为授权的商业银行
   E. 市场汇率自动向发钞汇率靠拢
4. 金本位制下的国际货币体系的特点是（    ）。
   A. 汇率能准确反映货币代表的黄金价值
   B. 汇率以利率平价为基准
   C. 汇率以铸币平价为基准
   D. 通过政府干预维持固定汇率
   E. 国际收支失衡可自动修复
5. 牙买加体系的主要特点是（    ）

A. 实行可调整的固定汇率制   B. 美元与黄金挂钩
C. 储备货币多元化   D. 浮动汇率合法化
E. 以多种方式调节国际收支

(第六章答案：1. ACE  2.BDE   3. BDE  4.ACE  5.CDE）

# 第七章 货币供求与均衡

市场经济最基本的关系就是供求关系，经济的稳定发展要求社会总需求和总供给在长期内保持基本均衡的状态。由于在经济货币化条件下，对总供给的有效支付能力或购买力的载体是货币供给，因此，社会总供求的关系最终主要通过总供给与货币供给的比较表现出来。一定的社会总供给从总量上反映了全社会对货币的需求，依据这种需求掌握的货币供给则形成了与社会总供给基本适应的社会总需求。然而，货币供求与社会总供求之间的这种联动关系的实现，并不像此处描述的这样简单。由于货币需求毕竟是分布于全社会各经济主体对货币的持有要求上的，是由各种客观经济变量所决定的，正确地了解货币需求并非易事，必须在一定的理论指导下，分析和研究决定和影响货币需求的各种因素和货币需求的决定机制。同样，在确定了货币需求的前提下，依据这种需求供给货币也非轻而易举，因为，现代经济中的货币供给是一种复杂的系统工程，也必须在一定的理论指导下，分析研究决定和影响货币供给的各种因素及货币供给的形成机制。本章的主要内容就是阐述货币供求及其均衡的含义、机制和实现条件等，并着重介绍各种货币需求理论的基本内容和货币供给机制的基本原理。

## 第一节 货币需求概述

一、货币需求的含义

在经济生活中，由于货币是一般的购买手段、支付手段和财富贮藏或转移的手段，因而成为各个经济主体从事正常的经济活动所必不可少的东西，一定的经济活动内容必然伴随着对货币的一定的需求。个人和家庭要购进一定量的消费品需要一定量的货币，企业要购进原材料、设备或支付工人工资等需要一定量的货币，政府机构或单位要购置办公用品、安排事务等需要一定量的货币，投机者要购进有价证券、外汇、资金等需要一定量的货币……将所有这些综合在一起来看，就是一个社会的货币需求问题。因此，货币需求就是指在一定时间内社会各经济主体为满足正常的生产、经营和各种经济活动需要而应该保留或占有一定货币的动机或行为。为满足各种经济活动需要而必须保存的货币量，就是货币需要量。很明显，这里所说的货币需求并不是指人们主观上"想要"占有多少货币，而是指由于生产经营等各种客观因素所决定的人们"不得不"占有一定量的货币。它不是一种纯粹主观的欲望，而是一种由各种客观经济变量所决定的对货币的持有动机或要求，是人们在其所拥有的全部资产中根据客观需要认为应该以货币形式持有的数量或份额。

根据人们研究货币需求问题的视角不同，可以将货币需求分为微观的货币需求和宏观的货币需求两个层次。前者是指个人、家庭或企业在一定时间内因生活或生产经营活动的需要而应该保有一定量货币的动机和行为，后者是指一个国家在一定时间内因经济发展和商品流通需要而引起的对货币供应的要求。根据人们研究货币需求问题时，是否剔除物价变动因素，还可以将货币需求分为名义货币需求和实际货币需求。名义货币需求是指各经济单位或整个国家在考虑货币需求时没有剔除物价变动的影响，如：在一定时间生产、流通规模和实际产量水平并没有变化，而物价上涨了1倍，进而使全社会的商品和劳务的名义价值增加了1倍，如果假定货币流通速度等其他影响货币需求的因素不变，人们即使是完成不变产量下的商品和劳务的购买和支付，也需要比过去多1倍的货币，即货币需要量因物价的上升而增加1倍。而实际货币需求则是指各经济单位或整个国家在剔除了物价变动因素后根据经济实际变量而确定的货币需求，这种货币需求所对应的主要是商品和劳务的实际产量或供应的变化。

## 二、决定和影响货币需求的主要因素

不同的货币需求理论，在研究货币需求问题时所处的角度或分析方法不同，考虑的因素也不相同或不完全相同。这里首先就现实生活中一些被人们普遍认为会决定和影响货币需求的因素，从宏观和微观两个方面分别提示出来，在后面对各种货币需求理论的介绍中，将涉及对其中一些主要因素及其变量的解释和它们与货币需求量关系的阐述。从宏观的角度看，决定和影响货币需求的主要因素有：

1. 全社会商品和劳务的总量。它主要取决于产出的效率和水平，反映了一定时期内全社会的市场供给能力。商品和劳务的供给量越大，对货币的需要量就越多；反之，则越少。

2. 市场商品供求结构变化。商品供给一方面决定于产出的效率和水平，另一方面又受制于人们对它的需求，只有真正满足人们需要的商品供给，才会产生真实的货币需求。商品供求结构经常发生变化，因而货币需求也随之发生变化。

3. 价格水平。对商品和劳务的货币支付总是在一定的价格水平下进行的，价格水平越高，需要的货币就越多；反之，则越少。

4. 收入的分配结构。国民收入总是通过一定的分配和再分配之后存在于各个部门的。在现实经济生活中，货币需求实际上是各部门因对其所分配到的社会产品或收入进行支配的需要而发生的。如：物质资料生产部门为补偿其生产要素的消耗和实现积累要对应一定的货币需求；文教、卫生等非物质生产部门支配其由国家财政拨给或从其他渠道分配到的收入，也对应一定的货币需求。收入在各部门分配的结构，必然决定货币总需求中各部分需求的比重或结构。

5. 货币流通速度。它是指单位货币在一定时期内被周转使用或流通支付的次数，反映了单位货币在流通中发挥功用的程度。货币流通速度越快，单位货币所实现或完成的交易量就越多，完成一定的交易量所需要的货币就越少；反之，货币流通速度越慢，需要的货币量就越多。

6. 信用制度的发达程度。由于信用的发展和信用工具的运用会在一定时期内节约对货币的使用，如一定时期内以赊销方式进行的商品买卖、以支票账户完成债务的支付、以信用卡代替现金支付等，因此，信用制度和信用工具越发达，对货币的需要量将越少。

7. 人口数量、人口密集程度、产业结构、城乡关系及经济结构、社会分工、交通运输状况等客观因素。如：人口密集地区，货币需求量就大，人口的就业水平提高，货币需求就会增加；生产周期长的部门占整个产业部门的比重大，资金周转慢，对货币的需求量就大；社会分工越细，进入市场的中间产品越多，经营单位也越多，货币需求就越大；交通、通信等技术条件越好、货币支付所需的时间越短，货币周转速度越快，对货币的需要量就越少等。

从微观的角度看，决定和影响货币需求的主要因素有：

1. 收入水平。家庭和个人一定时期内的收入水平，机关、团体的收入水平、企业的收入水平是决定他们为各种交易和财富贮藏，为各种营业活动开销而持有货币的首要因素。一般来说，收入水平越高，以货币形式保有的资产总量也就越多。

2. 收入的分配结构。在收入量既定时，收入的分配结构不同，将影响持币者的消费与储蓄行为，由此对交易和贮藏的货币需求产生一定影响。如：一个家庭或个人，原来以工薪为主要收入来源，后又加进了额外劳动报酬等其他收入，使其收入结构发生变化，这种变化就可能使他原来的货币需求数量和结构发生变化，如减少用于购置商品的货币需求，增加用于预防或投资谋利的货币需求等；又如：一个企业的收入分配中，当改变了原有的上交税金、支付职员报酬、支付股息、提高公积金等各部分比例后，其货币需求也受到相应的影响。

3. 价格水平及其变动。这一般是市场供求状态的反映，即商品供不应求时，价格趋于上升；供过于求时，价格趋于下降。这种市场供求状态对货币需求的影响，主要是通过改变人们的预期而产生的。如：商品供应短缺，会使人们产生物价上涨预期，要求以实物代替货币，用于贮藏的货币需求减少。

4. 利率和金融资产收益率。银行存款利率、债券利率、股票收益率等金融资产收益率的存在，使持有货币产生机会成本，利率和各种资产的收益率越高，持有货币就越不划算，因而会减少货币需求；反之，货币需求会增加。

5. 心理和习惯等因素。如人们的消费倾向上升时，对应于交易活动的货币需求就会上升；越来越多的单位和个人习惯于运用支票账户来完成其收付活动时，货币周转速度就会提高，货币需求量就会减少。

## 第二节　马克思货币必要量公式

货币需求问题包括质和量两个方面：一是货币需求的内涵，它说明决定和影响货币需求的主要因素有哪些；二是货币需求量，它说明经济体系中究竟需要多少数量的货币。围绕着这两个方面，历史上和当代的经济学家作了大量的研究，提出了各种不同的货币需求理论。马克思的货币需求理论是建立在劳动价值论基础上，从商品流通决定货币流通这一基本关系出发分析和研究流通中货币必要量的理论。马克思不仅揭示出商品流通决定货币流通这一货币需要量问题的实质，而且阐明了在金属货币流通和纸币流通两种条件下的货币需要量规律。

## 一、商品价格总额对货币必要量的决定

马克思认为，货币与商品的关系，实质上是货币商品与普通商品的等价交换关系。在流通中，商品在卖的一方，货币在买的一方，二者是对流运动，是相互换位，流通中有多少待销售的商品，就要付出与这些商品等价的货币量。由于待销售的商品总是带着价格进入流通的，因此，在暂不考虑其他影响因素的情况下，流通中所需要的货币量就等于商品价格总额或商品交易的总价格。

商品价格总额是商品的供应总量（$Q$）与商品平均价格水平（$P$）的乘积，可表示为 $QP$。商品供给总量取决于生产力发展水平，而商品价格则主要取决于商品价值与货币价值的对比。显然，在金属货币流通的条件下，由于货币是以自身的物质价值体直接进入流通的，商品的价格必然由商品和货币的生产过程共同决定。由此得出结论，商品价格总额所反映的货币需要量是一个由生产过程所决定的客观必要量。

那么，当流通中实际的货币量超过或少于客观必要量，会不会由此影响价格水平，进而反过来改变商品价格总额，形成新的货币需求，使货币必要量不复存在呢？不会的。因为在金属货币流通条件下，存在着流通中货币量的自发调节机制。当流通中实际的货币量超过商品流通对其客观需要量，物价呈上涨趋势时，货币持有者将会自发地贮藏货币，而不会拿货币与商品做不等价交换（当然不是绝对的）。这样做的结果，就会使流通中过多的货币退出流通，进入贮藏，使货币流通趋于正常，而不会导致物价普遍上涨。相反，当流通中实际的货币量过少，不能满足商品流通的需要，商品多而货币少，物价呈下跌趋势时，货币的贮藏者将会自发地去购买商品，这样做的结果，又会使贮藏的货币重新进入流通，改变流通中货币量不足的状况，而不会导致物价普遍下跌。由此可见，在金属货币流通的条件下，货币数量的多少决不会反过来决定商品的价格总额。只有在纸币流通的条件下，才会出现货币数量推动商品价格，进而改变货币需求的情况。另外，商品价格总额不仅仅指有形商品价格，还包括劳务价格即无形商品的价格。因为劳务服务虽然不形成商品实体，但它是一种劳动力支出，并能满足人们的需要，其价格也要实现为一定量的货币，因而也是货币需求的重要部分。这样就可以说，决定流通中货币必要量的基本因素是包括所有商品和劳务在内的商品价格总额。

## 二、货币流通速度对货币必要量的决定

以上所说的有多少价格总额的商品,就需要多少数量的货币与之对等,是从商品—货币关系出发,对货币必要量的质的说明,而不是量的界定。如果是量的界定,必有一个前提:所有的商品都必须在同一时间销售,各种商品买卖相互之间没有联系。而事实上,这只能是一种理论上的假设,不可能真正存在。在现实的经济生活中,一定时期内商品的销售总是有先有后的,不可能都在同一时刻进行。这样,同一单位货币在一定时期内就可以多次使用,分次地去实现商品的价格总额。虽然商品价格总额越大,货币需要量也越多,二者成正比例变化,但却并不要求流通中的货币量一定要和商品价格总额绝对相等。事实上,流通中需要的货币量是小于商品价格总额的。这种情况,也正反映了货币流通不同于商品流通的特征。商品价格总额是由不断投入流通的商品价格发生额构成的。其特点是旧商品一般通过一次交换就退出市场,进入消费,旧商品退出去,新商品不断地补充进来,使商品价格总额表现为一定时期内由商品的不断更替而形成的商品价格积累。而投入流通的货币则由于其作为一般的购买手段和支付手段,可以为所有的商品交易服务,一般不退出流通,而是停留在流通中不断反复地为商品流通服务。一定时期内单位货币转手使用的次数越多,说明单位货币承担的商品交易量越大,实现的商品价格数额越多,同样的流通规模所需要的货币量就越少。假定:在一年内,市场上待销售的商品价格总额为 100 亿元,当单位货币转手使用的次数为一次,即 1 元货币在一年内只能实现 1 元的商品价格时,那么,100 亿元的商品价格总额就需要 100 亿元的货币。当单位货币转手使用的次数为两次时,1 元货币在一年内就能实现 2 元的商品价格,100 亿元的商品价格总额只需要 50 亿元的货币就够了。如果转手的次数更多,一年内为 5 次,需要的货币就更少,只需要 20 亿元就够了。通常,人们把一定时期内单位货币转手使用的次数或流通转手的次数,称为货币流通速度,通常用 $V$ 表示。显然,流通中的货币必要量与货币流通速度成反比例变化。

如果用 $M$ 表示货币必要量,那么,在考虑了货币流通速度的影响之后,一定的商品价格总额($QP$)的货币必要量就可界定为:

$$M=QP/V$$

这就是马克思的货币必要量公式,它说明"流通中的货币量不仅决定于待实现的商品价格总额,同时也决定于货币流通的速度"。公式可以简单地理解为:一定时期流通中所必要的货币量与该时期待实现的商品价格总额成正

比，与货币流通速度成反比。

关于货币流通速度，需要进一步说明一下。由于货币在人们手中的转手使用要受到各种复杂因素的影响，如市场商品供应状况、国民收入水平、人口素质、人的消费心理、城乡关系、经济的商品化程度、运输工具的发展、信用制度发展等，这就决定了单位货币流通速度的测定是极其复杂的。因此，从总体上讲，确定货币必要量所需的货币流通速度指标，不可能是每个单位货币的流通速度，而是市场货币流通的平均速度。当然，即使是测定货币流通平均速度，也是非常艰难的，没有简单固定的数学公式。

### 三、货币必要量公式的意义和特点

马克思货币必要量公式的意义在于，它从货币流通与商品流通的本质联系出发，揭示了货币流通规律。这一规律告诉人们：流通中货币需求的实质是货币价值与商品价值的对等，由于货币流通速度的影响，使货币量与商品价值量在价值对等的基础上存在量的比例关系。违背这一比例关系而投入到流通中的货币，将是正常经济生活所不需要的。这一规律的基本要求就是：货币流通必须与商品流通相适应，即流通中的货币量要符合商品流通对它的客观需求，要保证正常流通，为经济的正常运行创造良好的货币环境，这是我们研究货币流通的唯一正确的思想。

货币必要量公式的特点在于：第一，货币必要量是一个抽象的需求概念，在货币流通管理实践中，无法将其作为正常货币流通的标志和货币供给的依据。货币必要量公式的满足条件是：商品量既定；货币是价值实体（金），流通中的货币量不对商品价格发生影响，因而价格既定；货币流通速度以相对稳定的消费周期为基础，因而也是既定的。建立在这些抽象条件基础上的货币必要量，显然是一个无弹性的常量，它只适用于高度集中的计划价格、计划产量、简单消费结构等经济环境，而不适用于信用货币制度下的市场经济。事实上，在现代经济生活中，经常存在货币供给对货币需求的反作用，货币不仅影响价格、货币流通速度，甚至影响商品产量，这就决定了货币需求是一个包括货币供给因素在内的多种经济变量构成的复杂函数，而并非简单取值的常量。第二，货币必要量理论反映的只是人们在进行商品和劳务交换时的货币需求即交易需求，而不反映人们对货币的另一种需求——资产需求。所谓资产需求，就是人们将货币作为一种资产，在与债券等其他资产的比较中，根据效用最大化的要求，所需持有的一定货币数量或余额。实际上，货币的交易需求只适应于货币化和信用化程度较低的简单商品经济，在货币只当作交换的媒介时，货币需要量就只能由商品交易总额所决定。显然，在银行和金融市场发达的现代经济生活中，"货币必要量"只能是货币需求的一部分。

### 四、纸币流通规律

马克思是从货币起源中揭示黄金货币的本质，然后从纸币与黄金的关系中揭示纸币本质的。马克思所处的时代正是黄金货币时代，纸币紧紧依附于黄金，是黄金的忠实替身，因而，马克思从纸币是金属货币的符号这一定义出发阐述了纸币的需求量规律。他指出：纸币流通的特殊规律，只能从纸币是金的代表这种关系中产生。这一规律简单地说就是：纸币的发行，限于它象征地代表的金（或银）的实际流通的数量。这就是说，由于纸币代表金属货币量，发行得多就以多的代表，发行得少就以少的代表，即：

流通中全部纸币所代表的金属货币的价值＝流通中必要的金属货币价值

那么，每一单位纸币所代表的金属货币的价值就是：

单位纸币所代表的　＝流通中所必要的金属货币
金属货币价值　　　　价值/流通中的纸币总量

如果流通中的纸币总量正好符合流通中所必要的金属货币价值，那么，单位纸币所代表的实际价值就和它的名义价值正好一致，即1元纸币等于1元金属货币，如果暂不考虑货币流通速度影响，那它就能实现1元价值的商品；如果纸币发行过度，使流通中纸币总量大于流通中所必要的金属货币价值，那么，每一单位纸币所代表的金属货币价值就会减少，使纸币实际代表的金属货币价值低于其名义价值，1元纸币不能代表1元金属货币因而不能实现1元价值的商品，这就是纸币贬值。

例如：由客观经济需要决定的流通中货币必要量相当于100亿元金属货币，如果纸币的发行量正好是100亿元，那么，这100亿元纸币就代表100亿元金属货币，每一元纸币代表的价值和它的名义价值是一致的，1元纸币与1元金属货币具有相同购买能力，可购买1元价值的商品。如果纸币的发行量不是100亿元，而是200亿元，那么，这200亿元纸币也同样代表100亿元金属货币来流通，因为流通中只需要100亿元金属货币量。这时候，纸币实际代表的金属货币与它的名义价值就不一致了，1元纸币只能代表0.5元的金属货币，只可购买0.5元价值的商品。单位纸币所代表的价值贬值了一半，反过来说，物价上涨了一倍（暂不考虑影响物价的其他因素）。

由此可见，纸币的发行应该限制在流通中所必要的金属货币价值以内。

商品流通决定金属货币必要量，金属货币必要量决定纸币的需求量。这就是纸币流通条件下货币需求量的客观界限。在流通中对金属货币需要量不变的情况下，纸币发行越多，流通中的纸币总量越大，单位纸币所代表的金属货币价值就越小，购买力越低，即纸币贬值越严重。这是纸币流通的一条法则，或称纸币流通规律。

尽管马克思对纸币需求量的分析是在纸币是金的符号这一定义下展开的，但他所揭示的纸币流通规律具有普遍意义。实际上，不论认为纸币是价值符号，还是独立的货币形式，都不能否认纸币数量对价格的作用，进而都不能否认纸币的需求量有严格的客观界限。这一界限归根到底就是：在保证币值稳定的前提下，满足经济发展的合理需要。由于纸币流通不能自发调节，对纸币需求量客观界限的掌握便完全取决于决策者对稳定币值意义认识的自觉程度。但是，纸币流通的特殊规律并不是以人们的意志为转移的，违背这一规律，必将受到客观经济生活的无情嘲弄和惩罚。正像马克思所说：国家固然可以把印有任意的铸币名称的任意数量的纸币投入流通，可是它的控制同这个机械动作一起结束。

## 第三节　货币数量论和两个方程式

### 一、货币数量论

从货币需求理论的形成和发展来看，货币数量论对货币需求的影响因素和数量关系的解释，是货币需求理论最基本的思想和理论渊源。了解货币数量论的基本思想和内容，对研究现代货币货币需求理论有基础性意义。

货币数量论是一个历史悠久、内容丰富的经济学论题。它的创始人被认为是法国重商主义者让·博丹（Jean Bodin，1530—1596）。他在对16世纪后半叶法国物价上涨作解释时认为，物价上涨的主要原因在于：金银流入数量过多，价值被降低。这便是早期的货币数量决定价格的观点。

货币数量论在18世纪的代表人物是英国著名的哲学家、历史学家和经济学家大卫·休谟（David Hume，1711—1776）。他认为，一国真正的财富是劳动和商品，而货币不过是它们的代表，金银作为货币，完全靠它们在社会交换过程中的职能，才有自己的价值。在商品数量不变的情况下，货币数量增多，只能同比例地提高商品价格，而决不会增加实际财富。他说："如果一个人的货币量加倍，他可能会更富裕，我们怀疑每一个人的货币都增加了会有同样的好效果。毫无疑问，这将如数地增加每一个商品的价格，并迟早使每一个人回到他以前那种状况。"[①] 休谟的货币数量论是他反对重商主义关于货币就是财富、要通过国家干预经济以积累本国金银货币的政策主张的重要论据。

英国古典政治经济学的杰出代表大卫·李嘉图（David Ricardo，1772—1823）也是货币数量论的信奉者。他根据 1799 年英格兰银行停止银行券兑现以后许多商品价格上涨的事实，得出了货币数量决定价格水平这一与他的劳动价值论相悖的结论。他说："假如某一个国家没有发现金矿，而创设如英格兰银行那样具有发行纸币（流通媒介）权限的银行。这个银行创设以后，就可以通过贷款给商人和政府的办法，以发行巨额的纸币。这样，全国的通货就得到显著的增加，而与发现金矿所产生的结果相同，即流通手段的价值必将下落，而商品价格必将同比例地上涨。"[②] 李嘉图进而将对货币数量与价格因果关系的分析深化为对货币需求的分析，指出："货币的需求完全由货币的价值规定，而货币的价值又由货币的数量规定。如果黄金的价值增加一倍，只要一半的数量就可以在流通中完成同样的机能；如果价值减少一半，需要的量就会增加一倍。"[③]

综合早期货币数量论的各种表述，其核心内容是：货币数量的变动与物价或货币价值的变动之间，存在着因果关系，即在其他条件不变的情况下，物价水平或货币价值由货币数量所决定。货币数量增加，物价随之正比例上涨，货币价值随之反比例下降；货币数量减少，物价随之正比例下跌，货币价值随之反比例上升。可见，早期货币数量论已经开始研究产量、价格、币值、货币数量之间的关系，并已经着眼于对货币需求的分析。

货币数量论在 19 世纪末 20 世纪初开始迅速发展。这一时期出现了一大批著名的货币数量论者，如：魏克塞尔、费雪、马歇尔、庇古、罗伯逊及发表《就业、利息和货币通论》之前的凯恩斯等。其中，最有影响的是现金交易数量说和现金余额数量说。

## 二、现金交易数量说及交易方程式

美国经济学家欧文·费雪（Irving Fisher，1867—1947）于 1911 年出版

---

[①] 转引自《大卫·休谟经济论文集》第 13 卷，第 109～110 页。
[②] 转引自《大卫·休谟经济论文集》，1955 年，第 68 页。
[③] 转引自《政治经济学及赋税原理》，第 162 页。

了《货币的购买力》一书，提出了著名的"交易方程式"，以此阐述了他的现金交易数量说。

费雪着眼于货币的流通手段功能，认为货币旨在用于交易。因此，他是从有多少货币服务于商品交易的角度来说明货币数量与物价的关系的。他定义的货币包括金银货币、银行券、政府纸币、辅币、存款通货等凡具有"货币的购买力"的货币。他认为，如果先将存款通货除外，物价水平的决定因素包括：①流通的货币数量。②流通货币的效率，即货币流通速度（一年内同一货币与商品交换的平均次数）。③商品交易数量。这三个因素与物价水平的关系用费雪方程式表示。假定以 $M$ 表示流通的货币数量，$V$ 表示货币的流通速度，$MV$ 即为用以购买商品的货币总量。再假定一年内所交易的各种商品的平均价格为 $p$, $p'$, $p''$……其交易量为 $q$, $q'$, $q''$, ……则得：

$$MV=pq+p'q'+p''q''+\cdots\cdots$$

即：$MV=\sum pq$。

如果以 $P$ 为 $p$ 的加权平均，以 $T$ 作为 $q$ 的总计，则 $P$ 即表示一般物价水平，$T$ 即表示社会商品总交易量，因而上式可写成：

$$MV=PT$$

右方为交易总值，左方为货币总值。虽然，这是货币经济条件下的一个恒等式。如果将作为交易媒介的存款通货也考虑在内，将使这一等更接近于现实。若以 $M'$ 表示存款通货的总额，以 $V'$ 表示其平均流通速度，则上述方程式应增补为：

$$MV+M'V'=PT$$

然而，费雪注重的并不是交易总值与货币总值的恒等关系，而是为了在等式中寻找货币数量与物价水平的关系。为此，他作了假设：其一，货币流通速度由个人支付习惯、社会支付制度、工业结构（如工业集中程度）、人口密度、运输工具的发展等长期因素所决定，变动极慢，因此，在短期或中期内可视为不变的常数；其二，实际交易量在充分就业的情况下，变动极小，因此，也可作为常数。如果将常数用一横线加于变量之上来表示，交易方程式则可表示为：

$$M\bar{V}+M'\bar{V'}=P\bar{T}$$

或

$$P=\frac{M\bar{V}+M'\bar{V'}}{\bar{T}}$$

由于 $\bar{T}$、$\bar{V}$、$\bar{V'}$ 都是常数，因此，货币量 $M$、$M'$ 的任何变动，必然正比例反映于物价上。由此得出结论，物价水平随流通中货币量的变化而成正比例变动。

现金交易数量说对货币需求理论的贡献在于，它用公式说明了货币数量同商品交易量、物价水平、货币流通速度之间存在着有机联系。如果将 $MV=PT$ 变形为 $M=PT/V$，将 $P$、$T$、$V$ 作为充分变动的经济变量，那么，$M$ 便是由这些变量决定的货币需求函数。从这一点看，现金交易数量说既是早期货币数量论的总结，又是货币需求理论进一步发展的基础。

## 二、现金余额数量说及剑桥方程式

英国剑桥学派创始人马歇尔（Alfred Marshall，1842—1924）于 1923 年出版了《货币、信用与商业》一书，他以研究人们为何保有货币以及保有多少货币才适度为出发点，论证了货币数量对货币价值的决定作用，强调货币与物价之间的关系取决于人们手中保有的货币量。马歇尔的观点，由他的学生、剑桥学派的主要代表庇古（Arthur Cecil Pigou，1877—1957）加以系统化，并用方程式予以表述，即：

$$M=KPY$$

或

$$P=M/KY$$

这一方程式称为现金余额方程式或剑桥方程式。式中，$M$ 代表一国的货币供应总量；$Y$ 代表实际国民收入或国民总产值即总产量；$P$ 代表平均物价水平或货币价值的倒数；$K$ 代表人们手中经常持有的货币量（现金余额）与以货币计算的国民收入（或国民总产值）之间的比例。

从形式上看，剑桥方程式与交易方程式并无多大区别，因为 $K$ 实际上就是 $1/V$（$=M/PT$），即货币流通速度的倒数，$Y$ 也可由 $T$（交易总量）代替。但是，与现金交易数量说不同，现金余额数量说并不注重货币的流通手段功能，而是着眼于货币的贮藏手段功能，认为货币旨在用以储存购买力。因此，它是从人们持有货币多少的角度来说明货币数量与物价的关系的。按照剑桥学派的观点，一个社会真实的货币需求就是所有的人希望以货币形式持有的国民收入（或国民总产值），即 $KY$。$K$ 决定现金余额的多少，因而决定货币需求的大小。剑桥方程式的意义在于：货币价值决定于货币数量的供求，如果货币供给 $M$ 增加，或货币需求 $KY$ 减少，则货币价值（$1/P$）下降或物价水平（$P$）上升。在货币供给总量和总产量不变的情况下（$M$ 由货币金属生产条件或货币主管当局及金融制度特点等决定，$Y$ 由社会生产条件决定），货币价值或一般物价水平则决定于现金余额的数量即 $K$ 的比值。

剑桥学派注重分析人们持有货币的动机，认为 $K$ 将由于以下原因而变动：

人们的财富有三种用途:(1)投资于生产,以获取利润或利息;(2)用于直接消费,以获得享受;(3)保持货币形态,使其表现为现金余额,以获得便利与安全。这三种用途互相排斥,必须权衡利弊而作出最佳选择。当人们感到保持现金余额所得利益大于因放弃投资和消费而受的损失时,则必然增加现金余额。相反,则要减少现金余额。由此可见,现金余额说的最大特点在于重视了人的行为因素——持币动机对货币需求进而对货币价值或物价水平的影响,它为货币需求理论的发展提供了新思维。无论是后来凯恩斯的货币资产需求论,还是弗里德曼的货币需求稳定论,都受益于剑桥学派的这一重大贡献。

## 第四节 凯恩斯货币需求理论及其发展

凯恩斯(John M. Keynes,1883—1946)是对现代西方经济理论和政策产生了深远影响的英国经济学家。货币需求理论是他全部理论中的一个重要的组成部分。

### 一、早期坚持货币数量论

凯恩斯起初是一个货币数量论者,他在1923年所著的《货币改革论》一书中曾提出如下方程式:

$$N=P(K+RK')$$

式中:$N$代表流通中货币;$P$代表价格水平;$K$代表人们以现金方式保持在手中的购买力数量;$K'$代表人们以活期存款方式保有的购买力数量;$R$代表银行为应付存款支取而保持的现金准备即存款准备率。

凯恩斯认为,$K$和$K'$的变化取决于两个因素:一是人们拥有财富的多少,二是人们使用货币的习惯。人们通常是将持有货币所得利益与将其用于消费或投资所得利益相比较来决定$K$和$K'$的数量。银行可通过利率政策使$K$和$K'$保持稳定。如:在$K'$有增加倾向时,降低银行利率,就可使其缓和,同时,利率降低,贷款容易获得,$K$也可因而减少。提高利率结果则相反。至于$R$则取决于银行保持准备的习惯和其业务情况。假定在$K$,$K'$,$R$均稳定的情况下,$P$即和$N$同升同降,即物价将随着流通中货币数量的多少而同比例地涨落。可见,凯恩斯方程式的本质依然是剑桥学派的现金余额说。

1929~1933年,西方世界爆发了前所未有的经济危机,贸易空前萎缩,产品大量积压，物价急剧下跌，生产大幅度下降，失业人口猛增。严峻的经济形势，使凯恩斯一改传统的以物价为中心的货币理论，而转向以产量为中心的货币理论。他开始认为，经济中要解决的首要问题已不是物价的稳定，而是失业的解救和经济的复苏。他不再相信自由市场机制会自行调节供求，使社会生产自动达到充分就业水平，因而根本否认了货币数量论关于充分就业、产量既定的大前提。他也不再相信货币只与物价水平发生数量关系而不会对社会总产量发生实质性影响，因而特别强调以增加货币数量刺激投资，增加有效需求的重要性。他在《就业、利息和货币通论》一书中，以有效需求原理为中心详尽阐发了他的反传统的新经济理论，被称为经济学的"凯恩斯革命"。他的货币需求理论也从此脱离货币数量论，而成为有效需求理论的一部分。

## 二、"流动偏好"货币需求理论

凯恩斯的货币需求理论认为，货币需求是人们愿意保持货币的一种心理倾向。由于货币比起其他资产来，具有最充分的流动性和灵活性，需求货币便是偏好流动性或灵活性，因此，货币需求的实质就是流动偏好或灵活偏好。

那么，人们为什么会存在流动偏好？或者说，人们的货币需求动机是什么呢？凯恩斯认为，货币需求动机有四点：第一为所得动机，即经济单位、个人及家庭为应付商品与劳务支出，在收入与支出的一段时间内，必须持有一定数量的货币。第二为营业动机，即企业在支付营业费用及获得营业收益之间的一段时间内，必须持有一定数量的货币。第三为预防动机或谨慎动机，即为防备意外或不时之需，必须持有一定数量的货币。第四为投机动机，即为了随时根据市场行情变化购买债券进行投机谋利，必须保持一定数量的货币。四种动机中，由前两种动机引起的货币需求为交易性货币需求，因为二者均与商品和劳务的交易有关。由第三种动机引起的货币需求为预防性货币需求。由于这种货币需求最终目的的主要还是应付交易，因此，也可视为交易需求。由第四种动机引起的货币需求为资产性或投机性货币需求。这样，全社会的货币需求总量就可以概括为货币的交易需求和资产需求之合。凯恩斯认为，货币的交易需求依存于收入的多少，收入越多，需求量越大。因为，收入增加，必然会使开支增加，交易数量增多，人们的预防要求也会更多。因此，交易需求为收入的递增函数。若以 $M_1$ 表示满足交易需求的货币需要量，$L_1$ 表示决定于收入水平的货币需求函数，$Y$ 表示国民收入，则：$M_1=L_1(Y)$。资产性货币需求则依存于利率的高低，利率越高，需求量越小。因为，债券未来的市场价格是随市场利率呈反方向变化的。现行利率越高,未来下降的可能性越大,那时债券的价格就会上升,因此,人们宁愿在目前购入债券而不愿手持货币。并且,现行利率越高,手持货币的机会成本(即牺牲的利息收入)就越高,也会促使人们尽量减少手持货币量。可见,资产需求为利率的递减函数。若以 $M_2$ 表示满足资产需求的货币需要量,$L_2$ 表示决定于利率水平的货币需求函数,$R$ 表示利率,则:$M_2=L_2(R)$。这样,货币的总需求量就是:

$$M=M_1+M_2=L_1(Y)+L_2(R)$$

如图 7-1 所示,以纵轴代表利率,横轴代表货币需求,$L_1$ 与利率无关,因而是一条与利率纵轴平行的直线。$L_2$ 则是一条向右下方倾斜的曲线,表明利率越低,货币需求越大。如果将 $L_1$ 和 $L_2$ 相加,总的货币需求就是图 7-2 所示的 $L$ 形曲线。又因 $L_1$ 是随收入的变化而变化的,所以 $L$ 曲线要随收入的变化而移动。如图 7-3 所示,$L(Y_1)$ 是收入水平在 $Y_1$ 时的货币需求,当收入增至 $Y_2$ 时,曲线便移动至 $L(Y_2)$ 等。图 7-3 还表示,当利率降至 $i_0$ 时,货币需求曲线变为与横轴平行的直线。它说明,当利率已降到某一无可再降的低点以后,货币需求就会变得无限大,即人们只愿意持有货币而不愿意持有债券,"流动偏好"得以充分体现。后人将该直线部分称为"流动性陷阱",它能最大程度地吸收流通中增加的货币量。虽然这种情况只是一种可能性,实际上并不常见,但这样分析的目的在于说明利率在货币需求变化中的作用,同时也说明,由于货币需求对利率的变动十分敏感,因此,货币需求是一个易于变动、极不稳定的量。

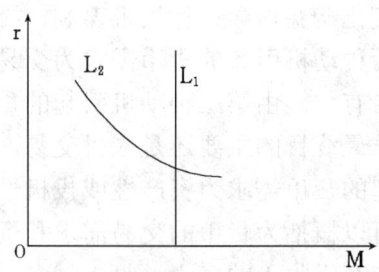

图 7-1 交易性货币需求曲线和资产性货币需求曲线

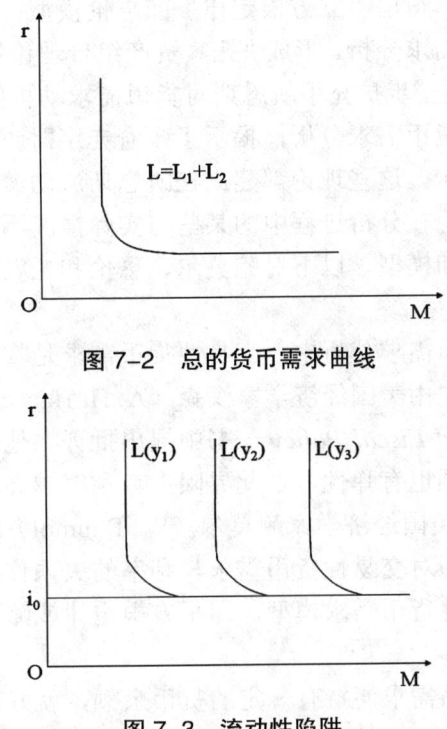

图 7-2　总的货币需求曲线

图 7-3　流动性陷阱

凯恩斯货币需求理论的突出特点是注重对各种货币需求动机的分析，尤其是对投机性货币需求动机的分析。这种分析将资产性货币需求和利率引入货币需求观察范围，并进而强调了利率在货币需求中的重要作用，因而又称其为货币资产需求论。它的政策意义在于：在社会有效需求不足情况下，可通过扩大货币供应量来降低利率，通过利率降低诱使投资扩大，进而增加就业，增加产出。但是，扩大货币供给、降低利率能在多大程度上发挥拉动总需求的作用，要受货币需求状况的影响，当货币需求对利率变化非常敏感时，增加的货币供给多会被增加的货币需求所吸收，而很难刺激投资，使总需求扩大。当出现"流动性陷阱"时，增加的货币供给则完全被货币需求所吸收，导致货币政策失效。

## 三、凯恩斯货币需求理论的发展

凯恩斯的货币需求理论在 20 世纪 50 年代后得到凯恩斯学派经济学家们更进一步的深入研究和扩展。其内容主要有：鲍莫尔将利率因素引入交易性货币需求分析，得出"平方根定律"或鲍莫尔模型；惠伦将利率因素引入预防性货币需求分析，得出"立方根定律"或惠伦模型；托宾将预期的不确定性引入投机性货币需求分析，形成"托宾资产组合理论"；新剑桥学派从更现实、更全面的角度进一步扩充了凯恩斯对货币需求动机的分析，尤其是将"公共权力动机"引入货币需求分析，揭示了政府赤字财政政策和扩张性货币政策对货币需求的影响。这些理论都建立在凯恩斯流动偏好的理论基础上，但同时又对凯恩斯理论在分析过程中的某些与实际情况不符的假设作了修正，从而得出新的结论和模型。以下对鲍莫尔、惠伦和托宾的理论作重点介绍。

（一）平方根定律

在凯恩斯的货币需求分析中，交易性货币需求是收入的函数，而与利率无关。这一结论首先由美国经济学家汉森（A. H. Hansen）在1949年出版的 *Monetary Theory and Fiscal Policy* 一书中提出批评，他认为，当利率高到一定程度时，交易金额也有弹性，在此界限上，利率越高，交易者会越节约现金余额。1952年，美国经济学家鲍莫尔（W. Baumol）运用管理学中有关最优存货控制的理论，对交易性货币需求与利率的关系作了深入分析，提出了与利率相关的交易性货币需求模型，即平方根定律或鲍莫尔模型。其基本分析思路和方法如下：

人们为满足交易需求而持有一定的货币余额，就好比企业为满足生产和交易活动需要而保持一定的存货一样。存货能方便生产和交易，但都要耗费成本，因此，最佳存货量是在成本最低时能够满足生产和交易活动正常进行的存货量。货币余额也有这样一个最佳保有量的问题，在普遍存在生息资产的情况下，持有货币这种无收益资产就要承担一定的机会成本。任何一个以收益最大化为目标的经济主体，在货币收入取得和尚未用于支出的一段时间里，没有必要让所有准备用于交易的货币都以现金形式存在，而可以将暂时不用的现金转换为生息资产，等需要时再将生息资产变现，这样就可减少机会成本。由于资产变现活动要支付一定的手续费或佣金，产生交易成本，因此，经济主体就需要将利息收益和交易成本两者进行比较而作出选择，只要利息收益超过变现的手续费就有利可图。利率越高，生息资产的收益越多，持有现金的机会成本就越大，人们会尽可能将现金余额压到最低限度。相反，利率越低，持有现金的机会成本越小，人们则愿意多持有现金。当利息收入不够抵付变现的手续费时，人们就将准备用于交易的全部货币收入都以现金形式持有。可见，交易性货币需求与利率是相关的。

设某人每月初得到收入 $Y$，月内可预见的交易支出总额也为 $Y$，交易活动在月内平均分布，收入在月内平均用完。那么，月初只需保留少量货币 $C$，而把其余（Y-C）用于购买债券。等所持货币 C 用完后，再用债券换回又一货币 C，供交易之需，周而复始。由于每次由债券兑换成的货币均为 C，则月内共兑换 Y/C 次。设每兑换一次的手续费为 b，则月内的手续费共为（Y/C）·b。又假定每次换回的货币 C 也是连续和均匀支出的，因此，平均的货币持有额为 C/2。设持有单位货币的机会成本为债券利率 r，由于平均货币余额为 C/2，所以机会成本总量为（C/2）·r。若以 x 表示持有货币的总成本，则有：

$$x = \frac{bY}{C} + \frac{Cr}{2}$$

该式表明，持有货币的成本（交易成本和机会成本）是货币持有量的函数。其中，交易成本是货币持有量的减函数，机会成本是货币持有量的增函数。将总成本 x 对每次兑换的货币量 C 求一阶导数，并令其为 0，即：

$$\frac{dx}{dC} = -\frac{bY}{C^2} + \frac{r}{2} = 0$$

则可求得总成本 x 最小时的每次兑换货币量 C。由上式得：$C = \sqrt{\frac{2bY}{r}}$。这就是说，当每次由债券换成的货币量为 $\sqrt{\frac{2bY}{r}}$ 时，持有货币的总成本最小。由于货币的平均持有量为 C/2，所以使总成本最小的货币平均持有量为：

$$M_d = \frac{C}{2} = \frac{1}{2}\sqrt{\frac{2bY}{r}} = \sqrt{\frac{bY}{2r}}$$

这就是著名的"平方根定律"。若令 $\alpha = \sqrt{\frac{b}{2}}$，公式则更为直观，即：

$$M_d = \alpha Y^{0.5} r^{-0.5}$$

公式说明，用于交易的货币持有额或交易性货币需求有一个最佳规模，这个规模的确定与收入 Y 和利率 r 都有关，与收入正相关，与利率负相关。收入增加，交易性货币需求随之增加，但 Y 的指数 0.5 说明，$M_d$ 随 Y 增加的比例并不大，利率提高，交易性货币需求随之减少，但 r 的指数-0.5 说明，$M_d$ 随 r 减少的比例也不大。如果进一步将公式 $M_d = \alpha Y^{0.5} r^{-0.5}$ 两边取自然对数，得：

$$Ln M = Ln\alpha + 0.5 Ln Y - 0.5 Ln r$$

再求该函数分别对 Ln Y 和 Ln r 的偏导数，则分别得出交易性货币需求对

收入的弹性值为 $\frac{\partial \text{Ln}M}{\partial \text{Ln}Y} = 0.5$，对利率的弹性值为 $\frac{\partial \text{Ln}M}{\partial \text{Ln}Y} = -0.5$。当然，这两个弹性值只是一种理论推演的结果，后来的一些经济学家在对其进行实证检验中发现，弹性值与现实情况有较大差距。

### （二）立方根定律

在凯恩斯的货币需求分析中，预防性货币需求也是收入的函数，同样与利率无关。对于这一结论，1966年美国经济学家惠伦（Whalen）给以否定，他论证了预防性货币需求与利率的函数关系，得出惠伦模型即立方根定律。其基本分析思路和方法如下：

预防性货币需求来自人们对未来事物不确定性的考虑。人们无法保证在某一时期内的货币收入和货币支出与原来预料的完全一致。不测情况的发生可能导致已有的收入不能满足临时的货币支付要求，因此，实际保持的货币就要比正常的预期需要量再多一些，多保持的部分就是预防性货币需求。与交易性货币需求有一个最佳持币量的道理一样，预防性货币需求也有一个能够使持币总成本最小的最佳持币量。惠伦认为，这个最佳的持币量与三个因素有关：（1）非流动性成本。这是指因低估某一支付期内的现金需要，持有货币过少或流动性过弱而可能造成的损失。非流动性成本可表现为三种情况：一种是在必须支付时，既无现金，又不能得到贷款支持或将非现金资产转换为现金，因此而陷于经济困境甚至导致破产，这是成本最高的表现形成；二是在必须支付时能够得到贷款支持，这时的非流动性成本就是支付的贷款利息；三是在必须支付时可将非现金资产转换为现金，这时的非流动性成本就是资产变现的手续费。理论分析以第三种情况为一般情况。（2）持有预防性货币余额的机会成本。这是指持有这些现金而舍弃的持有生息资产的利息收益。（3）收入和支出的平均值和变化的情况或变现的可能次数。这一因素的提出来自对未来支出和收入差额的不确定性的考虑，它不同于交易性货币需求分析中以收入和支出的确定性和可预料性为前提的情况。由于只有当一定期间内支出和收入的差额（净支出）大于该期间内预防现金的持有额时，才须将非现金资产转换为现金，因此，收入和支出的平均值和变化情况，决定着变现的可能次数。

上述三个因素中，第一个因素（以资产变现的手续费代表的非流动性成本）与第三个因素（变现的可能次数）的积为预防性货币需求的非流动性成本总额（相当于交易性货币需求分析中的交易成本），第二个因素（舍弃的利息收益）与持有预防性现金余额的积为预防性货币需求的机会成本总额。两种成本之间的关系为：当人们为预防不测而多持有现金余额时，就减少了非流动性成本，但却增加了机会成本；相反，当人们为追求利息收益而少持有现金余额时，就减少了机会成本，但却增加了非流动性成本。最佳现金持有量的选择是：在二者相加的总成本最低时的现金持有量。假设资产变现的手续费为 $b$，变现的可能次数为 $P$，债券利率为 $r$，持有预防性现金余额为 $M$，预防性货币需求总成本为 $x$，则：

$$x = M \cdot r + P \cdot b$$

公式中，变现的可能次数 $P$，取决于净支出（支出与收入之差，用 $N$ 表示。）大于 $M$ 的概率。由于从长期平均角度讲收入等于支出，净支出为 0，因此，$N$ 的概率分布以 0 为均值，若设方差为 $S^2$，则可知净支出 $N$ 与均值之间的偏差大于预防性现金余额 $M$ 的概率 $P$ 满足：

$$P\{|N-0| \geq M\} \leq S^2/M^2$$

根据切比雪夫（Tcheby Cheff）不等式，如果随机变量 $x$ 的均值为 $E(x)$，方差为 $\sigma^2$，则有 $P\{|x-E(x)| \geq \varepsilon\} \leq \sigma^2/\varepsilon^2$，其中 $\varepsilon > 0$。

对于一个风险回避者来说，在估计净支出大于预防性现金余额的概率时，要作出对流动性不足的充分估计，估计值应为 $P\{N>M\} = S^2/M^2$。将 $P$ 值代入预防性货币需求总成本公式，得：

$$x = M \cdot r + (S^2/M^2) \cdot b$$

将总成本 $x$ 对预防性现金持有量 $M$ 求一阶导数，并令其为 0，即：

$$\frac{dx}{dM} = r - \frac{2bS^2}{M^3} = 0$$

则可求得总成本 $x$ 最小时的预防性现金持有量 $M$。由上式得：

$$M = \sqrt[3]{\frac{2bS^2}{r}}$$

这就是立方根定律或惠伦模型。若令 $a = \sqrt[3]{2}$，公式可写作：$M = ab^{1/3}S^{2/3}r^{-1/3}$，它表明最佳预防性现金持有量与非流动性成本（变现手续费）和净支出方差正相关弹性值分别为 1/3 和 2/3，与利率负相关，弹性值为 -1/3。在惠伦模型中，收入对预防性货币需求的影响是通过净支出的方差间接表现出来的，因而，收入和支出的数额和次数是影响净支出方差的主要变量。

## （三）托宾资产组合理论

在凯恩斯的投机性货币需求分析中，人们对于货币和债券这两种资产的选择是相斥的，或者选择货币，或者选择债券，两者不能兼得，原因是人们对未来的利率变化的预期是可确定的。而现实中的情况与凯恩斯的假定并不吻合，经常存在的情况是投资者对自己作出的对未来利率的估计并不完全自信，因而在资产选择上一般采取既持有货币，也持有债券的组合形式。基于对这种情况的考虑，美国经济学家托宾（Tobin James）对凯恩斯货币需求理论作了重要修正和拓展，他以人们对未来预期的不确定性为前提，研究如何选择资产持有的问题，形成了对投资活动和金融管理产生深远影响的资产组合理论。

托宾假定，人们的资产保有形式有货币和债券两种。货币是一种安全性资产，持有货币虽没有收益，但也没有风险；债券是一种风险性资产，持有债券可获得收益，但也要承担债券价格下跌而受损失的风险。人们可以选择货币和债券的不同组合来保有其资产。不同风险好恶的人（风险厌恶者、风险爱好者、风险中立者）会有不同的资产组合选择，托宾以风险厌恶者作为一般性投资个体，对在未来预期不确定情况下的安全性资产和风险性资产的组合问题展开研究。其主要分析思路和方法如下：

人们在选择资产组合时，不仅要考虑各种资产组合的预期收益率，而且要考虑到风险。预期收益率是资产组合中所有资产的估计收益率的加权平均值，权数是每种估计收益率的概率，与预期收益率相关的风险用资产组合的收益率的标准差表示，它反映各种估计收益率与其均值（预期收益率）之间的偏离程度。标准差越小，接近预期收益率的可能性越大，或者说，与实现预期收益相关的风险越小。对于一个风险厌恶者来说，总希望在一定的预期收益率下能有最小的风险，或者在一定的风险下能有最高的预期收益率。但风险和收益是同增同减的，高的收益率需要承担高风险或牺牲安全性才能换得，安全性或低的风险需要牺牲高收益才能换得。投资者要在预期收益率和风险之间进行权衡而作出对资产组合的选择。若用 $\mu$ 代表资产组合的预期收益率，用 $\sigma$ 代表预期收益率的标准差，即风险，那么，风险厌恶者的资产组合选择就可用落在以 $\mu$ 和 $\sigma$ 为坐标轴的象限内的无差异曲线表示出来（如图7-4)。

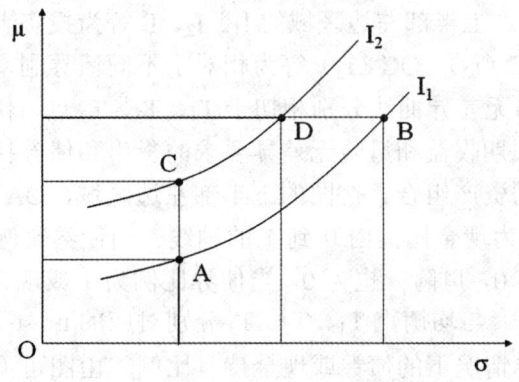

图 7-4 风险厌恶者的无差异曲线

风险厌恶者的无差异曲线说明，位于同一条无差异曲线上的所有资产选择，对投资者都有相同的总效用。如：在资产组合 $I_1$ 中，尽管资产 A 和资产 B 有不同的收益率，但由于它们落在同一条无差异曲线上，A 的低收益率由其低的标准差所弥补，B 的高标准差由其高收益所弥补，因此，对于投资者来说，A、B 两种资产的总效用是相同的。资产组合的优化选择方向是：使资产组合中所有的资产具备尽可能高的收益率和尽可能小的标准差，即越向左上方移动的无差异曲线，越是好的资产组合。如图：在无差异曲线 $I_2$ 上的资产组合中的所有资产，其总效用却大于 $I_2$ 组合中的资产。C 与 A 有相同的标准差，但 C 的收益率却高于 A；D 与 B 有相同的收益率，但 D 却有较小的标准差。

无差异曲线反映了投资者在预期收益率和风险之间权衡进行资产组合选择的原则。在此原则下，投资者的选择最终取决于他对货币和债券两种资产的持有比例。假设：债券持有比例为 $a$，现金持有比例（$1-a$）为 $b$，当以现金形式持有全部资产时，预期收益率和风险均为 0；当以债券形式持有全部资产时，预期收益率为 $\hat{\mu}$，风险为 $\hat{\sigma}$，当以 $a$ 的比例持有债券，以 $b$ 的比例持有现金时，预期收益为 $a\hat{\mu}$，风险为 $a\hat{\sigma}$，于是就有：

$$\mu = \frac{\hat{\mu}}{\hat{\sigma}} \cdot \sigma \text{ 或 } \mu = K \cdot \sigma (K = \frac{\hat{\mu}}{\hat{\sigma}})$$

这说明资产组合的预期收益率 $\mu$ 与其风险 $\sigma$ 之间存在线性关系。$\mu = K \cdot \sigma$ 是一条由原点出发，以 $K$ 为斜率，对应于不同预期收益率和风险的投资机会线。该直线上所有的点代表着投资者持有不同货币和债券比例下的预期收益率和风险的组合，该直线与无差异曲线的切点，即为投资者的资产组合均衡点。如图 7-5 所示，上半部左边区域的 $I_1$、$I_2$、$I_3$ 等为投资者的一系列无差异曲线 $OC(r_1)$、$OC(r_2)$、$OC(r_3)$ 等为相对于不同债券利率水平的投资机会线，投资机会线与无差异曲线分别相切于 $T_1$、$T_2$、$T_3$ 点，代表投资者在不同利率水平下满足预期收益和风险无差异要求的货币和债券持有比例，即能使收益和风险均衡的资产组合。在图的下半部左边区域，OA 为债券比例由 0 到 1 的轴线，$B\hat{\sigma}$ 为现金比例由 0 到 1 的轴线。当债券比例为 0 或现金比例为 1 时，收益 $\mu$ 为 0，风险 $\sigma$ 也为 0。当债券比例为 1 或现金比例为 0 时，收益为 $\hat{\mu}$，风险为 $\hat{\sigma}$。与均衡点 $T_1$、$T_2$、$T_3$ 分别对应的 $t_1$、$t_2$、$t_3$，分别代表同时持有现金和债券情况下的债券或现金持有比例。由图可见，随着利率水平由 $r_1$ 升到 $r_2$ 再到 $r_3$，投资机会线由 $OC(r_1)$ 旋转到 $OC(r_2)$ 再到 $OC(r_3)$，

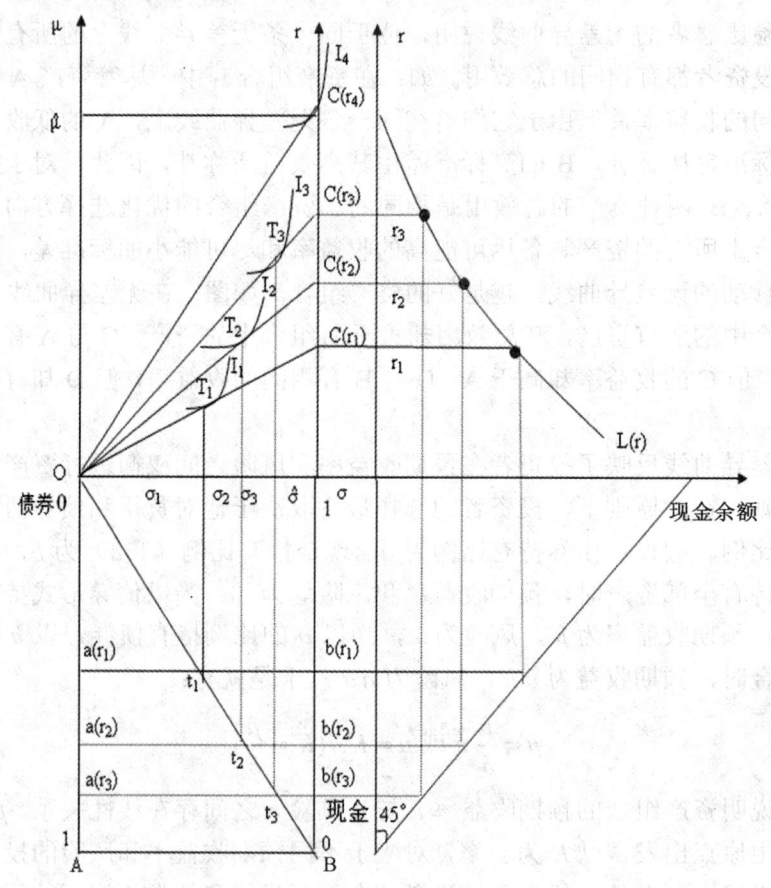

图 7-5 托宾曲线

投资均衡点由 $T_1$ 移到 $T_2$ 再到 $T_3$，投资者的债券比例由 $a(r_1)$ 升到 $a(r_2)$ 再到 $a(r_3)$，现金比例由 $b(r_1)$ 降到 $b(r_2)$ 再到 $b(r_3)$。这种变化折射到图的上半部右边的利率与现金余额平面图上，就显示出一条与利率成负相关的货币需求曲线，一些学者称其为"托宾曲线"。这条曲线正好印证了凯恩斯的流动偏好曲线，但托宾是以投资对未来预期的不确定性为前提的，在解释现金和风险资产以一定比例同时持有的资产分散化的同时，证明了投机性货币需求与利率的负相关关系。

## 第五节 弗里德曼货币需求理论

### 一、弗里德曼与货币主义

米尔顿·弗里德曼（Milton Friedman）是当代西方经济学主流学派——货币学派的代表人物，他的理论及其政策主张，被称为"新货币数量论"或"货币主义"，而他的货币需求理论又是其全部理论的核心。

货币主义是在与凯恩斯主义的对立中提出和建立起来的。第二次世界大战后，西方经济在凯恩斯主义指导下得到了恢复和发展，出现了凯恩斯主义的所谓"黄金时代"。但是，由于凯恩斯主义一味地强调刺激有效需求，而忽视通货膨胀问题，终于走向了绝境。20 世纪 50 年代初，通货膨胀就已经开始在西方国家蔓延开来。到了 60 年代便迅猛发展，给西方经济造成灾难性后果。生产停滞，失业增加，经济陷入"滞胀"困境。在这种背景下，货币数量论重新活跃起来。弗里德曼在《货币数量说的重新表述》、《货币的需求：一些理论和经济的答案》中，从理论分析和统计资料验证两方面入手，阐述了他的货币主义的基本观点。

货币主义的基本内容是：物价水平乃至名义收入（国民总产值或国民收入）的水平是由货币供应和货币需求共同作用的结果。在决定实际产量的生产条件不变的情况下，当货币供应大于货币需求时，物价上涨，名义收入增加；当货币供应小于货币需求时，则物价下跌，名义收入减少。至于货币供求对实际产量的影响，则取决于供求失衡的严重状况和持续时间。由于货币供应是取决于货币制度的外生变量，即货币供应是由货币当局和有关立法来控制的，其变化独立于经济体系的内部运转，因此，问题的关键在于了解货币需求函数的状况。理论分析和统计资料证明，货币需求函数是极为稳定的。

货币需求函数的稳定性,使货币供应量的人为变化不能被货币需求所抵消,从而作用于物价乃至名义收入,对经济生活产生影响。因此,货币供应量的不规则变动是经济波动的根本原因,通货膨胀就是货币供应过多的结果。如要控制通货膨胀,实现经济的稳定增长,就必须实行"单一规则"的货币政策,即将货币供应量作为唯一的政策工具,并制定货币供应量增长的数量法则(如美国应执行每年4%~5%的固定增长率),使货币增长率同预期的经济增长率保持一致。

## 二、弗里德曼的货币需求函数及政策意义

"新货币数量论"的关键,是证明货币需求函数的稳定性。在1956年发表的《货币数量说的重新表述》一文中,弗里德曼详尽分析了影响货币需求的各种因素。他提出的货币需求函数式为:

$$M_d = f(P, r_m, r_b, r_e, \frac{1}{P}\frac{dp}{dt}, Y, W, U)$$

或

$$\frac{M_d}{P} = f(r_m, r_b, r_e, \frac{1}{P}\frac{dp}{dt}, \frac{Y}{P}, W, U)$$

式中:$M_d$代表名义货币需求量。

$P$代表物价水平。它决定人们为购买商品和劳务所要持有货币的多少,价格水平越高,购买商品和劳务所需要的名义货币就越多。

$M_d/P$代表剔除物价水平影响的实际货币需求,即能实际支配财富的货币需求。弗里德曼强调的正是这种实际货币需求,因为,它反映经济对货币的客观需求量。分析该量的目的,在于测算货币供应量的客观标准。

$Y$代表以货币表示的恒久性收入,即一个较长时期的平均收入水平。它是影响货币需求的最重要的变量因素,对货币需求起着主导作用。收入水平越高,对货币的需求量越大。

$Y/P$代表剔除物价水平影响的实际收入水平,它是影响实际货币需求的主导因素。实际收入水平越高,实际货币需求量就越大。

$r_m$代表货币的预期报酬率,主要指银行存款利率;$r_b$代表固定收益的债券利率;$r_e$代表非固定收益的证券(股票)利率;$\frac{1}{P}\frac{dp}{dt}$代表物价变动率。它们决定持有货币的机会成本,即持有货币而放弃生息资产收益所受的损失。债券和股票的收益率越高,持有货币的成本就越高,对货币的需求就会越少;物价急剧上升时,各种实物升值,静态的物质财富就会给人们带来收益,反

而要遭受货币贬值的损失，因此，物价变动率 $\frac{1}{P}\frac{\mathrm{d}p}{\mathrm{d}t}$ 也决定持有货币的成本，是影响货币需求的重要因素。

$W$ 代表非人力资本（物质财富）对人力资本（个人获得收入的能力）的比率。这一比率制约着人们所得收入的状况。如在劳动力处于失业状态时，人力资本就无法形成收入，自然会减少货币需求。因此，在一定的总财富水平下，$W$ 值越大，货币需求量越小；$W$ 值越小，货币需求量越大。

$U$ 代表反映主观偏好与风尚以及客观技术与制度因素的综合变数。比如，人们的兴趣、嗜好、习惯等。节俭守财的人与注重享用的人保有货币的数量就相差很大，因而具有不同的货币需求。再如，交通运输、通信、金融机构等技术条件越好，就越能方便货币加速周转，减少货币需要量。

弗里德曼对上述影响货币需求因素的分析结果表明：(1) 实际货币需求不受物价水平（$P$）的影响。(2) 实际货币需求主要取决于作为总财富代表的恒久性收入（$Y/P$）。由于恒久性收入在长期内取决于生产力发展状况（如生产技术水平、人口、物质资源及其利用状况等），其变动是相对平稳的，这就从根本上决定了货币需求也是相对稳定的。美国统计资料的经验数据证明，货币需求的收入弹性为 1.394，即当收入提高 1% 时，货币需求提高 1.394%。(3) 持有货币的机会成本对货币需求的影响极小。$r_m$、$r_b$、$r_e$ 决定于市场利率，而实际统计资料表明货币需求对利率变化的敏感性很差。统计资料还表明，物价变动率 $\frac{1}{P}\frac{\mathrm{d}p}{\mathrm{d}t}$ 只有在幅度很大、持续时间很长的情况下，才会影响货币需求，因而不会对货币需求产生较大影响。

由此可见，尽管货币需求是多种复杂变量的函数，但是，由于起决定作用的变量受社会生产力水平和制度等因素制约，从长期来看，不会发生大的变动，尤其是具有高度稳定性的恒久性收入这一因素对货币需求起主导作用。一些易变因素如利率、价格变动率等对货币需求的作用十分有限。因此，从总体上看，货币需求函数是稳定的，经过努力，货币需要量是可以预测的。问题的关键只在于，货币当局能否真正按照由预期收入增长水平确定的货币需要量来控制货币供应，使货币供应量稳定增长。

纵观西方现代货币需求理论可以发现，货币需求理论从总体上讲是一种经济变量的分析理论，它为人们提供了商品货币经济条件下货币需求分析和研究的基本理论和方法。诸如：将货币作为资产的需求观，货币需求的收入弹性和利率弹性的分析、货币需求稳定性的判断、资产收益率、物价变动率、人的心理和行为、技术和制度等因素影响货币需求的分析等，都是货币需求理论的珍贵财富。学习和借鉴这些理论，对探索中国经济体制变革过程中的货币需求问题，正确测定货币供应量的客观界限，保证货币政策的正确实施，都是大有益处的。

## 第六节　货币供给机制

### 一、现代经济中的货币供给主体

货币供给或货币供应是一个综合的概念，它要回答的是一国的货币如何供应，货币总量如何形成、如何控制等问题。概括地说，货币供给是一国货币量的形成机制和控制机制的总合。在银行制度没有发展起来的金属货币流通时期，货币是作为充当流通手段的特殊商品而由所有的持有者自发投入流通或退出流通的。在统一的铸币制度下，国家只规定统一的货币标准，并提供加工标准货币的造币厂或造币局，货币金属的持有者可自由地将其持有的货币金属拿到国家造币厂按标准铸造成本位币，尔后投入使用，这样就形成了市场的货币供给。货币持有者也可以根据需要自由地将手中的铸币拿到国家造币厂要求熔化成金属块，尔后保存起来，这样就收缩了市场的货币供给。当银行制度发展起来以后，可以兑现的银行券越来越被人们普遍接受，以至于成为现实的流通手段和支付手段，成为货币。这样，银行信用事实上就成了一种创造货币供给的机制。随着银行社会信誉度的不断提高，早期必须以保证兑现才能流通的银行券发展为不兑现也可流通的银行券，即银行钞票。当中央银行制度形成以后，银行钞票的发行权集中于中央银行，进而又与国家发行的纸币合二为一，成为由国家授权而发行和流通的法定货币。到了20世纪初，银行业的发展不仅表现为机构数量的扩张，而且表现为业务活动领域和活动方式的扩展，其中最为突出的一个方面就是客户可以根据存在银行账户中的活期存款开出转账支票，用于购买商品和支付劳务。由于活期存款在不用转换为现金的情况下被直接用作支付手段而服务于交易，因而也就被当作货币了。它与现钞和铸币的区别在于，它不是以货币的实体而是以银行账户上的数字记载而存在的货币。就是说，银行账户上存款数字的增加，就意味着货币供应的增加；数字的减少，就意味着货币供应的减少。很明显，在现代经济中，货币供给的主体就是发行银行券（现金）和经营存款业务的机构——银行。

首先，现金是由中央银行供给的。国家赋予中央银行发行现金的特权，凡是从中央银行流出的现金，都是中央银行的负债，它构成中央银行的资金来源。持有现金的机构、单位和个人虽不能直接向中央银行兑现价值，但可以在市场上通过购买和支付而实现价值。各国中央银行都有一整套现金发行的程序和制度，以对其进行有效的控制。当然，现金发行从供给一方来说，是由中央银行控制的，但是，实际的发行量往往还要受各经济部门对现金需求量的制约。

其次，存款形式的货币供给，是由商业银行和中央银行共同作用完成的。商业银行作为经营货币信用业务的企业，其经营活动主要表现为不断地吸收存款和发放贷款。当商业银行将流通中的现金吸收为存款时，表现为现金货币向存款货币的转化，好像货币供给量没有变化。问题是，当商业银行发放贷款时，并不采取让客户全部提走现金的形式，由于广泛运用支票转账，客户收到的贷款能够以一定的数量形成一笔新的存款。如果这种过程周而复始地不断进行，在众多银行并存的经济体系中，就会创造出比原来吸收现金时的存款更多的存款货币。这一创造过程可以简单地说成是由原始存款形成派生存款，进而形成全部存款货币的过程，它会使存款形成的货币供给成倍地增加。当然，如果商业银行减少贷款，或客户将存款以现金形式大量提走时，银行系统新创造的存款货币也会成倍地减少。中央银行作为"银行的银行"，在存款货币的创造机制中起着基础性作用，这是因为：第一，中央银行向流通中投入的现金增加时，可形成商业银行原始存款的货币来源就增加了；第二，中央银行可以向商业银行提供贷款，使商业银行可用于发放贷款的准备金增加，从而增强创造存款的能力。

从上述对货币供给主体的考察来看，现金货币是由中央银行发行的，它是中央银行的负债，存款货币则是商业银行和其他存款性金融机构的负债。商业银行借以发放贷款的资金来源，还可由中央银行向其提供贷款来供应。这种分工决定了中央银行和商业银行在货币供给过程中起着不同的作用。现代货币供给理论正是从中央银行和商业银行在货币供给过程中的这种基本分工和作用出发，来研究货币供给机理的。

二、商业银行的存款货币创造

对于商业银行来讲，在货币供给机制中是通过其特殊的创造存款货币的功能来发挥作用的。在部分存款准备金制度下，即中央银行规定，各商业银行必须按法定的比例将存款总额中的一部分上缴到中央银行,这种比率叫做法定存款准备率,用 $r_d$ 表示。如果存款人只提取部分现金,存款的原始增加会引起多倍的存款创造。

假定:(1)所有银行的超额准备金 $E=0$,即每家银行在吸收存款后,除了上缴法定存款金之外,其余的全部贷出。(2)银行体系没有现金外流发生($C=0$),即得到银行贷款的客户会将贷款全部转存银行,以存款划拨方式支付,不提取现金。(3)银行没有储蓄存款和定期存款 $D_t$($D_t=0$),即没有从支票存款向定期存款或储蓄存款的转化。

在法定活期存款准备金比率为 20% 的情况下,某企业将 10 万元现金存入甲银行。甲银行保留预付现金 2 万元后,其余 8 万元用于发放贷款。甲银行的资产负债表为:

单位:千元

| 负 债 | 资 产 |
|---|---|
| 100 | 库存现金 20 |
|  | 贷 款 80 |

某客户接受甲银行贷款 8 万元后用于支付在乙银行开户的某企业贷款,又引起乙银行的存款增加 8 万元,乙银行以 20% 的比例保留付现准备金 1.6 万元,其余的 6.4 万元用于发放贷款,那么,乙银行的资产负债表为:

单位:千元

| 负 债 | 资 产 |
|---|---|
| 80 | 库存现金 16 |
|  | 贷 款 64 |

如此类推,从甲银行到乙银行,再到丙银行、丁银行等,持续不断地由存款到贷款,再由贷款到存款,就会产生如下表所列的结果:

表 7-1　存款派生过程

单位:千元

| 银 行 | 存 款 | 留存款准备金 20% | 贷 款 |
|---|---|---|---|
| 甲银行 | 100(原始存款) | 20 | 80 |
| 乙银行 | 80 | 16 | 64 |
| 丙银行 | 64 | 12.8 | 51.2 |
| 丁银行 | 51.2 | 10.24 | 40.96 |
| ⋮ | ⋮ | ⋮ | ⋮ |
| 合 计 | 100+80+64+51.2+⋯=500 | 20+16+12.8+10.24+⋯=100 | 80+64+51.2+40.96+⋯=400 |

在现代银行制度下,所有经营活期存款业务的商业银行都在中央银行开立有存款账户,银行的支票清算都通过这一账户进行。将甲银行最初的原始存款用 $\Delta P$ 表示,将经过派生后的存款总额用 $\Delta D$ 表示,则上表的计算过程可表示为:

$$\Delta D = \Delta P + (\Delta P - \Delta P \cdot r_d) + [(\Delta P - \Delta P \cdot r_d) - (\Delta P - \Delta P \cdot r_d)r_d] + \cdots$$
$$= \Delta P + \Delta P(1-r_d) + \Delta P(1-r_d)^2 + \Delta P(1-r_d)^3 + \cdots \Delta P(1-r_d)^{n-1}$$

当 $n \to \infty$ 时,上式为一无穷等比数列前 $n$ 项之和,其结果为:

$$\Delta D = \frac{\Delta P - \Delta P(1-r_d)^{n-1}(1-r_d)}{1-(1-r_d)}$$

由于 $n \to \infty$ 时,$\Delta P - \Delta P(1-r_d)^{n-1}(1-r_d) \to 0$,则:

$$\Delta D = \frac{\Delta P}{1-(1-r_d)} = \Delta P \cdot \frac{1}{r_d}$$

将上表数字代入式中可得:$\Delta D = 100 \times \frac{1}{20\%} = 500$(千元)。

简单观察就可发现,经过派生后的存款总额实际上是原始存款的一定倍数,如果用 $K$ 表示,则 $K = \frac{\Delta D}{\Delta P} = \frac{1}{r_d}$。就是说,商业银行通过其资产业务创造出的全部存款,总会表现为原始存款的若干倍,其倍数值为法定存款准备率 $r_d$ 的倒数。$r_d$ 越高,存款扩张的倍数值越小;$r_d$ 越低,存款扩张的倍数越大。在上例中,当 $r_d$ 为20%时,存款扩张的倍数或乘数为5,即每增加1元原始存款,整个银行体系的存款就会扩张到5元;同时也说明,每减少1元的原始存款,整个银行体系的存款就会收缩5元。

当然,在以上的举例分析中的假设条件不太复合实际,如果取消以上三个假设条件,那么影响派生存款倍数值大小的因素就不只是法定存款准备金,还有如下两个重要因素:

1. 超额准备率。在 $K = \frac{1}{r_d}$ 的倍数表达式中,是假定每家银行除了按法定比率 $r_d$ 保留了准备金后,就不再有准备金了,实际上这是不可能的。为了应付日常周转和客户提现等需求,商业银行总要在上缴了法定准备金之后再留一部分准备金，这部分称为超额准备金。超额准备金留得越多，用于发放的贷款就越少，派生存款数量就越少。如果用 $\Delta E$ 表示超额准备金这一变量，那么它与存款总量 $\Delta D$ 成反比例变化关系，用 $e$ 表示其与 $\Delta D$ 的比率即超额准备率，则 $e$ 越大，$\Delta D$ 越少。因此，在考虑了超额准备率这一因素后，派生存款倍数值的表达式就可修正为：

$$K = \frac{1}{r_d + e}$$

2. 现金漏损率。在 $K = \frac{1}{r_d}$ 的倍数表达式中，还假定客户在得到银行贷款后全部转为银行存款，而不提取现金。事实上，这种假设也是不现实的，多数客户总会或多或少地提取现金。而一旦客户将存款提取现金，这部分现金就从银行系统存款货币总量中漏出，没有转化为新的存款，因此可称为存款派生过程中的现金漏损。我们用 $\Delta C$ 表示，把 $\Delta C$ 与存款总量 $\Delta D$ 的比率称为现金漏损率，用 $c'$ 表示。很明显，$c'$ 越高，原始存款转化为新的存款的数量就越少，从而 $\Delta D$ 就越少。因此，$c'$ 与派生倍数值 $K$ 成反比。在考虑了法定存款准备金率和超额准备率因素之后，再将现金漏损率 $c'$ 因素考虑进去，派生存款倍数值的表达式又可进一步修正为：

$$K = \frac{1}{r_d + e + c'}$$

由此可见，商业银行具有创造存款货币的功能，从而在货币供给机制中发挥重要作用；但是，商业银行这种创造派生存款，进而创造货币供给的能力并不是无限制的，除了受到中央银行制度下规定存款准备金率的限制以外，还受到超额准备金、现金漏损等诸多因素的限制。

商业银行作为一种主要经营存款货币的企业，不断地将流通中现金吸收为存款，不断地通过发放贷款来创造出新的存款，使整个银行系统形成数倍于原始存款的存款货币量。同样，当商业银行信用业务由于贷款市场需求减弱、客户提现量增加、银行经营管理水平下降等原因出现下滑时，也会使存款货币总量成倍减少。商业银行的信用业务能够形成并创造存款货币，使其在全社会货币供给中显示出极其重要的作用，商业银行也由此成为金融当局调节和控制货币供给量，进而管理社会总需求的重要工具。

### 三、中央银行的基础货币供给与货币供应量的关系

对于中央银行来讲，货币供给机制是通过提供基础货币来发挥作用的。

所谓基础货币，又称为高能货币或强力货币，它通常是指流通中的现金和商业银行在中央银行的准备金存款之和，可用公式表示为：

$$B=C+R$$

式中，$B$ 代表基础货币。

$C$ 代表流通中现金。

$R$ 代表商业银行在中央银行的准备金存款。

从基础货币的构成看，$C$ 和 $R$ 都是中央银行的负债，中央银行对这两部分都具有直接的控制能力。现金的发行权由中央银行垄断，其发行程序、管理技术等均由中央银行掌握。商业银行的准备金存款，中央银行对其有较强的控制力。中央银行可以通过调整法定存款准备率，强制改变商业银行的准备金结构，影响其信贷能力；也可以通过改变再贴现率、再贷款条件等来改变商业银行的准备金数量；还可以通过公开市场业务操作，买进或卖出有价证券和外汇来改变商业银行的准备金量。中央银行能够直接控制的现金发行和商业银行的准备金存款，之所以被称为基础货币，是因为如果没有现金的发行和中央银行对商业银行的信贷供应，商业银行的准备金存款便难以形成，或者说，它用以创造派生存款的原始存款的来源就不存在。从这个意义上说，中央银行控制的基础货币是商业银行借以创造存款货币的源泉。中央银行供应基础货币，是整个货币供应过程中的最初环节，它首先影响的是商业银行的准备金存款，只有通过商业银行运用准备金存款进行存款创造活动后，才能完成最终的货币供应。货币供应的全过程，就是由中央银行供应基础货币，基础货币形成商业银行的原始存款，商业银行在原始存款基础上创造派生存款（现金漏损的部分形成流通中现金），最终形成货币供应总量的过程。

引入了"基础货币"这一概念后，货币供应就可以表达为这样一个理论化的模式：一定的货币供应总量必然是一定的基础货币按照一定倍数或乘数扩张后的结果，或者说，货币供应量总是表现为基础货币的一定倍数。人们通常把这个倍数（即货币供应量与基础货币的比值）称为货币乘数。如果以 $M$ 表示货币供应量，以 $B$ 表示基础货币，以 $K$ 表示货币乘数，则有如下货币供应量的理论公式：

$$M=B \cdot K$$

该公式表明，由于货币乘数的作用，使中央银行的基础货币扩张为货币供应总量，因此，货币乘数是货币供应机制中的一个至关重要的因素。那么，货币乘数的大小取决于什么呢？

从公式 $M=B \cdot K$ 可知：$K=\dfrac{M}{B}$。假定我们要确定 $M_1$ 口径的货币供应量形成中的货币乘数值，可作如下推导：

$$M_1 = C + D$$

其中，$C$ 是流通中现金，$D$ 是商业银行的活期存款。

$$B = C + R$$

其中，$R$ 是商业银行在中央银行的准备金存款，可以进一步分解为活期存款法定存款准备金 $R_d$ 和超额准备金 $E$ 两部分。那么，就有：

$$K = \frac{M}{B} = \frac{C+D}{C+R} = \frac{C+D}{C+R_d+E}$$

将各项同除以 $D$：

$$K = \frac{\frac{C}{D}+\frac{D}{D}}{\frac{C}{D}+\frac{R_d}{D}+\frac{E}{D}} = \frac{c'+1}{c'+r_d+e} \tag{1}$$

这就是在一定的基础货币下形成 $M_1$ 口径的货币供应量的货币乘数公式，其中 $c'$ 为现金漏损率，$r_d$ 为法定存款准备率，$e$ 为超额准备率。将货币乘数公式代入货币供应量公式中，就得到一个完整的 $M_1$ 口径的货币供应理论模型：

$$M_1 = B \times \frac{c'+1}{c'+r_d+e} \tag{2}$$

由此可见，货币供给是由各种因素共同决定的，其中，中央银行主要通过控制基础货币 $B$ 和调整法定存款准备率 $r_d$ 来影响货币供给，现金漏损率 $c'$ 和超额准备率 $e$ 则主要决定于商业银行和社会公众的行为。

从（2）式也可导出活期存款 $D$ 与基础货币 $B$ 之间的关系，因为 $M_1 = C + D = c'D + D = D(c'+1)$，将其代入（2）式得：

$$D = B \times \frac{1}{c'+r_d+e} \tag{3}$$

如要推导 $M_2$ 口径的货币供应量公式，只需在 $M_1$ 基础上加进定期存款、储蓄存款等准货币项目，并假定这些项目的变量都与活期存款 $D$ 成正比例变动，然后利用（3）式，就可得出结果。如：美国的 $M_2$ 口径为 $M_2 = C + D + T + MMF$，其中，$T$ 为定期存款和储蓄存款，$MMF$ 为货币市场共同基金份额与货币市场存款账户加上隔夜回购协议和隔夜欧洲美元，$C$ 和 $D$ 含义同前。分别用 $c' \times D$ 取代 $C$，用 $t \times D$ 取代 $T$，用 $mm \times D$ 取代 $MMF$，其中，$c'$ 仍然代表现金漏损率，$t$ 和 $mm$ 则分别代表定期存款和货币市场共同基金份额与活期存款的比率，则：

$M_2 = D + c' \times D + t \times D + mm \times D = D(1 + c' + t + mm)$，将（3）式代入得：

$$M_2 = B \times \frac{1 + c' + t + mm}{c' + r_d + e} \tag{4}$$

将（4）式与（2）式相比可以看出，$M_2$ 的货币乘数要大于 $M_1$ 的货币乘数，原因在于，较低的甚至为零的定期存款和货币市场共同基金份额的法定准备金率意味着只需较少的准备金就能支持同样多的存款，定期存款和货币市场共同基金份额等比活期存款会实现更多倍的扩张。

### 四、财政收支对货币供应量的影响

财政是政府部门对国民收入进行再分配的重要工具，其收支活动与货币供应之间有着密切关系。财政的各项收入和支出都是以货币形式进行的，而且都是与银行存款账户直接相联系的，由此决定了财政收支与货币供给之间的必然联系。因为财政金库是由中央银行代理的，中央银行按规定的程序办理财政收入的上缴和支出的下拨，代理税款入库，代办财政债券的发行和收兑等，所以，财政收支的变动，首先就会引起中央银行负债和资产的变动。又因为上缴财政收入的企业和接受财政拨款的机关、团体、部队、学校等，都是在商业银行开户的，因此，财政收入的变化和支出的变化必然会引起商业银行负债和资产的变化。其基本变化关系是：财政收入增加时，货币由商业银行账户流入中央银行账户；财政支出增加时，货币由中央银行账户流入商业银行账户。在货币供给机制中，货币由商业银行账户流入中央银行账户，意味着货币供给的收缩；由中央银行账户流入商业银行账户，意味着货币供给的扩张。因此，财政收入增加，表明货币供给收缩；财政支出的增加，表明货币供给扩张。

财政收支对货币供给总量的影响，一般是在财政出现赤字后发生的。财政赤字的弥补，除了采取增收节支的根本措施外，其途径主要有三条：一是向社会公众借款；二是向商业银行借款；三是向中央银行借款。当财政出现赤字而向社会公众以发行国库券或公债券的方式借款时，无论公众用手持现金购买还是用银行存款购买，都会引起市场货币供应量的减少。假定不考虑时滞因素，这种减少的货币供给正好与财政赤字引起的货币供给增加部分相等，因此，货币供应总量不变。当财政赤字通过向商业银行借款弥补时，商业银行因购买政府债券而使其准备金存款减少，并进而减少贷款的发放，其结果也是市场货币供应量的减少。假定同样不考虑时滞问题，减少的货币量正好就是财政支出扩大而增加的那部分货币量。货币供应总量也没有改变。除非是在商业银行准备金存款已经处于最低限，又不能够收回已发放的贷款的情况下，政府强迫商业银行认购债券，或者国债具有丰厚的利息收入，商业银行不得不向中央银行借入资金来购买，才引起中央银行基础货币供应的变化，从而使货币供应总量扩大。当财政出现赤字而向中央银行借款或透支时，如果中央银行在不减少对商业银行的贷款，不减少国际储备和国外资产占用，也不提高法定存款准备率，不增加对金融机构的负债的情况下，直接购买国债或允许财政透支存款，其结果就必然是中央银行以基础货币供应的增加来支持财政开支的扩大，从而导致货币供应量增加。

五、货币供给的外生性和内生性

在货币供给的理论模型中，已经反映出货币供给由中央银行基础货币供给情况、商业银行超额准备水平、社会公众提现情况等多种因素共同决定的特征。但是，在一定的社会经济背景下，当将货币供给看成是与一定的宏观经济发展和管理要求相联系的变量时，不同的经济学家对货币供给的决定问题有不同的认识，其焦点集中在：货币供给是由中央银行控制的外生变量，还是受经济体系内在因素决定的内生变量。

凯恩斯货币理论在货币供给方面的观点是，货币供给完全由政府通过中央银行所控制，中央银行可以根据国家宏观经济政策要求，人为地控制货币供给量，货币供给的变化能够影响经济运行，但不由经济内在因素决定。在凯恩斯的货币市场供求曲线中，货币供给曲线是一条与货币量轴垂直，与利率轴平行的直线，由经济内在因素引起的货币需求和利率变动，与货币供给没有市场联系，货币供给只取决于货币当局对经济形势和货币需求状况的认识及其所采取的货币管理政策和措施。

新剑桥学派在肯定中央银行具有控制货币供给能力的同时，又分析了诸多使中央银行控制力下降的因素，如商业银行采取的与中央银行调控目标不一致的贷款活动所导致的存款货币增加和现金提取；银行以其信用支持商业票据流通，使货币供给相对扩大；在中央银行严格控制之外的非银行金融机构的活动引起货币供给量变化等，说明中央银行对货币控制的能力是有限的，货币供给并不完全是一种外生变量。

使"外生货币供给论"真正受到冲击的是20世纪60年代以后在西方各国普遍出现的金融创新活动。金融创新从市场、机构、业务、工具、制度等多方面扩大了经济内在因素对货币供给的影响力,增强了银行体系货币扩张的能力,削弱了中央银行对货币的控制力。在此背景下,新古典综合派的经济学家们提出了"内生货币供给论",着重强调银行和企业行为对货币供给的决定作用,突出商业银行存款货币创造的功能,突出金融创新活动对货币流通的影响,突出非中介化的企业融资活动对货币的替代作用。

货币学派的货币供给理论强调中央银行货币政策对货币量控制的作用,但更为重要的是,认为货币供给应当与处于相对稳定状态的货币需求相适应,必须实行"单一规则",即公开宣布并长期采用一个固定不变的货币供给增长率。弗里德曼根据对美国近百年历史资料的实证研究提出的美国货币供给增长的"单一规则"是:美国年平均经济增长率为3%,就业年平均增长率为1~2%,货币供给量应保持4~5%的年增长速度。除遇特殊情况可以经事先宣布作小幅更改外,增长率一经确定,则不得任意变动。德国新经济自由主义学派也持有与货币学派相类似的主张,认为货币供给首先应保证币值稳定,货币供应的增长应根据社会生产力增长的情况划定一个区间,以保证货币增长与生产增长的一致性。

### 六、中国经济转轨过程中货币供给机制的变化

中国在改革开放以前实行"大一统"的银行体制,中国人民银行既执行中央银行的部分职能,又是经营存贷款业务的机构,货币供给实行高度集中的计划控制。具体形式就是以年度信贷综合计划来控制贷款规模,具体措施是在全银行系统内实行"统存统贷",层层分配信贷指标。银行的各级分支机构所吸收的存款一律上交总行,发放贷款则根据总行核定下达的贷款计划指标(即允许发放贷款的限额)来执行。这样,从货币供给的过程来看,存款和现金是由银行给企业发放贷款转化而成的,但控制机制上却不同于市场经济条件下那种由中央银行控制基础货币,商业银行在准备金受中央银行调控的前提下通过自身的业务活动创造派生存款,而是货币供给的全部扩张和收缩过程都由人民银行总行通过变动指令性贷款限额指标来进行,银行的各级分支机构发放贷款与其吸收的存款没有关系,只是在上级下达的限额指标范围内发放贷款,因而不具有派生存款能力。就是说,在计划经济时代,人民银行总行具有对货币供给过程的直接控制能力,这是当时货币供给机制的主要特征。但须说明的是,在当时的经济管理体制下,人民银行的这种对货币供给的计划控制方式是服从于财政的,人民银行是财政的簿记机构和出纳机构,即所谓的"大财政、小银行",它没有自主决定货币供给的权力。

经济和金融改革开始以后，尤其是 1984 年起建立了人民银行与国家专业银行分立的中央银行体系以后，信贷资金管理体制也随着进行了重大改革，1985 年提出了新的管理办法，其内容概括为："统一计划，划分资金，实贷实存、相互融通。"所谓统一计划，是指由人民银行统一平衡各专业银行的存贷款和现金吞吐，并核定各银行的信贷资金和向人民银行的借款计划；所谓划分资金，是指由人民银行给各专业银行核定自有资金和信贷资金，由各行自主营运、独立核算；所谓实贷实存，指人民银行对各专业银行的资金往来，实行实际的存贷款办法，即专业银行在人民银行开立准备金存款账户，资金不足时可申请贷款；所谓相互融通，是指允许各专业银行间互相拆借资金。这一管理办法在货币供给机制上虽然依然体现了计划调控的特点，但是已经建立起了现代银行制度下那种"基础货币供应—存款货币创造"的双层次货币供给机制的基本框架。在这样一个框架下，随着金融改革的不断深入，随着中央银行制定和推行货币政策的独立性与有效性的逐步增强及国家专业银行商业化改革的进一步推进，在中国的货币供给机制中，法定存款准备金制度、再贴现、再贷款、基准利率、公开市场业务等工具先后建立起来并越来越多地发挥作用，而计划手段的作用则逐步弱化。1998 年 1 月，中国已正式宣布取消商业银行的指令性贷款限额，实行完全的资产负债比例管理；之后，又进一步改进了存款准备金制度。我国的货币供给机制正在一步步向市场经济条件下的货币供给机制靠拢。在与财政的关系上，1995 年 3 月颁布的《中华人民共和国中国人民银行法》中已经明确规定：中国人民银行不得对政府财政透支，不得直接认购、包销国债和其他政府债券。这说明，财政赤字直接影响中央银行基础货币供应的机制，在中国也已经不存在了。

## 第七节　货币均衡

研究货币需求的决定规律和货币供给的创造及控制机理，其目的就在于追求货币供给和货币需求的均衡。那么，什么是货币供求的均衡？怎样才能实现这种均衡呢？

### 一、货币均衡的含义

在现实经济生活中，人们对货币的需求是由各种复杂因素共同决定的。经济学家可以用不同的函数公式将决定和影响货币需求的因素表达出来，但却无法直接去统计现实存在的货币需求。人们能够知道的货币需求，实际上就是现实中已经存在着的货币供应量。就是说，无论货币怎样供应，供应多少，它都会以一定的方式为人们持有，表现为人们对它的需求。从这个意义上讲，货币供给与货币需求在数量上总是相等的，不存在非均衡的问题。但是，这种相等显然是根据名义货币需求量与货币供应量的联系来判断的，它不是真正的货币均衡。真正的货币均衡是指货币供给与由经济的实际变量或客观因素所决定的货币需求相符合。由于货币需求所对应的主要是商品和劳务的实际交易，货币供给主要为这种交易提供购买和支付手段，因此，货币均衡的状态就表现为在市场上既不存在实际交易量大而购买力或支付能力不足所导致的商品滞销，也不存在实际交易量小而购买力或支付能力过多而导致的商品短缺或价格上涨。

## 二、货币均衡的显示指标

在市场经济条件下，货币均衡是货币供给和货币需求对比关系自发调节和适应的结果，在均衡实现的过程中，起决定作用的是利率。货币供给者总想以较高的利率供应货币，以期取得最大收益；货币需求者总想以较低的利率接受货币，以求使用货币的成本最低。因此，货币供给是利率的增函数，货币需求是利率的减函数。如图 7-6 所示，由货币供给曲线 $M_s$ 和货币需求曲线 $M_d$ 的交点所决定的利率 $r_0$ 为供求双方都接受的均衡利率；或者说，在均衡利率水平 $r_0$ 上，货币供给与货币需求达到均衡状态。可见，在完全竞争的市场条件下，均衡的市场利率是货币供求均衡的显示指标。

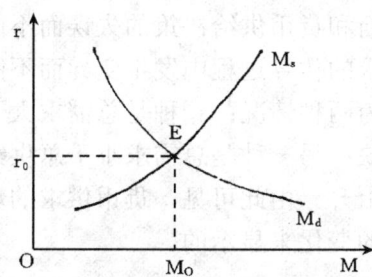

图 7-6 市场利率与货币供求均衡

当然，在货币供应完全是一种由货币当局决定的外生变量，或者利率是一个完全由货币当局制定的政策变量时，货币需求与货币供给的联系不是通过利率，而是通过货币当局的主观判断和计划、决策等实现的。在这种情况下就会出现,有时候货币供求的对比并未发生变化,当局却调整了利率;有时货币供求的对比已经发生了较大变化,利率却未作调整。因此,利率显然就不能作为反映货币供求均衡的指标了。

货币均衡不仅仅是通过货币供给和货币需求的对比,从而通过利率来显示的。现实生活中,人们更直接关注的是社会总供给和总需求的均衡,因此,还可以通过社会总供给和总需求的对比,从而通过价格和失业率等指标来显示。由于社会总供给是决定货币需求的主要因素,社会总需求又是由供给形成的,因此,依据社会总供给变化决定的货币需求来供应货币所形成的社会总需求,与社会总供给之间一定是相均衡的。问题是,货币供给者能否依据社会总供给变化的要求来确定货币需求,从而作出正确的货币供给决策,这是其一。其二,即使是货币供给按照实际的货币需求进行,是否一定就能够形成与总供给相对应的总需求呢?事实上,这是实现货币均衡从而实现社会总供求均衡的两个最经常、最基本的现实问题。先看第一个问题,当货币供给者对社会总供给的变化缺乏了解、认识和正确分析时,就可能作出对货币需求的错误判断,从而作出错误的货币供给决策,由此产生的货币供给量就可能大大超过或小于货币需求量,形成过大或过小的社会总需求。再看第二个问题,当货币供给实施以后,一部分货币会很快被人们作为流通手段,形成现实的购买力,变为社会总需求;而另一部分货币则被人们作为价值贮藏手段长期保存起来,这部分货币是潜在的购买力,是否变为社会总需求要取决于各种经济的或非经济的复杂因素。这就是说,并非所有的货币供给都能够按照供给者的愿望形成社会总需求。既然如此,社会总供求的均衡,就有可能由于对货币需求判断和货币供给决策的失误而不能实现;也有可能由于货币供给在向社会总需求的传导过程中发生变异而不能实现。社会总供求不能实现均衡,无非表现为两种情况:一种是总需求大于总供给,表现为商品价格上涨或商品供应短缺;另一种是总需求小于总供给,表现为商品滞销、企业开工不足和失业率上升。由此可见,货币供求的均衡和不均衡,是可以由物价和失业率等指标的变化来显示的。

### 三、货币市场均衡与 $LM$ 曲线

货币市场能够在不同的利率水平和国民收入水平下达到均衡,即在货币供给 $M=$货币需求 $L$ 的情况下,会存在利率水平和国民收入水平的各种不同组合。如图 7-7 所示,使货币市场均衡的利率与收入的全部组合为一条向右上方倾斜的 $LM$ 曲线。$LM$ 曲线上的任何一点都代表 $M=L$ 时的利率和收入的

组合，或一定利率水平和收入水平下的货币市场均衡点。在 $LM$ 曲线以外的任何点都不是货币市场均衡时的利率和收入组合，或者说，这些点代表的利率和收入组合都表明货币市场的非均衡。位于 $LM$ 曲线右侧的点，都说明 $L>M$，即货币市场需求大于供给。如图中的 $C$ 点，与处在 $LM$ 曲线上的 $A$ 点比较，利率相同，但收入较高，说明交易性货币需求大于均衡水平；与 $B$ 点比较，收入相同，但利率较低，说明投机性货币需求大于均衡水平。位于 $LM$ 左侧的点，都说明 $L<M$，即货币供给大于需求。如图中的 $D$ 点，与 $LM$ 曲线上的 $A$、$B$ 两点比较，都说明货币需求小于均衡水平。

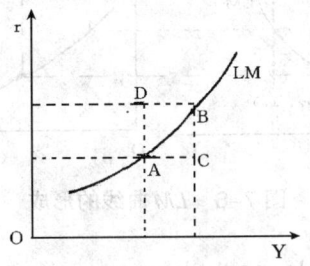

**图 7-7　$LM$ 曲线**

$LM$ 曲线向右上方倾斜，是根据凯恩斯货币需求理论所揭示的货币需求与利率和收入的关系而导出的。在凯恩斯的货币需求理论中，货币需求 $L$ 由交易性和预防性需求 $L_1$、投机性需求 $L_2$ 构成。$L_1$ 决定于收入 $Y$，与 $Y$ 同方向变动；$L_2$ 决定于利率 $r$，与 $r$ 反方向变动。货币均衡的条件是：实际货币供给 $M$（名义货币供给剔除价格水平变动因素）$=L$，或 $M=L_1(Y)+L_2(r)$。那么，在 $M$ 既定时，$L_1$ 增加，$L_2$ 则减少，而 $L_1$ 增加表明收入 $Y$ 增加，$L_2$ 减少表明利率上升，所以，在 $M=L$ 时，收入和利率之间是同向变化的，$LM$ 曲线向右上方倾斜。如图 7-8 所示，图(1)代表货币市场均衡的条件：$L=L_1+L_2=M$，即在给定的货币供给 $M$ 下的货币需求及其构成，它反映了 $M$ 既定时 $L_1$ 和 $L_2$ 的反向变化关系。图（2）是反映 $L_1$ 与 $Y$ 正向变化关系的交易性和预防性货币需求函数 $L_1=L_1(Y)$。图（3）是反映 $L_2$ 与 $r$ 反向变化关系的投机性货币需求函数 $L_2=L_2(r)$。将图（1）中 $L_1+L_2=M$ 线上的任何一点，如 $A(L_{10}, L_{20})$ 点，投射到图（2）和图（3）中的 $L_1=L_1(Y)$ 曲线和 $L_2=L_2(r)$ 曲线，就会分别得到与一定收入水平（$Y_0$）相对应的 $A(L_{10}, Y_0)$ 点和与一定利率水平（$r_0$）相对应的 $A(r_0, L_{20})$，再将 $A(L_{10}, Y_0)$ 点和 $A(r_0, L_{20})$ 点折射到图（4）的利率和收入平面图中，就形成与一定利率水平和收入水平相对应，并

使 $L=M$ 的均衡点 $A(r_0, Y_0)$ 点。把所有由图（1）中 $L_1+L_2=M$ 线出发，最终投射到利率和收入平面上的点都连接起来，就形成一条向右上方倾斜的 $LM$ 曲线。

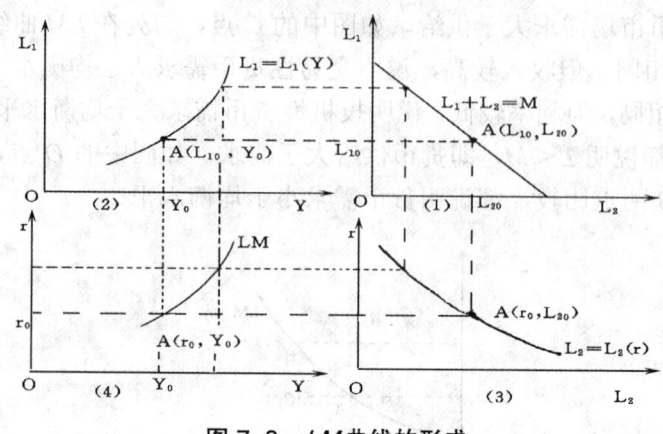

图 7-8　$LM$ 曲线的形成

### 四、产品市场均衡与 $IS$ 曲线

在凯恩斯主义的宏观均衡理论中，总产品由消费和投资构成，总产品减去消费后即为储蓄，因此，宏观经济均衡的条件为：投资 $I=$储蓄 $S$。投资函数为 $I=I(r)$，投资与利率 $r$ 反方向变化；储蓄函数为 $S=S(Y)$，储蓄与收入 $Y$ 同方向变化。

产品市场的需求表现为投资，供给表现为储蓄，市场的均衡可以在不同的利率和国民收入组合下实现，均衡状态表现为：在一定的利率水平和国民收入水平下，$I=S$。如图 7-9 所示，使产品市场均衡的利率与收入的全部组合为一条向右下方倾斜的 $IS$ 曲线。它说明，在产品市场达到均衡时，利率与收入呈反方向变化关系。在 $IS$ 曲线上的任何一点都表示产品市场均衡时的利率与收入的组合，或者说，这些在 $IS$ 曲线上的点都是一定利率水平和收入水平下的产品市场均衡点。落在该曲线以外的任何点都是产品市场非均衡状态下的利率和收入组合。位于曲线右侧的点都说明 $I<S$，即产品市场的需求小于供给。如图中的 $C$ 点，与 $IS$ 曲线上的 $A$ 点比较，利率相同，但收入较高，说明储蓄大于均衡水平；与 $B$ 点比较，收入相同，但利率较高，说明投资小于均衡水平。位于曲线左侧的点则说明 $I>S$，即产品市场需求大于供给。如图中 $D$ 点与 $IS$ 曲线上的 $A$、$B$ 两点比较，分别说明投资大于均衡水平和储蓄小于均衡水平。

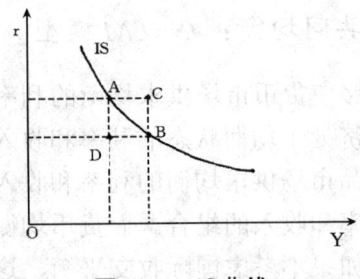

**图 7-9　IS 曲线**

关于 IS 曲线向右下方倾斜即当 $I=S$ 时，$r$ 与 $Y$ 反方向变化的原因，可通过投资函数 $I=I(r)$ 和储蓄函数 $S=S(Y)$ 所反映的投资和储蓄与利率和国民收入的关系折射出来，如图 7-10 所示，图（1）的 45°线表示产品市场的均衡条件：$I=S$。图（2）是反映储蓄与收入正比例变化的储蓄曲线：$S=S(Y)$。图（3）是反映投资与利率反比例变化的投资曲线：$I=I(r)$。将图（1）中 45°线 $I=S$ 上的任何一点，如 $A(I_0, S_0)$ 点，投射到图（2）和图（3）中的储蓄曲线 $S=S(Y)$ 和投资曲线 $I=I(r)$ 上，就分别得到与一定收入水平（$Y_0$）相对应的 $A(Y_0, S_0)$ 点和与一定利率水平相对应的 $A(I_0, r_0)$ 点，再将 $A(Y_0, S_0)$ 点和 $A(I_0, r_0)$ 点折射到图（4）的利率和收入平面图中，就形成与一定利率水平和收入水平相对应，并使 $I=S$ 的均衡点 $A(Y_0, r_0)$ 点。把所有由图（1）中 $I=S$ 线出发，最终投射到利率和收入平面上的点都连接起来，就形成一条向右下方倾斜的 IS 曲线。

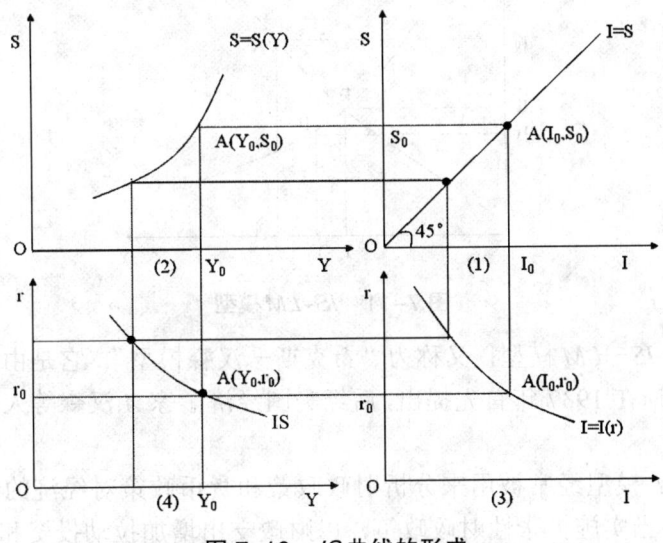

**图 7-10　IS 曲线的形成**

### 五、两个市场的共同均衡：IS-LM 模型

LM 曲线反映了能够使货币市场供求均衡的利率和收入的全部组合，但它并不能说明使整个经济处于均衡状态的利率和收入的组合。同样，IS 曲线也只是反映了能够使产品市场供求均衡的利率和收入的全部组合，也说明不了使整个经济均衡的利率和收入的组合。而货币均衡的根本要求恰恰是总供求均衡下的货币均衡。如果不考虑国际收支平衡，这样的货币均衡要求实际上就是要实现产品市场和货币市场的共同均衡。如果将 LM 曲线和 IS 曲线放在一个平面上，就能够清楚地看到，当一定的利率和收入组合点只落在 LM 曲线或只落在 IS 曲线上时，都仅仅表明货币市场或商品市场各自的均衡。如图 7-11 中的 A 点就说明，当利率为 $r_0$，收入为 $Y_0$ 时，L=M，但 I<S，即货币市场供求均衡，但产品市场需求小于供给。又如图中 B 点说明，当利率为 $r_1$，收入为 $Y_1$ 时，I=S，但 L>M，即产品市场供求均衡，但货币市场需求大于供给。能够使货币市场和产品市场同时达到均衡的点，只有 IS 曲线和 LM 曲线的交点 E。在 E 点上，投资和储蓄、货币需求和货币供给同时相等，产品市场和货币市场达到一般均衡，即：

$$I(r) = S(Y)$$
$$L_1(Y) + L_2(r) = M$$

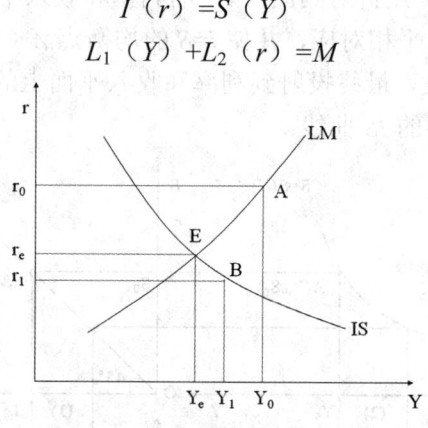

图 7-11　IS-LM 模型

这就是 IS—LM 模型，又称为"希克斯－汉森模型"。它是由英国经济学家 J.R.希克斯在 1937 年首先提出，后经美国经济学家 A.汉森等人补充发展而成的。

IS—LM 模型经常被用来分析财政政策和货币政策对经济的影响。如图 7-12 所示，当实施扩张性财政政策，以财政支出增加拉动投资和消费时，IS

曲线从 $IS_0$ 向右移动到 $IS_1$，引起国民收入由 $Y_0$ 增加到 $Y_1$，利率从 $r_0$ 上升到 $r_1$。反之，当实施紧缩性财政政策，减少财政支出或提高税收时，投资和消费下降，$IS$ 曲线由 $IS_0$ 向左移动到 $IS_2$，引起国民收入由 $Y_0$ 减少至 $Y_2$，利率从 $r_0$ 下降到 $r_2$。又如图 7-13 所示，当实施扩张性货币政策，货币供给量增加时，$LM$ 曲线从 $LM_0$ 向右移动到 $LM_1$，引起国民收入由 $Y_0$ 增加到 $Y_1$，利率由 $r_0$ 下降到 $r_1$。反之，当实施紧缩性货币政策，货币供给量减少时，$LM$ 曲线从 $LM_0$ 向左移动到 $LM_2$，引起国民收入从 $Y_0$ 减少到 $Y_2$，利率从 $r_0$ 上升到 $r_2$。

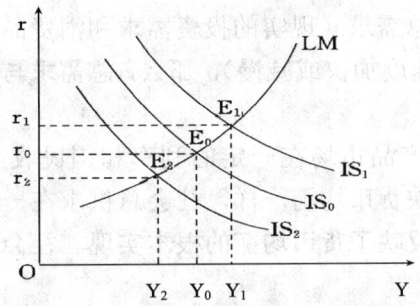

图 7-12　财政政策与 $IS$ 曲线移动

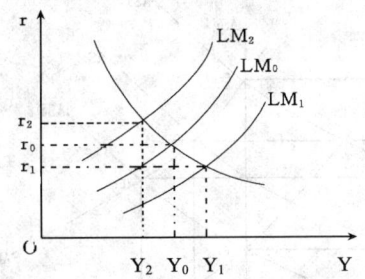

图 7-13　货币政策与 $LM$ 曲线移动

## 六、货币均衡与社会总供求均衡

在说明货币均衡的显示指标时曾指出，货币均衡不仅可以通过利率指标显示出来，而且可以通过价格和失业率等指标显示出来。$IS—LM$ 模型描述的总供求均衡下的货币均衡，是通过与产品市场和货币市场同时均衡相对应的利率和国民收入的一定组合来反映的。但现实生活中，人们在观察总供求均衡下的货币均衡时，常常通过社会总需求和社会总供给的对比，从而通过价格水平和国民收入的一定组合来作出判断。因为，社会总供给是决定货币需求的主要因素，社会总需求又是由货币供给形成的，因此，根据社会总供求的均衡来判断货币均衡就是理所当然的了。若以 $AS$ 代表总供给，$AD$ 代表总需求，以 $M_s$ 和 $M_d$ 代表货币供给和货币需求，那么，总供求均衡与货币供求均衡的联系可简单表示为：

$$AS = AD$$
$$\downarrow \quad\quad \uparrow$$
$$M_d \quad\quad M_s$$

它说明，只要货币供给是按照由总供给决定的货币需求来决策和操作的，而且货币供给在形成总需求（现实的投资需求和消费品需求）的过程中不存在异常（如货币流通速度加快或减慢），那么，总需求与总供给就必然会达到均衡。

如同货币市场和产品市场在一定的利率和国民收入水平下达到共同均衡，能够从根本上反映货币均衡一样，社会总供求在一定的价格和国民收入水平下达到均衡，也反映了货币均衡的根本实现。社会总供求均衡的模型如图 7-14 所示：

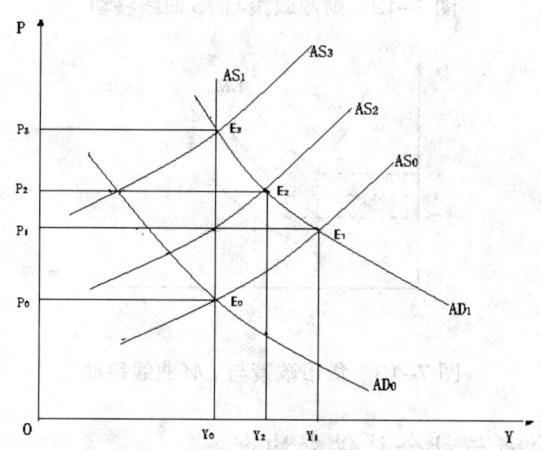

图 7-14 社会总供求均衡

图中横轴为国民收入 $Y$，纵轴为价格水平 $P$，$AD_0$ 为最初的总需求曲线，$AS_0$ 为最初的短期总供给曲线，$AS_1$ 为长期总供给曲线。最初，总供求在 $E_0$ 点实现了均衡，均衡的价格为 $P_0$，收入为 $Y_0$，这时的 $E_0$ 点又在长期总供给曲线 $AS_1$ 上，所以，$Y_0$ 代表充分就业时的国民收入水平。假定在短期内由于扩张性的财政政策和货币政策使货币供应增加，总需求扩大，总需求从 $AD_0$

向右上方平移至 $AD_1$。$AD_1$ 与短期总供给曲线 $AS_0$ 相交于 $E_1$ 点，国民收入由 $Y_0$ 增加到 $Y_1$，价格水平由 $P_0$ 上升到 $P_1$。但价格上升会引起工资增加，总供给减少，短期总供给曲线由 $AS_0$ 向左上方平移到 $AS_2$，$AS_2$ 与 $AD_1$ 相交于 $E_2$ 点，国民收入由 $Y_1$ 减到 $Y_2$，价格由 $P_1$ 上升到 $P_2$。由于长期总供给曲线是一条垂直于 $Y$ 轴的直线 $AS_1$，因此，总需求曲线的变动不会引起收入变化，$AD_1$ 与 $AS_1$ 相交于 $E_3$ 点，收入为充分就业时收入 $Y_0$，价格则上升到 $P_3$ 的水平。

## 第八节　国际收支和内外均衡

在一个对外开放的国家，国内的商品市场和劳务市场通过国际贸易和劳动力的国际流动与其他国家和地区相互联系起来，货币市场和资本市场也不同程度地通过国际资本流动连为一体，这种市场经济体系全方位的国际联系再加上政治、社会、文化等各方面的交往，必然产生国际间经常和大量的货币资金交互运动，这种货币资金运动通过规范的国际收支账户的形式，记录和反映了一国与他国或地区进行商品、劳务和资本等各种往来的价值总量及其变化，是该国经济对外开放程度、依赖程度和竞争力的综合反映。在存在国际收支的经济体系中，宏观经济均衡包括两个重要方面：一是内部均衡，即实现经济增长、充分就业和物价稳定的统一；二是外部均衡，即实现国际收支的平衡。这两个方面相互关联、相互作用，使一国经济表现出内外互动的特征，宏观经济管理担负着内外双重均衡的责任。开放经济下的国际经济交流和内外均衡问题是一个内容极其丰富的宏观经济学和国际经济学问题，本节的内容仅仅从货币金融的角度介绍有关国际收支、外汇、汇率理论、内外均衡理论的基本知识和原理，目的是使学习者对货币金融学科的涉外部分有一个初步的了解，也为进一步学习国际金融等课程打下基础。

一、国际收支

（一）国际收支的概念

在开放经济下，一国经济要与他国发生各种联系，其中最主要的联系有两个方面：一是商品和劳务的交易，二是资本流动或金融资产的交易。这种发生于国际间的经济联系或交易活动离不开货币的媒介和支付功能，因此必然产生国际间的货币收支。最初的国际收支概念就是指一个国家在对外贸易活动中所产生的货币收入和支出，即国际贸易收支（Balancce of Trade）。后来，随着国际经济关系的全面发展，单纯的国际贸易额已不能反映国与国之间的经济联系，国际收支的概念才因此而逐步扩大。在相当一个时期，人们理解的国际收支概念指的是一国所有以货币结清的国际经济交易的总和，也就是外汇收支的总和。但从后来进一步发展的情况看，这种对国际收支的理解也还只是狭义的概念。二战后，国际经济、政治和文化等交往日益广泛，各种国际资本流动频繁，国际贸易形式及其结算方式越来越多样化，经济交易的内容也越来越丰富，没有外汇收支的交易、无偿援助、补偿贸易等在国际经济中的地位也越来越重要，于是出现了广义的国际收支概念（Balancce of Payments），也就是至今被各国所普遍采用的国际收支概念。广义的国际收支是指一国居民与非居民之间在一定时期内全部经济交易的系统记录。国际货币基金组织（International Monetary Fund，IMF）对国际收支内容的解释包括三个方面：(1) 某一经济体与世界其余地区之间在商品、劳务以及收入方面的交易；(2) 该经济体的货币黄金、特别提款权以及对世界其余地方的债权、债务的所有权的变化和其他变化；(3) 从会计意义上讲，为平衡不能相互抵消的上述交易和变化的任何账目所需的无偿性转让和对应项目。在中国的有关外汇管理的法规中，采用广义的国际收支概念。在理解广义概念时需要注意：(1) 计入国际收支范围内的经济交易必须是在居民与非居民之间进行的。居民以居住地为标准划分，而不是以国籍为标准。即使是外国公民，只要其在本国长时期从事生产、消费等经济活动，也属于本国居民。(2) 国际经济交易是指经济价值由一国向别国转移。这种转移可能是有偿的，也可能是无偿的，可能是货币形态的，也可能是实物形态的；可能是以本国货币标值的，也可能是以外国货币标值的。(3) 国际收支反映的经济交易是一定时期（如一季、半年、一年）内一国全部对外经济交易的总发生额，是一种流量或动态累积。它与反映一国在一定时点上对外债权、债务余额的国际借贷概念不同，国际借贷是一个存量概念，是对外资产和对外负债在特定时点上的静态反映。

（二）国际收支平衡表

一国的国际经济交易包含丰富的内容，将这些内容归纳为不同项目，并按照复式簿记原理分类入账所形成的会计记录，就是该国的国际收支平衡表，它用来简要地反映该国国际收支的基本状况。更确切地说，国际收支平衡表（Balance of Payments Accounts）是按照复式簿记原理，以某一特定货币为计量单位，运用简明的表格形式总括地反映某一经济体在特定时期内与世界其他经济体间发生的全部经济交易的统计报表。根据资金平衡表的一般编制原理，所有项目都可以归纳为两类：一类是资金来源类项目即贷方项目，另一类是资金占用类项目即借方项目。国际收支平衡表在反映和记录一个国家的对外经济交易时，将所有收入项目或负债项目的增加、占用项目或资产项目的减少都列入贷方，用"＋"号表示；将所有支出项目的增加、收入项目的减少都列入借方，用"－"号表示。由于每一笔经济交易的发生都要同时以相同的金额记录在借贷两方，因此，国际收支平衡表的借方总额和贷方总额必然相等，净差额为零。但这并非是说平衡表中的每个具体项目的借方金额和贷方金额都是相等的。由于事实上一国在一定时期内的商品出口与进口、劳务输出与输入、资本流出与流入等各个项目不可能完全相等，这就决定了国际收支中的贸易差额、劳务差额、资本项目差额是经常存在的，观察和分析这些差额并据此制定相应的平衡收支的策略，正是编制国际收支平衡表的意义所在。1819年，英国编制出世界上最早的一张国际收支平衡表，目的在于计算英国金银的变动，决定英国国际收支的差额。由于各国各种交易的重要性、统计资料来源的便利和分析问题的不同，各国对国际收支平衡表的编制也有所不同。国际货币基金组织为了方便会员国编制平衡表，并使各国的平衡表具有可比性，专门出版了《国际收支手册》，对编制平衡表所采用的概念、准则、惯例、分类方法等都做了统一的规定或说明。

根据1993年的《国际收支手册》（第五版），国际收支平衡表的内容由经常项目、资本与金融项目、储备资产、净差错和遗漏等基本项目构成。

1. 经常项目

经常项目（Current Account）是一国对外交往中最经常、最大量发生的，在全部国际收支中占主要地位的项目，包括进出口货物、输入输出的服务、对外应收及应付的收益，以及在无同等回报的情况下，与其他国家或地区发生的提供或接受经济价值的经常转移。

（1）货物（Goods）：这是经常项目以及整个国际收支平衡表中最重要的项目，记录一国商品的进出口。其中借方记录进口总额，贷方记录出口总额。该项目的贷方总额大于借方总额时，称为贸易顺差；反之，则称为贸易逆差。依照国际进出口业务惯例，对于一笔进出口交易，进口国采用成本保险费运费价（Cost, Insurance and Freight, CIF, 又称到岸价格）计价，出口国则采用离岸价格（Free on Board, FOB）计价。为了统一估价，IMF建议对进出口均采用离岸价格来计算，保险费和运输费另列入劳务开支。我国经常项目中的货物是指通过我国海关进出口的货物，以海关进出口统计资料为基础，并根据国际收支统计口径的要求，出口、进口都以商品所有权变化为原则进行调整，金额均按离岸价格统计。

（2）服务（Services）：记录服务的输出和输入，又称为无形贸易项目。贷方记录输出的服务价值，借方记录输入的服务价值。贷方总额大于借方总额时，称为服务收支顺差或无形贸易收支顺差；反之，称为服务收支逆差或无形贸易收支逆差。该项目反映的交易内容比较繁杂，包括运输、通信、旅游、建筑、保险、金融服务、计算机和信息服务、专利、广告、各种商业服务、政府服务等。

（3）收入（Income）：记录因生产要素在国际间的流动而引起的要素报酬收支。国际间的要素流动包括劳工的输出入和资本的输出入，前者引起职工报酬在国际间的支付，后者引起投资收益（包括直接投资、证券投资和其他投资的收益和支出，直接投资的收益再投资也包括在此项目内）在国际间的支付。外国支付给本国的报酬记在贷方，而本国支付给外国的报酬则记在借方。本国居民购买和持有国外资产而获得的收益记入贷方，而非居民购买和持有本国资产获得的收益则记入借方。

（4）经常转移（Current Transfers）：包括所有非资本转移的单方面转让，如侨汇、无偿捐赠、赔偿等项目，包括官方经常转移和其他经常转移。其中官方经常转移的出让者或受让者是国际组织和政府部门；其他经常转移的出让者或受让者是国际组织和政府部门以外的其他部门或个人。在该项目中，贷方反映外国对本国的无偿转移，借方反映本国对外国的无偿转移。在早先版本的《国际收支手册》中的单方面转移包括经常转移和资本转移，但在第五版中将两者划分在不同的项目下，经常转移属于经常项目，而资本转移则属于金融和资本项目。

2. 资本和金融项目

资本和金融项目（Capital and Financial Account）是反映金融资产在国际间的转移或国际资本流动的项目。该项目的借方记录资本流出，贷方记录资本流入。与经常项目不同的是，该项目中的各项通常不是按照借方总额和贷方总额来记录的，而是按照净额（借贷差额）来记入借方或者贷方的。该项目包括资本项目和金融项目两部分。

资本项目（Capital Account）主要由资本转移和非生产、非金融资产的收买或放弃等内容构成。其中，资本转移（Capital Transfer）主要指固定资产所有权的转移以及与此相关或以此为条件的资金转移。主要包括固定资产转移、债务减免、移民转移和投资捐赠等。资本项目下的资本转移不经常发生，规模相对大；而经常账户下的经常转移除政府无偿转移外，一般经常发生，规模相对较小。非生产、非金融资产的收买或放弃主要指非生产性有形资产（土地和地下资产）和各种无形资产，如：商标、版权、可转让合同等的获得或出让。①

金融项目（Financial Account）主要由直接投资、证券投资和其他投资等内容构成。它反映一国对外资产和对外负债的所有权的变动情况。直接投资（Direct Investment）是指投资者对在国外投资的企业拥有有效的控制权，具体包括股本投资、其他资产投资和利润收益再投资。证券投资（Portfolio Investment）也称间接投资，指居民与非居民之间投资于股票、债券、大额存单、商业票据以及各种衍生工具等。其他投资指的是上述两项投资未包括的其他金融交易，如货币资本借贷，与进出口交易相结合的各种贷款、预付款和融资租赁等。这些融资交易有的以货币，有的以物资或存款的形式出现。

3. 储备资产

储备资产（Reserve Assets）是指由一国的中央银行（或财政部等其他官方机构）持有，并可根据平衡国际收支差额的需要随时直接使用的对外金融资产，包括货币性黄金、特别提款权（Special Drawing Rights，SDRs）、在 IMF 的储备头寸、外汇储备及其他债权。储备资产具有缓冲和调节临时性的国际收支不平衡的作用，当经常项目和资本与金融项目之和为顺差时，储备资产增加；为逆差时，则储备资产减少。

4. 净差错和遗漏

在平衡表中设置净差错和遗漏（Net Errors and Omissions）项目，是基于会计上的需要，用以抵消借方或贷方出现的统计上的偏差。按照复式簿记的基本原则——有借必有贷，借贷必相等，每一笔经济交易要同时记入有关项目的借方和贷方，那么，国际收支平衡表的借方总额和贷方总额一定是相等的。但是，由于各种国际经济交易的统计资料来源不一，有的数据来自估算，加上一些人为的因素，平衡表就不可避免地出现净的借方差额或净的贷方差额。设置净差错和遗漏项目，就可以最终平衡这种净差额。也就是说，当全部的经常项目、资本与金融项目以及储备资产项目的数额加总后，借贷双方的总额如果仍然不相等，那一定是出现了统计上的差错或遗漏。

---

① 本项目所记录的是无形资产所有权转让或出卖而发生的外汇收支，而经常项目下的服务项目记录的是对无形资产使用所发生的外汇收支。

## 二、国际收支平衡的实现

国际收支平衡是一国经济对外竞争力的体现和宏观经济政策有效性的综合反映，各国货币当局普遍将其作为货币政策追求的最终目标之一。国际收支平衡问题的研究一般主要涉及三个方面：一是对国际收支是否平衡的判断，二是对失衡原因的分析，三是国际收支调节的政策和措施。

### （一）国际收支平衡的判断方法

如前所述，按照复式簿记原则编制的国际收支平衡表，从形式上看，借方总额和贷方总额最终必然是相等的。那么，怎样来判断国际收支是真的平衡还是不平衡呢？国际上比较通行的方法是，将国际收支平衡表中的各个项目按照交易的动机和目的不同划分为自主性交易和调节性交易。自主性交易（Autonomous Transaction），又叫事前交易（Ex-ante Transaction），是经济主体基于利润动机或其他考虑而独立发生的交易。包括平衡表中经常项目的全部和资本与金融项目中的长期资本流动所表示的交易。这些交易所产生的货币收支并不必然相抵，由此可能导致对外汇的超额需求或超额供给，引起汇率的变动。在这种情况下，一国当局或者允许汇率变动，使自主性交易收支自行达到平衡，或者必须增减外汇储备或发生国外借贷来弥补自主性收支不平衡所造成的外汇供给或需求的差额，以保持汇率不变。在一国当局有义务维持固定汇率的情况下，自主性交易收支不平衡所造成的外汇供求缺口就需要弥补，调节性交易（Accommodating Transaction）就是基于这一需要而进行的交易，是为了弥补自主性交易收支不平衡的融通性交易，因此又叫事后交易（Ex-post Transaction），一般来说，国际收支平衡表中的短期资本流动所表示的交易都作为调节性交易。国际收支是否均衡，就是看自主性交易所产生的借贷金额是否相等。如果自主性交易项目的借贷差额为零，就说国际收支处于均衡状态。如果贷方金额大于借方金额，就说国际收支出现了盈余；反之，如果借方金额大于贷方金额，则称国际收支出现了逆差。

需要提醒的是，上述判断国际收支平衡的方法虽然是比较通行的，但未必是最好的或最符合各国实际的。在一国有义务维持固定汇率的情况下，将国际经济交易区分为自主性交易和调节性交易，其意义是非常明显的。但在20世纪70年代后，各国不再承担维持固定汇率义务，而允许汇率浮动，这种交易划分就基本上失去了意义。事实上，官方储备的变动和官方短期资本借贷反映出来的是货币当局主动进行外汇干预和积极性投资的政策意图，而不再是所有其他国际经济交易的消极后果，因此，所有的交易似乎都可以看作自主性交易。在这种情况下,判断国际收支平衡的方法实际上变得灵活和多样化了,而不再坚持单一的尺度和标准。人们越来越多地从经常项目和资本与金融项目的总差额上来判断国际收支的赤字或盈余,也就是说,只将储备资产一项作为调节性交易,而将经常项目和资本与金融项目都看作自主性交易。当然也有只从经常项目差额甚至贸易项目差额来判断国际收支状况的。

(二)国际收支失衡的主要原因

国际收支失衡的原因是复杂的,一般认为主要有如下几个方面:

1. 国民收入变化。当经济增长率提高,国民收入增加较快时,购买力总水平提高,对国外技术、设备、重要原材料和消费品的进口需求增加,使国际收支出现逆差。

2. 经济周期变化。在经济周期的不同阶段,社会总供给和总需求的状况是不一样的,对外的供给和需求也会发生变化,进而会影响到国际收支的平衡。繁荣时期的总需求是高涨的,进口会大幅度增加,使经常项目出现逆差。而萧条时期的总需求低落,进口大幅减少,使经常项目出现顺差。

3. 经济结构失调。具体包括产品供求结构的失调和要素价格结构的失调。当一国的产品供应和需求结构与国际市场上的产品需求和供给结构发生较大脱离时,就会出现供应能力较强的本国产品由于国际市场需求较少而不能形成出口优势,而本国需求量较大的外国产品却由于国际市场供给不足,价格上升,使进口同样数量的产品要支付更多的货币,这种国内经济结构相对于国际经济结构变化而出现的不协调,显然会导致国际收支的逆差。

4. 货币供求失衡及相关金融变量异常变动。当一国货币供应量增长过快,引起物价上涨,生产成本上升时,就会导致出口减少而进口增加,使国际收支出现逆差。货币供应量增长过快使利率下降,当利率水平低于国外利率水平时,就会引起资本外流增加,也会导致国际收支逆差。

5. 汇率变动。汇率是影响国际收支的重要因素。当一国货币的汇率升高时,就会产生抑制出口和刺激进口的作用。当与本国处在竞争地位上的他国的货币对外贬值,而本国货币的汇率保持不变时,也会产生同样的作用。在浮动汇率制下,汇率的异常变动往往是外汇投机的结果,而外汇投机和不稳定的国际资本流动也常常是造成国际收支失衡的重要原因。

6. 偶发性因素。突发的自然灾害、国内或主要贸易伙伴国政局动荡、国际经济关系破裂等,都会使正常的国际贸易和资本流动受到冲击,因而使国际收支平衡受到破坏。

（三）国际收支的调节

在开放经济条件下，一国的内外经济是互相影响的，国际收支不稳定，势必会影响到国内经济的正常运行。当国际收支出现大量逆差时，进口大于出口，会引起国内货币供应缩减，市场销售萎缩，使本国生产下降和失业增加。如果逆差主要源于资本流出大于资本流入，则会造成国内资金紧张，同样影响经济增长。当国际收支出现大量顺差时，出口大于进口，外汇供给和对本币的需求增加，本币面临升值压力，若要维持汇率稳定，就须增加官方储备，因此而扩大中央银行基础货币投放，使货币供应量迅速扩张，造成通货膨胀。长期大量的顺差也常常会引起国际贸易摩擦，对经济造成不利影响。由此可见，长期大量存在的国际收支差额，无论是赤字还是盈余，都是不利于一国经济的正常发展的。在出现国际收支失衡时，经济体系中的市场机制、价格机制会在一定程度上使失衡得到缓和甚至使平衡得到恢复。但是，这种自动调整的机制并不是在任何时候、任何经济环境下都有效，而且往往要以牺牲或削弱其他经济目标作为恢复国际收支平衡的代价。基于这样的考虑，各国政府和金融当局通常都是在尊重市场规律和重视市场机制作用的前提下，对国际收支平衡的实现采取积极主动的政策和措施。这些政策和措施主要包括：

1. 外汇缓冲政策。该政策又称为融资或弥补（Financing or Accommodation），是指一国运用储备的变动或临时向外筹借资金来抵消国际收支不平衡所形成的外汇供求缺口。国际收支出现赤字时，外币需求上升而本币需求疲弱，本币面临贬值压力，如果货币当局有义务维护国际货币制度或顾忌本币贬值的不利后果，坚持本币不贬值，就须动用储备资产或临时向外筹借资金来弥补供求缺口。显然，这种政策只适用于融通临时性或季节性的国际收支缺口，而不适用于对付长期巨额的国际收支差额。

2. 需求管理政策。财政政策和货币政策统称为需求管理政策。财政政策主要通过调整政府支出和税收，改变总需求和物价水平，改变进出口税收条件，来达到影响国际收支的目的。当国际收支出现逆差时，实施紧缩的财政政策，减少政府支出，控制社会总需求，降低物价，使对外需求水平下降，进口减少，出口品的国际价格竞争力增强。在税收和补贴政策方面，采取出口退免税、财政补贴等措施，可改善出口条件和增强出口竞争力。货币政策主要通过再贴现率和法定存款准备率的调整，改变货币供应量，改变利率，来达到调节国际收支的目的。当国际收支出现逆差时，实施紧缩的货币政策，提高再贴现率和法定存款准备率，使商业银行资金成本提高，可贷资金减少，利率提高。国内利率水平提高具有吸引外资流入，改善资本项目收支的作用。需求管理政策的实施往往会与国内经济目标发生冲突。为消除国际收支赤字而实行紧缩的财政政策和货币政策，容易导致经济增长速度的下降和失业率上升；为消除国际收支盈余而实行扩张的财政政策和货币政策，容易导致通货膨胀。因此，需求管理政策在实施过程中必须注意内外经济目标的兼顾和各种政策工具的合理搭配。

3. 汇率政策。这是指通过调整汇率来纠正国际收支失衡的政策。当出现国际收支逆差时，常调低本币汇率，使本币贬值，以达到刺激出口、抑制进口的目的。而当出现大量顺差时，则支持本币汇率上升，达到增加进口、减少出口的目的。同其他政策一样，汇率政策的实施也必须兼顾一国的内外经济目标，就本币贬值而言，由于其具有引发国内通货膨胀与物价上涨的作用，因此，常常要求配合紧缩性财政政策和货币政策来实施。而且，本币贬值是否能真正改善贸易收支和国际收支，还要取决于多方面的条件，如：本币贬值所带来的出口增加是否大于由此产生的国民收入上升而引发的进口增加；本币贬值所引起的本国商品和劳务在国际市场的相对较低的价格能否维持较长的时间；进出口弹性是否符合马歇尔－勒纳条件[①]或类似条件。汇率政策广义地讲除了官方对汇率的调整之外，还包括汇率制度的变更和货币当局对外汇市场的干预。假定是在固定汇率制或盯住汇率制下出现了国际收支巨额赤字，当局可以将汇率制度改为浮动汇率制或弹性汇率制，让汇率随外汇市场供求自发变动，发挥其自动纠正国际收支失衡的功能。在市场汇率条件下，当局可以直接参与外汇市场交易，如：大量购入外币，售出本币，促使本币汇率下降，达到增加出口、减少进口的目的。

4. 直接管制。这是指政府在难以运用汇率政策、财政政策和货币政策等主要靠市场机制的作用来纠正国际收支失衡的政策措施时，所采取的强制性管理办法。主要做法有：（1）货币性管制，即外汇管制和汇率管制。外汇管制主要表现在对外汇交易活动的行政干预，如规定外汇收入必须全部或大部分售给国家，对外汇支出规定严格的条件等，目的在于通过控制外汇的使用来控制进出口贸易和资本流动。汇率管制主要是对汇率水平的控制，如：制

---

① 马歇尔－勒纳条件（Marshall-Lerner Condition）是观察本国货币贬值能否改善国际收支的临界性条件。首先由英国经济学家马歇尔提出进出口需求弹性的概念，又由美国学者勒纳进一步发展，提出本币贬值对贸易收支影响的临界条件。该条件假定进出口供给弹性无穷大，即进口和出口的供给曲线为水平线，这样，贬值能否改善逆差国的国际收支状况，就决定于需求弹性的大小。只有当进口需求弹性的绝对值和出口需求弹性的绝对值之和大于1时，贬值才能改善逆差国的国际收支。

定统一的官方汇率和统一的实施要求;制定若干种不同的汇率并要求在不同的对象范围内施用等,目的在于通过控制汇率达到政府预期的国际收支要求。(2)财政性管制。主要措施有规定和变动进口关税,实施进出口补贴等。在出现贸易逆差时,提高进口关税可以抑制进口,但实际效果如何还要看本国对进口品的需求价格弹性,如果需求价格弹性小,效果就不明显。在贸易逆差情况下实施出口补贴,可以支持本国出口商品降低价格,提高国际市场竞争力。当然,在贸易有较大顺差,且有必要引进先进技术和产品时,一国也可以通过财政补贴来降低进口品价格,达到增加进口的目的。(3)贸易管制。主要措施有对进口品实行许可证制和配额制,对进口商规定进口保证金制度等。进口许可证制度规定,进口商必须事先得到政府准发的进口许可证,才能凭证购买进口所需的外汇,并办理有关进口手续。进口配额制度则是政府对某些商品的进口总额或总数量进行限制,并将允许进口的限额或限量分配给各贸易对方国,由进口商在限额或限量内自行安排进口。进口保证金制度规定,进口商须按进口商品总值的一定比例预缴进口商品保证金,将其存入中央银行,目的在于增加进口商的资金占用,增加进口成本。对于保证金占进口总值的比例,中央银行可根据国际收支变动的情况进行灵活调整。需要注意的是,直接管制措施虽然比较灵活和快捷,但必须考虑他国的接受性和在国际上实施的可能性,因为其容易招来对方国家甚至国际社会的反对和报复,若不能恰当掌握,势必会欲益反损。

### 三、内外均衡理论

(一)开放经济下的国民收入均衡

国民收入($Y$)是一国在一定时期内投入的生产要素所产出的最终产品和服务的市场价值总和。国民收入的生产额通常指一定时期内新创造的价值,即在社会总产值中扣除掉生产过程中消耗的生产资料价值后的净产值。国民收入的生产额通过分配和再分配之后,形成政府、企业、个人等国民经济各部门的最终收入,就是国民收入的使用额。宏观经济分析中的国民收入概念,既包括物质生产部门创造的价值(或收入),也包括非物质生产部门创造的价值(或收入)。在一个不开放的经济中,全部产品和服务都是由本国居民在国内生产和消费的。从国民收入来源的角度看,其构成包括:私人消费($C$)、私人储蓄($S'$)、政府税收($T$),即:

$$Y=C+S'+T$$

从国民收入最终支出的角度看,其构成包括:私人消费($C$)、私人投资

($I$)、政府支出（$G$），即：
$$Y=C+I+G$$
国民收入的来源与支出恒等，即：
$$C+S'+T=C+I+G$$
整理得：
$$S'+(T-G)=I$$

政府税收减去支出（$T-G$）即为政府储蓄，因此，等式左端为私人储蓄与政府储蓄的总和即国民储蓄（$S$），这样，国民收入在不开放条件下的均衡条件就是：
$$S=I$$

在一个开放的经济中，全部产品和服务并不是单单由本国居民在国内生产和消费的。国内的产品和服务可以销售到国外，在国际市场上实现其价值，即形成出口额（$X$），此时，从来源角度核算的国民收入为：
$$Y=C+S'+T+X$$

同样，外国的产品和服务也可以销售到国内，形成国内私人、企业、政府对外的消费支出，即形成进口额（$M$），此时，从支出角度核算的国民收入为：
$$Y=C+I+G+M$$

由此得出开放经济下的国民收入恒等式为：
$$C+S'+T+X=C+I+G+M$$
整理得：
$$S'+(T-G)=I+(M-X)$$
$$S=I+(M-X) \quad (1)$$
或
$$I=S+(X-M) \quad (2)$$

（1）式表明，在开放经济条件下，国际贸易的净支出（$M>X$，即逆差）是一国的国民收入在除去国内消费和投资后的超额使用部分，是国民储蓄的向外流出；（2）式则表明，国际贸易存在净收入（$X>M$，即顺差）时，一国用于投资的国民收入除了来源于国民储蓄之外，还有超额的外部来源。当然，在国际贸易完全处于平衡状态即差额为零时，如果不考虑资本流动，那么，国民储蓄是正好满足国内投资的，既不存在国民储蓄大于国内投资时的储蓄外流，也不存在国民储蓄小于国内投资时的外部储蓄流入。

（二）开放经济下的货币供应量

在一个不开放的经济中，一国的货币供给基本上就是国内的信贷总量，表现为流通中现金和各类存款的总和，它是由中央银行提供基础货币，由国内商业银行通过信用派生功能创造存款货币而形成的。但是，在开放经济条件下，货币供给要受到外汇收支的影响，这种影响分别表现在商业银行的外汇买卖和中央银行对外汇市场的操作两个层面上。

在商业银行层面上，当商业银行买入外汇时，其外汇资产增加，购买外汇所支付的本国货币增加了售出外汇单位在银行的本币存款，国内货币供应量由此而扩大；反之，当商业银行卖出外汇时，购入单位在银行的本币存款减少，货币供应量因此而减少。因此，由买卖外汇引起的货币供应量的净增减取决于商业银行买入外汇和卖出外汇的差额，差额为正时，有外汇净库存，说明增加了货币供应量。当然，问题不一定这样简单，如果商业银行用来买外汇的钱是从少发放贷款中挤出来的，那么，货币供应量的最终变化就不一定是增加，因为少发放贷款就意味着少派生了存款，少增加了货币供应量。

在中央银行层面上，由于其有义务维持本币汇率的稳定，因此，当外汇市场上的外币供给过大，对本币的需求上升，本币有升值压力时，如果中央银行认为本币升值对国内经济的伤害大于其利，则会进行市场干预，通过收购外汇使外币汇率上升，而收购外汇的资金形成了商业银行在中央银行的准备金存款，这是新增的基础货币，它扩大了商业银行用以创造存款货币的基数，可能导致货币供应量的成倍增加。反之，当外汇市场上的外币供给不足，对本币的需求下降，本币有贬值压力时，如果中央银行认为有调节的必要，则可向商业银行售出外汇，商业银行向中央银行购买外汇时，其在中央银行的准备金存款相应减少，这意味着可用以派生存款的货币基数减少，可能导致货币供应量的成倍减少。由此看来，在开放经济条件下，基础货币除了包括国内流通中现金和商业银行在中央银行的准备金存款外，还包括因中央银行增减国际储备而存在的部分，国际储备增加时基础货币供应增加，反之则减少。从国际收支平衡表的原理可知，国际储备应等于国际收支的综合差额，因此，当国际收支综合差额为顺差时，就意味着中央银行基础货币供应的增加。当然，以增减国际储备来弥补国际收支失衡，是否引起基础货币进而货币供应量的变化，还要看中央银行的实际操作，如果采取冲销操作方式，如在买入外汇增加储备的同时，在公开市场上等额地卖出债券，基础货币只是一增一减，货币供应总量就不一定会变化。若以 $M_S$ 代表货币供应总量，以 $k$ 代表货币乘数，以 $D$ 代表基础货币的国内部分，以 $B$ 代表国际收支差额，那么，开放经济下的货币供应量就可表示为：

$$M_S=k(D+B)$$

公式说明，在货币乘数和国内基础货币一定的情况下，货币供应量的增减由国际收支差额来决定。但是，当国内基础货币随国际收支差额变化而反向调整时（如：增加储备时卖出债券、$B$ 增加时 $D$ 同额减少），货币供应量不发生变化。

（三）开放经济下内外均衡目标的实现

开放经济条件下的宏观经济管理目标包括两个重要方面：一是追求内部均衡，实现经济增长、充分就业和物价稳定的统一；二是追求外部均衡即国际收支的均衡。从上述两部分的分析结论看，一国的国际收支关系到国内储蓄和投资的均衡，关系到货币供应量的变化，它说明内部均衡和外部均衡这两个目标的实现是相互关联的。围绕着内外均衡目标的相互影响及实现机制问题，在理论和政策研究领域已经有了丰富的研究成果，其中比较有影响的理论和政策思想包括价格—铸币流动机制理论、弹性理论和吸收理论、米德内外均衡理论和蒙代尔政策搭配法则。

1. 价格—铸币流动机制（Price-Specie-Flow Mechanism）理论

这是一种以 18 世纪金本位制下的自由贸易和自由黄金流动为背景，研究国内货币流通和物价与国际收支之间相互关系的理论，最早由英国经济学家大卫·休谟（David Hume）于 1752 年提出。该理论认为，国际收支差额会改变黄金的流动，黄金流动会改变国内货币流通数量，货币数量的改变决定价格的变动，而价格变动又会影响进出口贸易，最终修正原有的国际收支差额。因此，金本位制下的国内物价和国际收支存在着相互作用和自动均衡的机制。以物价稳定代表内部均衡，国际收支平衡代表外部均衡，那么，这种理论实际上就是最早的内外均衡理论。价格—铸币流动机制理论所描述的国际收支失衡的自动修复过程是：当一国出现国际收支逆差时，对外贸易支付大于贸易收入，黄金外流，国内货币流通数量减少，物价水平下降，出口价格成本降低，竞争力增强，而进口价格相对较高，需求下降，其结果是出口增加，进口减少，逆差得以修复，国际收支达到平衡。相反，当一国出现国际收支顺差时，对外贸易收入大于贸易支付，黄金从国外流入，国内货币流通数量增加，物价水平上升，出口价格成本提高，收益降低，竞争力减弱，而进口价格相对较低，需求上升，其结果是出口减少，进口增加，顺差得到调整，国际收支恢复平衡。

2. 弹性理论或弹性分析法

在金本位制下，经济体系具有使国际收支自动调整和修复的机制，加之各国经济的国际化程度不高，出现暂时的国际收支失衡对经济运行并无大的妨碍，因此，内外均衡问题并不十分重要。但是，随着金本位制的崩溃和二战后各国经济的国际化程度的提高，国际收支与国内经济运行的相互影响越来越大，一是相互作用的程度加深，二是作用机制复杂化。经济学家的目光开始越来越多地投向国际收支问题，汇率变动对商品进出口的影响以及对国际收支的调节作用，国内经济失衡与国际收支失衡的相互联系以及均衡的恢复机制等问题成为研究的焦点，而且研究的立足点也更多地放在了实用的政策层面上。20世纪中叶，比较有影响的国际收支均衡理论是弹性理论和吸收理论。

弹性理论或弹性分析法，从贸易商品进出口弹性的角度，分析了国际收支失衡的条件及调节措施，认为国际收支均衡并不能自动实现，需要政府通过变动汇率才可能改善国际收支状况，而汇率调整改善国际收支状况的条件是进出口商品需求弹性的绝对值之和要大于1，也即符合"马歇尔－勒纳"条件（参见本章第一节相关注释）。这一理论假定：除了汇率之外，其他所有影响商品进出口的条件均不变，贸易商品的供应具有完全弹性，进出口商品的需求不考虑收入的变化，只是这些商品价格水平的函数，国际收支不考虑资本流动，只包括贸易收支。弹性理论的基本观点是：汇率变动通过引起本国商品与外国商品之间、本国生产的贸易品与非贸易品之间的相对价格的变动，来影响商品进出口的供给和需求，进而改变国际收支状况。这里的相对价格是指一国商品经过汇率折算后在外国市场所表现出的价格。在同一种商品的本国价格和外国价格都保持不变的情况下，如果本币贬值，本国商品的国内价格低于在国外市场的相对价格，对外国居民来讲相对便宜，就会增加外国居民对本国商品的需求，其结果是本国商品出口增加；相反，本币贬值后，使外国商品对本国居民来讲变得相对昂贵，就会减少本国居民对其的需求，其结果是进口减少。如果两国商品的供给弹性都趋于无穷大，那么，汇率变动引起商品相对价格变动，进而引起进出口贸易变动的情况，就取决于相对价格变化对进出口需求量的影响程度，或者说是取决于本国对外国商品进口需求的价格弹性和外国对本国商品需求的价格弹性。弹性理论的分析结果认为，本币贬值通过改变商品相对价格而影响进出口商品需求的情况可能有三种：一种是出口商品需求弹性和进口商品需求弹性的绝对值之和大于1；第二种是出口商品和进口商品的需求弹性都小于1，且进出口商品需求弹性的绝对值之和等于1；第三种是进出口商品需求弹性的绝对值之和小于1。只有在第一种情况下，贬值才能起到增加出口需求，抑制进口需求，改善贸易差额的作用。在第二种情况下，贬值对贸易差额没有作用。在第三种情况下，贬值会进一步导致贸易收支恶化。

3．吸收理论或吸收分析法

吸收理论或吸收分析法，又称"国际收支的支出分析法"或"国际收支的收入－吸收分析法"。它是一种将凯恩斯宏观经济理论运用于国际收支分析，主张通过国内宏观经济政策调节实现内部均衡，通过内部均衡达到国际收支调节目的的理论。这种理论认为，国际收支均衡与国内经济均衡状况密切相关，国际收支失衡可以由国内经济失衡所引起，也可以通过对国内经济的调节来修复。吸收理论克服了弹性理论过分重视微观层面的相对价格效果而忽视宏观层面的国民收入效果的缺陷，将一国的出口（$X$）和进口（$M$）分别看做是该国总收入（$Y$）和总支出（即总吸收 $A$＝私人消费 $C$＋私人投资 $I$＋政府支出 $G$）的组成部分，认为一国的国际收支差额（$B$）就是该国总收入和总吸收之差。用公式表示为：

$$Y=C+I+G+X-M \tag{1}$$

$$Y=A+B \tag{2}$$

$$B=Y-A \tag{3}$$

（3）式表明，当总吸收小于总收入时，国际收支为顺差；当总吸收大于总收入时，国际收支为逆差，而当总吸收正好与总收入相等时，国际收支则为平衡。这就是说，当国内经济失衡时，国际收支便会出现差额，调整了国内经济总吸收与总收入的缺口，也就恢复了国际收支均衡。在出现国际收支逆差时，调节政策和手段无非是从增加总收入和减少总支出两个方面去考虑。增加总收入的政策又称为转换政策，减少总支出的政策又称为吸收政策。当经济达到充分就业水平时，产量不可能再增加，扩大出口和减少进口的唯一办法就是通过吸收政策来减少总支出；而当经济尚未达到充分就业水平时，则可运用转换政策，在总支出一定的情况下，通过新增产量来增加净出口。当然，在通过实现内部均衡来改善国际收支状况的过程中，要求吸收政策和转换政策必须灵活使用和相互配合。

4. 米德内外均衡理论和蒙代尔政策搭配法则

20世纪五六十年代以后，内外均衡理论进一步向广度和深度发展，国际资本流动对内外均衡的影响,货币因素在实现均衡中的作用越来越受到重视，理论研究更加注重与现实政策的结合，更加注重务实和效率。其中，英国经济学家米德（J. E. Meade）在吸收分析法基础上提出的内外均衡理论，具有十分广泛的影响。美国经济学家蒙代尔（R. A. Mundell）细化了米德的政策工具分析，提出了实现内外均衡过程中的财政政策和货币政策搭配主张和不同汇率制度下的内外均衡实现及宏观经济政策搭配法则，把内外均衡问题的理论和政策研究提高到新的水平。

（1）米德内外均衡理论的核心思想

米德的内外均衡理论被概括为政策工具和政策目标相互关系的 2×2 模型，意思是，一国若希望同时达到内部均衡和外部均衡的目标，必须同时运用支出调整政策和支出转移政策两种工具[①]，因为，单独使用其中一种政策工具，往往出现内部均衡和外部均衡此得彼失的情况，当一种政策工具使内部均衡目标得以实现时，却使外部均衡目标更加丧失，或者是在外部目标实现时，内部目标则相距更远。这种由单独使用一种工具所导致的内部均衡和外部均衡的冲突，称为米德冲突（Meade's Conflict）。为了避免米德冲突，就必须为不同的目标制定不同的政策，要满足"丁伯根法则"（Tinbergen's Rule）的要求。"丁伯根法则"的基本意思是：一国所需的有效政策工具数目至少要和想要达到的独立的经济目标数目一样多。想要实现 $n$ 个独立的经济目标，至少需要使用 $n$ 种独立的有效政策工具。

（2）斯旺图示

澳大利亚经济学家斯旺（T. Swan）用图示说明了米德冲突及"丁伯根法则"在内外均衡目标实现过程中的应用，说明了在同时实现内外部均衡目标的要求下配合使用支出调整政策和支出转移政策的重要性。如图 7-15 所示中，横轴 $D$ 表示国内支出（投资，消费，政府支出）或国内需求，其变动代表支出调整政策的实施。纵轴 $R$ 表示汇率（直接标价法），其变动代表支出转移政策的实施，$R$ 上升表示本币贬值或外币升值，$R$ 下降表示本币升值或外币贬值。$IB$ 线是内部均衡线，表示国内总供求均衡时汇率 $R$ 与国内支出 $D$ 的各种组合，$EB$ 线是外部均衡线，表示国际收支均衡时汇率 $R$ 与国内支出 $D$ 的各种组合。在 $IB$ 和 $EB$ 线上的所有的点，都是内部均衡和外部均衡各自的均衡点，$IB$ 和 $EB$ 的交点 F，是内外均衡同时实现时的均衡点。$IB$ 和 $EB$ 这两条线将坐标平面划分为四个区域：Ⅰ区为内部失业与外部盈余；Ⅱ区为内部通货膨胀与外部盈余；Ⅲ区为内部通货膨胀与外部赤字；Ⅳ为内部失业与外部赤字。落在各区域的不同点分别反映了经济的不同失衡特征。不管对那一种特征的失衡的调节，都要求支出调整政策和支出转移政策这两种工具的配合，否则，如果单一地使用一种工具，其结果必然是得此失彼，不能使内外两个目标同时达到。如：落在Ⅳ区域的 $A$ 点代表外部赤字和内部失业的失

---

① 支出调整政策（Expenditure-Changing Policy）又称支出变动政策，是指主要由凯恩斯理论所表明的需求管理政策，包括财政政策和货币政策。支出转移政策（Expenditure-Switching Policy），主要指汇率政策，即通过确定汇率制度和汇率水平来影响贸易商品的国际竞争力，从而导致本国收入相对于支出而增加。广义的支出转移政策除汇率政策外，还包括关税、进口配额、出口补贴等政策内容。

衡状态，倘若只是单一地采用支出转移政策提高汇率，当汇率由 $A$ 提高到 $A_1$ 水平时，外部均衡目标实现，继续提高汇率直到 $A_2$ 水平时，达到内部均衡目标，但外部均衡重新丧失；若只是单一地采用支出调整政策扩大国内需求，当需求水平由 $A$ 点增加到 $A_3$ 时，内部均衡目标实现，但外部失衡情况比原来更加严重。能够使 $A$ 点所代表的国际收支赤字和失业同时消失，达到内外均衡的方法是将支出转移政策和支出调整政策配合起来，使汇率 $R$ 与国内支出 $D$ 都上升到 $F$ 点所要求的水平。当然，如果经济中原来的汇率水平或需求水平恰好与内外均衡所要求的水平一致，也会出现只使用一种政策工具而另一种政策工具不变的情况，但这仅仅是特例。

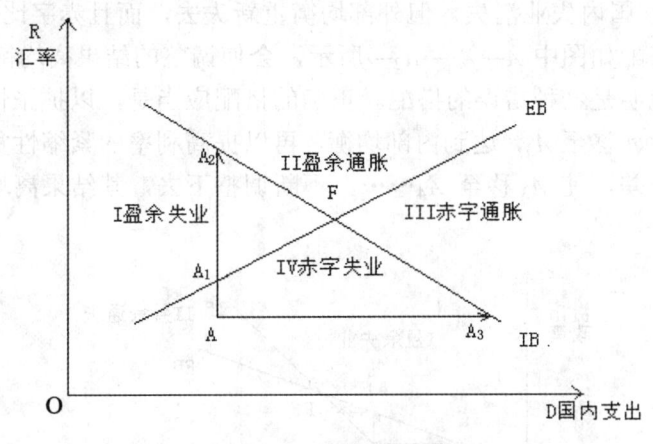

图 7-15　斯旺图示

（3）蒙代尔政策搭配法则

斯旺图示表明，只有搭配使用支出调整政策和支出转移政策，才可以同时实现内外部均衡目标。但实际上，从二战结束到 1971 年之前，各国普遍实行固定汇率制度，在这种制度下，以汇率政策为核心内容的支出转移政策不能成为可操作的政策工具，有效的工具只有支出调整政策，米德冲突成为困扰各国内外均衡实现的一大难题。蒙代尔破解了这一难题，他细化了支出调整政策，把其中的财政政策和货币政策作为两个独立的政策工具，通过这两个工具的配合使用，即便在固定汇率制条件下，也同样符合两种目标至少要有两种工具的法则要求，可以达到内外均衡同时实现的目的。蒙代尔在 1962 年向国际货币基金组织提交的题为《恰当运用财政货币政策以实现内外稳定》的报告中，正式提出了财政政策和货币政策搭配使用的主张和法则。他的基本观点是：在出现内部失衡和外部失衡并存的情况时，应该以货币政策对付国际收支上的困难,促进外部均衡,而以财政政策对付国内困难,促进内部均衡。如果不是这样,而是做了相反的搭配即以财政政策对外,货币政策对内,其结果非但不能同时实现内外均衡,还会进一步加重失衡。如图 7-16 所示,横轴 $G$ 表示以政府开支为主要内容的财政政策,向右为扩张,向左为收缩。纵轴 $r$ 表示以利率变动为主要内容的货币政策,向上为收缩,向下为扩张。落在 IV 区域的 $A$ 点代表经济中同时存在国际收支逆差和国内失业的失衡状态。如果以财政政策解决外部失衡,以货币政策解决内部失衡,则采取减少开支的紧缩性财政政策以减少进口,使 $A$ 点向左移至 $A_1$ 点,外部赤字消失,再采取降低利率,刺激投资和消费的扩张性货币政策以增加就业,使 $A_1$ 点移至 $A_2$ 点,国内失业消失,但外部均衡重新失去,而且赤字比原来更大。这样的政策搭配如图中 $A \to A_1 \to A_2 \to$ 所示,会使调整的结果离均衡目标 $F$ 点越来越远,说明是一种错误的搭配。正确的搭配应当是,以扩张性财政政策解决失业,使 $A$ 移至 $A_3$,达到内部均衡,再以提高利率的紧缩性货币政策消除国际收支逆差,使 $A_3$ 移至 $A_4$……,不断调整下去,其结果离均衡目标 $F$ 点越来越近。

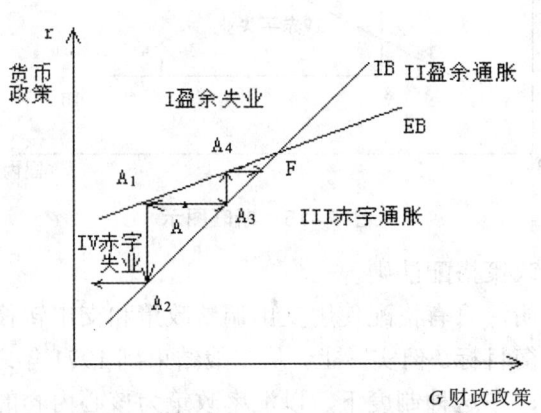

图 7-16 货币政策与财政政策的配合

根据蒙代尔的政策搭配法则,在图 7-16 中所示的 I、II、III、IV 四个区域内,财政政策和货币政策的具体搭配要求如表 7-1 所示。

表 7-1 各种失衡状态下的财政货币政策搭配

| 区域 | I | II | III | IV |
| --- | --- | --- | --- | --- |
| 失衡状况 | 盈余失业 | 盈余通胀 | 赤字通胀 | 赤字失业 |
| 财政政策 | 扩张 | 紧缩 | 紧缩 | 扩张 |
| 货币政策 | 扩张 | 扩张 | 紧缩 | 紧缩 |

5. 不同汇率制度和资本流动条件下的货币政策和财政政策

蒙代尔不仅提出了内外均衡要求下的财政政策和货币政策搭配法则，而且与另一位美国经济学家弗莱明（J.Fleming）一起，在凯恩斯主义宏观经济学经典模型 IS—LM 分析框架中加入了国际收支均衡分析（FE 曲线分析），创建了著名的蒙代尔—弗莱明模型（IS—LM—FE 模型）。该模型详尽分析了在开放经济中不同的国际资本流动情形下，实行固定汇率时的财政政策和货币政策效果和实行浮动利率时这两种政策的效果，其基本结论是：在固定汇率制度下，当资本完全不流动，即国际资本流动对利率变动完全无弹性时，货币政策和财政政策对国民收入等实际变量的长期影响是无效的（见图 7-17 和图 7-18）。当资本不完全流动，即国际资本流动对利率变动有一定弹性时，货币政策在长期内无效，而财政政策是有效的；当资本完全流动，即国际资本流动对利率变动有充分弹性时，货币政策在长期内无效，而财政政策是有效的，且作用非常明显（见图 7-19 和图 7-20）。也就是说，固定汇率制下的货币政策无论在哪一种资本流动情形下都是无效的，财政政策的有效性则取决于国际资本流动对利率变动的弹性，弹性越高，效果就越好，完全没有弹性时就完全无效。在浮动汇率制度下，当资本完全不流动时，货币政策和财政政策对国民收入等实际变量的影响是有效的（见图 7-21 和图 7-22）。当资本不完全流动时，货币政策和财政政策仍是比较有效的；当资本完全流动时，货币政策非常有效，而财政政策则是完全无效的（见图 7-23 和图 7-24）。也就是说,浮动汇率制下的货币政策无论在怎样的资本流动情形下都是有效的,财政政策则只在资本完全不流动和不完全流动时有效，效果大小与国际资本流动的利率弹性负相关，弹性越低，效果就越好，有充分弹性时则完全无效。

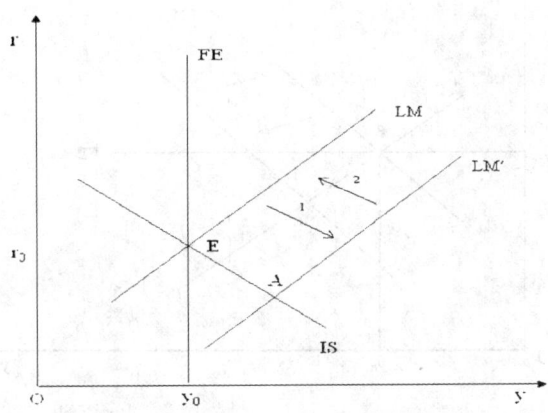

图 7-17　固定汇率下资本完全不流动时的货币政策效果

扩张的货币政策使 LM 右移至 LM'，与 IS 交于 A 点，表明利率降低，投资上升，进口增加（较 $y_0$ 大的国民收入水平下会增加进口），国际收支出现逆差，产生本币贬值压力，维持固定汇率的政策干预将是抛售外币和收回本币，货币供应量由此而减少，LM'重新回到 LM，结果是：收入不变，只是外汇储备减少了。

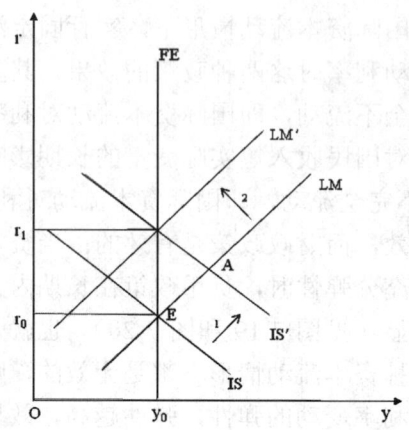

图 7-18　固定汇率下资本完全不流动时的财政政策效果

扩张的财政政策使 IS 右移至 IS'，与 LM 交于 A 点，表明收入提高，进口增加，国际收支出现逆差，本币开始贬值，维持固定汇率的政策干预将是抛售外币和收回本币，导致货币供应量减少，LM 向右移动至 LM'，结果是：利率水平上升到 $r_1$，收入不变。

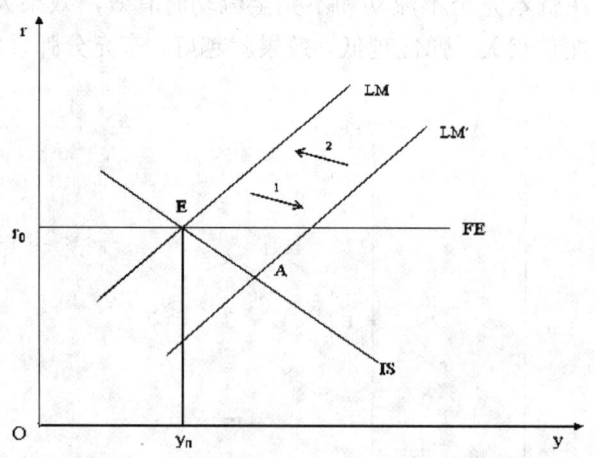

图 7-19　固定汇率下资本完全流动时的货币政策效果

扩张的货币政策使 LM 右移至 LM'，与 IS 交于 A 点，表明利率下降，资本外流，国际收支出现逆差，产生本币贬值压力，维持固定汇率的政策干预将是抛售外币和收回本币，LM'重新回到 LM，结果是：收入不变，国际储备下降。

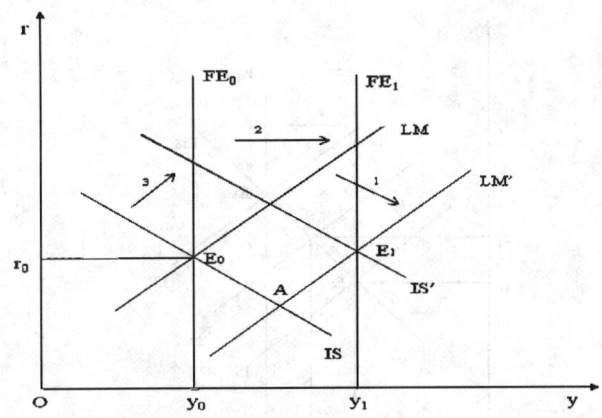

图 7-20　固定汇率下资本完全流动时的财政政策效果

扩张的财政政策使 IS 右移至 IS'，与 LM 交于 A 点，表明利率上升，资本流入，国际收支出现顺差，产生本币升值压力，维持固定汇率的政策干预将是收购外币放出本币，使得货币供给量增加，LM 右移到 LM'，结果：收入增加，国际储备增加。

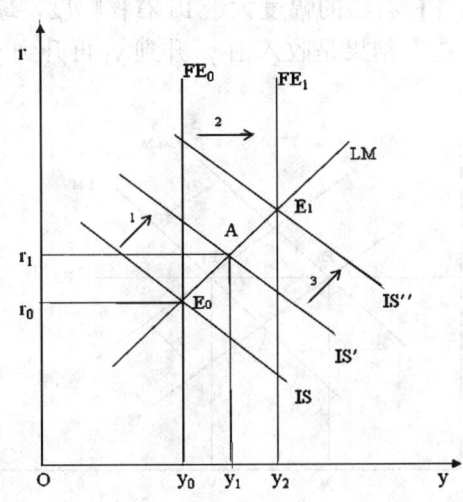

图 7-21　浮动汇率下资本完全不流动时的货币政策效果

扩张的货币政策使 LM 右移至 LM'，与 IS 交于 A 点，表明利率降低，投资上升，进口增加，国际收支出现逆差，产生本币贬值压力，汇率市场调节作用的结果是出口增加，$FE_0$ 右移至 $FE_1$，投资上升的结果是 IS 右移至 IS'，三条线相交于 $E_1$，收入水平提高到 $y_1$。

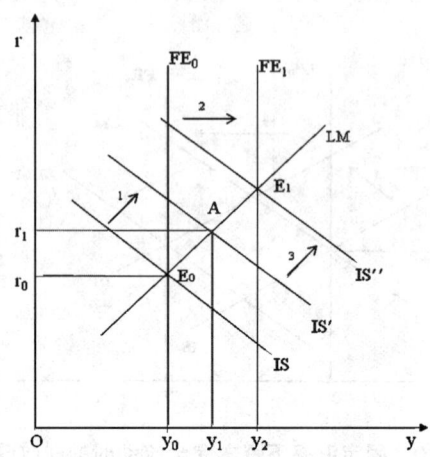

图 7-22　浮动汇率下资本完全不流动时的财政政策效果

扩张的财政政策使 IS 右移至 IS'，与 LM 交于 A 点，表明收入提高，进口增加，国际收支出现顺差，本币开始贬值，汇率市场调节作用的结果是出口增加，$FE_0$ 右移至 $FE_1$。由于利率上升使国内投资和消费受到影响，本币贬值的出口效应更强，FE 右移的幅度大于 IS 右移幅度，最终带动 IS'再右移至 IS"，三条线相交于 $E_1$。结果是收入由 $y_0$ 升到 $y_1$ 再升到 $y_2$。

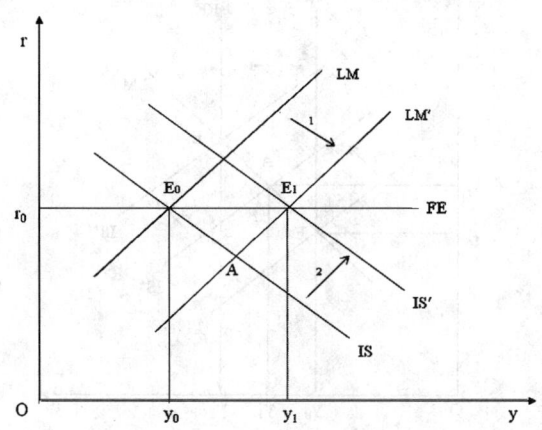

图 7-23　浮动汇率下资本完全流动时的货币政策效果

扩张的货币政策使 LM 右移至 LM'，与 IS 交于 A 点，表明利率下降，资本外流，国际收支出现逆差，本币贬值，利率降低使投资扩大，IS 右移至 IS'，三条线相交于 $E_1$，收入水平提高到 $y_1$。

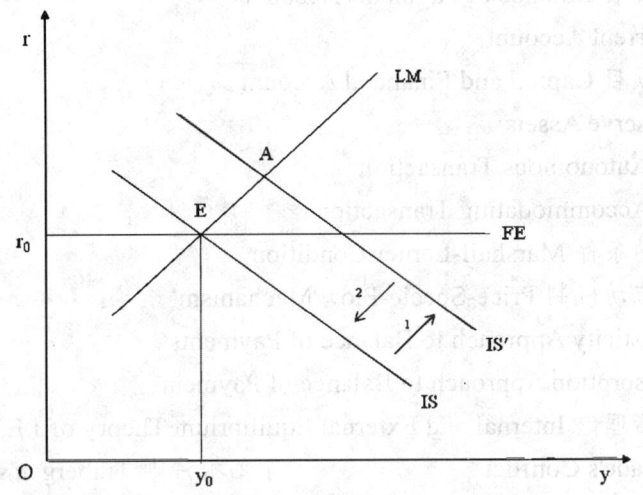

图 7-24　浮动汇率下资本完全流动时的财政政策效果

扩张的财政政策使 IS 右移至 IS'，与 LM 交于 A 点，表明利率上升，资本流入增加，国际收支出现逆差，本币升值，浮动汇率下此时并没有吸收外币投放本币的干预，货币供应量不增加，利率上升继续的结果是投资减少，IS'重新回到 IS，收入不变。

**本章重要概念**

货币需求 Money Demand　　　　　　实际货币需求 Real Money Demand
纸币流通规律 Law of Paper Money Circulation
货币数量论 Quantity Theory of Money
交易方程式 Equation of Exchange　　　剑桥方程式 Equation of Cambridge
流动偏好 Liquidity Preference　　　　流动性陷阱 Liquidity Trap
平方根定律 Square-root Rule　　　　　立方根定律 Cube-Root Rule
原始存款 Primary Deposit　　　　　　派生存款 Derivative Deposit
基础货币 Base Money　　　　　　　　货币乘数 Money Multiplier
货币供应量 Money Supply

外生货币供给 Exoqenous Money Supply
内生货币供给 Endoqenous Money Supply 货币均衡 Monetary Equilibrium
国际收支 Balancce of Payments
国际收支平衡表 Balance of Payments Accounts
经常项目 Current Account
资本和金融项目 Capital and Financial Account
储备资产 Reserve Assets
自主性交易 Autonomous Transaction
调节性交易 Accommodating Transaction
马歇尔—勒纳条件 Marshall-Lerner Condition
价格—铸币流动机制 Price-Specie-Flow Mechanism
弹性理论 Elasticity Approach to Balance of Payments
吸收理论 Absorption Approach to Balance of Payments
米德内外均衡理论 Internal and External Equilibrium Theory of J.E.Meade
米德冲突 Meade's Conflict    丁伯根法则 Tinbergen's Rule
蒙代尔政策搭配法则 Policy Mixture of Balance of Payments Adjustment Rule of R.A.Mundell
支出调整政策 Expenditure-Changing Policy
支出转移政策 Expenditure-Switching Policy

## 复习思考题

1. 为什么要研究货币供求问题？货币供求与社会总供求有怎样的关系？
2. 什么是货币需求？决定和影响货币需求的主要因素有哪些？
3. 简述马克思的货币必要量公式。
4. 什么是纸币流通规律？
5. 什么是"交易方程式"和"剑桥方程式"？说明它们的含义和区别。
6. 凯恩斯是如何分析货币需求动机的？
7. 解释凯恩斯的货币需求函数。
8. 简述"平方根定律"对交易性货币需求的解释。
9. 简述"立方根定律"对预防性货币需求的解释。
10. 托宾是如何证明资产性货币需求与利率的关系的？

11．简述弗里德曼"新货币数量论"的基本思想内容。
12．弗里德曼货币需求函数式有何特点？其政策寓意是什么？
13．简述商业银行存款货币创造的基本原理。
14．简述基础货币与货币供应量的关系。
15．简述财政收支对货币供应量的影响。
16．如何理解货币供给的外生性和内生性？主要学派的观点是什么？谈谈内生性货币供给的表现和趋势。
17．如何理解货币市场和产品市场的共同均衡？说明 LM 曲线和 IS 曲线的形成。
18．如何理解社会总供求的均衡？
19．什么是国际收支？国际收支平衡表的主要项目有哪些？
20．如何理解和判断国际收支失衡？
21．国际收支失衡的主要原因有哪些？
22．国际收支失衡如何调节？
23．简述开放条件下的国民收入均衡。
24．简述开放条件下的货币供应量。
25．简述价格—铸币流动机制。
26．简述国际收支的弹性分析法。
27．简述国际收支的吸收分析法。
28．简述米德内外均衡理论。
29．简述蒙代尔政策搭配法则。
30．简述不同汇率制度和资本流动条件下的货币政策和财政政策。

## 小测试

1．剑桥方程式反映的决定货币需求的因素是（　　　　）。
　　A．货币的贮藏手段功能　　　　　　B．货币的流通手段功能
　　C．交易总量的变化　　　　　　　　D．人们的持币动机
　　E．现金余额占国民收入的比例
2．与鲍莫尔（W. Baumol）"平方根定律"相符合的说法是（　　　　）。
　　A．考虑了持有货币的机会成本和交易成本
　　B．分析了交易性货币需求与利率的关系
　　C．分析了预防性货币需求与利率的关系
　　D．分析了资产性货币需求与利率的关系

E. 认为交易性货币需求只是收入的函数

3. 以下原因强化了货币供给的内生性（　　）。
   A. 中央银行独立性增强　　　　　　B. 中央银行控制力提高
   C. 商业银行更灵活地创造信用　　　D. 非银行金融机构活动增多
   E. 互联网金融活跃

4. 关于财政收支对货币供给的影响，以下说法正确的是（　　）。
   A. 财政收支与银行存款账户直接相关
   B. 财政收入增加引起货币供给增加
   C. 财政收入增加引起货币供给收缩
   D. 财政支出增加引起货币供给增加
   E. 财政支出增加引起货币供给收缩

5. 根据蒙代尔的政策搭配法则，在出现国际收支逆差和国内失业时，正确的政策措施是（　　）。
   A. 紧缩的货币政策对付逆差　　　　B. 扩张的货币政策对付失业
   C. 扩张的财政政策对付失业　　　　D. 紧缩的财政政策对付逆差
   E. 两大政策同时扩张对付逆差和失业

（第七章答案：1. ADE　2.AB　3. CDE　4.ACD　5.AC）

# 第八章 通货膨胀和通货紧缩

宏观经济的理想状态是社会总供求保持均衡，如前章所述，在总供求均衡下的货币均衡才是根本的货币均衡。在这种均衡状态下，货币需求是由总供给决定的，货币供给的决策和操作能够正确反映总供给的要求，因而，由其形成的总需求既不会大于也不会小于总供给，经济既不出现购买力过剩、物价上涨，也不出现产品过剩、物价下降。然而，实际经济中的总供求对比状况并非总如人意，理想的均衡状态常常难以实现。当总供给与总需求发生一定程度的偏离，尤其是出现持续的程度不断加深的偏离时，就产生了经济调整和治理的要求。在宏观经济理论中，把总需求大于总供给的经济形态解释为存在通货膨胀缺口（Inflationary Gap），而把总需求小于总供给的经济形态解释为存在通货紧缩缺口（Deflationary Gap）（参阅专栏八）。存在膨胀性缺口和紧缩性缺口的经济，都是非均衡的，都是需要调整和治理的。本章的主要内容是对宏观经济的两种失衡状态——通货膨胀和通货紧缩加以阐述，包括通货膨胀的各种定义、种类、产生的原因和治理对策，对通货紧缩的一般理解、通货紧缩的一般原因和对策等。

**专栏八　通货膨胀缺口和通货紧缩缺口**

通货膨胀缺口，是指实际总需求高于充分就业条件下的总需求所形成的差额。由于充分就业的总需求与总供给是均衡的，因此，差额部分的总需求是超过充分就业的实际收入的，所对应的是名义国民收入的增加或价格的上升。如图 8-1 所示，横轴 $y$ 代表国民收入，纵轴代表总需求 $AD$，45°线上的任何一点代表总需求与国民收入相等。$AD_0$ 为充分就业时的总需求线，垂直于 $y$ 轴的 $AS$ 线为充分就业时的总供给线，两线在 45°线上相交于 $B$ 点，代表充分就业的均衡点，$OAD_0=Oy_0$ 为充分就业时的总需求和国民收入。$AD_1$ 为实际的总需求线，与 $AS$ 线相交于 $A$ 点，$AB$ 即为超额的总需求即通货膨胀缺口。该缺口的弥补只有在点 $A'$ 处才能实现。$A'$ 点对应的国民收入为 $y_1$，由于经济已经达到充分就业水平，因此，实际国民收入不会增加，$y_0y_1$ 只是名义国民收入增量或价格上升的水平。

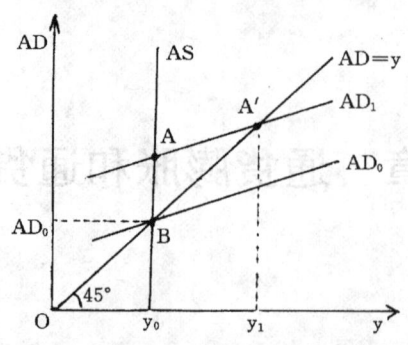

图 8-1 通货膨胀缺口

与通货膨胀缺口相反，通货紧缩缺口则是指实际总需求低于充分就业条件下的总需求所形成的差额。这部分差额的总需求所对应的是名义国民收入的减少和价格水平的下降。如图 8-2 所示，纵横两轴和 45°线仍然分别代表总需求 $AD$、国民收入 $y$ 和 $AD=y$。$AD_0$ 为充分就业的总需求线，垂直于 $y$ 轴的 $AS$ 线为充分就业的总供给线，两线在 45°线上相交于 $B$ 点。$B$ 点代表充分就业时的均衡点，$OAD_0=y_0$ 为充分就业的总需求和国民收入。$AD_1$ 是实际的总需求线，与 $AS$ 线相交于 $A$ 点，$BA$ 即为短缺的总需求即通货紧缩缺口。该缺口只有在 $A'$ 处才能得到弥补。$A'$ 点对应的国民收入为 $y_1$，$y_1y_0$ 表示国民收入减少量，在实际国民收入依然由充分就业的总供给线 $AS$ 所决定的情况下，$y_1y_0$ 反映名义国民收入减少或价格水平下降。

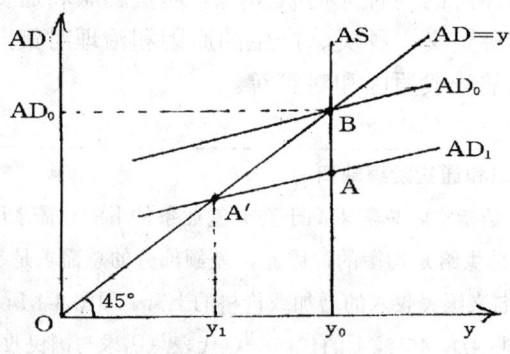

图 8-2 通货紧缩缺口

# 第一节 通货膨胀的定义和类型

## 一、通货膨胀的定义

关于通货膨胀的定义,在西方经济学文献中有种种表述,简要列举如下:

(美)P.A.萨缪尔森:通货膨胀的意思是:物品和生产要素的价格普遍上升的时期——面包、汽车、理发的价格上升;工资、租金等也都上升。[①]

(美)E.J.夏皮罗:通货膨胀规定为一般物价水平的一贯和可以觉察到的增长。[②]

(奥)赫尔穆特·费里希:通货膨胀是一个价格持续上升的过程。[③]

(美)M.弗里德曼:物价普遍上涨就叫通货膨胀。[④]

(英)F.A.哈耶克:通货膨胀一词的原意和真意是指货币数量的过度增长,这种增长合乎规律地导致物价的上涨。[⑤]

(英)J.罗宾逊:通货膨胀是由于对同样经济活动的工资报酬率的日益增长而引起的物价直升变动。[⑥]

从上述通货膨胀的各种定义中可以看出,经济学家们分别是从物价总水平或平均水平的上升、物价上升的持续性和普遍性、货币供应量的增长、工资成本的上升等方面来概括和描述通货膨胀的,反映出人们观察和认识通货膨胀的角度和切入点以及要揭示的主要问题等存在着差异,因此,我们不能简单地说哪种定义正确或不正确,而是要透过某种定义去思考通货膨胀在一定条件下生成、发展和控制的机理。

英文中的"Inflation"原本是"膨胀"或"胀大"的意思,人们只不过是借用它来表示经济生活中出现的货币过多和价格总水平上涨的现象。中国学者在定义通货膨胀时,多从通货膨胀的货币制度条件(纸币流通)、市场货币供应量与商品可供量的对比状况及其结果(货币贬值,物价上涨)等几个方

---

① P.A.萨缪尔森《经济学》上册,商务印书馆,1987年,第380页。
② E.J.夏皮罗:《宏观经济学》,中国社会科学出版社,1985年,第609页。
③ 赫尔穆特·费里希:《现代通货膨胀理论》,中国金融出版社,1989年中译本,第8页。
④ M.弗里德曼:《米尔顿·弗里德曼论通货膨胀》,中国社会科学出版社,1982年,第1页。
⑤ F.A.哈耶克:《无路可逃,失业必然跟随着通货膨胀》,《世界经济译丛》,1981年第2期。
⑥ J.罗宾逊:《解决停滞膨胀难题》,载《挑战》杂志,1979年11~12月号,第44页。

面考虑，比较普遍接受的定义是：在纸币流通条件下，经济中货币供应量超过了客观需要量，社会总需求大于总供给导致单位货币贬值（货币代表的价值量减少或购买力下降），价格水平普遍上涨的经济现象即为通货膨胀。对这一定义的理解，应主要把握以下两点：

（一）通货膨胀是纸币条件下的经济范畴

在现实的交换过程中，商品流通的数量和价格总额处在不断变化中，单位货币的平均流通速度也会经常发生变化，因此，货币的实际需要量是一个不断变化的量。在金属货币流通的情况下，由于货币本身就是价值实体，能够执行贮藏手段的职能，因而可以自发地调节流通中的货币量，以适应商品流通变化的需要。当流通中的货币过多时，单位货币代表的价格减少，但在现实交换中，人们并不愿把手中的货币按贬低了的价值使用出去，而宁可将它贮藏起来，这就会使一部分货币自发地退出流通，货币过多的问题自然得到解决。而当货币短缺，单位货币变得更加值钱，能换回更多的商品时，又会刺激货币贮藏者重新将货币投入流通，货币短缺问题也自然得到解决。可见，在金属货币条件下，由于贮藏手段职能会自发调节流通中的货币量，一般是不会出现通货膨胀的。

纸币条件下之所以会产生通货膨胀，是由纸币的性质决定的。因为纸币本身没有价值，发行多少也不会自动退出流通；相反，往往还有在发行数量越多，单位货币代表的价值越少，人们产生货币进一步贬值的预期，从而更多地抛出手中货币，使流通中货币数量更多的机制。马克思分析纸币条件下的货币贬值问题是通过将纸币作为金币的符号为给定条件的，基本分析思路是：金币的贮藏手段职能可以保证流通中的金币量就是实际的货币必要量，它是由商品流通决定的。纸币作为金币的代表，它的价值表现为单位纸币所代表的金币数量的多少，超过商品流通需要的金币量而过多发行的纸币，只能以增大了的量去代表实际需要的金币量，使单位纸币代表的金币量减少，发生纸币贬值，导致物价上涨。马克思这样说："随着价值符号的总数的增加，每一符号所代表的金量就按同一比例减少，价格的上涨不过是流通过程强制价值符号去等于它的代替流通的金量而产生的反应。"[①] 这就是说，纸币不是价值，而是价值符号，这一本质特征决定了它出现数量膨胀、单位贬值，引起物价上涨的可能性。

但是，能不能说通货膨胀是纸币流通条件下的一条必然规律呢？或者说，

---

① 《马克思恩格斯全集》，第 13 卷，第 110 页。

由于纸币"先天不足",它的流通就必然会引起通货膨胀呢?不能。通常所说的纸币"先天不足",是就纸币的产生根源于由铸币磨损引起的货币变质而言的,它与纸币贬值并不是一回事。就是说,由铸币的名义含金量和实际含金量在发生磨损时开始背离,到完全没有含金量的纸币也能购买到与价值昂贵的金币同样多的商品,说明货币变质并不意味着货币贬值。当货币的发行与流通中的需要量相一致,纸币代表的价值与实行金属货币流通时的金属货币的价值相符合时,就不会因纸币取代了金属货币而出现货币贬值。因此,在纸币流通条件下,只要掌握好货币流通的规律,根据流通的客观需要控制和调节好货币供应,就不会出现由于货币数量膨胀而使单位货币贬值的现象,就可以避免通货膨胀。

(二)货币供应量超过客观需要量是通货膨胀的核心内容

通货膨胀可以由各种原因引起,还可以据此划分出各种不同的类型。但是,无论哪种类型的通货膨胀,最终都将以经济中的货币供应量超过客观需要量进而以社会总需求大于总供给为实际内容。也就是说,没有相对于客观需要量而增加了的货币供应量,或没有相对于一定的货币供应量而减少了的客观需要量,就不会有市场上货币购买力与商品供给能力对比关系的变化,就不会出现普遍的或持续的物价总水平的上涨,也就不会有通货膨胀。

(三)物价上涨是通货膨胀的主要标志

通货膨胀的核心含义是货币供应量过多而导致货币贬值。但货币贬值却不能通过货币自身表现出来。纸币在进入流通过程以前和以后,其票面价值都是固定的,除非发生了货币改革,它不会因贬值而发生变化。纸币贬值只能通过其对立面即商品价值的货币数量表现——物价,才能看得出来。货币是表现和衡量商品价值的尺度,把商品的价值表现为价格,价格就成为反映货币是否贬值和贬值程度大小的尺度。当同样多的货币买不回与过去相比同样多的商品时,人们就发现货币贬值了。一般来说,商品价格水平高,货币购买力低,即货币贬值;反之,商品价格水平低,货币购买力高,即货币升值,商品价格水平和货币购买力互为倒数关系。从全社会看,货币购买力是对所有商品而言的,所以它不是某一种商品价格的倒数,而是所有商品价格倒数。各种商品价格的总体变动状况,通常是用物价格指数表示的,因此,货币购买力或币值变动就可以通过物价指数变动的倒数来反映。设物价上涨程度为 $X$,货币贬值程度为 $Y$,则:

$$Y = 1 - \frac{1}{1+X}$$

其中，1+X 为上涨后物价指数，1/(1+X) 为价格上涨后能买到的商品量。比如，物价指数上升 18%，那么货币购买力就下降约 15%；物价指数上升 100%，那么货币购买力就下降 50%。说明，商品价格上涨时，货币便开始贬值，但货币贬值的程度与物价上涨的程度却不一定是一致的。但尽管如此，物价指数仍然不失为衡量通货膨胀率的最佳指标。目前，世界各国普遍采用的反映通货膨胀程度的物价指数主要有零售物价指数、批发物价指数、生活费用价格指数、国民生产总值平减指数。零售物价指数又称消费者价格指数（Consumer Price Index，CPI）[①]，是反映不同时期商品零售价格变动的指数，其计算方法是以报告期零售价格与基期零售价格相对比。零售物价指数与城乡居民的支出和生活状况高度相关，是市场稳定状况的显示器。零售物价指数可以按全部商品的零售价格编制综合零售物价指数，也可以分别编制城市零售物价指数和农村零售物价指数，还可以按不同种类商品如粮食、副食品、服装、百货等分别编制各类商品的零售物价指数。批发物价指数又称为生产者价格指数（Producer Price Index，PPI），是反映不同时期商品批发价格水平变动情况的指数，其计算方法是以报告期商品批发价格与基期商品批发价格相对比。批发物价指数与产品出厂价格紧密相关，代表的商品范围较广，既有消费品又有生产资料，主要反映商品流通总环节的物价变化情况，在判断由于成本推动的原因导致的通货膨胀时，该指数是最适宜的。但是，批发物价指数不能反映劳务费用价格的变化情况。生活费用价格指数又称为生活费指数（Cost-of-Living Index），是反映不同时期居民生活费水平变动情况的指数，其计算方法是以报告期生活消费品和服务项目价格与基期生活消费品和服务项目价格相对比。生活费用指数从家庭支出角度出发，反映一定社会阶层居民用于吃、穿、用、住、行等日常生活方面的开支因价格变动所受影响的程度，是居民感受最直接的通货膨胀指标，也是计算实际工资的重要依据。该指数不能反映物价变动的整体状况，尤其是不能反映生产资料的价格变化情况。国民生产总值平减指数（Implicit Price Gross National Product Deflator，GDP Deflator）又称国民生产总值折算价格指数，是指按当年价格计算的国

---

① CPI 是对一个固定的消费品篮子价格的衡量，主要反映消费者支付商品和劳务的价格变化情况，消费品篮子中包括的商品一般有食品、酒和饮品、住宅、衣着、教育、通信、交通、医药健康、娱乐、其他商品及服务。在美国，有两种不同的消费物价指数。一是工人和职员的消费物价指数，简称 CPI-W。二是城市消费者的消费物价指数，简称 CPI-U。还有一个存在较大争议的概念，就是核心 CPI，是指将受气候和季节等供给因素影响较大，而受需求拉动因素影响较小的产品价格（如能源和食品价格）剔除之后的居民消费物价指数。

民生产总值与按不变价格计算的国民生产总值的比率。其统计范围包括一切产品和劳务，也包括进出口商品，能全面准确地反映物价总水平的变化。这一指数的编制需要收集大量资料，多数国家只能一年统计和公布一次，有些统计系统不发达的国家甚至无法编制出这一指数，因此，这一指数的工作难度较大，并且不能迅速及时地反映通货膨胀的程度和动向。另外，由于这一指数涵盖了所有商品和劳务甚至进出口商品的价格变化，有许多是与居民生活不直接相关的，因此，反映出的通货膨胀程度与居民的直接感受相差较大。

当然，通货膨胀既然是货币供应量过多在单位货币价值或物价上的反映，其程度指标也可以通过货币供应量的增长超过实际需要量的多少来确定。据此，人们又提出用货币供应量的增长率减掉按不变价格计算的国民生产总值增长率后的差作为通货膨胀率指标。指标的含义是，以按不变价格计算的国民生产总值增长率代表实质经济增长的水平，即由产量增长反映的经济增长实质增长水平，高出的部分就是通货膨胀的部分。这个指标以货币供应量与货币需要量的比较来反映通货膨胀率，更接近通货膨胀的核心含义；但缺陷是，它必须以货币流通速度不变为假定前提。但事实上货币流通速度是经常发生变化的，其变化的一个很小的幅度往往就会引起货币需要量的较大变化，因此，仅仅以按不变价格计算的国民生产总值增长率来代表客观的货币需要量，显然是不准确的。另外，不同层次或口径的货币供应量，在市场上对应的商品内容也是有差异的，笼统地以总量对比的办法说明通货膨胀率，也可能脱离市场的真实供求状况。

## 二、通货膨胀的类型

根据不同的划分标准，可以将通货膨胀分为不同的类型。

### （一）按严重程度分类

根据通货膨胀的严重程度分类，可分为：温和的通货膨胀、严重的通货膨胀和恶性通货膨胀。至于三种程度的通货膨胀以怎样的数量标准去界定，需要根据一国出现通货膨胀的特殊背景和社会对通货膨胀的承受能力等综合考察。如20世纪60年代，发达国家普遍认为6%的年通货膨胀率就是难以忍受的了，属于严重的通货膨胀，如果通货膨胀率达到两位数，则视为恶性的通货膨胀。而到了70年代，由于石油危机造成世界范围的通货膨胀时，人们则根据新的情况对通货膨胀的程度给以认定。尤其是80年代和90年代，南斯拉夫、俄罗斯、玻利维亚等国家出现3位数甚至5位数的通货膨胀，这跟两位数的通货膨胀相比，不仅仅是数量上的差距，甚至存在是否动摇货币制度的基础这一本质上的区别。目前人们普遍认为，通货膨胀率在3%以内，是可以为社会承受的，属于正常的物价上升。通货膨胀率达到 3%以上而停留在两位数以内的水平上，可称之为温和的通货膨胀；这一程度的通货膨胀一般不会造成对社会经济生活的重大影响。通货膨胀达到两位数以上，而在50%以内，可称之为严重的通货膨胀；这一程度的通货膨胀已经对经济和社会产生重大影响，甚至出现挤提银行存款、抢购商品等市场动荡，如果不坚决控制，就会导致物价进一步大幅度上升，酿成恶性通货膨胀的后果。恶性通货膨胀，就是指物价已经出现明显快速增长的势头，水平达 50%以上，并且开始成倍数增长。这一程度的通货膨胀已经严重破坏正常的生产流通秩序和经济生活秩序，开始动摇社会安定的基础，它会使货币信用制度走向彻底崩溃。这一程度的通货膨胀多发生于处在战争、社会变革、政治动荡时期的国家和地区。

（二）按表现形式分类

根据通货膨胀的表现形式分类，可分为：公开的通货膨胀和隐形的通货膨胀。公开的通货膨胀就是以物价水平的明显上升表现出的通货膨胀，这是市场经济条件下通货膨胀的一般表现形式。由于市场发达的国家，价格很少受到限制，当货币供应超过需求，社会总需求大于总供给时，就直接地、明显地表现为物价上升。隐形的通货膨胀则是指当经济生活中积累了难以消除的总需求大于总供给的压力时，由于政府采取管理和冻结物价、对商品销售进行价格补贴、对购买行为进行限量控制等措施，使通货膨胀压力不通过物价上涨释放出来，而表现为市场商品供应极度短缺、限量供应、黑市活跃，国家牌价与黑市价形成巨大价差、商品质量下降、供货方索取价外酬金，以达到变相涨价目的。在排斥市场经济，实行单一行政计划管理体制时的前苏联及东欧各国，在实施改革开放政策以前和改革初期实行"价格双轨制"时的中国，都程度不同地存在过隐形的通货膨胀。

（三）按产生原因分类

根据通货膨胀产生的原因，可以分为：需求拉升型通货膨胀、成本推动型通货膨胀、结构型通货膨胀。也可以进一步按具体的主要原因，分为财政赤字型通货膨胀、信用膨胀型通货膨胀、混合型通货膨胀、预期型通货膨胀等。对通货膨胀的成因将在下一节作专门阐述，这里只简单概括按原因划分的各种类型通货膨胀的基本特点。

需求拉升型通货膨胀是指由于总需求的增长超过了在现行价格条件下社会可能的供给量，造成强大的货币购买力对应较少的商品和劳务，导致物价总水平上涨；成本推动型通货膨胀是指在总需求基本未变的情况下，由于工资及其他生产要素成本的增加而推动了物价总水平上涨，具体又可分为工资推动型、利润推动型、汇率成本推动型等类型；结构型通货膨胀是指在整个经济总供给与总需求大体处于均衡状态时，由于经济结构方面因素的变化，导致物价总水平上涨，具体又可分为需求转化型、部门差异型、二元经济结构型、开放小国型等类型；财政赤字型通货膨胀是指通过中央银行增加纸币发行或扩大信贷规模弥补政府财政赤字而导致的物价总水平上涨；信用膨胀型通货膨胀是指由于信用规模超出生产、流通需要而引发的通货膨胀；混合型通货膨胀是指需求拉升型通货膨胀和成本推动型通货膨胀交错在一起，共同作用，导致物价总水平上升；预期型通货膨胀，是指人们已认识到通货膨胀的存在和发展趋势，由于心理预期的作用，在各种交易、合同、投资中都要把未来的通货膨胀率计算在内，从而无形中又加重通货膨胀压力并引起物价进一步快速上涨的现象。预期型通货膨胀又被称为核心的通货膨胀，这类通货膨胀反映了市场上劳资双方对将来的物价、工资及成本的预期，反映了产品成本增长的长期趋势，因此，一旦这类预期的通货膨胀被启动，则会导致物价与工资呈现出螺旋式的持续上升，故有惯性通货膨胀之称。由于人们对未来的物价和工资已经做出准确的预期，变动的价格仅仅成为人们调整自己行为的标准，故而预期的通货膨胀不能引起收入与财富的再分配，但非预期的通货膨胀则可以导致收入与财富的再分配。实际生活中，绝大多数通货膨胀是不可预期的。

## 第二节 通货膨胀的成因

### 一、通货膨胀的一般成因

各国的通货膨胀和一国不同时期的通货膨胀都有其形成的具体原因，如财政出现赤字、信贷过度、消费基金失控、经济发展速度过快、体制转型、政治动荡等。我们暂且抛开这些具体成因不论，就引起通货膨胀的一般原因来说，主要有如下三种：

（一）需求拉升

所谓需求拉升，是指经济体系中存在对产品和劳务的过度需求，即总需求超过总供给，在社会总供求不平衡的状态下，过多的需求拉动价格水平上涨。由于总需求是由有购买和支付能力的货币量构成的，总供给则表现为市场上的商品和劳务，因此，"需求拉升"可以通俗地说成是"太多的货币追求太少的商品"。

社会总需求的扩大有多种渠道。从实际因素看，主要是投资扩大，如果利率、投资利润率等有利于投资者时，投资就会增加，而投资增加总是要求货币供给予以支持的，总需求必然随其扩大。再就是消费支出和政府支出的扩大，也同样是以货币供给为支持的。从货币因素方面看，就是货币信贷推动，货币供给超过货币需求。当然也有另一种情况，就是经济体系中的货币需求减少，即使没有新增货币供给，原有的货币存量也会相对过多。总之，由于投资扩大、消费支出和政府支出扩大、货币信贷规模扩大等各种原因，会引起社会总需求扩大，从而打破已有的总供求均衡，导致物价总水平上涨。

需进一步说明的是，"需求拉升"在导致物价水平上升的同时，也能引起产出的增长，也就是说，需求可以创造供给，其必要条件是资源的充分存在。对此，凯恩斯学派的理论有比较完整的解释，其大意是：在经济尚未达到充分就业时，社会尚存在可利用的资源，总需求的扩大就会促进产出的增加。在这种情况下，物价水平的变动取决于需求扩大与产出增加规模的比较，当两者的规模相当时，产量和物价就会同时上升。而当经济已经达到充分就业状态时，就不会存在可供利用的资源，总需求的扩大就不再促进产出的增加，而只会导致物价总水平的上涨。如图 8-3 所示，图中 $AS$ 表示总供给曲线，$AD$ 表示总需求曲线，在 $AS$ 曲线一定的情况下，$AD$ 曲线由 $AD_0$ 上升到 $AD_1$ 再上升至 $AD_2$，产量由原来的 $y_0$ 增加到 $y_1$ 再到 $y_2$，物价水平由 $P_0$ 上升到 $P_1$ 再到 $P_2$。产量和物价同时增加，是由于社会尚未达到充分就业水平，$AS$ 曲

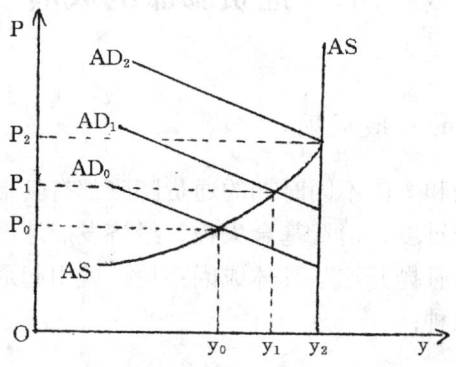

图 8-3 需求拉升型通货膨胀

线在产量达到 $y_2$ 以前是一条向右上方倾斜的曲线。而当生产总量达到 $y_2$ 以后，AS 曲线变为一条与横轴垂直的直线，它表明经济已达到充分就业和资源充分利用的水平，AD 曲线再往上移，就只会增加物价而不增加产量。

（二）成本推动

这种分析是将通货膨胀的成因归结为供给因素，认为通货膨胀的根源不在总需求的变化方面，而在于总供给的变化，是由于供给过程中的成本提高而导致了物价水平上升。至于成本上升的因素，则有许多方面，其中最主要的有：（1）工资成本上升。在西方国家由于工会的力量，雇主无法抵抗工人增加工资的要求，工资提高后，雇主为弥补损失，一般采取提高产品售价的办法，从而引起市场价格水平上升。从全社会角度看，各个行业和同一行业中的不同工种之间，工资水平都有一定的相对标准，一个行业的工资水平上升将带动其他行业的工资水平上升，引起物价总水平的提高。（2）垄断性企业利润要求提高，垄断产品价格提高。当垄断性企业为了追求超额利润而提高垄断产品价格后，以垄断产品为原材料和基础品的企业产品成本相应提高，为弥补损失，这些企业也要提高产品售价，从而引起物价总水平上升。（3）进口成本、间接成本等各种成本上升。许多商品的生产高度依赖进口原材料，当这些进口原材料由于汇率变动等原因提高价格后，进口企业成本提高，必然会引起国内商品价格的提高。除了进口原材料成本上升外，国内的原材料和能源供应也会由于种种原因，如资源枯竭、环境保护政策等造成成本上升。另外，企业在生产经营过程中发生的管理费用、推销费用等间接费用上升也是成本上升的重要因素。

成本推动的通货膨胀如图 8-4 所示。图中 AD 表示总需求曲线，AS 表示总供给曲线。假设经济最初处于充分就业状态，其产量为 $y_0$，价格为 $P_0$。当成本增加时，企业会在同等产出水平上要求有较高的价格，或在同等价格水平上只提供较少的产出，因而成本的增加会使总供给曲线 AS 向上移动。如图所示，在 AD 曲线不变的情况下，AS 曲线由 $AS_0$ 向左上方平移到 $AS_1$ 再到 $AS_2$，产量由原来的 $y_0$ 减少到 $y_1$ 再到 $y_2$，物价水平则由 $P_0$ 上升到 $P_1$ 再到 $P_2$。这种理论分析在于说明，在不存在需要拉动的情况下，也能产生通货膨胀。在假定总需求既定的条件下，当成本增加导致物价上涨时，取得供求均衡的条件只能是实际产出的下降，相应地则必然是就业水平的降低。

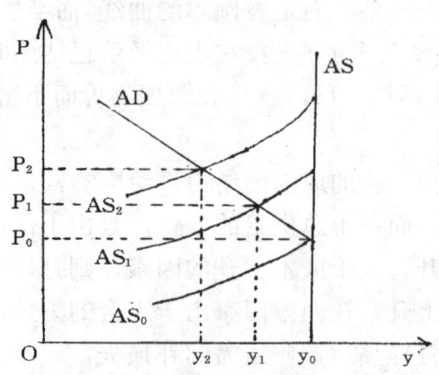

**图 8-4　成本推动型通货膨胀**

需说明的是，这种成本推动型的通货膨胀进一步持续下去的条件是总需求的增加，因为，产出和就业的下降如果继续下去的话，经济就会处于非充分就业状态，越来越多的失业迟早会降低工资，使单纯的成本推动停止下来。产出和就业的下降严重到一定程度，也会迫使政府采取需求扩张的政策。有了需求的拉动以后，原来由成本推动引发的通货膨胀就演变为成本推动和需求拉动并存的混合型通货膨胀（Supply and Demand-Push Inflation）。如图 8-5 所示，假定最初由于生产领域的原因导致总成本上升，供给曲线 $AS$ 由 $AS_0$ 向左上方移动到 $AS_1$，$AS_1$ 与最初的需求曲线 $AD_0$ 交于 $e_1$ 点，价格水平由 $P_0$ 上升到 $P_1$。为了遏止实际产出的减少和防止出现过高的失业率，政府采取鼓励扩大投资和刺激消费的需求扩张措施，需求曲线由原先的 $AD_0$ 上升到 $AD_1$，这样就使本来由成本推动的价格上升进一步得到需求拉升的支持，$AD_1$ 与 $AS_1$ 相交于 $e_2$ 点，价格水平由 $P_1$ 进一步上升到 $P_2$。需求扩张拉动的价格上升，又会进一步引起成本的上升，供给曲线在成本上升中由 $AS_1$ 向左上方移动到 $AS_2$，与 $AD_1$ 相交于 $e_3$ 点，其对应的价格水平为 $P_3$。这样的过程持续下去，就表现出一种供给曲线与需求曲线相互推动的机制，供给曲线和需求曲线分别向左上方和右上方移动，价格则沿着由均衡点的移动轨迹 $e_0 \to e_1 \to e_2 \to e_3 \to e_4 \to \cdots$ 所确定的水平由 $P_0$ 到 $P_1$、$P_2$、$P_3$、$P_4\cdots$ 呈"螺旋式"上升过程。

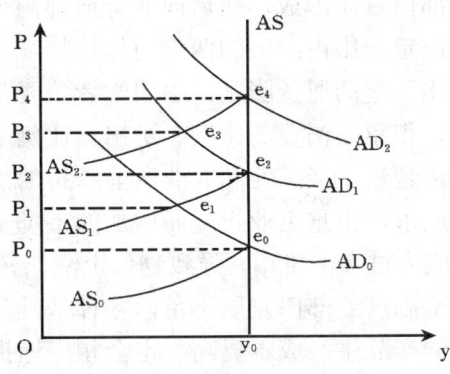

图 8-5 混合型通货膨胀

在通货膨胀的实际形成和发展过程中，需求拉动的作用和成本推动的作用往往是混合在一起的，人们只是在分析问题时就起主导作用的因素或原发性因素而区分不同成因的通货膨胀的。在成本推动型通货膨胀持续过程中加入了需求拉动的因素，事实上已成为混合型通货膨胀，但就起主导作用的因素而言，整个通货膨胀过程和性质仍可视为成本推动型的。同样，如果混合型通货膨胀最初起因于需求拉动，在其后的混合推动过程中需要因素也起主导作用，那么，通货膨胀的整个过程及其性质也应视为需求拉动型的。

（三）经济结构变化

通货膨胀还可以在整个经济总供给与总需求大体均衡的情况下，由于经济结构因素的变化而引起。具体又可以从不同的角度去分析。如：总需求构成的变动会引起经济中某些部门处于扩张状态，而另一些部门处于收缩状态。由于原有经济结构刚性的存在，如能源、设备、劳动力原有的地域分布、劳动力技术工种的特殊性等，使资源不能迅速适应总需求结构的变动而在各部门流动。这样，处于扩张状态的部门资源缺乏，尤其是技术劳动力缺乏，而处于收缩状态的部门资源则相对过剩。资源缺乏的扩张部门会提高本部门的工资和原料价格，以吸引资源；但资源剩余的部门却由于工资和物价刚性的存在而没有相应地降低工资和物价，甚至会根据公平原则要求工资与扩张部门同比率上升，因此，全社会所有部门的成本实际上都在总需求结构变化之后增加了，物价总水平由此而上升。又如：当一国经济分为开放部门和非开放部门时，国外通货膨胀会首先输入到开放部门，引起开放部门物价水平和工资增长率上升。之后，非开放部门在与开放部门的价格和工资攀齐过程中，输入开放部门的通货膨胀，这样，便形成国内整个经济的通货膨胀。由于通货膨胀表现为由开放部门首先形成,而后向非开放部门传递的过程,因而从形成原因来看,主要决定于国内经济的两部门结构特征。

关于经济结构变化引起的通货膨胀,中国学者主要是针对本国实际,从部门结构、产业结构、积累与消费的比例、进出口比例等方面进行分析的。如当重工业发展过快,超过了轻工业和农业所能承担的能力,市场上日用工业品和农副产品供不应求,由重工业投资而增加的市场货币供应量没有现实的商品供给相对应,成为过多的货币,导致物价上涨。又如,当农业、能源、原材料、交通运输等基础产业部门发展不足,各种基础品市场供给短缺时,价格上涨,加工行业的产品生产成本提高,也会相应地提高产品售价,最终导致物价总水平上升。如果在基础工业发展不足的同时,又存在长线加工部门的重复投资,问题就更加严重,因为重复投资的部门往往形成大量的产品积压,不能满足市场有支付能力的需求,但是由投资形成的货币供应却依然存在。这样,就形成了短线产品市场物价上涨,推动全社会生产成本上升,长线产品市场供应和货币购买力严重不对称同时存在的局面,即使需求总量不变,也会由于这种结构的严重失调而导致通货膨胀。

## 二、通货膨胀的几个直接原因

### (一) 财政赤字

在第七章第四节曾阐述过财政收支对货币供给的影响,这里进一步来说明财政赤字与通货膨胀之间的因果关系。财政弥补赤字,除了采取增收节支的根本性措施以外,简便的办法就是:

1. 发行公债券。当公债是向社会公众和商业性金融机构推销时,一般只改变市场货币供应的结构,对货币供应总量和社会总需求不会产生大的影响,因此,一般不是通货膨胀的成因。但是,当公债是向中央银行推销,或以公债为抵押向中央银行借款时,如果中央银行在购买债券或贷款时并没有同时收回向商业银行的再贷款,那么就增加了中央银行的基础货币投放,这些基础货币投放最终会通过财政安排支出后转变为商业银行的存款,进而又会在派生存款机制的作用下,形成数倍的货币供应量,因此成为通货膨胀的重要成因。

2. 向中央银行直接借款或透支。这种弥补赤字的办法,一般都会引起中央银行增加纸币发行,其结果也是增加基础货币投放和扩张货币供应量。由于财政赤字是财政支出超过财政收入的结果,而财政支出绝大部分都是非生产性支出,为弥补财政赤字而增加的货币供应量并没有与之对应的市场有效供应，是过多的货币。因此可以说，只要财政赤字引发了货币供应量的增加，就一定是通货膨胀的成因。正因为这样，许多国家都严格限制中央银行向财政部直接贷款、透支和购买公债。中国在1995年3月颁布的《中华人民共和国中国人民银行法》也明确规定：中国人民银行不得对政府财政透支，不得直接认购、包销国债和其他政府债券。在此之前，"财政赤字—货币发行"机制一直是我国通货膨胀的重要原因之一。

（二）信用膨胀

信用膨胀是指银行信用、商业信用、消费信用等信用活动过度扩张，超过了生产、流通的实际需要。通常说的信用膨胀，主要指的是银行信贷的过度扩张。中央银行降低法定存款准备率、降低利息率，商业银行扩大工商业贷款和消费贷款规模、扩大投资规模等，都可以使银行信贷总量扩张。因为银行信贷具有创造货币的功能，信贷规模扩大可引起数倍的存款货币的增长，直接扩大了货币供应量；又因为在信用膨胀下的信贷规模扩大是超过生产流通实际需要的，并没有相应的商品被创造出来投入到市场，因此，由银行信用膨胀而增加的货币供应，是推动物价上涨的货币力量。商业信用和消费信用的扩张，不仅增加了商品流转过程中买方的购买能力，刺激了有支付能力的市场需求，而且大大减少了流通对货币的需要量。商业信用中的商业票据，经过背书后就可在市场上流通转手，代替现实的货币完成支付，因此流通中对现实货币的需要量减少了。但是，原来已经进入流通的现实货币并不因为实际需要的减少而自动退出流通，这样，商业票据的流通就等于增加了市场货币供应量。消费信用中的信用卡一方面通过透支形式为持卡人获得银行信贷支持提供了方便，刺激了持卡人的消费需求；另一方面，信用卡的使用也大大节约了现金，在中央银行现金发行总量一定的情况下，信用卡的流通就等于增加了市场的货币供应。由此可见，信用的扩张或者是直接增加货币供应量，或者是减少流通中的货币需要量，其结果是货币供应超过实际需求。如果信用过度扩张，造成信用膨胀，就必然使货币供应大大超过需求，出现通货膨胀。

（三）本币贬值过度，国际收支顺差过大

一般情况下，本币对外币贬值有刺激商品出口和限制商品进口的作用，有利于改善国际收支。但是，本币贬值是诱发国内物价上涨的重要因素，过度采取贬值的做法，就可能酿成通货膨胀。因为，刺激出口和限制进口的结果会使国内市场商品供应减少，增加的外汇收入转换为本币后使国内市场货币流通量增加，从而导致国内市场供求失衡。再加上，本币贬值或外汇汇率上升后,进口成本提高,进口商为了不减少利润,就会提高进口商品在国内的售价,由此会带动其他商品的价格上涨。本币贬值过度的结果会使国际收支出现大量顺差,黄金外汇储备迅速增加,而黄金外汇储备增加的过程中,中央银行要增加基础货币的投放,等于发行了无物资保证的本国货币,因此,大量的国际收支顺差,也是通货膨胀的重要成因之一。

(四)固定资产投资过度,经济发展速度过快

固定资产投资主要用于长期基本建设,项目建成投产后,就可以增加商品供给能力,从而增强稳定市场货币流通的物质基础。问题是,固定资产投资项目的工期一般都很长,短则三至五年,长则十几年,在整个投资期间要耗用现有的生产资料和消费资料。如果投资建设规模过大,速度过快,超过了现有工农业、交通运输业、能源供应等所能承担的能力,就会出现由建设投资所形成的货币投放与生产资料和消费资料的供应不适应,造成市场货币量过多,导致物价上涨。我国在20世纪80年代中后期出现的通货膨胀,就具有非常明显的固定资产投资拉动的特征,当然同时还伴随着消费基金的规模过大,这在当时被称为固定资产投资和消费基金的"双膨胀"。

(五)经济体制不健全

由于经济体制直接关系到社会有效供给的效率和对有效需求控制的水平,因而,其完善与否直接关系到货币流通的稳定。一个不健全的经济体制,主要表现为企业制度不健全、投融资体制不完善、商品流通体制和价格体制不合理,以及市场的培育、发展及交易秩序不正常等。在这样的体制下,作为创造市场有效供给的企业,由于产权关系不清、缺乏自我约束、不承担风险责任,因而往往只追求投资规模扩大,而不追求实际效益,甚至不归还银行贷款,使高投资形成的货币供应与产出量极不对称。由于企业缺乏内源融资和在金融市场上融资的能力,迫使银行贷款和财政资金不断地流入企业低效率的投资项目,成为诱发通货膨胀的因素。在这样的体制下,财政与中央银行、中央银行与商业银行、银行与金融市场等方面的关系没有理顺,往往使货币金融政策缺乏有效的实现机制,控制货币供应量力不从心。在这样的体制下,缺乏一整套管理市场的手段和法律体系,市场存在过度投机、价格信号扭曲、资源配置失误、社会公众的预期心理不稳等各种促成物价上涨的因素。中国在由计划经济体制向市场经济体制转换的经济改革过程中,多次出现通货膨胀,上述体制方面的缺陷在通货膨胀的形成和发展过程中都程度不同地起到了诱发和推动的作用。

## 第三节 通货膨胀对经济和社会的影响

### 一、对生产和流通的影响

首先，通货膨胀不利于生产的正常发展。通货膨胀初期，会对生产有一定的刺激作用，但这种刺激作用是递减的，随之而来的就是对生产的破坏性影响。在商品和劳务价格普遍上涨的情况下，能源、原材料价格上涨尤其迅速，生产成本提高，生产性投资风险加大，生产部门的资金，尤其是周期长、投资大的生产部门的资金会转向商业部门或进行金融投机，社会生产资本总量由此而缩小。由于投资风险加大，投资预期收益率下降，股息收入增长率低于利息率的上升，证券市场价格下跌，企业筹措资本困难，投资率下降。通货膨胀不仅使生产总量削弱，还会破坏正常的产业结构和产品结构。通货膨胀较严重的时候，投机活动猖獗、价格信号扭曲，在生产领域，投资少、周期短、产品投放市场快的加工业受到很大刺激。由于货币流通速度加快，购买力强劲，市场商品供应相对短缺，企业生产单纯追求周期短、见效快，产品质量下降，最终结果是质次价高的加工业产品生产过剩，而基础产业受到冷落。另外，通货膨胀使货币的价值尺度功能受到破坏，成本、收入、利润等均无法准确核算，企业的经营管理尤其是财务管理陷入困境，严重影响再生产活动的正常进行。

其次，通货膨胀打乱了正常的商品流通秩序。正常的商品流通秩序是，商品由生产企业制成后，经过必要的批发、零售环节，进入消费领域。在此过程中，生产企业和处于各流通环节的销售企业均获得正常合理的经营收入和利润，消费者也接受一个合理的价格水平。但是，在通货膨胀情况下，由于价格信号被严重扭曲，商品均朝着价格最高的方向流动，在投机利益的驱动下，商品会长期滞留在流通领域成为倒买倒卖的对象，迟迟不能进入消费领域。由于地区间的物价上涨不平衡，商品追踪价格上涨最快和水平最高的地区，导致跨地区盲目快速地流动，加大了运输成本，一些商品从产地流向销地后，甚至会又从销地重新流回产地。由于国内市场商品价格上涨，出口商品价格也上涨，必然会削弱其在国际市场上的竞争能力，因而使国内商品流向国际市场的通道受阻。在通货膨胀情况下，人们重物轻钱，严重时出现商品抢购，更有一些投机商搞囤积居奇，进一步加剧市场的供需矛盾。

## 二、对分配和消费的影响

国民收入经过物质生产部门内部的初次分配之后，会由于税收、信贷、利息、价格等经济杠杆的作用而发生再分配。通货膨胀对每个社会成员来说，影响最直接的就是改变了他们原有的收入和财富占有的实际水平。在物价普遍上升的时期，每个社会成员都必须接受已经或正在上升的价格。从这个意义上说，通货膨胀是一种强制性的国民收入再分配。由于各个社会成员的收入方式和收入水平不同，消费支出的负担不同，消费领域和消费层次也不尽相同。因此，在同样的通货膨胀总水平下，有的成员损失小，有的成员损失大，有的成员则是受益者。一般来说，依靠固定薪金维持生活的职员，由于薪金的调整总是慢于物价上升，因此是主要的受害群体；工人和雇员也是受害者，其受害者的程度跟他们所在的行业和企业在通货膨胀中的利润变动相关，处在产品价格大幅上升的企业的工人或雇员，名义工资可能增加，通货膨胀损失可以得到一定补偿，受害程度就小一些。雇主一般都会使工资的增长幅度小于物价上涨幅度，以谋求最大盈利，因此，雇主尤其是从事商业活动的雇主，是通货膨胀的受益者。其中，最大的受益者是那些经营垄断性商品、从事囤积居奇、专门的投机商和不法经营者。通货膨胀对分配的影响还表现在债权债务关系中，那些以一定利率借得货币的债务人，由于通货膨胀降低了实际利率，使他们的实际债务减轻，因而是受益者；而那些以一定利息为报酬持有债权的人，则由于实际利率下降而受到损失。

消费是生产的目的，消费水平是衡量社会成员生活质量的标准，消费的表现形式就是对商品使用价值或效用的直接占有和支配。但是，在商品货币经济条件下，人们对商品使用价值的占有和支配一般都要首先取得货币，人们的收入首先表现为一定的货币数量，而由货币数量转换为真实的消费品还需要通过市场，因此，货币收入等于消费的前提是货币稳定。通货膨胀使币值下降，人们在分配中得到的货币收入因此而打了折扣，实际消费水平也就下降了。

一些经济学家还提出了通货膨胀对税收的扭曲。当价格上升时，固定金额的税收其实际价值就会下降，通货膨胀的这种"非法定税收"是许多国家在制定税法时尽量避免的。在20世纪80年代，美国部分税收法案已经实行了指数化。但是，仅仅将税率指数化，还不能在税收体系中消除通货膨胀的影响。例如，在通货膨胀期间，人们的名义工资会上升，尽管实际工资下降，他们却不得不面对更高的个人所得税税率。马丁·费尔德斯坦和其他一些人的研究认为,通货膨胀对税收、储蓄和投资的影响是通货膨胀的最大成本。①

### 三、对金融秩序和经济、社会稳定的影响

通货膨胀使货币贬值,当名义利率低于通货膨胀率,实际利率为负值时,贷出货币得不偿失,常常会引发居民挤提存款,而企业争相贷款,将贷款所得资金用于囤积商品,赚取暴利。对经营信用业务的银行来讲,存贷款活动都承担着很大风险,不如将资金抽回转向商业投机,因此,银行业出现危机。金融市场的融资活动也会由于通货膨胀使名义利率被迫上升,导致证券价格下降,陷入困境。由于通货膨胀使生产领域受到打击,生产性投资的预期收益率普遍低落,而流通领域则存在过度的投机,工商业股票市场也因此处于不稳定和过度投机的状态。至于严重的通货膨胀,则会使社会公众失去对本位币的信心,人们大量抛出纸币,甚至会出现以物易物的排斥货币的现象。到了这种程度,一国的货币制度就会走向崩溃。

通货膨胀引起的经济领域的混乱,会直接波及整个社会领域,突出地表现为由于社会各阶层的利益分配不公而激化社会矛盾,政府威信下降,政局不稳定。

### 四、滞胀

所谓滞胀,是指经济生活中出现了生产停滞、失业增加和物价水平居高不下同时存在的现象。它是通货膨胀长期发展的结果。西方各国在战后的50~60年代,实施通货膨胀政策,对经济起到一定的促进作用。那时,通货膨胀一般表现为需求过多、商品供应不足、物价上涨,在需求的刺激下,经济增长和就业能保持一个较高的水平。但是,进入60年代和70年代以后,由于通货膨胀的刺激作用越来越减弱,而对经济的消极影响渐渐上升,终于出现了经济增长速度下降、失业率上升,但物价依然上涨的滞胀局面。对此,西方各经济学流派都作出种种理论上的解释。其中,以弗里德曼为代表的货币主义者直接批判凯恩斯主义的通货膨胀政策,认为滞胀是长期实施通货膨胀政策的必然结果,以增加有效需求的办法来刺激经济,实质上是过度地发行货币,经济中的自然失业率是无法通过货币发行来消除的。实际上,一国经济如果长期处在通货膨胀状态下,人们的收入增长速度慢于物价上涨,实际工资下降,社会购买力萎缩,必然出现需求不足、商品积压、生产下降;

---

① 马丁·费尔德斯坦:《物价稳定的代价和收益》,芝加哥大学出版社,1999年。

在国内物价水平高于国际市场水平时，来自国外的需求也在下降；由于大量生产性资本在通货膨胀情况下转向商品投机，实际生产投资减少。在生产下降，社会总供给减少的同时，由扩张性的财政金融政策导致的过多供应的货币却不会自动退出流通，而是以加快流通速度的态势给市场造成强大的通货膨胀压力，物价上升难以控制。在这种情况下，如果采取紧缩措施，则生产被进一步削弱，市场商品供给进一步减少，而紧缩政策最终达到收缩货币供应量的目的，远不如刺激政策影响货币供应量增加那样快，于是，滞胀就难以很快解决。许多国家的这种局面都持续了十余年，严重影响了经济和社会的正常发展。

### 五、关于通货膨胀效应的不同观点

上述对通货膨胀各种负面影响的分析，实际上是关于通货膨胀效应的一种主流观点。持这种观点的人们，对通货膨胀都是持坚决反对的态度。实际上，在通货膨胀效应问题上，还存在各种不同的认识，对待通货膨胀的态度也不尽相同，主要观点有：

（一）通货膨胀有利于促进经济增长

这种观点认为，在社会存在尚未充分利用的资源时，采取通货膨胀政策，可以使闲置的资源得到利用，就业增加，生产和供给增加；在通货膨胀情况下，企业收入增加，国家税收来源增加，国家以多发行货币而得到的收益和以债务人身份占有债权人的一部分利益，都是国家经济建设的资金来源；在通货膨胀条件下，工资增长落后于物价上涨，企业投资利润率提高，刺激企业投资的积极性；通货膨胀产生了国民收入再分配的效应，这种再分配有利于高收入阶层，而高收入阶层的边际储蓄率和投资率较高，客观上起到了加快资本积累、促进经济增长的作用。另外，通货膨胀时期，有销路的产品价格上升，无销路的产品价格不升或少升，产业结构和产品结构由此得以优化。持这种观点的人们，一般认为应保持一个最佳的通货膨胀率，以不断刺激经济的增长。只要经济增长率大于通货膨胀率，收入水平增长高于物价上涨，经济运行就是正常的。

（二）通货膨胀的效应是中性的

这种观点认为，出现通货膨胀时，社会公众会通过各种信息作出对未来的预期。根据这种预期，他们就会对物价上涨作出合理的行为调整，这种行为调整将会使通货膨胀的各种影响均被相互抵消掉。因此，通货膨胀无正效应，也无负效应，其效应是中性的。持这种观点的人们，对于通货膨胀的态度也是中性的。

（三）通货膨胀是不可避免的

这种观点认为，通货膨胀是纸币流通的必然产物，纸币从来就是一种贬值的通货，因而是通货膨胀存在的基础；在实行纸币流通的国家，普遍都有通货膨胀，完全没有通货膨胀的国家是不存在的；通货膨胀是一个国家经济高速增长时期的典型特征；处在计划经济向市场经济体制转换时期的国家，通货膨胀不可避免。持这种观点的人，一般主张不是简单地扼制通货膨胀，而是努力寻求一个经济增长和通货膨胀的最佳组合，即较高的经济增长率和较低的通货膨胀率。

## 第四节　通货膨胀的治理

发生于不同国家的通货膨胀和一国不同时期的通货膨胀，均有其特殊的生成背景和条件，因此，治理通货膨胀的措施也不可能是完全一致的。能否治理好通货膨胀，关键要看采取的措施是否切合实际，措施的执行是否有力和有效。从国际国内治理通货膨胀的一般经验来看，主要的治理措施有：

### 一、紧缩的货币政策

紧缩的货币政策措施主要有：第一，减少货币供应量。其具体操作手段有：（1）中央银行提高法定存款准备率，使商业银行的超额准备金减少，贷款能力减弱，货币乘数降低，派生存款数量减少，达到收缩货币供应的目的。（2）中央银行减少基础货币投放。包括规定基础货币指标，如现金发行额指标，包括在公开市场出售政府债券，使流通中货币向中央银行回流，使商业银行超额准备减少；还包括减少对商业银行的贴现和贷款，停止或减少对政府的透支、借款等。关于以控制货币供应量来消除通货膨胀这一点，货币主义的代表弗里德曼的主张最为典型，他认为，任何的通货膨胀终归是增加货币量的结果，只要控制住货币供应量，通货膨胀就可以消除，因此，他提出应当公开宣布并长期实施一个固定不变的货币供应增长率，包括通货和所有商业银行存款在内的货币供应量（$M_2$）的增长率应与经济增长率大体相一致。他还根据美国近百年历史资料的实证研究提出，美国年平均经济增长率3%，年平均就业增长率为 1%～2%，因此，美国的货币供应量每年应以 4%～5%的速度稳定增长。货币供应增长率一经确定后，在年内和季度内除特殊情况须提前宣布外，不得任意变动。第二，提高利率。一方面，中央银行提高对商业银行的再贴现率、抵押贷款利率和信用贷款利率，使商业银行向中央银行的筹资成本提高。为了保证正常的利润水平，商业银行或者减少向中央银行的借款，宁愿收缩信贷规模，或者相应提高向客户发放贷款、办理贴现的利率，其结果是贷款减少、投资减少、货币供应量减少。在中央银行与商业银行的关系未理顺的体制下，中央银行不仅可以宣布调高中央银行利率，还可以直接宣布调高商业银行利率，这样，从提高利率到减少货币供应的传递过程就简单化了。目前中国的银行体制下就存在这种情况。另一方面，作为基准利率的中央银行利率提高后，存款利率、债券利率一般也相应提高，这对集中社会储蓄、将消费基金转化为生产基金起到激励作用，有利于减轻物价上涨的压力。

## 二、紧缩的财政政策

紧缩的财政政策概括地说就是增收节支、减少赤字。增收的措施主要是增加赋税，目的在于抑制私人企业投资和个人消费支出，其中最主要是提高个人所得税税率，使消费者的可支配收入减少，购买力减弱。节支的措施主要是压缩政府机构费用开支甚至精简机构，减少军费开支，控制公共事业投资，减少各种补贴和救济等福利性支出。在我国历次的通货膨胀中，财政赤字过大都是主要成因之一；而且，我国的财政赤字与通货膨胀的联系还表现出跟一般国家不同的特征，最主要的是固定资产投资膨胀与财政赤字直接相连，有"基建挤财政、财政挤银行、银行发票子"的说法。随着改革的不断进行，这种状况虽然有所改变，但由于国有企业的困境尚未摆脱，还没有成为真正意义上的投资主体，国家财政依然直接和间接地承担着大量的基本建设投资。因此，在中国，紧缩财政在相当大的程度上讲就是压缩基本建设投资。另外，中国财政赤字的相当大一部分是由社会集团购买力的膨胀引起的，控制财政支出、削弱社会集团购买力，在中国通货膨胀的治理中有着十分重要的意义。

## 三、紧缩的收入政策

紧缩的收入政策，是政府对工资和物价进行直接管制的政策，主要适用于治理成本推动型的通货膨胀。其理论根据是，物价上涨是因为工人要求提高工资和垄断组织抬高价格推上去的，而不是过度的市场需求拉上去的，简单地采取紧缩财政和紧缩货币的办法，并不能解决成本上升的问题，反而会导致经济的进一步衰退和失业增加。正确的做法应该是采取工资—物价管制，阻止工会和雇主协会两大集团互相抬价所引起的工资和物价轮番上涨的趋势。其措施主要是确定工资—物价指导线。所谓指导线，就是政府当局规定允许货币总收入在一定年份增长的目标数值线，并据此相应地采取使每个部门的工资和价格的增长收敛于指导线的措施。如：对特定的工资和物价，由政府部门对工会和雇主协会施加一定压力，使双方做出让步；对一般性的工资和物价，则由政府规定一个工资和物价增长率的标准，用以指导工会和雇主协会的谈判或协商。当然，也有在特殊时期采取强制性工资、物价管制的。强制性的做法就是由政府通过立法程序，规定工资和物价增长率的限度，或宣布冻结工资和物价，对违反规定者追究法律责任。也有通过税收奖惩的办法来达到目的的，如对工资物价增长率达到限制要求的给予降低所得税税率待遇等。在历史上，许多国家都取得过以紧缩的收入政策对付通货膨胀的成功经验。

### 四、积极的供给政策

供给政策是指以积极刺激生产的办法增加供给，同时压缩总需求来抑制通货膨胀的政策。推行这种政策的学派被称为供给学派，在20世纪70年代中期盛行美国，主要倡导者是美国经济学家A.拉弗、R.蒙德尔等。其政策的核心是强调增加供给在治理通货膨胀中的作用。其主要理论观点：通货膨胀问题的关键在于供给，在于生产率低下，供给不足；在不受干预的市场经济中，供给能自己创造需求；必须实行经济自由主义，因为，政府对企业的过多干预不利于企业积极性和首创精神的发挥，会降低生产率；为了刺激生产，必须减税。根据A.拉弗对税收额与税率关系的分析，认为税收可以通过高税率征得，也可以通过低税率征得。当税率超过正常限度时，挫伤了纳税人的工作热情，税收额反而减少。低税率有利于刺激生产，增加国民收入。因此，实施供给政策的主要措施，一是大幅度降低税率，尤其是降低个人所得税和公司所得税的边际税率；二是减少国家对经济的干预和对企业经营活动的限制；三是在采取上述刺激供给的措施的同时，也要减少政府支出，主要是减少福利支出，实施平衡预算，限制货币量增长率，通过这些来压缩总需求。供给学派的理论观点和政策主张在20世纪80年代初被里根政府所接受和采纳，在里根政府的"经济复兴计划"中，将减税、削减福利开支等刺激供给、降低需求的政府主张付诸实施。目前，人们在对供给政策的理解上，内容要广泛得多，所有的在不扩大或少扩大投资的前提下能促进供给增加的手段和措施,都可以被认为是治理通货膨胀所必需的,如降低生产成本、减少消耗、提高投入产出比例、提高产品质量、优化产业结构和产品结构等。当然,无论采取哪些刺激供给的措施,一般都是有抑制需求的措施相配合的,不能将供给政策完全理解成单纯刺激供给的政策。

### 五、货币改革

为治理通货膨胀而进行的货币改革,是指政府下令废除旧币,发行新币,变更钞票面值,对货币流通秩序采取一系列强硬的保障性措施等。目的在于增强社会公众对本位币的信心,使银行信用得以恢复,增加存款,以使货币能够重新发挥正常的作用。这种强有力的货币改革措施,一般是针对恶性通货膨胀的。当物价上涨已经显示出不可抑制的状态,货币制度和银行体系已经濒临崩溃时,就会迫使政府进行货币改革。历史上,许多国家都曾实行过这种改革,但这种改革对社会震动较大,须慎重行事。

除了上述治理通货膨胀的一般主要措施外,还存在一些比较特殊的政策主张或做法,如推行指数化政策。所谓指数化,简单说就是收入指数化。它是将主要经济变量如工资收入、利率等与物价指数挂钩,当物价指数上升时,这些经济变量自动随之调整。其理由是,指数化可以消除通货膨胀对经济生活的各种消极影响。指数化减少了政府从通货膨胀中所获得的收益,增强了政府反通货膨胀的决心;指数化可以抵消或缓解物价波动对人们收入水平的影响,消除或减轻强制再分配带来的不公平;指数化还可以重新恢复微观经济主体正常行为,防止挤提银行存款、抢购商品等现象的出现。比利时等国就曾推行过这种指数化政策。又如,制定反托拉斯法限制垄断高价。不少发达的工业国家将其作为价格政策的基本内容。再如,一些人认为,货币当局不能有效控制货币增长率的原因是,在信用货币制度下货币内涵越来越广,界线越来越模糊,货币控制缺乏有效的依据。因此,理想的选择是废除信用货币制度,恢复金本位制。这种主张和设想,与当代经济生活的现实背离较大,因而赞同的人不多。总之,对于通货膨胀的治理,仁者见仁,智者见智。通货膨胀在时不时地困扰着一国的经济生活,而治理通货膨胀的经验和方法也在不断地积累和成熟。

## 第五节 通货紧缩及其治理

### 一、通货紧缩的定义

在本章一开始曾提出"通货紧缩缺口"的概念,即当实际总需求低于充分就业条件下的总需求时,就形成一个差额,这个反映名义国民收入减少和价格水平下降的总需求差额,被称为通货紧缩缺口。从图 8-1 和图 8-2 的描述中可见,它是一个与"通货膨胀缺口"正好相反的概念,表明经济处于总需求小于总供给的非均衡状态。根据这样的分析,就可以认为,与通货膨胀所含经济内容正好相反的概念即为通货紧缩,可将其定义为:经济中货币供应量少于客观需要量,社会总需求小于总供给,导致单位货币升值(货币代表的价值量增加或购买力增强)、价格水平普遍和持续下降的经济现象。对这一定义的理解,须主要把握如下两点:

1. 通货紧缩的核心内容是货币供应量少于客观需要量,社会总需求小于社会总供给。货币供应量少于客观需要量,既包括客观需要量一定时货币供应量减少的情况,也包括在一定的货币供应量下客观需要量增加的情况(如货币流通速度减慢所导致的货币需求量增加),还包括货币供应总量一定时的货币供应流动性下降(如 $M_1/M_2$ 比例下降)。它反映的是经济中的货币购买力与商品供给能力的对比状况或社会总需求与社会总供给对比状况,即商品供给能力相对货币购买力而过剩或社会总需求相对总供给而不足。还须指出的是,货币供给量少于客观需要量不能简单等同于银行系统的货币发行量或信贷量不足,也不能等同于货币政策扩张不够或收缩过度,而应视为可以由各种不同原因最终导致的市场供求对比状况发生改变的结果。也就是说,通货紧缩可以由各种不同原因引起,"货币紧缩"或"金融紧缩"只是原因之一。但是,各种原因,如财政紧缩、生产能力过剩、技术进步和竞争等因素引致的成本下降、投资和消费预期发生变化等,在最终酿成通货紧缩的过程中,总要在经济中形成"货币少、商品多"或总需求小于总供给的对比状况。

2. 通货紧缩的标志是价格总水平下降。在货币化的市场经济中,价格是反映市场供求均衡状况的最重要的信号,通货紧缩是总供给大于总需求或总需求小于总供给的结果,因此,必然表现为价格总水平的下降。从理论上讲,只要价格下降不是存在于个别部门、个别地区、部分产品,也不是存在于相对较短的时间，而是存在于所有的或绝大多数的部门、地区和产品，表现为普遍地、持续地下降，就可以断定经济出现了通货紧缩。至于价格下降幅度和持续时间达到什么程度才算是通货紧缩，并没有统一的标准，只能根据各国和一国不同时期的实际情况来确定。

关于通货紧缩与经济衰退的联系，在理论界有不同观点，一种观点认为，通货紧缩是经济衰退的货币表现，因而必然伴随着经济衰退。北京大学中国经济研究中心宏观组在《1998～2000中国通货紧缩研究》一书中将通货紧缩概括为"两个特征"（它是一种货币现象，与货币流通量的下降有关；它会引致物价的下降）和"一个伴随"（一般地，它还通常伴随着经济衰退的出现）。另一种观点认为，通货紧缩与经济衰退之间是有根本区别的，不应将一般的通货紧缩与经济衰退必然联系起来，具体地说，20世纪30年代以前出现的通货紧缩与30年代初的经济危机是不相同的。近几年来，人们在研究和谈论全球性的通货紧缩和中国的通货紧缩问题时，常常是将通货紧缩与经济衰退联系起来的。一般认为，通货紧缩是经济衰退的重要原因和表象，严重的通货紧缩必然同时伴随着经济衰退。也就是说，经济中出现货币供应量相对减少，需求萎缩，价格持续下降，通常是出现经济衰退的前兆。随着持续的市场低迷和价格下降，厂商的投资预期收益率下降，订单减少，投资下降，失业增加，工资收入下降，进而又进一步压缩了市场的有效需求，经济进入"需求不足—价格下降—投资下降—需求不足"的恶性循环。

## 二、通货紧缩理论

### （一）费雪的"债务—通货紧缩"理论

本质上，通货紧缩过程是一个商业信用的破坏过程。对于这一破坏过程的研究，费雪的"债务—通货紧缩"理论具有代表性。费雪认为，债务与通货紧缩是引起繁荣与萧条的两个最主要变量，会对所有的或几乎所有的经济变量产生冲击。

首先假定讨论的起点是：经济体系最初处于均衡点，然后，受到过度负债的"扰动"，引致债务清偿；债务清偿引致资产廉价出售，并且引致存款货币的收缩及其流通速度的下降；引致存款货币的下降及其流通速度的收缩；在资产廉价出售的情形下，引致价格水平的下降，换句话说，就是货币购买力的上升；在没有外来的"再次通胀"的外生性干预下，就必然有企业资产净值的更大的下降，这就加速了企业的破产与利润的下降；在一个"资本主义"的，即"私有产权—利润至上"的社会里，这又导致陷入营运亏损的企业去减少产出、交易与劳动雇佣；这些企业的亏损、破产与失业，引致悲观情绪与信心丧失，这又反过来引致储币行为与存款流通速度的更进一步下降；这时名义利率下降、实际利率上升，产生了通货紧缩。

费雪认为，过度负债和通货紧缩二者之间会产生相互作用：由过度负债引致的通货紧缩反过来又会对债务起作用；每一个没有偿付的负债由于通货紧缩现在变得更有价值。而且如果起初的过度负债的规模足够大，尽管清偿了部分名义债务，但是却引起了价格水平的下降，结果是部分名义债务的清偿并不足以抵消因此而引起的价格水平的下降，从而未清偿债务的真实规模上升。这种悖论正是大多数大萧条发生的主要内因：债务人偿债越多，他们就欠的越多。

根据费雪的"债务—通货紧缩"理论，通货紧缩的传导路径为：企业债务高→利息负担加重→企业效益降低→银行信用萎缩→流通中货币减少→需求减少→通货紧缩。

（二）凯恩斯的通货紧缩理论

如果将经济衰退或危机看作通货紧缩最严重的表现形式，那么，20世纪最令人难忘的通货紧缩莫过于30年代初的世界经济大危机了。在商品充斥、价格总水平持续下降、生产大幅度滑坡、贸易空前萎缩、失业人口猛增的情况下，凯恩斯主义顺应了各国"转危为安"的迫切要求，成为最重要的理论法宝。1936年，凯恩斯出版了他一生中最重要的具有划时代意义的著作《就业、利息和货币通论》。这部著作分析了失业和经济危机产生的原因，认为失业和危机产生于社会的有效需求不足，并进而提出国家应全面干预经济生活，通过刺激有效需求来恢复经济、增加就业。凯恩斯的这种就业理论，是凯恩斯主义的核心内容，也是指导各国解决通货紧缩问题的理论和思想基础。

凯恩斯的就业理论，是从分析有效需求出发的。他认为，失业和危机是有效需求不足的结果。所谓有效需求不足，就是社会对消费品和生产资料的有支付能力的需求不足，简单地说，就是购买和支付能力不足。社会总供求的均衡状态应该是，商品总供给价格等于商品总需求价格。在均衡状态下，工厂既不缩减生产、减雇工人，也不扩大生产、增雇工人。只有当总需求价格小于总供给价格时，工厂才会缩小生产、减雇工人。因此。想扩大生产、增加就业，就有必要增加有效需求，使总需求价格大于总供给价格。但一般情况下，往往是有效需求不足。有效需求不足是由三个基本的心理因素和货币量所决定的。

第一是因为人们的"边际消费倾向"越来越小，即随着收入的增加（$\triangle Y$），消费也增加（△C），但增加的收入量中用来消费的部分越来越少，用来储蓄的部分越来越大，使消费倾向△C／△Y趋小。消费倾向越来越小，这意味着对消费品的需求不足，这就是有效需求不足的一个方面。

第二是"资本边际效率"下降，引起投资不足。所谓资本边际效率，是指增加一笔投资所预期可以得到的利润率。边际效率下降，反映了投资者对未来发展缺乏信心，认为随着投资增加，资产供给价格上涨，资本边际效率必然下降。这种心理的普遍存在，就导致了全社会的投资不足。这是有效需求不足的第二个基本心理因素。

第三个基本心理因素是"流动偏好"，即人们愿意用货币形式保持自己的收入或财富的心理动机。人们偏好货币，或者是为了日常生活的方便，或者是为了应付意外开支，或者是为满足投资需要。一旦放弃了这种偏好，就要收取一定的报酬。利息就是人们在特定时期放弃对货币的流动偏好的报酬。利息率由货币需求和货币供给两个因素决定。货币供给既定，需求越多，利息率越高；而且，由于必须有一定利息人们才肯贷出货币，利息率不易降低，当流动偏好导致需求增加时，利息率会上升，这样就削弱了对投资的引诱，造成投资不足。

在三个心理因素中，凯恩斯尤其强调资本边际效率，强调投资不足，即对生产资料的需求不足。他认为，投资不足是造成生产萎缩、就业不足，从而引起经济危机的最主要原因。为了增加有效需求，就要不断增加投资，并认为整个生产和就业的水平决定于投资总量。为了说明投资的效果，进一步论证有效需求的作用，凯恩斯提出了"投资乘数"（Investment Multiplier）的概念。他说，一般人认为投资若干，只产生收入若干或就业若干，殊不知得到收入的人购买其他商品，必然又使其他商品的生产扩大，就业与收入都随之而增加。如此累积进行，到最后，所增加的总就业量、总收入量，必然为原来投资的若干倍。就是说，在最初投资与最后所增加的总就业量、总收入量之内，必有一种乘数关系存在，这种乘数叫做投资乘数。乘数的大小视新增投资所引起的新增收入究竟以什么比例用来增加消费而定。新增消费在新增收入中所占的比例（边际消费倾向）越大，投资乘数就越大，因而新增一定量的投资便能产生若干倍的就业和收入。

（三）伦敦学派的投资过度论

"投资过度论"是伦敦经济学派（也称奥地利学派）主要代表人物哈耶克、米赛斯、罗宾斯等倡导的，是在瑞典魏克塞尔的货币理论和庞巴维克的资本理论基础上建立起来的。该理论认为，货币金融大局的信用扩张是破坏经济体系均衡、导致危机和萧条的根本原因，如果没有信用扩张，生产结构失调，危机就不会发生。该理论认为，通货紧缩并不是独立形成的，是由于促进经济萧条的生产结构失调所引起的，故而通货紧缩是一种派生现象。

魏克塞尔认为，货币对经济的影响是通过市场利率与自然利率相一致或相背离来实现的。自然利率是实物资本的供给与需求保持均衡时的利率，等于投资或资本的预期收益率，对物价水平保持中立。当市场利率低于自然利率时，则会引致投资支出增加而出现累积性的经济扩张过程；相反，当市场利率高于自然利率时，则会引致生产规模缩减而出现累积性的经济紧缩过程。

庞巴维克认为，利率高低决定了迂回生产时间的长短。所谓迂回生产即是先生产出工具、机器等中间产品，然后再用中间产品生产出最终产品。迂回生产的时间比直接生产的时间长，但是具有较高的生产力。如果利率较低，资本家将会采用更加迂回的生产方法；如果利率较高，资本家则会缩短迂回生产时间。

哈耶克认为，在自愿储蓄不变的条件下，假使银行通过信用创造，向生产者增加放款，货币流通量由此而增加，导致市场利率低于自然利率。企业家会受这个错误信号的引导而重新配置资源，从消费品生产转向投资品生产。消费品供给相对于需求发生短缺，由此而引起消费品物价的上涨。为使经济体系重新恢复均衡则需要提高利率，这就造成那些在低市场利率时有利可图的投资变得无利可图。同时，过度的银行信贷流向投资品部门，使得投资品部门无法实现其预期收益；而银行的贷款质量相应恶化，银行体系为防范自身的风险而被迫收缩信贷，导致通货紧缩发生。这种由投资过度引发的经济萧条，实际上是后期资本供给不足所致，故而又有"资本供给不足论"之称。

（四）货币主义的通货紧缩理论

货币主义学派直接从货币供应的收缩中寻找通货紧缩的答案，他们认为，货币对于经济活动是十分重要的。美国经济学家弗里德曼认为，通货膨胀是一种货币现象，通货紧缩也是一种货币现象。他在1963年与另一位美国经济学家联合出版的《美国货币史》中，在对20世纪20年代末30年代初的经济大萧条原因进行分析时提出，有关防止银行破产努力的失败和从1930年底至1933年货币存量的下降，是那场大萧条的主要原因。后来综合了各家观点的美国新经济学史学派杰拉尔德·冈德森在《美国经济史新编》中则进一步认为，正是美联储错误的货币政策使真实利率太高、货币供应量减少、银根收紧，导致了通货紧缩，进而引发了经济大萧条。货币主义的主张是：为了同时避免大规模的通货膨胀和通货紧缩，必须使货币供给增长率保持在适当的水平上。

（五）克鲁格曼的通货紧缩理论

美国经济学家保罗·克鲁格曼认为，20世纪90年代以来的世界性通货紧缩并非由供给过剩所导致，而是由于社会总需求的不足所致。由于全球化进程加快、技术进步和高投资率等带来的全球生产能力巨大的增加，固然造成了全球性生产过剩、通货膨胀率降低或商品价格水平下降，但同时也刺激了经济增长，这就说明不能从供给方面解释通货紧缩和经济增长持续下降。需求方面肯定存在什么因素限制了需求增加，如果需求能够与供给保持同步增长，就不会出现大量生产过剩，通货紧缩也就不会发生。克鲁格曼指出，需求不足在不同的国家或在同一国家的不同时期存在着不同的限制因素，这一点可以由日本、中国、新加坡和瑞典等国家的通货紧缩予以证实。日本之所以出现需求不足，主要是由于日本人口因素所致：一方面是人口出现严重的老年化和适龄劳动力的供给正在逐渐减少，从而使得企业预期收益下降，投资需求缩减；另一方面是日本缺乏完善的社会保障制度而导致居民储蓄倾向逐渐提高，社会人口的高储蓄严重地制约了社会需求的增长。

依靠市场机制消除储蓄与投资之间的缺口，存在两种方法：一是通过当前物价水平的下跌来增加消费、降低储蓄；二是通过名义利率的降低来增加投资支出。由于名义利率水平不可能降低到零水平以下，因而实现经济均衡的唯一方法就是物价水平的下跌，通货紧缩由此而发生。

为了使经济走出"流动性陷阱"，必须提高社会公众的投资信心和投资收益预期，使社会公众的投资倾向大于储蓄倾向。克鲁格曼由此提出了依靠"有管理的通货膨胀"来治理通货紧缩的政策主张。他强调只要中央银行创造一个适当的通货膨胀预期，就可以增加公众的当前消费支出偏好，以更多的货币来吸收与消化所谓"过剩"商品。他甚至认为，中央银行应允许和鼓励一定的通货膨胀，规定一个合理的长期通货膨胀率，并在公开市场上买入长期国债，以保证治理的有效性。

三、通货紧缩的治理

经济发展和社会进步的基础是经济增长，而通货紧缩的最大危害恰恰在于它对经济增长的消极影响，如上所述，严重的通货紧缩必然导致经济衰退，因此，治理通货紧缩的意义丝毫不亚于治理通货膨胀。

凯恩斯在有效需求分析的基础上，进一步提出了解决"有效需求不足"，即增加社会对消费和生产资料的需求，从而消除危机，解除失业问题的政策主张。他认为，经济发展已不能自由放任，要实行政府干预经济的方针。国家财政不应坚持传统的量入为出原则，而应该扩大支出，实行赤字财政政策，以不断增加财政支出来刺激消费，增加投资，从而增加有效需求。同时，凯恩斯还提出货币政策的主张，他认为货币政策应该从属于财政政策，与扩张性的财政政策相适应的货币政策也应该是扩张性的。在生产萎缩、失业增加的情况下，应该增加货币供给量，降低利息率，刺激私人投资，扩大总需求。

当然，各国的实践都证明凯恩斯的赤字财政政策和通货膨胀政策是不能长期实行的，尤其是从 60 年代中期到 70 年代各国普遍出现的"滞胀"局面更能说明这一点。但是，凯恩期主义就业理论对缓和经济危机、增加就业所起的积极作用，特别是战后西方各国经济有一个快速发展的时期，失业率也大大下降，是一个不争的事实。从经济发展和宏观管理的要求来看，根据一定时期的市场总供求特点，争取灵活务实的发展和调节策略，应当说是一种明智的选择。从各国的普遍经验看，经济出现通货紧缩时，采取的主要对策有：（1）增加国内有效需求或称"拉动内需"。国内有效需求包括两个方面，一是投资需求，二是消费需求。投资需求的增加有两条渠道：一是政府增加公共投资，主要用于基础设施建设，以此拉动投资品市场需求，增加就业；二是刺激私人部门或民间投资，主要通过减少税收、降低利率、增加信贷等措施，提高企业经营者的投资收益率，增强其投资的信心和增加投资机会。私人部门或企业是国民经济的微观基础，激活企业是激活整个市场和整个经济的关键。消费需求的增加包括增加政府采购、提高公共消费水平和刺激家庭个人消费。就后者而言，由于在通货紧缩情况下，就业预期、工资预期等趋于下降，消费者普遍缩减支出、增加储蓄，因此，需要通过各种途径如增加工资、增加社会福利、提供消费信贷、降低利率等，使消费者提高支付能力，提升消费等级。（2）增加外部需求，促进出口。将外部需求引入国内市场，消化相对过剩的供给能力，是被许多国家的经验所证明了的一条治理通紧缩的重要途径。在通货紧缩情况下，一般应采取本币贬值的策略，在国际贸易中要尽可能争取一切有利于出口、限制进口的条件。（3）改善供给结构，增加有效供给。通货紧缩表现为总供给水平大于总需求水平，导致物价总水平下降。除了总需求不足的原因外，在供给方面的原因主要就是供给结构不合理，由于产业结构和产品结构与需求结构不对称，因而造成供给相对过剩。实际上，真正导致市场供过于求、物价水平下降的，是那些重复生产、简单复制、没有消费亮点的产品。因此，治理通货紧缩，在供给方面的任务更为艰巨，它要求加快技术进步、提高产品质量、改善企业经营管理水平、适时调整产业结构和产品结构等一系列旨在提高经济内在素质的治理措施。

**本章重要概念**

通货膨胀 Inflation
消费者价格指数 Consumer Price Index，CPI
生产者价格指数 Producer Price Index，PPI
生活费用指数 Cost-of-Living Index
国民生产总值平减指数 Implicit Price Gross National Product Deflator，GDP Deflator
通货膨胀缺口 Inflationary Gap
需求拉上型通货膨胀 Demand-Pull Inflation
成本推动型通货膨胀 Cost-Push Inflation
供求混合型通货膨胀 Supply and Demand-Push Inflation
结构型通货膨胀 Structural Inflation　　滞胀 Stagflation
通货紧缩缺口 Deflationary Gap　　通货紧缩 Deflation
边际消费倾向 Marginal Propensity to Consume
资本边际效率 Marginal Efficiency of Capital
投资乘数 Investment Multiplier

## 复习思考题

1．什么是通货膨胀缺口和通货紧缩缺口？
2．怎样理解通货膨胀的定义？
3．怎样理解物价指数上升与货币贬值的关系？反映通货膨胀的主要物价指数有哪些？
4．简述通货膨胀的主要类型。
5．简述需求拉升型通货膨胀。
6．简述成本推动型通货膨胀。
7．简述混合型通货膨胀。
8．简述结构型通货膨胀。
9．列举诱发通货膨胀的几个直接因素。

10. 分析通货膨胀对经济和社会的影响。
11. 简述治理通货膨胀的主要措施。
12. 怎样理解通货紧缩的定义？
13. 简述费雪的"债务—通货紧缩"理论。
14. 简述凯恩斯的通货紧缩理论。
15. 简述伦敦学派的通货紧缩理论。
16. 简述通货紧缩的治理。

**小测试**

1. 以下可能导致通货膨胀的因素有（　　）。
   A. 法定存款准备率过低　　　B. 固定资产投资过多
   C. 存在"流动性陷阱"　　　D. 外汇储备过多
   E. 利率水平过高

2. 通货膨胀的治理措施包括（　　）。
   A. 提高再贴现利率　　　　　B. 降低利率
   C. 减少财政支出　　　　　　D. 央行在公开市场售出资产
   E. 采取积极的供给政策

3. 以下可能导致通货紧缩的因素有（　　）。
   A. 法定存款准备率过低　　　B. 企业债务过度
   C. "流动性陷阱"的存在　　　D. 外汇储备过多
   E. 货币流通速度下降

4. 治理通货紧缩的主要措施有（　　）。
   A. 提高利率　　　　　　　　B. 增加工资
   C. 本币贬值　　　　　　　　D. 提高存款准备金率
   E. 增加公共投资

5. 有关成本推动型通货膨胀，以下说法正确的是（　　）。
   A. 投资需求过高　　　　　　B. 工资提高过多
   C. 流动性过剩　　　　　　　D. 垄断企业利润要求提高
   E. 成本增加使总供给曲线向左上方移动

（第八章答案：1. ABD　2.ACDE　3. BCE　4.BCE　5.BDE）

# 第九章 中央银行和货币政策

货币政策是一国中央银行通过对货币和信用的控制和调节来变动总需求,并进而影响宏观经济运行的经济管理政策。它与财政政策一起,始于凯恩斯宏观经济政策,后又被货币学派推崇为最主要的经济政策法宝。货币政策之所以能为国家宏观经济管理所用,是因为现代经济是以货币形成全社会有效需求的经济,货币是影响几乎所有的宏观经济变量包括产量、价格水平、就业等的重要因素,是经济得以运行的能动力量。货币政策意义上的货币,不是交易活动中简单的购买和支付手段,而是社会经济运行中的资源配置手段和生产组织手段。

货币政策具体地由中央银行所确定的旨在影响总需求、影响实际经济变量的方针、策略、操作工具或手段、措施等构成。货币政策问题一般主要涉及五个方面的内容:(1)货币政策目标;(2)货币政策工具或操作手段;(3)货币政策传导机制和中介指标;(4)货币政策规则;(5)货币政策效应。本章对这五个方面的内容逐一阐述,从中可以了解货币政策从确立目标开始到最终取得目标效果的全部运行过程。在此之前,对有关中央银行的必要知识作以简要介绍,主要包括中央银行的性质、职能和组织形式。

## 第一节 中央银行

### 一、中央银行的形成

中央银行是一国实行货币政策和对金融业实施监督管理的特殊金融机构,是国家的货币当局和金融体系的核心。

中央银行最早是从商业银行中分离出来或由商业银行演变而成的。它的产生和发展是信用制度和银行体系不断健全和完善的结果。人们普遍将中央银行形成的基本原因归于四个方面：(1) 统一发行银行券的需要。银行券原本是由各家商业银行分散发行的，其信用能力受各家商业银行自身经营状况的局限，尤其是一些中小银行发行的银行券，流通能力很有限，且难以保证随时兑现。随着经济的发展，稳定货币流通的要求便越来越高，经济中需要更加可靠和稳定的信用货币，在这种客观要求下，由一家资力雄厚、信誉卓著的大银行统一发行银行券就成为必然，这种被授权统一发行银行券的大商业银行就成为最早的中央银行。历史上比较公认的最早的中央银行是1694年成立的英格兰银行（瑞典国家银行始建于1656年，于1668年由私营商业银行改组为国家银行，成为直属国会的官方机构。但直到1897年才被授权统一发行银行券。人们通常以取得垄断货币发行权作为中央银行产生的标志，从这一点看，英格兰银行的中央银行史早于瑞典国家银行）。1833年，英国国会规定只有英格兰银行发行的银行券具有无限清偿资格。1844年，英国国会通过《皮尔条例》，正式确立了英格兰银行垄断发行银行券的权力，结束了在英国有279家银行都可发行银行券的局面。(2) 保证银行支付能力的需要。在银行业务规模的不断扩大和竞争不断加剧的过程中，出现了一些资力薄弱的银行由于过度放贷和流动性安排不当、准备金不足等原因而丧失清偿力的情况，客观上要求有一家权威机构集中各家银行的部分现金准备，在个别银行出现支付危机时，充当最后贷款人，集中给予必要的贷款支持，以保证银行的安全和存款人的利益。(3) 集中票据交换和统一清算业务的需要。交易规模的不断扩大和债权债务链条的不断延伸，由每家银行自行处理票据清算就越来越困难，客观上要求有一家能够集中处理各家银行收进的票据，统一完成清算的权威机构。(4) 监督和管理整个金融业的要求。银行及整个金融业的发展，使金融向经济的渗透力越来越强，金融业的正常秩序成为整个社会经济安全和稳健的重要保证，金融业的风险往往对整个社会经济生活造成重大影响。因此，随着金融业竞争的不断加剧和风险因素的不断增长，客观上要求有一个能够代表政府行使对金融业监督管理职能的权威机构。尽管各国中央银行的形成在时间上有先有后，在具体的社会经济和历史背景上存在种种差异，但基本上都是上述原因和目的催生的结果。

中国的中央银行萌生于20世纪初。当时国内多种货币混合流通，币制混乱。为治理货币流通，清政府于1904年（光绪三十年）设立户部银行，1908年改名为大清银行，后又改为中国银行，与当时的交通银行一起，行使中央银行的部分职能。1928年11月，国民政府实施《中央银行条例》并成立中央银行，总行设在上海。1935年进行法币改革，规定中央银行、中国银行、交通银行发行的货币为法币。1939年设立"四联总处(中央银行、中国银行、交通银行、中国农民银行四行联合办事总处),以加强对金融业的垄断和控制。1942年,中央银行独家垄断货币发行权,并开始实行对外汇和准备金的统一管理,建立了国库网。新中国的中央银行是在革命根据地和解放区银行的基础上建立的。1931年11月,中央革命根据地在江西瑞金成立中华苏维埃共和国国家银行,并陆续在所辖各地设立分支机构,后随着形势变化,几经改组和合并。目前的中央银行——中国人民银行成立于1948年12月,是在原解放区的华北银行、北海银行和西北农民银行基础上合并而成的。1949年,总行由石家庄市迁址到北京市。在1983年9月17日国务院发布《关于中国人民银行专门行使中央银行职能的决定》以前,中国人民银行一直是既行使中央银行职能,又承办工商信贷和储蓄存款业务的双重职能的银行。1984年1月1日起,从中国人民银行中分离出中国工商银行,单一职能的中央银行开始正式运转。1995年3月18日,《中华人民共和国中国人民银行法》颁布,更进一步规范和完善了中国的中央银行制度。

## 二、中央银行的性质和职能

中央银行作为一国实行货币政策和监督管理金融业的特殊金融机构,其本质特征可概括为如下三个方面:

1. 中央银行是发行的银行。在绝大多数国家,中央银行被授权为唯一发行法定货币的机构。中央银行发行货币的信用基础,在金本位制下,是其集中的黄金储备;在信用货币制度下,是其所代表的国家信用。中央银行根据货币政策目标要求,根据经济运行对货币的客观要求,在其与商业银行等金融机构的业务往来过程中,具体行使货币发行职能。

2. 中央银行是银行的银行。中央银行办理各种特定的金融业务,但其业务对象不是企业和个人,而主要是商业银行等金融机构。中央银行与商业银行的业务联系主要有:(1)集中商业银行的存款准备金。商业银行要按规定的比例将存款的一部分交存中央银行,作为法定存款准备金,中央银行作为存款准备金的唯一保管者。在特殊必要时,中央银行可允许商业银行动用其在中央银行的存款准备金,增加其清偿能力。但在一般情况下,法定存款准备金制度是中央银行调节和控制商业银行信用活动的政策工具。(2)对商业银行发放贷款。在商业银行出现资金周转困难或需要扩大信贷规模时,可向中央银行申请再贴现和再贷款,中央银行作为"最后贷款人"为商业银行提供资金支持,同时也将其作为调节和控制商业银行信用活动的工具。(3)办理商业银行之间的清算。在中央银行制度下，各商业银行须在中央银行开立清算账户，商业银行之间的清算都通过各自在中央银行账户上存款的相互划转来完成。对于商业银行来讲，集中办理清算，成本低、效率高、安全可靠。对于中央银行来讲，在发挥服务功能的同时，可以加强对资金流量和流向的监测。

3. 中央银行是政府的银行。中央银行代表政府行使职能，其实行的货币政策和对金融业实施的监管，必须符合政府管理经济的总体要求，必须与国家的宏观经济政策相协调，这从总体上反映出中央银行作为政府银行的特征。除此之外，这种特征还具体表现在中央银行的一些业务活动中，主要有：（1）代理国库。政府的财政收支通过中央银行账户执行，中央银行接受国库存款，兑付国库签发的支票，代财政发行政府公债并办理还本付息事宜等。（2）为国家持有和经营黄金、外汇等国际储备资产，履行维持汇率稳定、促进国际收支平衡、保证储备资产安全与增值的义务。（3）在国际金融交往中，代表政府与有关方面建立业务联系，出席各种国际金融会议，处理各种国际金融事务。（4）在特殊情况下，为政府弥补财政赤字提供融资，包括允许财政透支或借款，直接向财政购买政府债券等。但一般情况下，大多数国家都严格禁止中央银行与政府财政之间的直接信用联系。

中央银行的职能由其本质特征所决定。作为发行的银行、银行的银行和政府的银行，既反映了中央银行的性质，又概括地指出了中央银行的主要职能。作为发行的银行和银行的银行反映了中央银行控制和管理货币流通，制定和执行货币政策的职能；也反映了中央银行为商业银行等金融机构提供信贷和结算服务，并实施对金融业进行调控、监督和管理的职能。作为政府的银行，反映了中央银行代表政府从事金融活动并为政府提供服务的职能。《中华人民共和国中国人民银行法》规定的中国人民银行应履行的职责包括：依法制定和执行货币政策；发行人民币，管理人民币流通；按照规定审批、监督管理金融机构；按照规定监督管理金融市场；发布有关金融监督管理和业务的命令和规章；持有、管理、经营国家外汇储备、黄金储备；经理国库；维护支付、清算系统的正常运行；负责金融业的统计、调查、分析和预测；作为国家的中央银行，从事有关的国际金融活动；国务院规定的其他职责。

## 三、中央银行的组织形式

中央银行的组织形式或组织机构，在各国并非一致，大体上有如下四种类型：

1. 单一型，即国内只建立一家统一的中央银行，国家授权其全面履行中央银行职责。这种基本类型下又有两种情况：一种是机构设置采取总分行制，在总行下根据管理和运行效率的要求设立若干层次的分支机构，目前包括中国在内的大部分国家都实行这种体制；另一种是在国内建立相对独立的中央和地方两级中央银行机构，中央和地方两级机构在执行货币政策方面是配合一致的，在具体开展业务方面，地方级机构要接受中央级机构的监管和指导，但与总分行制比较，地方级机构比总分行制下的分支机构享有更大的分权，具有较强的独立性。实行这种体制的国家一般为联邦制国家，如美国和德国等。

2. 混合型，即不设专门行使中央银行职能的银行，而是由一家经营一般银行业务的大银行兼任中央银行职责，这种银行同时具有商业银行和中央银行双重特征。这种体制一般存在于中央银行发展初期和一些实行计划经济体制的国家。变革前的东欧国家以及1984年以前的中国，都曾实行这种体制。

3. 准中央银行型，即不设全面行使中央银行职能的机构，而是由政府授权专门机构行使对金融业的监督和管理职能，如金融管理局和货币局等；但这种专门机构只执行部分中央银行职能，中央银行的另一些职能如货币发行、准备金保管、调节货币流通等，则由政府授权大商业银行行使。实行这种体制的是一些经济开放度较高的小国或地区。

4. 跨国中央银行型，即由多个国家联合组织一家中央银行，在成员国范围内发行共同货币，制定和执行统一的货币政策，办理成员国共同商定和授权的金融事项。实行这种体制的是一些加盟于某个区域性经济联合体或货币联盟的国家，早先只存在于一些经济欠发达的中小国家。主要有：1960年3月由喀麦隆、乍得、刚果、加蓬和中非共和国等5国联合组成的"中非国家银行"（原名称为"赤道非洲国家和喀麦隆中央银行"）；1962年3月由贝宁（达荷美）、科特迪瓦（象牙海岸）、尼日尔、塞内加尔、多哥和布基纳法索（上沃尔特）等6国联合组成的"西非国家中央银行"；1965年1月由安提瓜、多米尼加、格林纳达、蒙德塞拉特、圣卢西亚、圣文森特等6国组成的"东加勒比海货币管理局"。跨国中央银行最具代表性和具有划时代意义的是1998年7月1日正式成立的欧洲中央银行。从1999年1月1日起，欧洲中央银行逐步从欧元区国家接收直接管理货币的权力。欧洲中央银行的储备金由各成员国按其在欧元区内的人口比例和国内生产总值所占比重来提供。各欧元区国家的中央银行仍保留自己的外汇储备。欧洲中央银行是一个完整的制度体系，在这个体系中，欧洲中央银行本身是欧元区内最高的决策机构，负责发行欧元、制定欧元区内各国共同遵循的货币政策，而各成员国和中央银行则是该体系中的执行机构，具体实施和执行欧洲中央银行制定的政策。

### 四、中央银行的独立性

**（一）中央银行独立性的含义**

中央银行的独立性是指中央银行履行自身职责时法律赋予或实际拥有的权利、决策与行动的自主程度。中央银行的独立性问题，实质上是中央银行与政府之间的关系问题。目前学术界对中央银行与政府之间的关系或中央银行的独立性问题已逐步达成共识，结论便是：中央银行应该对政府保持一定的独立性，但是这种独立性只能是相对的。

1. 中央银行相对独立性的必要性

（1）中央银行制定和实施货币政策、实施金融监管，都要求具有较强的专业性和技术性，这就决定了它的最高管理人员必须具有坚实的专业知识、丰富的经验和熟练的技能。显然把这些事情交给政治家们去做不太合适。

（2）避免政治性经济波动产生的可能。西方国家的政府一般都是每隔几年要进行一次大选，执政党政府为了争取选票，争取获胜，往往要采取一些缺乏远见的经济措施以有利于政治目的的实现。实践证明，在大选之前，中央银行易于受到某种政治压力，使货币政策偏离原定目标，经济出现波动。如果中央银行具有很强的独立性，就可以避免这类政治和经济动荡对货币政策的干扰。

（3）中央银行与政府所处的地位不同，它们的工作侧重点与考虑经济政策的侧重点不同。政府虽然也关注物价稳定，但更关注就业、社会稳定、扶贫救灾等问题，因而政策的重点往往放在推行扩张性政策以刺激有效需求和增加就业上，结果往往导致通货膨胀。中央银行则更关心币值稳定，维护正常的金融状况和秩序，遏制过高的通货膨胀。

（4）中央银行的货币金融政策要符合金融活动的规律性。中央银行对货币金融政策的制定与执行，必须考虑国家资源、社会积累、货币和信用的规律性，而政府往往侧重于政治效益，容易产生超越经济行为，因此，中央银行不能完全听命于政府，应保持一定的独立性。而中央银行保持一定的独立性，对政府的超越经济行为也起到一定的约束作用。

2. 中央银行对政府的独立性是相对的

任何国家的中央银行都不可能完全独立于政府之外，或凌驾于其他政府机构之上，而应该受到政府一定的监督和指导。有权独立制定货币政策的中央银行也应该服从国家总的经济政策的指导，接受国会的监督，并应与各有关政府部门充分合作，而不能自行其是。中央银行必须与政府的经济目标保持一致，支持政府的经济政策并为其服务。这是因为：（1）货币政策是整个国家宏观经济政策的一部分，它必须服从、配合、服务于整个宏观经济政策的制定和实施。中央银行作为货币政策的制定和执行者，有责任合理的运用货币政策，特别是与财政政策的密切配合，实现宏观经济目标。（2）中央银行货币政策目标不能背离国家总体经济发展目标。任何一个国家都有自己的总体经济发展目标，中央银行作为一国宏观经济的调控者，其活动不能脱离该国社会经济发展的总体目标。

（二）中央银行独立性的主要内容

1．建立独立的货币发行制度，以维持货币的稳定。这里包括了三层含义：第一，中央银行必须垄断货币发行权，不能搞多头发行。第二，中央银行不应在政府的干预和影响下搞财政发行，也没有向财政长期无限地提供资金或为财政透支的义务。第三，一定时期内，中央银行发行货币的多寡、发行货币的时间以及发行的地区分布、面额比例等，应该由中央银行根据货币政策的目标以及经济发展和货币信用规律自行决定，而不应该受到来自政府或其他部门以及党派、个人的干扰。

2．独立地制定或执行货币金融政策。货币政策的制定权和操作执行权，必须掌握在中央银行的手中，政府及政府其他部门都无权干预中央银行这方面的行为。当然在决定货币政策的目标时，中央银行也必须考虑政府的宏观经济目标，尽可能地使中央银行的货币政策与国家的宏观经济政策保持一致。在货币政策的制定和执行过程中，如果中央银行与政府发生分歧，政府应该充分尊重中央银行的这方面的经验和意见，尽可能地采取相互信任、相互尊重的态度进行充分的沟通。在中央银行货币政策的执行过程中，各级政府及有关部门应尽可能给予配合，以便中央银行的货币政策能更有效地发挥作用，而不应采用各种直接或间接的方式来抵消货币政策的作用。

3．独立地管理和控制整个金融体系和金融市场。中央银行应在国家法律的授权和法律的保障下，独立地行使对金融体系和金融市场的管理权、控制权和制裁权。并且，中央银行在行使上述权力时，不应受到来自政府或其他部门的干扰。

# 第二节　货币政策目标

## 一、货币政策目标的含义

货币政策目标，是中央银行通过实施各种控制货币和信用的手段所要达到的宏观经济目标。一般主要有四个：物价稳定、充分就业、经济增长、国际收支平衡。但这并不是说每个国家的中央银行所确立的货币政策目标都有这四个，而是说各国的货币政策目标一般都在这四个目标中选择，一国的货币政策目标总是这四个目标的部分或全部的某种组合。由于不同国家和地区的经济、金融环境不同，所处的发展阶段和历史背景不同，经济生活和管理体制的风格不同等，在货币政策目标的选择上必然会存在差异。如德国、澳大利亚等国就比较注重对币值和物价稳定的维护，因而其货币当局历来认为货币政策的目标只能有一个，就是物价稳定；而美英等国则将全面追求经济增长、充分就业、物价稳定和国际收支平衡作为货币政策目标。当然，美英等国的货币政策目标选择并不是在各个历史时期都是相同的。在作为国家干预经济的政策之一的货币政策刚刚问世不久，在20世纪40年代中期，充分就业成为目标之一，并且事实上是比物价稳定还要突出的目标。50年代后期，受各种经济增长理论的影响，各国的货币政策目标普遍突出经济增长。从60年代起，国际收支失衡、汇率波动越来越成为影响经济正常运行的因素，因此，货币政策目标中又加进了国际收支平衡这项内容。以下就物价稳定、充分就业、经济增长、国际收支平衡等各个目标的内容作简要说明。

（一）物价稳定

这一目标是绝大多数国家货币政策目标中的首要目标。其含义是指将一般物价水平的变动控制在一个比较小的区间内，在短期内不发生显著的或急剧的波动。至于一般物价水平的上升幅度究竟控制在多大为宜，不同的国家和不同的经济学家在认识上并不完全一致，一般要根据一个社会对物价上涨的承受能力而定。就是说，货币政策所要达到的物价稳定的目标，是指稳定一般物价水平，而不是指物价水平绝对不变。将物价水平完全控制在零增长状态，一是不可能，二是违背经济规律。因为，在市场经济条件下的自由竞争、要素自由流动和组合中，某种商品的价格相对其他商品价格的变动是一个基本条件，没有价格的变动，经济就失去了活力，价格体系的必要调整往往能促使全社会资源得以有效地分配,提高整个社会的经济效益,关键是能否把物价上涨率控制在经济正常运行和发展所能接受的限度以内。货币政策坚持稳定物价的目标,是因为货币行使职能的前提条件就是币值稳定。币值不稳,物价剧烈波动,货币就不能成为被人们普遍接受的价值尺度和交易、支付的手段。生产过程中不能用其准确地核算成本、利润等,经营计划和投资决策无法正常进行;流通过程中缺乏买卖双方都能信任和接受的交易媒介,正常的商品交易无法通过货币来沟通;分配过程中,货币不能如实代表持有者分配到的实际国民收入,合理公正的利益分配关系被破坏;进而在消费过程中,人们的实际消费水平也会下降。总之,离开了币值的稳定,社会经济生活中就失去了一条基本的保证条件。

(二)充分就业

货币政策目标所要求的充分就业,是指将失业率降到一个社会能够接受的水平。最理想的状态是,凡具备工作能力和愿意从事工作的人都有合适的职业。各国之所以普遍将充分就业作为货币政策目标,是因为,失业问题已经成为困扰各国经济发展和社会安定的基本问题,高失业率常常是与资源闲置、经济萧条和政权不稳相并存的。要发展经济、稳定社会,必须降低失业率。当然,任何一个国家也不可能完全做到失业率等于零。因为,劳动力市场需求是经常随着产业结构、产品结构、企业组织等的变化和调整而改变的,即使是假定劳动力供给数量没有大量增加,也不能保证在原有的经济结构发生变化,劳动力市场需求发生改变的时候,所有的劳动力都能马上适应新的需求而找到合适的职业。一个社会究竟能承受多高的失业率,并没有一个统一的标准,因为这种承受力是由一国的经济、政治、历史、文化、就业方式等多种复杂因素共同决定的。有的国家承受力弱一些,有的国家承受力强一些;一国在有的时期承受力弱一些,在有的时期承受力强一些。如:一般认为,美国在50~60年代的正常失业率为3.5%~4.5%,就是说以95.5%~96.5%的劳工得到就业为充分就业的标准;70年代的正常失业率为 4.5%~5.5%,即充分就业的标准降低为 94.5%~95.5%的劳工得到就业;80 年代的正常失业率为 5.5%~6.5%,充分就业的标准进一步降低为 93.5%~94.5%的就业率水平。

(三)经济增长

作为货币政策目标要求的经济增长,并不是说经济增长速度越快越好,而是指经济在一个较长的时期内始终处于稳定增长的状态中,一个时期比另一个时期更好一些,不出现大起大落,不出现衰退。经济增长一般用按不变价格计算的国民生产总值增长率来表示。一国的经济增长率在客观上主要取决于该国要素资源的投入水平，而要素资源的投入水平又取决于要素资源的实际供给潜力，因此，过低的经济增长速度不能充分利用资源，形成资源的浪费，而过高的经济增长速度则造成资源的短缺。在各种要素资源已经被充分利用的情况下，货币政策所追求的经济增长只能是以名义货币表示的产值的增长，而没有实际产出的增长，因此，不是真正的经济增长。另外，衡量经济增长的程度，不仅要从增加的数量指标上看，还要从增长的质量上看。在经济增长过程中，没有过度使用和浪费资源、没有破坏生态环境、没有无效的重复建设等，就是高质量的经济增长。因此，真正的经济增长还要从国民生产总值增长中扣除掉空气、水资源污染及森林面积减少等属于国民经济负增长的因素。

（四）国际收支平衡

一国的国际收支，无论是顺差还是逆差，数额过大，持续时间过长，都会对经济的正常运行和发展产生不利影响。因此，改善国际收支状况、实现国际收支平衡，是许多国家货币政策的目标之一，尤其是那些对外开放程度高、对国际市场依赖性强的国家，更是将此目标摆到突出的位置。国际收支平衡作为一国货币政策所要达到的目标，其内容要求并没有完全一致的标准，但有一点是肯定的，那就是在观察国际收支是否平衡时，不能简单笼统地看所有的收支项目，而要重点看自主性交易项目的平衡情况。自主性交易项目反映一国对外经济交往中客观发生的商品和劳务进出口、政府间和民间的各种资金转移、长期资本移动等经济内容，如果这些项目的收支基本相等，没有通过变动短期资本借贷、黄金、外汇储备等调节性交易项目来调节，就说明国际收支是平衡的。由于调节性交易项目，尤其是黄金外汇储备的变动，实际上是自主性交易项目变动结果的反映，因此，通常人们在论及国际收支平衡问题时，总是以黄金、外汇储备的水平及其变动来说明平衡状况，国际收支平衡目标的确定，也在很大程度上以保持适宜的黄金、外汇储备水平而定。至于黄金、外汇储备保持在一个怎样的水平，则依各国的不同要求而定，没有统一的标准。

## 二、货币政策目标间的关系

中央银行货币政策的上述四个目标实际上也是国家所有宏观经济政策所追求的目标。从根本上来说，或者从长远的角度来说，四个目标是相互促进和统一的，如：经济增长能够提高就业水平，也能够为物价稳定、国际收支平衡奠定坚实的物质基础，而充分就业、物价稳定和国际收支平衡也为经济增长创造了各种有利条件。但是，就一个时期的货币政策目标实现的效果来看，各项目标之间又存在着程度不同的矛盾，往往是较好地实现了某一个目标，却伤害了另一个目标，当某一项政策实施的结果越来越靠近其追求的某一目标时，却离另一个目标越来越远。这种冲突或矛盾主要表现在如下四个方面：

（一）物价稳定与充分就业的关系

物价稳定与充分就业的矛盾，通常被认为是货币政策目标间相互矛盾的最集中的体现。之所以存在这一矛盾，是因为物价上涨率与失业率之间存在着一种此消彼长的替代关系。英国经济学家菲利普斯根据英国 1861～1957 年间的失业率和工资物价变动的统计资料，运用实证方法将两者的替代关系用"菲利普斯曲线"表示，见图9-1。

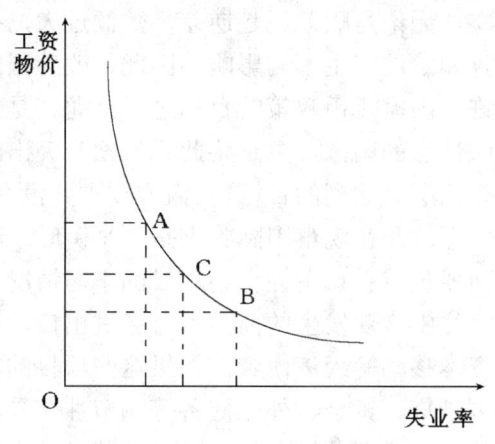

图9-1 菲利普斯曲线

这一曲线说明，货币政策追求的目标，可在物价稳定和充分就业的组合中作多种选择，或者是失业率低和物价上涨率高（如 A 点）；或者是物价上涨率低和失业率高（如 B 点）；或者同时兼顾物价稳定和充分就业，以适度的失业率增加换取物价下降（A 点向下移动），以适度的物价上涨换取失业率下降（B 点向上移动），使物价上涨率和失业率均保持在社会可以承受的水平（如 C 点）。之所以这样选择，是因为：如果失业率过高，货币政策目标必然追求充分就业，那就要扩张信用和增加货币供应量，以刺激投资和消费，其结果是在生产扩大、就业增加的同时，一般物价水平由于总需求的强力拉动而趋于上涨，货币政策目标开始背离物价稳定；如果物价上涨率过高，货币政策目标必然追求物价稳定,那就要紧缩信用和减少货币供应量,以抑制投资和消费,其结果是一般物价水平由于总需求减弱而回落,但失业率却由于投资和消费的萎缩、生产规模的缩小而上升。由此可见,一个国家在某个时期不能同时使物价水平和失业率都降到最低水平,因为物价水平的降低以失业率上升为代价,失业率下降也以物价水平上升为代价。二者如何搭配,要看当时该国经济中最突出和最需要解决的是失业问题还是通货膨胀问题。

**专栏九 菲利普斯曲线**

1958 年,英国经济学家菲利普斯(A.W. Phillips)在其《1861~1957 年英国的失业与货币工资率的变动率之间的关系》一文中提出了菲利普斯曲线。该曲线反映了通货膨胀和失业率之间的关系,是一种很实用的、有代表性的方法。伴随着经济的发展,菲利普斯曲线有了很大的发展,经济学家对其的研究也不断深化。

一、原始的菲利普斯曲线

菲利普斯将 1861~1957 年分为三个阶段进行考察,即 1861~1913 年、1913~1948 年、1948~1957 年,发现除少数年份因战争等特殊原因以外,其他年份均符合以下结论:失业与通货膨胀之间存在着一种稳定的此增彼减的替代关系,即在失业率较低的时期,通货膨胀比较严重,而在失业率较高的时期,通货膨胀则比较轻微。这是因为,当其他工作机会比较难得时,工人要求提高工资的压力就会减少;而在赢利较少的情况下,企业也会更坚定地抵制增加工资的要求。货币工资变动率与失业率的升降关系可以用一条向右下方倾斜的曲线表示,如图 9-2。

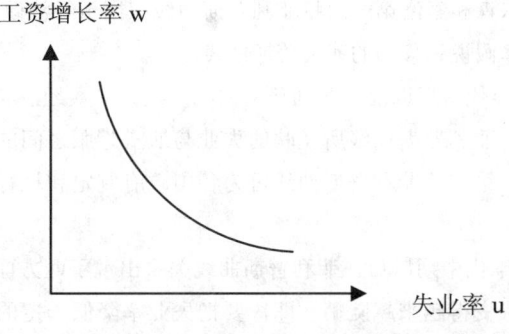

图 9-2 原始的菲利普斯曲线

图中向下倾斜的曲线即菲利普斯曲线,表示 $w$ 和 $u$ 之间的负向相关,但是两者并不存在固定比率的线性关系,而是一条向下倾斜的曲线。当失业率不断下降时,货币工资增长率的增长速度则随之逐渐加快;在失业率不断上升时,货币工资的下降速度则随之而逐渐减慢。

二、修正的菲利普斯曲线

1960年，美国著名经济学家、诺贝尔经济学奖获得者保罗·萨缪尔森（P.A. Samuelson）和罗伯特·索洛（R.M.Solow）发表《关于反通货膨胀政策的分析》一文，用平均物价水平的上升替代了货币工资增长率，提出了一种经过修正并被他们认为能适用于美国的菲利普斯曲线（见图9-3）。

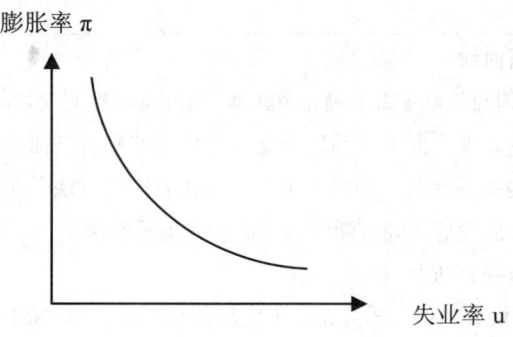

图9-3　修正的菲利普斯曲线

萨缪尔森和索洛认为，由于西方国家普遍实行成本价差的定价机制，货币工资本身就是生产成本的主要组成部分，故而就一个国家而言，货币工资增长率与物价水平的上升率之间应该存在相当的一致性，因此可以用物价水平的上涨率替代货币工资的增长率。萨缪尔森和索洛对菲利普斯曲线的贡献主要在两个方面：第一，以平均物价水平的上升率代替货币工资上升率，从而使菲利普斯曲线直接反映通货膨胀率与失业率之间的逆向关系；第二，萨缪尔森和索洛第一次将菲利普斯曲线应用于经济政策分析。

三、自然失业率假说和移动的菲利普斯曲线

在20世纪60年代中期以前，菲利普斯曲线为绝大多数经济学者接受或支持，主要原因有两个：第一，菲利普斯曲线所反映的失业与通货膨胀之间的交替关系比较符合当时的实际经济情况；第二，菲利普斯曲线可为各国政府制定和推行宏观经济政策提供理论上的指导。

在20世纪60年代中期以后，菲利普斯曲线关系出现了两方面的恶化趋势：首先，菲利普斯曲线的形状变得越来越陡峭，即，要把失业率降低一定的百分比，需要付出的通货膨胀代价越来越高了；其次，菲利普斯曲线越来越远离原点，这说明在某一既定的失业率水平上，与之相对应的通货膨胀率越来越高。1967年，弗里德曼和费尔普斯（E.S.Phelps）在各不相谋的情况下几乎同时提出一种新的理论，以适应性预期和自然失业率假说区分了短期菲利普斯曲线和长期菲利普斯曲线。

适应性预期（Adaptive Expectation）是指人们以过去的实际通货膨胀率为依据，对未来的通货膨胀率来做出预期，并随时间的推移，用实际发生的通货膨胀率来一步步地调整原来的预期，以使它被动地适应实际通货膨胀率。根据适应性预期假说，人们将根据实际通货膨胀率不断地纠正自己的预期误差，以形成新的通货膨胀预期。实际通货膨胀的发生到人们调整预期之间会存在一段时间的间隔，在这一段间隔中，人们预期的通货膨胀率与实际通货膨胀率之间往往存在一定的误差，正是这种未被预期到的通货膨胀率导致失业率的下降。由于人们的预期根据经验不断地调高，要使失业率下降，必须存在人们没有预期到的通货膨胀，因而，使通货膨胀率不断上升，这就是所谓的"加速度"（Accelerate）的通货膨胀，这就是为什么菲利普斯曲线变得陡峭和远离原点。

弗里德曼把自然失业率定义为与任何通货膨胀率相适应的失业率，换言之，这种失业率不受货币因素的影响而只受实物因素的影响。对于这个定义，保罗·萨缪尔森认为并不能令人满意，因为同自然失业率相关的东西，并非是"自然"的。他将其称为非加速通货膨胀的失业率（Nonaccelerating Inflation Rate of Unemployment，NAIRU），指那些作用于价格和工资膨胀的向上或向下的力量得以平衡时的失业率。经济处在这种失业率时，通货膨胀是稳定的，不存在加速上升或下降的趋势。

我们可以将菲利普斯曲线移动的思想，表示如下（如图9-4）：

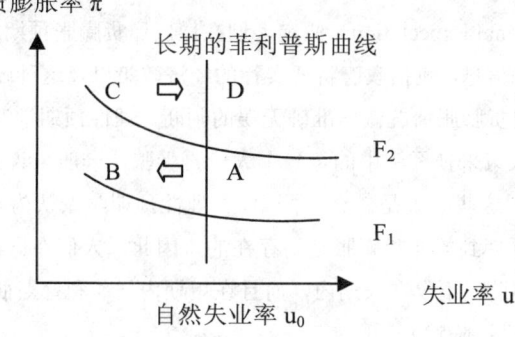

图9-4　修正的菲利普斯曲线

第一阶段：失业处于自然失业率 $u_0$ 水平，不存在供给或需求的意外冲击，经济运行位于图中较低的短期菲利普斯曲线 $F_1$ 的 $A$ 点上。

第二阶段：产出在经济扩张时期迅速增长，降低了失业率。随着失业率的下降，各企业倾向于积极地招收新劳工和大幅度提高工资。由于产出超过潜在水平，生产能力利用程度会提高，并且商品价格也会升高，工资和物价开始加速上升。用菲利普斯曲线来说，经济向上运行并向左达到短期菲利普斯曲线上的 $B$ 点。对通货膨胀的预期尚未发生变化，但在这个阶段，较低的失业率却使通货膨胀率上升了。

第三阶段：由于通货膨胀率上升，企业及工人们都开始预期将会出现更高的通货膨胀率。这种预期的高通货膨胀率随即会体现在工资和价格的制定当中，从而使预期通货膨胀率有所提高。当短期菲利普斯曲线向上移动，在 $C$ 点达到新的均衡时，较高的预期通货膨胀率就得以在菲利普斯曲线的框架中体现出来。新的短期菲利普斯曲线（图中的 $F_2$）位于原来的曲线上方，它反映了更高的预期通货膨胀率。

第四阶段：在最后这个阶段，由于经济发展放慢，经济活动的缩减使产出恢复到潜在产出水平，失业率也恢复到原有的自然失业率水平，即 $D$ 点。于是，由于失业率变得较高而使得通货膨胀率有所降低。

从图中可以看到，短期菲利普斯曲线是一条向右下方倾斜的曲线，而长期菲利普斯曲线则是一条垂直线，对应自然失业率，表示失业率和通货膨胀率之间没有关系。长期菲利普斯曲线也称为预期增大的菲利普斯曲线（the Expectations Augmented Phillips Curve），含义是：从长期来说，政府当局所实行的旨在降低失业率的扩张政策，只能使通货膨胀率一步步上升，而不能使失业率降低到其自然失业率以下，最终出现滞胀。总需求管理政策短期内有效而长期内无效，因为长期内失业率总保持在自然失业率之上而不可更改。

四、理性预期理论与菲利普斯曲线

理性预期（Rational Expectation）假定人们在做出通货膨胀预期之前能够掌握并充分运用各种有关的经济信息，包括政府将要实行的经济政策以及这种政策可能产生的效果，从而能够对将来的通货膨胀情况做出准确无误的判断。理性预期学派认为："借助相同的老一套的宏观经济政策来使经济中的每一个人一再受骗，一般说来是不太可能的，因为他们会很快地认识到这些政策是怎么一回事。"理性预期学派认为在短期菲利普斯曲线中，至关重要的未预期到的通货膨胀是不存在的，因此，人们在做决策时就已事先考虑了通货膨胀因素，因此，不仅在长期内，而且在短期内，菲利普斯曲线都是一条垂直线。

（本专栏资料提供：陈默）

## （二）经济增长与国际收支平衡的关系

这一矛盾表现为，经济增长较快时，就业增加，收入水平增加，有效需求扩大。在一个开放程度较高的国家，这时往往出现对进口商品的大量需求，进口贸易增长快于出口贸易，出现贸易逆差，从而导致国际收支状况恶化。在国际收支严重失衡的情况下，一国在货币政策上往往采取紧缩信用、减少货币供给的措施，因为这样可以抑制国内需求，国内物价水平降低，有利于商品出口，而不利于进口，贸易逆差因此而缩小，国际收支得到改善。但紧缩信用、减少货币供给、抑制需求的结果却会导致生产规模缩小和经济增长速度放慢。

（三）物价稳定与国际收支平衡的关系

这一矛盾表现为，当一个国家在与其有经济贸易往来的其他国家存在通货膨胀的情况下，坚持国内物价稳定的政策目标，就会与国际收支平衡发生矛盾，因为在国内物价水平低于国际市场物价水平时，本国商品会大量输出，而外国商品输入则会减少，其结果是国际收支出现大量顺差，而顺差过大也是国际收支不平衡的表现。

（四）经济增长与物价稳定的关系

由于经济增长与充分就业在一般情况下是同方向变化的，因此，前面所述物价稳定与充分就业的矛盾，换一个角度说，就是物价稳定与经济增长的矛盾。经济增长速度加快时，就业增加，市场有效需求增加，一般物价水平趋于上升；而当采取措施控制物价，使物价水平下降时，信用收缩，货币供应减少，市场有效需求减弱，生产收缩，就业减少，经济增长速度减慢。这是经济增长与物价稳定相互矛盾的一般解释，它说明经济的高速增长与物价稳定是不能同时兼得的。要追求经济增长，就要牺牲物价；而要稳定物价，就要牺牲经济增长。但对此人们也有不同的观点，相反的观点认为，只有在物价稳定的环境中，经济才能实现长期而持续的增长，物价稳定与经济增长没有矛盾，可以兼得。当然，这样认为时，实际上是从根本上或者从长远的角度来看货币政策目标之间的关系的，并不说明在一个特定的时期货币政策的各项目标在实现效果上不存在矛盾。中国1995年颁布执行的《中国人民银行法》将货币政策的目标确定为"保持货币币值的稳定，并以此促进经济增长"，就是从货币政策目标的根本性和长远性的角度来讲的，并不说明在某个年份或某个时期控制物价上涨的措施与经济增长的要求之间不存在矛盾，也不说明刺激经济增长的措施与稳定物价的要求之间不存在矛盾，货币政策的操作艺术恰恰就在于处理好这种矛盾。

（五）经济增长与充分就业的关系

在凯恩斯的就业理论和政策主张中，以拉动有效需求来刺激经济增长和扩大就业是完全一致的。后来的许多研究也都证明，一国的经济增长可以吸纳更多的劳动力，从而缓解国内的就业压力。其基本逻辑是：较快的经济增长是保持较高的就业率的必要条件，因为在一定的经济增长水平下，必然需要一定数量的劳动力投入，必然创造出一定的就业机会。美国经济学家阿瑟·奥肯（Okun, Arthur M.）在 1962 年提出了一种旨在说明经济周期中产出变化与失业率变化之间数量关系的理论，被称之为"奥肯定律"。该定律可用公式表示为：

$$y - y^* = -\alpha(u - u^*)$$

其中，$y$ 代表现时的实际 GDP 的增长率，$y^*$ 代表潜在的 GDP 增长率，$u$ 代表现时的实际失业率，$u^*$ 代表自然失业率，$\alpha$ 代表由现时的实际失业率相对于自然失业率的变动而引起的实际产出增长率对潜在产出增长率的变化系数。公式的含义是：当实际失业率相对于自然失业率上升时，实际产出增长率相对于潜在产出增长率下降，这时为经济周期的衰退阶段；而当实际失业率相对于自然失业率下降时，实际产出增长率相对于潜在产出增长率上升，这时为经济周期的繁荣阶段。奥肯定律揭示了经济实际增长率变动与失业率变动之间的反向替代关系，被视为宏观经济分析中重要的经验规律之一。奥肯根据对美国 1947～1960 年的 55 个季度的数据资料的统计估计，得出的实际估计式为：

$$y - y^* = -3.2(u - 4\%), \quad \text{或} \quad u = -0.31(y - y^*) + 4\%$$

该公式中将失业率变动引起产出增长率变动的系数确定为 3.2，将自然失业率估计为 4%，要告诉人们的有关产出变化与失业率变化之间数量关系的经验结论是：当实际产出增长率等于潜在产出增长率时，实际失业率等于自然失业率即 4%；当实际产出增长率大于潜在产出增长率约 3.2 个百分点时，实际失业率下降 1 个百分点即等于 3%。

从上述颇具影响力的研究结果中似乎可以看出，经济增长和就业增长是同一目标的两个方面。但是，也有后来的一些研究者根据各国经济增长方式、市场体系的特征、劳动力资源的稀缺程度、失业的公开化形式等各种具体情况，对经济增长率与失业率两者变化的关系进行了全面系统的研究，他们更注重技术进步、劳动生产率提高、资本深化等因素对经济增长的影响，从而得出经济增长并不等于就业增长的结论。由此看来，经济增长与就业的关系并非在任何国家或某一国家的任何时期都保持固有的规律，而是因各国的经济增长方式、产业结构、劳动力市场的供求状况、失业的表现形式等的不同而有不同的关系形式，根据决定和影响经济增长与就业增长的要素及环境条件等的不同，一国经济可能是高增长高就业的就业友好型经济，也可能是高增长低就业的就业排斥型经济。因此，在货币政策的制定和实施中，必须重视政策的就业效果，让货币政策成为发展就业友好型经济的助推器。

## 第三节 货币政策工具

### 一、货币政策工具的分类

货币政策目标需要中央银行采取有效的措施和手段去实现，这些措施和手段又称为货币政策工具。中央银行通过操纵各种政策工具，或者直接改变基础货币的供应，控制货币供应量；或者影响利率，进而影响投资和消费；或者影响商业银行的行为，影响其创造存款货币的能力；或者影响社会公众的预期心理，改变他们的经济行为方式。当各种政策工具如期发挥作用的时候，政策目标的实现就比较顺利。倘若政策工具不健全或操作使用不当，哪怕是制定了多么正确的政策目标，也有可能落空。货币政策工具是多种多样的，因此，存在一个如何分类的问题。可以按照工具的功能性质来分，有些属于经济手段，有些属于行政强制手段，有些则属于劝说或指导的手段；也可以按照工具作用的范围和程度划分，有些属于控制和影响全局的手段，有些则属于控制和影响局部方面的手段；还可以按照工具发挥作用的方式来划分，有些属于直接作用于调节对象的手段，有些则属于间接作用于调节对象的手段。目前比较流行的划分方法是将各种划分标准结合在一起，将货币政策工具分为四大类，即：一般性政策工具、选择性政策工具、直接信用管制和间接信用指导。

### 二、一般性政策工具

一般性政策工具是从市场全局的角度，或者说从总量的角度对货币和信用进行调节和控制，从而对整个经济体系产生普遍性影响的工具。这类工具主要有三个：法定存款准备率、再贴现率、公开市场业务。人们习惯上将其称为传统的信用控制工具或中央银行货币政策的"三大法宝"。

（一）法定存款准备率

确定和调整法定存款准备率，是现代银行制度下存款准备金政策的核心内容。目前，所有实行中央银行制度的国家，一般都制定法定存款准备金政策。其内容主要包括规定存款准备金比率、规定可充当法定存款准备金的存款范围、规定法定存款准备金计提的方法等。其中，作为中央银行货币政策工具的内容，主要是就法定存款准备率的确定和调整而言的。法定存款准备率，就是以法律形式规定商业银行等金融机构将其吸收存款的一部分上缴中央银行作为准备金的比率。规定这一比率最初只是为了建立集中的准备金制度，用以增强商业银行的清偿能力。从20世纪30年代初起，美国和欧洲的一些国家相继把调整存款准备率作为中央银行调节信用、调节货币供应量的手段之一。当经济处于需求过度和通货膨胀状态时，中央银行就可以提高法定存款准备率，借以收缩信用和货币量；而当经济处于衰退状态时，中央银行就可以降低存款准备率，使银行及整个金融体系的信用和货币量得以扩张，达到刺激经济增长的目的。

调整法定存款准备率之所以能够起到调节信用和货币量的作用，以达到调节经济的目的，是因为，这一比率变动后能够产生诸多导致信用量和货币量变化的效应，主要有：（1）货币乘数发生变化。中央银行提高或降低法定存款准备金比率，直接减少或增加商业银行持有的超额准备金，这样，商业银行吸收的存款中用于发放贷款和进行投资的数量就会减少或增加，进而使新派生的存款数量减少或增加，这种变化就是存款货币创造能力的变化，就是货币乘数的变化，其结果使货币供应量大大改变。正因为是货币乘数发生了改变，因此体现出调整法定存款准备率这一政策工具作用的猛烈性，法定存款准备率的一点点轻微的变动，往往就会引起货币供应量的巨大波动。（2）商业银行的行为发生改变。法定存款准备金是受中央银行操纵而形成的商业银行资产，法定存款准备率的调整必然对商业银行的资产运用和负债经营活动产生强制性的影响，除了如上所述使其存款创造能力变化外，还使其盈利能力发生变化。法定存款准备金增加，就意味着商业银行盈利性资产的减少。在这种情况下，商业银行就可能重新调整盈利性资产的结构和负债的结构，甚至会变动利率，尽可能使盈利损失得到补偿。商业银行的这种行为调整，自然会影响信用的规模和结构，进而对货币供应量产生影响。（3）公众预期行为发生变化。调整法定存款准备率具有强烈的告示效应，会对公众的心理预期产生重大影响。正因为这样，中央银行也才将这一政策工具作为向金融体系和社会公众宣布政策意向的一个重要渠道。中央银行调高法定存款准备率，就是向金融体系和社会公众发了紧缩信用和货币的信息，金融机构和公众立刻会根据他们对由此而可能出现的市场变化所作的判断或预期，调整各自的行为，如商业银行可能会调整准备金头寸、调整资产负债结构，企业可能会改变融资计划，家庭可能会改变支出计划等。所有这些都会程度不同地反映到货币供应量的变化上来，尤其是通过货币流通速度的改变而影响到货币供应量。

将法定存款准备率作为货币政策工具，也存在明显的缺陷。其最大的缺陷就在于，这一工具在操作时缺乏伸缩性或灵活性。由于这一工具的执行是靠强制手段，而且直接影响货币乘数，对货币供应量产生强烈影响，因此，不宜作为经常性变动的政策工具；再加上变动法定存款准备率对社会心理预期的影响十分强烈，也使得这一工具不能够轻易使用。正因为如此，许多国家的法定存款准备率事实上都是长期固定不变的。

（二）再贴现率

再贴现是相对于贴现而言的，企业将未到期商业票据卖给商业银行，得到短期贷款，称为贴现；商业银行在票据未到期以前将票据卖给中央银行，得到中央银行的贷款，称为再贴现。中央银行在对商业银行办理贴现贷款中所收取的利息率，称为再贴现率。作为中央银行货币政策工具的再贴现率，目前实际上不仅仅是指中央银行在办理再贴现业务中收取的利率，还包括商业银行以国库券作抵押向中央银行取得贷款（即再贷款）时，或通过回购协议将有价证券卖给中央银行取得短期资金时，中央银行向其收取的利率。因为，这些利率与再贴现率一样，都可以由中央银行随时调节，其作为政策工具的性质和作用是相同的。除了规定再贴现率之外，中央银行还在再贴现业务中规定申请再贴现的资格，包括申请再贴现的票据范围、申请机构范围等。申请资格的放宽和收紧同样起到政策工具的调控作用，当把这一内容也包括在政策工具内涵中时，人们习惯上称为再贴现政策。但一般将再贴现率定为工具名称者居多。

再贴现率工具在实际中的运用原则一般是：当经济出现需求过度、通货膨胀时，就调高再贴现率；而当经济出现需求乏弱、生产下降时，就降低再贴现率。调整再贴现率之所以能起到调节信用和货币进而调节经济的作用，是因为再贴现率变化之后，会产生两个足以使信用和货币量改变的效应：第一是利率发生变化。倘若中央银行提高了再贴现率，商业银行可做两种选择，一是不愿接受上升了的筹资成本，于是减少向中央银行借款；二是依然向中央银行借款，但同时相应地提高向工商企业贷款的利率，以抵偿由再贴现率调高后多付出的筹资成本。商业银行向企业贷款利率的提高又会进一步引起整个市场利率的上升，证券价格也会因此而下跌，投资需求下降。商业银行贷款利率上升，直接增加了企业的生产经营成本，降低了投资的边际效益，贷款需求受到抑制，信贷总规模必然缩小。第二是产生告示效应，改变商业银行和社会公众的心理预期。中央银行提高再贴现率，就是告诉人们一个紧缩需求、紧缩经济的信息。人们预测未来的信用要紧缩，利率要提高，就要在经济行为中表现出来，如：商业银行可能要限制按原定利率放款或提前收回放款，社会公众将会减少借款和开支的计划安排等。所有这些，都会程度不同地导致信用的收缩和货币供应量的减少。

调整再贴现率作为中央银行的货币政策工具，有一个明显的特点，就是中央银行缺乏主动性，中央银行规定和调整再贴现率只是在再贴现业务已经发生后对商业银行的筹资成本产生影响，但是否向中央银行申请再贴现，申请多大数量，都完全由商业银行来决定。假如商业银行的市场回旋余地比较大，对市场利率的承受能力比较强，有多种有效的筹资渠道，那么，中央银行再贴现率的调高或调低，对商业银行再贴现需求的影响就很小。商业银行只有在经过成本和收益的比较后，认为能够接受调整后的再贴现率时，才主动地申请再贴现，这种行为，中央银行是无法直接左右的。这与法定存款准备率的调整来比较，形成极大的反差。另外，再贴现率调整的灵活性和伸缩弹性也是有限的。由于再贴现率调整主要是通过对利率的影响而发挥作用的，而利率的经常波动是不利于商业银行和社会公众形成正常的心理预期的，是不利于经济的正常运行的，因此，再贴现率一般不宜随时变动。就再贴现率对利率的影响来讲，它一般只影响利率的总水平，而对利率的结构则很少有影响，尤其是随着贴现政策越来越向自由化方向发展，那些能够影响利率结构的再贴现质量管理的规定（如：对合格票据范围和申请机构资格的规定）逐渐失去作用，再贴现率只影响利率总水平而没有结构调节功能的特点就更加明显了。

（三）公开市场业务

公开市场业务是中央银行在金融市场上公开买进或卖出有价证券的活动。中央银行买卖有价证券并非以盈利为目的，而是借此活动达到调节信用和货币供应的目的。中央银行买卖的有价证券主要是政府短期债券，交易对象的主体主要是商业银行。因此，公开市场业务作为中央银行货币政策工具，其作用机制主要是通过买卖商业银行所持有的政府债券，改变其超额准备金，影响其货币创造能力，达到收缩或扩张货币供应量的目的。这一政策工具的运用原则一般是：当经济中出现需求过大、物价上涨趋势，有必要收缩货币时，中央银行就卖出有价证券；而当经济中出现需求不足、生产下降趋势，有必要扩张货币时，中央银行就买进有价证券。中央银行通过买卖有价证券的活动，之所以能达到调节信用和货币的目的，是因为这种活动一是可以引起基础货币供应的变化，二是可引起利率的变化，二者都是影响信用量和货币量的重要指标。

中央银行公开市场业务操作对基础货币的影响表现为：当中央银行从某家商业银行买进一笔政府债券时，这家银行或者将支票兑现，增加其库存现金，或者将款项存入在中央银行的准备金账户，前者使流通中现金增加，后者使商业银行准备金存款增加，二者都表现为基础货币的增加。相反，当中央银行将一笔证券卖给某家商业银行时，这家银行或者减少库存现金，或者减少准备金存款，表现为基础货币收缩。公开市场业务操作对利率的影响表现为：首先，影响利率水平。当中央银行要买进或卖出政府债券时，会直接导致市场对政府债券的需求增加或减少，这种需求的变化会推动政府债券价格的上升或下降，从而促使其利率水平反方向变动，市场其他利率也相应受到影响。从另一个角度说，当中央银行买进或卖出政府债券时，商业银行的准备金相应增加或减少，由此会引起商业银行贷款规模安排的变化，当准备金增加，贷款供给意愿增加，但贷款需求不足时，就可能下调利率；而当准备金减少，贷款供给不足，需求却较大时，利率就可能上调。其次，影响利率结构。在债券种类较多的国家，中央银行可以在公开市场上进行长短期债券的转换操作，就是在买进一定数量的政府长期债券的同时又卖出等量的政府短期债券，或者在买进一定数量的政府短期债券的同时又卖出等量的政府长期债券，这样，货币供应总量没有发生改变，但由于中央银行的债券交易量占整个市场债券交易量的比重很大，必然对长期债券的市场价格和短期债券的市场价格产生影响。中央银行大量买进长期债券并同时等量卖出短期债券时，长期债券价格势必上升，而短期债券价格势必下降；相反，中央银行大量买进短期债券并同时等量卖出长期债券时，短期债券价格则会上升，而长期债券价格则会下降。在这种操作下，长期利率和短期利率就会由于长期债券价格和短期债券价格的变化而发生相反方向的变化。

中央银行在实施公开市场业务这一政策工具时，可以根据不同的目的和要求进行"防御性操作"和"进攻性操作"。前者是指为了防止商业银行和准备金变化由于各种不为中央银行所能控制的因素影响而与货币政策目标发生偏离，中央银行通过买进或卖出政府债券，向银行注入或吸收准备金，从而抵消掉由不利因素形成的准备金变化，以满足货币政策目标的要求。后者是指中央银行按照实现货币政策目标的要求，积极主动地利用公开市场业务影响信用和货币量。中央银行用各种不同的数量、期限和价格组合方式买进或卖出政府债券，诱使商业银行作出反应，改变其准备金保有量，信贷规模乃至货币供应量随之发生变化。

在中央银行的一般性货币政策工具中，公开市场业务通常被认为是最重要、最常用和效果最理想的工具。这是因为，与前面两种政策工具相比，公开市场业务有明显的优点：（1）中央银行在操作中始终处于主动地位，而不像再贴现业务那样，中央银行通过变动再贴现率只能影响商业银行的业务条件，业务的主动性仍然在商业银行。在证券买卖的操作中，由于中央银行以变动商业银行的准备金，从而调节信用和货币量为目的，不受盈利要求的限制，它可以执行最利于交易对方的价格而争取到业务的主动性。（2）中央银行的调节有较大的弹性，它既可以大量买卖政府债券，对金融体系产生较强烈的影响；也可以少量买卖政府债券，对信用和货币量进行微调。它是一种经常性、连续性的操作，可以逐日逐周地开展业务，调节的方向和力度随时可以根据变化了的经济金融形势而改变，不像法定存款准备率和再贴现率那样难以随时变动。（3）操作时对经济的震动很小。公开市场操作以经常性和连续性的交易活动的形式出现，人们的心理预期不会因中央银行的政策操作而突发性地改变，行为的调整也比较平缓。不像法定存款准备率和再贴现率那样，时隔多时才调整一次，而每次调整一般都表明政策方向或力度的较大改变，使人们的预期发生很大变化，在经济行为上也作出强烈的反应，尤其是具有强制性特征的法定存款准备率，不调则已，一调则产生强烈震动。

公开市场业务是一种方便、灵活、负面作用较小的货币政策工具，但是，并非所有的国家都能如愿启动和使用好这一工具，因为这一工具的启用和作用的发挥，必须具备这样几个基本条件：第一，要有发达的金融市场，尤其是国债市场要有相当规模，种类齐全，为社会各阶层广泛持有；否则，公开市场操作就不能广泛地影响信用和货币量。第二，中央银行有较强的资金实力，本身持有相当数量的证券，主要是国债，否则它就没有足够的调节力量。第三，商业银行的资产结构中，国债的持有占相当比重；否则，中央银行的调节对商业银行准备金的变动将无足轻重，影响调节的效能。第四，利率要有一定程度的灵活性。如果商业银行不能自主确定利率，如果利率不反映货币供求状况的变化，企业和个人对利率的变动没有起码的敏感性，那么，中央银行操作公开市场业务，影响了商业银行的准备金后，商业银行就不能根据准备金头寸余缺情况，通过利率调整来均衡供求，企业和个人也不能通过接受一个合理的市场利率来均衡成本和收益。这样，公开市场操作就不能通过利率变动这条渠道收到应有的效果。第五，必须有其他政策工具的配合。因为公开市场业务比较起法定存款准备率和再贴现率来，对大众预期的影响和对商业银行的强制性影响都相对较弱，没有这两种工具的配合，就很难达到理想的调节效果。

## 三、选择性政策工具

选择性政策工具是中央银行对信用和货币量进行局部性或结构性调节和控制的措施,因此,又称为选择性信用控制,主要措施有:

1. 差别利率政策。中央银行根据国家经济政策和产业政策的要求,可以实行对不同部门、不同企业和不同地区执行不同利率的政策。对国家重点发展的部门和产业执行较低的优惠贷款利率,对限制发展的部门和产业则执行较高的利率。

2. 证券保证金比率。为了控制证券市场的信用投资规模,防止市场出现过度投机,中央银行实行对证券购买者在买进证券时必须支付现金的比率加以规定并可随时调节的制度。由于全部交易是借助于贷款完成的,购买证券时支付现金的部分,实际上就是交易者为获得贷款支持而必须拥有的保证金,因此,这一比率习惯上称为证券保证金比率。保证金比率越高,信用规模越小。在中央银行认为证券投机过度,证券价格过高时,提高保证金比率就可以抑制市场需求,使价格回落。反之,在证券市场低迷时则降低保证金比率。

3. 消费信用控制。就是中央银行对消费者分期购买耐用消费品的信用活动实施管理。内容主要包括:(1)规定以分期付款形式购买耐用消费品时的第一次付现的比率;(2)规定用消费信贷购买商品的最长期限;(3)规定用消费信贷购买耐用消费品的种类。中央银行可以根据消费品市场的供求状况及物价情况,灵活地运用这些管理措施。如:在需求过度、物价上升时,就要求提高首次付现的比率,缩短消费信贷的期限;反之,在需求不足、经济萧条时,则降低比率和延长期限。

4. 预缴进口保证金。在进口过度增长、国际收支出现逆差时,为抑制进口,中央银行要求进口商按照进口商品总值的一定比例,预缴进口商品保证金,存入中央银行,以增加进口商的资金占用,增加进口成本。对于预缴保证金占进口商品总值的比例,中央银行可视国际收支状况的变化灵活调整。

5. 不动产信用控制。中央银行对商业银行办理不动产抵押贷款作限制性规定,以抑制市场的过度需求。如:对金融机构的房地产贷款规定最高限额、最长期限、第一次付现的最低金额要求等。

## 四、直接信用管制

直接信用管制是相对于间接信用指导而言的,是指中央银行将措施和手段直接作用于控制对象,并且多采用行政命令的方式。通常主要是指中央银行对商业银行做出的各种限制和干预其信用活动的强制性措施。这些措施主要有：

1. 信用额度分配。这是指中央银行根据金融市场状况及客观经济需要，对商业银行的信贷规模加以分配，限制其最高数量。这种管制方法，早在18世纪末的英格兰银行就开始使用了。英格兰银行当时为了限制各银行信用过度扩张，规定了自身每月授信的最高额度，然后将这个额度按各银行的大小进行分配。各银行向英格兰银行要求再贴现时，只能在分配的额度内申请。后来，这种办法被法国、英国、墨西哥等国采用。中国1998年以前实行的信贷资金管理制度一直坚持信贷额度控制的做法。

2. 规定利率最高限。就是规定商业银行吸收定期存款和储蓄存款所执行的最高存款利率。这一规定的目的是为了防止银行间为了争夺存款而竞相抬高利率，进而竞相发放高利息风险贷款。

3. 规定流动性比率。为了限制商业银行扩张信用、降低商业银行的经营风险，中央银行对商业银行的流动性资产与存款负债的比率即流动性比率作出规定。商业银行为了保持流动性比率，就必须经常注意压缩长期贷款的比重和扩大短期贷款比重，还必须持有一部分很容易变现的流动性较高的资产和现金。这样，商业银行的风险贷款受到了限制，提高了经营的安全性。

4. 直接干预。即对商业银行的信贷业务活动、贷款范围等直接进行干预。如：不得对活期存款支付利息、不得将贷款用于股票和房地产交易等。

## 五、间接信用指导

间接信用指导是指中央银行利用各种间接的措施对商业银行的业务活动和决策取向等施加影响。主要措施有：

1. 道义劝告，又叫"窗口指导"，是指中央银行利用其在金融体系中的特殊地位向各家银行说明政策、阐明立场，从道义上说服商业银行执行中央银行所要求的信贷政策和投资方向等。在日本，中央银行根据市场情况、物价变动趋势、金融市场动向、货币政策要求以及银行上一年度同期的贷款情况等，规定银行按季度贷款增加的额度，以指导的方式要求各银行遵照执行。

2. 金融宣传，是指中央银行通过定期公布资产负债表，发表年报，公布金融机构状况、金融市场状况和信贷活动状况，公布对财政、贸易、物价、经济发展趋势的统计分析结果等，向社会各界，尤其是向金融界说明货币政策的重要性及其内容，以求得到各方面的理解和支持。也可以利用新闻媒体，利用各种公共场合广泛宣传货币金融政策。

## 六、美联储货币政策工具的特点

美国联邦储备体系（Federal Reserve System）[①]从 1994 年 2 月开始，在每次联邦公开委员会会议上都要公布联邦基金利率（Federal Funds Rate，银行间隔夜准备金贷款利率）目标，这是一个影响整个经济体系利率变动的基准利率信号。因此，美联储的三大政策工具——公开市场操作、贴现贷款和法定准备金率的实施，在通常情况下是通过让联邦基金利率受到影响和改变而起作用的。其中主要通过美联储向银行系统购买和售出短期证券，使准备金市场的供给和需求发生改变，从而将联邦基金利率调节至既定的目标利率区间。而当利率水平已逼近零点[②]，经济依然处在通缩状态，美联储则将低利率锁定为长期目标，通过购买美国长期国债和资产支持证券等美元资产来维持低利率水平，大规模增加基础货币供应，让市场形成宽松的流动性环境，这便是在特殊情况下，所采取的量化宽松货币政策。[③]（参阅专栏十）

美联储三大政策工具变动影响联邦基金利率均衡水平的机制如图 9-5 所示。$RS$ 代表准备金供应，$RD$ 代表准备金需求，$i_0$ 为联邦基金利率在 $RS=RD$ 时的均衡水平，$i_r$ 为美联储向准备金存款支付利息的水平。当联邦基金利率低于该水平时，银行将停止提供准备金贷款，而宁可将准备金存于美联储，准备金需求曲线呈现水平状，因此，准备金供给的任何增加都不再使联邦基

---

[①] 美国联邦储备体系履行美国的中央银行职责。该系统是根据《联邦储备法》（Federal Reserve Act）于 1913 年设立的。系统主要由联邦储备委员会（Board of Governors of The Federal Reserve System）、联邦储备银行（Federal Reserve Banks）、联邦公开市场委员会（Federal Open Market Committee）、联邦咨询委员会以及大约 2900 家成员商业银行组成。美联储的央行职能由位于华盛顿特区的中央管理委员会和 12 家联邦储备银行行使，首脑为联邦储备委员会主席。按资产衡量，最大的 3 家联邦储备银行是纽约、芝加哥和旧金山联邦储备银行，其中，纽约联邦储备银行在美联储的组织和决策系统中具有特殊作用。

[②] 从 2007 年 8 月开始，美联储连续 10 次降息，联邦基金利率目标水平由起初的 5.25%降至 2008 年 12 月 16 日宣布的 0%～0.25%之间。

[③] 自 2008 年 11 月 25 日美联储为应对金融和经济危机而采取量化宽松（Quantitative EASY，QE）货币政策开始，近 5 年来美国已经连续实施了四轮量化宽松：$QE_1$：2008 年 11 月～2010 年 4 月，为避免金融市场崩溃，总共购买了总额超过 1.7 万亿美元的抵押贷款支持证券和国债。$QE_2$：2010 年 11 月～2011 年第二季度末，为压低长期利率，促进经济复苏，解决通货紧缩和高失业率问题，美联储宣布再购买 6000 亿美元长期国债，约合每月购买 750 亿美元，并再次表示将把到期的抵押贷款支持证券所得用于国债再投资，同时决定继续将联邦基金利率保持 0%～0.25%的历史最低水平。$QE_3$：2012 年 9 月～12 月，为避免欧债危机拖累美国经济复苏，决定将 0%～0.25%超低利率的维持期限延长到 2015 年中，每月购买 400 亿美元的抵押贷款支持证券，继续坚持把到期的抵押贷款支持证券所得用于国债再投资，执行买出短期国债和买入长期债券的"扭曲操作"。$QE_4$：2012 年 12 月 13 日，美联储宣布第四轮量化宽松计划，每月采购 450 亿美元国债，替代扭曲操作，加上原先的每月 400 亿美元的宽松额度，每月资产采购额达到 850 亿美元。因此，此轮量化宽松又被称为 $QE_3$ 的加强版。

金利率水平下降。

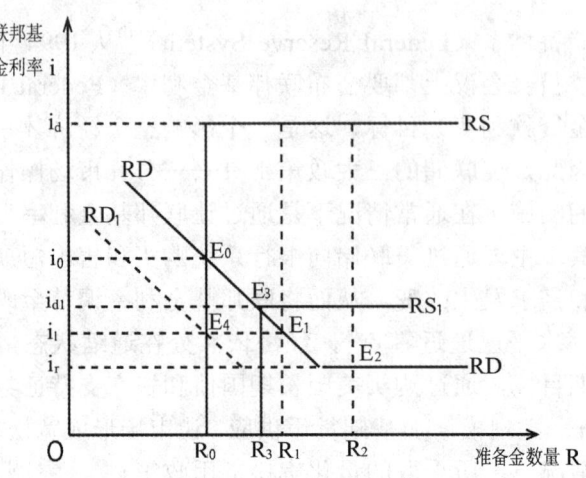

图 9-5 联邦基金利率水平的决定及其变动

$i_d$ 为美联储向商业银行提供贴现贷款的利率即再贴现率，通常设定为高于联邦基金利率的一个固定水平。当联邦基金利率高于这个水平时，银行将停止向同业借款，而转向从美联储获得贴现贷款，准备金供给曲线呈水平状，准备金需求的任何增加都不再使联邦基金利率水平上升。可见，准备金市场上的联邦基金利率水平是在以准备金存款利率为最低限和再贴现率为最高限的区间内变化的。以扩张的货币政策操作为例，假如最初的准备金供给水平在 $R_0$，当美联储进行公开市场买入时，准备金供给量增加，供给曲线由 $R_0$ 移至 $R_1$ 与需求曲线交于 $E_1$ 点，联邦基金利率由 $i_0$ 降至 $i_1$。若准备金供给量继续增加至 $R_2$，与需求曲线的平行部分交于 $E_2$ 点，联邦基金利率降至最低点即准备金存款利率 $i_r$ 的水平。当美联储通过降低再贴现率实施扩张货币政策时，凡是在联邦基金利率均衡水平 $i_0$ 以上的再贴现率都不会使商业银行愿意向美联储申请贴现贷款，只有在再贴现率降至低于 $i_0$ 水平时，才会由于发生贴现贷款[①]而增加准备金供应,如图中所示,再贴现率降至 $i_{d1}$ 时,准备金供给曲线的平行部分下降至 $RS_1$ 位置与需求曲线相交于 $E_3$ 点,此时准备金供应量由 $R_0$ 增至 $R_3$,联邦基金利率由 $i_0$ 降至与 $i_{d1}$ 相同水平。当美联储通过降低法定存款准备金率实施扩张政策时,由于准备金率降低而使商业银行可用准备金增加,减少了准备金需求量,需求曲线由 $RD$ 移至 $RD_1$,与供给曲线交于 $E_4$ 点,联邦基金利率由 $i_0$ 降至 $i_1$。

**专栏十 主要国家中央银行采取的非常规货币政策**

2009 年以来,国际金融危机对主要经济体经济的影响逐步加深。继创新多种信贷工具向各类机构提供流动性后,英国、瑞士、美国、日本等国的中央银行在下调政策利率接近零的情况下,进一步采取了以量化宽松为特点的非常规货币政策,通过在二级市场上购买包括国债在内的中长期债券等措施继续向市场注入大量流动性。3 月 5 日,英格兰银行宣布将政策利率进一步降低 50 个基点至历史最低的 0.5%,并于未来 3 个月投放 750 亿英镑主要购买期限为 5 至 25 年期的普通国债。3 月 12 日,瑞士国家银行宣布下调其政策利率区间上限 25 个基点至 0.75%,并计划通过购买私人部门债券和外汇向市场大规模注入流动性。3 月 18 日,美联储宣布在维持政策利率为 0%~0.25%的基础上,于未来六个月最多购入 3000 亿美元 2~10 年期的美国国债,并大幅扩大现行的抵押贷款相关证券购买计划;同日,日本中央银行宣布维持 0.1%的政策利率不变,并将每月购买各期限国债的额度提高至 1.8 万亿日元。

所谓量化宽松,主要是指中央银行在实行零利率或近似零利率政策后,通过购买国债等中长期债券,增加基础货币供给,向市场注入大量流动性的干预方式。与利率杠杆等传统工具不同,量化宽松被视为一种非常规的工具。2001 年至 2006 年间,在通货紧缩的长期困扰下,日本中央银行曾将政策利率降至零并定量购买中长期国债的政策就是一种典型方式。这些政策的最终意图是通过扩大中央银行自身的资产负债表,进一步增加货币供给,降低中长期市场利率,避免通货紧缩预期加剧,以促进信贷市场恢复,防止经济持续恶化。国际金融危机以来,主要经济体需求持续下降,尽管政策利率已接近零,但金融市场风险溢价仍居高不下,信贷市场紧缩严重,通常的以短期利率为主的货币政

---

[①] 美联储贴现贷款的种类有三个:(1)一级信贷(Primary Credit):为财务健全的银行提供的短期(通常为隔夜)贷款,又称为常备贷款便利(Standing Lending Facility)。是商业银行最主要的后备流动性来源。通常所说再贴现利率就是指一级信贷的执行利率,其利率水平通常高于联邦基金目标利率 1 个百分点(即 100 个基点)。(2)二级信贷(Secondary Credit):为陷入财务困境或面临严重流动性问题的银行提供贷款,着眼于长期信贷的展期,利率通常高于一级信贷利率 0.5 个百分点。(3)季节性信贷(Seasonal Credit):为那些设置在农业区或度假区,存款受季节性因素影响较大的银行提供的贷款,其利率与定期存款利率和联邦基金利率的平均值挂钩。

策传导机制不畅。在此特殊情况下，以量化宽松为特点的非常规货币政策成为主要中央银行对抗通货紧缩、稳定经济的必要手段之一。目前来看，主要经济体激进的货币政策促使全球货币条件进一步宽松，一定程度上有利于抑制通货紧缩预期的恶化。不过，在国际金融市场尚未恢复稳定的情况下，这些非常规政策措施对降低市场利率及促进信贷市场恢复的作用还不甚明显。

以量化宽松为特点的非常规货币政策同时也蕴藏着较大的风险，对国际金融市场及全球经济可能产生较为深远的影响。一是加大了未来全球通货膨胀的风险。如果中央银行在经济复苏时不能及时回收巨额流动性，可能再次埋下资产泡沫和通货膨胀的隐患。此外，近年来通货膨胀带有明显的全球性，某个主要中央银行出现政策失误就可能给全球带来通货膨胀的风险。二是加大了主要货币汇率波动的不确定性。尽管前期美元对主要货币汇率保持升值，但美联储3月18日大量购入债券的声明一度引发美元贬值。随着更多经济体采取量化宽松等非常规的货币政策，主要货币汇率贬值风险可能加大。三是对主要经济体债券市场产生影响。大规模购买中长期国债和增加购买普通机构债的政策，短期内或能维持债券收益率在较低水平，但从中长期看，随着金融市场趋于稳定、经济逐步恢复，通胀预期强化、利率上升、中央银行回收流动性等因素可能导致债券价格大幅调整。总体看，目前已经采取或即将采取非常规货币政策的中央银行面临的主要问题是如何把握好后续政策的力度和制定合理的退出机制。一方面要能够对抗短期通货紧缩预期的加强，促进经济尽快复苏；另一方面又要能保持币值的相对稳定，并避免中长期风险的挑战。尤其是在经济复苏时，如果这些非常规政策退出过快，可能给经济带来新的冲击；但如果退出过慢、流动性回收不够及时果断，又再次引发恶性通货膨胀的风险。

（本专栏资料摘自2009年第一季度《中国货币政策执行报告》）

## 七、欧洲中央银行的货币政策工具

欧洲中央银行的货币政策工具包括公开市场操作、向商业银行发放贷款和调整法定存款准备率。与美联储相似，欧洲中央银行的货币政策在通常情况下也是通过让三大工具影响短期利率来实现的。欧洲中央银行货币政策立场反映在它所制定的目标融资率（Target Financing Rate）和受此决定的隔夜现金利率（Overnight Cash Rate）的目标水平上，通过政策工具的操作让这种短期利率保持在目标水平上，进而实现货币政策最终目的。公开市场操作的形式主要包括再融资操作（Main Refinancing Operations）和较长期限的再融资操作（Longer-term Refinancing Operations）。前者是主要形式，类似于美联储的回购交易，通常是以信贷机构的合格资产作抵押，以回购或信用操作方式买卖资产，调节准备金供给量；通常按两周实施；这种操作一般要分散到欧元区内若干个国家的中央银行来进行。后者的操作目的是为欧元区银行解决长期资金问题，通常按月实施，以买卖3个月期限证券居多。向银行发放贷款的具体形式是边际贷款便利（Marginal Lending Facility），又叫常备贷款便利，是由欧元区内各国中央银行向提供合格抵押品的银行发放隔夜贷款，其执行的利率称为边际贷款利率。该利率通常高于欧洲中央银行制定的目标融资率和隔夜现金利率，是隔夜现金利率的上限，类似于美联储的再贴现率。隔夜现金利率的下限是欧洲央行设定的存款便利（Deposit Faclity）支付的利率。当隔夜现金利率低于该利率时，银行宁愿从存款便利中得到中央银行的利息，而不愿将准备金拆借给别的银行。欧洲央行对吸收存款的金融机构规定2%的准备金率要求，并且为准备金存款支付利息。遵守这一要求的机构可作为公开市场操作的对象，也可得到常备贷款便利。

## 八、中国人民银行货币政策工具的改革和发展

1995年3月颁布的《中国人民银行法》规定：中国人民银行为执行货币政策，可以运用下列货币政策工具：（1）要求金融机构按照规定的比例交存存款准备金；（2）确定中央银行基准利率；（3）为在中国人民银行开立账户的金融机构办理再贴现；（4）向商业银行提供贷款；（5）在公开市场上买卖国债和其他政府债券及外汇；（6）国务院确定的其他货币政策工具。这些政策工具的最终确定，一是借鉴了发达国家的经验，二是肯定了十多年货币政策工具探索和改革的成果。目前，中国人民银行可以根据宏观经济形势，灵活地、有选择地运用法律所确定的这些政策工具。

在中国改革货币政策工具的历程中，最为突出的是不再将贷款限额作为法定的货币政策工具，至多只能作为"国务院确定的其他货币政策工具"，在某些特定时期被使用。1998年1月1日，在现实操作中已经正式停止了下达指令性贷款限额的做法，改为指导性计划，这是中国货币政策工具从直接调控为主向间接调控为主转变的一个实质性的步骤。在货币政策工具的实际操作和运用中，中国人民银行采取了一系列改进和完善的措施。

1. 公开市场操作方面的改革。1994年3月启动了外汇操作。1994年1月1日汇率并轨后，公开市场外汇操作就已成为一项重要的货币政策工具。但是在刚开始运用这一工具时，未能兼顾稳定汇率和稳定币值两方面功能的发挥，一度出现为稳定人民币汇率而被迫不断买入外汇，导致基础货币大量

投放、货币供应量增加，成为通货膨胀的重要诱因。从1995年开始，中国人民银行采取了旨在使汇率和币值实现双重稳定的配套措施，取得较好效果。为了全面启动公开市场操作和再贴现业务，从1994年开始，中国人民银行与财政部、证监会一起，对国债发行办法进行改革，建立了一级自营商制度，并确定了首批50家国债一级自营商。在改造中国证券交易有限公司的基础上组建了国债登记清算公司。1996年，财政部开始发行一年期以下的短期国债，金融机构成为这期国债的主要持有者。在各种准备工作基本就绪后，1996年4月9日，中国人民银行便正式启动了公开市场业务。从交易品种看，中国人民银行公开市场业务债券交易主要包括回购交易、现券交易和发行中央银行票据。[①]其中回购交易分为正回购和逆回购两种：正回购为中国人民银行向一级交易商卖出有价证券，并约定在未来特定日期买回有价证券的交易行为；正回购为央行从市场收回流动性的操作，正回购到期则为央行向市场投放流动性的操作。逆回购为中国人民银行向一级交易商购买有价证券，并约定在未来特定日期将有价证券卖给一级交易商的交易行为；逆回购为央行向市场上投放流动性的操作，逆回购到期则为央行从市场收回流动性的操作。现券交易分为现券买断和现券卖断两种：前者为央行直接从二级市场买入债券，一次性地投放基础货币；后者为央行直接卖出持有债券，一次性地回笼基础货币。中央银行票据即中国人民银行发行的短期债券，央行通过发行央行票据可以回笼基础货币，央行票据到期则体现为投放基础货币。2003年，针对国内经济出现货币信贷增长过快和通货膨胀压力增大的新趋势，中国人民银行从4月22日至12月底，共发行63期央行票据，发行总量为7226.8亿元，发行余额为3376.8亿元。2003年全年共进行59次公开市场操作，通过公开市场债券交易，累计回笼基础货币13186亿元，累计投放基础货币10492亿元，投放、回笼相抵，净回笼基础货币2694亿元。2003年至2006年，发行央行票据净对冲流动性约3万亿元。2008年年中，美国次贷危机蔓延加深，国家宏观调控政策进行了重大调整，中国人民银行及时调整了货币政策的方向、重点和力度，从7月份起逐步调减央票发行的规模和频率，将全年新增贷款预期目标提高至4万亿元以上，指导金融机构扩大信贷总量，并与结构优化相结合，向"三农"、中小企业和灾后重建等倾斜。

---

① 2002年9月24日，人民银行将2002年以来（6月25日至9月24日）公开市场业务未到期的正回购转换为中央银行票据，实际是将商业银行持有的以央行持有债券为质押的正回购债权置换为信用的央行票据债权，转换票据总额1937.5亿元，为继续进行正回购操作提供了条件。2002年6月25日至12月10日，人民银行正回购共操作24次，累计回笼基础货币2467.5亿元。

针对近年来银行体系短期流动性供求波动性加大的情况,中国人民银行在现有货币政策操作框架基础上,借鉴发达国家防范银行体系流动性风险的经验,于 2013 年 1 月创设了公开市场短期流动性调节工具(Short-term Liquidity Operations,SLO)。这种短期流动性调节工具作为公开市场常规操作的必要补充,以 7 天期限内短期回购为主,遇节假日可适当延长操作期限,采用市场化利率招标方式开展操作。中国人民银行根据货币调控需要,综合考虑银行体系流动性供求状况、货币市场利率水平等因素,灵活决定该工具的操作时机、操作规模及期限品种等。这种调节工具的操作对象为公开市场业务一级交易商中,具有系统重要性影响、资产状况良好、政策传导能力强的部分金融机构。2013 年 12 月份,银行间市场再度出现"钱荒"①,各期限(隔夜、7 天、14 天、21 天)资金利率纷纷攀升至两位数水平。为稳定市场和提振信心,12 月 20 日,中国人民银行通过官方微博发布消息:已连续三天通过 SLO 累计向市场注入超过 3000 亿元流动性,银行体系超额备付已逾 1.5 万亿元,为历史同期相对较高水平。同时,再次提示主要商业银行合理调整资产负债结构,提升流动性管理的科学性和前瞻性。

2. 再贷款和再贴现方面的改革。自 1984 年人民银行专门行使中央银行职能以来,人民银行对金融机构的再贷款就一直是其调控基础货币的重要渠道之一。通过适时调整再贷款的总量及利率,调控基础货币供应,实现货币信贷总量调控和结构优化目标。近几年来,在稳增长和调结构的总体要求下,再贷款所占基础货币的比重逐步下降,新增再贷款主要用于促进信贷结构调整,引导扩大县域和"三农"信贷投放。再贴现是人民银行对金融机构持有的未到期已贴现商业汇票予以贴现的行为。通过适时调整再贴现总量及利率,并进行再贴现票据选择,达到调节基础货币供应和调整信贷结构的目的。自 1986 年人民银行下发《中国人民银行再贴现试行办法》,决定在北京、上海等十个城市对专业银行试办再贴现业务以来,再贴现业务经历了试点、推广到规范发展的过程。1994 年下半年,为解决一些重点行业的企业货款拖欠、资金周转困难和部分农副产品调销不畅的状况,中国人民银行对"五行业、四品种"(煤炭、电力、冶金、化工、铁道和棉花、生猪、食糖、烟叶)领域专门安排 100 亿元再贴现限额,推动上述领域商业汇票业务的发展。再贴现作为选择性货币政策工具,为支持国家重点行业和农业生产发挥了积极作用。

---

① 6 月份曾出现年内第一次"钱荒",月初市场盛传光大银行与兴业银行同业拆借违约事件,19 日,大型商业银行加入借钱大军,银行间拆借市场利率迅速飙高。20 日,隔夜拆借利率达到 13.44%的高水平。而一个多月前的 5 月 7 日的银行间隔夜拆借利率才是 2.36%,上升了 5.7 倍。

1995年末，人民银行规范再贴现业务操作，开始把再贴现作为货币政策工具体系的组成部分，并注重通过再贴现传递货币政策信号。根据金融宏观调控和结构调整的需要，不定期公布再贴现优先支持的行业、企业和产品目录。1998年之后，人民银行又进一步出台了一系列完善商业汇票和再贴现管理的政策，改革再贴现、贴现利率生成机制，为使再贴现利率最终成为中央银行独立的基准利率，发挥传导货币政策的信号作用创造条件。2008年以来，人民银行进一步完善再贴现管理：为便于金融机构尤其是地方中小金融机构法人申请办理再贴现，适当增加了再贴现转授权窗口。进一步扩大了再贴现的对象和机构范围，城乡信用社、存款类外资金融机构法人、存款类新型农村金融机构，以及企业集团财务公司等非银行金融机构均可申请再贴现。推广使用商业承兑汇票，促进商业信用票据化。通过票据选择明确再贴现支持的重点，对涉农票据以及县域企业和金融机构与中小金融机构签发、承兑、持有的票据优先办理再贴现。进一步明确再贴现可采取回购和买断两种方式，提高业务效率。在2009年的适度宽松的货币政策操作中，累计办理再贴现248.8亿元，同比增长126.8%。2010年继续执行适度宽松政策，累计办理再贴现1712.0亿元，同比增加1463.2亿元。再贴现年末余额791.0亿元，同比增加609.8亿元。在再贴现总量中，涉农票据占32%，中小企业签发、持有的票据占87%，发挥了再贴现工具促进优化信贷结构、支持扩大"三农"和中小企业融资的引导作用。

为了加强金融机构流动性管理，有效调节市场短期资金供求，维护金融市场稳定，中国人民银行于2013年1月创设"常备借贷便利"（Standing Lending Facility，SLF），向金融机构适时提供流动性支持。相比同时创设的公开市场短期流动性调节工具而言，常备借贷便利的主要功能是满足金融机构期限较长的大额流动性需求。这种工具的最长期限为3个月，目前以1～3个月期操作为主。利率水平根据货币调控需要、发放方式等综合确定。2013年1月22日，中国人民银行印发《关于加强地方法人金融机构流动性管理有效发挥短期再贷款流动性供给功能的通知》，要求各分支机构充分认识再贷款对地方法人金融机构临时性、流动性供给的积极作用，引导金融机构将短期再贷款作为解决短期流动性不足的正常资金来源渠道，有效运用短期再贷款工具满足金融机构合理的流动性需求。

3. 法定存款准备金政策方面的改革。人民银行的存款准备金制度开始于1984年，刚刚建立这一制度时，中国正好面临信用扩张较快、需求过旺的经济形势，因此，法定存款准备率定得较高，各类存款均按 10%的比例提交准备金，后来又调高到 13%，而且这些准备金还不能用于清算，银行还须保持 5%～7%的备付金。如此高的准备金率，严重影响了商业银行信贷业务的正常拓展，于是产生了中央银行一面以高准备金率集中商业银行的资金，一面又大量向商业银行提供贷款的不合理现象。这种情况一直持续到 1998 年 3 月进行存款准备金制度改革之前。之后，配合拉动需求的总量调节政策，法定存款准备金率从 13%下调到 8%，将各金融机构在人民银行的准备金存款账户和备付金存款账户合并为一个账户，称为"准备金存款"账户，还下调了准备金存款利率。1999 年 11 月，为进一步实施拉动内需的货币政策，又将法定存款准备率下调到 6%。2003 年至 2006 年，在加强流动性管理的要求下，5 次上调存款准备金率共 3 个百分点，深度冻结流动性约 1 万亿元。从 2004 年 4 月 25 日起，中国人民银行开始对商业银行实行差别存款准备金率制度，金融机构适用的存款准备金率与其资本充足率、资产质量状况等指标挂钩，对资本充足率低于一定水平的金融机构实行相对较高的存款准备金要求，建立起正向激励与约束机制。2008 年上半年，针对"双顺差"继续扩大、外汇大量流入的态势，为对冲多余的流动性，中国人民银行先后 5 次上调存款准备金率共 3 个百分点。与此同时，对农村信用社和灾区金融机构执行较低的存款准备金率。下半年以后，随着国际金融动荡加剧，为保证银行体系流动性的充分供应，中国人民银行分别于 9 月 25 日、10 月 15 日、12 月 5 日和 12 月 25 日 4 次下调存款准备金率，其中，大型存款类金融机构累计下调 2 个百分点，中小型存款类金融机构累计下调 4 个百分点。截至 2008 年年末，动态测算共释放流动性约 8000 亿元。继续对农村金融机构和地震灾区执行特别优惠的存款准备金率。2011 年上半年，分别于 1 月 20 日、2 月 24 日、3 月 25 日、4 月 21 日、5 月 18 日和 6 月 20 日 6 次上调存款准备金率各 0.5 个百分点，累计上调 3 个百分点。从 2011 年 9 月起，将保证金存款纳入存款准备金交存范围。

由上可见，中国货币政策工具的改革已经取得明显成效，已启动了与发达国家相同的各种政策工具，但从这些工具发挥作用的程度和效果上看，还不尽如人意，工具组合的市场化程度有待提高，各种工具之间的相互协调和配合也待进一步加强。

## 第四节 货币政策传导机制和中介指标

### 一、货币政策传导机制

货币政策传导机制所要说明的是有关货币政策工具通过怎样的途径和作用机理发挥效用,最终实现货币政策目标的问题。它是中央银行确定了政策目标后,从选用一定的政策工具并付诸实施开始,到实现其最终目标之间,所经过的各种中间环节相互之间的有机联系及其因果关系的总合。人们一般认为,货币政策的传导途径和顺序如图 9-6 所示。图示表明,中央银行货币政策的传导可通过两条基本途径:一条是商业银行。货币政策工具实施后可改变商业银行向中央银行的融资成本,可改变商业银行的准备金头寸,然后商业银行通过调整信贷规模、利率、贷款期限等使企业和居民等的消费、储蓄和投资活动受到影响,进而使全社会的总支出量和总产出量发生改变,这种改变最终反映了经济增长、就业、物价、国际收支等货币政策最终目标的实现程度。另一条基本途径是金融市场。货币政策工具实施后,如进行公开市场操作后,金融市场的货币供给和货币需求发生改变,引起各种金融资产的收益和价格的变化,这种变化同样会影响企业、居民等经济主体的消费、储蓄和投资,并最终影响到货币政策目标的实现。图示还表明,货币政策的传导顺序一般是先由中央银行作用于商业银行和金融市场,再由商业银行、金融市场作用于企业、居民等经济活动主体,最后由各经济主体作用于各种宏观经济变量。

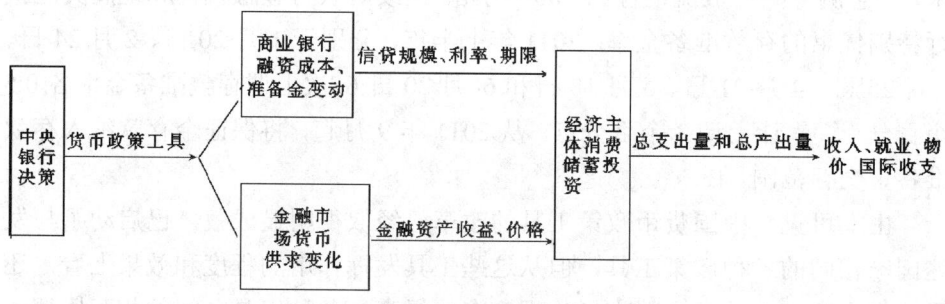

**图 9-6 货币政策传导途径**

关于在货币政策传导过程中,哪一种变量起主要作用,在西方货币政策理论中存在很大分歧，凯恩斯学派强调利率的作用，而货币学派则强调货币供应量的作用。由此形成了凯恩斯学派的传导机制理论和货币学派的传导机制理论。

（一）凯恩斯学派的货币政策传导机制理论

这种理论最初是就货币市场对商品市场的影响进行分析的，被称为局部均衡分析。其基本思路是：假定货币供给 $Ms$ 相对于需求而突然增加，首先发生变化的就是利率 $r$ 下降，利率下降后，资本边际效率提高，投资 $I$ 就会增加，投资的增加必然影响总支出 $E$ 和总收入 $Y$。这一传导过程简单表示为：

$$Ms\uparrow \rightarrow r\downarrow \rightarrow I\uparrow \rightarrow E\uparrow \rightarrow Y\uparrow$$

在这一传导过程中，利率变动起着最关键的作用。由于利率的下降，才导致了投资的增加和收入的增加。如果作相反的假设，则是在货币供给减少后，由利率的上升导致投资下降和收入下降。

最初的局部均衡分析，从货币市场变化分析商品市场变化就停止了。后来又从商品市场变化反过来影响货币市场的相互作用的思路作进一步分析，这种分析称为一般均衡分析。其基本思路是：假定货币供给增加，利率会下降，投资增加，产出量增加；产出量增加后，引起货币需求增加，如果没有新的货币供给加入，货币供求的对比就会使下降了的利率回升。这便是商品市场对货币市场的作用。利率回升，又会使投资减弱，产量下降；而产量下降，货币需求减少，利率又要回落。这是一个循环往复的过程，这个过程使货币市场供求和商品市场供求同时满足均衡的要求，最终找到一个均衡点。在这个均衡点上，利率较原来的均衡水平低，而产出量较原来的均衡水平高。当然，货币政策实际的传导过程比这一分析要复杂得多。

（二）后凯恩斯学派的货币政策传导机制理论

现实经济生活是复杂的，凯恩斯学派的传导机制理论也在不断增添新内容，主要集中在对货币供给变化到利率变化之间、利率变化到投资变化之间的各种条件作更具体的分析。其中具有代表性的有：

1. 托宾的 $q$ 理论

詹姆斯·托宾（James Tobin）根据经济学家关于货币政策通过普通股票价格的影响也能影响投资的思想，发展出了一种有关股票价格和投资支出相互关联的 $q$ 理论。按照托宾的定义：

$$q=企业的市场价值/资本的重置成本$$

当 $q$ 很高时（$q>1$），表明企业的市场价值高于企业购置新设施和设备的成本，因此，企业发行股票可以得到高于正在购买的设施和设备价格的价值，意味着企业可以发行较少的股票买到较多的投资品,从而使投资支出增加,经济呈现出景气态势,国民收入($Y$)增加。相反,如果 $q$ 很低($q<1$),由于企业的市场价值低于资本重置成本,企业不会购买新的投资品,因而投资支出(即新投资品的购买)将会很少。由此得到下面的货币政策传导机制:

$$M\uparrow \to P_s\uparrow \to q\uparrow \to I\uparrow \to Y\uparrow$$

式中,$M$ 为货币供应量,$P_s$ 为股票价格,$q$ 为资本比值,$I$ 为投资,$Y$ 为收入。

2. 米什金的货币政策传导机制理论

美国经济学家弗雷德里克·S.米什金(Frederic S. Mishkin)在论述货币政策的流动性效应时认为,当货币增加导致个人的财富增加时,不一定会增加耐用消费品的支出,因为如果他突然需要现金,就只有卖掉耐用消费品,而那样做会使他受到很大损失。为了保持必要的流动性,以减少发生财务困难的可能性,人们会首先增加购买金融资产(如银行存款、股票、债券等)的支出,以便在需要现金时,能够很容易地、迅速地按市场价值将它们脱手。其次,在这个前提下,消费者会增加耐用消费品支出,从而使社会总收入增加。这一传导过程可表示为:

$$M\uparrow \to P_s\uparrow \to V\uparrow \to D\downarrow \to C_A\uparrow \to Y\uparrow$$

式中,$V$ 表示金融资产的价值;$D$ 为财务困难的可能性;$C_A$ 表示耐用消费品的支出。

米什金还认为,上面关于流动性的分析也适用于对住宅的需求。因为住宅如同耐用消费品一样也很不流动。股票价格的提高会改善消费者资产负债状况,并降低遭受财务困难的可能性,提高消费者购买新住宅的欲望。所以,货币政策传导的另一个途径是:

$$M\uparrow \to P_s\uparrow \to V\uparrow \to D\downarrow \to H\uparrow \to Y\uparrow$$

式中,$H$ 表示新住宅支出(其他符号的含义同前)。

(三)货币学派的货币政策传导机制理论

货币学派认为,在货币政策的传导中起主要作用的是货币供应量,而不是利率。货币供应量能够不通过利率而直接影响收入的变动。其基本思路是:增加货币供应量在开始时会降低利率,但不久就会因货币收入增加和物价上涨而使名义利率上升,至于实际利率,则有可能回到并稳定在原先的水平。货币供应量增加没有导致利率下降的原因还在于:在名义货币供应量增加的过程中,人们可能将增加的货币转向价格尚未上涨的金融资产和实物资产,资产需求的增加引起资产价格的上升,必然使生产者增加生产,从而增加名义收入。资产价格上升、生产增加、收入增加的结果是,增加的货币供给被由此引起的货币需求所吸收,利率不发生变化。因此,货币供给的变动,不是通过利率间接地影响支出和收入,而是通过货币实际余额直接作用于实际资产,引起支出和收入的变化。这就是说,从货币政策工具的操作到货币政策目标的实现(总支出和总收入的改变),货币供应量是最重要的传导媒介。货币学派理论中的传导过程可表示为:

$$M_s\uparrow \to A\uparrow \to C\uparrow \to I\uparrow \to P\uparrow \to \cdots\cdots \to y\uparrow$$

上式中,$A$ 为金融资产,$C$ 为消费,$I$ 为投资,$P$ 为资产价格,……代表各种资产价格变动作用于总收入变动的过程。

与凯恩斯学派的理论相比,货币学派并不重视利率指标在货币政策传导机制中的作用,认为货币政策主要不是通过利率间接地影响投资和收入,而是因为货币供应量超过了人们所需要的真实现金余额,从而直接地影响到社会的支出和货币收入。凯恩斯学派认为,直接对产量、就业和国民收入产生影响的是投资,而货币对国民收入等因素的影响是间接的,货币供应量增加以后,首先是降低利率,从而提高资本的边际效率,增加投资,经过投资乘数的作用,从而引起国民收入、就业量的增加。而货币学派则认为,货币供应量的变动与名义国民收入的变动有着直接的联系。凯恩斯学派认为,货币政策工具首先使金融资产方面发生调整,即通过货币市场供求变化对利率进行调整,然后引起资本市场的变化,使投资发生改变,通过投资乘数的作用,改变消费和国民收入。货币学派则认为,传导机制可以同时在货币市场和产品市场发生作用,金融资产和耐用消费品、房屋、材料、设备等真实资产会同时受到影响。

(四)信用可得性理论

20世纪50年代西方国家因采用财政政策调节经济,造成日趋严重的通货膨胀,使人们对凯恩斯关于投资的利率弹性很小,货币政策的有效性差的结论产生怀疑。经济学家开始重新审视货币政策传导机制问题,力求从新的角度来解释货币政策的有效性。其中有代表性的是以罗萨(R. V. Rosa)为首的信用可得性(Availability of Loan)理论。

该理论认为:传统的凯恩斯理论只注重利率变化对借款人的影响,而忽视了利率对贷款人的影响。事实上,利率对贷款者的贷款行为也是十分敏感的。在罗萨等人看来,不仅借款人需要保持流动性,贷款者也必须保持足够的流动性,以保证其业务的正常进行。若感到流动性状态不佳,就不得不调整资产构成,借以补足其不足的流动性,因而就势必减少或停止其信用供给,以致大大影响借款人对信用资源利用的可能性。同时,商业银行在考虑其流动性时,还要考虑其资产的收益情况。例如,在中央银行进行公开市场业务操作而变更利率时,商业银行就会根据其资本收益情况,独立地买进或卖出政府债券,并根据其对安全和收益的权衡,调整其资产构成。商业银行会在许多潜在的借款者中进行资信调查,按照借款者的资产和财务状况、经营能力及担保情况来确定授信对象,实行信贷分配措施。这样,商业银行即使对那些愿意付更高利率的顾客也可能不会授予贷款。商业银行的这种行为会极大地影响整个社会的信用的可得性,再经由信用供给量多少的变化,影响到整个社会的经济活动。如果以 $R$ 表示商业银行的准备金的数量,$L$ 表示流动性,$A$ 表示可获得信用量,则该理论的货币政策传导机制可表示为:$R \rightarrow r \rightarrow L \rightarrow A \rightarrow Y$。中央银行调整货币政策首先影响到银行准备金的数量,进而影响利率水平,利率的变动会引起银行现有资产价格变动,从而改变银行资产的流动性,此种流动性变化迫使银行调整其信贷政策,并经由信用供给可能量大小的变化,影响实际经济活动。

此理论将货币政策传导过程重点放在利率—流动性—信用量这一连锁反应过程上,从研究利率对投资的影响转到了研究利率对信用可得性的影响,既坚持了货币政策经由利率而影响经济的传导机制理论,又修正了货币政策传导机制中投资对利率不敏感的偏差,为货币政策有效性提供了理论依据。

## 二、货币政策中介指标

在上述对货币政策传导机制的分析中不难发现,货币政策工具的操作并不能直接作用于诸如经济增长、物价稳定等货币政策的目标,而是通过对货币供应量、利率等变量的控制和调节去间接地发挥作用。这种既能为中央银行的货币政策工具所左右,又与货币政策目标紧密相关,能够有效地传导货币政策的中间变量,就是货币政策的中介指标。如上述凯恩斯学派的传导机制理论中,就是将利率作为中介指标,而货币学派的理论则将货币供应量作为中介指标。

中介指标的选择,是货币政策运行过程中的重要环节,它直接关系到货币政策执行的效果。对货币政策传导机制的认识不同,就会选择不同的货币政策中介指标。但就一般的认识来讲,在选择中介指标时通常坚持如下几个标准:(1)可观测性。这种指标具有明确的内涵,所需的数字资料和信息容易获得,透过这些资料和信息能够准确观察、分析和监测货币政策作用的效果和实施进度。(2) 可控性。这种指标处在货币政策工具的直接作用范围内，与货币政策工具的操作密切相关。当货币政策工具的参数改变后，这种指标的数值随之发生变化。可控性较强的指标，一般称之为近期指标。其特征是，中央银行对它的控制力较强，但离货币政策目标较远。(3) 相关性。这种指标与货币政策目标高度相关。当这种指标的数值发生变化时，最终目标的实现程度就随之发生变化。相关性较强的指标，一般称之为远期指标。其特征是，离货币政策的目标较近，但中央银行对它的控制力较弱。根据这些标准确定的货币政策中介指标，一般有如下四个：

(一) 利率

如前所述，凯恩斯学派的货币政策传导机制理论中，将利率作为最重要的中间变量，据此，各国中央银行都将利率作为货币政策的中介指标。将利率作为中介指标的主要理由是：(1) 利率的资料和信息容易获得并能够经常整理和分析，利率变化反映的经济内容也比较容易判定。一般来说，利率能够反映货币和信用的供求变动，进而能反映经济中的投资和消费的变动。利率水平趋高表明银根紧缩，利率水平趋低则表明银根松弛。(2) 利率能够为中央银行所控制。中央银行可通过变动再贴现率或在公开市场买卖有价证券等影响利率水平和利率结构。(3) 利率与收入水平、物价水平、国际储备水平等反映货币政策目标的宏观经济指标密切相关。利率变动后，这些指标均受到不同程度的影响。但是，利率作为中介指标，也存在很大缺陷。由于利率经常变动，影响利率变动的因素也很多，有些因素是按同一方向影响利率变动的，有些因素之间则相互抵消。这样，当市场利率发生某种变化时，中央银行难以准确判断其成因，所采取的调节措施就不一定完全奏效。而且由于政策性因素和非政策性因素影响利率的结果是很难分清的，货币政策措施的有效性也就难以判断。另外，最能影响借款人成本预算和贷款人收益目标的是预期的实际利率，而作为中介指标的利率的数据资料只反映名义利率。

(二) 货币供应量

在货币学派的货币政策传导机制理论中，货币供应量被看作最重要的中间变量，因而是货币政策的中介指标。将货币供应量作为中介指标的主要理由是：(1) 货币供应量指标容易观测，资料容易获得。货币供应量包括现金货币量和存款货币量，其资料直接来源于中央银行和商业银行的资产负债表，各国中央银行都普遍将货币供应量划分为不同层次，并定期公布各个层次的货币供应量监控指标。(2) 货币供应量可以为中央银行所控制。中央银行通过对货币发行的控制和对商业银行再贴现、再贷款的控制，掌握着基础货币的扩张和收缩,因而使货币供应量受到控制和调节。(3)货币供应量与反映货币政策目标的宏观经济变量高度相关。如:经济增长较快时,信贷需求增加,货币供应量增加;经济衰退时,信贷需求减少,货币供应量就要收缩。反过来,货币供应量扩张时,投资增加,产出增加,经济增长加快;货币供应量收缩时,投资减少,产出减少,经济增长放慢。

(三)基础货币

基础货币由流通中现金和商业银行在中央银行的准备金存款所构成。主张以基础货币作为中央银行货币政策中介指标的理由是:(1)中央银行掌握着基础货币变动的信息。对于已发行的现金,中央银行可提供准确的数据资料,对于商业银行的准备金存款的变动,中央银行可直接从资产负债表中观测到。(2)基础货币受中央银行直接控制。现金发行是由中央银行垄断控制的,商业银行的准备金存款则可由中央银行通过再贴现、再贷款、买卖证券等方式进行调节。(3)基础货币变化能够影响货币政策目标的实现。基础货币是货币供应量扩张和收缩的基础。基础货币发生变化,通过乘数的作用,货币供应总量就会成倍地变化,而货币供应量的变化进一步引起投资的变化、产量的变化或经济增长水平的变化。基础货币对物价水平的影响也是显而易见的。但是,基础货币作为货币政策的中介目标,也存在一定问题,比如:基础货币与货币乘数的乘积为货币供应量,那么,通过基础货币指标就能掌握货币供应量的前提条件是货币乘数必须稳定。而货币乘数常常受现金漏损、超额准备变动等因素的影响而变动,这就使得基础货币与货币供应量之间的变化关系复杂化了,不能简单地说,把握好了基础货币指标就能控制好货币供应量。假定基础货币供应增加了,但由于种种原因,货币乘数降低了,那么,货币供应量就有可能不发生变化或少发生变化。

(四)超额准备金

超额准备金是商业银行全部准备金扣除了上交中央银行法定准备金后剩余的准备金。这一变量之所以能作为货币政策中介指标,是因为:(1)超额准备金是可以由中央银行通过调整法定存款准备率、再贴现率和公开市场操作而调节和控制的。(2)超额准备金是商业银行扩大贷款规模的基础,因而是影响货币供应量的一个重要变量。(3)超额准备金的变化在很大程度上反映经济运行状况的变化。如超额准备金过多,往往反映经济体系对银行信贷的需求不足,说明经济比较萧条;超额准备不足,则往往反映经济体系对银行信贷的需求很旺,说明经济比较繁荣。当然,超额准备金的多少,主要取决于商业银行业务经营的要求和财务约束,主动权在商业银行,中央银行对其的监控和调节是有限的,因此,这一中介指标的作用也是有限的。

### 三、中国货币政策中介指标的选择

中国正处在金融体制剧烈变革的时期,货币政策中介指标的选择具有不稳定性的特点。我们曾长期将贷款规模(或贷款限额)既作为操作工具,又作为中介指标。在治理 20 世纪 80 年代中后期较严重的通货膨胀的过程中,贷款规模事实上起了控制信用、控制货币量的重要作用,因而一度强化了其作为操作工具和中介指标的地位。但是,随着金融体系的扩展和信用形式的多样化,银行信用就越来越表现出只是全社会信用的一部分,通过银行贷款转化而形成的货币供应量也只是货币供应量总量的一部分。在这种情况下,只控制信贷规模已经很难达到控制货币供应量的目的。况且,控制贷款规模的做法带有完全的计划经济和行政干预色彩,存在诸多弊端,因此,这一操作工具和中介指标开始被否定。在 1993 年底国务院发布的《关于金融体制改革的决定》中,提出将货币供应量、信用总量、同业拆借利率和银行备付金率作为中介目标和操作指标。其中,货币供应量很快在 1994 年 9 月被中国人民银行正式作为监控目标,并按季公布不同层次的货币供应量统计指标,作为分析货币金融形势的重要依据。1996 年,又进一步将 $M_1$ 和 $M_2$ 作为货币政策操作的实际依据。同业拆借利率也随着 1996 年 1 月全国同业拆借中心的成立和同年 6 月将利率放开管制而发挥反映货币市场总供求状况、调节短期资金拆借活动的作用。至于信用总量指标的控制,由于其残留着行政计划管制的弊端,能否真正作为中介指标,尚存在很多异议。银行备付金率,在合并取消了备付金账户、国有银行体制改革尚不到位的情况下,也很难作为一个能够被准确监测和把握的指标。总之,中国货币政策中介指标的选择、确定和运用,还有待于在改革过程中继续探索。

## 第五节 货币政策操作规则

### 一、货币政策规则的含义

货币政策在制定和实施过程中会受到利率弹性、运行时滞、合理预期等各种因素的影响,使其效果难以保证,因此,在如何执行货币政策的问题上引发了许多争论。其中,比较有代表性的是凯恩斯学派的"相机抉择"论和弗里德曼的"单一规则"论。争论的焦点是货币政策是应该由中央银行根据自己对经济形势的判断，按照最优化原则相机抉择操作，还是要遵守一定的规则按既定的方案操作。

货币政策规则有广义和狭义之分：广义的货币政策规则是指整个货币政策的体系结构，包括货币政策的目标、传导机制、中介指标、操作方式等各个方面；狭义的货币政策规则主要是指货币政策的操作方式，即中央银行控制货币供应量、利率、汇率等名义变量的方式。通常所指的就是这种狭义的货币政策规则。

二、"相机抉择"的理论背景和政策观点

货币政策是要相机抉择地操作还是按既定的规则操作，是一个长期争论的问题。20世纪30年代之前，经济自由主义思想和早期货币数量论占据主流地位，经济学家普遍认为实际经济是可以自动实现充分就业均衡的，货币政策对实际经济的影响极小甚至没有影响，货币数量只会影响一般物价水平，而不影响产出。因此，货币当局只需根据物价水平的变化相机抉择。30年代的大危机出现之后，面对经济萧条、失业和众多银行的倒闭，以实际经济可以自动均衡为前提条件的相机抉择的货币政策操作方式受到挑战，从而引发了一场持久的规则与相机抉择的争论。

依然坚持相机抉择的政策观点的人认为，市场经济的运行很不稳定，长期增长速度和短期增长速度往往背离，这就导致了经济的波动，而且货币政策的时滞是短暂的，中央银行应该与财政部门一道，依照经济情况的具体变动，及时灵活地运用不同工具和采取各种应变的措施来稳定金融和经济。具体来说，在经济萧条时，采取宽松的货币政策，刺激有效需求，增加就业机会，推动经济增长；反之，在经济增长过快和出现通货膨胀时，采取紧缩性的货币政策，抑制有效需求，限制投资和消费的增长。货币数量应该根据经济的发展变化要求随时做出调整，以影响经济运行，熨平由非货币因素引起的经济周期性波动，实现经济的稳定增长。

三、货币政策规则的形式和主要内容

一般认为，西蒙斯（Simons）在1936年发表的《货币政策的规则与当局之争》，是提出以规则取代相机抉择的货币政策操作要求的开始。西蒙斯主张用规则来约束货币当局的行为，并提出了货币政策规则的两种形式：一种是不但要明确规定货币当局需要达到的目标，还要规定达到该目标的工具和手段；另一种是只规定一个明确的目标，达到该目标的手段和方式则留给货币当局做充分的选择。西蒙斯认为最理想的货币政策操作规则是明确规定货币供给量增长率。

围绕着西蒙斯提出的货币政策规则涉及的目标和工具两个方面，对货币政策规则的理论研究和实践探索一直没有停止。在目标规则方面，一开始大都主张规定和控制利率目标与汇率目标，美国、英国、意大利等国家在20世纪80年代以前都将长期利率作为货币政策执行中的控制目标，80年代后则纷纷转向货币供应量目标。随着金融创新的发展，金融衍生工具越来越多，货币流通速度变得越来越不稳定，货币供应量难以准确监测和控制，到了90年代，一些国家开始放弃货币供应量目标，转向通货膨胀目标。在工具规则方面，先是由弗里德曼提出"单一规则"的货币政策操作原则。所谓"单一规则"，又称"固定货币规则"、"货币增长不变规则"，是指排除利率、信贷流量、准备金等因素，仅以一定的货币存量作为控制经济的唯一因素，要将货币供应量的增长率稳定在一个确定的数值上。按照这一规则，货币供应量每年应按照固定的比例增加，比例的数值大致等于经济和人口的实际增长率之和。弗里德曼从经济运行具有内在的稳定性，以及货币至关重要的假定出发，认为社会存在着一个自然失业率水平，扩张性的货币政策只能在短期使实际失业率低于自然失业率，而在长期则会使实际失业率回到自然失业率水平；扩张性的货币政策不仅无效，而且一定会付出通货膨胀率上升的代价。此外，由于利率的误导、货币政策时滞因素的影响等，决定了瞄准利率等变量"相机抉择"的货币政策只会造成经济的振荡和紊乱。避免这种情况的根本出路在于创造一个稳定的货币环境，保持物价的稳定，使失业和经济增长分别保持在自然失业率和适度增长率水平上，而实现这一目标的唯一办法是按照"单一规则"操作货币政策，要按经济的实际平均增长率水平来规定并公开宣布一个长期不变的货币增长率。由于弗里德曼的固定增长率规则完全限制了货币当局的灵活性，经济中经常会存在一些无法预测的扰动因素，这些因素构成对经济的外来冲击，引起经济的短期波动，"单一规则"无法对这种外来冲击做出有效反应，因此就达不到稳定经济的目的。

麦卡勒姆（Mc Callum）修正了"单一规则"的缺陷，将政策工具由货币供应量改为基础货币，并允许货币当局根据货币流通速度和名义收入的变化调节基础货币的供应，因而提高了中央银行的灵活性。麦卡勒姆还强调了实际总量对货币政策行动的反应，要求货币当局必须充分考虑到私人部门的预期行为，据此设计出系统性的反应方式，从而建立起货币政策行动与实际总量反应之间的动态联系。由于事实上绝大多数发达国家都是以短期利率为政策工具，麦卡勒姆提出的以基础货币为操作工具的规则并没有得到广泛的实践。

泰勒（Taylor）将基础货币工具改为短期利率，并将名义收入目标分解为通货膨胀目标和实际产出目标，从而扩展了货币政策规则的适用性。泰勒规则又可称为利率规则，是一种要求中央银行的短期利率根据产出和通货膨胀的相对变化而进行调整的货币政策操作方法。泰勒提出的利率工具的调整原则是：如果通货膨胀或实际收入高于目标水平，货币当局就该提高短期利率；反之，就降低利率。他还进一步给出货币政策操作的最优反应函数式，并结合对历史数据的研究，向美联储提出使其货币政策可执行操作的具体数量规则。泰勒规则的表达式为：

$$i_t - \pi_t = R + \alpha(\pi_t - \pi^*) + \beta(\frac{y_t - y^*}{y^*})$$

公式中，$i_t$ 为名义短期利率（联邦基金利率指标），$R$ 为均衡实际短期利率（长期内和充分就业要求相一致的实际联邦基金利率），$\pi_t$ 为当前的通货膨胀率，$\pi^*$ 为目标通货膨胀率，$y_t$ 为当前的收入水平，$y^*$ 为充分就业均衡要求下的收入水平，$\alpha$ 表示通货膨胀缺口（通货膨胀偏离目标的程度）的影响系数，$\beta$ 表示产出缺口（现实 GDP 与按充分就业水平估计的目标 GDP 的偏差率）的影响系数。泰勒设定的均衡实际短期利率为 2%，目标通货膨胀率也为 2%，$\alpha$ 和 $\beta$ 值都是 0.5。根据这些假定，就可以确定在一定的通货膨胀水平和收入水平及其目标要求下的短期利率目标水平即基准利率水平。当然，泰勒同时指出，规则并不一定是机械的公式，而是一种预先确定的系统性方案或政策体系，这种系统性的政策强调的是按照全面和周密的计划来操作，而不是偶然或随机地操作。泰勒规则在发达国家的货币政策实践中被广泛认同，虽然一国的货币当局并不公开宣称自己的货币政策操作是遵守哪一种规则，但是许多国家根据通货膨胀缺口和实际产出缺口调节中央银行基准利率的做法，事实上贯彻的正是泰勒规则所确定的基本原则和操作方法。

20 世纪 90 年代以后，一些国家先后采取了"通货膨胀目标制"（Inflation Targeting）的货币政策操作原则，它是将一定的通货膨胀率直接作为货币政策的中介指标，并对外公开通货膨胀目标，以此来规划货币政策的操作。通货膨胀目标制的核心是以未来一段时间内确定的通货膨胀率目标或者目标区作为货币政策目标，并根据对未来中长期通货膨胀的预测采取适当的货币政策操作。在通货膨胀控制得比较好的国家，对外公开的通货膨胀目标是货币当局所认定的对调动潜在生产力所必需的通货膨胀率；对高通货膨胀率的国家来说，对外公开的通货膨胀目标则是货币当局所认定的可能控制到的通货膨胀率。通货膨胀目标制，较之采用货币供应量、利率作为中间指标，增加了货币政策的透明度，通过解释实现公众最关切的通货膨胀目标所需付出的代价和可能采取的手段，提高了货币政策的可信度。采用通货膨胀目标制，要求中央银行能够比较准确地预测未来通货膨胀率的变化，但实际上这是一件很难做到的事情。而且，即使能够根据对将来通货膨胀的预测进行相应的货币政策操作，也会因为货币政策对物价的影响有较长的滞后期，再加上各种经济冲击也会对物价产生短暂的影响，而使该种操作方式变得非常困难。这也是许多国家拒绝通货膨胀目标制的原因所在。

## 四、相机抉择操作和按规则操作的特点比较

中央银行在货币政策操作中遵循怎样的行为准则，反映了中央银行对货币政策宏观背景和金融体系微观结构的判断和把握，关系到货币政策的运行效果。从各国中央银行货币政策的实践和理论上的总结来看，有两种完全对立的货币政策操作原则类型，即相机抉择操作和按一定规则操作。在相机抉择的操作原则下，中央银行在货币政策操作过程中不受任何固定程序或规则的约束，而是依据经济运行态势灵活取舍，通常是"逆风向而动"平抑经济周期。而在按规则操作的货币政策操作原则下，则要在货币政策实施之前，事先确定并遵循一定程序或规则，如事先确定货币供应量增长率与经济增长率联动的数量法则，事先确定依据通货膨胀缺口和产出缺口调节短期利率的利率变动规则等。到底遵循哪一种原则操作才更有利于货币政策目标的实现，一直是一个争论不休的问题，原因在于这两种操作原则实际上是各有利弊的。相机抉择原则的主要特点在于，它根据经济运行态势进行灵活操作，充分体现了货币政策作为主动性的短期经济稳定政策的特点，通过"逆风向"或"反周期"的操作，发挥了货币政策熨平短期经济波动的作用，也反映了中央银行货币政策对实际经济运行所具有的能动性。它的主要缺陷在于，这种操作的正确性在很大程度上取决于中央银行独立性的程度，如果中央银行对政府部门和来自微观经济各个方面的干扰不能有独立排除的能力，就不可能真正实施"逆风向"或"反周期"的操作。经济中经常出现的情况是，政府部门和微观经济领域最容易产生经济扩张冲动，在中央银行独立性较差的情况下实施的相机抉择操作，反而成为助推通货膨胀的政策性力量。按一定规则操作的原则的主要特点是，它事先制定了为社会公众所普遍知晓的固定规则，

然后再由货币当局遵照执行,使货币政策具有了置于社会监督之下和承担社会责任的特征,可以有效防止货币政策在经济波动中随波逐流,反而成为经济不稳定因素的情况的出现。它的主要缺陷在于,事先确定的固定规则难以应对经济中出现的预料之外的波动或冲击。

## 第六节　货币政策效果

### 一、扩张性货币政策效果

在凯恩斯学派的理论中,如果出现了经济衰退,就要实施扩张性的货币政策。通过货币供给的增加来降低利率水平,利率水平降低后,投资的有效需求就受到刺激,投资增加并通过乘数效应的传递进一步带动消费需求的增加,社会总需求被拉动并进而促进国民收入的增长。那么,扩张性货币政策的效果究竟有多大,或者说,货币数量扩张拉动总需求能够带来多大的国民收入增长量,凯恩斯学派的理论认为,主要取决于两个因素:一是货币需求的利率弹性($\triangle M_d/\triangle r$),货币需求的利率弹性越小,降低利率后不会引起货币需求大量增加,货币供给就不会被增加了的货币需求所吸收,而是作用于实际资产,使总支出和总收入扩大,因此,货币政策的效果就好。相反,货币需求的利率弹性大,政策效果就差。二是投资需求的利率弹性($\triangle I/\triangle r$)。投资需求的利率弹性大,说明很小的利率变动就能带动很大的投资需求,因此,货币政策的效果就好。相反,投资需求的利率弹性小,政策效果就差。这就说明,扩张性货币政策只有在货币需求利率弹性较小和投资需求的利率弹性较大的情况,才能收到比较好的效果,否则,就可能出现效果不理想甚至完全无效的结果。如:在经济出现严重衰退时,就可能出现"流动性陷阱",即利率已降到最低点,人们不再购买债券,无论供给多少货币也以货币形式持有,货币需求的利率弹性变为无限大,货币扩张就完全失去了对实际资产需求的拉动作用,因此,扩张政策无效。同样,在经济出现严重衰退时,经济前景暗淡,投资者对未来的投资收益率预期降到了最低点,投资需求对货币扩张后的利率降低反应极小甚至无反应,或者说,投资需求的利率弹性变得无限小,无论供给多少货币,也不能刺激投资的有效需求,也表明扩张政策无效。

## 二、紧缩性货币政策效果

一般认为，出现了需求拉升型通货膨胀，采取紧缩性的货币政策，效果最好。但是，这种政策的实际效果如何，也要看具体的条件和政策操作的水平。如：在货币流通速度不稳定的情况下，紧缩货币的效果就会被大打折扣。在一定的时期内，总需求等于货币供应量与货币流通速度的乘积。货币供应如愿影响总需求的前提是货币流通速度不变。倘若货币流通速度在货币供应量减少时由于种种原因而有所加快，那么，它就抵消了紧缩货币对紧缩总需求的作用，因而使紧缩政策无效。对于成本推动型的通货膨胀和结构型通货膨胀一味地采取紧缩货币的政策，可能会带来相反的后果。因为各经济部门和不同类型的企业，对于成本的负担能力、其支出对利率的弹性等都存在着差别，因而，同样的紧缩政策，对他们各自的影响效果可能是完全不同的。紧缩货币的政策通常会造成若干不公平的现象，如小企业信用成本高，筹资难度大，紧缩政策首先使这类企业陷入极度困境。又如住宅支出具有较高的利率弹性，紧缩政策使抵押贷款和分期付款利率提高，住宅支出立刻受到抑制。再如，地方基础设施建设支出对利率的弹性也较高，紧缩政策导致的高利率，给基础设施支出项目带来不利影响。

另外，如何观察和判断紧缩性货币政策的效果，也是一个十分重要的问题。如果紧缩政策的实施使货币供给收缩，总需求减弱，物价水平回落，同时又没有影响产出和收入的增长，这就是最好的效果；如果紧缩货币，在抑制需求，使物价回落的同时，产出量和收入增长也受到一定程度的抑制，政策效果就比较模糊；如果紧缩了货币，物价没有回落或只有小幅回落，但产出的增长率却大大下降，就说明紧缩政策无效。我国1993年下半年开始的紧缩政策，就是本着这样一种判断的标准，在执行上坚持"适度从紧"，既抑制需求，又不伤害经济增长的主流，其结果从1996年开始形成物价明显回落、经济持续高速增长的局面。实践证明，坚持这样一种判断标准是正确的。

## 三、货币政策时滞对其效果的影响

货币政策时滞，是指从政策开始制定到政策目标最终实现所经过的时间。很明显，如果货币政策时滞较短或者中央银行对货币政策时滞能准确预测，货币政策效果就容易确定，货币政策工具在实施和传导的选择中就容易把握方向和力度。如果货币政策时滞较长且不稳定，政策效果就难以观察和预测，那么，政策工具在实施和传导过程中就可能变得无所适从。政策的取向和力度不能根据对政策生效程度的判断而随时确定和灵活调整，就难以达到理想的政策目标。货币政策时滞太长，其间的经济形势已发生很大变化，还可能导致最初采取的政策工具和选取的传导中介变得无效,导致政策的彻底失败。

为了便于准确地预测和把握货币政策时滞，人们通常将时滞进行分段分析。简单的分段法，是将时滞分为内部时滞和外部时滞两部分。内部时滞，是指从政策开始制定到实施政策工具为止这段时间。其中又细分为两个阶段：第一段叫认识时滞，它是指经济生活发生变化时，中央银行要获得反映这种变化的各种资料并进行分析和研究，以确定货币的政策意向所需要的时间。第二段叫行动时滞，它是指货币政策意向确定后，中央银行要根据对经济活动变化规律及其后果等的分析，决定实施具体的政策工具所需要的时间。内部时滞的长短，取决于中央银行收集资料、判断形势、制定决策等项工作的效率，也取决于经济形势的复杂程度。外部时滞，是指从中央银行操作货币政策工具开始到对政策目标产生影响所经过的时间。决定和影响外部时滞的因素要比内部时滞复杂得多。货币政策工具实施以后要首先作用于商业银行等金融机构、作用于金融市场，然后又进一步作用于企业、个人家庭等经济主体，通过经济主体投资、消费活动的变化使政策目标得以实现。在政策工具与政策目标之间，须经过由利率、货币供应量、基础货币、超额准备金等作为中间指标的复杂的传导过程。传导过程中的任何一个环节、一个指标发生预料不到的变化，都将影响对时滞的准确预测和把握。

对于时滞的划分，还有更复杂、更细致的方法，如：除了内部时滞的划分外，将货币政策工具实施后，金融机构和金融市场的利率和信用条件发生改变的这段时间划分为中期时滞；将利率和信用条件改变后，企业和个人的投资和支出决策发生改变的这段时间划分为决策时滞；将投资和支出改变后，整个社会的产出和就业发生改变的这段时间划分为生产时滞等。这样划分的目的，是为了更精确地预测和把握货币政策时滞，取得更好的货币政策效果。

### 四、合理预期对货币政策效果的影响

对货币政策有效性或其效应高低构成挑战的另一个因素是微观经济主体的预期。合理预期概念的含义是：人们对未来的经济变量的变动能够作出合乎理性的，从而也是正确的预期。合理预期对货币政策效果的影响表现为：当中央银行货币政策推出后，各经济主体立刻会根据所获取的各种信息来预测政策的后果，并很快作出应对。货币政策的作用可能被这种对策所冲销。如：一项扩张性货币政策推出后，人们通过所掌握的各种信息预期社会总需

求要拉升，物价水平会上升。在这种情况下，企业预期原材料要涨价，工人的工资会由于工会的力量强大而提高，生产成本会由此而上升，投资利润率会由此而下降，于是，投资需求必然减少，其结果是，物价上涨了，产出却没有增长甚至会减少，货币政策最终无效。这就是说，货币政策只有在人们不存在正确合理的预期，而盲目跟从的时候才会有效，但事实上，经济生活中的主体都是"理性人"，他们都会在效用最大化和利润最大化原则的驱使下，对任何一条有用的信息作出理性反应,对中央银行的货币政策信息更不例外，合理预期是一定存在的，货币政策的作用就难免被抵消。当然，合理预期对货币政策效果的这种影响不能过分夸大，因为公众预期的普遍形成要有一个过程，不可能没有"时滞"，而且这种预期不一定始终完全正确，即使是有了完全正确的预期，要采取一定的对策以及这些对策发生作用，也得有一个过程。如果再考虑到中央银行同样会对经济主体的行为作出正确预期这一因素，那么，就可以说，只有未被中央银行预期到的行为才会抵消货币政策的作用。所有这些都决定了合理预期对货币政策效果的影响是有限的。

对合理预期问题给予重视并从事研究的主要是 20 世纪 70 年代的理性预期学派。这里主要考察理性预期学派对该问题的研究成果。

（一）预期与理性预期理论

在经济生活中，预期是十分重要的。它对于投资者将用多少花费购买投资品,消费者是将手中的钱花掉还是进行储蓄以备未来自用等都会产生影响。正因为预期在经济生活中具有如此重大的作用，人们日益重视对它的研究，试图解释各种经济主体的预期是如何形成的。最早的预期模型是外推预期，认为任何变量的预期值不仅与它最近的历史值有关，而且与它最近的趋势有关。毫无疑问，历史数据的趋势对于形成未来预期是重要的，但外推预期没有考虑过去的预期，特别是过去的预期错误。基于这个认识，经济学家发展了适应性预期模型，即经济代理人在形成他们的预期时，不仅依据实际的历史数据值，而且还考虑他们先前的预期被证明错误的程度。如果以往的数据变化，那么预期的变化将随时间缓慢地变化。适应性预期被认为是不完善的，因为人们形成对一个变量的预期，所利用的信息超过该变量过去的数据。人们对通货膨胀的预期几乎肯定要受到现在和过去的货币政策的影响，同时也受到他们对未来货币政策估计的影响。此外，当人们得到新的信息时，常常很快会改变自己的预期。

经济学中的理性预期，是指各经济主体在作出经济决策之前，根据掌握的各种经济信息对与当前决策有关的经济变量的未来值进行预测。需要说明的是，公众对经济变量未来值的预测未必完全准确，但是，这并不妨碍预期理论的成立，因为，理性预期要求的预期是对该变量在未来预测期内的变化规律和数学期望值进行估测，求得该变量未来值的完全概率分布。而且，随着公众文化知识水平的提高和社会信息渠道的完善与畅通，理性预期的准确性也在不断地提高。

理性预期理论关于预期的形成有两层普通的含义，对宏观经济分析非常重要。

（1）如果某变量变动的方式有所改变，那么该变量预期的形成方式也会改变。这一点与适应性预期有着本质的区别。理性预期学派的代表人物罗伯特·卢卡斯正是以此为依据，在他的著名的论文《计量经济学的政策评价：一个批判》中对传统的计量经济学模型进行了猛烈的抨击。计量经济学模型包含描述众多变量之间关系的许多方程式，这些方程式是根据统计程序估算的。这些关系都假定保持不变，从而利用过去的数据预测经济活动，或评价不同政策的效果。卢卡斯指出当被预测的变量的行为发生变化时，预期的形成方式（预期与过去信息的关系）也会变化。所以当政策变动时，预期和过去信息的关系也会变化。同时由于预期影响经济行为，所以经济模型中的各种关系也会变动，这样，用以往数据测算出来的计量经济模型的结果就不再能正确地评价这种政策变化的反应，很可能导致错误。

（2）预期的预测误差平均为零且不能事先预知。预期的预测误差为 $X-X^e$，即变量 $X$ 的实现值与预测值之差。例如，如果某人某天上班的行车时间为 30 分钟，而他的预测是 25 分钟，则预测误差是 5 分钟。这与预期的基本原则不一致，预测误差平均不等于零，而是 5 分钟，这就表明预测误差是可以预知的，他就会改进预测，将行车的预测时间增加 5 分钟。理性预期理论因此具有这样的含义：人们必然会采取这样的行动，修改原来的预测。增加 5 分钟就使预测误差平均地等于零。但是对以后的每一次预期来说，预期的结果仍然不是事先能预知的。

（二）理性预期对货币政策有效性的影响

基于理性预期理论，形成了两种新模型：新古典宏观经济模型和新凯恩斯主义模型。

在新古典宏观经济模型中，相对于价格水平的预期变动而言，所有的工资物价都是灵活可变的，即预期物价水平的上升会立即引起工资和物价相同幅度的上升，因为当工人预期物价水平上升时，他们会试图阻止真实工资下降。这就导致了一个结论：预期中的政策对总产出和失业没有影响，只有预料之外的政策才会对它们产生影响。这一结论已被命名为"政策无效命题"。这种对稳定政策的看法与传统模型截然不同。在传统模型中,预料之中的政策和预料之外的政策所产生的影响是完全相同的,所以政策制定者不需要关心公众的预期。

新古典模型对政策制定者有两个主要的启示:一是它阐述了预料中的和预料之外的政策行为作用的区别;二是它论证了政策制定者如果不知道公众对他们的决策的预期,那也就无法知道他们的决策的后果是怎样的。至关重要的一点就是决策者能否弄清楚公众的预期。首先,所谓公众,就是数以亿计的公民,想弄清楚数量如此庞大的公众的预期是什么,几乎不可能。退一步说,即使可能,由于公众有理性预期,就会努力猜测政策制定者的计划。当政策制定者想使公众感到意外时,公众也会修改他们的预期,从而政策对产出量也就不会有可预测的影响。政策的实施就好像一场博弈,公众和政策制定者总是试图猜测对方的意图和预期是什么,从而使自己胜对方一筹。这一过程的唯一结果是斟酌决定的稳定政策对产出不会有可以预料的影响,因此不能依赖它来稳定经济活动。相反,这样的稳定政策可能产生政策的许多不确定性,引起总产出围绕自然水平上下波动。为了消除这些波动,货币当局和其他政策制定机构应当放弃斟酌决定的政策,尽可能少地做出使人意外的政策变化的决定。

所以新古典宏观经济模型提出的政策主张是:为了遏制通货膨胀,使货币增长率与价格稳定相协调,货币当局最好制定和公开宣布恒久不变的货币供应量的年增长率,并果断地付诸实施。这样,社会公众就能够在行为上迅速做出相应的调整,而不会因为政府的频繁干预产生持续的膨胀性预期。只有坚持长期不变的稳定性货币政策,才能恢复公众对政府的信任。这与货币主义的政策"处方"不谋而合。

新凯恩斯主义模型采取了介于传统模型和新古典模型之间的中间立场。该模型的支持者不同意工资和价格的完全弹性,认为经济中存在着某些因素,妨碍着工资和价格的完全弹性,如长期劳资合同、厂商不愿经常变更工资等,因而他们假定工资和物价是黏性的。由此得出的结论是:与预料中的政策相比,预料外的政策对总产出有较大的影响。但与新古典模型不同,政策无效性命题不能成立:预料中的政策对总产出也是有影响的。但这个模型对政策制定者提出了警告:设计这样的政策并非易事,因为预料中政策和预料外政策所产生的影响可能很不相同。由于不能确定政策被预料或不被预料到什么程度,政策制定者的行动后果如何也面临更多的不确定性。因此,这种政策既不太可能总是按原定方向运行，也不太可能成功地实现自己的目标。

### 五、货币政策与财政政策的协调配合

在当代，国家对宏观经济进行调节，除了运用货币政策以外，还有财政政策、收入政策、产业政策等，每一种政策都以其特殊的作用方式影响着宏观经济变量。可以说，宏观经济调控目标的实现，往往是各种政策措施共同作用的结果，或者说，某种政策的制定和实施往往是与其他政策相配合而进行的。配合得好，政策的效果就好；不配合或配合得不好，政策的效果就差。因此，衡量和评价货币政策的效果，还要看货币政策与其他政策协调与配合的情况。我们着重从货币政策与财政政策的协调与配合上说明这个问题。

财政政策是国家利用财政收支的制度性安排，来随机调整税收和公共支出以及转移支出，以调整社会经济供求关系、合理配置资源并优化经济结构，实现社会公平，进而达到社会经济稳定等政治经济目标的手段。它是从需求出发进行宏观调控的基本政策，与货币政策二者之间有共同之处也有不同的特点，而且二者之间相互联系、相互交叉。因此在宏观经济调控中，货币政策必须与财政政策相互协调、积极配合。

（一）货币政策与财政政策的异同

1. 货币政策和财政政策的相同点

（1）货币政策和财政政策都是国家进行宏观调控的有效政策工具，都是侧重于对社会总需求的调节，进而影响社会总供给。

（2）两种政策的操作主体——中央银行和财政部都是一个国家的政府管理部门，它们的政策目标取向是一致的，都是围绕国家在一定时期的社会经济发展目标来制定和实施政策，具有相同的最终目标取向。

（3）货币政策和财政政策作为需求调节工具，其着力点都是社会货币资金，直接影响全社会的货币供给量和需求量。

（4）货币政策和财政政策的任何变动，都会直接对全社会的货币流通、物价和通货膨胀、经济增长、充分就业产生重大而直接的影响。

2. 货币政策与财政政策的不同点

（1）政策调节的侧重点不同，一般地讲，财政政策侧重于对经济结构的调整，而货币政策则侧重于对总量的调节。各种财政政策工具的运用，首先是通过对结构的调节来发挥其作用的。如支出结构的调整直接引起社会需求结构的变化等。各种货币政策工具的运用，基本上是以对货币量或货币流通的规模调剂为中介指标的，诸如利率调节、存款准备金调节乃至计划手段的

调节等,最终都将导致货币规模的变动,进而实现对需求的调节。因此货币政策调节的侧重点在总量。

（2）发生作用的时滞不同。财政政策的决策因涉及预算和立法程序,故时间较长,但政策执行后见效较快。货币政策由于在制定政策方面拥有相对独立的自主权,通常可以由中央银行决定,因此决策时滞较短,遇到的阻力小于财政政策,但由政策的实施到见效,则还需要通过金融市场和商品市场引起资金调整和生产要素的重新组合,才能传导到实际的投入和产出上面,因而费时较长。如果把"决策时滞"划为"内部时滞"和"外部时滞"的话,那么货币政策的内部时滞较短,能遵从决策者意志；外部时滞则较长且多变,不易把握。相反,财政政策的内部时滞较长,难遂人愿；而外部时滞较短,且有规律可循,一经作出决策,行动起来就比较快。

（3）作用领域和范围不同。财政政策主要是对流通中货币的再分配,尤其是对国民收入的部分货币进行分配和再分配,以影响各经济主体的经济行为。而货币政策主要是在社会再生产的流通领城,运用各种政策工具,影响各经济主体的行为。可以说,全社会的货币运动都与货币政策相关,货币政策作用于货币运动的起点到终点的全过程,覆盖面广得多。财政政策主要是调节货币存量；而货币政策既调节货币存量,也调节货币增量,所以货币政策的活动领域和范围更广。

（4）可控性不同。财政收支,一般地说都是无偿的,因而带有较强的强制性。财政政策直接影响投资总量和消费总量,可以通过直接控制和调节政府的税收与支出来实现。货币政策通过信贷渠道组织资金和发放贷款,一般地说都是有偿的,因而赋予较充分的选择自由。货币政策是间接影响投资总量和消费总量的,它必须通过一系列操作工具的传递才能实现。

（二）货币政策与财政政策协调配合

1. 货币政策与财政政策协调运用的必要性

货币政策与财政政策都是当代各国政府调节宏观经济最主要的政策,它们都有较强的调节能力,但也都有自己的局限,仅靠某一项政策很难全面实现宏观经济的管理目标,所以需要两者相互协调、密切配合,充分发挥它们的综合优势。

货币政策与财政政策协调运用的必要性,是由财政和银行相互之间的经济联系及两大政策对总需求的不同调节功能决定的。(1)银行与财政在资金往来和对再生产过程的资金供给等方面存在不可分割的内在联系,这就决定了财政政策和货币政策必须作为统一的整体发挥作用。(2)货币政策与财政政策对总需求的影响具有互补性，这就要求两大政策协调运用才能确定预期效果。(3) 货币政策与财政政策作用经济的方式和层面不同，这就要求两者配合提高宏观调控的有效性和全面性。

2. 货币政策与财政政策的组合方式

财政政策和货币政策均有松和紧两种方式，因而财政政策和货币政策的组合方式就有四种形式：(1)"双松"，即同时执行放松的货币政策和财政政策。在出现社会总需求严重不足，经济严重衰退，社会存在大量闲置资源情况时，可选择这种组合。(2)"双紧"，即同时执行紧缩的货币政策和财政政策。在出现社会总需求过旺，存在严重通货膨胀时，可选择这种组合。(3)"松货币紧财政"，即执行放松的货币政策和紧缩的财政政策。在总供求大体平衡，但政府与公众间的投资比例不合理，需要降低政府支出和投资比例，增加企业投资和居民消费时，可选择这种组合。(4)"紧货币松财政"，即执行紧缩的货币政策和放松的财政政策。在总供求大体平衡，但企业投资和居民消费比重偏大，政府支出和投资比重偏小时，可选择这种组合。需要指出的是，双松或双紧的政策配合模式是在特殊经济金融环境下所采用的政策措施，这种配合模式虽然能够实现两种政策取向的一致性，克服政策效果相互抵消的弊病，但会带来如下一些问题：一是容易加剧经济波动或动荡，难以起到稳定经济的作用；二是会受到人们心理预期的影响，而达不到应有的效果；三是容易导致社会经济资源的大量浪费。目前西方多数国家都是按照一松一紧的政策搭配方式来调整经济的，但是在配合使用中，由于内外经济条件的差异，各国在具体做法上不尽相同，各有不同的特点。

当然，两种政策的协调配合，并没有排除单独使用货币政策和单独使用财政政策的情况。一般来说，短期调整比较适合于用货币政策，而长期调整却比较适合于用财政政策。因此，当经济体系出现临时故障，需要在短期内作微量调整时，只需要采取货币政策措施就可以了；当经济体系存在需要作长期的战略性调整的问题，而短期内的经济运行基本平衡时，就可以单独操作财政政策。

**本章重要概念**

货币政策 Monetary Policy
中央银行 Central Bank
中国人民银行 People's Bank of China，PBC

# 第九章 中央银行和货币政策缩

中央银行独立性 Central Bank Independence
货币政策目标 Monetary Policy Objectives
菲利普斯曲线 Phillips Curve
奥肯定律 Okun's Law
法定存款准备金政策 Policy of Reserve Requirement
法定存款准备率 Legal Reserve Ratio
再贴现率 Rediscount Rate
公开市场业务 Open Market Operation
选择性信用控制 Selective Credit Control
直接信用管制 Direct Credit Control
信用额度分配 Credit Allocation
流动性比率 Liquidity Ratio
美国联邦储备体系 Federal Reserve System，Fed
联邦基金利率 Federal Funds Rate
一级信贷 Primary Credit
常备贷款便利 Standing Lending Facility
二级信贷 Secondary Credit
季节性信贷 Seasonal Credit
隔夜现金利率 Overnight Cash Rate
再融资操作 Main Refinancing Operations
较长期再融资操作 Longer-term Refinancing Operations
边际贷款便利 Marginal Lending Facility
存款便利 Deposit Facility
短期流动性调节工具 Short-term Liquidity Operations，SLO
中央银行贷款（再贷款）Central Bank Lending（Re-Loan）
货币政策传导机制 Conduction Mechanism of Monetary Policy
托宾 q 理论 Tobin's q
信用可得性 Availability of Loan
货币政策中介指标 Intermediate Objective of Monetary Policy
货币政策规则 Monetary Policy Rule
相机抉择 Discretionary Monetary Policy
单一规则 Constant-Money-Growth-Rate Rule
泰勒规则 Taylor Rule

通货膨胀目标制 Inflation Targeting
货币政策时滞 Lag of Monetary Policy
合理预期 Rational Expectation
财政政策 Fiscal Policy

## 复习思考题

1．什么是货币政策？货币政策主要包括哪些内容？
2．为什么要建立中央银行？中央银行的性质和职能是什么？
3．中央银行的组织形式有哪些类型？
4．怎样看待中央银行的独立性问题？独立性包括哪几个方面？
5．货币政策的最终目标是什么？说明各目标的含义及相互间的关系。
6．简述一般性货币政策工具。
7．什么是存款准备金政策？法定存款准备率是如何作为货币政策工具的？
8．再贴现率作为货币政策工具的原理是什么？这一政策工具有何特点？
9．公开市场业务是如何作为货币政策工具来实施的？其主要优点在哪里？该工具正常发挥作用的条件是什么？
10．什么是选择性政策工具？主要有哪些？
11．什么是直接信用管制和间接信用指导？
12．美联储的货币政策工具有何特点？
13．简述欧洲中央银行的货币政策工具。
14．谈谈中国人民银行货币政策工具的改革与发展问题。
15．什么是货币政策传导机制？货币政策传导的一般途径是什么？
16．简述凯恩斯学派和货币学派的货币政策传导机制理论，分析二者的分歧。
17．托宾 q 理论是如何解释货币政策传导过程的？
18．说说米什金的货币政策传导机制理论。
19．信用可得性理论是如何解释货币政策传导过程的？
20．什么是货币政策中介指标？中介指标的选择应坚持什么标准？
21．货币政策中介指标一般有哪几个？为什么？
22．什么是货币政策规则？试比较按规则操作与相机抉择的不同特点。

23．简述货币政策规则的形式和主要内容。

24．根据凯恩斯学派的理论，扩张性货币政策的效果主要取决于什么因素？

25．谈一谈紧缩性货币政策效果的影响因素和判断标准。

26．什么是货币政策时滞？时滞对货币政策效果有何影响？

27．你怎么看合理预期对货币政策效果的影响？

28．简述货币政策与财政政策的协调配合。

**小测试**

1. 中央银行是"银行的银行"表现在（　　）。
   A．是商业银行的总行
   B．是银行体系的"最后贷款人"
   C．吸收商业银行的存款
   D．为商业银行提供清算服务
   E．对商业银行控股

2. 中央银行资产业务中包括（　　）。
   A．再贴现
   B．货币发行
   C．贷款
   D．购买证券
   E．代理国库

3. 扩张性货币政策措施包括（　　）。
   A．降低再贴现率
   B．在公开市场出售债券
   C．增加持有外汇储备
   D．提高法定存款准备率
   E．减少黄金储备

4. 货币政策中介指标中的操作指标包括（　　）。
   A．货币供给量
   B．基础货币
   C．长期利率
   D．短期利率
   E．存款准备金

5. 以下符合货币学派货币政策传导机制理论的是（　　）。
   A．政策工具主要通过改变利率起作用
   B．政策工具主要通过改变股票价格其作用
   C．政策工具首先作用于货币市场
   D．政策工具同时影响金融资产和真实资产
   E．货币供应量直接作用于名义国民收入

（第九章答案：1. BCD　2.ACD　3. AC　4.BDE　5.DE　）

# 第十章 金融改革、创新与发展

金融宏观理论除了着重研究社会总供求均衡要求下的货币供求均衡以及实现宏观经济目标所要求的货币金融政策以外,还有一个很重要的方面,就是金融本身的发展问题。人们在大量的观察和研究中发现,在20世纪,尤其是在第二次世界大战以后,凡是经济取得较快发展的国家,金融体系也得到迅速发展;凡是经济发展滞缓的国家,金融体系也比较落后。人们同样发现,金融管理体制的状况也与经济体制的状况高度相关,凡是实行市场经济体制的国家,金融体制也以市场化、自由化和间接调控为基本特征,显示出较充足的活力;凡是实行计划经济体制的国家,金融也表现出强制性和僵化的特征。由于认识到了经济发展与金融发展的互动关系,各国开始关心金融发展的水平和质量;由于认识到了金融体制与经济体制的依存关系,一些实行经济体制改革的国家,对金融体制同样进行了改革。尤为引人注目的是,20世纪80年代后,在全球范围内出现了金融创新、金融自由化、金融国际化和金融现代化的热潮,使金融改革、创新和发展问题几乎成为各国经济发展问题的替代。金融作为现代经济的核心,其发展问题已成为被普遍关注的焦点。本章重点对金融与经济发展的关系、金融改革与创新的基本问题、金融风险和金融监管问题等作简要分析。

## 第一节 金融与经济发展

### 一、金融与经济增长

以实际财富增加和经济结构、制度等的改善为主要内容的经济发展,是诸如技术水平、管理水平、生产效率、贸易、金融、政府服务等各种因素共同作用的结果。其中,金融对经济发展的贡献,最主要地体现在它通过促进储蓄向投资的转化，提高了资金积累的效率，推动了经济增长。由于经济增长是经济发展的必要和先决条件，因此，金融在经济发展中的重要性，就首先通过其推动经济增长表现出来。

经济增长的生长点在于，不断地把国民收入的一部分再投入到社会再生产过程，形成新的生产力，我们习惯上称之为资金积累。由于在商品货币条件下，积累一般都是通过对货币资金的筹措和运用来完成的，因此，积累不是一个由单个经济主体简单决策就能完成的事情（如：一个小生产者在不受外界影响的情况下自动将其剩余产品的一部分留做生产储备），而要通过各种市场，由多种经济主体、多种经济或非经济的因素共同作用去完成。在这一复杂过程中，无论是一个微观经济主体（企业），还是一个宏观经济主体（国民经济），其发展资金的积累至少要包括两个环节：一个是储蓄环节，即经济主体将其收入的一部分不用作现期消费，而形成节约的资金；另一个是投资环节，即把储蓄资金投入到生产过程中。把两个环节连在一起，就可以简单地说，资金积累的实现形式就是把储蓄转化为投资（简写为"储蓄—投资"机制）。一个国家经济发展资金的丰歉，要看这个国家原有资金存量的多少，要看一定时期该国总的储蓄水平，但更要看这个国家新的资金量的形成能力和效率，要看一定时期该国总的投资水平。而后者正取决于储蓄向投资转化机制的质量和运转水平。

储蓄和投资与金融本无天然联系，就是说，在不存在金融的条件下，经济单位也可以进行储蓄和投资。但是，自从金融产生并发展后，储蓄和投资便发生了飞跃性的变化。这个变化集中表现在：如果没有金融，储蓄和投资职能往往是混在一起的。每个经济主体要想扩大投资，就必须先进行储蓄；反之，如果没有投资机会，其储蓄也只能是一种财富的贮藏而已。金融活动产生之后，才使储蓄和投资分离为两个相互独立的职能，一个经济单位的投资可以大于或小于其自身的储蓄。世界著名的经济学家、美国耶鲁大学经济学名誉教授雷蒙德·W. 戈德史密斯（Raymond W. Goldsmith）指出：这时产生了一种特殊的社会分工，"这种分工是：某些企业经营才能较低，而又怕承担投资风险，其储蓄资金大于投资资金，另一些相反的单位投资资金大于储蓄资金，然后通过金融工具把前者的剩余储蓄转移至后者，供投资之用"。[①]就如同间接商品交易（以货币为媒介的交易）克服了商品市场物物直接交换在时间和空间上的局限性一样，金融活动克服了资金运动中收支不平衡产生的

---

[①] 雷蒙德·W. 戈德史密斯：《金融结构与发展》，中国社会科学出版社，1993年版，第359页。

矛盾，那些愿意从事更多的投资活动，而自身储蓄有限的人，可以借助于金融进行超过本期收入的支出，而那些愿意进行更多的储蓄，却又担心机会成本增加的人，可以借助于金融使其新增加的储蓄产生增值。因此，由金融活动产生的社会分工，使储蓄和投资在职能分离的条件下受到巨大刺激，其总水平获得了一个飞跃性的发展。不仅如此，金融活动还为那些没有投资机会的储蓄者创造了新的投资机会，将储蓄在各种投资机会中进行有效分配，提高全社会的投资水平。由此可见，金融的本质就是为储蓄转化为投资提供机会和条件，包括提供机构、提供工具、提供市场和提供服务等，其根本目的在于实现和扩大社会资金的积累。

## 二、金融发展与经济发展

金融发展问题早已引起经济学家们的重视。究竟什么是金融发展，如何观察金融发展的水平，已在各种金融发展理论中得到说明。美国经济学家约翰·G.格利和爱德华·S.肖认为，金融发展主要是指各类金融资产的增多及各种金融机构的建立。货币只是各类金融资产中的一种，银行也只是各种金融机构中的一种，金融的发展表现为各种非货币金融资产和非银行金融中介机构的大量出现和发展。雷蒙德·W.戈德史密斯先生认为，金融发展就是指金融结构的变化，而金融结构就是金融工具和金融机构的总合。一个国家金融发展的状况可以通过该国与别国或该国的不同历史时期的金融结构变化的情况反映出来，它包括各种金融工具、金融机构的性质、经营方式及其规模的变化，各种金融中介的分支机构情况及其活动的集中程度，金融工具总额及其占国民生产总值、资本总额、储蓄总额等经济总量的不同比重等。其中，最能综合反映金融发展水平的指标为金融相关比率（Financial Interrelation Ratio），其定义为：全部金融资产价值与同期国民生产总值（GNP）之比。戈德史密斯在《金融结构与发展》一书中阐述这一比率时指出："金融相关比率的变化反映了金融发展的基本特点：金融上层结构与经济基础结构在规模上的变化关系。"[①]另外一些指标，如主要类型的金融工具在金融工具总额中所占的份额，不同金融工具在各经济部门及子部门的占有份额，不同类型的金融机构持有的金融资产占金融资产总额的比重及持有主要金融工具的份额等，都从不同角度反映了一国金融结构的变化或金融发展的状况。

用金融工具的发展和金融机构的发展代表金融发展，似乎不尽周全，但

---

① 雷蒙德·W.戈德史密斯：《金融结构与发展》，中国社会科学出版社，1993年版，第30页。

是，认真考虑后就会发现，金融工具和金融机构的确是构成金融领域所有活动的两个最为主要的部件，各种金融现象的发生和发展无不与金融工具和金融机构联系在一起。而且，金融工具和金融机构的发展水平是容易用数量估测的，用其代表金融发展的水平，不仅从质的方面反映了金融发展的基本内容，而且从量上反映了金融发展的速度和效率。从与经济发展关系的角度看，金融发展促进经济发展，经济发展又反过来推动金融发展，也主要体现在金融工具和金融机构这两个方面。第二次世界大战以后，西方各国经济获得了快速增长，在此同时，各种金融工具和金融机构也得到迅速发展，而广大发展中国家经济增长普遍较慢，与此相伴随的是金融工具和金融机构发展的滞缓。许多经济学家在研究金融发展与经济发展的因果关系时，也是从这种基本事实出发的。

金融发展对经济发展的作用突出地表现在：第一，金融工具作用于经济发展。金融工具从其能给持有者带来收益的角度讲，是一种金融资产，从其能够反映信用关系的角度讲，是债权债务关系的载体，从其被用于筹措资本、调节经济的角度讲，是一种经济杠杆。金融工具之所以能促进经济发展，是因为：（1）可作为交易手段和支付手段，构成了社会总需求的内容；（2）为发行者筹措资本，扩大经营；（3）为投资者提供获利的机会，从而刺激投资需求；（4）确立债权债务关系，保障信用关系的稳定；（5）作为调节经济的杠杆。第二，金融机构作用于经济发展。金融机构具有信誉可靠、中介功能强、专业化水平高、可以创造信用、社会联系面广、渗透力强等特点。它对经济发展的作用主要表现在：（1）充当信用中介，沟通储蓄者和投资者的联系，提高储蓄转化为投资的效率，提高社会资金积累的水平；（2）创造和供给货币，为经济体系提供货币和资金资源；（3）办理支付清算，便利交易及各种货币收付活动；（4）为经济活动中的信用关系提供保证；（5）提供经济和金融信息，充当经济顾问；（6）提供经济活动的安全保障体系；（7）提供政府所需的宏观经济调控体系。

### 三、中国经济改革与发展过程中金融地位的变化

我国在不同经济体制下，金融在将储蓄转化为投资，进而推动经济发展的过程中有怎样的地位和作用呢？可作如下分析：

一个高效率的"储蓄—投资"机制，一般表现为储蓄和投资都是开放性的和创造性的。开放性，是指社会经济活动的三大主体——政府、企业和居民都是储蓄的主体，同时又都是投资的主体，社会一方面存在政府储蓄、企

业储蓄和居民储蓄，另一方面存在政府投资、企业投资和居民个人投资。创造性，是指储蓄和投资都是在形式、手段、工具诸方面不断创新和进步的过程中实现的。我国改革前与高度集中的计划管理体制孪生的"储蓄—投资"机制是一种以政府储蓄和政府投资为单一主体的封闭性和萎缩性的机制。封闭性表现在政府高度控制国民收入分配，集中绝大部分的国民经济可支配收入，政府储蓄占据绝对的主导地位，企业在"统分统配、统收统支"的制度禁锢下几乎没有自身的储蓄，居民的收入也被限定在个人和家庭最基本的生活水准上，储蓄极其有限，相应地，投资也基本上由政府通过财政安排来实现，企业和居民个人被排斥在投资主体之外。萎缩性表现在企业和居民个人没有储蓄和投资的动力和压力，更没有要求在储蓄和投资的形式、工具、技术等方面进行创造的愿望和热情。改革开放以后，以利益关系调整为重心的一系列变革措施不断出台，尤其是财政体制的一系列变革，使国民收入分配格局发生了巨大变化，表现为企业和居民通过国民收入初次分配和再分配所获得的收入迅速增长，政府可支配收入不断下降，其中居民收入表现出对企业收入蚕食的倾向，其增长速度远远超过企业收入的增长速度，由此导致原来以政府储蓄为主的储蓄结构变为居民储蓄庞大、企业储蓄水平低且不稳定、政府储蓄严重匮乏的储蓄结构。与此不完全对称的投资结构变化特征为：在政府一元化投资向投资多元化的转变过程中，企业投资越居主导地位，政府投资依然保留重要的主体地位，居民投资从无到有，但比重很小。新的"储蓄—投资"机制的总特征是：政府储蓄和企业储蓄远远小于政府投资和企业投资，居民储蓄远远超过居民个人投资。这就是说，我国目前存在着"主要的投资主体无储蓄，主要的储蓄主体无投资"的反差和矛盾。这种反差和矛盾恰恰是金融发挥作用的空间。最大限度地将庞大的社会储蓄转化为投资，提高资金积累的效率，主要靠金融。金融改革与发展的速度和效率，直接决定着资金积累的效率，决定着经济发展的水平和质量。

## 第二节　金融深化理论与金融改革

### 一、金融抑制和金融深化问题的由来

20世纪70年代以前，发展经济学理论在分析经济发展机理时，一般都注重各种实物因素，诸如资源、人口、土地、技术等，很少涉及货币金融因

素。60年代前后，美国经济学家托宾、英国经济学家约翰逊等人先后提出"货币增长理论"，开始研究货币金融与经济增长的关系。但他们的分析均以发达的市场经济为依托，并不能说明市场经济不发达国家的货币金融与经济发展的关系问题。在这种背景下，美国经济学家 E.S.肖和 R.I.麦金农在 1973 年出版的《经济发展中的金融深化》和《经济发展中的货币与资本》两本著作中，对发展中国家的金融发展问题作了开拓性的研究，形成了金融理论中著名的"金融深化论"和"金融抑制论"。"两论"认为：健全的金融制度能有效地动员储蓄和引导生产投资，促进经济的发展；经济发展又通过国民收入的提高和对金融服务需求的增长而刺激金融业的扩展，形成金融制度与经济发展互相刺激和互相影响的良性循环。但是，在许多发展中国家却恰恰相反，金融制度与经济发展呈恶性循环的状态，其根本原因是这些国家普遍存在着"金融抑制"，主要表现是金融当局硬性规定利率水平和对外汇市场进行管制，使利率和汇率水平不能正确反映资金和外汇的余匮情况。同时，由于金融当局不能有效控制通货膨胀及产业政策的偏差，使金融发展和经济发展均出现停滞现象，因此，摆脱困境的出路在于消除"金融抑制"，实现"金融深化"。其含义主要包括：放弃政府对金融市场和金融体系的过分干预，使利率和汇率能充分反映资金和外汇的供求情况，并通过有效地抑制通货膨胀，使金融体系，特别是银行体系，能以适当的利率来吸引大量储蓄，同时也能在适当的贷款利率水平上满足经济各部门的资金需求。为此，必须进行彻底的金融改革，使行政的、计划的金融变为市场金融。

## 二、金融抑制的主要表现和金融深化的主要内容

金融抑制是在市场机制不能发挥主要作用的情况下，为了使稀缺的资金资源更多地由国家集中配置，政府实行严格的金融管制、利率限制、信贷配额等一系列做法。发展中国家普遍存在着金融抑制，其主要表现是：（1）对存贷款利率实行高限，通常低于市场平均利率。由于存在通货膨胀，许多国家的实际利率都出现负值。其结果是，由于存款利率过低，减少了存款人的收益，抑制了储蓄。而贷款利率过低则导致银行长期供不应求，只能由贷款机构集中分配给大企业和政府扶植的企业，形成信贷的垄断和大企业的垄断，社会普遍存在对货币资金的强烈需求，这种强烈需求会误导货币当局将大量货币资金投向效益低下的项目和进行重复建设，进一步加剧了通货膨胀。（2）对贷款额及贷款增长率进行限制。其结果是众多企业的长期资金得不到满足，在无法得到国家信贷分配的情况下，许多企业尤其是中小企业只好求助于私

人钱庄或高利贷者，实际上承受着高利率的风险。（3）政府对金融机构的设立以及经营活动严加管制，各种金融业务必须由规定的机构在批准的业务范围内进行，结果形成金融市场的分割，使整个金融业效率低下。（4）限制股票、债券等资本市场工具的发展，对国际资本流动实行严格管制，限制本国居民购买外国金融资产，并实行外汇管制。货币市场主要是银行间同业拆借，票据市场等其他形式的货币市场处于落后状态。金融市场的落后局面，导致了资金配置和投资的长期低效益。

针对发展中国家普遍存在的金融抑制及其种种危害，麦金农和肖在20世纪70年代首先提出金融深化或金融自由化的理论和政策主张。他们坚决反对利率控制，认为低利率误导投资，扭曲了利率对经济的作用，低利率鼓励人们提前消费，从而减少储蓄，还鼓励了低收益项目的投资等，因而提出了包括提高利率、取消信贷管制等一系列金融深化的措施。其主要内容是：放弃存款利率高限，使利率由负实际利率向正实际利率转变；放松对金融机构设立和业务活动范围的限制，取消信贷管制，降低存款准备率，使金融机构能自由进入金融市场，自由从事商业化金融活动，增强竞争性和提高效率；放开汇率和外汇管制，鼓励贸易自由化，鼓励资本的国际流动；鼓励发展资本市场，丰富金融工具和融资方式，改善货币资金供给，解决经济体系的货币资金长期短缺问题等。

### 三、金融深化理论与全球金融改革

在金融深化理论的推动下，许多发展中国家纷纷走上了金融改革与发展的道路。如阿根廷、智利和乌拉圭三个国家在20世纪70年代中期就开始了金融改革的尝试，其改革措施主要有：取消对利率和资金流动的控制，取消信贷计划，对国有银行实行私有化政策，减少本国和外国银行登记注册的限制等。又如，韩国从80年代初开始，也进行了全面的金融改革，主要措施有：放松金融机构审批管理，进一步取消非银行金融机构的限制，对政府所有的商业银行实行私有化政策，取消优惠贷款利率，取消信贷计划，放宽金融机构业务经营范围等。再如，新西兰政府在1984年实行了新的市场经济政策，在金融领域取消了所有的利率管制和信贷指令，允许汇率自由浮动，扩大了允许进行外汇交易的范围等。

金融深化理论不仅推动了广大发展中国家的金融改革和发展，而且在全球金融领域内已产生了重大影响。20世纪80年代以后，在世界范围内兴起一股放松金融管制、推行金融市场化的浪潮，其主要内容有：（1）价格市场化。即取消利率限制，放开汇率，取消证券交易中的固定佣金制度，由市场来调节金融价格。其中，核心内容是放松利率管制。(2)扩大各类金融机构的业务范围和经营权力，取消对银行贷款的行政性限制。(3)放宽金融从业登记，准许私人银行、合资银行的建立，对一些国有银行实行私有化，使各类金融机构公平竞争。(4)改革金融市场，大力培育资本市场，放松各类金融机构进入金融市场的限制，大力发展金融工具和融资技术，放宽和改善金融市场的管理。(5)资本流动自由化，允许外国资本和金融机构进入本国市场，同时也放宽本国资本和金融机构进入外国市场的限制。

放松金融管制，推行金融自由化，对经济的影响主要表现在：第一，放松金融管制，使金融业摆脱政府的过分行政干预，因而对其发展有积极的刺激作用。主要结果有：(1)促进了金融市场一体化，推动了市场竞争，提高了金融运行效率。由于放松管制，不仅金融业内部原有的分工被打破，竞争更有效，还促成了金融资本与产业资本的融合，形成了金融"百货公司"和"超级市场"。(2)促进了金融创新。放松金融管制，为金融创新营造了良好环境，使金融产品、金融服务设施、金融组织和制度等各方面的创新更加顺利。(3)加速了国内金融市场与国际金融市场的融合。这主要体现在外汇管制的放松上面。第二，放松金融管制也带来种种负效应，主要表现有：(1)加大了金融体系的风险，为金融危机的产生创造了条件。过度的自由竞争使金融机构盈利下降，降低了抵御风险的能力；利率自由化，使金融机构经营的市场风险加大；业务范围的扩张，使表外风险增多等。(2)金融监管和货币政策操作变得十分困难和复杂，加大了社会管理成本，削弱了中央银行控制货币的能力。(3)金融市场投机行为增多，更多的人才和资金流入金融服务业，削弱了实际产业部门和行业的发展，产生经济"泡沫"。世界银行在总结各国金融自由化改革的经验和教训时指出，金融自由化改革必须有稳定的宏观经济背景，特别是要有通货稳定的环境，否则将会引起利率和汇率的剧烈波动以及资本的不正常运动，甚至会引发银行和企业的倒闭；金融自由化并不是放任自流，必须有政府对金融机构和金融市场的管理和监督，必须建立起符合本国国情的谨慎管理制度；金融自由化还会触动各种利益集团的利害关系，政府应有相应的协调政策，以消除可能引发的社会动荡。

## 四、中国的金融改革

### (一)金融体系的整体变革

中国的金融改革已走过30多年的历程。最初的改革是从扩大银行聚集和分配资金的范围开始的，将银行贷款扩大到固定资产领域，是金融改革的最早举措，其意义在于提高了银行在国民经济中的地位，增强了金融对经济的渗透力。随后的改革便迅速由局部推进到整体。还是在刚刚制定第七个五年计划的时候，中国的金融改革就已经明确提出将建立以间接手段为主的金融调控体系，建立以银行信用为主，多渠道、多形式、多种金融工具聚集和融通资金的信用体系，建立以中央银行为中心、多种金融机构并存的金融体系，建立以现代科学技术为基础的现代化金融管理体系作为改革的总体目标（当时称为建立"四个体系"），并提出了可以付诸实践的具体步骤和方法。在这一总体设计的统揽下，整个20世纪80年代的金融改革，在中央银行制度的建立、信贷资金管理体制的不断调整、利率体制的改革、金融市场的培育和发展、多种金融机构发展等多个方面、多个层面取得实质性进展。但由于种种原因，改革在80年代末和90年代初陷入困境。邓小平南巡讲话重新扭转改革局面后，金融改革在冲破姓"资"姓"社"问题困扰的理论环境下再次迈开大步。1993年12月国务院发布《关于金融体制改革的决定》，全面布置新一轮金融改革的整体方案，这一方案概括为"三个体系，两个真正"，即：建立能独立执行货币政策的中央银行宏观调控体系；建立政策性金融与商业性金融分离，以国有商业银行为主体、多种金融机构并存的金融组织体系；建立一个统一开放、有序竞争、严格管理的金融市场体系。把人民银行办成真正的中央银行，把专业银行变成真正的商业银行。根据这个方案，90年代中后期的改革着重在组建政策性银行、发展城市商业银行、放开同业拆借市场利率、建立跨省区的中央银行分支机构、外汇体制改革、取消贷款额度控制、实行商业银行资产负债管理、改革存款准备金制度、启动中央银行公开市场操作、放开外币存贷款利率等诸多方面采取了实际步骤。

（二）银行业改革

进入21世纪，金融改革依然在艰难地推进，尤其是国有商业银行不良资产的防范和化解问题显得十分突出，成为银行改革乃至整个金融改革能否取得实质性进展的关键所在。因此，围绕着金融企业尤其是国有银行改革这一重点，中国开始了新一轮全面的金融改革。改革的近期内容主要有：对国有金融机构实施股份制改造；按照加入世贸组织的承诺，清理和修订有关法律法规，扩大银行、证券、保险业对外开放地域和业务范围；推动资本市场改革，建立透明高效、结构合理、机制健全、功能完善、运营安全的资本市场体系；加快金融发展和创新，全面提高金融企业服务水平；进一步健全金融调控机制；加强金融监管；完善人民币汇率形成机制，防范国际投机资本的冲击，保持金融平稳运行。2003年下半年，国有金融机构股份制改革首先在保险业展开，中国人民保险公司、中国人寿保险公司、中国再保险公司这三家国有独资保险公司都先后进行了股份制改造，成立了中国人保控股公司、中国人寿保险集团公司和中国再保险公司。三个集团和控股公司成为核心企业，成立了保险企业集团公司，在集团内部分别设立各种专业子公司和资产管理公司。其中，中国人民财产保险股份有限公司和中国人寿保险公司还分别在境外成功上市。通过股份制改造，国有保险企业普遍充实了资本金，提高了偿付能力，优化了股权结构，引进了国外战略投资者，实现了股权多元化，完善了公司治理结构，为其他国有金融机构的股份制改造和在海外上市积累了经验。2003年12月30日，作为中国最大的金融投资公司的中央汇金公司向中国银行和中国建设银行共注资450亿美元，以支持两行的股份制改革。2004年1月6日，国务院决定对中国银行和中国建设银行实施股份制改革试点，目标是把国有商业银行逐步建成为资本充足、内控严密、运营安全、服务和效益良好、具有国际竞争力的现代化股份制商业银行。确定的改革重点工作是：完善银行公司治理机构；引进境内外战略投资者；明确发展战略，制定总体规划；建立科学的决策体系、内部控制机制和风险管理体制；建立科学高效的管理和组织架构；深化劳动用工人事制度改革；逐步实施国际会计准则，完善财务核算体系；加强信息科技建设；落实金融人才战略；建立规范的审计监督制度。同年8月26日和9月21日，中国银行股份有限公司和中国建设银行股份有限公司分别宣告成立。2005年4月，中央汇金公司又将150亿美元外汇资金注入中国工商银行，以支持该行的股份制改造，中金公司和财政部各持有工商银行50%的股权。按照"谨慎经营、集中管理、保值增值"的管理原则，工商银行启动了确保外汇注资保值增值的配套管理运作及风险防范措施，构建了包含决策、执行、控制与考核四个层次的注资管理框架。与此同时，中国农业银行的股份制改革也在积极进行。2005年10月27日和2006年6月1日，中国建设银行股份有限公司和中国银行股份有限公司分别在香港正式挂牌上市。

目前，中国的银行体系基本由三个层次构成：国家控股的商业银行、股份制商业银行和城市商业银行。

1. 国家控股的商业银行。经过股份制改造后的中国工商银行、中国银行、中国建设银行和中国农业银行，目前已经成为上市的、股权结构多元化的，但国家仍然处于绝对控股地位的股份制银行。

2. 股份制商业银行。1986年国家决定组建股份制商业银行——交通银行，此后在四大国有独资商业银行之外，陆续建立了一批股份制商业银行。这些银行一开始就有多个出资人，与国家控股的商业银行的资本金都是由政府财政拨付有很大区别。有些股份制商业银行的股票还在上海和深圳证券交易所上市流通。目前我国规模较大的股份制商业银行主要有：中信银行、光大银行、华夏银行、广东发展银行、深圳发展银行、招商银行、上海浦东发展银行、兴业银行、民生银行、恒丰银行、浙商银行和渤海银行。这些股份制商业银行都采取总分行制，它们在某一个中心城市设立总行，在全国其他大中城市设立分支机构。

3. 城市商业银行与区域商业银行。城市商业银行的前身是城市合作银行。1995年在城市信用社清产核资的基础上，通过吸收地方财政、企业入股组建了城市合作银行。1998年，城市合作银行全部改名为城市商业银行。城市商业银行的改革也在深入进行，一些资产质量较好的城市商业银行已经成为上市银行，如南京银行和北京银行。许多城市商业银行实际上已经发展成区域性的商业银行，如北京银行、天津银行等。

另外，还有金融控股公司。金融控股公司是在我国"分业经营、分业管理"的金融监管格局下突破限制进行混业经营的一种模式。可以分为三种类型：第一种类型是以非银行金融机构形成的金融控股集团，如中信、光大、平安等，主要特征是：集团全资拥有或绝对控股商业银行、投资银行、保险公司、金融服务公司以及非金融性实体等附属机构或子公司。第二种类型是由产业资本通过投资金融机构形成的控股集团，这些产业资本一方面拥有丰富的现金流，另一方面希望通过对金融业的投资满足其产业扩张的融资需求，如山东电力集团和海尔集团。第三种类型是以国有商业银行和股份制商业银行为主体的金融控股公司，特征是：集团控股公司为商业银行，全资拥有或控股银行、证券、保险、金融服务公司以及非金融性实体等附属机构或子公司，如中国建设银行1995年与摩根斯坦利合作成立了中国国际金融有限公司，根据特许从事投资银行业务。

(三)金融市场改革

1. 1978~1992年：资本市场的萌生。1982年和1984年企业债和金融债开始出现。随着证券发行数量扩大和投资者增多，证券流通的需求日益强烈，股票和债券的柜台交易陆续在全国出现，二级市场初步形成。1978年9月，中国第一家证券公司——深圳特区证券公司成立。1988年，为适应国库券转让在全国范围内的推广，中国人民银行下拨资金，在各省组建了33家证券公司，同时财政系统也成立了一批证券公司。1990年12月上海证券交易所、深圳证券交易所相继营业。1993年股票发行试点正式由上海、深圳推广至全国，打开了资本市场进一步发展的空间。

2. 1993~1998年：全国性资本市场的形成和初步发展。1992年10月，国务院证券管理委员会和中国证监会成立，标志着中国资本市场开始逐步纳入全国统一监管框架。1997年11月中国金融体系进一步确定了银行业、证券业、保险业分业经营、分业管理的原则。1998年4月国务院证券委撤销，中国证监会集中统一监管全国证券期货市场。随着市场的发展，上市公司数量、总市值和流通市值、股票发行筹资额、投资者开户数、交易量等都进入一个较快发展的阶段。如，沪深交易所品种逐步增加，由单一的股票陆续增加了国债、权证、企业债券、可转换债券、封闭式基金等，证券经营机构也得到快速的发展。

3. 1999年至今：资本市场进一步规范和发展。1999年7月《证券法》正式实施，确立了资本市场的法律地位。随着经济改革的深入，国有和非国有股份公司不断进入资本市场。2001年12月，中国加入世界贸易组织，中国经济走向全面开放，金融改革不断深化，资本市场的深度和广度日益扩大。但是，资本市场发展过程中积累的遗留问题、制度性缺陷和结构矛盾逐步显现。2004年1月，在"两行股改"宣布后不久，《国务院关于推进资本市场改革开放和稳定发展的若干意见》（即"国九条"）发布。2005年2月，《商业银行设立基金管理公司试点管理办法》发布。6月6日，中国证监会正式批准设立由中国工商银行与合格境外机构投资者（QFII）瑞银集团联合而成的工银瑞信基金管理公司。2005年4月29日，国务院《关于上市公司股权分置改革试点有关问题的通知》出台。2005年8月8日，由中央汇金公司和中国财政部分别出资55亿元和15亿元注册成立中国银河金融控股有限责任公司。同月，中金公司与申银万国证券公司签署备忘录，由中金公司向申银万国注资 25 亿元,并提供 15 亿元流动性支持;与国泰君安证券公司签署增资扩股合作备忘录,国泰君安向中金定向发行 10 亿股股份,增资后中金公司成为国泰君安的第二大股东,国泰君安还可以部分自有资产作质押获得中金公司 15 亿元借款支持。这一系列改革举措,尤其是股权分置改革①试点,被誉为是"打开中国股市转折之门"②之举,是中国内地建立证券市场以来最大的制度创新,是资本市场的一场革命。在推进市场发展的同时,制度建设也在逐步跟进。2004 年前后,对证券公司进行综合治理,处置了 31 家高风险证券公司,实行客户交易结算资金第三方存管制度,建立财务信息披露和基本信息公示制度,完善以净资本为核心的风险监控和预警制度,加强对证券公司高管人员和股东的监管。2004 年 1 月国务院发布《关于推进资本市场改革开放和稳定发展的若干意见》,为资本市场新一轮改革和发展奠定了基础。2005 年股权分置改革启动。2005 年 11 月,国务院批转了中国证监会《关于提高上市公司质量的意见》,2006 年 3 月起,中国证监会开展了旨在进一步促进上市公司规范运作、加强上市公司治理、提高上市公司质量的专项活动。2006 年 7 月 13 日,深交所发布《中小企业板上市公司募集资金管理细则》。2006 年 7 月 24 日,证监会发布《证券公司风险控制指标管理办法》。2006 年 8 月 21 日,《融资融券交易试点实施细则》实施。2006 年 11 月 9 日,证监会发布《基金管理公司投资管理人员管理指导意见》。在规范市场的同时,资本市场发展在几个关键部位取得进展:2006 年 9 月 8 日,中国金融期货交易所成立;2009 年 10 月 23 日,酝酿整 10 年的中国创业板正式开板;2010 年 4 月 8 日,中国的股指期货在上海宣布正式启动,普遍认为这在中国资本市场发展中具有里程碑意义。

---

① 股权分置是指:中国的上市公司中存在着非流通股与流通股两类股份,不同类股份的流通权利不同,持股的成本存在巨大差异,两类股东之间存在严重不公。主要表现在:(1)权利不对等,即股票的不同持有者享有的权利不对等,集中体现为参与企业经营管理和决策的权利不平等;(2)承担的义务不对等,即股票的不同持有者承担的为企业发展筹措资金的义务不平等;(3)不同股东获得收益和所承担的风险不平等。股权分置是长期困扰中国股市发展的关键和敏感问题。股权分置问题不解决,企业产权关系无法理顺,科学的公司治理结构难以真正形成,股东的合法权益不能真正实现,也影响中国股市与国际市场接轨,影响金融的进一步对外开放,因此,对股权分置进行改革,对中国证券市场发展具有实质性的推动作用。股权分置改革的关键是要把不可流通的股份变为可流通的股份,真正实现同股同权,是资本市场的一项基本制度建设。解决股权分置问题后,获得可流通权利的股份不一定就要实际进入流通,因此,不能把股权分置改革简单理解为市场扩容,否则就会影响人们的市场预期,不利于股市稳定。

② 《人民日报》2005 年 5 月 10 日新闻标题"股权分置改革试点——打开中国股市转折之门"。

为了进一步推动中国资本市场发展和人民币国际化，2011 年 12 月 16 日，证监会、中国人民银行和国家外汇管理局联合发布了《基金管理公司、证券公司人民币合格境外机构投资者境内证券投资试点办法》，允许以人民币境外合格机构投资者方式投资境内证券市场。所谓人民币合格境外机构投资者（RQFII），是指经主管部门批准，运用在香港募集的人民币资金开展境内证券投资业务的相关主体。首批试点机构为境内基金管理公司、证券公司的香港子公司。国务院批准首批试点共计 200 亿元人民币境内证券投资额度。

（四）利率体制改革

利率是资金的价格，在资源配置中起着基础性调节作用。利率市场化就是将利率管理体制由行政管制型转变为市场主导型，充分发挥供求规律和市场机制在利率决定中的作用，通过市场决定利率、利率调节市场的相互作用，达到资金流向和配置的最优化。我国利率市场化的总体顺序是先货币市场和债券市场，后银行存款和贷款。

1. 同业拆借利率市场化。放开同业拆借利率，是利率市场化的开端。1986 年 1 月 7 日，国务院颁布《中华人民共和国银行管理暂行条例》，明确规定专业银行资金可以相互拆借，资金拆借期限和利率由借贷双方协商议定。1990 年 3 月出台的《同业拆借管理试行办法》，确定了拆借利率实行上限管理的原则。1995 年 11 月 30 日，人民银行撤销了各商业银行组建的融资中心等同业拆借中介机构。从 1996 年 1 月 1 日起，所有同业拆借业务均通过全国统一的同业拆借市场网络办理，生成了中国银行间拆借市场利率（CHIBOR）。1996 年 6 月 1 日，人民银行《关于取消同业拆借利率上限管理的通知》明确指出，银行间同业拆借市场利率由拆借双方根据市场资金供求自主确定。2007 年 1 月，上海银行间同业拆放利率（SHIBOR）正式发布，中国货币市场基准利率机制建设开始启动。SHIBOR 是信用等级较高的商业银行从市场上获得资金的一般性价格，体现了报价行对资金成本、资金供求及货币政策预期等因素的综合考虑，对货币市场具有较强的影响力。SHIBOR 不仅为金融市场产品包括衍生品定价提供了基准，而且也为商业银行内部资金转移定价（FTP）提供了定价基准。贴现利率定价机制也得以改进，报价行每日通过票据网对以 SHIBOR 为基准的票据转贴现进行双边报价。SHIBOR 也推动了同业存款利率决定机制的改进。

2. 国债利率市场化。1991 年，国债发行开始采用承购包销的市场化发行方式。1996 年，财政部通过证券交易所市场平台实现了国债的市场化发行，发行采取了利率招标、收益率招标、划款期招标等多种方式。1997 年 6 月 5

日，人民银行下发了《关于银行间债券回购业务有关问题的通知》，决定利用全国统一的同业拆借市场开办银行间债券回购业务。银行间债券回购利率和现券交易价格同步放开，由交易双方协商确定。1998年9月，国家开发银行首次通过人民银行债券发行系统以公开招标方式发行了金融债券。1999年，财政部首次在银行间债券市场实现以利率招标的方式发行国债。

3. 外币利率市场化。银行存贷款利率的市场化遵循"先外币、后本币；先贷款、后存款；先长期、大额，后短期、小额"的顺序。2000年9月21日，人民银行组织实施了境内外币利率管理体制的改革：放开了外币贷款利率，各项外币贷款利率及计结息方式由金融机构自行确定；放开了大额外币存款利率，300万以上（含300万）美元或等额其他外币的大额外币存款利率由金融机构与客户协商确定。2003年11月，小额外币存款利率下限放开。商业银行可在不超过人民银行公布的利率上限的前提下，自主确定小额外币存款利率。2004年11月，人民银行在调整境内小额外币存款利率的同时，决定放开1年期以上小额外币存款利率。

4. 贷款利率市场化。1987年1月，人民银行下发的《关于下放贷款利率浮动权的通知》中规定，允许商业银行以国家规定的流动资金贷款利率为基准上浮贷款利率，浮动幅度最高不超过20%。1996年5月，贷款利率的上浮幅度由20%缩小为10%，下浮10%不变，浮动范围仅限于流动资金贷款。1998年10月31日起，金融机构（不含农村信用社）对小企业的贷款利率最高上浮幅度由10%扩大到20%；农村信用社贷款利率最高上浮幅度由40%扩大到50%。1999年4月1日起，贷款利率浮动幅度再次扩大，县以下金融机构发放贷款的利率最高可上浮30%。1999年9月1日起，商业银行对中小企业的贷款利率最高上浮幅度扩大为30%，对大型企业的贷款利率最高上浮幅度仍为10%，贷款利率下浮幅度为10%。2003年8月，允许试点地区农村信用社的贷款利率上浮不超过贷款基准利率的2倍。2004年1月1日，人民银行决定将商业银行、城市信用社的贷款利率浮动区间上限扩大到贷款基准利率的1.7倍，农村信用社贷款利率的浮动区间上限扩大到贷款基准利率的2倍，金融机构贷款利率的浮动区间下限保持为贷款基准利率的0.9倍不变。2004年10月29日，人民银行决定不再设定金融机构（不含城乡信用社）人民币贷款利率上限，城乡信用社贷款利率浮动上限扩大为基准利率的2.3倍。至此，人民币贷款利率已经基本过渡到上限放开，实行下限管理的阶段。2012年6月8日和7月6日，中国人民银行两次下调金融机构存贷款基准利率，同时调整金融机构存贷款利率浮动区间。6月8日，贷款利率浮动区间下限由基准利率的 0.9 倍调整为 0.8 倍。7 月 6 日，贷款利率下限继续调整为 0.7 倍。2013 年 7 月 20 日，人民银行决定全面放开金融机构贷款利率管制，取消金融机构贷款利率 0.7 倍的下限，由金融机构根据商业原则自主确定贷款利率水平；取消票据贴现利率管制，改变贴现利率在再贴现利率基础上加点确定的方式，由金融机构自主确定；对农村信用社贷款利率不再设立上限。为继续严格执行差别化的住房信贷政策，个人住房贷款利率浮动区间暂不作调整。

5. 存款利率市场化。改革初期就曾在信托投资公司和农村信用社进行过存款利率浮动的试点，但由于出现高息揽存、存款搬家等违规现象，存款利率浮动在 1990 年全部取消。1999 年 10 月，人民银行批准中资商业银行法人对中资保险公司法人试办五年期以上（不含五年期）、3000 万元以上的长期大额协议存款业务，利率水平由双方协商确定。2002 年 2 月和 12 月，协议存款试点的存款人范围扩大到全国社会保障基金理事会和已完成养老保险个人账户基金改革试点的省级社会保险经办机构。2003 年 11 月，国家邮政局邮政储汇局获准与商业银行和农村信用社开办邮政储蓄协议存款。2004 年 10 月 29 日，人民银行决定允许金融机构人民币存款利率下浮，即所有存款类金融机构对其吸收的人民币存款利率，可在不超过各档次存款基准利率的范围内浮动，但存款利率不能上浮。至此，人民币存款利率管理到了"放开下限，管住上限"的阶段。2012 年 6 月 8 日，人民银行在下调金融机构存款基准利率的同时，也调整了金融机构存款利率浮动的区间，允许金融机构存款利率在基准利率基础上上浮 10%，也就是将存款利率浮动上限由基准利率调整为基准利率的 1.1 倍。

6. 中央银行利率市场化。利率市场化改革还体现在中央银行执行的再贴现利率、再贷款利率和准备金存款利率的管理方面。1986 年，我国票据市场刚刚起步，规模很小，票据再贴现利率是在同期各档次银行贷款利率的基础上下浮 5%～10%；从 1996 年 5 月起，改为再贴现利率在相应档次的再贷款利率基础上下浮 5%～10%。1998 年 3 月 21 日，人民银行改革再贴现利率和贴现利率的生成机制，规定再贴现利率作为独立的利率档次由中央银行确定，贴现利率在再贴现利率基础上加 0.9 个百分点。同年 7 月 1 日将再贴现利率由 6.03% 降至 4.32%，贴现利率的最多加点幅度扩大为 2 个百分点，略低于 6 个月期贷款利率。同年 12 月规定，贴现利率最高限为同期银行贷款利率（含浮动）。2004 年 3 月 25 日，人民银行实行再贷款浮息制度。2003 年 12 月 21 日起，人民银行改革准备金存款利率制度，对金融机构法人法定准备金存款和超额准备金存款采取"一个账户,两种利率"的方式分别计息。金融机构在人民银行的超额准备金存款利率由年利率1.89%下调到1.62%,法定准备金存款利率维持1.89%不变。2003年4月,人民银行选择发行中央银行票据作为中央银行调控基础货币的新形式,在公开市场上连续滚动发行3个月、6个月及1年期央行票据。央票发行采用数量招标和利率招标方式,使其收益率水平与货币市场利率的关联性不断增强,为深化利率市场化改革创造了条件。

(五) 人民币汇率制度改革

汇率问题包括两个主要方面:一是汇率水平,二是汇率形成机制。汇率制度改革主要是指汇率形成机制的变革和完善,有了能够体现经济发展尤其是国际贸易平衡发展要求,使汇率真正发挥在开放条件下配置国内外资源的基础性作用的汇率形成机制,才能从根本上保证汇率水平的均衡和合理。

改革开放以来,人民币汇率体制走过了从计划经济体制延伸下来的官方高估配给汇率制,到官方汇率与贸易内部结算价并存的双重汇率制,又到单一盯住美元的有管理的浮动汇率制,最后到参考一篮子货币的有管理的浮动汇率制。计划经济体制下的单一汇率制的特点是:人民币币值高估,外汇有价无市,实行计划配给,出口企业由于出口换汇成本太高而发生亏损。1979年8月,国务院决定改革汇率制度,除继续公布人民币汇率官方牌价外,还决定制订贸易内部结算价。1981年1月1日起,实际执行的贸易内部结算价为1美元兑2.80元人民币,国家公布的人民币汇率牌价为1美元兑1.53元人民币,主要用于非贸易外汇兑换和结算,这就是所谓的贸易汇率和非贸易汇率并存的双重汇率制。由于市场供求关系的作用,贸易内部结算价在实际执行过程不断出现浮动,外汇调剂中心也在各地纷纷成立,进出口收付汇的绝大多数实际上是按外汇调剂市场价格来执行的。这样一来,实际上从1985年11月深圳成立第一家外汇调剂中心到1993年底,我国实行的是官方汇率和代表市场汇率的外汇调剂价格并存的双重汇率体制。1993年12月28日,人民银行发布了《关于进一步改革外汇管理体制的公告》,规定自1994年1月1日起,人民币官方汇率与调剂汇率并轨,实行以市场供求为基础的、单一的、有管理的浮动制。并轨后的人民币汇率根据1993年12月31日18家外汇公开市场的加权平均价确定,即1美元兑8.7元人民币。同年4月,全国统一的银行间外汇交易市场正式运行。2005年7月21日,人民银行发布《完善人民币汇率形成机制改革的公告》,宣布我国开始实行以市场供求为基础、参考一篮子货币进行调节、有管理的浮动汇率制度。人民币汇率不再盯住单一美元，而是要建立更富弹性的人民币汇率形成机制。在之后的汇率制度建设中，又进一步引入国际通行的询价交易方式和做市商制度，改进人民币汇率中间价形成方式，还扩大了人民币汇率每日浮动区间，从 2007 年 5 月 21 日起，银行间即期外汇市场人民币兑美元交易价日浮动幅度由原先的 3‰扩大至 5‰，进一步增强了人民币汇率的弹性。

## 第三节　金融创新与金融监管

### 一、金融创新

金融深化或金融自由化，为发展中国家带来的杰出成果是金融的改革与发展，许多国家因此使计划金融体制改变为市场金融体制，金融工具、金融机构获得了迅猛发展，金融市场体系也随之逐步建立和完善。如果单从西方发达国家来考察金融自由化的成果，最为突出的要说是金融创新。金融自由化为金融创新营造了良好环境，金融创新又反过来猛烈地推动着金融的自由化。

所谓金融创新，是指西方发达国家自 20 世纪七八十年代开始至今，金融业不断超越传统的经营方式和管理模式，在金融工具、金融机构、金融方式、金融服务技术、金融市场组织等各个方面所进行的大量革新与创造活动。这种创新浪潮的兴起，主要有如下几方面原因：（1）金融业竞争加剧。金融业的迅速发展和市场边界的不断扩大，使进入竞争性市场的经营主体迅猛增加。竞争个体的数目扩大，竞争必然加剧，其结果是金融机构的成本增加，收益普遍下降。在这种竞争局面下，金融机构只维持传统的经营和服务项目已经不能保证正常的发展，甚至还会殃及到生存，于是，开发业务新品种、开辟新领域，成为金融机构首选的谋生之道。（2）通货膨胀和利率波动。从 60 年代便开始蔓延的通货膨胀，在 70 年代中期演变为"滞胀"。针对这种情况，各国纷纷将货币政策中介指标由利率转为货币供应量，加强了对货币供给的控制。货币收紧，再加上放松了对利率的管制，导致利率上升。与高通货膨胀率和高利率相伴随的是物价水平和市场利率的频繁波动。在这种情况下，金融机构一方面要防止物价变动给其造成的实际利率的损失，另一方面还要防止市场利率变动给其造成的收入和盈利的损失。由此引发了金融机构积极创造旨在应付价格和利率波动、规避市场风险的金融工具的活动热情。（3）

科学技术的迅猛发展。70年代以后，以计算机技术为核心的信息通信技术在金融业得到广泛应用，它为金融创新提供了强大的技术支持。如：利用电子通信技术的辐射功能和电脑的自动化信息处理功能，银行业务实现了跨跃时空的延伸，一家银行可以同时处理与远在另一半球的分支机构或客户之间的业务，ATM机（自动提款机）、POS机（销售终端机）、电话银行、自助银行、网络银行等可以连续24小时准确及时地为所有通过电信联系的机构和客户服务，银行业务的创新随着金融市场全球化一体化的进程而不断向纵深发展，新工具的设计、定价、运行和管理等，统统都在最先进的电子信息技术支持下进行，创新更具有紧迫性和挑战性。（4）金融管制。二战后西方国家为维持金融稳定而对金融业实行长时间的严格管制，使金融机构的业务范围、利率、信贷规模、分支机构的设立等诸多方面受到限制，这些限制实际上构成了对金融机构的成本追加或隐含税收，因而成为诱发旨在逃避管制、摆脱不利于利润最大化的约束条件的金融创新活动的重要因素。如在美国，商业银行通过开设可转让支付命令账户（NOW）和自动转账服务账户（ATS）等来规避金融当局的利率管制；通过设立控股公司来规避金融当局对商业银行不准跨州设立分支机构的限制等。

　　金融创新的方式主要有两种：一种是业务创新，它是全部创新活动的基础，由此引发了金融机构职能和市场组织等一系列的创新活动。另一种是制度创新，是指为了保证金融机构和整个金融体系的安全、稳定所进行的一系列在管理制度和管理活动上的调整和改善。制度创新一般来说是紧随业务创新活动的，为了防止和消除业务创新活动引发的各种金融风险，就会有相应的金融管理制度的调整。但是，制度创新又往往会反过来成为业务创新的原因，许多业务创新的品种和内容，实际上是在设法逃避现行制度管制的动机和过程中出现的。如：前面提到的可转让支付命令账户，就是为逃避活期存款账户不得支付利息和储蓄存款账户不能使用支票的限制而设计出来的，它名为储蓄账户，可以支付利息，但同时又能使用不是支票而又能发挥支票作用的"可转让支付命令书"，以达到为客户办理转账结算的目的。而另一种账户，自动转账服务账户，则是专门为逃避活期存款账户不得支付利息的限制而设计的，客户可同时在银行开立两个账户：一个储蓄账户，一个活期存款账户。前一个账户为获取利息，后一个账户为清算的方便，每当活期存款账户收到款项时，银行自动将其转入储蓄账户，活期存款账户只保留1美元余额，而每当活期存款账户需要向外支付时，银行又自动将储蓄账户中的资金转入。这样，银行就在不违反当局规定的情况下，达到了支票账户支付利息的目的，从而吸引到更多的客户。由此可见，金融创新实际上是在业务创新和制度创新的相互推动下不断进行的。

金融创新的内容十分广泛，总的来说主要有如下几个方面：（1）金融产品、工具的创新。其中包括满足客户对收益、流动性和规避风险要求的各种创新，如浮动利率存款、浮动利率贷款、大额可转让定期存单、回购协议、可转让支付命令账户、自动转账服务账户、利率互换、远期利率协议等；还包括提高支付系统效率的创新，各种电子卡的设计和运用均属于这类创新；还有信用票据化、资产证券化等旨在拓宽融资渠道、改善融资方式的创新等。（2）金融服务的创新。电脑在金融领域的广泛普及和运用，使金融服务水平空前提高。电脑开始充当业务经理的角色，自动完成有关业务处理的全部流程；电脑更新了业务合法性的检验手段，能够对客户的印鉴、密押、资金转账授权、业务操作权限等各项内容进行审核；电脑将传统的柜台业务通过自动取款机、自动银行、网络银行等延伸到每一个方便的角落，甚至到每个客户的家里。所有这些，都体现了现代金融服务已经进入电子化、自动化时代。有了电子化、自动化的金融服务，客户可享受到全方位的金融服务，可以随时获得各种市场信息，随时查询有关账目，随时办理存款、贷款、转账、证券买卖等各项业务，甚至还可以享受到由金融部门提供的支付电话费、水电费、税款以及领取工资、购物等超级服务。这也说明，当代金融业正在向第三产业的深度和广度发展。（3）金融机构功能和金融市场组织体系的创新。这主要体现在放松金融管制后，金融机构的功能由传统的单一型向多功能型转变，商业银行业务与投资银行业务，银行业与证券业、保险业，银行机构与非银行金融机构的传统界限不断被打破。与此同时，金融市场组织体系也由分割型转向统一型，各种金融机构和市场交易主体进入市场的条件在创新的不断冲撞下，在自由化的进程中渐渐被放松，全社会统一的大市场已经形成；而且，随着信息通信技术的飞速发展，金融市场体系明显地朝着全球一体化的方向发展。

二、金融风险

金融自由化和金融创新活动给金融领域乃至整个经济体系和整个社会带来的最严重的问题，就是金融风险的生长和蔓延。金融业在庆幸自由化和创新为其带来的巨大发展成果时，也为日益增长的金融风险和业已爆发的金融危机痛心和担忧。防范和化解金融风险，已经成为当代各国政府高度重视的头号经济问题。

（一）金融风险的主要种类

金融风险，是指在金融活动中，由于各种随机因素的存在，使金融机构、投资者等参加金融活动的各个经济主体的实际收益与预期收益发生背离的不确定性或资产遭受损失的可能性。由于金融活动的核心领域是商业银行和金融市场，所有的金融活动几乎都是围绕着商业银行的业务经营和金融市场的交易活动来展开的，所以，通常说的金融风险实际上主要指的是银行业的风险和金融市场的风险。从银行经营者和金融市场参与者的角度看，金融风险主要有如下几种：

1. 信用风险，又称违约风险，是指在信用活动中，由于一方在合同期满后不能及时或根本无法履行合同而给另一方造成损失的可能性。通常主要指债务人不能履约而使债权人的本金和利息遭受损失的可能性，特殊情况下，也包括债务人提前还款而给债权人带来再投资的风险。就通常情况而言，信用风险可由债务人的意愿和能力两大因素所致。由意愿所致的信用风险是指债务人在财务状况正常和具备还款能力的情况下，缺乏履约诚意和应有的商业道德，有意隐瞒真实资信状况，以骗取债权人授信，使其蒙受损失；由能力所致的信用风险，则是指债务人由于不可抗拒的财务状况恶化，如经营失败或市场环境剧变而导致的现金流收入阻断，无力偿还到期债务而给债权人造成损失。

2. 流动性风险，是指金融机构由于资金头寸安排不当，无力满足债权人提存和清算支付的要求，使金融机构信誉下降甚至发生挤兑危机的可能性。存款性金融机构的经营是建立在高负债基础上的，其经营的安全性主要取决于存款人对其的信任。一旦出现不利于金融机构的信息或环境，使存款人的预期心理普遍发生波动，就可能形成金融机构的流动性危机。金融机构在预防流动性风险时，通常是处在矛盾之中的，因为，流动性压力的减轻，需要更多地安排无收益的现金资产或低收益的短期流动性资产，这与金融机构追求利润最大化的目标是相冲突的。

3. 利率风险，又称市场风险，是指在市场利率变化的情况下，由于金融机构的资产项目和负债项目利率没有随市场利率变化而调整或调整不当，而使其净利息收入减少或利息支出扩大而形成损失的可能性。在市场利率经常波动的情况下，金融机构只有准确掌握市场信息、科学判断市场利率变动的趋势和规律、正确安排利率敏感性资产和利率敏感性负债的结构，才能够有效防范利率风险。

4. 汇率风险，是指因外汇市场汇率波动而给外汇投资者带来潜在损失或使其外汇投资的预期收益率下降的可能性。在汇率经常波动的情况下，在不同时点上买进或卖出特定的外币资产，就要承担汇率风险，其风险的大小取决于汇率波动幅度和外币投资者持有的将承受汇率风险的外币资产差额部分（又称为汇率风险敞口）。汇率风险还表现在，由于汇率波动，而使经营外汇的金融机构由外币表现的资产、负债和权益在折算成本国货币表示时，发生改变，从而使经营绩效出现恶化的可能性。

5. 购买力风险，又称通货膨胀风险，是指金融活动中的收入和本金因通货膨胀的存在而出现实际购买力相对于名义货币数量下降的可能性。当实际的通货膨胀率高于贷款人预期的通货膨胀率时，最终收回的货款本金和利息的购买力就将低于贷款人贷出资金时所预期的购买力，这便是由通货膨胀的不确定性所导致的贷款人的损失。

6. 经营风险，又称内部风险，是指金融机构在经营活动中，由于决策失误、资产负债结构比例安排失当、过度使用金融衍生工具、内部管理失控等各种原因导致损失的可能性。

7. 政策性风险和国家风险。前者是指由于国家宏观经济政策不合时宜或政府部门对金融机构的不适当干预，而造成金融业经营发展的政策环境恶化、收益下降或发生损失的可能性；后者是指拥有国外债权的金融机构，由于债务方所在国的政治、经济、社会环境等发生变化而导致债务人不能按合同偿还债务本息的可能性。

（二）金融风险的基本特点

在现代经济中，任何经济活动都会存在这样那样的风险，正常的生产经营活动都需要进行风险分析和风险防范。但是，金融风险的防范与化解比起任何经济活动风险来说，都具有更加重要的意义，因为金融风险与一般的经济活动风险相比，有几个明显的不同之处：一是扩张性强。银行和金融市场出现风险，酿成危机，不仅很快波及到整个金融体系，而且由于银行和金融市场组织连接着无数企业、家庭和个人，他们的投资、收益和风险与银行和金融市场业务活动息息相关，因此，风险和危机就会很快波及到整个社会。二是破坏性强。金融风险一旦发生，不仅金融机构会蒙受经济损失，甚至破产倒闭，而且还会使客户和股东受到损失。由于金融机构与社会再生产过程是紧密联系在一起的，因此，金融风险的破坏性不仅仅表现在其给参加金融活动的主体所带来的经济损失，更重要的是它破坏了业已形成的经济活动中的信用关系和资金配置秩序，当社会再生产各方面赖以正常运行的资金供给渠道受到破坏时，再生产活动就受到了重创。三是突发性强。所有的风险都具有突发性,但是,金融风险的突发性尤为明显。这是由于金融活动涉及面广,影响其活动的因素多而复杂,人们无法知道什么样的一种因素会在什么时候以怎样的形式危及金融体系。还由于金融业的活动主要建立在信用基础上,通常一家商业银行的自有资本还不到其全部资金来源的10%,银行的贷款和投资基本上靠的是客户对其的信任,一旦有任何影响这种信任的事情发生,就会立刻引起客户的挤兑,酿成危机的后果。

## 三、墨西哥金融危机和亚洲金融危机

进入20世纪90年代以来,金融风险问题成为世界各国普遍关注的热门话题,世界各处相继爆发金融危机。1994年12月20日,墨西哥政府在外国投资者普遍信心动摇、撤走资本的压力下,被迫宣布新比索对美元贬值15.3%。这一措施立刻在外国投资者中引起恐慌,资本外流势头更猛,墨西哥政府在两天之内就失掉了40亿~50亿美元的外汇储备。12月22日,外汇储备几近枯竭,墨西哥政府又被迫宣布新比索自由浮动,几天之内新比索下跌了40%。距墨西哥金融危机相隔两年多时间,1997年7月2日,泰国中央银行宣布泰铢实行浮动汇率制,以取代泰铢对一篮子货币的固定汇率制,当天泰铢应声下跌20%。泰铢大幅贬值立刻引起金融恐慌,掀起了一股挤提银行存款、抢购黄金的风潮,由此点燃了金融危机的导火索。危机迅速向菲律宾、印度尼西亚、缅甸、马来西亚等国蔓延,很快演变为东南亚金融危机,后来又进一步波及韩国、日本和中国的台湾、香港等国家和地区,危机的性质也逐渐开始由外汇市场货币危机演变为股票市场、期货市场、房地产市场等同受冲击的亚洲金融危机。这场危机不仅使亚洲各国经济遭受空前打击,也给世界各国经济带来不同程度的影响。实际上,在亚洲金融风暴肆虐之际,金融危机也在拉美各国拉响警报,危机已呈全球化蔓延趋势。

亚洲金融危机引起了世界各国和国际金融机构的高度重视。1998年9月22日,由西方主要工业国家中央银行组成的巴塞尔银行监控委员会通过三个重要文件,建议银行改进监控机制和加强内部风险管理,以防范金融风险和确保银行体系的安全。这三个文件分别是《关于操作风险管理的报告》、《银行组织内部监控体系框架》和《关于银行透明度的建议》。其中,《关于操作风险管理的报告》指出,在现代资本市场中,操作风险管理的地位变得越来越重要,仍处于制订监控操作风险措施的初期阶段。报告建议银行有关部门更好地鉴别、测量、管理和监控操作风险。

《银行组织内部监控体系框架》列出了银行组织内部监控的13条重要原

则，其中包括风险的确认与评估、监控活动与任务的分离、信息与通报、监测活动与校正缺陷等。文件建议有关银行普遍执行这些原则，并以此评价正在使用的方法和程序。

《关于银行透明度的建议》则要求监控机构积极鼓励改进在金融通报方面的规则，建议有关银行通报有关财政结算、财政形势、风险管理的策略和方法、所冒风险、会计政策和企业管理数据等六大领域的重要信息并提供精确数据。此外，《建议》要求金融市场不够发达的国家优先建立风险监督机构的信息系统。1998年10月30日西方七国集团在伦敦宣布了西方七国将对现行全球金融体制进行改革的一系列计划和措施，目的在于进一步巩固全球金融体制和防止发生新的国际金融危机。行动计划的主要内容包括：国际货币基金组织将建立一项价值900亿美元的新基金，向遭受金融危机影响严重的国家提供紧急救助资金；进一步强化对全球资本市场的监督和管理，防止国际金融形势再次出现动荡；建立一套对私营银行和企业进行有效管理的行为规范；制订一系列更加透明的规则和标准，从而使金融交易以及对金融市场有可能造成的危险更容易被人们发现和识别；西方七国将尽快建立一项对货币和金融政策进行协调的国际性行为规范以及制订出对国际资本流动的新规则。

关于亚洲金融危机的成因及其对我国经济和金融的影响、应吸取的教训和得到的启示等，在我国引起了广泛的讨论，对防范和化解金融危机的重要性已经取得共识。有关专家普遍认为，亚洲金融危机产生的主要原因是：（1）经济结构失衡。（2）依赖国际资本市场发展经济，而且靠借短期外债支撑长期投资。（3）金融监管不力。（4）金融体系不透明，政府干预过多，投资者利益得不到保护。（5）国际投机势力的冲击。因此，防范和化解金融危机的根本措施是不断推进金融改革，主要措施包括：（1）积极推进市场导向型改革，建立适应经济市场化和全球化的现代金融体系和金融制度。（2）健全金融监管体系和中央银行货币信用调控体系。（3）减少行政干预，维护金融机构经营自主权，使之能独立地严格审查贷款项目。（4）增强金融机构和资本市场的透明度，政府监管部门要肩负起保护公众利益，维护公开、公正、公平原则的责任。（5）在保证上市公司质量的前提下，提高直接融资比重，逐步改变以间接融资为主的格局。（6）积极稳定地推进金融的国际化。

## 四、美国次贷危机

次贷危机（Subprime Crisis）又称次级房贷危机或次债危机，是一场从

2007年4月开始发生在美国，因一系列与次级抵押贷款相关的机构破产、投资基金关闭所引发的全美乃至全球范围的金融危机。次贷危机首先引起华尔街资本市场的恐慌，进而导致美国经济及全球经济增长的放缓，引发了全球范围内对经济危机的担忧和扩张流动性政策的普遍实施。

次级抵押贷款（Subprime Mortgage Loan）属于住房（居住类）抵押贷款的一种，是相对优质抵押贷款和另类A级抵押贷款而言的。具体说是指面向费科积分低于620、负债较重、收入证明缺失、信用历史不佳（如：破产、违约等）的借款者所提供的抵押贷款。费科积分是由费尔艾萨克公司（Fair Isaac Corporation, FICO）提供的衡量消费者信用能力的积分，分为5个等级：750～850分为优，660～749分为良，620～659分为一般，350～619分为差，350分以下为不确定。次级抵押贷款的特点是：（1）个人信用记录比较差，信用评级得分低。（2）贷款房产价值比和月供收入比较高。美国的常规抵押贷款与房产价值比（Loan to Value Ratio, LTV）多为80%，借款人月还贷额与收入之比在30%左右。而次级抵押贷款的LTV平均在84%，有的超过90%，甚至100%，这意味着借款人的首付款不足20%，甚至是零首付。（3）低收入人群占比高，甚至收入证明文件缺失。其中，相当多的贷款是每月只付利息，最后一次性偿清的大额抵押贷款。这类贷款期初还款负担轻，申请贷款条件低，对购房者吸引力极强，但积累债务负担重，当利率走高、房价下跌时，很容易导致大量债务拖欠，甚至选择放弃还款义务和抵押赎回权。（4）贷款拖欠率高。次级抵押贷款信用等级低，因而利率水平大大高于优质贷款，再加上多为浮动利率方式，遇市场利率走高则贷款负担加重。2007年，美国次级抵押贷款拖欠30天和取消抵押赎回权的比率分别高达13.33%和4%，而优质抵押贷款则分别是2.57%和0.5%。

美国自20世纪90年代末开始，利率不断走低，资产证券化等金融衍生产品创新速度不断加快，房地产市场盛传只涨不跌的神话，投资者资金通过抵押贷款证券化渠道大举进入房地产市场，而借入资金者却越来越多的是不具备还款能力的消费者。因此，引起美国次级抵押贷款危机的直接原因是美国的利率上升和房屋价格持续下降而导致的大量贷款违约。从2004年6月开始，美联储频繁小幅加息，到2006年6月共加息17次，基准利率由原先的1%上升至5.25%。利率上升，导致次级抵押贷款市场的违约率不断上升，大量借款人开始放弃房屋抵押权，住房抵押市场的现金流开始断裂。2007年4月2日，美国第二大次级抵押贷款公司——新世纪金融（New Century Financial Corp），由于无法偿还174亿美元债务而宣布申请破产保护。2007

年 7 月 16 日，美国第五大投资银行贝尔斯登旗下两只基金宣布清盘。进入 8 月份，次贷危机不仅在美国继续发酵，而且明显开始向欧洲和其他地区蔓延。2007 年 8 月 6 日，美国第十大抵押贷款机构——美国住房抵押贷款投资公司正式向法院申请破产保护。8 月 9 日，法国第一大银行巴黎银行宣布冻结旗下由于投资了美国次贷债券而遭受巨大损失的三只基金，欧洲股市大跌。8 月 13 日，日本第二大银行瑞穗银行的母公司瑞穗集团宣布与美国次贷相关损失为 6 亿日元。9 月 14 日，英国诺森罗克银行（Northen Rock）宣布卷入次债危机，遭受了挤兑风波。之前，巴莱克公司已宣布卷入风波。进入 2008 年，次贷危机引发的信用问题不断加剧，杠杆系数高且主要依赖短期融资的金融机构先后受到重创。2008 年 9 月 7 日，美国政府宣布接管两大住房抵押贷款融资机构房利美和房地美。9 月 15 日，美国第四大投资银行雷曼兄弟控股公司宣布申请破产保护。同日，美国第三大投资银行美林公司被美国银行收购。9 月 16 日，美国政府同意向美国国际集团 AIG 提供紧急贷款，以控股 79.9% 方式接管这家全球最大的保险机构。9 月 21 日，华尔街仅存的两大投资银行高盛和摩根斯坦利发布公告，将接受美联储监管，转型成为银行控股公司。9 月 25 日，美国最大储蓄银行华盛顿互惠银行被监管机构接手，成为美国历史上倒闭的最大规模银行。10 月 3 日，美国众议院投票表决通过 7000 亿美元救市方案。10 月 8 日，美联储宣布降息 50 个基点至 1.5%，随后，欧洲央行以及英国、加拿大、瑞典、瑞士央行等也纷纷降息 50 个基点，澳大利亚联邦储备银行、以色列央行等也宣布降息。但降息的消息未能抵挡全球股市大幅下跌，10 月 9 日，美国、日本、英国等国股市纷纷跌至近年来新低。10 月 9 日当天，韩国、日本、中国香港地区和台湾地区以及印度尼西亚等经济体货币当局也都纷纷宣布采取宽松的货币政策，开始向银行注资。10 月 10 日，冰岛因次贷危机基本冻结了外汇资产，并将三大银行国有化，但因债务问题与英国等国发生外交纠纷。10 月 13 日，欧盟各国政府承诺用约 2 万亿欧元救市。道·琼斯指数创出史上最大单日上涨点数。11 月 15 日，二十国集团领导人在美国华盛顿举行了"金融市场和世界经济峰会"，决定增强相互合作，努力恢复全球经济增长，实现全球金融体系的必要改革。2008 年年末开始，次贷危机由金融市场向实体经济领域蔓延的趋势越发显现出来。12 月 11 日，美国三大汽车公司通用、福特和克莱斯勒的紧急援救申请获批，最终得到 150 亿美元的联邦贷款资助。2009 年 1 月 14 日，北美最大电信设备制造商北电网络公司申请破产保护。2009 年 3 月 2 日，美国道·琼斯工业股票平均价格指数收于 6763.29 点，创下自 1997 年 4 月以来的最低收盘水平。次日,日经指数、中国沪指、香港恒生指数等亚洲股市普遍开盘暴跌。2009年6月1日,美国通用汽车公司申请破产保护。

纵观此次美国次贷危机,全球性、系统性是其突出特点,由开始的局部债务危机迅速演变为广泛的金融危机,再到重创实体经济形成经济危机,由开始的美国迅速蔓延到欧洲、亚洲等各个国家和地区,充分彰显了美国经济的对外影响力和金融全球化的巨大威力,同时也考验了世界各国或地区经济面对外部冲击的应变能力,考验了各个经济体之间的经济金融合作和协调能力。在解救危机的过程中,各国央行纷纷通过降低利率的手段刺激经济增长,同时,通过各种流动性工具向市场大量注入流动性以应对持续性的通货紧缩。通过与积极的财政政策的紧密配合,使总需求得到持续有效的拉动。尤其值得称赞的是全球央行间在危机时刻达成的协作,美联储、欧洲央行、英格兰银行、加拿大央行等主要国家央行一度采取联合降息举措,还曾多次发表联合声明,以货币互换方式缓解美元流动性短缺问题。以应对全球金融危机、恢复全球经济增长为主题的G20峰会,就增强相互合作达成的一致,反映了各国经济相互依存和相互促进的共同发展要求。

**专栏十一 欧洲主权债务危机**

受金融危机影响,欧洲部分经济体财政支出扩大,税收减少,财务状况持续恶化,这引发了市场对于主权债务违约的担忧,导致全球股市、汇市、债市以及大宗商品市场出现大幅波动,从而给全球经济复苏蒙上了阴影。

2009年1月,由于经济衰退、财政状况恶化,希腊、葡萄牙及西班牙的信用评级相继被降低,从而引起了市场对欧洲主权债务偿还能力的担忧。2009年10月,希腊政府宣布2009年政府赤字和公共债务占国内生产总值的比重将达到12.7%和113.0%,则再次加大了市场对于欧洲主权债务危机的恐慌。2009年12月,惠誉、标准普尔和穆迪三大评级公司再次调低了希腊、葡萄牙以及西班牙的主权信用评级。欧盟的葡萄牙、爱尔兰、意大利、希腊、西班牙等国(PIIGS)还被评为欧洲主权债务风险最大的五个国家。

2010年2月底,在各方迟迟未能拿出解决希腊主权债务危机方案的情况下,标普与穆迪几乎同时宣称,未来几个月可能会再次下调希腊的主权信用评级。4月9日,惠誉宣布将希腊主权信用评级降至BBB-,这使得希腊政府更难以从金融市场中获得资金。4月27日,标准普尔再次将希腊的长期国债信用评级降至BB+(垃圾级),并将葡萄牙长期信用评级下调至A-。金融市场对于欧元以及欧元区经济的信心进一步受到重挫。4月29日,标准普尔将西班牙长期主权信用评级由AA+调至AA。欧洲主权债务危机出现进一步扩大的趋势。

5月2日，在经历了多轮艰苦复杂的谈判之后，欧盟与国际货币基金组织就援助希腊债务危机方案达成一致，双方决定在未来三年向希腊政府提供总额为1100亿欧元的贷款，其中欧元区国家出资800亿欧元，国际货币基金组织出资300亿美元。5月3日，欧洲中央银行也对希腊提供了援助措施，决定暂时无限期地取消希腊政府借贷的信用评级"门槛"。受此影响，金融市场出现企稳迹象。然而由于欧盟的救援计划还需要各国经过立法程序加以确认，救援所附加的条件也很可能引起各方势力的反弹，因此它未能完全平息投资者对于欧元区前景的担心。投资者对于欧元区经济的信心依然脆弱，欧元对美元汇率目前已接近一年以来最低点。

此次欧洲主权债务危机首先是因部分成员国过度负债造成的。这些成员国未能重视财政赤字扩大的风险，过度发债，最终造成了被动的局面。但从更深层次来看，这也与欧盟缺乏对各国财政政策的有效约束有关。欧元区有的成员国大幅举债，超出了《稳定与增长公约》的规定，从而导致上述问题。此次欧洲主权债务危机也与西方国家政府支出过度膨胀有关。欧洲央行行长特里谢认为，希腊目前遇到的经济问题在其他发达国家也很普遍。如果部分发达国家不能切实有效地缩减开支、增加收入，不排除主权债务危机在全球范围内扩散。

欧洲主权债务危机直接影响了欧元区经济的增长，给全球经济复苏带来了较大的不确定性。它造成全球股市、汇市和债市的大幅波动，尤其是在当前市场相对脆弱的时期，还可能引发连锁反应，产生系统性风险，因此其未来走势值得进一步关注。

（本专栏资料来自中国人民银行2010年第一季度《中国货币政策执行报告》）

## 五、金融监管

从宏观上控制金融风险的最有效办法就是以政府名义，在金融当局主持下建立起全面广泛的金融监督管理制度。因为金融风险对其直接承担者（金融机构或金融市场参与者）来讲，一些因素如流动性安排、内部管理等是可以通过自身经营管理的改善而消除的，而更多的另一些因素如利率、汇率、通货膨胀、宏观经济政策、信用违约等，则来自于外部，是风险承担者自身所不能或不能全部清除的，由这些因素引致的风险为系统性风险或整体性风险，它必须由来自宏观的力量进行控制。而且，通常情况下，个别金融机构的风险都不是孤立发生和存在的，风险的相互传递最终会使局部风险演变为系统性风险，甚至酿成严重的金融危机。因此，无论哪种类型的金融风险，都会产生宏观控制和管理的要求。由一个国家（或地区）的中央银行或其他金融当局依据国家法律的授权对金融业实施监督和管理,被简称为金融监管。它开始于20世纪30年代后的经济和金融大危机之后,其核心目的在于保护公众利益,保证金融业的安全、稳定和效率。

金融监管的主要内容包括:(1)市场准入和退出管理。市场准入管理包括两方面内容:一是对新设金融机构从业资格的规定和审批,如最低注册资本要求、金融服务基础设施、管理者的任职资格等;二是对申请者进入市场程度的规定和审批,即规定业务范围。市场退出管理是通过制定破产标准,让经营失败的金融机构依法得到清理,退出市场竞争,以保证金融业的正常市场秩序和效率。(2)价格限制。为了防止金融机构之间出现恶性的价格竞争,许多国家都曾规定过最高存款利率、最低贷款利率和最低手续费率。(3)资产流动性管理。为防止金融机构资金周转失灵而出现支付危机,各国金融当局都对金融机构的流动性资产占总资产的比例或流动性资产与流动性负债的匹配比例作出规定。(4)资本充足度管理。自有资本是金融机构信誉的基础,是抵御经营中潜在风险的重要保障,因此,金融当局要求金融机构必须保持充足的资本比率。为了统一各国商业银行资本充足度的衡量要求,①国际清算银行于1988年7月在瑞士巴塞尔召开由美、英、法等12国中央银行行长参加的会议,通过了《关于统一国际银行的资本计算和资本标准的协议》,即《巴塞尔协议》(这是第三个巴塞尔协议,前两个巴塞尔协议分别是:国际清算银行理事会所属8国的中央银行行长于1961年3月6日在瑞士巴塞尔召开会议,缔结了《稳定黄金市价协议》。协议规定,各国中央银行应在外汇市场上相互支持,以维持彼此汇率的稳定;若一国的货币发生困难,应与能提供协助的国家协商,采取必要的支持措施或从该国取得黄金、外汇贷款,用以干预市场,维持布雷顿森林体系下的固定汇率制。②欧洲经济共同体国家于1972年3月在巴塞尔召开财政部长会议,并签订《巴塞尔协议》。针对尼克松政府宣布"新经济政策",停止美元兑换黄金后出现的各国货币对美元汇率的波幅由过去的平价上下限各1%,扩大为上下限各2.25%的情况,《巴塞尔协议》规定,应维持西欧各国货币对美元的固定比价和波动幅度,但共同体内部各国相互间汇率的波幅,从史密森协议规定的上下限各2.25%缩小为上下限各1.125%)。《巴塞尔协议》要求签约国银行的资本对经过加权计算的风险资产的比率不小于8%。(5)行为方式管理。为约束金融机构在追求利润最大化过程中的信用过度扩张行为,许多国家的金融当局对金融机构的业务活动作出限制性规定,如:规定银行对某一行业或单一客户的贷款规模,限制银行向关联企业、银行董事、经理和职员等各种"内部贷款",要求银行对有问题贷款提取准备金，对银行涉足证券投资、外汇交易的种类和数额作出限制性规定等。(6)保护性管理。金融监管除了对监管对象的市场准入、业务范围、行为方式等作出种种限制，以预防金融风险的发生以外，还包括在监管对象即将或已经发生风险的情况下，采取保护性管理措施。保护性管理主要包括中央银行最后贷款人制度和存款保险制度。前者是指在商业银行面对存款人和其他债权人集中的支付要求，而其自身的短期筹资能力有限，清偿力发生较大困难时，中央银行负责向商业银行提供紧急资金援助，帮助其渡过难关。后者是指建立存款保险公司或存款保险基金，凡参加存款保险体系的投保商业银行，在资金周转出现严重困难时可得到保险基金的资金援助，在银行发生倒闭时，可由保险公司安排或直接接管，以保证存款人的利益受到最大限度的保护。由于存款保险制度关系到大中小银行的利益关系调整，各国在实行这一制度时常常都具有各自的特点，有些国家实行局部的强制性存款保险制度，有些国家和地区则始终没有法定的存款保险制度，而由银行业自发组织存款保险基金。

金融监管是与金融风险同生共长的。20世纪80年代以后迅速加快的金融创新、金融自由化、金融全球化、金融现代化，使各国的金融业进入了一个空前发展、繁荣和变革的时期，与此相伴随的则是金融风险的不断积累和金融危机的频频爆发，"金融脆弱"已不再是一个理论上争论的命题，而是一个被大量事实充分证明了的结论，并因此成为各国金融当局强化金融监管、提高监管水平的政策依据。从金融监管的发展过程和趋势看，一方面，随着金融创新、金融自由化、国际化和现代化水平的不断提高，原有的金融监管内容和方式等不断被修改或放弃，由新的内容和方式所取代，金融监管水平在不断地提高；另一方面，随着金融全球一体化进程的加快，随着资金的跨国流动和跨国金融机构规模的不断扩大，各国之间在金融监管的目标、内容、方式等各主要方面，通过相互交流和合作，正逐渐趋于一致，国际组织在金融监管中的作用越来越受到各国的重视。1997年9月，由国际清算银行巴塞尔银行监管委员会正式公布的《有效银行监管核心原则》，对银行业的全方位风险监管提出了可资各国金融当局遵循的国际标准或原则。这些标准或原则规定了有关银行监管机构的责任和目标、各类机构许可的业务范围、发照标准、大笔所有权转让、重大收购、资本充足率、风险管理程序、信用风险、有问题资产的管理、大额风险暴露限额、关联方的风险暴露、国家风险和转移风险、市场风险、流动性风险、操作风险、利率风险、内部控制和审计、防止利用金融服务的犯罪、监管方式、监管手段、监管报告、会计处理和披露、监管当局的纠正和整改权力、对银行集团的并表监管、跨境业务监管中母国和东道国的关系等 25 个方面的监管要求,受到各国的普遍重视并由此引发许多国家金融监管体制和模式的重大变化。2007 年开始由美国次贷危机引发的全球金融危机和经济危机,向金融监管提出更加严峻的新的挑战,国际社会比以往任何时候都更加重视金融监管的国际合作问题,国际金融监管改革由此得到积极有效的推动。(参阅专栏十二"危机以来国际金融监管改革")

### 专栏十二 危机以来国际金融监管改革

危机以来,按照二十国集团领导人确定的金融监管改革目标,在金融稳定理事会(FSB)主导下,全球主要经济体系携手共建金融监管新框架,力图通过严格审慎的监管打破金融危机的厄运循环,防止大规模的金融危机再次爆发。

一、国际金融监管改革目标

本轮危机以来,二十国集团(G20)取代七国集团(G7)成为国际经济金融治理的最重要平台,G20 领导人系列峰会明确了国际金融监管的目标和时间表,定期审议国际金融监管改革进展,并确定国际金融改革的最终方案。

2008 年 11 月 15 日 G20 华盛顿峰会通过了加强金融监管的行动方案和原则,包括提高透明度和问责制、强化审慎监管、提升金融市场的诚信和改进金融监管国际合作。2009 年 4 月 2 日 G20 伦敦峰会提出,建立强有力的、全球一致的金融监管框架,主要包括:重新构建监管架构识别和应对宏观审慎风险;扩大金融监管范围,将系统重要性金融机构、市场和工具纳入审慎监管范围;改进金融机构的薪酬机制;提高金融体系资本质量和数量,遏制杠杆率累积;改革国际会计规则,建立高质量的金融工具估值和准备金计提标准等。

2009 年 9 月 25 日 G20 匹兹堡峰会进一步指出,建立高质量的监管资本,缓解亲经济周期效应,2010 年底完成资本和流动性监管改革,主要经济体 2011 年底前开始实施《新资本协议》(Basel II),并从 2012 年底开始实施新的资本和流动性监管标准;实施 FSB 稳健薪酬机制的原则及其执行标准,提升金融体系稳定性;改进场外衍生品市场,2012 年底前所有标准化的场外衍生合约通过中央交易对手清算;2010 年底提出降低系统重要性金融机构(SIFIs)道德风险的一揽子方案。

2010 年 6 月 25 日的 G20 多伦多峰会首次明确了国际金融监管的四大支柱:一是强大的监管制度,确保银行体系依靠自身力量能够应对大规模冲击,采取强有力的监管措施强化对冲基金、外部评级机构和场外衍生品监管;二是有效的监督,强化监管当局的目标、能力和资源,以及尽早识别风险并采取干预措施的监管权力;三是风险处置和解决系统重要性机构问题的政策框架,包括有效的风险处置、强化的审慎监管工具和监管权力等;四是透明的国际评估和同行审议,各成员必须接受国际货币基金组织和世界银行的金融部门评估规划(FSAP)及金融稳定理事会的同行审议(peer review),推进金融监管国际新标准的实施。

二、国际金融监管改革的主要内容

为有效应对全球金融危机揭示出的金融体系脆弱性,本轮金融监管改革涵盖了微观、宏观和中观三个层面,这三个层面的改革既各有侧重,针对性地解决不同性质的问题;又具有逻辑一致性,相互支持和有机结合。

1. 微观金融机构层面的监管改革。目的是提升单家金融机构的稳健性,强化金融体系稳定的微观基础。微观层面的改革包括:提升金融机构的风险管理能力;全面改革资本充足率监管制度,大幅度提升银行体系吸收损失的能力;引入杠杆率监管,约束银行体系的杠杆效应,缓解去杠杆化的负面影响;建立量化的流动性监管标准,增强单家银行应对短期流动性冲击的能力,降低资产负债期限错配程度;改革金融机构公司治理监管规则,引导金融机构建立集团层面的风险治理架构,推动金融机构实施稳健的薪酬机制,确保薪酬发放的数量、期限与所承担的风险暴露及风险存续期更加一致;提高金融机构的透明度要求,增强市场约束等。

2. 中观金融市场层面的监管改革。目的是强化金融市场基础设施建设,修正金融市场失灵。中观层面的改革措施包括:改革国家会计准则,建立单一、高质量的会计制度;扩大金融监管范围,将不受监管约束或仅受有限约束的准金融机构("影子银行体系"),如对冲基金、私人资金池、按揭贷款公司、结构化投资实体、货币市场基金等纳入金融监管框架;加强外部评级机构监管,减少利益冲突,降低金融监管以及金融机构对外部评级的依赖程度;改革场外衍生品市场,推动场外交易合约标准化,鼓励通过中央交易对手进行交易;提高不同金融部门监管标准的一致性,缩小不同金融市场之间监管套利的空间;改革金融交易的支付清算体系,降低风险传染性。

3. 宏观金融系统层面的监管改革。目的是将系统性风险纳入金融监管框架,建立宏观审慎监管制度。宏观层面的改革措施包括:建立与宏观经济金融环境和经济周期挂钩的监管制度安排,弱化金融体系与实体经济之间的正反馈效应;加强对系统重要性金融机构的监管,包括实施更严格的资本和流动性监管标准,提高监管强度和有效性,建立"自我救助"机制,降低"大而不倒"导致的道德风险;对具有全球系统重要性影响的金融机构,还应加强监管当局之间的信息共享和联合行动,建立跨境危机处置安排,减少风险的跨境传递。

三、国际金融监管改革的主要进展

根据 G20 峰会确定的国际金融监管改革的目标和时间表,2009 年中以来金融稳定理事会主导的国际金融监管改革取得了积极进展,本轮金融监管改革的重中之重——商业银行资本和流动性监管改革的核心内容已获得G20首尔峰会的批准,将于2013年在成员国开始实施。

(一)巴塞尔委员会发布《第三版巴塞尔协议》

2009年中以来,基于本轮金融危机的教训,巴塞尔委员会对现行银行监管国际规则进行了重大改革,发布了一系列国际银行业监管新标准,统称为《第三版巴塞尔协议》(Basel III)。Basel III体现了微观审慎监管与宏观审慎监管有机结合的监管新思维,按照资本监管和流动性监管并重、资本数量和质量同步提高、资本充足率与杠杆率并行、长期影响与短期效应统筹兼顾的总体要求,确立了国际银行业监管的新标杆。

1. 强化资本充足率监管标准。资本监管在巴塞尔委员会监管框架中长期占据主导地位,也是本轮金融监管改革的核心。

(1)提高监管资本的损失吸收能力。2010年7月,巴塞尔委员会确定了监管资本工具改革的核心要素。一是恢复普通股(含留存收益)在监管资本中的主导地位;二是对普通股、其他一级资本工具和二级资本工具分别建立严格的合格标准,以提高各类资本工具的损失吸收能力;三是引入严格、统一的普通股资本扣减项目,确保普通股资本质量。此外,巴塞尔委员会正在研究提升系统重要性银行各类资本工具损失吸收能力的具体方案,包括:各类非普通股资本工具通过强制核销或转换为普通股等机制吸收损失、发行应急资本(Contingent Capital)和自救债券(Bail-in Debt)以降低破产概率。

(2)扩大资本覆盖风险的范围。本轮金融危机表明,新资本协议框架下的资产证券化风险暴露、交易头寸、场外衍生产品交易的风险权重方法不能充分反映这些业务的内在风险。为此,2009年7月份以来,巴塞尔委员会调整风险加权方法以扩大风险覆盖范围。一是大幅提高证券化产品(特别是再资产证券化)的风险权重;二是大幅度提高交易业务的资本要求,包括增加压力风险价值(S-Var)、新增风险资本要求等;三是大幅度提高场外衍生产品交易和证券融资业务的交易对手信用风险的资本要求。巴塞尔委员会定量影响测算结果表明,风险加权风险的修订导致国际化大银行资本要求平均上升20%。

(3)提高资本充足率监管标准。根据自下而上的定量影响测算和自上而下的监管标准校准的结果,2009年9月12日巴塞尔委员会确定了三个最低资本充足率监管标准,普通股充足率为4.5%,一级资本充足率为6%,总资本充足率为8%。为缓解银行体系的亲周期效应,打破银行体系与实体经济之间的正反馈循环,巴塞尔委员还建立了两个超额资本要求:一是要求银行建立留存超额资本(Capital Conservation Buffer),用于吸收严重经济和金融衰退给银行体系带来的损失。留存超额资本全部由普通股构成,最低要求为2.5%。二是建立与信贷过快增长挂钩的反周期超额资本(Counter-cyclical Buffer),要求银行在信贷高速扩张时期积累充足的经济资源,用于经济下行时期吸收损失,保持信贷跨周期供给平稳,最低要求为0~2.5%。待新标准实施后,正常情况下,商业银行的普通股、一级资本和总资本充足率应分别达到7%、8.5%和10.5%。此外,巴塞尔委员会还与会计标准制定机构密切对话,推动建立前瞻性的动态损失拨备制度。

2. 引入杠杆率监管标准。本轮危机之前,金融工具创新以及低利率的市场环境导致银行体系积累了过高的杠杆率,使得资本充足率与杠杆率的背离程度不断扩大。危机期间商业银行的去杠杆化过程显著放大了金融体系脆弱性的负面影响。为此,巴塞尔委员会决定引入基于规模、与具体资产风险无关的杠杆率监管指标,作为资本充足率的补充。2009年12月发布了杠杆率计算方法的征求意见稿,2010年7月巴塞尔委员会就杠杆率计算方法与监管标准达成共识,自2011年初按照3%的标准(一级资本/总资产)开始监控杠杆率的变化,2013年初开始进入过渡期,2018年正式纳入第一支柱框架。

3. 建立流动性风险量化监管标准。危机爆发的前几年,全球金融市场较低的利率水平以及金融交易技术的创新,增强了资本市场活力,银行融资流动性和资产流动性同时扩大,对金融市场流动性的依赖性明显增强。本轮危机暴露出欧美大型银行过度依赖批发型融资来源的内在脆弱性。为增强单家银行以及银行体系维护流动性的能力,2009年12月巴塞尔委员会发布了《流动性风险计量标准和监测的国际框架(征求意见稿)》,引入了两个流动性风险监管的量化指标:一是流动性覆盖率(LCR),用于度量短期压力情境下单个银行流动性状况,目的是提高银行短期应对流动性中断的弹性。二是净稳定融资比率(NSFR),用于度量中长期内银行解决资金错配的能力,它覆盖整个资产负债表,目的是激励银行尽量使用稳定资金来源。

4. 确定新监管标准的实施过渡期。鉴于目前全球经济复苏存在不确定性,为防止过快引入新的银行监管国际标准对经济复苏潜在的不利影响,按照G20领导人的要求,巴塞尔委员会从宏观和微观两个层面对国际新监管标准实施可能带来的影响进行了评估。根据评估结果,2009年9月12日召开的中央银行行长和监管当局负责人(GHOS)会议决定设立为期8年(2011年~2018年)的过渡期安排。各成员国应在2013年之前完成相应的国内立法工作,为实施新监管标准奠定基础,并从2013年初开始实施新的资本监管标准,随后逐步与新标准接轨,2018年底全面达标。2015年初成员国开始实施流动性覆盖率,2018年初开始执行净稳定融资比例。

5. 强化风险管理实践。除提高资本与流动性监管标准外,危机以来,巴塞尔委员会还发布了一系列与风险管理相关的监管原则、指引和稳健做法等。2008年9月巴塞尔委员会发布了《流动性风险管理和监管的稳健原则》,从定性方面提出了加强流动性风险管理和审慎监管的建议;2009年4月发布了《评估银行金融工具公允价值的监管指引》;2009年5月发布了《稳健压力测试实践及监管指引》;2009年7月巴塞尔委员会大幅度强化了新资本协议第二支柱框架,要求商业银行建立集团层面的风险治理框架、加强对各类表外风险的管理、重视对各类集中度风险的管理等;2010年发布了《加强银行机构公司治理》和《薪酬原则和标准的评估方法》等，推动商业银行提升风险治理有效性和风险管理能力。

（二）金融稳定理事会提出了解决 SIFIs[①]问题的政策框架

本轮危机中，大型金融机构经营失败是美国次贷危机演化为全球经济危机的关键点，降低 SIFIs 道德风险及其经营失败的负外部效应是危机之后金融监管改革的重要内容之一。2010 年 11 月份，金融稳定理事会向 G20 首尔峰会提交了解决 SIFIs 问题的一揽子政策框架。具体包括：

1. 提高 SIFIs 损失吸收能力。SIFIs 特别是全球性 SIFIs（G-SIFIs）应具备更高的损失吸收能力，以体现这些机构对全球金融体系带来的更大的风险。更高的损失吸收能力主要通过提高 SIFIs 的资本要求（Capital Surcharge）、应急资本和自救债券等方法实现，并且可能包括更高的流动性要求、更加严格的大额风险暴露以及其他结构化限制性措施等。

2. 提升 SIFIs 监管强度和有效性。本次危机不仅暴露出 SIFIs 监管制度方面的漏洞，更暴露出监管实践中存在的不足，突出表现在监管当局没有充分的授权、独立性和足够的资源，以及缺乏早期干预的权力，影响了 SIFIs 监管的有效性。为此，金融稳定理事会提出了提升 SIFIs 监管强度和有效性的 25 条原则及具体的时间表，涵盖监管目标、独立性、资源、监管权力、持续监管、并表监管、监管技术和国际合作等方面。金融稳定理事会要求母国和东道国监管当局加强 G-SIFIs 的监管合作。2010 年 10 月巴塞尔委员会发布了《监管联席会议良好实践原则》，从目的、组织架构、信息共享、交流渠道、监管合作、与机构互动、危机管理与宏观审慎八个方面提出了八项原则。

3. 完善危机处置制度安排。各国应建立有效的危机处置框架，确保在金融体系稳定

---

[①] 系统重要性金融机构（Systemically Important Financial Institutions）是指业务规模较大、业务复杂程度较高、一旦发生风险事件将给地区或全球金融体系带来冲击的金融机构。根据二十国集团戛纳峰会通过的协议，这些具有系统重要性的金融机构将被要求额外增加资本金，国际金融监督和咨询机构—金融稳定理事会在每年 11 月对名单进行审查和更新。2011 年 11 月，金融稳定理事会发布的首批 29 家系统重要性金融机构名单是：美国：美国银行（Bank of America）、纽约梅隆银行（Bank of New York Mellon）、花旗银行（Citibank）、高盛集团（Goldman Sachs）、摩根大通（JPMorgan Chase）、摩根斯坦利（Morgan Stanley）、道富银行（State Street）、富国银行（Wells Fargo），英国：苏格兰皇家银行集团（Royal Bank of Scotland）、劳埃德银行集团（Lloyds Bank）、巴克莱银行（Barclays）、汇丰控股（HSBC）。法国：法国巴黎银行（BNP Paribas）、农业信贷银行（Credit Agricole）、人民银行（Banque Populaire）、兴业银行（Societe Generale）。德国：德意志银行（Deutsche Bank）、德国商业银行（Commerzbank）。意大利：裕信银行（UniCredit）。瑞士：瑞士银行（UBS）、瑞士信贷集团（Credit Suisse）。比利时：德夏银行（Dexia）。荷兰：荷兰国际集团（ING）。西班牙：桑坦德银行（Banco Santander）。瑞典：北欧联合银行（Nordea）。日本：三菱日联金融集团（Mitsubishi UFJ）、瑞穗金融集团（Mizuho Financial）、三井住友金融集团（Sumitomo Mitsui Banking）。中国：中国银行（Bank of China）。

和纳税人不承担风险的情况下能够有序地处置所有金融机构。对于 G-SIFIs，必须建立三方面互为补充的制度安排：一是有效的处置制度和工具；二是跨境协调框架；三是持续的恢复和处置计划（RRPs）。2010 年 3 月，巴塞尔委员会发布了《跨境银行处置工作组的报告和建议》，从加强各国处置权力和跨境实施、金融机构应急计划以及降低传染性三个方面提出了 10 条建议。2010 年 8 月金融稳定理事会提出了处置问题金融机构的 24 条原则，包括处置体制和工具、跨境合作和协调、评估并提高处置效果的行动框架等主要内容，为各国重组或处置各类问题金融机构初步建立了较为系统的处置框架和相关机制。

4. 强化核心金融市场基础设施。G-SIFIs 强化全球金融体系的相互关联性，扩大了金融危机的波及范围和影响程度，成为推动公共干预来防止 SIFIs 倒闭的重要因素。支付清算体系委员会（CPSS）和证监会国际组织（IOSCO）正致力于改进金融市场核心基础设施，弱化 SIFIs 之间的关联性以降低风险传染。这些基础设施包括支付体系、证券交易和结算体系、中央交易对手等。

此外，各国对 G-SIFIs 的监管政策以及单家 G-SIFI 的危机管理措施、恢复和处置计划等都必须接受金融稳定理事会组建的同行评估理事会（Peer Review Council）的审议。根据审议结果，金融稳定理事会可以对单家 G-SIFI 提出相应的监管建议。

（三）金融监管改革其他主要领域的进展

1. 改革场外衍生品市场。按照 G20 领导人的要求，为增强场外衍生品的透明度和监管力度，2010 年 10 月，金融稳定理事会发布了"改革场外衍生品市场"的报告，提出了 21 项建议，涵盖场外衍生品标准化、交易所/电子平台交易、中央交易对手集中清算以及向交易信息库报告四个方面内容。该报告还对 2012 年底前完成改革目标设置了适当的时间安排，并明确了各项建议的执行主体。

2. 扩大金融监管范围。一是为避免监管套利，提高不同金融市场监管标准的一致性。2010 年 1 月联合论坛公布《金融监管范围和性质》，就推动银行、证券和保险业监管标准的实质性趋同提出明确的建议。二是加强对冲基金的监管。2009 年 6 月证监会国际组织发布了《对冲基金监管原则》，包括强制注册要求、持续监管、提供系统性风险信息以及监管者之间信息披露和交换。2010 年 2 月又公布了对冲基金信息收集模板。三是加强评级机构的外部约束。证监会国际组织修订了《信用评级机构基本行为准则》，提高评级机构的透明度，降低利益冲突，采取合适举措确保信用评级的质量，对新产品的评级建立评审机制，对复杂的新金融产品或缺乏有力数据的产品谨慎评级；2010 年 10 月金融稳定理事会发布了降低信用评级机构依赖性的高级原则，对中央银行、审慎监管当局以及市场参与者提出了明确要求。

3. 改革国际会计标准。本轮危机暴露出公允价值为基础的会计规则扩大了金融体系的亲周期性，为此，G20 领导人呼吁建立全球统一的、高质量的全球会计标准，要求国际会计准则理事会（IASB）和美国财务会计标准理事会（FASB）在 2011 年底前完成会计标准的趋同。金融稳定理事会和巴塞尔委员会先后发布了对会计准则改革的原则性建议。2010 年 6 月，两大会计机构宣布调整趋同计划，大部分项目将于 2011 年 6 月前实现趋同，但部分项目将延至 2011 下半年或 2012 年。目前两大会计机构在金融资产减值、终止确认、公允价值估值不确定性处理、金融工具的净额结算或冲销等方面的趋同取得了实质性进展，但在公允价值运用范围这一核心问题上还存在明显分歧。

4. 推动国际监管标准的实施。金融稳定理事会和巴塞尔委员会都专门成立了标准实施机构，以推进所发布的国际监管标准实施。2010 年 1 月金融稳定理事会发布《加强国际标准执行框架》，要求所有成员经济体范围接受金融部门稳定评估和同行审议，包括专题审议和国别审议。2010 年 3 月，金融稳定理事会启动了金融监管领域的国际合作及信息交换标准执行的评估。2010 年，金融稳定理事会已经完成了薪酬机制和风险评估两项专题审议，目前正在进行第三项专题审议——按揭贷款发起；并完成了对墨西哥的国别评估，2011 年初前将对意大利和西班牙进行国别评估。

（本专栏资料来自：http://www.cbrc.gov.cn 中国银行业监督管理委员会官网/国际监管动态栏目）

## 本章重要概念

金融发展 Financial Development
金融结构 Financial Structure
金融机构 Financial Institution
金融工具 Financial Instruments
金融相关比率 Financial Interrelation Ratio
金融抑制 Financial Oppression
金融深化 Financial Liberalization
利率市场化 Deregulation of Interest Rate
股权分置 The Dual-Class Equity Structure
上海银行间拆借利率 Shanghai Interbank Offered Rate，SHIBOR
金融创新 Financial Innovation
金融风险 Financial Risk
信用风险 Credit Risk
流动性风险 Liquidity Risk

利率风险 Interest Rate Risk
汇率风险 Foreign Exchange Risk
购买力风险 Purchasing Power Risk
操作风险 Operational Risk
墨西哥金融危机 Mexico Financial Crisis
亚洲金融危机 Asian Financial Crises
次级抵押贷款 Subprime Mortgage Loan
次贷危机 Subprime Crisis
欧洲主权债务危机 The Sovereign Debt Crisis in Europe
金融监管 Financial Regulation; Financial Supervision
资本充足度 Capital Adequacy Ratio
巴塞尔协议 Basle Accord
金融脆弱性 Financial Fragility
有效银行监管 Effective Banking Supervision
市场准入监管 Market Access Supervision
市场退出监管 Bankruptcy Procedures Supervision
国际金融监管 International Coordination of Financial Supervision and Regulation
影子银行体系 The Shadow Banking System
第三版巴塞尔协议 Basle III
留存超额资本 Capital Conservation Buffer
反周期超额资本 Counter-Cyclical Buffer
系统重要性金融机构 Systemically Important Financial Institutions

## 复习思考题

1．怎样认识金融与经济增长的关系？
2．什么是金融发展？金融发展如何作用于经济发展？
3．你对改革以来金融在中国经济发展中的地位怎么看？
4．什么是金融抑制？其主要表现有哪些？
5．谈谈金融深化理论对全球金融改革的影响？
6．简述中国金融改革的主要成就。

7．什么是金融创新？其主要原因有哪些？

8．简述金融创新的主要方式和内容。

9．什么是金融风险？简述金融风险的主要类型和基本特点。

10．什么是亚洲金融危机？主要成因是什么？国际社会采取了哪些应对措施？

11．什么是次级抵押贷款？什么是次贷危机？美国次贷危机给人们带来哪些值得深思的问题？

12．什么是欧洲主权债务危机？主要成因是什么？

13．什么是金融监管？其主要内容有哪些？

14．全球金融危机以来，国际金融监管的主要方向和内容是什么？

15．巴塞尔协议 III 有哪些主要特点？

16．什么是系统重要性金融机构？金融稳定理事会对其有怎样的监管要求？

## 小测试

1．雷蒙德·W.戈德史密斯认为，金融发展的基本特点是（　　　）。
   A．货币供应量增多　　　　　　B．金融工具和金融机构的发展
   C．金融结构的变化　　　　　　D．金融相关比率的变化
   E．政府掌握的金融资源增多

2．一国的金融深化体现在（　　　）。
   A．利率管制放松　　　　　　　B．银行国有化水平提高
   C．金融机构市场准入放松　　　D．信贷市场规模超过证券市场
   E．资本跨国流动增多

3．关于金融创新的效应，正确的说法是（　　　）。
   A．使金融机构业务多元化　　　B．使金融管理体制趋于集中
   C．使货币政策效果受到削弱　　D．使金融体系更加安全稳定
   E．使央行控制货币的能力增强

4．以下符合流动性风险含义的因素是（　　　）。
   A．资金头寸安排不当　　　　　B．资产项目未随市场利率调整
   C．无力满足债权人提存要求　　D．无力满足清算支付要求
   E．债务方无法履行合约

5．金融监管的主要措施包括（　　　）。
   A．非银行机构归中央银行控制　B．规定金融机构的流动性比例

C. 提高银行国有化率　　　　D. 银行保持充足的资本比率
E. 实施存款保险制度

（第十章答案：1. BCD　2.ACE　3. AC　4.ACD　5.BDE ）

# 参考文献

1. 康燕著：《见证中国金融》，中国金融出版社，2006年版。
2. 任康钰编著：《国际金融》，机械工业出版社，2006年版。
3. 胡海鸥：《货币理论与货币政策》，上海人民出版社，2004年版。
4. 李翀等：《当代西方金融理论》，经济日报出版社，2005年版。
5. 周晓寒：《金融经济论》，中国经济出版社，1988年版。
6. 刘絜敖著：《国外货币金融学说》，中国展望出版社，1983年版。
7. 陈岱孙、商德文主编：《近现代货币与金融理论研究》，商务印书馆，1997年版。
8. 饶余庆著：《现代货币银行学》，中国社会科学出版社，1983年版。
9. 钱荣堃主编，陈平、马君潞编著：《国际金融》(修订本)，四川人民出版社，1994年版。
10. 黄达主编：《货币银行学》(第二版)，中国人民大学出版社，1999年版。
11. 龙玮娟、郑道平主编：《货币银行学原理》(第二次修订本)，中国金融出版社，1997年版。
12. 陈雨露主编：《现代金融理论》，中国金融出版社，2000年版。
13. 陈雨露主编：《现代金融》，中国人民大学出版社，2000年版。
14. 李量著：《现代金融结构导论》，经济科学出版社，2001年版。
15. 曹凤岐等编著：《证券投资学》(第二版)，北京大学出版社，2000年版。
16. 张亦春主编：《金融市场学》，高等教育出版社，1999年版。
17. 任淮秀主编：《投资银行业务与经营》，中国人民大学出版社，2000年版。
18. 李崇淮等主编：《西方货币银行学》(增订本)，中国金融出版社，1998年版。

19. 易纲、海闻主编：《货币银行学》，上海人民出版社，1999年版。
20. 胡庆康主编：《现代货币银行学教程》，复旦大学出版社，1996年版。
21. 陈世炬、高材林主编：《金融工程原理》，中国金融出版社，2000年版。
22. 白钦先等著：《金融可持续发展研究导论》，中国金融出版社，2001年版。
23. 唐旭等著：《金融理论前沿课题》，中国金融出版社，1999年版。
24. 北京大学中国经济研究中心宏观组编著：《1998～2000 中国通货紧缩研究》，北京大学出版社，2000年版。
25. ［美］兹维·博迪、罗伯特·C.莫顿著，欧阳颖等译：《金融学》，中国人民大学出版社，2000年版。
26. ［美］S.克里·库珀、唐纳德·R.弗雷泽著，朱田顺译：《金融市场》，中国金融出版社，1987年版。
27. ［英］凯恩斯著，徐毓枏译：《就业、利息和货币通论》，商务印书馆，1963年版。
28. ［美］雷蒙德·W.戈德史密斯著，周朔等译：《金融结构与金融发展》，上海三联书店，上海人民出版社，1994年版。
29. ［美］查里斯·R.吉斯特著，郭浩译：《金融体系中的投资银行》，经济科学出版社，1998年版。
30. ［英］洛伦兹·格利茨著，唐旭等译：《金融工程学》(修订版)，经济科学出版社，1998年版。
31. ［美］彼得·S.罗斯著，唐旭等译：《商业银行管理》(第三版)，经济科学出版社，1999年版。
32. ［美］罗纳德·I.麦金农，卢骢译：《经济发展中的货币与资本》，上海三联书店，1988年版。
33. ［美］爱德华·肖著，邵伏军等译：《经济发展中的金融深化》，上海三联书店，1988年版。

南开大学出版社网址：http://www.nkup.com.cn

投稿电话及邮箱：　022-23504636　　QQ：1760493289
　　　　　　　　　　　　　　　　　　QQ：2046170045(对外合作)
邮购部：　　　　　022-23507092
发行部：　　　　　022-23508339　　Fax：022-23508542

南开教育云：http://www.nkcloud.org

App：南开书店 app

　　南开教育云由南开大学出版社、国家数字出版基地、天津市多媒体教育技术研究会共同开发，主要包括数字出版、数字书店、数字图书馆、数字课堂及数字虚拟校园等内容平台。数字书店提供图书、电子音像产品的在线销售；虚拟校园提供 360 校园实景；数字课堂提供网络多媒体课程及课件、远程双向互动教室和网络会议系统。在线购书可免费使用学习平台，视频教室等扩展功能。